Die großen Romane
Band 64

»Als ich 1941 in Fontenay-le-Comte festsaß, teilte mir ein Arzt aufgrund einer fragwürdigen Röntgenaufnahme mit, ich hätte noch höchstens zwei Jahre zu leben, und verurteilte mich zu fast völliger Untätigkeit.

Ich hatte damals einen erst zweijährigen Sohn, und ich überlegte, dass er als Erwachsener fast nichts über seinen Vater oder dessen Familie wissen würde.

Um diese Lücke teilweise auszufüllen, kaufte ich drei in marmoriertem Karton eingebundene Hefte und begann, in Form eines Briefes an den großen Jungen, der mich eines Tages lesen würde, in der ersten Person Geschichten aus meiner Kindheit zu erzählen, wobei ich auf die gewohnte Schreibmaschine verzichtete.«

Georges Simenon im Vorwort

Georges Simenon, geboren 1903 im belgischen Lüttich, gestorben 1989 in Lausanne, gilt als der »meistgelesene, meistübersetzte, meistverfilmte, mit einem Wort: der erfolgreichste Schriftsteller des 20. Jahrhunderts« *(Die Zeit)*. Seine erstaunliche literarische Produktivität (75 Maigret-Romane, über 117 weitere Romane), viele Ortswechsel, zwei Ehen und unzählige Frauen bestimmten sein Leben. Rastlos bereiste er die Welt, immer auf der Suche nach dem, »was bei allen Menschen gleich ist«. Das macht seine Bücher bis heute so zeitlos.

Georges Simenon

Stammbaum

Roman

Aus dem Französischen
von Hans-Joachim Hartstein

Atlantik

Die französische Originalausgabe erschien 1948 unter dem Titel
Pedigree im Verlag Presses de la Cité, Paris.
Die deutsche Erstausgabe erschien 1982 unter dem Titel
Stammbaum im Diogenes Verlag, Zürich. Die Übersetzung wurde
für die vorliegende Ausgabe von Mirjam Madlung überarbeitet.

*Atlantik ist ein Imprint
des Hoffmann und Campe Verlags, Hamburg.*

1. Auflage 2023

www.hoffmann-und-campe.de
www.atlantik-verlag.de
Umschlaggestaltung: © Rothfos & Gabler, Hamburg
Umschlagabbildung: © Getty Images / Gaston Paris
Satz: Dörlemann Satz, Lemförde
Gesetzt aus der Stempel Garamond und der Ano
Druck und Bindung: GGP Media GmbH, Pößneck
ISBN 978-3-455-01531-7

HOFFMANN
UND CAMPE

Ein Unternehmen der
GANSKE VERLAGSGRUPPE

Die in diesem Werk erwähnten Personen und Ereignisse sind reine Erfindung und haben keinen Bezug zu lebenden oder bereits verstorbenen Personen.

Vorwort

Es ist gar nicht so lange her, dass es für einen Autor noch üblich war, jedes seiner Werke durch eine Vorrede oder eine Einführung vorzustellen, was ihn in gewisser Weise mit dem Leser in direkten Kontakt brachte, sodass die Wendung »Lieber Leser« fast ebenso geläufig war wie das bekannte »Liebe Hörer« im Radio.

Ist die Mode deshalb veraltet, weil uns die Zeitungen heutzutage durch ihre Interviews, Feuilletons und literarischen Analysen über nichts im Ungewissen lassen, weder über die Absichten der Schriftsteller noch über deren Tun und Treiben?

Anlässlich dieser neuen Ausgabe von *Stammbaum* kann ich der Versuchung nicht widerstehen, aus verschiedenen und sicherlich wenig zwingenden Gründen auf diese Gewohnheit von einst zurückzukommen. Man hat viele Fragen zum Inhalt dieses Buches gestellt und tut es noch; man hat viel, nicht immer sehr genau, darüber geschrieben. Ich weiß auch, dass André Parinaud mir die Ehre einer wichtigen Studie erweist, deren drei Bände unter dem erdrückenden Titel *Connaissance de Simenon* im Druck sind und die ich noch nicht gelesen habe. Soviel ich weiß, sucht er in *Stammbaum* die Erklärung, wenn auch nicht meines Werkes, so doch wenigstens einiger seiner Aspekte und bestimmter Tendenzen.

Wird man mich der Überheblichkeit bezichtigen, wenn ich hier einfach einige Einzelheiten aus erster Hand liefere?

Stammbaum wurde weder auf dieselbe Weise noch unter denselben Umständen noch mit denselben Absichten wie meine anderen Romane geschrieben, und zwar wahrscheinlich deshalb, weil er innerhalb meines Schaffens eine Art Insel darstellt.

Als ich 1941 in Fontenay-le-Comte festsaß, teilte mir ein Arzt aufgrund einer fragwürdigen Röntgenaufnahme mit, ich hätte noch höchstens zwei Jahre zu leben, und verurteilte mich zu fast völliger Untätigkeit.

Ich hatte damals einen erst zweijährigen Sohn, und ich überlegte, dass er als Erwachsener fast nichts über seinen Vater oder dessen Familie wissen würde.

Um diese Lücke teilweise auszufüllen, kaufte ich drei in marmoriertem Karton eingebundene Hefte und begann, in Form eines Briefes an den großen Jungen, der mich eines Tages lesen würde, in der ersten Person Geschichten aus meiner Kindheit zu erzählen, wobei ich auf die gewohnte Schreibmaschine verzichtete.

Ich war in ständigem Briefwechsel mit André Gide, dessen Neugier ich entfachte. Ungefähr hundert Seiten waren geschrieben, als er den Wunsch äußerte, sie zu lesen.

Der Brief, den mir Gide daraufhin unverzüglich schrieb, war letztlich der Anlass zu *Stammbaum*. Sein Rat war, auch wenn ich weiterhin die Absicht haben sollte, mich nur an meinen Sohn zu wenden, mir die Erzählung noch einmal vorzunehmen, und zwar nicht in der ersten Person, sondern in der dritten, um mehr Leben hineinzubringen. Außerdem sollte ich sie, wie meine Romane, mit der Maschine schreiben.

Das sind die ursprünglichen etwa hundert Seiten der Hefte, die im Jahr 1945 von den Presses de la Cité in begrenzter Auflage unter dem vom Verleger in meiner Abwesenheit gewählten Titel *Je me souviens* veröffentlicht wurden. Allerdings war der Text geändert worden, um all das herauszustreichen, was man für eine Beschreibung lebender Personen hätte halten können.

Der neue Text, der nach dem Brief von Gide geschrieben wurde und sich im ersten Teil an den ursprünglichen anlehnt, muss trotzdem als Roman betrachtet werden. Ich wäre sogar dagegen, ihm das Etikett »biographischer Roman« aufzukleben.

Parinaud hat mich während unseres Radiointerviews von 1955 lange zu diesem Punkt befragt, wobei er mich unbedingt mit der zentralen Figur, Roger Mamelin, identifizieren wollte.

Ich antwortete ihm mit einem Gemeinplatz, der vielleicht nicht von mir ist, den ich jedoch wiederhole: In meinem Roman ist alles wahr, ohne dass irgendetwas genau stimmt.

Ich gestehe übrigens, dass ich, als das Buch beendet war, lange Zeit nach der Entsprechung des wunderbaren Titels *Dichtung und Wahrheit* gesucht habe, den Goethe seinen Kindheitserinnerungen gegeben hat.

Die Kindheit von Roger Mamelin, sein Milieu, der Rahmen, in dem er sich entwickelt, orientieren sich, ebenso wie die Personen, die er beobachtet, ziemlich genau an der Wirklichkeit.

Die Ereignisse sind zum größten Teil nicht erfunden.

Bei den Personen jedoch habe ich, ausgehend von dem vielseitigen Stoff, von der Freiheit Gebrauch gemacht, Neues zu erschaffen, wobei ich mich mehr an die dichterische als an die einfache, schlichte Wahrheit gehalten habe.

Das ist so wenig verstanden worden, dass sich zahlreiche

Leute aufgrund eines charakteristischen Merkmals, einer Schrulle, einer Ähnlichkeit des Namens oder des Berufs wiedererkannt haben wollen und einige mich gerichtlich belangt haben.

Ich bin in diesem Fall leider nicht der Einzige; viele meiner Schriftstellerkollegen haben solche Erfahrungen gemacht. Heutzutage ist es schwierig, einer Romanfigur einen Namen, einen Beruf, eine Adresse oder sogar eine Telefonnummer zu geben, ohne sich gerichtlicher Verfolgung auszusetzen.

Die erste Ausgabe von *Stammbaum* trug den Vermerk: »Ende des ersten Bandes«, und ich erhalte noch heute Briefe, in denen man mich fragt, wann die folgenden Bände erscheinen werden.

Ich habe Roger Mamelin verlassen, als er sechzehn Jahre alt war. Der zweite Band müsste von seiner Jugend erzählen, der dritte von seiner ersten Zeit in Paris und seiner Lehre in dem Beruf, den ich an anderer Stelle den Beruf, ein Mensch zu sein, genannt habe.

Die beiden Bände habe ich nicht geschrieben und werde es auch nicht tun; denn wie viele neue Verurteilungen zu empfindlich hohen Geldstrafen würde mir das bei den Hunderten Nebenpersonen, die ich auftreten lassen müsste, einbringen? Ich wage nicht, daran zu denken.

In der Auflage von 1952 in einer neuen Aufmachung habe ich vorsichtshalber und vielleicht etwas ironisch die beanstandeten Passagen weggelassen und durch unschuldige Punkte ersetzt. Die Lücken habe ich in einem kurzen Vorwort den Gerichten zur Last gelegt.

In der vorliegenden Ausgabe findet man keine solchen Stellen mehr. Nicht ohne Wehmut habe ich sogar auf die Ironie verzichtet und mein Buch von all dem gereinigt, was verdächtig oder verletzend erscheinen könnte.

Dennoch wiederhole ich, nicht aus Vorsicht, sondern aus Sorge um Genauigkeit, dass *Stammbaum* ein Roman, also ein Werk ist, in dem die Phantasie und die Wiedererschaffung den größten Teil einnehmen, was mich nicht daran hindert zuzugeben, dass Roger Mamelin viel Ähnlichkeit mit dem Kind aufweist, das ich war.

Georges Simenon
Noland, den 16. April 1957

Erster Teil

1

Sie öffnet die Augen. Für einen Moment, mehrere Sekunden, eine lautlose Ewigkeit bemerkt sie keinerlei Veränderung, weder in ihr noch in der Küche um sie herum; zudem nimmt sie keine Küche wahr, sondern nur ein Durcheinander von Schatten und schwachen Lichtreflexen ohne Bestand, ohne Bedeutung. Vielleicht ist sie im Vorhof des Paradieses?

Haben sich die Augenlider der Schläferin zu einem bestimmten Zeitpunkt gehoben? Oder blieben die Pupillen starr ins Leere gerichtet wie das Objektiv eines Fotografen, der vergaß, das schwarze Samttuch wieder herunterzulassen?

Draußen irgendwo – das heißt, in der Rue Léopold – spielt sich ein sonderbares Leben ab, düster, weil die Nacht hereingebrochen ist, lärmend und gehetzt, weil es fünf Uhr nachmittags ist, feucht und träge, weil es seit mehreren Tagen regnet. Die bleichen Kugeln der Bogenlampen leuchten vor den Schaufensterpuppen der Konfektionsgeschäfte, die Straßenbahnen fahren vorüber und sprühen blaue Funken, grell wie Blitze.

Élise hat die Augen geöffnet und ist noch weit entfernt, nirgendwo; von draußen dringen nur diese unwirklichen Lichter durch das Fenster und die weiß geblümten Spitzengardinen und projizieren Arabesken auf die Wände und Gegenstände im Zimmer.

Das vertraute Summen des Ofens mit der kleinen rötlichen

Öffnung, durch die hindurch manchmal zu sehen ist, wie kleine Kohlenstücke ins Feuer fallen, wird ihr als Erstes wieder bewusst; das Wasser in dem weißen Emaillekessel mit dem angeschlagenen Schnabel beginnt zu singen; der Wecker auf dem schwarzen Kamin nimmt sein Ticktack wieder auf.

Jetzt erst spürt Élise, wie es dumpf in ihrem Bauch arbeitet, und sie sieht sich selbst unsicher auf einem Stuhl sitzen, sie weiß, dass sie mit dem Geschirrtuch in der Hand vor dem Ofen eingeschlafen ist. Sie weiß auch, wo sie sich befindet: in der zweiten Etage bei den Cessions, mitten in einer geschäftigen Stadt, nicht weit von dem Pont des Arches, der die Stadt von den Vororten trennt; sie hat Angst, sie steht zitternd auf, ihr Atem geht schwer, und dann, um sich durch eine alltägliche Handlung wieder zu beruhigen, schüttet sie Kohlen in den Ofen.

»Mein Gott …«, murmelt sie.

Désiré ist weit weg, am anderen Ende der Stadt, in seinem Büro in der Rue des Guillemins, und vielleicht wird sie ganz allein entbinden, während weiterhin Hunderte, Tausende Passanten mit ihren Regenschirmen auf den glänzenden Gehsteigen aneinanderstoßen.

Ihre Hand macht eine Bewegung, um die Streichhölzer, die neben dem Wecker liegen, zu ergreifen; aber sie hat nicht die Geduld, zuerst den milchigen Lampenschirm, dann das Glas von der Petroleumlampe zu nehmen und den Docht hochzudrehen; sie hat zu große Angst. Es fehlt ihr der Wille, die herumstehenden Teller in den Schrank zu räumen, und ohne in den Spiegel zu blicken, setzt sie ihren schwarzen Hut auf, den sie noch aus der Trauerzeit für ihre Mutter besitzt. Sie zieht ihren schwarzen Cheviotmantel an, der auch zu der

Trauerkleidung gehört und sich nicht mehr zuknöpfen lässt, sodass sie ihn über ihrem gewölbten Bauch zusammenhalten muss.

Sie hat Durst. Sie hat Hunger. Irgendetwas fehlt ihr. Sie fühlt sich wie leer, aber sie weiß nicht, was sie tun soll, sie flieht aus dem Zimmer und stopft den Schlüssel in ihr Handtäschchen.

Man schreibt den 12. Februar 1903. Im Treppenhaus zischt und spuckt ein Gasbrenner sein weiß glühendes Gas aus; es gibt nämlich Gas im Haus, allerdings nicht im zweiten Stock.

Im ersten Stockwerk sieht Élise Licht unter einer Tür; sie wagt nicht zu klopfen, der Gedanke kommt ihr gar nicht. Ein Rentnerehepaar lebt dort, die Delobels. Sie spekulieren an der Börse, ein egoistisches Paar, das sich das Leben angenehm macht und jedes Jahr mehrere Monate in Ostende oder Nizza verbringt.

Ein Luftzug streift sie in dem engen Durchgang zwischen zwei Geschäften. In den Schaufenstern von Cession liegen Dutzende von dunklen Hüten, und drinnen stehen verlegene Leute, die sich in den Spiegeln betrachten und nicht zu sagen wagen, ob sie mit ihrem Spiegelbild zufrieden sind, und Madame Cession, die Hauswirtin von Élise, im Schwarzseidenen mit schwarzem Spitzeneinsatz und Gemme, um den Hals eine Uhr an der Kette.

Straßenbahnen fahren alle paar Minuten vorbei, grüne, die nach Trooz, nach Chênée oder Fléron fahren, rote und gelbe, die als Ringlinien ohne Unterbrechung durch die Stadt fahren.

Straßenhändler rufen die Liste der Nummern aus, die bei der letzten Verlosung gewonnen haben, und andere wieder schreien:

»Die Baronesse von Vaughan, zehn Centime! Verlangen Sie das Porträt der Baronesse von Vaughan!«

Das ist die Mätresse von Léopold II. Wie es scheint, verbindet ein unterirdischer Tunnel sein herrschaftliches Privathaus mit dem Schloss von Laeken.

»Verlangen Sie die Baronesse von Vaughan …«

Soweit Élise sich auch zurückerinnert, sie hat immer das gleiche Gefühl, klein zu sein; ja, sie ist ganz klein, zu schwach und schutzlos in einem zu großen Universum, das sich nicht um sie kümmert, und sie kann nur stammeln:

»Mein Gott …«

Sie hat ihren Regenschirm vergessen, und sie hat nicht den Mut, wieder hinaufzugehen, um ihn zu holen. Feine Tröpfchen benetzen ihr rundes Gesicht, das Gesicht eines kleinen Mädchens aus dem Norden, und ihr blondes Haar, das so frisiert ist, wie es in Flandern üblich ist.

Für sie ist jeder beeindruckend, sogar dieser Mann da im Gehrock, steif wie eine Schaufensterpuppe, mit gewichstem Schnurrbart und einem Umlegekragen so hoch wie eine Manschette, der unter der Lampe eines Konfektionsgeschäftes von einem Bein auf das andere tritt. Er stirbt fast vor Kälte an Füßen, Nase und Fingern. Er hat in der Menschenmenge, die auf dem Gehsteig hin und her geht, die Mamans im Auge, die ein Kind hinter sich herziehen. Seine Taschen sind voll von kleinen Farbdrucken und Bilderrätseln: »Suchen Sie den Bulgaren.«

Es ist kalt. Es regnet. Es ist trübe. Ein warmer Schokoladengeruch steigt auf, als sie vor den vergitterten Kellerfenstern von Hosay vorbeigeht. Sie geht schnell. Sie hat keine Schmerzen, und dennoch ist sie sicher, dass die Wehen in ihr beginnen und dass ihre Zeit gekommen ist. Ihr Strumpfhalter ist aufgegangen, und ihr Strumpf rutscht. Kurz vor der Place Saint-Lambert öffnet sich zwischen zwei Geschäften eine schmale Gasse, die immer im Dunkeln liegt. Dort eilt sie hinein und stellt ihren Fuß auf den Bordstein.

Spricht sie zu sich selbst? Ihre Lippen bewegen sich.

»Mein Gott, mach, dass ich genug Zeit habe!«

Und während sie ihre Röcke hochrafft, um an den Strumpfhalter heranzukommen, hält sie plötzlich inne: Dort, im Schatten, in den ein Lichtschein der Rue Léopold dringt, stehen zwei Männer. Zwei Männer, die sie wohl bei der Unterhaltung gestört hat. Verstecken sie sich? Sie könnte es nicht sagen, aber undeutlich spürt sie etwas Verdächtiges in deren Beisammensein. Wahrscheinlich warten sie schweigend darauf, dass diese kopflose Frau, die blindlings bis auf zwei Meter auf sie zugestürzt kam, um ihren Strumpf hochzuziehen, wieder verschwindet.

Sie schaut kaum zu ihnen hin; schon zieht sie sich wieder zurück, als ihr dennoch ein Name auf die Lippen kommt:

»Léopold ...«

Sie musste diesen Namen aussprechen, wenn auch nur halblaut. Sie ist sicher, fast sicher, einen ihrer Brüder, Léopold, wiedererkannt zu haben, den sie seit Jahren nicht mehr gesehen hat: ein Rücken, der mit fünfundvierzig Jahren bereits gebeugt ist, ein tiefschwarzer Bart, funkelnde Augen unter dichten Brauen. Sein Begleiter, der an diesem Februarabend im Luftzug der Gasse steht, ist sehr jung, ein Kind, noch bartlos. Er hat keinen Mantel an. Seine Züge sind angespannt wie bei jemandem, der seine Tränen zurückhält ...

Élise kehrt zu der Menschenmenge zurück; sie wagt nicht,

sich umzublicken. Ihr Strumpfhalter ist immer noch lose, was ihr das Gefühl gibt, schief zu gehen.

»Mein Gott, mach, dass ... Und was hat mein Bruder Léopold ...?«

Place Saint-Lambert, mit den vielen, noch helleren Lichtern des Grand Bazar, das immer mehr erweitert wird und bereits zwei Häuserblocks verschlungen hat. Die schönen Schaufenster, die Kupfertüren, die sich lautlos öffnen und schließen, und dieser warme, so eigenartige Windhauch, der einen bis zur Mitte des Gehsteigs erreicht.

»Verlangen Sie die Liste der Losnummern, die bei der Brüsseler Verlosung gewonnen haben!«

Schließlich erblickt sie Schaufenster von unauffälligerem Luxus, die Schaufenster des l'Innovation, die voll sind mit Waren aus Seide und Wolle. Sie geht hinein. Es scheint ihr, als müsste sie sich immer mehr beeilen. Sie lächelt, denn sie lächelt immer, wenn sie wieder ins l'Innovation kommt, und wie im Traum begrüßt sie die schwarz gekleideten Verkäuferinnen hinter den Verkaufstischen, die sie kaum erkennen kann.

»Valérie!«

Valérie ist drüben, bei den Handarbeiten. Sie bedient eine alte Kundin und bemüht sich, Stickseidengarn auszuwählen. Als Valérie das erschrockene Gesicht Élises entdeckt, sagen ihre Augen:

»Mein Gott!«

Denn sie sind beide von der gleichen Art, sie gehören zu denen, die vor allem Angst haben und sich immer als zu schwach empfinden. Valérie wagt nicht, ihre Kundin zu drängen. Sie hat verstanden. Im Voraus sucht sie mit den Blicken Monsieur

Wilhelms neben der Hauptkasse, den obersten Chef, mit seinen knarrenden Lackschuhen und gepflegten Händen.

Drei, vier Tische weiter, bei der Babywäsche, steht Maria Debeurre, die Élise betrachtet und gern mit ihr sprechen würde, während diese sich in ihrer Trauerkleidung ganz aufrecht hält und mit den Fingern an den Ladentisch klammert. Die feuchte Wärme des Kaufhauses steigt ihr zu Kopf. Der fade Geruch der Stoffe, der Madapolamstoffe, der Sergen, der durchdringende Geruch all dieser Ballen und diese farblosen Seidenlappen, all das widert sie an, genauso wie die lastende Stille, die in den Gängen herrscht.

Es scheint ihr, als würde sie blass um die Nase, als gäben ihre Beine nach, aber ein grämliches Lächeln bleibt auf ihren Lippen hängen, und manchmal nickt sie unauffällig Verkäuferinnen zu, die weit entfernt sind und von denen sie durch einen flirrenden Nebel hindurch nur das schwarze Kleid mit dem Lackgürtel sieht.

Drei Jahre lang lebte sie hinter einem dieser Verkaufstische. Als sie sich vorstellte …

Aber man muss weiter ausholen. Ihr Leben als kleine, ängstliche und immer ein wenig überempfindliche Maus begann, als sie fünf Jahre alt war, als ihr Vater starb und als sie das riesige Haus am Kanalufer in Herstal verließen, wo die Bäume aus dem Norden Holzschuppen gewaltig wie Kirchen füllten.

Sie wusste nichts. Sie verstand nichts. Sie kannte kaum diesen Vater mit dem langen schwarzen Schnurrbart, der Dummheiten gemacht, Gefälligkeitswechsel unterzeichnet hatte und daran gestorben war.

Die Geschwister waren verheiratet oder hatten sich bereits

davongemacht, denn Élise war das dreizehnte Kind, mit dessen Geburt man nicht mehr gerechnet hatte.

Zwei kleine Zimmer in einem alten Haus, nahe der Rue Féronstrée. Sie lebte allein mit ihrer Mutter, einer würdevollen, immer gepflegten Frau, die leere Töpfe auf den Herd stellte, wenn jemand kam, um den Anschein zu erwecken, dass es ihnen an nichts fehlte.

Das strubbelige kleine Mädchen schlich sich in einen Laden, deutete auf etwas in der Auslage, öffnete den Mund, fand nicht die richtigen Worte.

»Ein paar … ein paar …«

Ihr Vater war Deutscher, ihre Mutter Holländerin. Élise wusste noch nicht, dass sie nicht dieselbe Sprache wie die anderen sprach, sie wollte unbedingt etwas sagen und brachte vor der belustigten Verkäuferin auf gut Glück hervor:

»Ein paar … Frikadellen.«

Warum Frikadellen? Das Wort kam ihr über die Lippen, weil sie es bei sich zu Hause gehört hatte; hier im Laden jedoch rief es schallendes Gelächter hervor. Es war die erste Demütigung in ihrem Leben. Sie lief schnell nach Hause, ohne etwas mitzubringen. Dort brach sie dann in Tränen aus.

Um dem Leben zu Hause etwas von seiner Ärmlichkeit zu nehmen, hatte sie mit fünfzehn Jahren ihr Haar hochgesteckt, ihr Kleid länger gemacht und sich diesem so gepflegten, höflichen Monsieur Wilhelms vorgestellt.

»Wie alt sind Sie?«

»Neunzehn Jahre.«

Diejenigen, die sie heute hier aufsucht, sind so etwas wie ihre wirkliche Familie: Valérie Smet, Maria Debeurre und die anderen, die sie von weitem beobachten, und sogar die

Verkäuferinnen von oben, aus den anderen Abteilungen für Möbel, Linoleum und Spielzeug.

Sie spielt die Tapfere. Sie lächelt, folgt mit den Augen der winzigen Valérie, die von einer enormen dunklen Haarfülle erdrückt wird und deren Figur von dem Lackgürtel in zwei Hälften geteilt wird wie bei einem Diabolo.

»Kasse!«

Die alte Dame hat sich entschieden. Valérie läuft herbei.

»Glaubst du, es ist heute so weit?«

Sie flüstern wie bei der Beichte, blicken ängstlich zur Hauptkasse und zu den Aufsichtspersonen in ihren Jacken.

»Désiré?«

»Er ist im Büro. Ich habe nicht gewagt, ihn benachrichtigen zu lassen.«

»Warte … Ich werde Monsieur Wilhelms fragen.«

Élise erscheint das Ganze wie eine Ewigkeit, und dennoch hat sie keine Schmerzen, sie fühlt nichts anderes als eine unbestimmte Angst im ganzen Körper. Vor zwei Jahren, als sie und Valérie immer Arm in Arm das Geschäft verließen, trafen sie regelmäßig einen großen, schüchternen jungen Mann mit spitzem Kinnbärtchen und schlichter Kleidung.

Valérie legte sich besonders ins Zeug.

»Ich bin sicher, dass er deinetwegen kommt.«

Er war wirklich groß, fast ein Meter neunzig, und die beiden waren, eine wie die andere, gleich klein. Woher hatte Valérie ihre Informationen?

»Er heißt Désiré, Désiré Mamelin. Er ist Versicherungsangestellter bei Monsieur Monnoyeur in der Rue des Guillemins.«

Jetzt bemüht sich Valérie, Monsieur Wilhelms die Situation

zu erklären; der wirft einen Blick auf seine ehemalige Verkäuferin und nickt.

»Warte einen Augenblick auf mich. Ich hole eben meinen Mantel und meinen Hut.«

Draußen ein Krach, als würden zwei Straßenbahnen zusammenstoßen.

»Mein Gott«, seufzt Élise.

Dreimal in zwei Monaten hat es einen Straßenbahnunfall unter ihren Fenstern in der Rue Léopold gegeben. Nur einige Kundinnen, die in der Nähe des Eingangs stehen, stürzen hinaus. Die Verkäufer und Verkäuferinnen bleiben an ihren Plätzen. Man hört einige schrille Schreie, dann ein Durcheinander von Stimmen. Monsieur Wilhelms hat sich keinen Ellbogenbreit von der Hauptkasse aus lackierter Eiche wegbewegt. Er streicht seinen silbergrauen Schnurrbart glatt. Vor dem Schaufenster laufen Leute vorbei. Valérie kommt zurück.

»Hast du das gehört?«

»Ein Unfall …«

»Kannst du gehen?«

»Aber ja, meine liebe Valérie. Ich bitte dich um Verzeihung, dass ich dich gestört habe. Was hat er gesagt?«

Er, das ist Monsieur Wilhelms, der Allmächtige.

»Komm. Stütz dich auf meinen Arm.«

»Ich versichere dir, dass ich noch in der Lage bin, allein zu gehen.«

Lautlos öffnen sich die Türen. Sie treten in die feuchte Kälte hinaus, hören ein Getrappel von überallher und sehen Hunderte, vielleicht Tausende von Menschen, die zum nahen Grand Bazar drängen, und schon stehen Straßenbahnen in einer langen Kette bewegungsunfähig hintereinander.

»Komm, Élise. Wir gehen durch die Rue Gérardrie.«

Aber Élise stellt sich hinter der Menge auf die Zehenspitzen.

»Schau …«

»Ja …«

Das Grand Bazar auf der Place Saint-Lambert hat eine riesige Markise, die den gesamten Gehsteig überdacht. Auf einer Länge von mehr als zehn Metern sind die Schaufensterscheiben zertrümmert, die Eisenbeschläge haben sich verbogen, und die Lampen sind erloschen.

»Was ist los, Monsieur?«

Élise fragt bescheiden den Erstbesten.

»Woher soll ich das wissen? Ich weiß nicht mehr als Sie.«

»Komm, Élise …«

Polizisten laufen herbei, versuchen sich durch die Menge zu drängen. Hinter ihnen ist die Sirene eines Feuerwehrautos zu hören, dann die eines Krankenwagens.

»Weitergehen! … Weitergehen, bitte!«

»Das Schaufenster, Valérie …«

Zwei der Schaufenster des Kaufhauses sehen aus wie große dunkle Löcher, nur die Zacken der Scheiben sind wie Stalaktiten übrig geblieben.

»Was ist passiert, Herr Wachtmeister?«

Der Polizist hat es eilig und antwortet nicht. Ein älterer Herr mit Zigarre drängt sich beharrlich nach vorn, antwortet von der Seite:

»Eine Bombe. Wieder die Anarchisten …«

»Élise, ich flehe dich an …«

Élise lässt sich mit fortziehen. Sie hat ihren Schwindelanfall vergessen, er wird plötzlich durch übermäßige Nervosität verdrängt. Sie würde gern weinen, aber sie kann nicht. Valérie öffnet ihren Schirm, drückt sich eng an Élise und führt sie in Richtung Rue Gérardrie.

»Wir gehen jetzt zur Hebamme.«

»Vorausgesetzt, sie ist zu Hause.«

Die umliegenden Straßen sind menschenleer. Jeder ist auf die Place Saint-Lambert geeilt, die Geschäftsleute stehen in der Tür ihres Ladens und fragen die Passanten.

»Im zweiten Stock, ja.«

Eine Visitenkarte, auf der der Name der Hebamme steht, empfiehlt dreimal zu läuten. Sie läuten. Eine Gardine bewegt sich.

»Sie ist zu Hause.«

Im Hausflur wird das Gaslicht angezündet. Eine dicke Frau versucht, die Gesichtszüge der Besucherinnen in der Dunkelheit des Gehsteiges zu erkennen.

»Ah! Sie sind's … Glauben Sie? … Gut. Gehen Sie nur nach Hause. Ich komme nach. Unterwegs werde ich Doktor van der Donck benachrichtigen, damit er bereit ist für den Fall, dass wir ihn benötigen.«

»Valérie! Sieh mal!«

Berittene Polizisten traben herbei und lenken zur Place Saint-Lambert.

»Denk nicht mehr daran. Komm …«

Und als sie bei Hosay vorbeikommen, schiebt Valérie Élise in das Geschäft.

»Iss etwas, das wird dir guttun. Du zitterst ja wie Espenlaub.«

»Meinst du?«

Valérie sucht Kuchen aus und verlangt, etwas verlegen, ein Glas Portwein. Sie fühlt sich zu einer Erklärung verpflichtet:

»Das ist für meine Freundin, die …«

»Mein Gott, Valérie!«

Um sechs Uhr verlässt der lange Désiré sein Büro in der Rue des Guillemins und geht mit langen, regelmäßigen Schritten nach Hause.

»Er hat einen so schönen Gang!«

Er dreht sich nicht um, bleibt nicht vor den Auslagen stehen. Er raucht seine Zigarette und geht, den Blick geradeaus gerichtet, geht, als würde eine Melodie ihn begleiten. Sein Weg ändert sich nicht. Immer zur gleichen Zeit, bis auf die Minute genau, kommt er vor den Normaluhren an, und genau an derselben Stelle zündet er seine zweite Zigarette an.

Er weiß nichts von dem, was sich auf der Place Saint-Lambert abgespielt hat, und er ist erstaunt, vier Straßenbahnen im Gänsemarsch hintereinanderherfahren zu sehen. Vielleicht ein Unfall?

Mit seinen fünfundzwanzig Jahren hat er nie eine andere Frau als Élise gekannt. Bevor er sie traf, verbrachte er seine Abende bei einem Wohltätigkeitsverein. Er war Souffleur in der Theaterabteilung.

Er geht weiter und kommt durch die Rue de la Cathédrale zur Rue Léopold, betritt den Hausflur, schaut hoch und sieht auf den Stufen der Treppe nasse Spuren, als wären mehrere Personen hinaufgegangen.

Dann stürzt er hoch. Schon in der ersten Etage hört er ein Stimmengemurmel. Die Tür wird geöffnet, bevor er den Knauf berührt. Das kleine, verstörte Gesicht Valéries erscheint, kugelrund, mit Wimpern und Haaren wie bei einer japanischen Puppe und mit zwei roten Flecken auf den Wangen.

»Du bist's, Désiré … psst … Élise …«

Er will zu ihr. Er geht in die Küche, aber die Hebamme hält ihn auf.

»Vor allem, keine Männer hier drin. Warten Sie draußen. Wir rufen Sie, wenn Sie kommen können.«

Und er hört Élise im Zimmer stöhnen.

»Mein Gott, Madame Béguin, Désiré ist schon da! … Wo wird er essen?«

»Nun! Also, sind Sie immer noch nicht weg? Ich sage Ihnen doch, dass man Sie rufen wird. Hören Sie … Ich werde die Lampe vor dem Fenster bewegen.«

Er bemerkt nicht, dass er seinen Hut auf einer Ecke des unordentlichen Tisches vergisst. Sein langer schwarzer Mantel ist fast bis zum Kragen zugeknöpft und gibt ihm ein feierliches Aussehen. Er trägt einen kleinen braunen Kinnbart wie die Musketiere.

Jetzt ist die Straße leer, kaum belebt durch das Geräusch des feinen Nieselregens. Die Schaufenster sind eins nach dem anderen hinter den Eisenrollläden verschwunden. Die Männer mit den eiskalten Nasen, die an den Türen der Konfektionsgeschäfte bunte Prospekte verteilten, hat die Nacht verschluckt. Die Straßenbahnen fahren jetzt seltener und machen mehr Lärm; das monotone Geräusch in der Luft kommt von den schlammigen Wellen der Maas, die sich an den Brückenpfeilern des Pont des Arches brechen.

In den benachbarten engen Straßen gibt es ziemlich viele kleine Cafés mit Milchglasscheiben und cremefarbenen Vorhängen, aber Désiré setzt seinen Fuß nur am Sonntagvormittag um elf Uhr in ein Café, und er geht immer ins Renaissance.

Er schaut bereits forschend zu den Fenstern hoch. Er denkt nicht ans Essen. Immer wieder zieht er seine Uhr aus der Tasche, und es kommt vor, dass er mit sich selbst spricht.

Um zehn Uhr ist nur noch er auf dem Gehsteig. Als er die Helme von Polizisten auf der Seite der Place Saint-Lambert sieht, zuckt er kaum mit den Wimpern.

Zweimal ist er die Treppe hinaufgestiegen und hat auf die Geräusche gehorcht, zweimal ist er wieder geflüchtet, erschreckt, mit schwerem Herzen.

»Pardon, Herr Wachtmeister …«

Der Polizist an der Straßenecke steht unter einer großen Reklameuhr mit unbeweglichen Zeigern und hat nichts zu tun.

»Können Sie mir wohl die genaue Uhrzeit sagen?«

Dann, mit dem gekünstelten Lächeln eines Mannes, der sich entschuldigt:

»Die Zeit erscheint einem so lang, wenn man wartet … wenn man auf ein so bedeutungsvolles Ereignis wartet … Stellen Sie sich vor, meine Frau …«

Er lächelt, ohne dass es ihm ganz gelingt, seinen Stolz zu verbergen.

»Von einer Minute auf die andere werden wir ein Kind haben …«, erklärt er. Er hat das Bedürfnis, alles zu erklären. Dass sie zum besten Spezialisten, Doktor van der Donck, gegangen sind. Dass er es war, der ihnen die Hebamme empfohlen hat. Dass der Arzt zu ihnen gesagt hat:

»Für meine eigene Frau würde ich *sie* wählen.«

»Verstehen Sie … Wenn ein Mann wie Monsieur van der Donck …«

Manchmal geht jemand mit hochgeschlagenem Mantelkragen an den Häusern vorbei, und noch lange hallt das Labyrinth der Straßen von seinen Schritten wider. Alle fünfzig Meter, unter jeder Gaslaterne, erfasst ein gelber Lichtkegel einen feuchten Nebelschwaden.

»Was machen die dort?«

Auf der Place Saint-Lambert kann man Leute hin und her gehen sehen, man sieht die Regenmäntel von Polizisten. Eben hört man das Galoppieren einer Reiterstaffel.

»Die Anarchisten ...«

»Was haben sie getan?«

Désiré fragt höflich nach, aber hat er es überhaupt verstanden?

»Sie haben eine Bombe in die Schaufenster des Grand Bazar geworfen.«

»Bei dem Nächsten wird man sich daran gewöhnen müssen, nicht wahr? ... Aber beim ersten ... Vor allen Dingen, weil meine Frau nicht sehr kräftig ist ... eher nervös ...«

Désiré merkt immer noch nicht, dass er keinen Hut trägt. Runde Zelluloidmanschetten rutschen ihm bei jeder Bewegung auf die Hände. Soeben hat er sein Päckchen Zigaretten zu Ende geraucht, und um sich ein neues zu kaufen, müsste er zu weit von hier weggehen.

»Wenn diese Frau nun vergisst, die Lampe zu bewegen ... Sie hat so viel zu tun!«

Um Mitternacht entschuldigt sich der Polizist und entfernt sich. Auf der Straße ist nun keine Menschenseele mehr, keine Straßenbahnen, nichts mehr, nur entfernte Schritte, Türen, die geschlossen, Riegel, die vorgeschoben werden.

»Endlich, die Lampe ...«

Es ist genau zehn Minuten nach Mitternacht. Désiré stürzt

los wie ein Verrückter. Seine langen Beine bezwingen die Entfernung.

»Élise …«

»Psst! … Nicht so laut …«

Dann weint er. Er weiß weder, was er tut, noch, was er sagt, noch, dass fremde Frauen ihm zusehen. Er wagt nicht, das Kind, das ganz rot ist, zu berühren. Der fade Geruch der Wohnung fällt ihm auf. Valérie geht zum Ausguss in den Zwischenstock, um Wasser auszuschütten.

Élise liegt in der Bettwäsche, die sie extra dafür gestickt hat und die soeben aufgezogen worden ist; sie lächelt schwach.

»Es ist ein Junge«, stammelt sie.

Ohne sich darum zu kümmern, was die anderen denken, sagt er, wobei er immer noch weint:

»Ich werde nie, niemals vergessen, dass du mir soeben die größte Freude gemacht hast, die eine Frau einem Mann machen kann.«

»Désiré … Hör mal … Wie spät ist es?«

Das Kind ist zehn Minuten nach Mitternacht geboren.

Élise flüstert:

»Hör mal, Désiré … Er hat an einem Freitag, den 13., das Licht der Welt erblickt. Wir dürfen es niemandem sagen. Wir müssen diese Frau bitten …«

So lässt Désiré am nächsten Morgen, als er zusammen mit seinem Bruder Arthur als Zeugen zum Rathaus geht, um das Kind anzumelden, mit Unschuldsmiene eintragen:

»Roger Mamelin, geboren in Lüttich, 18 Rue Léopold, am Donnerstag, dem 12. Februar 1903.«

Automatisch fügt er hinzu:

»Über den Cessions.«

2

Und warum sollte es sich nicht wirklich um einen Hausgeist handeln? Warum tritt er immer in demselben Augenblick in Erscheinung, um gewissermaßen »Guten Morgen« zu wünschen? An den anderen Vormittagen läuft Élise auf und ab; heute jedoch liegt sie unbeweglich im warmen Bett, die Schultern auf ihr und Désirés Kopfkissen gestützt. In der Wiege geht leicht pfeifend der Atem des Kindes, das soeben die Brust bekommen hat. Élise macht ihr grämliches Gesicht, nicht traurig, sondern grämlich, sie lächelt verschleiert, ein wenig aus Scham, ein wenig aus Mitleid, weil das, was Désiré sich in diesem Augenblick zu tun zwingt, eigentlich nicht die Aufgabe eines Mannes ist.

Das Feuer im Ofen ist gerade erst angezündet worden. Man fühlt, wie seine Wärme in kleinen Wellen durch die Kälte des Morgens gekrochen kommt; wenn man darauf achtet, kann man sogar einen richtigen Kampf spüren: Die warmen, dann heißen Wellen, die dem Ofen entweichen, stoßen kurz hinter dem Tisch auf die eiskalte Luft, die während der ganzen Nacht an den schwarzen Fensterscheiben vorbeigestrichen ist. Morgens, vor allem sehr früh am Morgen, wenn man zu einer ungewöhnlichen Zeit aufsteht, verbreitet das Feuer nicht dieselbe Stimmung wie sonst während des Tages; es macht nicht dasselbe Geräusch. Die Flammen sind heller, das hat Élise oft beobachtet.

Und das ist der Augenblick, in dem man plötzlich meinen könnte, das lackierte Blech blähe sich auf, ein guter Geist erwache im Innern des Ofens und dehne sich aus, um in einem fröhlichen »Bum!« zu explodieren.

Jeden Morgen! Und jedes Mal entsteht daraufhin dieser feine Regen von rosa Asche, und dann, wenig später, beginnt das Summen des Wassers im Kessel.

Es ist gerade sechs Uhr. Auf der Straße hört man nur die Schritte eines Menschen, und wahrscheinlich hat dieser unbekannte Fußgänger zu den Fenstern hochgeblickt, zu den einzigen, die erleuchtet sind. Durch die Scheiben sieht man nichts, nicht einmal den Schein der Gaslaternen, aber es muss in Strömen regnen, denn ein ständiges Gluckern geht die Dachrinne hinunter. Manchmal ein Windstoß, den man aufgrund eines plötzlichen Luftzuges im Kamin, durch Asche, die in den Aschenkasten fällt, bemerkt.

»Mein Gott, Désiré …«

Sie hat nicht gewagt, »armer Désiré« zu sagen. Sie schämt sich, unbeweglich im Zimmer mit der weit offen stehenden Verbindungstür zu liegen. Sie schämt sich noch mehr wegen der Ungezwungenheit, des inneren Friedens und der Heiterkeit, die der lange Désiré ausstrahlt, während er den Haushalt besorgt. Vor seinen dunklen Anzug hat er sich eine Schürze seiner Frau gebunden, eine kleine Baumwollschürze mit blauen Karos, eine abgetragene Schürze, die mit einem Volant verziert ist; gleichgültig gegenüber der lächerlichen Wirkung, hat er die zu kurzen Träger mit Sicherheitsnadeln an seine Schultern geheftet.

Manchmal geht er, einen Eimer in jeder Hand, hinunter zum Ausguss in den Zwischenstock, so leise, dass man kein

Rascheln hört, auch nicht das metallene Geräusch, das der Henkel des Eimers sonst macht, und kaum hört man den leisen Strahl des Wasserhahns.

Er wollte den Fußboden gründlich wischen, denn am Vorabend waren viele Leute da, und weil es regnete, wurde viel Dreck gemacht. Ein Tag, der sich von allen anderen unterschied, dieser Samstag, einer von diesen Tagen, die man nur undeutlich in Erinnerung behält: Valérie nahm einen Tag frei und blieb bei Élise, Maria Debeurre kam in der Mittagspause; dann Désirés Schwestern, sein Bruder Arthur, fröhlich und polternd, immer zu einem Scherz aufgelegt. Er bestand darauf, dem Standesbeamten im Rathaus ein Gläschen anzubieten.

Madame Cession musste wütend sein über dieses Kommen und Gehen im Treppenhaus, und die Leute in der ersten Etage hielten ihre Tür unnahbar geschlossen.

Jetzt ist alles sauber. Das ist komisch: Die Männer wringen den Aufnehmer andersherum aus, von links nach rechts!

Es ist Sonntag. Aus diesem Grund hört man nichts von draußen, während sich die Zeiger des Weckers weiterbewegen, nur die zaghaften Aufrufe der Glocken zur ersten Messe.

»Lass es sein, Désiré. Valérie wird sich darum kümmern.«

Aber nein! Désiré hat Wasser aufgesetzt. Er ist es, der die Windeln wäscht, er, der sie dann zum Trocknen auf die Leine hängt, die quer über den Ofen gespannt ist. Er hat daran gedacht, den alten Kattunstoff mit dem verschossenen Rankenmuster, den sie samstags immer ausbreiten, um nichts schmutzig zu machen, auf den Boden, der noch lange feucht bleibt, zu legen. Désiré denkt an alles. So hat er auch, wie Élise es immer macht, alte Zeitungen zwischen Stoffteppich und Fußboden geschoben, damit dieser trocken bleibt.

Der Tag bricht an, und man weiß nicht, ob es nieselt oder ob es nur Nebel ist, der die Straße erfüllt. Dicke, klare Tropfen fallen von den Fenstersimsen. Die ersten Straßenbahnen, noch beleuchtet, scheinen sich treibenzulassen.

»Wenn ich daran denke, dass ich dir nicht einmal helfen kann!«

An diesem Morgen fühlen sie sich so sehr zu Hause! Ihre Wohnung in der zweiten Etage bei Cession hängt wie losgelöst über der übrigen Welt.

Désiré summt beim Rasieren. Élise zwingt sich dazu, die Unruhe zu vertreiben oder die Traurigkeit, sie weiß nicht, was es ist, ein Gefühl, das sie jedes Mal heimtückisch überkommt, bevor sie sich unglücklich fühlt.

Als sie ganz klein war und sich noch keine Gedanken machte, brach die Katastrophe ohne Warnung über ihre Familie herein. Sie stand zusammen mit ihrer Mutter und ihrer Schwester Félicie – ihre anderen Geschwister lebten irgendwo verstreut – in tiefer Trauer fast auf der Straße, und seither ist es ihr immer so vorgekommen, als erlitte sie ein besonderes Schicksal, als wäre sie vielleicht nicht so wie die anderen. Sie wird von plötzlichem, unwiderstehlichem Drang zu weinen ergriffen, und sie vergießt oft Tränen, sogar in den ersten Tagen ihrer Ehe.

»Weißt du, ich bin so sehr daran gewöhnt zu weinen!«, versuchte sie Désiré zu erklären. »Es ist stärker als ich.«

Ist der Kleine nicht zu rot? Er bekommt schlecht Luft. Sie ist davon überzeugt, dass er schlecht Luft bekommt, so als beklömme ihn etwas, aber sie wagt es nicht zu sagen. Bald wird ihre Schwiegermutter kommen, und Élise malt sich diesen Besuch aus. Ihre Schwiegermutter mag sie nicht.

»Heirate, wenn du willst, mein Sohn. Das geht nur dich etwas an, aber wenn du mich nach meiner Meinung fragst …«

Ein Mädchen von der anderen Seite des Flusses, ein Mädchen ohne Familie sozusagen, nicht sehr gesund, ein Mädchen, das, wenn es mit ihren Schwestern zusammen ist, eine Sprache spricht, die man nicht versteht.

»Valérie kommt nicht«, seufzt Élise und sieht auf die Uhr. »Du kannst gehen, Désiré. Verspäte dich nicht. Ich kann sehr gut allein warten.«

Er hat die leuchtend blaue Uniform der Bürgerwehr angelegt und seinen Gürtel umgeschnallt. Aus einer weißen Schachtel hat er den sonderbaren hohen Hut mit dem goldbraunen Federbusch genommen und bereits aufgesetzt. Er steigt auf einen Stuhl – auf diesen alten Stuhl, der immer dazu benutzt wird –, um sein Mausergewehr vom Kleiderschrank zu nehmen. Obwohl das Gewehr nicht geladen ist, hat Élise Angst davor.

»Geh! Ich versichere dir, dass ich allein bleiben kann.«

Er steht nah am Fenster, das die blaugrüne, weißliche Farbe der Winterwolken angenommen hat, und wartet. Die Fensterläden der Geschäfte bleiben geschlossen. Von Zeit zu Zeit gleiten schwarze Gestalten an den Fassaden vorüber, sehr wenige, denn die Leute nutzen den Sonntag, um bis in die Puppen zu schlafen.

»Da ist Valérie! Jetzt geh. Du bist spät dran.«

Er küsst sie, und sein Schnurrbart riecht nach Rasierseife. Er wagt nicht, die zarte Haut des Babys mit seinen stachligen Barthaaren zu berühren.

»Hab ich dich warten lassen, Désiré?«

»Sieh mal, Valérie. Er wollte unbedingt den Haushalt machen und die Windeln waschen.«

Kaum ist Désiré im Treppenhaus, lehnt sich Élise halb aus dem Bett und beugt sich über die Wiege.

»Komm mal, Valérie. Fühl mal. Findest du nicht, dass er zu heiß ist?«

»Aber nein, du Dummerchen!«

Alles scheint in Ordnung zu sein in der Wohnung, und dennoch entdeckt Élises Blick eine Kleinigkeit, die nicht stimmt.

»Valérie, kannst du vielleicht den Holzspan an seinen Platz zurücklegen?«

Ein Stück Holz, ein paar Quadratzentimeter groß, das unter einen Fuß des Kleiderschrankes geschoben wird, der wacklig steht und bei jedem Großreinemachen verrückt wird. Ein Mann, und sei es auch Désiré, bemerkt solche Dinge nicht!

Die Straßen können noch so leer sein, und eiskalte, feuchte Windböen können durch sie hindurchfegen, und es kann diese Atmosphäre von Verlassenheit, von der Nutzlosigkeit eines Sonntags im Winter herrschen: Dennoch scheint Désiré auf seinem Weg stets von einer Musik begleitet zu werden, die er als Einziger hört und nach der sich der Rhythmus seiner gleichmäßigen Schritte richtet. Seine genießerischen Lippen unter dem Schnurrbart sind leicht geöffnet, und das angedeutete Lächeln drückt nichts anderes aus als innere Zufriedenheit. Er überquert die Maas, sieht bald die Place Ernest-de-Bavière mit dem Boden aus gebrannten Ziegelsteinen und nähert sich den Gruppen der Bürgerwehr.

»Es ist ein Junge!«, verkündet er, ohne seine Freude zu verbergen.

Er ist glücklich darüber, dass man sich über ihn lustig macht, er ist glücklich über alles, auch über den Händedruck, den sein Hauptmann, der kleine Architekt Snyers mit den Pudelhaaren, ihm vor der Übung ausnahmsweise zukommen lässt.

Der viereckige, nicht sehr schöne Kirchturm, den man hundert Meter weiter sieht, gehört zur Kirche Saint-Nicolas, seiner Gemeinde, wo er geboren ist, wo er immer gelebt hat, und die schmale Straße, die auf den Platz führt, ist »seine« Straße, die Rue Puits-en-Sock, wo seine Verwandten immer noch wohnen.

»Prrrräsentiert das Gewehr!«

Désiré ist zu groß, oder die anderen sind zu klein. Er gibt sich Mühe. Er findet es nicht lächerlich, mit diesen Männern, die er fast alle kennt, Soldat zu spielen, Männer wie er, Familienväter, Angestellte, Handwerker oder Geschäftsleute aus dem Viertel.

»Rühren!«

In der Rue Léopold putzt Valérie das Gemüse.

»Glaubst du, Valérie, dass ich ihn stillen kann?«

»Warum solltest du ihn nicht stillen können?«

»Ich weiß nicht …«

Ist sie selbst nicht das dreizehnte Kind? Hat sie nicht immer gehört … Sie weiß, dass es ein Unglück in der Familie gegeben hat, nicht nur den Konkurs, sondern eine beschämende Sache: Ihr Vater hat, wenigstens zum Schluss, angefangen zu trinken, und er ist an Zungenkrebs gestorben.

Ihre Geschwister haben Élise nie als einen normalen Menschen betrachtet. Ein kleines Kind, das dreizehnte, mit dem man nicht mehr gerechnet hatte, das gekommen ist, um alles noch komplizierter zu machen!

Louisa, die Älteste, ist gestern als Einzige ihrer Familie gekommen, und zwar mit leeren Händen. Désirés Geschwister und sogar die Bekannten haben ein Geschenk mitgebracht, und wenn nur ein paar Weintrauben.

»Ich mache ihm lieber ein schönes Geschenk zu seiner ersten heiligen Kommunion«, hat Louisa, deren Haar vorzeitig ergraut ist, erklärt. »Ich dachte mir, dass es dir wohl an nichts fehlen wird. All diese Sachen …«, sie meint die Lätzchen, die Silberlöffelchen, die Apfelsinen, die Kuchen, »… all das Zeug, man weiß gar nicht, was man damit anfangen soll, und dann verdirbt es.«

»Aber ja, Louisa.«

Dabei ist Louisa eine wohlhabende Geschäftsfrau aus Coronmeuse. Sie blieb eine halbe Stunde sitzen, beobachtete alles, schüttelte den Kopf, und im Grunde hatte sie wohl an allem etwas auszusetzen. Sie kann Désiré nicht leiden.

»Doktor van der Donck hat versprochen, heute vorbeizukommen«, seufzt Élise. »Ich bin froh, wenn er kommt. Ich finde, das Kind ist so heiß!«

»Denk nicht mehr daran, Dummerchen. Hier! Versuch die Zeitung zu lesen, dann kommst du auf andere Gedanken.«

»Wie viel Mühe ich dir mache! Wenn ich dich nicht gehabt hätte … Arme Valérie!«

Valérie, die eilig hin und her geht, schmächtig, mit ihrem dicken Haarknoten, der den Kopf rund erscheinen lässt, und die jedem einen Gefallen tut! Sie wohnt mit Mutter und Schwester oben in der Rue Haute-Sauvenière. Die drei Personen leben in einer Zweizimmerwohnung, überheizt und mit gedämpftem Licht, die nach alter Jungfer riecht. Marie, ihre ältere Schwester, ist Schneiderin und arbeitet tageweise in den reichsten Häusern der Stadt. Valérie ist im l'Innovation beschäftigt. Ihre Mutter, Madame Smet, die außer ihrem Puppenhaushalt nichts zu tun hat, holt sie abends am Ausgang ab, einen komischen schwarzen Altfrauenhut auf dem Kopf, darunter ein Gesicht wie aus Porzellan, rot gefleckte Finger, die aus fingerlosen Handschuhen hervorlugen.

»Vergiss nicht, Zucker an die Möhren zu tun, Valérie. Désiré kann Möhren ohne Zucker nicht essen.«

Élise weiß nicht, wie sie sich verhalten soll. Es ist das erste Mal in ihrem Leben, dass sie bewegungsunfähig im Bett liegt, dazu verdammt, sich unnütz zu fühlen. Sie ist nicht in der Lage, die Zeitung zu lesen, die Valérie ihr gegeben hat; mechanisch wirft sie jedoch einen Blick auf die erste Seite, und plötzlich fühlt sie sich umgeben von einem bedrückenden Schweigen.

Sie sagt nichts. Sie darf nichts sagen, auch nicht zu Valérie, obwohl sie ihr alles anvertraut, sogar Dinge, über die sie nie mit Désiré sprechen würde. Auf der Titelseite der Zeitung ist ein Bild zu sehen, das Bild eines blassen, nervösen jungen Mannes, und Élise ist sicher, ihn wiederzuerkennen. Sie ist sicher, dass dies jenes geheimnisvolle Gesicht ist, mit dem zusammen sie Léopold flüchtig gesehen hat, als sie in dem Gässchen ihren Strumpfhalter wieder festmachen wollte.

Der Anarchist von der Place Saint-Lambert

Sie wusste schon morgens, dass etwas Unheilvolles in der Luft lag. Sie wagt nicht zu weinen vor Valérie, die es nicht verstehen würde. Was hat Léopold nun wieder getan?

... Gestern konnte die Polizei infolge einer gründlichen Nachforschung den Attentäter von der Place Saint-Lambert identifizieren. Es handelt sich um Félix Marette, wohnhaft in der Rue du Laveu, Sohn eines unserer bekanntesten und ehrenwertesten Polizisten. Félix Marette, der flüchtig ist, wird dringend gesucht.

»Die armen Leute«, seufzt Valérie, als sie sieht, dass Élise die Zeitung überfliegt. »Anscheinend wussten sie von nichts. Sie haben sicher große Opfer gebracht, um ihren Sohn auf die höhere Schule zu schicken. Als der Vater von dem Drama unterrichtet wurde, hat er gesagt:

›Lieber würde ich meinen Sohn tot sehen.‹«

Aber Léopold? Was hat Léopold, ein reifer Mann, mit diesem Bengel im Schatten der Gasse besprochen?

Da! Der Ofen macht »Bumm!«, Asche fällt durch den Rost, kleine Zwiebeln werden langsam braun gebraten, und das Kind bewegt sich in seiner Wiege.

»Valérie, meinst du nicht, es ist Zeit, die Windeln zu wechseln?«

Léopold, das älteste Kind der Familie Peters, hat noch die ruhmreiche Zeit der Familie gekannt. Er war auf der Universität und ging mit den jungen Leuten aus den höheren Kreisen, mit Waffenfabrikanten und Adligen, zur Jagd. Dann hatte er plötzlich Lust, Soldat zu werden. Zu jener Zeit wurden nur diejenigen Soldat, die beim Losziehen Pech hatten. Léopold mit seinen zwanzig Jahren hatte Glück. Er konnte jedoch einem Pechvogel seinen Platz abkaufen. Das tat Léopold. Er zog die eng anliegende Uniform der Landser an.

Es gab damals noch Marketenderinnen bei der Truppe, und

Eugénie, die bei seinem Regiment war, war eine wunderbare Frau. Sie hatte spanisches Blut in den Adern wie die Kaiserin, deren Namen sie trug.

Léopold heiratete sie, und plötzlich brach er alle Brücken hinter sich ab. Er wurde als Cafékellner in Spa gesehen, wo Eugénie eine Saison lang als Köchin arbeitete.

»Vorsicht mit den Stecknadeln, Valérie! Ich habe solche Angst vor Stecknadeln! Ich denke immer an ein Kind in der Rue Hors-Château, das sich … Da kommt jemand herauf! … Da ist jemand, Valérie … Es klopft!«

Es ist Félicie, und Élises Augen werden feucht, sie weiß nicht, warum. Félicie ist in Eile und verkündet sofort:

»Ich bin entwischt, weil ich es einfach küssen musste.«

Félicie legt einige Päckchen auf den Tisch: eine Flasche Rotwein, die sie aus den Regalen stibitzt hat, ein Frühstücksgedeck aus Porzellan mit Blümchenmuster, ein Portemonnaie voller Geldstücke.

»Nein, Félicie, kein Geld! Du weißt doch, dass Désiré …«

Und schon spricht sie wieder Flämisch, instinktiv, so wie jedes Mal, wenn sie zusammen sein können. Félicie ist nur wenige Jahre älter als Élise. Sie war Verkäuferin in einem Kaufhaus wie ihre Schwester. Dann heiratete sie Coustou, der das Café du Marché in der Nähe des Pont des Arches hat; er ist dermaßen eifersüchtig, dass er sie nicht fortgehen lässt und ihr verbietet, von ihrer Familie Besuch zu bekommen. Sie treffen sich nur heimlich.

Valérie geht hin und her, ohne etwas von den Gefühlsausbrüchen der beiden Schwestern zu verstehen. Élise kann endlich nach Herzenslust weinen.

»Bist du nicht glücklich?«

»Aber doch, meine liebe Félicie.«

Félicie riecht nach Portwein. Vor ihrer Hochzeit trank sie nicht. Während einer Anämie empfahl ihr der Arzt, Starkbier zu trinken, und sie gewöhnte sich daran. In ihrem Café am Quai de la Goffe gibt es zu viele Gelegenheiten, von morgens bis abends stehen Flaschen in ihrer Reichweite.

Élise weint, aus keinem Grund, wegen allem, weil der Kleine warm ist, weil sie Angst hat, ihn nicht stillen zu können, weil der Himmel bewölkt und trübe ist.

»Hast du Léopold wiedergesehen?«

»Nein. Und du?«

Élise lügt. Sie sagt nein.

»Ich muss machen, dass ich wegkomme. Wenn Coustou gemerkt hat, dass ich fort bin …«

Obwohl Désiré wegen der Wohnung, die sie in der Stadt gefunden haben, auf die andere Seite des Flusses gezogen ist, versäumt er sonntags dennoch nie die Messe in Saint-Nicolas. Sogar an den Sonntagen, an denen sich die Bürgerwehr trifft, verlässt er seine Kameraden in dem Augenblick, wenn diese sich nach der Übung in ein kleines Café begeben. Er lässt sein Gewehr bei dem Küster, der einen Kerzen- und Bonbonladen hat, stehen und kommt gerade rechtzeitig zur Elf-Uhr-Messe. Den Leuten, die er kennt – und er kennt jeden –, unauffällig zunickend, geht er mit seinem regelmäßigen, elastischen Gang zu seiner Bank und nimmt dort Platz. Es ist die Bank der Mamelins, die letzte in der Reihe, die beste Bank und die einzige mit einer hohen Holzlehne, die den unvermeidlichen Luftzug abhält, wenn die gepolsterte Tür geöffnet wird.

Die Musik in seinem Innern vermischt sich mit den Orgeltönen. Désiré bleibt stehen, ganz aufrecht, weil er zu groß ist, um sich auf so engem Raum hinzuknien. Schweigend drückt er die Hände seiner Nachbarn, und während der ganzen Messe wird er zum Hochaltar blicken, vor dem sich die Chorknaben bewegen.

Die Bank der Mamelins ist die Bank der Confrérie de Saint-Roch, dessen Statue mit dem grünen Mantel mit Goldlitze, dem blutenden Knie und dem treuen Hund auf der ersten Säule zu sehen ist.

»Für'n … ut'n … 'aint …och … bi… schön.«

Für den guten Saint-Roch, bitte schön! In den frühen Messen ist es Chrétien Mamelin mit seinem langen weißen Schnurrbart und den kaum gebeugten Schultern, der an den Reihen entlanggeht und die Kupferschale, die an einem langen Stiel befestigt ist, schüttelt, wobei das Kleingeld klimpert; und jedes Mal, wenn ein Geldstück hineinfällt, hört man das gedämpfte:

» … 'gelt's … Gott …«

Vergelt's Gott!

Zurück in seiner Bank, schüttet Vater Mamelin die Geldstücke nacheinander in den eigens dafür angebrachten Schlitz.

Die Wandlung … Die Kommunion … Désirés Lippen bewegen sich unter dem Schnurrbart, und sein Blick richtet sich immer noch geradeaus zum Tabernakel.

Ite missa est …

Die Orgel … Das Trippeln der Menge auf den großen blauen Fliesen und der Regen, der einem an diesem trüben Tag beim Verlassen der Kirche wieder entgegenkommt, der Wind, der von der Place de Bavière herüberweht …

Durch ein armseliges Gässchen, ein Gässchen aus der Gaunerzeit, wo die Kinder fast nackt herumlaufen, wo die schmutzigen Abwässer einem zwischen den Füßen hindurchrinnen, durch eine solche Gasse gelangt Désiré zur Rue Puits-en-Sock, der Geschäftsstraße, in der alle Häuser Ladenschilder haben, die riesige Schere des Eisenwarenhändlers, die bleifarbene Uhr, das gewaltige Bündel Schnittlauch und schließlich, über dem Hutgeschäft der Mamelins, der leuchtend rote Zylinder.

Désiré, der sein Gewehr wieder abgeholt hat, geht durch den schmalen und immer feuchten Flur seines Elternhauses und überquert den Hof. Die Küche liegt hinten. Eine Seitenwand besteht ganz aus buntem Glas wie ein Kirchenfenster, sodass man nicht hindurchsehen kann. Désiré weiß, dass eine kleine Ecke im Glas freigekratzt ist, dass seine Mutter durch dieses Loch späht und verkündet:

»Da ist Désiré.«

Es ist seine Zeit. Er kennt den Geruch des Rinderbratens und den des Wachstuches auf dem langen Tisch, an den sich dreizehn Kinder gesetzt haben.

»Guten Tag, Mutter.«

»Guten Tag, mein Sohn.«

»Guten Tag, Lucien. Guten Tag, Marcel.«

Kochdunst. Die Mutter mit grauer Gesichtsfarbe und eisengrauen Haaren sitzt niemals, ist immer schiefergrau gekleidet.

Man setzt sich. Man lässt sich von der Wärme und den Gerüchen durchdringen und empfindet kaum das Bedürfnis zu sprechen.

»Geht es Élise gut?«

»Es geht ihr gut.«

»Und dem Kind?«

»Auch.«

»Sag deiner Frau, dass ich sie bald besuchen werde.«

So kommen alle Mamelins sonntagmorgens zu ihren Eltern, um sich in der Küche der Rue Puits-en-Sock einen Augenblick hinzusetzen. Hinten in einem Sessel sitzt unbeweglich Großpapa, Mutters Vater. Im Halbschatten erkennt man kaum seinen ungeheuer großen Körper, so riesig wie ein Bär, dessen Arme scheinbar die Welt umfassen können, ein bartloses Gesicht, steingrau mit leeren Augen und übermäßig großen Ohren.

Er erkennt jeden am Gang. Sie streifen mit den Lippen seine raue Wange, die sich wie Sandpapier anfühlt. Er spricht nicht. Wenn es Zeit für die Messe ist, sagt er leise sein Gebet. Seine Haut, die Haut eines ehemaligen Bergmanns, ist mit blauen Punkten wie mit Sternen übersät, so als hätte sich Kohlenstaub dort festgesetzt.

Zweikilobrote, am Vortag gebacken, warten auf die ganze Familie, auf alle verheirateten Kinder. Jeden Sonntag holt sich jeder seinen Teil ab.

»Geht es Juliette gut?«

»Sie ist soeben hier gewesen.«

»Und Françoise?«

Der Regen, der auf das Flachdach aus Zink über der Küche fällt, macht ein Geräusch, das irgendwie zu der Familie Mamelin gehört. Die Gerüche unterscheiden sich von denen anderswo. Auf den mit Ölfarbe gestrichenen Wänden bildet der Küchendunst trübe Tröpfchen. Um zehn vor zwölf erhebt sich Désiré, nimmt sein Brot und sein Gewehr und geht fort.

»Bis bald!«

Es stört ihn nicht, dass er in Uniform ist, das Gewehr umgehängt hat und dabei ein Brot nach Hause trägt. Ebenso wenig wie sich eine Schürze mit kleinen Karos über seinen Anzug zu binden, um den Haushalt zu erledigen. Wie im Rausch geht er die schmalen Gehsteige der Rue Puits-en-Sock entlang, an denen die Straßenbahnen gefährlich nahe vorbeifahren. Aus jedem Laden weht ihm ein anderer Dunst entgegen, von der Pommes-frites-Verkäuferin, aus dem Tabakgeschäft, der Konditorei, dem Milchgeschäft … Halt! Fast hätte er es vergessen! Es ist Sonntag, und er betritt den Laden von Bonmersonne, um zwei Stück Kuchen zu kaufen, ein Stück Apfelkuchen – Élise mag nur Obstkuchen – und ein Stück Reiskuchen für sich selbst, denn er liebt Süßigkeiten.

Er geht über den Pont des Arches. Die Rue Léopold ist wie ausgestorben. Nur in der Woche ist sie belebt, so wie alle Straßen im Zentrum der Stadt, aber man kennt hier niemanden; die Leute kommen von weit her, von überall, und sie gehen nur vorüber, während die Rue Puits-en-Sock zum Beispiel die Lebensader eines Viertels ist.

Er geht vorsichtig an der Wohnungstür in der ersten Etage vorbei. Die Delobels beschweren sich immer über den Lärm und rennen bei der kleinsten Gelegenheit zu den Cessions.

»Zu Tisch, Kinder!«

Désiré schnuppert, lächelt und steigt auf den schlechten Stuhl, um sein Gewehr wieder an seinen Platz zurückzulegen.

»Na, Valérie?«

Er wendet sich Élise zu.

»Hast du geweint?«

Sie schüttelt den Kopf.

»Hat sie geweint, Valérie?«

»Aber nein, Désiré, reg dich nicht auf. Du weißt doch, dass es die Nerven sind.«

Er weiß es, aber er versteht es nicht. Deshalb hat Élise kurz vorher zu Valérie gesagt:

»Weißt du, Désiré ist der beste Mann der Welt, aber er fühlt nicht wie wir.«

Was fühlt er nicht? Er lebt. Er isst. Er schläft. Er hat eine gute Stellung. Sehr jung ins Geschäft von Monsieur Monnoyeur eingetreten, ist er dessen Vertrauensmann geworden, und es ist Désiré, der den Schlüssel des Geldschrankes in Verwahrung hat und die Kombination kennt.

Was macht's, dass er nur einhundertfünfzig Franc im Monat verdient! Haben sie jemals gehungert? Also!

»Iss, Désiré.«

Er erinnert sich, dass er soeben bei Kreutz, dem Puppenhändler neben seinem Haus – »sein Haus«, damit meint er immer das Haus seiner Eltern –, dass er bei ihm ein ganzes Schaufenster voller Masken, falscher Nasen und Knarren gesehen hat.

»Heute ist der erste Karnevalssonntag«, verkündet er.

Élise versteht nicht, warum er davon anfängt. Der erste Sonntag, das ist der Kinderkarneval. Désiré erinnert sich einfach an die Karnevalstage seiner Kindheit.

»Sind die Möhren süß genug?«

»Sie sind gut. Hast du sie angerichtet, Valérie?«

»Arme Valérie! Wenn du wüsstest, Désiré, wie viel Mühe sie sich gibt! Ich frage mich, was wir ohne sie gemacht hätten!«

»Aber wir haben sie doch!«

Nicht wahr? Valérie ist doch da, warum sich also Sorgen machen? Er hat kein Gespür dafür.

»Félicie war hier.«

»War sie *angesäuselt*?«

Ein Wort, mit dem sie ausdrücken: nicht richtig besoffen, aber auch nicht ganz nüchtern …

»Désiré!«

Sie deutet auf Valérie.

»Na und? Weiß Valérie nicht, dass deine Schwester … Noch ein Stück Fleisch, Valérie? Aber ja, man muss zu Kräften kommen.«

Bis drei Uhr bleiben die Straßen leer oder fast leer; dann sieht man einige dunkel gekleidete Eltern, die ihre verkleideten Kinder lustlos an der Hand halten. Ein winziger Torero zittert unter seinem Flauschmantel, dreht eine Knarre und lässt sich weiterziehen.

»Deine Mutter, Désiré?«

»Sie wird uns besuchen. Du weißt, dass es für sie ein Abenteuer ist, über die Brücken zu gehen.«

»Valérie, meinst du nicht, dass der Kleine erstickt?«

Er atmet schwer, das steht fest. Das Atmen eines Babys dürfte nicht so zu hören sein. Was wird Madame Mamelin sagen, sie, die immer so gern erwähnt, dass Élise nicht gesund ist?

»Hast du im Flurschrank nachgesehen, Valérie? Liegt nichts herum?«

Ihre Schwiegermutter ist nämlich imstande, den Wandschrank im Flur zu öffnen, um zu beweisen, dass Élise eine schlechte Hausfrau ist! Élise hat ihr ihren langen Désiré weggenommen, und das wird sie ihr nie verzeihen.

»Bist du sicher, dass wir nichts anbieten sollen? Einen kleinen Likör? Kuchen?«

»Ich versichere dir, dass man bei einer Wöchnerin nichts anbietet. Im Gegenteil! Die Besucher sind es, die etwas mitbringen.«

Désiré findet es selbstverständlich, dass man etwas mitbringt! Élise dagegen würde gern etwas zurückgeben, mehr als sie bekommt, sie möchte nie etwas schuldig bleiben. Sie ist eine Peters.

»Ich höre ein Geräusch.«

Er öffnet die Tür und ruft fröhlich:

»Bist du's, Mutter?«

Die Leute aus der ersten Etage sind fortgegangen, und so brauchen sie sich nicht mehr in Acht zu nehmen.

»Warte, ich mach dir Licht. Das Treppenhaus ist so dunkel.«

Er ist zufrieden, einfach zufrieden.

»Kommt herein ... Komm rein, Cécile.«

Das ist seine jüngste Schwester Cécile, die bald heiraten wird. Sie begleitet ihre Mutter. Madame Mamelin ist in ihrem grauen Kleid mit dem Medaillon, mit ihren grauen Handschuhen und ihrem breitrandigen Hut über die Brücken gekommen, um das Kind dieser Fremden zu sehen, das Kind dieses zerzausten Mädchens, das weder vermögend noch gesund ist, das nicht aus Outremeuse ist, noch nicht einmal aus Lüttich, und das mit seiner Schwester eine Sprache spricht, die man nicht versteht. Désiré bemerkt als Einziger nicht, dass seine Mutter, als sie die Wohnung betritt, wie Zugluft wirkt.

»Guten Tag, meine Liebe.«

Sie beugt sich nicht hinunter, um ihre Schwiegertochter zu küssen.

»Wo ist euer Gör?«

Sie gebraucht wohl absichtlich Wörter aus dem Dialekt, um zu unterstreichen, dass *sie* sehr wohl eine Frau aus Outremeuse ist.

Élise zittert unter ihrer Bettdecke, und Valérie bleibt in ihrer Nähe, als wollte sie sie beschützen.

»Nun, meine Liebe, es ist grün, euer Gör!«

Das ist nicht wahr! Das ist boshaft! Das Kind ist nicht grün. Nachdem es den ganzen Morgen über zu rot gewesen ist, scheint es wohl das letzte Stillen schlecht verdaut zu haben. Es ist blass, na gut! Élise ist selbst erstaunt darüber, dass es so blass ist, und ihre Hände krallen sich in das Bettzeug unter der Decke, während ihre Schwiegermutter den Kopf schüttelt und ein für alle Mal beschließt:

»Was für'n hässliches Kind!«

Das ist alles. Sie setzt sich. Sie geruht in diesem Haus, das sie mit ihrem eiskalten Blick inspiziert, Platz zu nehmen. Sicherlich hat sie alles gesehen, die beiden feuchten Flecken an der Decke – die nun einmal da sind, denn die Cessions haben es abgelehnt, sie zu übertünchen – und den Lappen, den Valérie auf einem Stuhl vergessen hat.

Auch die Schwiegermutter hat nichts mitgebracht. Sie ist hier, weil sie hier sein muss, aber um nichts in der Welt würde sie ihren Hut absetzen.

Élise bringt mit Mühe hervor:

»Eine Tasse Kaffee, Maman?«

»Nein danke, meine Liebe.«

Als wäre der Kaffee ihrer Schwiegertochter nicht gut genug!

Élise schämt sich wegen der Möbel, weil es die Frau ist, die die Möbel mit in die Ehe zu bringen hat. Nach dem Tod ihres Vaters standen schöne alte Möbel bei ihr zu Hause. Einer ihrer Brüder, Louis – Louis de Tongres, wie man ihn nennt, weil er in Tongres wohnt und dort reich geworden ist –, kam später in die Rue Léopold und holte die Möbel nacheinander ab, unter dem Vorwand, dass sie den Peters gehörten und zu den Peters zurückkehren müssten. Er ersetzte sie durch weiße Möbel …

»Nun, meine Kinder …«

Die Mindestzeit für einen Besuch ist um.

»Ich frage mich nur, ob deine Frau ihn stillen kann.«

Mitleidig wendet sie sich an Désiré. »Du hast es so gewollt! Ich habe dich gewarnt!« All diese Sätze werden durch ihre Stimme, die Betonung und ihren Blick ausgedrückt.

»Nun, ich hoffe *für euch*, dass es gelingen wird!«

Sie geht. Cécile folgt ihr. Désiré begleitet sie nach unten, und als er wieder zurückkommt, findet er Élise in Valéries Armen, in Tränen aufgelöst.

»Sie war boshaft … Absichtlich! Sie ist absichtlich boshaft.«

»Aber nein … Ich versichere dir, du täuschst dich.«

Er hätte so gern, dass alle in gutem Einvernehmen miteinander leben, dass sich alle mögen, dass alle, so wie er, jeden Augenblick in innerem Frieden und in Heiterkeit erleben! Er blickt auf die Uhr.

»Es ist Zeit, die Brust zu geben.«

O weh! Das Kind erbricht eine dunkle, grünlich schimmernde Flüssigkeit. Das ist keine Milch mehr.

»Valérie! Er ist krank … Mein Gott!«

Plötzlich ist der durchdringende Lärm von Flöten und Knarren zu hören, und vom Fenster aus sieht man Familien, die eine Regenpause ausnutzen, um mit ihren verkleideten Kindern durch das Stadtzentrum zu ziehen.

»Vielleicht sollten wir ihm gezuckertes Wasser geben?«

»Da, jetzt ist er wieder ganz rot, man könnte meinen, dass ausgerechnet, weil deine Mutter da war …«

Arme Valérie! Nicht für einen Moment verliert sie die Ruhe. Sie geht hin und her, wie eine eifrige Ameise, eine kleine huschende Maus.

»Reg dich nicht auf, Élise. Ich versichere dir, es ist nichts.«

»Warum erbricht er? Wegen meiner Milch, da bin ich sicher. *Seine* Mutter hat immer behauptet, dass ich ihn nicht stillen könne ...«

Désiré trommelt mit den Fingern gegen die Scheibe, was durch die Spitzengardinen gedämpft klingt. Er ist ganz glücklich, als er melden kann:

»Da kommt Doktor van der Donck.«

Der braucht unendlich lange, bis er gemessenen Schrittes die Stufen heraufgestiegen ist. Er klopft und tritt ein.

»Nun, Madame Mamelin?«

Schon hat Élise weniger Angst. Sie schämt sich ihrer Überängstlichkeit und zwingt sich zu lächeln. Der Doktor ist in seiner Sonntagsruhe gestört worden, man muss ihm dankbar sein.

»Ich weiß nicht, Doktor ... Es scheint so ... Er hat gerade seine Milch wieder von sich gegeben, und seit heute Morgen habe ich den Eindruck, dass er sich so heiß anfühlt ... Valérie!«

Valérie hat verstanden und bringt die Waschschüssel mit warmem Wasser und ein Handtuch. Der Arzt wäscht sich langsam und ausführlich seine weißen Hände; an einem Finger trägt er einen schweren goldenen Siegelring.

»Désiré!«

Désiré versteht nicht so schnell wie Valérie. Der Tag neigt sich seinem Ende zu.

»Die Lampe ...«

Er zündet sie an, und der Arzt setzt sich neben die Wiege. Er wirkt wie jemand, der viel Zeit hat.

»Dann wollen wir uns den kleinen Mann mal ansehen …«

Er zieht eine Stoppuhr aus der Tasche. Doktor van der Donck ist blond, fast kahlköpfig, hat einen dünnen Schnurrbart und trägt feine Kleidung.

»Wann haben Sie ihm zum letzten Mal die Brust gegeben?«

Respektvoll:

»Um zwei Uhr, Herr Doktor.«

»Na ja … na ja … Bleiben Sie ruhig …«

Er weiß wohl, dass Élise ein übernervöses Mädchen ist, das über jedes Hirngespinst, das es sich in seiner Sorge ausdenkt, erschrickt. Und doch … Er zieht die Augenbrauen hoch … Er horcht das Kind ab.

»Würden Sie ihn wohl einmal auswickeln?«

Selbst Désiré, der mit dem Kopf an die Decke zu stoßen scheint, steht wie erstarrt hinter ihm. Draußen laufen noch immer verkleidete Kinder herum. Irgendwo zieht Marschmusik vorbei.

»Lassen Sie ihn los … Gut … Psst!«

Er horcht … Er zählt … Sein Blick verdüstert sich. Er lächelt, um nicht zu beunruhigen.

»Nun, Madame, es ist nichts Ernstes … Bleiben Sie ruhig … Ein klein wenig, ein ganz klein wenig Bronchitis. Das haben viele Neugeborene in dieser Jahreszeit.«

»Es ist schlimm, nicht wahr, Doktor?«

Élise nimmt noch einmal alle Kraft zusammen und lächelt, um ihn nicht mit ihren Ängsten zu belästigen, da er doch an einem Sonntag, einem Karnevalssonntag, zu ihnen gekommen ist.

»Ganz und gar nicht. Mit einigen Vorsichtsmaßnahmen …«

Er setzt seinen goldenen Kneifer auf und schreibt.

»Wisch den Tisch ab, Valérie.«

Doktor van der Donck liest das Geschriebene noch einmal durch, ergänzt zwei Zeilen.

»So, Madame. In ein paar Tagen ist nichts mehr zu merken. Vor allen Dingen, machen Sie sich nicht verrückt! Ich sage Ihnen noch einmal, es ist nichts Ernstes. Übrigens … Wo ist die Milch, die er eben erbrochen hat?«

»Valérie!«

Valérie läuft hin und her. Dann folgt Désiré dem Arzt ins Treppenhaus.

»Herr Doktor …«

»Nichts Besorgniserregendes. Ich würde nur gern die Milch untersuchen lassen.«

Er reicht Désiré ein kleines Fläschchen aus seiner Tasche.

»Wenn es möglich ist, ohne Ihre Frau zu sehr zu beunruhigen … Bringen Sie es morgen früh ins Labor Pierson.«

Élise wäre die Einzige in der ganzen Familie. Madame Mamelin hat es ja gesagt: *So ein Mädchen …*

»Nun! Kopf hoch! Sie werden sehen, alles kommt wieder in Ordnung. Sie ist etwas nervös, verstehen Sie? Die kleinste Kleinigkeit regt sie auf.«

Masken … Er schließt die Tür.

Als Désiré in die Wohnung zurückkommt, versucht Valérie gerade vergebens, Élise zu beruhigen. Sie hat einen Weinkrampf, der sich zu einem Nervenzusammenbruch ausweitet.

»Ich wusste es. Ich fühlte es. *Sie* hat es prophezeit, schon bevor sie mich kannte!«

Die Lampe rußt. Désiré dreht den Docht herunter. In demselben Augenblick lässt der Ofen sein vertrautes »Bumm« hören, so als hielte der gute Geist des Hauses den Moment für gekommen, an seine wohlwollende Gegenwart zu erinnern.

»Psst!«, flüstert Valérie, während Désiré sich dem Bett nähern will.

Und während Élise unaufhörlich schluchzt, fügt sie leise hinzu:

»Das tut ihr gut.«

3

Zwei Uhr. Zwei schwache Glockenschläge, die durch die Leere läuten, erst hier, dann dort, von Saint-Jean, von Saint-Jacques, vom Dom, von Saint-Denis, zwei Schläge, entweder zu früh oder zu spät, über der schlafenden Stadt, in einem Himmel, in dem der Mond schwimmt. Die Imbissstuben sind geschlossen. Die matte Lampe, die als Aushängeschild für ein Nachtlokal dient, lockt niemanden mehr an, und der Portier ist hineingegangen.

In der Rue Gérardrie öffnet sich die Häuserwand einen Spaltbreit, eine Tür zwischen zwei Fensterläden eines winzigen Cafés, und jemand schiebt Léopold sachte hinaus. In dem gelben Lichtschein erkennt man undeutlich eine dicke blonde Kellnerin, die ihre Häkelmaschen zählt. Die Tür wird wieder geschlossen, Léopolds Schritte entfernen sich.

Gebe Gott, dass er in dem Labyrinth der Gässchen sein Zuhause wiederfinde!

Die Kellnerin ist erleichtert, ihn nicht mehr dort sitzen zu sehen, auf sein Glas starrend, ganz allein, bärtig und ungesellig, so unbeweglich, dass sie einem Reisenden, der sich in seinem Werben um sie unterbricht, weil er Léopolds Anwesenheit bemerkt, bedeutet, sich durch den Mann nicht stören zu lassen.

Léopold ist gegangen. Man hört den Lärm, als er im Vorübergehen eine Schaufensterscheibe fast einschlägt, dann seine von einem Gehsteig zum anderen torkelnden Schritte.

Die Stadt schläft. Élise liegt mit offenen Augen unbeweglich im Bett. Ihr Blick ist auf den Wecker neben der kleinen Flamme der Nachttischlampe gerichtet.

Drei Minuten nach zwei ... Fünf nach zwei ... Das Kind bewegt sich nicht, Désiré schnarcht, und sie spürt seinen warmen Körper neben sich; sie tippt ihn leicht an und murmelt, als fürchtete sie, ihn aufzuwecken: »Désiré ...«

Wozu diese unterwürfige Stimme, dieser entschuldigende Blick, der sagt, dass sie nur eine arme, bewegungsunfähige Frau ist, die am liebsten niemanden nötig hätte? Er öffnet die Augen und bewegt ganz selbstverständlich seine langen, behaarten Beine aus dem Bett, kratzt sich ein wenig die Füße und zieht die weichen Priesterschuhe an, die er als Pantoffeln benutzt. (Eine Idee von Élise: Als ein Priester die Schuhe, die er für sich bestellt hatte, nicht haben wollte, verkaufte der Schuster sie billiger. Von so guter Qualität!)

Nachts benutzen sie die große Deckenlampe nicht. Sobald man sich bewegt, zittert die Flamme der Petroleumlampe, und der Schatten der Schrankecke beginnt an der Decke zu tanzen.

Désiré zündet den Petroleumkocher an, um das Fläschchen im Wasserbad wieder aufzuwärmen. Und weil er in seinem Nachthemd friert, zieht er seinen Mantel über, den einzigen, den er besitzt, einen schwarzen Mantel mit Samtkragen. Er bleibt neben dem Fenster, dessen Scheiben von einer dünnen, noch durchsichtigen Eisschicht bedeckt sind, stehen, und Élises Blick drückt überflüssigerweise aus:

»Mein Gott! Armer Désiré!«

Désiré aber vertreibt sich die Zeit. Er kratzt ein wenig an den Eisblumen, so wie er es gemacht hat, als er klein war – das ruft unter den Fingernägeln ein außergewöhnliches Gefühl hervor, was mit keinem anderen zu vergleichen ist –, und zufrieden schaut er auf das erleuchtete Fenster genau gegenüber auf der anderen Straßenseite.

Im ganzen Viertel würde man sicherlich kein anderes Fenster erleuchtet finden als das bei Torset und Mitouron, den Eisenwarenhändlern en gros, den Händlern für Öfen, Steingut, Taue, Linoleum. Drei Geschäftsetagen, vollgestopft mit Waren, und in der zweiten Etage in einem kleinen Kabuff, das zum Unterstellen von Eimern und Besen dient, der Nachtwächter. Das Fenster hat wie die anderen mattes, geriffeltes Glas, auf dem *Torset und Mitouron* zu lesen ist. Von Zeit zu Zeit erkennt Désiré eine untersetzte Gestalt mit dichtem Schnurrbart und Bürstenhaarschnitt.

»Leg dich hin, Désiré, ich kann ihm das Fläschchen geben.«

Warum? Er gibt ihm immer das Fläschchen, ohne ungeduldig zu werden. Versteht sie denn nicht, dass es ihm Spaß macht, dass ihm alles Spaß macht, aufzustehen, in der kalten Küche zu stehen, zu sehen, wie die Milch in der Flasche weniger wird, sorgfältig die Tropfen der Medizin zu zählen, sich wieder hinzulegen und sofort wieder einzuschlafen?

Um sechs Uhr, als der Wecker klingelt, ist gegenüber immer noch Licht. Désiré grüßt es mit seinem Blick, er weiß, dass der Mann sich gerade Kaffee in einem Behälter kocht, dessen Form er nur durch das Schattenspiel kennt.

Désiré macht Feuer, fegt aus, geht in den Zwischenstock, um das Wasser auszuschütten, kommt mit sauberem Wasser wieder hoch, und wenn er nicht gerade trällert, so ist er doch voller Musik; in ihm ist ein harmonisches Hin- und Herströmen von Gedanken, ähnlich dem Rauschen eines ruhigen Meeres, dem leichten Wogen eines weiblichen Busens.

Wird er den Nachtwächter doch noch einmal sehen? Der Mann geht um acht Uhr hinunter; Désiré weiß das, weil er an den kürzesten Tagen des Jahres das Licht um diese Uhrzeit hat erlöschen sehen. Er geht in dem Augenblick hinunter, wo die Angestellten ankommen und mit Getöse die Fensterläden im Erdgeschoss öffnen. Auch Désiré geht hinunter. Doch nie trifft er den Nachtwächter, von dem er nur die Umrisse kennt. Benutzt er den Haupteingang? Schleicht er sich, bevor er in die Stadt eintaucht, durch einen kleinen Lieferanteneingang hinaus, der auf eine andere Straße führt?

»Lass es sein, Désiré, Madame Smet wird das machen.«

Das ist nicht wahr! Madame Smet wird nichts machen. Es ist lieb von ihr, Élise Gesellschaft zu leisten. Es war auch sehr nett von Valérie, den Vorschlag zu machen, den sie nicht ablehnen konnten. Aber die alte Mutter Smet, die weder ihre schwarze Paillettenhaube noch ihre Handschuhe ablegt und die immer auf der Ecke ihres Stuhles sitzen bleibt wie zu Besuch, ist nicht in der Lage, irgendetwas zu machen, und man würde sie sicherlich verhungert auffinden, wenn ihre beiden Töchter sich nicht wie um ein Kind um sie kümmerten.

Sie lächelt wie im siebten Himmel oder wie im Traum, während Élise sich windet, errötet, hüstelt und lange zögert, bevor sie es wagt, entschuldigend, fast flehentlich, zu ihr zu sagen:

»Madame Smet! Würden Sie bitte so nett sein, etwas Kohle aufs Feuer zu legen?«

Désiré denkt an alles, er schält die Kartoffeln, bereitet die Fläschchen für den Tag vor und erledigt jede einzelne Sache, so gut er kann, mit großer Zufriedenheit, und sei es, einen Lappen auszuwringen.

»Findest du nicht, dass der Kleine blass ist, Désiré?«

»Du machst dir immer noch zu viele Gedanken.«

Er ist ein Mann! Désiré ist ein Mann! Gestern hat Élise wieder einmal zu Valérie gesagt:

»Weißt du, meine liebe Valérie, ein Mann, der fühlt nicht wie wir. Sogar wenn der Kleine seine ganze Milch ausspuckt, macht er sich keine Sorgen.«

Weil er alles macht, was möglich, was *ihm* möglich ist, und weil er annimmt, dass der Rest ihm darüber hinaus von selbst gelingen wird.

Um diese Zeit schickt sich der Nachtwächter von gegenüber wohl an hinunterzugehen. Er hat schon seine dicke Meerschaumpfeife mit dem Kirschbaummundstück gestopft. Valérie und ihre Mutter trippeln durch den kalten Morgen, und wenige Minuten später wird Valérie sich vor der Tür des Hauses Cession von Madame Smet wie von einem Kind, das man zur Schule bringt, trennen. Sie hat keine Zeit, mit ihr hinaufzugehen, denn sie muss um acht Uhr im l'Innovation sein.

Désiré, den Hut auf dem Kopf, ist fertig. Er betrachtet zerstreut die Straßenbahnen voll mit Arbeitern und Angestellten, die vom Land oder den weit entfernten Vororten kommen und in aller Frühe aufgestanden sind. Sie haben diesen ergebenen Blick der Leute, die zu früh geweckt worden sind. Am Sonntag werden sie bis in die Puppen schlafen.

»Glaubst du, dass man ihn einsperren wird?«

Er ist erstaunt über das, was Élise durch den Kopf geht. Wie abwegig, sich über diesen Bengel Gedanken zu machen!

»Das ist schrecklich für die Eltern …«

Sie bedauert sie. Sie macht sich Gedanken um den Kummer aller möglichen Leute und leidet mit ihnen.

»Sie haben ihr Letztes für seine Ausbildung hergegeben.«

Sie betrachtet die Wiege, als bestünde ein Zusammenhang zwischen ihren Gedanken und dem schlafenden Baby, zwischen ihm und dem mageren, halbwüchsigen Jungen von der Place Saint-Lambert.

»Quäl dich doch nicht damit herum.«

Außerdem ist es Zeit für ihn; er hört, wie die Haustür unten geöffnet wird und Madame Smet die Treppe heraufkommt. Er streift mit seinem Schnurrbart die Stirn seiner Frau, die seines Sohnes, runzelt noch einmal die Stirn.

Warum, zum Teufel, denkt sie an diesen Bengel?

Er dagegen tritt ins Leben hinaus, tritt in diesen schönen neuen Tag hinein wie in ein Theater, sauber von Kopf bis Fuß, ohne ein Stäubchen, mit flinken Beinen und munterem Herzen.

»Ich frage mich, Madame Smet ...«

Élise hält ein Wort zurück, das ihr auf den Lippen brennt, aber sie wird es schon noch eines schönen Tages aussprechen, wenn sie von Léopold spricht, von den beiden Männern, die sich in der dunklen Gasse herumdrückten, wo sie ihren Strumpfhalter wieder festmachen wollte.

Während Désiré nun mit seinem rhythmischen Gang im rosabläulichen Licht über den Pont des Arches geht, öffnet Léopold, vollständig angezogen in einem Sessel zusammengekauert, seine tieftraurigen Augen und richtet sie vor sich auf das schmale Bett, auf dem unter einer grauen Decke ein junger Mann mit angezogenen Beinen liegt.

Hier am Quai de la Dérivation, in einem neuen Viertel mit kleinen Häusern aus roten Ziegelsteinen, ist dies ein außergewöhnliches Wohnhaus, ein ehemaliger Bauernhof aus der Zeit, in der sich die Stadt noch nicht so weit ausgedehnt hatte. Einen Hahn und ein paar Hühner gibt es noch, und auf dem Hof liegt Mist, denn ein Kutscher stellt dort sein Pferd und seine Kutsche unter. Die Gebäude sind in kleine Lagerschuppen und Werkstätten umgebaut worden, und die große Rasenfläche, die noch übrig geblieben ist, wird tageweise an die Frauen des Viertels vermietet, die hier ihre Wäsche aufhängen.

Um in die Wohnung von Léopold und Eugénie zu gelangen, muss man über eine Treppenleiter durch eine Decke klettern, und vor dem Fenster hängt eine Blockrolle.

Eugénie ist nicht da. Sie kommt und geht. Im Augenblick hat sie wohl eine Anstellung als Köchin in einem bürgerlichen Haushalt, aber dort wird sie sicher nicht bleiben, denn sie liebt die Abwechslung.

»Aufsteh'n, Kleiner.«

Léopolds Gesicht ist von seinem Bart bedeckt. Sein ganzes Wesen zeugt von der vergangenen Nacht, dem schweren Rausch und von den noch schwereren Gedanken, die er in seinem dicken Kopf bewegt; er atmet mühsam, brummt bei jeder Bewegung so schwerfällig und linkisch wie ein Tanzbär.

»Zieh dich an!«

Kein Zartgefühl. Kein Blick für den jungen Mann, der sich, zitternd vor Kälte und Angst, anzieht.

An einem anderen Ende der Stadt geht Désiré seines Weges, grüßt die Leute, indem er mit einer ausladenden Bewegung den Hut zieht.

»Er hat eine so nette Art, den Hut zu ziehen!«

Die Nachbarn könnten die Uhrzeit sagen, ohne auf den Wecker zu sehen. Geschäftsleute, die ihre Fensterläden öffnen, wissen, ob sie zu früh oder zu spät dran sind; der lange Désiré geht vorbei und bewegt seine Beine in einem so regelmäßigen Rhythmus, als hätten sie die Aufgabe, das Dahineilen der Zeit zu messen. Er bleibt unterwegs kaum stehen. Leute und Dinge scheinen ihn nicht zu interessieren, und trotzdem lächelt er, als wäre er im siebten Himmel. Er spürt, wie die Luft beschaffen ist, spürt ein Mehr oder Weniger an Frische, er hört Geräusche, die weit entfernt sind, fühlt, wie die Sonnenflecken wandern. Die morgendliche Zigarette schmeckt jeden Tag anders, obwohl es immer Zigaretten derselben Marke sind, Louxor mit Korkmundstück.

Er trägt eine hochgeschlossene lange Jacke mit vier Knöpfen, nicht auf Taille gearbeitet, aus sehr dunklem, schwarzem oder grauem Stoff. Seine Augen sind von einem schönen Kastanienbraun und leuchten sehr, die Nase ist stark ausgeprägt, à la Cyrano, der Schnurrbart gezwirbelt. Die zurückgekämmten, an den Schläfen schon gelichteten Haare betonen seine ausgeprägte Stirn.

»Eine Dichterstirn«, sagt Élise.

Sie ist es, die ihm die Krawatten aussucht. Vor den schreienden Farben hat sie Angst, denn sie sind ein Zeichen von Vulgarität. Was vornehm macht, das sind die malvenfarbenen, die violetten, die weinroten, die mausgrauen, mit feinen Mustern, mit Arabesken, die fast nicht zu sehen sind.

Die neu gekaufte Krawatte – zu jedem Namenstag kauft sie eine – wird auf ein Gestell aus Zelluloid aufgebunden, und danach verändert sich ihre Form nicht mehr, als wäre sie aus geschnittenem Zink oder auf die gestärkte Hemdbrust aufgemalt.

Beim Überqueren des Pont des Arches hat Désiré seine Wolke wiedergefunden, eine komische kleine rosa Wolke, die seit drei Tagen um dieselbe Zeit links am Turm von Saint-Pholien schwebt, als wäre sie am Wetterhahn befestigt. Selbstverständlich ist es nicht dieselbe, aber Désiré tut so, als wäre es immer dieselbe, seine persönliche Wolke, die eigens dafür da ist, ihm einen guten Morgen zu wünschen.

Um diese Zeit legen die Geschäftsleute in der Rue Puits-en-Sock ihre Auslagen zurecht und säubern den Gehsteig mit vielen Eimern Wasser. Die einmündenden Straßen wehen einem im Vorübergehen den schlechten Geruch der Armen entgegen, aber dieser Geruch ist nicht unangenehm, wenn man ihn von Kindheit an kennt.

Um dieselbe Zeit steht Chrétien Mamelin vor der Tür des Hutgeschäftes, eine Meerschaumpfeife in der Hand.

»Guten Tag, Vater.«

»Guten Tag, mein Sohn.«

Sie haben sich nicht mehr zu sagen. Désiré bleibt einen Augenblick neben seinem Vater stehen, beide mit dem Rücken an das alte Haus gelehnt, beide gleich groß, und beide betrachten sie das bläuliche Pflaster, die Straßenbahn, die ganz nah an ihnen vorbeifährt, den Bäcker von gegenüber, der, mit Mehlstaub bedeckt, einen Moment an die frische Luft kommt und zu ihnen herüberlacht, und die Verkäuferin von Gruyelle-Marquant, die ihre Scheiben mit dem Fensterleder abputzt.

Sie sind in der ganzen Straße bekannt. Man weiß, dass Désiré nicht mehr zur Rue Puits-en-Sock gehört, dass er verheiratet ist, dass er in der Gegend der Gare des Guillemins arbeitet, aber man lobt ihn, dass er jeden Morgen, sommers wie winters, hier vorbeikommt.

»Ich gehe Maman begrüßen.«

Der Laden nebenan heißt Hôpital des Poupées. Das Schaufenster ist voll von Puppen in allen Größen. Der alte Kreutz steht, wie der alte Mamelin, in der Tür und raucht eine deutsche Pfeife mit Porzellankopf.

Sie sehen morgens ein wenig aus wie zwei Jungen, die auf den Schulschluss warten. Ist Désiré ins Haus gegangen? Dann ist es Zeit. Zwinkern sie sich zu? Jedenfalls geben sie sich ein Zeichen. Auf die Sekunde genau verständigen sie sich, und der alte Kreutz schließt seine Ladentür, macht die paar Schritte zum Hutgeschäft und tritt ein.

Im Hinterzimmer, zwischen den Köpfen aus Holz, holt Chrétien Mamelin eine Flasche holländischen Likör, Kempenaar, aus dem Wandschrank und füllt feierlich zwei Gläschen.

Jetzt erst, mit dem Glas in der Hand, schauen sich die beiden Alten an. Es ist fast eine Zeremonie. Niemals trinken sie ein zweites Glas. Während des Tages würden sie weder Schnaps noch Wein anrühren. Sie schauen sich mit stiller Zufriedenheit an, so als ließen sie den zurückgelegten Weg vor ihrem geistigen Auge vorbeiziehen: Mamelin von der Zeit an, als er in Italien in den Scheunen schlief, als er lernte, Stroh zu flechten und vergeblich versuchte, sich den Leuten in dem Land verständlich zu machen; der alte Kreutz, dessen Französisch nur für Eingeweihte verständlich ist, von der Zeit an, als er den Vorort von Nürnberg verließ.

Die Eisen sind schon heiß, und die Hüte warten. Bei Kreutz wird der Leim langsam flüssig, und der Arbeitstisch ist mit den einzelnen Gliedern der Puppen beladen.

Der Bäcker von gegenüber stellt sich für einen Moment vor seine Tür, wobei er sich die weißen Hände an seiner Schürze abwischt und wieder in die Sonne blinzelt.

Am Quai de la Dérivation sitzt Léopold bei dem Jungen, der etwas isst und bei jedem Geräusch von draußen zusammenfährt, und leert allein einen halben Krug Genever. Niemand könnte sagen, woran er denkt.

»Ich belästige Sie, nicht wahr, Madame Smet? Wenn ich mir überlege, dass Sie meinetwegen jeden Tag kommen müssen …«

Désiré stößt die verglaste Küchentür auf. Seine Mutter ist allein. Er küsst sie. Sie ihrerseits küsst ihn nicht. Seit dem Tod ihrer Tochter, deren Bild in dem Goldmedaillon verschlossen ist, küsst sie niemanden mehr.

Er kann morgens noch so früh kommen, ihre Haare sind straff nach hinten gekämmt, und sie sieht in ihrer klein karierten Baumwollschürze so gut angezogen aus wie in einem Abendkleid. Nichts tut ihrer ruhigen Würde Abbruch, weder das Gemüseputzen noch der Geschirrabwasch noch das Reinigen des Kupfergeschirrs am Freitag. Auch ist die Küche, in der sich so viele Personen bewegen und so viele Kinder gelebt haben, nie in Unordnung.

Großpapa hat Désirés Ankunft ausgenutzt, um sich aus seinem Sessel zu erheben und auf den Hof zu gelangen; denn seine Blindheit hindert ihn nicht daran, im Haus und sogar im Viertel herumzugehen, wo ihn jeder kennt wie einen großen Hund, an den man sich gewöhnt hat.

»Das riecht gut!«, sagt Désiré, einmal, weil es wirklich gut riecht und er gern isst, zum anderen, um seiner Mutter eine Freude zu machen.

Die Suppe steht schon auf dem Herd. Sie ist jeden Morgen auf dem Herd, noch bevor die Familie aufsteht. Der Herd wurde eigens für die Mamelins angefertigt, zu der Zeit, als sie dreizehn Kinder waren, dreizehn unersättliche Mägen, als keiner die Tür aufstieß, ohne das Mamelin'sche Kriegsgeschrei auszustoßen:

»Ich hab Hunger!«

Hunger zu jeder Tageszeit, um zehn Uhr morgens und um vier Uhr nachmittags, und zu Beginn der Mahlzeit schnitt sich jeder fünf oder sechs Scheiben von einem großen Brot ab und stapelte sie neben dem Teiler.

Der Küchenherd hat Bratröhren mit drehbaren Scheiben, in denen man Torten mit einem Durchmesser von fünfzig Zentimetern backen kann.

Von morgens bis abends singt der Wasserkessel neben der Kaffeekanne aus weißer Emaille mit blauen Blümchen, die, wie Élises Kanne, seit Urzeiten vorn am Schnabel angeschlagen ist.

»Willst du einen Teller Suppe?«

»Nein danke, Mama.«

»Das heißt also ja.«

Er hat soeben Eier mit Speck gegessen. Den Hut im Nacken, macht er darum der Suppe und danach einem Stück Kuchen, das für ihn vom Vortag aufbewahrt worden ist, nicht weniger Ehre.

Seine Mutter setzt sich nicht hin. Man sieht sie nie am Tisch sitzen. Sie isst im Stehen und bedient dabei die anderen.

»Was hat der Doktor gesagt?«

Der Klang ihrer Stimme sagt, dass man nicht versuchen darf, sie anzulügen.

»Die Milch ist nicht kräftig genug.«

»Wer hatte recht?«

»Sie hat die ganze Nacht geweint.«

»Ich wusste doch, dass sie nicht gesund ist. Nun ja …«

Das bedeutet:

»Du hast es so gewollt. Umso schlimmer für dich.«

Désiré ist ihr deswegen nicht böse. Sie ist seine Mutter. Von Zeit zu Zeit wirft er einen Blick auf die Zeiger der Küchenuhr. Seine Zeit ist fast auf die Minute genau eingeteilt. Um Punkt Viertel vor neun muss er den Pont Neuf überqueren, wo die Normaluhr zwei Minuten nachgeht. Um fünf vor neun biegt er um die Ecke Boulevard Piercot/Boulevard d'Avroy, was ihm ermöglicht, um zwei Minuten vor neun Uhr in seinem Büro in der Rue des Guillemins zu sein, zwei Minuten vor den anderen Angestellten, denen er die Tür öffnet.

»Was hast du gestern gegessen?«

Dieser hoch aufgeschossene Désiré mag tatsächlich nur gut durchgebratenes Fleisch, Pommes frites, junge Erbsen und gezuckerte Möhren. Seine Frau, diese Flämin, mag dagegen nur Eintöpfe, Rotkohl, Bücklinge, scharfen Käse und Speck.

»Kann sie wenigstens Pommes frites machen?«

»Ich versichere dir, ja, Maman.«

Er will ihr keinen Kummer machen. Und dennoch würde er ihr gern sagen, dass Élise die Pommes frites genauso gut macht wie sie selbst.

»Hast du mir deine Kragen nicht mitgebracht?«

Er hat sie vergessen. Jede Woche bringen alle verheirateten Söhne ihrer Mutter die Umlegekragen und Manschetten vom Sonntag und die Hemdbrusteinsätze; denn nur die Mutter kann bügeln. Auch Bratwurst und Weißwurst kann nur sie machen, genauso wie die Weihnachtssträuße und die Waffeln zu Neujahr.

»Vergiss nicht, sie mir morgen mitzubringen. Noch ein wenig Suppe, richtige Suppe von zu Hause?«

Früher haben die Kinder mit ihren Nägeln die farbige Schicht von den Glasfenstern gekratzt. Durch diese Löcher erspäht man Teile vom Hof, eine Feuertreppe, die zu den Stockwerken führt. Es sind arme Leute, die über dem Geschäft wohnen, Frauen, die man immer mit schwarzem Umschlagtuch und ohne Hut sieht, ein Netz in der Hand, mit schief gelaufenen Absätzen.

Rechts ist die Pumpe, und wenn dort Wasser hochgepumpt wird, ist es noch drei Häuser weiter zu hören. Die Steinplatte ist immer feucht wie die Schnauze eines Rindes, und an den Seiten läuft grünlicher Schaum am Stein herunter.

Dann gibt es noch ein Zinkrohr. Manchmal fließt etwas hinunter, und dann schießt plötzlich ein dicker, schmutziger, übel riechender Wasserstrahl heraus: das Abwasser der Leute von oben.

Schließlich ist da der Keller. Die Steintreppe, die hinunterführt, ist mit Brettern abgedeckt, die durch Zink verbunden sind. Das ergibt eine schwere Platte von zwei Metern Länge, die man jedes Mal hochheben muss. Diese Platte ist angefertigt worden, als die Kinder klein waren und jedes von ihnen irgendwann einmal in den Keller fiel.

Wer ist heute Morgen dort hinuntergestiegen? Jedenfalls steht die Platte hoch, und Désiré sieht, wie Großpapa auftaucht und an der Wand entlang in den schmalen Gang schleicht, der zur Straße hinführt.

Seine Mutter hat ihn zur selben Zeit wie er gesehen. Sie sieht alles. Sie hört alles. Sie weiß alles. Sie weiß sogar, was die Leute von oben essen, sie braucht nur das schmutzige Wasser aus dem Zinkabfluss fließen zu sehen.

»Großpapa! ... Großpapa!«

Der Alte tut, als hörte er nicht. Mit gebeugtem Rücken und herabhängenden Armen versucht er, seinen Weg fortzusetzen, aber seine Tochter erwischt ihn in dem schmalen Gang.

»Was habt Ihr denn im Keller gemacht? Zeigt Eure Hände.«

Sie öffnet fast gewaltsam die großen Pranken, die so viel Kohle im Bergwerk bearbeitet haben, dass sie jetzt wie abgenutztes Werkzeug aussehen.

Natürlich, Großpapa hält in der einen Hand eine Zwiebel, eine riesige rote Zwiebel, die er beim Spazierengehen wie einen Apfel knabbern wollte.

»Ihr wisst sehr gut, dass der Doktor das verboten hat … Geht! Nein, wartet … Ihr habt Euren Schal vergessen.«

Und bevor sie ihn gehen lässt, bindet sie ihm einen roten Schal um den Hals.

Währenddessen steht Désiré in der Küche und stellt seine Armbanduhr nach der Küchenuhr, so wie er es jeden Morgen macht. Etwas später wird sein Bruder Lucien kommen und das Gleiche tun. Arthur ebenfalls. Die Kinder sind aus dem Haus gegangen, aber sie wissen sehr wohl, dass nur die Küchenuhr aus Kupfer die richtige Zeit angibt.

Sie wird Désiré gehören. Das ist seit langem entschieden, seit ewiger Zeit schon. Es gibt nicht viele Wertgegenstände in diesem Haushalt, und sie sind bereits aufgeteilt worden. Cécile, die Jüngste, der ihre Mutter das Kochen und das Backen beigebracht hat, wird den Herd bekommen. Arthur hat auf die kupfernen Kerzenhalter, die in der guten Stube auf dem Kaminsims stehen, Anspruch erhoben. Bleiben noch die Küchenuhr und die Kaffeemühle. Lucien hätte gern die Uhr gewollt, aber Désiré ist älter als er. Außerdem mahlt keine Mühle so fein wie diese hier.

»Du gehst?«

»Es ist Zeit.«

»Nun gut …«

Sie sagt »Nun gut«, als hätten sie bis eben eine lange Unterhaltung miteinander geführt.

»Nun gut. Wenn sie irgendetwas braucht …«

Selten spricht sie die Namen ihrer Schwiegertöchter aus, Élise, Catherine, die Frau von Lucien, Juliette, die Frau von Arthur, und aus einem noch schwerwiegenderen Grund vermeidet sie den Namen der Frau von Guillaume, die nicht richtig seine Frau ist, weil sie von ihrem ersten Mann geschieden ist und die beiden infolgedessen nicht kirchlich getraut sind.

Sie stößt mit dem Schürhaken in den Ofen. Désiré tritt auf den Gehsteig hinaus, bewegt die Beine im üblichen Rhythmus und zündet sich die zweite Zigarette des Tages an.

Niemals hat er seinen täglichen Besuch in der Rue Puits-en-Sock versäumt. Auch haben Lucien und Arthur ihn nie versäumt. Nur Guillaume, der Überläufer, der doch der Älteste von allen ist, hat schlecht geheiratet und ist nach Brüssel gegangen, um dort ein Schirmgeschäft aufzumachen.

In dem sonderbaren Zimmer oberhalb des Obstgartens, wo die Frauen ihre Wäsche aufhängen, betrachtet Léopold, schwerfällig und düster, sein Werk, zupft ein wenig an dem Malerkittel, den er den jungen Marette hat anziehen lassen, verbeult den formlosen, mit Farben bekleckten Filzhut.

»Hast du die Brieftasche und die Butterbrote?«

Wenn Léopold arbeitet, dann arbeitet er meistens als Anstreicher, und seine Schwestern wenden sich beschämt ab, wenn sie ihn auf der Straße, auf einer Leiter sitzend, erblicken.

»Die Eimer … Trink … Trink doch!«

Er lässt ihn Genever trinken, sodass dem Jungen übel ist.

»Noch mehr!«

Er spricht streng mit ihm, als wollte er ihm drohen.

»Komm. Schließ die Tür.«

Der andere hätte um ein Haar mit den Zähnen geklappert. Es ist das erste Mal, dass er sich seit dem Abend am Grand Bazar nach draußen wagt. Und da gehen die beiden als Anstreicher den Gehsteig entlang, mit schief gelaufenen Absätzen, flatternden dreckigen Kitteln und Farbeimern in der Hand.

»Sei still.«

An der Ecke der Rue Jean-d'Outremeuse steht ein Polizist.

»Geh weiter.«

Der Junge wäre imstande, ein paar Schritte von dem Polizisten entfernt einfach stehen zu bleiben und in Tränen auszubrechen!

»Halte den Eimer richtig!«

Einen Eimer voll mit schmutzigem Wasser, in dem ein großer Schwamm liegt.

Désiré geht ebenfalls durch die Straßen. Er geht und beobachtet dabei den Himmel und das Sonnenlicht auf den rosaroten Ziegelsteinen. Er sieht die Rücken zweier Anstreicher und geht nichts ahnend an ihnen vorbei, ohne sich nach dem bärtigen Gesicht Léopolds und dem vor Angst erstarrten Gesicht des jungen Anarchisten umzudrehen.

Sie gehen denselben Weg. Alle drei gehen zur Gare des Guillemins, überqueren den Pont-Neuf und gehen in dem Augenblick am bischöflichen Palast vorbei, als ein pausbäckiger, rotwangiger Domherr, wie jeden Morgen, an dem Gittertor läutet.

Wenige Meter zwischen ihnen; der Abstand vergrößert sich wegen der großen Schritte von Désiré und des dummen Zögerns von Marette.

»Nun geh schon!«

Ist es nicht merkwürdig, dass Élise gerade an jenem Morgen an ihren Bruder gedacht hat? Sie denkt immer noch an ihn, und der Gedanke quält sie; sie brennt darauf, mit Madame Smet, die wie ein Kind lächelt, darüber zu sprechen.

Es ist fünf Minuten vor neun, als Désiré in die Rue des Guillemins einbiegt, von wo er die Bahnhofsuhr sehen kann; um drei Minuten vor neun geht er am Haus von Monsieur Monnoyeur vorbei. Es ist ein großes, düsteres Haus aus Quadersteinen. Die Büros befinden sich in einer Art Nebengebäude, dessen Fenster auf die Rue Sohet zeigen. Ein Garten trennt die beiden Gebäude voneinander.

Monsieur Monnoyeur ist krank, ist schon immer krank gewesen und traurig wie seine Mutter, mit der er zusammenlebt und die, welch seltsames Zusammentreffen, der Schrecken der Ladenmädchen im l'Innovation ist, wo sie ihre Nachmittage verbringt.

Monsieur Monnoyeur hat eine Lizenz für eine Versicherungsagentur gekauft, um sein Geld anzulegen und sich den Anschein zu geben, dass er nicht tatenlos lebt. Désiré war schon vor ihm in der Firma.

Zwei große vergitterte Fenster zu der ruhigen Rue Sohet hin. Eine eisenbeschlagene Tür.

In dem Moment, in dem Désiré diese Tür aufstößt – es ist zwei Minuten vor neun –, liegt sicherlich eine gewisse Würde, eine Befriedigung besonderer Art, was aus ihm einen anderen

Menschen macht, einen zweiten Mamelin, genauso wirklich wie der erste und genauso wichtig, denn das Büroleben nimmt täglich neun Stunden in Anspruch. Es ist nicht irgendeine Aufgabe, kein Broterwerb, keine Last.

Désiré ist mit siebzehn Jahren in dieses Büro mit den vergitterten Fenstern eingetreten, genau an dem Tag, an dem er das Collège verließ.

Der Teil, der fürs Publikum bestimmt ist, wird von einer Zwischenwand abgegrenzt, die, wie in den Postämtern, von Schaltern durchbrochen ist, und es bereitet schon eine Befriedigung, auf die andere Seite dieser Abgrenzung zu gehen. Dicke grüne Fensterscheiben verhindern den Blick auf die Straße und schaffen so eine Atmosphäre unbarmherziger Stille. Noch bevor Désiré Mantel und Hut abgelegt hat, zieht er die Wanduhr auf. Er hat einen Widerwillen gegen stehen gebliebene Uhren, und er sorgt dafür, dass sie nie stehen bleiben.

Er erledigt all seine Aufgaben mit gleichbleibendem Vergnügen. Wenn er sich in dem kleinen Waschbecken, das hinter der Tür angebracht ist, langsam die Hände wäscht, dann ist das eine Liebkosung, ein Vergnügen.

Ein weiteres Vergnügen ist es, die Hülle von der Schreibmaschine mit doppelter Tastatur zu nehmen, den Radiergummi, die Bleistifte und das Papier auf den richtigen Platz zu legen.

Die anderen können kommen:

Zuerst Daigne, der Bruder von Charles, dem Küster von Saint-Denis, der eine Schwester von Désiré geheiratet hat, Daigne, der so schlecht riecht und der nicht beleidigt ist, wenn man sich vor ihm die Nase zuhält; dann Ledent der Traurige, Ledent, der drei Kinder und eine kranke Frau hat, der für alles sorgt, nicht genug schläft und davon rote Augen hat;

schließlich Caresmel der Witwer, der seine beiden Töchter zu den Ursulinen in Pension gegeben hat und sich eine Geliebte hält.

»Guten Tag, Monsieur Mamelin.«

»Guten Tag, Monsieur Daigne … Guten Tag, Monsieur Ledent.«

Jeder hier im Büro heißt nämlich »Monsieur«. Außer Mamelin und Caresmel, die sich nur mit ihrem Namen anreden, weil sie, mit drei Tagen Abstand, zusammen hier angefangen haben.

Da liegt der Ursprung für die ersten Vorwürfe, die Élise ihrem Mann gemacht hat; denn auf Caresmel spielt sie an, wenn sie zu Désiré von seinem Mangel an Initiative spricht.

»Das ist genauso wie damals, als du die Wahl hattest zwischen der Feuer- und der Lebensversicherung …«

Hat Désiré sich tatsächlich aus Liebe zu seiner kleinen Ecke in der Nähe des Fensters mit den grünen Scheiben für die Abteilung Feuerversicherung entschieden, wie sie behauptet?

Das ist möglich. Dennoch verteidigt er sich.

»Zu der Zeit konnte man den Erfolg der Lebensversicherungen nicht vorhersehen.«

Als Monsieur Monnoyeur die Wertpapiere kaufte, verdiente Mamelin einhundertfünfzig Franc monatlich, Caresmel nur einhundertvierzig.

»Ich erhöhe Ihr Gehalt nicht, aber ich gebe Ihnen einen prozentualen Anteil für die Neuaufnahmen, die Sie abschließen. Einer von Ihnen wird sich um die Abteilung Feuerversicherung, der andere um die Abteilung Lebensversicherung kümmern. Da Sie, Monsieur Mamelin, der Ältere sind, können Sie wählen.«

Er wählte die Feuerversicherung, eine ganz ruhige Arbeit, die nur selten Kundenbesuche erfordert. Genau in dem Augenblick haben die Lebensversicherungen einen gewaltigen Aufschwung genommen.

Dem Anschein nach hat sich nichts geändert, Désiré ist es, der um Punkt zehn Uhr in das Büro von Monsieur Monnoyeur tritt. Er ist es, der den Schlüssel und die Vollmacht hat. Und er ist es auch, der die Zahlenkombination vom Geldschrank kennt, den er jeden Abend zuschließt.

Caresmel ist nur ein Angestellter, ein vulgärer und lärmender Angestellter. Oft finden sich Fehler in seinen Berechnungen. Oft muss er um Rat fragen. Nur bringt er es auf bis zu zweihundert Franc monatlich an Prämien, während Mamelin auf kaum fünfzig kommt.

»Ich verstehe nicht«, entrüstet sich Élise, »dass ein Mann, der viel weniger intelligent ist als du, mehr verdient, in deinem eigenen Büro.«

»Umso besser für ihn. Fehlt es uns an irgendetwas?«

»Anscheinend trinkt er sogar.«

»Was er außerhalb des Büros macht, geht uns nichts an.«

Und in Mamelins Kopf wird das Wort BÜRO großgeschrieben. Er liebt seine großen Bücher, und seine Augen lächeln, wenn er, mit leicht zitternden Lippen und dem die Zahlenreihen entlangfahrenden Zeigefinger, etwas zusammenrechnet, was er, darin sind sich alle seine Kollegen einig, schneller als irgendjemand anders macht. Sie geben auch zu, dass er sich noch nie geirrt hat. Das ist nicht nur so dahergesagt. Es ist ein Glaubensbekenntnis.

»Mamelin? Er hat es nicht nötig, auf die Tariftabelle zu sehen.«

Empfindet ein Jongleur nach zehn Jahren immer noch irgendeine Freude, wenn ihm alle seine Kunststücke gelingen, wenn er, auf seiner Zigarre aus Holz balancierend, alle Bälle mit dem Zylinder auffängt?

Mit der fast vertraulichen Feierlichkeit von Küstern im Altarraum klopft Désiré um genau zehn Uhr leicht an die Tür von Monsieur Monnoyeur und verschwindet in dessen Büro mit der Post, die er soeben durchgesehen hat.

Um dieselbe Zeit haben die beiden Anstreicher im weißen Kittel die Gare des Guillemins betreten, wie Handwerker, die eine Arbeit in einem Vorort ausführen wollen, und Marette ist so blass, dass man damit rechnen könnte, ihn in Ohnmacht fallen zu sehen.

»Zweimal dritter Klasse nach Huy.«

»Hin und zurück?«

»Ja.«

Irgendwo im Bahnhof steht einer von der Geheimpolizei herum. Das stand in der Zeitung. Man kann nicht wissen, ob es dieser dicke Mann ist, der, die Hände auf dem Rücken, hin und her geht, oder jener Herr mit dem Handkoffer, der die Gepäckwaage betrachtet.

»Reisende nach Angleur, Ougrée, Seraing, Huy, Sprimont, Andenne, Namur, bitte einsteigen!«

»Geh!«

Während der trägen und fast leeren Morgenstunden denkt Valérie an Élise, die kein Glück hat, die ein krankes Kind hat, die sich so viele Sorgen macht, weil sie nicht stillen kann.

»Ich schäme mich, Sie noch einmal zu stören, Madame Smet. Wenn es Ihnen nicht zu viel ausmacht ... Das Feuer!«

Der Albtraum, dass dieses Feuer ausgehen und die alte Dame es nicht wieder anzünden könnte! Wie konnte sie nur verheiratet gewesen sein und Kinder großgezogen haben, wo sie noch nicht einmal in der Lage ist, ein Feuer in Gang zu halten?

Der Zug setzt sich in Bewegung. Die beiden Arbeiter im Kittel stehen im Gang, und die Reisenden, die an ihnen vorbeigehen, haben Angst, mit Farbe bekleckst zu werden.

Désiré jongliert. Er wartet auf den Mittag. Für jeden Tag hat er sich anderthalb Stunden vollkommenen Glücks reserviert. Es beginnt genau um zwölf Uhr, wenn die anderen wie Tauben, die man freilässt, fortgehen.

Er bleibt allein zurück, denn das Büro ist durchgehend von neun Uhr morgens bis sechs Uhr abends geöffnet, und es ist während der Mittagszeit in seiner Obhut, eine Aufgabe, die er übernommen hat, obwohl er sie einem anderen hätte anvertrauen können.

Selten kommen Kunden. Das Büro gehört ihm jetzt tatsächlich. In seiner Tasche hat er gemahlenen Kaffee. Er setzt Wasser zum Kochen auf den Ofen, nimmt aus einem Schrank eine kleine Emaillekanne, wie es wohl auch der Nachtwächter von Torset nachts tut, und dann, nachdem er eine Zeitung ausgebreitet hat, sitzt er in seiner Ecke und isst langsam ein Butterbrot, während er seinen Kaffee trinkt.

Zum Nachtisch eine ziemlich schwierige oder heikle Arbeit, die Ruhe erfordert.

In Hemdsärmeln, eine Zigarette zwischen den Lippen, so fühlt er sich wirklich zu Hause, und um halb zwei wartet eine andere seltene Freude auf ihn. Alle kehren zur Arbeit zurück, und er geht weg. Alle haben schon zu Mittag gegessen, und er geht jetzt essen. Es ist für ihn gedeckt, für ihn ganz allein, am Ende des Tisches, und die Schüsseln mit gut durchgebratenem Fleisch, Möhren, Erbsen und Süßspeisen sind nur für ihn da.

Seine Kollegen kennen diesen Genuss nicht. Sie kennen nicht das Gesicht der Stadt um drei Uhr nachmittags, wenn diejenigen, die arbeiten, eingesperrt sind.

Élise und Madame Smet schauen ihm schweigend beim Essen zu. Ungewollt betrachten sie ihn ein wenig wie jemanden, der aus einer anderen Welt kommt, und die Leichtigkeit, die er auf seinem Weg durch die Straßen, den er mit großen Schritten zurücklegt, mit der würzigen Luft eingeatmet hat, ist ihnen fremd. Er ist wie ein Luftzug, der störend in die gedämpfte Stille der Wohnung eingedrungen ist.

Désiré muss schon vor einer guten Weile fortgegangen sein, damit sich der Kreis wieder schließen, Élise ihr grämliches Lächeln wieder aufsetzen und Madame Smet ihre inneren Träumereien fortsetzen kann, und damit das ganz, ganz leichte Knacken wieder zu hören ist, damit man lange vorher auf das unvermeidliche »Bumm« des Küchenherdes lauschen kann.

Désiré geht durch die Straßen. Die Sonne scheint. Aber wenn es regnet, ist der Anblick der Stadt genauso köstlich, und er hat eine ihm eigene Art, seinen Regenschirm wie einen Baldachin zu tragen. Die Drei-Uhr-Zigarette ist gut. Jede Zigarette hat ihren besonderen Geschmack, den Geschmack einer bestimmten Tageszeit, einer bestimmten Straße, den

Geschmack, wenn er Hunger hat oder wenn er verdaut, den Geschmack am frischen Morgen oder am Abend.

Der Personenzug hat in Huy gehalten. Der Schnellzug Köln–Paris wird gleich vorbeikommen. Léopold hat seinen Begleiter zu den Toiletten geschoben.

»Gib deinen Kittel her!«

Ein Arbeiter im Kittel steigt nämlich nicht in den Schnellzug. Es ist Léopold mit seinem pechschwarzen Bart, der wie ein wilder Anarchist aussieht, und nicht Marette, der dagegen eher wie ein ängstlicher Junge wirkt.

»Beeil dich!«

Ein so kleiner Junge, so ängstlich, dass er von einem plötzlichen Bedürfnis überkommen wird und hinter einer der Türen mit den Lamellen verschwindet, während der Zug in den Bahnhof einläuft.

»Ist das mein Zug?«

»Beeil dich!«

Niemand auf diesem kleinen Bahnhof denkt an den Anarchisten von der Place Saint-Lambert. Léopold hat eine Fahrkarte nach Paris gelöst und sie Marette gegeben.

»Hast du deine Brieftasche?«

Sie laufen am Gleis entlang. Sie haben weder die Zeit, sich die Hand zu geben noch sich auf Wiedersehen zu sagen; der Zug fährt weg, als Marette seine Hosenträger noch nicht zugeknöpft hat, und sein mageres und bleiches Profil verschwindet im Tunnel an der ersten Biegung.

Es fährt ein Zug nach Lüttich, aber Léopold hat Durst. Er bleibt in der Bahnhofsgaststätte. Dann überquert er den Platz und geht in ein Café. Bald wird er schwerfällig hinausgehen und eine andere Tür suchen, ein anderes Café, wo er sich hinsetzen kann, und um sechs Uhr wird er seine Eimer, seine Farbtöpfe und seine Pinsel irgendwo verloren haben, brummend wird er seinen Kittel ausziehen und den Kellner heranwinken, weil er nicht mehr sprechen kann oder der Wille ihm dazu fehlt.

»Das Gleiche …«

Kleine, blaugrüne Gläser mit dickem Boden, blasser Genever, den er in einem Zug austrinkt, und schon wieder der Wink: »Vollgießen …«

Désiré schließt den Geldschrank, verdreht die Zahlenkombination. Er könnte die Straßenbahn bis zur Place Saint-Lambert nehmen. Er könnte ein Stück zusammen mit Daigne oder mit Ledent gehen.

Er geht allein, und das ist ein weiterer glücklicher Augenblick des Tages: die ins Violette spielenden Straßen, die Fußgänger, die in einem geräuschlosen Dunst hin und her zu huschen scheinen, die Gaslaternen hier und da, die Schaufenster, vor denen niemand stehen bleibt und die ein schwach erleuchtetes Rechteck bilden, und schließlich der Boulevard d'Avroy, der menschenleere Park und die Enten, die noch auf dem flimmernden Wasser schwimmen.

Er wird bei Tonglet in der Rue de la Cathédrale, gegenüber von Saint-Denis, vorbeigehen, um Blutwurst zu kaufen. Oder gespickte Leberwurst? Er weiß es noch nicht. Gespickte Leberwurst?

»Geben Sie mir einen Viertel … nein, anderthalb Viertel von …«

Valérie wartet auf ihn, denn sie will ihre Mutter nach Hause bringen, und sie hat sich nicht den Mantel ausgezogen, hat sich nicht einmal hingesetzt.

»Das lohnt sich nicht, Élise! Désiré wird bald nach Hause kommen.«

Als wenn sie einen der Stühle abnützte! Als stellte es so etwas wie einen Überfall, eine Taktlosigkeit dar, wenn sie sich hinsetzte, während sie doch nur im Vorbeigehen ihre Mutter abholen will.

Élise, die versteht das. Désiré versteht das nicht.

Und er kommt herein, siegesgewiss, ein wenig von dem abendlichen Dunst in seinen rotbraunen Schnurrbarthaaren.

»Warum isst du nicht mit uns, Valérie?«

»Aber nein, Désiré. Marie wartet auf uns.«

»Sie wird warten.«

»Unser Abendessen ist fertig.«

»Ihr werdet es morgen essen.«

Wozu noch weiter darauf bestehen? Weiß er nicht, dass es unmöglich ist, dass man das nicht tut, dass Valérie an dem Abend, an dem Élise niederkam, steif und fest behauptete, keinen Hunger zu haben?

Léopold steht schwankend auf einem Platz, den er nicht kennt, einem runden Platz, dessen Ausgang er sucht, und es ist ein Wunder, dass er sich an einen Bahnhof erinnert und daran, dass er einen Zug nehmen muss.

Wo ist Eugénie, seine Frau? Vergangene Woche ist sie in ihre gemeinsame Wohnung gekommen, an einem Tag, an dem er nicht dort war, und hat Lebensmittel dagelassen, die sie wahrscheinlich von ihren Arbeitgebern gestohlen hatte. Aber wo arbeitet sie?

Eines Tages wird sie zurückkommen. Er wird sie antreffen, wenn er nach Hause kommt. Mit ihrem drolligen Akzent wird sie, ohne sich aufzuregen, wie wenn man eine Tatsache feststellt, zu ihm sagen:

»Du bist wieder einmal besoffen, Léopold!«

Sie wird alles geputzt, das Bett gemacht und die Bettwäsche gewechselt haben, die er nie wechselt. Das wird vielleicht in einem Monat sein.

Währenddessen sitzt der kleine Marette im Zug, eng an die Zwischenwand gelehnt in einem Abteil dritter Klasse, wo man soeben das Licht angeknipst hat, und Leute vom Land bieten ihm ein Stück Sülze an.

»Auf Wiedersehen, Madame Smet. Gute Nacht, meine liebe Valérie. Und vielen Dank, nicht wahr! Danke! Ich schäme mich!«

Sie sind hinausgegangen. Auf dem Treppenabsatz der ersten Etage treten sie, wegen der Delobels, leiser auf.

Arm in Arm, wie zwei kleine Gliederpuppen mit zu großem Kopf, gehen sie an den Schaufenstern entlang und kehren so in ihre Wohnung zurück, wo Marie auf sie wartet und die Nähte eines alten Kleides auftrennt.

Mit einem Seufzer der Erleichterung zieht Désiré seine Jacke und seine Schuhe aus und seine Pantoffel an oder, besser gesagt, seine Pastorenschuhe, deren Ziegenleder so weich ist.

In dem Bewusstsein, das Tagewerk eines ehrenhaften Mannes vollbracht und alles, was zu tun war, getan zu haben, sagt er fröhlich:

»Lass uns essen!«

Und dennoch ist er nicht gar zu stolz, denn er hat Élises Blick entnommen, dass sie bemerkt hat, dass er anderthalb Viertel gespickter Leberwurst anstatt eines Viertels gekauft hat.

Sie wagt nicht, etwas zu sagen, und seufzt innerlich.

4

Milliarden, Milliarden über Milliarden Tiere auf der ganzen Erdoberfläche, in der Luft, im Wasser, überall, strengen sich unaufhörlich an, Sekunde um Sekunde, mit all ihren Zellen, auf eine Zukunft hin, die sie nicht kennen; so etwa die Ameisen, die ihre Lasten, die hundertmal so schwer sind wie sie selbst, durch Abgründe hindurch tragen, sich über Berge von Sand oder Dreck ihren Weg bahnen und zehnmal ein Hindernis in Angriff nehmen, ohne dass ihre Karawane jemals einen Umweg machen würde.

Heute, an einem schönen Sonntag im September, der prall und goldfarben ist wie eine Frucht, wird Élise, das dreizehnte Kind, das blutarme Kind, Élise, die nur eine Waffe besitzt: ihr verhaltenes Lächeln, das so unterwürfig ist, dass es Mitleid hervorruft, Élise, die sich entschuldigt, dass sie da ist, dass sie überhaupt existiert, die um Verzeihung bittet, bevor sie jemandem wehgetan hat, die sich für nichts und wieder nichts entschuldigt, die sich fast schämt, auf der Welt zu sein, heute wird Élise ihre erste Schlacht liefern.

Weiß sie es? Ahnt sie auch nur, wie die Ameise, die dem unebenen Pfad folgt und pausenlos dasselbe Weizenkorn fallen lässt und wiederaufnimmt, ahnt sie die Bedeutung, das Ziel des Kampfes, den sie liefern wird, und ist sie sich im Klaren darüber, dass sie nicht nur gegen Désiré-den-Lächelnden, Désiré-mit-dem-schönen-Gang kämpft, sondern gegen die

Familie Mamelin aus der Rue Puits-en-Sock und damit gegen eine ganze Gattung?

Ahnt sie schon, dass sie stärker ist als sie, stark durch ihre weinenden Augen, durch ihre Wangen, die hohl und blass werden, durch ihren schmerzenden Bauch, durch die eisenhaltige Medizin, die ihr gegen die Anämie verschrieben wird, durch ihre Beine, die ihr auf der Treppe den Dienst versagen? Weiß sie, die kleine Flämin, das dreizehnte Kind der Peters, was sie will und wohin sie geht?

Sie ist kaum zwei Jahre verheiratet. Sie hat immer »ja« gesagt, und an diesem Sonntag wird sie, weil sie es muss, weil eine unbekannte Kraft sie vorwärtstreibt, weil sie eine Peters ist und weil es die Mamelins gibt, heute wird sie, weil das Leben es befiehlt, mit ihren Waffen kämpfen.

Niemand weiß es, nur sie und Valérie, die sich erschrocken hat, Valérie, für die der Gipfel des Glücks darin bestünde, einem Mann zu gehorchen.

»Meinst du, Élise?«

Es gibt Fenster, die Élise an diesem Sonntag nicht mehr sehen kann, obwohl sie weiß, dass sie sie nicht mehr lange sehen wird. Es sind die achtundzwanzig matten Fenster mit den geriffelten Scheiben, auf denen sich drei Wörter in schwarzen Buchstaben wie bei Todesanzeigen, was dem Ganzen etwas Anstößiges verleiht, in endloser Reihe wiederholen: *Torset und Mitouron … Torset und Mitouron … Torset und …*

Désiré ahnt nichts. Er hat in Saint-Nicolas die Messe besucht, hat wie immer in der Bank des Wohltätigkeitsvereins der Confrérie von Saint-Roch gesessen und ist danach in die Rue Puits-en-Sock gegangen. Er hat die leicht dunklen Brote sowie einen Apfelkuchen mitgebracht, beides von seiner Mutter selbst gebacken. Die Stunden fließen gleichmäßig dahin, und er denkt nicht im Geringsten daran, dass sich ihr Ablauf ändern wird.

Wenn das Baby fertig in seiner Wiege liegt, muss es wie jeden Tag festgebunden werden, während Désiré und Élise den Wagen die zwei Etagen hinuntertragen.

»Gib acht auf die Wände …«

Sie können laut sein. Die Delobels machen in einem Haus in Ostende Ferien. Nur Madame Cession gibt keine Ruhe. Sie liegt hinter ihrer Tür im Hinterhalt, in einem schwarzen Seidenkleid und Goldketten um den Hals, bereit herauszustürzen, wenn eines der Räder des Kinderwagens in dem Halbdunkel zufällig die Wand verkratzt.

Unten im Hausflur ist Platz, unter der Treppe, dort, wo nichts anderes hingestellt wird als die Mülleimer und wo niemand vorbeigeht.

»Wenn Sie unbedingt einen Kinderwagen haben wollen, dann halten Sie ihn bei sich in der Wohnung.«

Désiré bleibt unten stehen. Élise geht nach oben, um das Kind zu holen. Die Fläschchen werden unter der Matratze warm bleiben.

»Sie hat nichts gesagt«, bemerkt Désiré und holt mit seinen langen Beinen kräftig aus. Wie so oft am Sonntag schiebt er den Kinderwagen.

Man könnte meinen, er machte das absichtlich, damit sich die Leute nach ihm umdrehen, während Élise ihre liebe Not hat, ihm zu folgen.

Noch ist das ein Mamelin'scher Sonntag, und Désiré ahnt nicht, dass es andere Arten von Sonntagen geben wird. Sie gehen durch die kleinen Straßen. Es ist eine Marotte von Élise, die sich, um den Weg abzukürzen, immer durch die Gässchen und die finsteren Passagen schlängelt, wo sie dann ständig ihren Strumpfhalter festmachen muss.

Sie gehen nicht weit. Bald kommen sie zur Kirche Saint-Denis und dann, hinter der Kirche, auf einen kleinen alten, provinziellen Platz, der von Kastanienbäumen beschattet und durch das muntere Plätschern eines Springbrunnens belebt wird. Jeden Morgen wird dort der Käsemarkt abgehalten, und der durchdringende Geruch, der mit fortschreitendem Tag immer abgestandener wird, setzt sich weiter in die Straßen der Nachbarschaft fort.

Sie gehen zu Daigne oder vielmehr zu Charles, wie sie gewöhnlich sagen. Charles Daigne, der Küster von Saint-Denis, hat Françoise geheiratet, die älteste der Mamelin'schen Töchter; er ist der Bruder von dem Daigne, der bei Monnoyeur arbeitet und so schlecht riecht.

Er dagegen riecht nicht schlecht. Er riecht nach Kirche, nach Kloster. Das ganze Haus ist durchdrungen von einem süßlichen, gleichzeitig begüterten und tugendhaften Geruch.

Die schwere, mit einem kupferglänzenden Türklopfer verzierte Tür der Toreinfahrt wird von zwei Grenzsteinen flankiert und ist lackiert wie ein schönes Möbelstück. Es ist kein Flecken darauf zu sehen, keine Schramme, nicht der geringste Schmutz, und die Fassade ist nicht nur sauber, sondern obendrein noch mit cremeweißer Ölfarbe angestrichen, die mit dem Käsegeruch des Platzes harmonisiert.

Niemand kommt, um zu öffnen. Désiré läutet, indem er an einem Kupferring zieht. Nicht das leiseste Geräusch ist im Innern zu hören; aber auf ein gut geöltes Klicken hin öffnet sich der rechte Türflügel einige Millimeter. Wenn man das nicht wüsste, würde man nichts bemerken und könnte stundenlang vor der Tür warten.

Die Tür ist schwer. Man kommt in eine feierliche Vorhalle mit Wänden aus falschem Marmor und weißen und blauen Fliesen, wie man sie in der Kirche sehen kann.

Das Haus gehört dem Kirchenvorstand. In dem weiten Gebäude an der Vorderseite wohnt ein Anwalt, Monsieur Douté, der Präsident des Kirchenvorstandes. Désiré hat ihn nie gesehen, Élise auch nicht. Damit die Räder keine Streifen auf den Fliesen hinterlassen, tragen sie schweigend den Kinderwagen durch die Halle, gehen auf Zehenspitzen und wagen kaum, zu den zwei Seitentreppen und den glasverzierten Türen hinzuschauen.

Hat Monsieur Douté eine Frau und Kinder? Man hört nichts, manchmal sieht man eine schweigsame, ganz in Schwarz gekleidete Hausangestellte, die an eine Ordensschwester in Zivil erinnert.

Wenn das Baby, das in dem Wagen getragen wird, anfinge zu schreien? Man wagt gar nicht daran zu denken, welche Wirkung das in dieser Stille hervorrufen würde, in diesem absoluten Schweigen, wo noch nicht einmal Küchengeruch in der Luft hängt.

Endlich erreichen sie die zweite Tür, die die Vorhalle vom Hof trennt, einem langen Klosterhof, der mit ganz kleinen runden Steinen, blank wie Keramik, gepflastert ist. Ein grün gestrichener Zaun grenzt den Teil des Hofes ein, der Monsieur Douté vorbehalten ist, in den er jedoch noch nie einen Fuß hineingesetzt hat.

Élise ist bedrückt. Sie denkt an die achtundzwanzig hässlichen Fenster, an die immer gleichen Stunden, die dahinfließen werden, an das, was nachher in Angriff genommen werden muss. Wird sie auf der Straße davon sprechen, wenn sie wieder in der Rue Léopold sind? Wird sie warten, bis sie in der Küche sind, wo das Feuer sicherlich ausgegangen sein wird?

Im hinteren Teil des Hofes stehen zwei weiße hübsche Häuschen, zwei Spielzeuge von gewissenhafter Sauberkeit, das Häuschen des Kirchenschweizers von Saint-Denis, Monsieur Collard mit dem dichten, schwarzen Schnurrbart, und das des Küsters, Charles Daigne.

»Gib acht, wenn du die Tür schließt, Désiré.«

Denn der Klang einer Stimme, nur einer einfachen menschlichen Stimme, wird hier zum Lärm, und am nächsten Tag erhält Charles von dem Anwalt eine schriftliche Beschwerde in frostigem Ton.

»Psst!«

Der Kies hat unter Désirés breiten Sohlen geknirscht.

Nirgendwo ist die Luft so klar. Man glaubt sich in eine Porzellanwelt hineinversetzt.

Die anderen Mamelins, an das plebejische Tohuwabohu in der Rue Puits-en-Sock gewöhnt, wagen sich nicht hierher. Nur Désiré und Élise besuchen jeden Sonntag die stets schwarz gekleidete Françoise.

Im Haus, in dem eine leicht violette Atmosphäre herrscht, umarmt man sich, und Charles riecht nach Weihrauch und Fadheit. Er ist blond, strohblond, flachsblond, er hat einen sanften Schafskopf, langsame Bewegungen und eine so monotone Art zu sprechen, dass man nie auf das Ende seiner Sätze wartet.

In seinem Haus, in seiner Küche, in seinem Schlafzimmer, überall hat man den Eindruck, noch immer in der Kirche zu sein, und Désiré, der mit einer sonoren Stimme ausgestattet ist, muss ständig zur Ordnung ermahnt werden.

»Gib acht, Désiré!«

Er ist völlig ahnungslos. Er lebt, ohne Hintergedanken, sein Sonntagnachmittagsleben, und heute ist Élises Gesicht besonders spitz, sie lächelt noch häufiger ihr grämliches Lächeln und wiederholt ohne irgendeinen Anlass:

»Meine liebe Françoise ...«

Françoise hat auch ein Kind, eine Tochter, die ein Jahr älter ist als Roger, und sie erwartet noch ein Kind.

Die Fenster haben kleine viereckige Scheiben, die wie Seifenblasen in den Regenbogenfarben schillern, aber sie sind nicht zu sehen, so dicht sind sie von zwei oder drei Musselingardinen und Vorhängen verhangen.

»Was tust du da, Désiré? Mein Gott, Françoise, er ist so ungeniert.«

»Bin ich nicht bei meiner Schwester?«

Ohne zu zögern, öffnet er die Schubladen und verrückt Dinge, die in dieser heiligen Unbeweglichkeit ihren festen Platz haben.

Man könnte sich gut nach draußen in die Sonne setzen, an die weiße Mauer im Hof, aber wenn eines der Kinder anfinge zu weinen?

Désiré setzt sich hin und kippt wegen seiner langen Beine den Stuhl zurück. Die Fenster des Herrn Anwalt dort hinten am anderen Ende des Hofes sehen mit den weißen Gardinen noch abgeschirmter aus als die von Françoise. Schiebt nie die Hand eines Gefangenen die Vorhänge zur Seite, erscheint nie ein blendend weißes Gesicht hinter den Vierecken der Fensterscheiben?

Die Mamelins haben Apfelkuchen mitgebracht. Sie essen ihn und trinken dazu Kaffee vor der Vesper und der Abendandacht. Charles geht als Erster, ohne Kopfbedeckung, denn er muss nur die Straße überqueren, um die schmale Tür der Sakristei zu erreichen. Monsieur Collard folgt ihm in Galauniform. Man hat immer den Eindruck, dass sein Schnurrbart nach Likör oder Schnaps riecht. Es wird behauptet, dass er trinkt.

»Stell dir vor, Élise …«

Er versteckt sich, geht nie in ein Café, aus Angst vor dem Kirchenvorstand.

Wer soll nun auf die Kinder aufpassen? Désiré ist an der Reihe. Er weiß, besser als eine Frau, wie man das Fläschchen gibt und die Windeln wechselt. Wenn sie weinen, trommelt er, damit sie einschlafen.

Die Schwägerinnen gehen zur Abendandacht. Élise möchte sehr gern ihr Herz ausschütten.

»Wenn du wüsstest, was für ein Drachen Madame Cession ist!«

Jetzt ist sie erschrocken über das, was sie getan hat. In dem Moment, als sie aus dem Haus gingen, sah sie Désiré, der kindlich lächelte, seine Beine übereinanderschlug und sich eine Zigarette anzündete, und es schien ihr, dass sie einen Verrat begangen hatte.

Sie beten leise im Schatten einer Säule. Man sieht Charles mit einer Wachskerze in der Hand am Altar hin- und hergehen und Kniebeugen machen.

Als sie die Kirche verlassen, bemerken sie wieder den faden Käsegeruch und hören das Geplätscher des Springbrunnens.

»Aber ja doch, ihr bleibt zum Essen bei uns.«

»Wir stören dich, Françoise!«

Élise hat eine angeborene Angst, andere Leute zu stören. Nie wagt sie es, sich richtig auf einen Stuhl zu setzen.

»Ich versichere dir, Élise, ihr stört uns nicht.«

»Nun gut, gehen wir zu Tonglet, Wurst kaufen. Jeder für sich.«

Das ist nur einen Katzensprung entfernt an der Ecke eines Gässchens, das die anständigen Leute meiden. In zehn, in zwanzig Jahren wird Élise, egal wo sie dann wohnt, immer noch behaupten, dass nur die Wurst, vor allem die Leberwurst (mit Speckstückchen gespickt), bei Tonglet gut ist.

»Ein Zehntel gespickte Leberwurst.«

Sie haben einen Steingutteller mitgenommen, und in einem anderen Laden ganz in der Nähe kaufen sie für fünfzig Centime Pommes frites, die mit einer Serviette bedeckt werden. Der Teller in der Hand ist heiß, heiß und fettig. Sie beeilen sich, der Tag geht zu Ende und färbt die Straßen bläulich.

»Wenn du wüsstest, Françoise, wie sehr mich die Rue Léopold belastet …«

Nein. Sie spricht nicht weiter … Ihre Schwägerin macht:

»Psst. Pass auf.«

Die Vorhalle, die gefürchtete Vorhalle, durch die man auf Zehenspitzen gehen muss und die nun von dem Geruch der Pommes frites besudelt wird.

Désiré hat den Tisch gedeckt und Kaffee gemahlen. Charles ist zurückgekommen, immer noch blinzelnd wegen des Halbschattens während der Vesper und der Abendandacht. Sie essen. Gleich wird Charles Fotos zeigen. Er hat eine unerhörte Geduld. Vierzehn Tage lang hat er jeden Morgen um sechs Uhr – es durfte niemand auf der Straße sein – seinen Fotoapparat auf das Hauptpostamt neben der Passerelle gerichtet und so einzigartige Effekte, eine bemerkenswerte Abstufung von Grautönen bei den Wolken, erzielt.

»Nächsten Sonntag, wenn das Wetter schön ist …«

Seit Monaten verspricht er, die ganze Familie zu fotografieren. Die Kinder müssten nackt auf einem Lammfell liegen können.

Neun Uhr.

»Mein Gott, Françoise. So spät schon! Und wir halten euch auf. Ich werde dir beim Geschirrspülen helfen …«

»Aber nein.«

Das Kind in dem Kinderwagen ist ganz heiß, es döst schläfrig vor Müdigkeit. Es wird zugedeckt. Man klappt das Verdeck hoch aus Angst vor der frischen Abendluft.

»Bis Sonntag! Kommt frühzeitig!«

»Ich bringe einen Biskuitkuchen von Bonmersonne mit.«

»Vorsicht. Psst!«

Die Vorhalle.

»Also, Désiré!«

Er hat zu heftig die Tür zugezogen. Élise trippelt neben ihrem riesigen Mann her, der, zufrieden, sich einer Pflicht entledigt zu haben, den Kinderwagen schiebt; sie hat ihren Schritt seinem nie angleichen können. Auf den Gehsteigen sieht man noch andere Familien, die wie sie nach Hause gehen; oben auf den Schultern der Väter sitzen eingeschlafene Kinder.

»Hast du den Schlüssel?«

Es ist besser, noch etwas zu warten. Élise zittert.

»Hör zu, Désiré … Ich muss dir etwas sagen … Wirst du sehr mit mir schimpfen?«

Sie weint, als sie rückwärts die Treppe hinaufgeht, den Kinderwagen an einer Seite tragend. Das Gaslicht im Zwischenstock brennt und spuckt ein wenig.

Élise ergreift die Gelegenheit, als sie mit dem sperrigen Kinderwagen in diesem zu engen Treppenhaus sind.

»Ich habe eine Wohnung gemietet.«

Désiré sagt nichts. Hat er es nicht gehört? Er geht hoch. Sie sind in ihrer Wohnung. Er zündet ein Streichholz an, nimmt das Glas von der Lampe und geht zum Ofen, in dem einige rosafarbene Kohlenstückchen liegen, die noch warm sind.

»Bist du mir böse? Wenn du wüsstest, wie sehr mich diese Madame Cession belastet …«

Désiré zieht seine Jacke aus, streift die Pastorenpantoffeln über, stellt den Docht der Lampe ein. Verwirrt blickt er um sich, sieht die Küche, das Schlafzimmer, das schon erleuchtete Fenster des Nachtwächters, all das, was er verlassen wird, was ihm gehörte, was ein Teil von ihm war.

»Bist du sehr böse? Denk daran, dass es in diesem Viertel hier nicht einen einzigen Ort gibt, wo man mit dem Kleinen spazieren gehen kann.«

Er wagt immer noch nicht zu fragen, an welches Ende der Stadt, in welche fremde Umgebung sie ihn und den Kleinen entführen wird.

Sie zieht durch die Nase hoch, schnäuzt sich und nimmt, da er immer noch schweigt, einen weiteren Anlauf.

»Zunächst, es ist nicht teurer: fünfundzwanzig Franc monatlich. Es gibt kein Wasser auf der Etage, sondern auf dem Treppenabsatz direkt darunter, und die Besitzerin erlaubt, dass wir den Kinderwagen im Flur stehen lassen.«

Wochenlang, während er meinte, sie sei damit beschäftigt,

das Kind um die Kirche von Saint-Denis herum spazieren zu fahren, ist sie also, den Kinderwagen vor sich herschiebend, durch die Stadt gelaufen und hat nach Anschlägen Ausschau gehalten!

Darum also beklagte sie sich jeden Abend über Madame Cession oder über den Straßenbahnlärm, der Roger aufweckte, oder über die Treppen, die ihr solche Mühe bereiteten!

Hat er nichts gemerkt? Hat er so getan, als verstünde er nicht?

»Wenn du wüsstest, Valérie, wie er an seinen Gewohnheiten hängt! Allein der Gedanke umzuziehen …«

Das stimmt. Er ist ein Mamelin, und die Mamelins sind noch nie umgezogen. Als Chrétien Mamelin nach Lüttich kam, hat er sich, noch vor seiner Heirat, in der Rue Puits-en-Sock niedergelassen, und er hat sich nie von dort fortbewegt. All seine Kinder sind in demselben Viertel geblieben, außer Guillaume, der in Brüssel wohnt.

»Wieso sollte es woanders besser sein?«

Das waren Désirés Worte. Was konnte man darauf antworten?

»Was fehlt uns denn hier?«

Élise ist hartnäckig und heimlich in der ganzen Stadt herumgelaufen, nur Valérie hat sie ins Vertrauen gezogen. Für Élise ist ein Viertel so gut wie das andere. Nichts bindet sie an diese oder jene Straße. Sie ist nicht fähig, zärtlich einen Sonnenstrahl auf der Tapete oder an der Decke den Schatten des großen Schrankes zu betrachten.

Tags zuvor hat sie in der Rue Pasteur eine Wohnung gemietet. Sie hat für einen Monat im Voraus bezahlt. Sie hat sogar … Jawohl, sie hat die äußerste Kühnheit besessen, die Wohnung in der Rue Léopold aufzugeben. Sie hat Madame Cession angekündigt, dass sie ausziehen werden.

»Welche Erleichterung!«, hat diese gesagt. »Man muss nicht mehr zehnmal am Tag Ihren Kinderwagen im Treppenhaus hören.«

»Bist du mir böse?«

Und er darauf nur:

»Wo ist es?«

»In der Rue Pasteur.«

Dann zählt sie redselig die Vorteile ihrer neuen Wohnung auf:

»Es ist eine neue, breite Straße in einem modernen Viertel, ganz in der Nähe der Place du Congrès. Das Haus ist ganz neu, und die Zimmer sind größer als hier und haben breite Fenster. Die Wohnung liegt in der zweiten Etage, aber die Treppe bereitet einem keine Mühe, und der Boden ist so weiß wie der Tisch. Gestern bin ich hingegangen und habe ihn mit Sand gescheuert.«

Ohne dass er etwas davon wusste!

»Was hast du während der Zeit mit dem Kind gemacht?«

»Die Vermieterin – sie ist sehr nett – hat mir geholfen, den Wagen hochzutragen. In dem Viertel fliegt kein Staub herum. Für dich wird es kürzer sein …«

Er hört nicht zu. Er stellt sich den Weg vor, den er in Zukunft viermal am Tag zurückzulegen hat. Die Rue Pasteur liegt nur fünf Minuten von der Rue Puits-en-Sock entfernt. Er wird an der Kirche von Saint-Nicolas vorbeigehen, dann wird er die enge Rue des Récollets nehmen, die genau beim Hutgeschäft herauskommt.

Er probiert seinen Weg aus, so wie er ein Kleidungsstück

anprobieren würde, wobei er auf die kleinsten Einzelheiten achtet ... Ja ...

»Das ist gut.«

Plötzlich jedoch denkt er an die Durchführung.

»Wir werden umziehen müssen.«

Und er erschrickt, als sein Blick auf ihre wenigen Möbel um ihn herum fällt.

»Morgen Mittag wird alles vorbei sein. Ich bin zu dem Stuhlflechter in die Rue Jean-d'Outremeuse gegangen, der einen Handkarren hat. Er kommt morgen früh um acht Uhr mit einem Arbeiter, den er kennt, und mit drei Fuhren werden sie alles hinübergeschafft haben.«

Wenn das natürlich so ist ... Nun ja! Er ist trotz allem ein wenig traurig, vielleicht hat er auch etwas Angst. Weggehen ... Etwas verlassen ...

»Du bist mir nicht böse? Sieh mal, Désiré, diese Rue Léopold hat mich dermaßen bedrückt, dass ich hier krank geworden wäre.«

Er zieht sich schweigend aus. Sie legt sich neben ihn. Nur die Nachttischlampe beleuchtet das Zimmer, in das durch die Vorhänge hindurch das Licht der Gaslaternen scheint.

Élise schließt ihre Augen nicht. Sie hat die Partie gewonnen. Er hat nichts gesagt. Er ist nicht verstimmt.

Und Valérie hatte solch eine Angst! Mehr als sie selbst!

»Siehst du, Valérie, die Männer ...«

Da sie noch keine so klare Vorstellung davon hat, fügt sie noch nicht hinzu:

»Er ist ein Mamelin, und die Mamelins muss man vor vollendete Tatsachen stellen! Sonst bleiben sie ihr ganzes Leben lang an demselben Platz.«

Sie schläft nicht ein. Undeutlich spürt sie die Bedeutung dieses Tages. Gestern noch, als sie zu dem Stuhlflechter gegangen ist, konnte sie kaum atmen, und nun ist alles so einfach gewesen.

»Schläfst du?«

»Ja«, sagt er.

Sie würde sich gern bei ihm bedanken, ihm die Fingerspitzen drücken. Das darf sie jedoch nicht! Er würde sonst meinen, sie habe Gewissensbisse.

Er ist ein Mann. Er ist ein Mamelin. Wenn man ihn nicht zu etwas drängen würde … So wie bei Monsieur Monnoyeur: Wird er dort nicht ausgenutzt? Es ist Désiré, der alles leitet, und er wird kaum besser bezahlt als der junge Daigne. Er wagt nicht, sich zu beschweren. Wenn Élise mit ihm darüber spricht, eine Gehaltserhöhung zu beantragen, wechselt er das Thema.

Er hängt zu sehr an seinen Gewohnheiten. Er ist immer zufrieden. Er will nicht einsehen, dass sie zum Leben nur das Allernotwendigste haben.

Das Allernotwendigste … So etwas! Das Wort hat sie vor drei Tagen gegenüber ihrer Schwester Félicie gebraucht, als diese sie auf die Schnelle besucht hat. Félicie dagegen muss nur in die Kasse greifen. Sie muss nicht rechnen. Sie kauft Fleisch, ohne auf die Waage zu sehen.

Jetzt, wo das Problem Cession gelöst ist, wiederholt Élise für sich die zwei Worte: *Das Allernotwendigste*. Sie nehmen einen ganz bestimmten Sinn an. Sie werden so etwas wie das Leitmotiv einer neuen Epoche, die man hinter sich bringen muss.

»Siehst du, meine liebe Félicie, Désiré verdient gerade das Allernotwendigste.«

Vor drei Jahren wurden bei Monsieur Monnoyeur die Geschäftsbereiche aufgeteilt, auf der einen Seite die Feuerversicherungen, auf der anderen Seite die neue Abteilung der Lebensversicherungen. Désiré war es, der die Wahl hatte.

Er hat die Feuerversicherung gewählt, aus Gewohnheit, weil er da seinen Platz nicht zu verlassen brauchte, und Caresmel, der viel weniger intelligent war als Désiré, fiel die Lebensversicherung zu.

Und jetzt ist die Lebensversicherung einträglich. Caresmel bringt es bis auf zweihundert Franc monatlich an Provision, und nach dem Tod seiner Frau konnte er seine beiden Töchter zu den Ursulinen ins Internat geben.

»All das, Valérie, um nichts an seinem Trott zu ändern. Wir, die Peters, wir würden bis zum Ende der Welt gehen, um fünf Franc mehr zu verdienen!«

Sie schläft ein. Um zwei Uhr steht Désiré zum letzten Mal in der Rue Léopold auf, um das Fläschchen warmzumachen, und er wirft ein wehmütiges Lebewohl zum Nachtwächter hinüber, den er nie mehr sehen wird.

5

Es ist Ende März, und auf dem Ententeich am Boulevard d'Avroy ist noch Eis. Unter den Schritten knacken die dunklen Buchsbaumalleen, auf denen blutleere Statuen gestikulieren.

Die Stadt ist leer, so leblos wie eine Postkarte für einen Sou, und auch sie könnte man schwarz-weiß nennen, kaum dass die Seite, auf der die Sonne untergeht, durch ein paar bonbonrosa Federstriche hervorgehoben wird.

Man geht schnell. Man bleibt stehen. Man geht wieder weiter. Man fühlt sich unbehaglich, ohne zu wissen, warum, vielleicht wegen der endlichen Weite der Gehsteige, des Boulevards, dieser unbelebten Welt, dieser Stille, die man stört, und die Leute nehmen, ohne es zu wollen, Posen ein wie beim Fotografen, die Männer bringen ihre Krawatten in Ordnung, ziehen ihre Manschetten einen Zentimeter hervor und gehen spazieren, als posierten sie für die Nachwelt.

Ohne Begeisterung sagt man zu den Kindern:

»Gib dein Brot den Schwänen.«

Man schiebt krümelige Brotreste in ihre Baumwollhandschuhe oder ihre Fäustlinge, und man hindert sie daran, auf die grün gestrichenen Gitter zu klettern oder Steinchen aufzuheben.

Die Schwäne haben keinen Hunger. Es ist Sonntag. Désiré hat die Angewohnheit, sobald er sonntäglich gekleidet ist, die rechte Hand hinter das Revers seines schwarzen Mantels zu schieben, seine Zigarette zwischen zwei Fingern der linken Hand zu halten, sein bärtiges Kinn hoch zu tragen und geradeaus in die weite Ferne zu blicken, während Élise den Wagen schiebt, in dem das Kind sitzt.

Um den Musikpavillon herum, wo heute nicht gespielt wird, haben einige Leute es gewagt, hier und da ein oder zwei Dutzend von den gelben Stühlen zu benutzen, die zu Tausenden zusammengestellt herumstehen und auf die keine Stuhlvermieterin aufzupassen gedenkt. Männer wie Frauen sind schwarz gekleidet. Kleine Rentner, Handwerker, Arbeiter: Sie, die sonntags hier den Boulevard d'Avroy entlang spazieren, tragen immer Schwarz, manchmal mit einem Trauerflor, die Witwen mit einem Schleier, den sie zurückschlagen, um sich die Nase zu putzen.

Eben war das Haus von Françoise, das heißt von Charles dem Küster, leer, das Haus im hinteren Teil des Hofes, den eine Sonne, die keine Wärme ausstrahlte, nur flüchtig streifte. Élise und Désiré haben an dem Kupferring gezogen, sind durch die warme und stille Vorhalle geschlichen, haben den Hof überquert und dann die Tür verschlossen vorgefunden, kein Wort, keine kleine Notiz, wie sie Françoise gewöhnlich hinterlässt, wenn sie weggeht.

»Deine Schwester ist verärgert«, hat Élise geseufzt, und mit einer Körperbewegung hat sie den Kinderwagen herumgedreht.

Verärgert, weil das Ehepaar Désiré zwei Sonntage hintereinander nicht gekommen ist. Élise hatte es Françoise angekündigt.

»Wenn das Wetter schön ist, wäre es besser, mit den Kindern spazieren zu gehen.«

»Charles hat seine Abendandacht und seine Vesper.«

Er wird sie sein ganzes Leben lang haben, seine Abendandacht und seine Vesper! Ist das ein Grund dafür, nie mit der kleinen Loulou, die weiß wie Papier ist, spazieren zu gehen? Élise hat versucht, es ihr vorsichtig beizubringen. Vielleicht hat sie von Zimmern gesprochen, die muffig riechen? Das ist das Resultat. Wohin kann Françoise gegangen sein? Die Daignes kennen niemanden. Auf jeden Fall hätten sie eine Nachricht hinterlassen können: »Kommt da oder dort hin nach.«

»Sie hat es vergessen!«, entschied Désiré schnell, ohne daran zu glauben.

Sie haben den Kinderwagen über den Boulevard de la Sauvenière, danach über den Boulevard d'Avroy geschoben und sind dreimal um den Ententeich herumgegangen. Sie sind nicht allein. Auch andere Familien machen wie sie die Runde, die Männer würdevoll mit gleichgültiger Miene, die Frauen im Sonntagsstaat, die sich nach einem Kleid oder einem Hut umdrehen, die Kinder, die man nicht spielen lässt und die man zwingt voranzugehen. Die Schritte hallen wider. Die Luft ist sehr rau, und es herrscht eine unerklärliche Melancholie, bei der Élise weinen möchte.

Es ist nicht wegen Françoise. Das bestimmt nicht! Wenn Élise jeden Sonntag zu Françoise geht, dann Désiré zuliebe. Nicht ein einziges Mal hat sie es versäumt, ihren Teil an Wurst und Pommes frites zu bezahlen, und immer hat sie ihr angeboten, beim Abwasch zu helfen. Es sitzt tiefer. Es ist wie eine innere Leere, die man an Wochentagen dank des geschäftigen Treibens nicht spürt und die sonntags plötzlich spürbar wird, genauso beklemmend wie eine Frage, auf die niemand eine Antwort weiß.

Eben sind sie zur Abwechslung über den Pont-Neuf und durch die Rue des Carmes gegangen, vorbei an dem großen Haus der Schroefs mit den verschlossenen Fensterläden und dem geschlossenen Portal, einem so protzigen Haus aus so unvergänglichen Quadersteinen, dass es aussieht wie ein Ungeheuer, das die Straße erdrückt.

Élise beneidet ihre Schwester nicht. Um nichts in der Welt hätte sie einen so herzlosen und ungebildeten Hubert Schroefs geheiratet. Trotz alledem, diese Quadersteine, dieses Portal, das während der Woche die Lastwagen des Lebensmittelgroßhändlers vorfahren sieht, diese vier Schaufenster mit den Fensterläden aus Eisen und diese Loggia in der ersten Etage, diese Fenster mit den steifen Vorhängen: All das ist beeindruckend. Was machen die da drinnen in dem Haus, womit verbringen sie ihren Sonntag?

Désiré konnte sich nicht zurückhalten, sie zu erinnern:

»Sie haben dich behandelt wie ein Dienstmädchen, noch schlechter als ein Dienstmädchen, denn sie haben es ausgenutzt, dass du die kleine Schwester warst, um dir nichts zu zahlen. Du hast in der Mansarde geschlafen!«

Das ist wahr. Dennoch protestiert sie:

»Sag so etwas nicht, Désiré!«

Hat sie nicht genug geweint, als er sie, während ihrer Verlobungszeit, in der Abenddämmerung Arm in Arm vom l'Innovation nach Hause brachte?

»Sie verlangen, dass ich bei ihnen lebe, unter dem Vorwand, dass es sich für ein junges Mädchen nicht gehört, allein zu wohnen. Sie wollen es aber vor allem deshalb, weil sie, wenn die Mädchen aus dem Laden fort sind, jemanden brauchen, der ihre Kinder beaufsichtigt. Élise hier. Élise da. Immer Élise!

Die anderen können ins Theater gehen. Die kleine Schwester muss wohl abarbeiten, was sie isst …«

In der Rue des Carmes waren sie allein, völlig allein, als sie an der Fleischhalle aus Eisen und Glas vorbeigingen, vorbei an der stolzen Festung, die Schroefs, ein ehemaliger Lehrer und Sohn eines Bauern aus Maeseyck, gebaut hat, und als Désiré den Mund öffnete, machte sie dennoch wie in der Kirche:

»Psst!«

Sie wagte nicht, sich umzudrehen. Vielleicht waren *sie* in der Loggia? Sie sehen sich nicht mehr, seitdem Élise einen kleinen Angestellten ohne Zukunft geheiratet hat.

»Später wirst du es verstehen, mein Kind! Du wirst es bereuen!«

Darum und aus anderen, unbestimmten Gründen, weil es bis zum Überdruss Sonntag ist, hat Élise Tränen in den Augen, während sie neben Désiré um die Enten herumgeht und mit dem Bauch den Kinderwagen vor sich herschiebt.

Hat sie so schnell die Freude daran verloren, ihre Wohnung in der Rue Pasteur wie Kupfergeschirr zu putzen, die Freude an den streifenfreien Fenstern, an dem Fußboden, von dem man essen könnte, daran, den Kinderwagen über die breiten, regelmäßig gepflasterten Gehsteige zur Place du Congrès zu schieben, durch ein mit Kakteen geschmücktes Fenster von der Frau des Richters gegrüßt zu werden, während Madame Pain, die auch ein Kind in Rogers Alter hat und die Frau eines bedeutenden Kaffeehändlers ist, auf sie wartet?

Hinterlässt dieser Winter, den man kaum gespürt hat, der mild war und nur zum Schluss noch etwas kalt wurde, an der Schwelle eines Frühlings, den man schon ahnt, in den beiden neuen Zimmern mit neuer Tapete, wo alles sauber ist, und die beiden mit ihrem Kind und Valérie, die freitags zum Abendessen kommt, Valérie, die Désiré scherzend nach Hause bringt und bis zum Pont des Arches, der die Grenze bildet, neckt, hinterlässt dieser gemütliche Winter für Stubenhocker in Élises Herzen trotz allem schon so etwas wie einen Vorgeschmack der Leere?

Désiré wiederholt oft:

»Was fehlt uns zu unserem Glück?«

Er hält sich aufrecht, raucht seine Zigarette mit Korkmundstück, schaut nach vorne und beugt seinen langen Körper leicht zum Kinderwagen hinunter, wie um zu demonstrieren, dass er mit dem Kind und Élise eine Einheit bildet.

Vielleicht kommt es vor, in der Öde dieses Sonntagnachmittags, dass er an die Rue Puits-en-Sock denkt, wo man rufend und lachend hereinkommt, einen Scherz in die Runde wirft, ein schallendes »Tag zusammen!« ausruft, im Hof und in der Küche alle Mamelins, die Geschwister, die Schwager und Schwägerinnen.

»Hast du Désiré nicht gesehen?«

»Er ist heute Morgen nach der Elf-Uhr-Messe hier gewesen.«

»Ich habe sie gesehen, als sie nach dem Mittagessen in Richtung Pont-Neuf gingen.«

Weiter spricht man nicht davon. Das Gaslicht wird angezündet, früher als in anderen Häusern, weil die bunten Scheiben das Tageslicht nicht hereinlassen. Großpapa stopft bedächtig seine Pfeife aus dem Tabakstopf, in den Arthur, dieser Witzbold, Seegras hineingetan hat. Juliette, Arthurs Frau, öffnet ihre blütenweiße Tüllbluse und macht ihre weiße Brust frei, um sie dem gierigen Mund ihres Babys zu geben, während Catherine, die Frau von Lucien, sich vergewissert, dass das Fläschchen für ihren Kleinen nicht zu heiß ist.

»Armer Désiré!«

Arthur singt wie ein Tenor, treibt Schabernack, Lucien raucht zufrieden seine lange Arbeiterpfeife, Großpapa hört ihnen träumend zu, und Madame Mamelin, grau und kühl, bereitet, während Chrétien Mamelin sich mit dem alten Kreutz vor der Tür aufhält, für alle das Abendessen zu, das schichtweise eingenommen wird, zuerst die Kinder, dann die Erwachsenen; Cécile wird auf die Kinder aufpassen, bis sie eingeschlafen sind, die Kreutz-Mädchen mit ihren glanzlosen Haaren werden auf einen Sprung herüberkommen, um kurz guten Abend zu sagen, und die Tür wird ständig auf- und zugehen, weil noch andere Leute aus der Rue Puits-en-Sock kommen.

Wenn es weniger kalt gewesen wäre, hätte man die Stühle auf den Gehsteig gestellt, obwohl die Straßenbahn ganz dicht vorbeifährt, an Sonntagen jedoch nur alle Viertelstunde.

»Gehen wir nach Hause?«

»Soll ich den Kinderwagen schieben?«

»Aber nein, Désiré.«

Man könnte an den Quais entlang, wo keine Menschenseele mehr ist, nach Hause gehen, aber sie gehen durch die Stadt, um mit ein wenig Licht und Wärme in Berührung zu kommen. Hat nicht einmal Désiré genug an seinem inneren Licht und seiner inneren Wärme? Er lächelt. Er geht immer noch genauso aufrecht. Dass die Lampen des Musikpavillons nicht brennen, dass die wenigen Gestalten auf den vereinzelten Eisenstühlen wie Gespenster aussehen, die auf Gott weiß welches romantische Ereignis warten, all das ist bedeutungslos, ebenso wie der kalte Mond, den man zur gleichen Zeit wie die untergehende Sonne am Himmel erblickt.

Er schreitet weiter. Das Kind, in seinem Wagen sitzend, schläft ein und bewegt den Kopf hin und her.

»Gib her.«

»Nicht in der Stadt.«

Sie begeben sich in das Gedränge der Rue du Pont-d'Avroy, der belebtesten Straße der Stadt, und hinter allen Caféfenstern sieht man Leute in einer Atmosphäre behaglicher Wärme sitzen; sie trinken Filterkaffee aus Tassen in Silbergestellen, halbe Liter schaumigen Bieres, Portwein aus zarten Gläsern; daneben liegen goldgelbe Kekse auf einer Untertasse, während sich der bläuliche Zigarrendunst ausbreitet und man das Aneinanderstoßen der Kugeln auf den prächtigen grün bezogenen Billardtischen zu hören meint.

Sie sehen aus, als wollten sie fliehen, und jetzt ist es Élise, die, schwindlig geworden, schneller geht.

Diese lange Reihe, diese Flut von Menschen, die aus einer langen Vorhalle herausströmen und sich recken und strecken, diese Leute, die immer noch lächeln, erstaunt, draußen noch einen Rest Tageslicht vorzufinden, sie kommen aus dem Konzertcafé Walhalla, und Élise wirft über die Köpfe hinweg einen Blick in den geheimnisvollen Saal, den sie nur flüchtig sieht, mit seinen Hunderten von roten und blauen Lämpchen, seinen Marmortischen, seinen venezianischen Laternen und dem gedämpften Schlussakkord des letzten Orchesterstücks.

Der Blick, den sie dann dem gleichgültigen Désiré zuwirft, ist kein Vorwurf. Selbst wenn er ihr den Vorschlag gemacht hätte, hätte sie abgelehnt.

»Das ist zu teuer, Désiré.«

Hat sie nicht immer Trauer getragen? Einmal, ein einziges Mal ist sie mit Désiré ins Theater gegangen, am Anfang ihrer Ehe, auf den oberen Rängen; sie hatte ihren Schleier zurückgeschlagen, »Floramye« auf ihr Taschentuch gespritzt und Bonbons mitgenommen.

Er verspürt nie das Bedürfnis, in ein Café zu gehen. Er hat keinen Durst, und wenn sie aufs Land fahren, nehmen sie Butterbrote mit, die sie am Wegesrand essen.

Hunderte von Menschen kaufen Waffeln, und kaum kommen sie aus dem Walhalla, stoßen sie die Glastür einer Gastwirtschaft auf.

Die Brücke über dem schwarzen, eisig scheinenden Wasser, der Boulevard de la Constitution, den sie als Abkürzung nehmen, da Élise anfängt, ihren Rücken zu spüren, die Baumstämme, ein Mann, untersetzt, massig, am Rand des Gehsteiges, bestimmt ein Betrunkener, bärtig, mit stechendem Blick, der seinen Mantel aufgemacht hat und zufrieden pisst, mit dem Gesicht zu den Passanten.

»Komm schnell, Désiré.«

Ängstlich huscht sie mit dem Kinderwagen an den Bäumen entlang, dreht sich nicht um, geht immer schneller, wäre gelaufen, wenn sie es gewagt hätte, und fragt sich, ob Désiré den Betrunkenen erkannt hat.

»Folgt er uns auch nicht?«

Sie sind in die Rue de l'Enseignement eingebogen. Die Rue Pasteur ist die erste links. Ihr Haus ist das erste in der Rue Pasteur. Sie hören Schritte hinter sich.

»Ich glaube, das ist er«, sagt Désiré.

»Mein Gott! Wenn er nur nicht versucht, ins Haus zu kommen!«

Es ist Léopold. Seine Schritte, die eines betrunkenen Mannes, hallen an der Mauer des Wohltätigkeitsvereins wider.

»Glaubst du, dass er uns erkannt hat? Mach schnell die Tür auf. Hilf mir, den Wagen hineinzutragen.«

Es ist eine richtige Flucht, und sie stürzen ins Haus, als würden sie verfolgt.

»Mir versagen die Beine! Mach das Licht an …«

Er zieht an der Kette, die an einer schmiedeeisernen Laterne mit farbigem Glas hängt, und das Gas entzündet sich von selbst. Bei den Hausbesitzern brennt Licht. Sie nehmen das Kind aus dem Wagen.

»Nimm ihn, Désiré!«

Sie gehen hinauf. Als sie die Tür öffnen, empfängt sie ein Hauch vertrauter Wärme, ein Geruch, der anders ist als der in allen anderen Haushalten; man hört das Ticktack, der Ofen glüht noch rosa, und der Tisch ist gedeckt, was Élise vor dem Weggehen gemacht hat.

»Glaubst du, er hat gesehen, wo wir hineingegangen sind?«

»Und wenn schon!«

Désiré hat kein Gefühl, für nichts, Élise wiederholt es oft vor Valérie und ihrer Schwester Félicie. Sie dagegen, sie spürt zu viel und leidet daran, sie spürt vielleicht schon Dinge, die gar nicht existieren.

Ist sie aus diesem Grund immer noch nervös, überempfindlich, beunruhigt, nachdem sie Léopold getroffen haben? Am nächsten Morgen, als Désiré sich auf seinen Weg zur Rue des Guillemins macht, hat sie sich immer noch nicht beruhigt, und sie geht früher als gewöhnlich einkaufen, das Kind auf dem Arm, sie stürzt überhastet zum Metzger hinein, zur Gemüsehändlerin und blickt hinter sich, als würde sie verfolgt.

Dann, als sie um zehn Uhr wieder in die Rue Pasteur zurückkommt, steht Léopold auf dem Gehsteig gegenüber, noch genauso finster, genauso massig, und schaut auf die Fenster ihres Hauses.

Tapfer nähert sie sich, holt ihren Schlüssel heraus, was eine gymnastische Übung erfordert, weil sie das Kind auf dem Arm hat und in der Hand das Portemonnaie und das Einkaufsnetz.

»Komm rein, Léopold. Hast du schon geläutet?«

Sie hat Angst, dass er schon geläutet hat, dass die Besitzerin ihm aufgemacht hat. Er riecht nach Alkohol. Er brummt ein paar Silben, die sie nicht versteht. Wenn er nur nicht im Treppenflur stolpert und lang hinschlägt!

»Halt dich gut am Treppengeländer fest.«

Er ist schwer. Die Stufen ächzen unter seinem Gewicht, und das linke Bein hinkt immer etwas nach. Er schaut sich in der ordentlichen Küche um, geht zu Désirés Korbsessel neben dem Herd und lässt sich hineinfallen.

»Was hast du? Warte, ich setze den Kleinen in seinen Stuhl.«

Was er hat? Nichts. Er versteht die Frage nicht.

»Ich bin gekommen, um dir guten Tag zu sagen.«

»Ich überlege, ob ich dir irgendetwas zu trinken anbieten kann.«

Sie weiß, dass nichts im Haus ist, dass die Karaffe im Büfett leer ist.

»Möchtest du eine Tasse Kaffee?«

Sie schürt das Feuer, stellt den Wasserkessel auf einen anderen Platz, und schon nimmt sie die Kaffeemühle; sie bleibt unruhig, es ist stärker als sie, es scheint ihr, dass sie ihren Bruder nicht von ungefähr auf dem Boulevard de la Constitution getroffen haben.

»Geht es Eugénie gut?«

»Wahrscheinlich. Sie ist wohl in einem Schloss auf dem Land.«

»Zieh deinen Mantel aus.«

Er schüttelt den Kopf. Élise wagt nicht, darauf zu bestehen. Sooft er noch kommen und sich in der Küche neben den Herd setzen wird, nie wird er einwilligen, seinen Mantel oder seinen Melonenhut, der mit seinem bärtigen Gesicht und seinen buschigen Augenbrauen zusammengewachsen zu sein scheint, abzulegen. Er wird auch niemals Désiré treffen. Nie wird er die Rede auf ihn bringen.

Er sitzt da, unbeweglich und schwerfällig; sie weiß nicht, wie sie mit ihm reden soll, sie ist höflich zu ihm wie zu einem Fremden, und dennoch sind sie die beiden extremen Glieder der Familienkette, die sich hier so wiedergetroffen haben, der Älteste der Familie Peters und die Kleine, das dreizehnte Kind, die seine Tochter sein könnte.

Er schaut ihr zu, wie sie hin und her geht, immer in Bewegung, als hätte sie Angst, plötzlich vor ihm zu stehen, unfähig, sich zu bewegen.

»Ist dir nicht zu warm? Nimmst du keine Milch in den Kaffee? Ein Butterbrot? Es ist noch Käse da.«

Er aber gibt sich keine Mühe zu antworten. Man kann nicht sagen, warum er gekommen ist, was den Vagabunden getrieben hat, sich in diese Küche zu setzen, neben diese kleine Schwester, die er nicht kennt und der er mit staunenden Augen folgt.

Sie wiederholt, ohne sich daran zu erinnern, die Frage schon einmal gestellt zu haben.

»Geht es Eugénie gut?«

Sie hat Eugénie nur einmal gesehen, eine erstaunliche Frau, die früher einmal sehr schön gewesen sein muss, eine Brünette mit Pariser Akzent, die jede »meine Kleine« nennt und duzt.

»Wann bist du zum letzten Mal bei Louisa gewesen?«

Sie spricht von ihren Schwestern, von Louisa, die am Quai de Coronmeuse wohnt, von Marthe, der Frau von Schroefs, von Félicie, die ziemlich unglücklich ist mit ihrem Mann.

»Sie hat einen Verrückten geheiratet. Abends versteckt er sich im Dunkeln, um sie zu erschrecken. Er schlägt sie. Sie hat mir Spuren von Schlägen gezeigt.«

Léopold seufzt, und sie fühlt sich immer unbehaglicher und dennoch durch eine geheimnisvolle Macht zu ihm hingezogen. Es gibt so viele Fragen, die sie ihm stellen möchte, so viele Fragen, die er allein wie ein Hellseher beantworten könnte!

Warum fühlt sie sich schuldig? Wenn Désiré überraschend nach Hause käme, wüsste sie nicht, was sie sagen, wie sie sich benehmen sollte, und sie würde ihn um Verzeihung bitten.

»Du hast doch unseren Vater gut gekannt, Léopold …«

Er trinkt seinen Kaffee, Tropfen fallen auf seine schwarzen Barthaare. Automatisch sucht sein Blick ein anderes Getränk, das ihm fehlt, und er seufzt.

»Stimmt es, dass er am Ende seines Lebens … ?«

»Dass was?«, fragt er schroff. »Dass er trank?«

Désirés Sessel ächzt unter Léopolds Gewicht. Er weiß alles. Er hat in Herzogenrath jenseits der Grenze das Geburtshaus seines Vaters besucht, ein weitläufiges und stattliches Haus mit wohlhabenden Besitzern.

Der Ort selbst bleibt rätselhaft für Élise, diese drei Grenzen in der Nähe der Maas, diese flache Gegend, diese Wiesen, dieses Haus, das in Deutschland steht und dessen Fenster nach Holland zeigen, während man vom hinteren Teil des Gartens Belgien sehen kann.

»Unsere Mutter wohnte auf dem ersten Bauerngut im holländischen Limburg. Sie war eine Liévens.«

Eine Tochter von reichen Bauern, noch heute eine der reichsten Familien von Limburg. Nun, das junge Ehepaar ist nicht weit weggegangen: Es hat die Maas überquert und sich im belgischen Limburg niedergelassen, in Neeroeteren. Peters war Deichmeister. Er regulierte den Wasserstand in den Poldern. Von ihrem Haus musste man eine Stunde gehen, um ein anderes Haus zu sehen.

»Und dort bist du geboren?«

»Die anderen auch: Hubert, Louis, Marthe, Louisa, alle außer Félicie und dir. Obwohl Félicie, warte mal …«

Er rechnet nach, und sie versucht, sich diese Weite, das blasse und schwammige Grün vorzustellen, diese Wiesen, so weit das Auge reicht, durchbrochen von Pappelreihen und Bewässerungskanälen.

»Im Winter fuhren wir mit Schlittschuhen auf den Kanälen zur Schule.«

»Ist dir nicht zu warm, Léopold?«

Es ist eigenartig, dass sie ihn gerade zu diesem Zeitpunkt wiedergetroffen hat. Sie geht fast nie in die Rue Puits-en-Sock. Sie sieht ihre Schwestern nie, außer Félicie, wenn diese für ein paar Minuten entwischen kann oder wenn Élise zum Markt geht und sie durch die Scheiben des Cafés sieht. Gestern, als sie keine Nachricht von Françoise an der Tür fanden, verspürte Élise eine Leere.

Sie geht um Léopold herum, dem sie nicht ins Gesicht zu

sehen wagt, und sie würde ihm gern noch so viele Fragen stellen!

»Wie sind wir zugrunde gerichtet worden?«

»Zunächst sind wir nach Herstal gegangen. Wegen der Pappeln.«

Sie begreift nicht den Zusammenhang zwischen den Pappeln von Neeroeteren und dem Umzug der Familie nach Herstal. Und doch ist es ganz einfach. Mit den Pappeln seiner Ländereien ist Peters in das Holzgeschäft eingestiegen. Er hat gedacht, dass dieses Geschäft mehr Gewinn bringen und man in der Nähe der Stadt wohnen würde.

Élise erinnert sich dunkel daran, dass sie das ehemalige Schloss von Pepin d'Herstal bewohnten. Einige Untergeschosse waren noch vorhanden, ein alter Turm, der inzwischen zerstört worden ist, wo jede Nacht ein geheimnisvolles Licht zu sehen war.

»Wir hatten vier Schleppkähne auf dem Wasser und zehn Pferde im Stall.«

Élise erinnert sich nur noch an das Schaf, das mit Leckereien und Schokolade gefüttert wurde und das sie nicht mehr zu töten wagten. Das ist, zusammen mit dem Holzgeruch und der Geschichte mit dem Licht in dem Turm, ihre einzige Erinnerung.

»Unser Vater hat zu trinken angefangen.«

»Warum?«

Er begnügt sich damit, sie anzuschauen.

»Ach, weißt du, Mädchen …«

Er nennt sie Mädchen. Er wird sie immer so nennen.

»Er trank. Im Café lernte er einen gewissen Brooks kennen.«

Das ist der, der noch heute die Lizenzvergabe für die Müllabfuhr unter sich hat. So haben diese schweren Müllautos, die morgens durch die Straßen fahren, einen entfernten Bezug zu Élise!

»Brooks verlangte von ihm die Unterschrift unter mehrere Wechsel. Er konnte nicht rechtzeitig zahlen. Man ist gegen unseren Vater vorgegangen, und er war gezwungen, alles zu verkaufen.«

Sie möchte ihn gern fragen:

»Und du, Léopold, wo warst du?«

Aber sie hat vor ihm, der von der Vergangenheit erzählen kann, genauso viel Angst wie vor einer Hexe, die ihr die Zukunft voraussagen könnte.

»Arme Mama!«, seufzt sie. »Ich erinnere mich an unsere Wohnung in der Nähe der Rue Féronstrée. Sie ging nie ohne Handschuhe aus. Sie sagte mir immer wieder:

›Siehst du, mein Mädchen, es ist besser, Neid zu erwecken als Mitleid, denn man wird uns ohnehin nichts geben.‹«

Léopold war nicht bei der Beerdigung seiner Mutter. Man munkelte damals, er sei mit einer Gräfin, älter als er, nach England gegangen, während Eugénie sich als Köchin in einem bürgerlichen Haushalt verdinge.

»Warte mal, ich muss wieder Kohlen nachlegen. Rutsch etwas zurück. Nein! Geh noch nicht fort.«

Sie möchte Bescheid wissen. Sie hat Angst vor all dem, was Léopold weiß, und dennoch hat sie ebenso viel Angst, ihn weggehen zu sehen; sie hat das Bedürfnis, ihn auszufragen, sich mit der Vergangenheit der Peters zu nähren, mit ihrer Geschichte, ihrem Leben.

Wie weit entfernt ist doch das Hutgeschäft in der Rue Puits-en-Sock und sogar der lange Désiré, der hinter den grünen Fensterscheiben des Versicherungsbüros sitzt.

»Wenn du wiederkommst, habe ich etwas zu trinken hier.«

Ja, sie wird etwas kaufen, extra für ihn, der wohl keinen Kaffee mag. Sie wird die Flasche verstecken.

»Glaubst du wirklich, dass Félicie trinkt? Es sind die Ärzte, die ihr das Starkbier verschrieben haben, weil sie blutarm war. Ich bin auch blutarm. Abends spüre ich meinen Rücken nicht mehr. Vielleicht kommt das daher, weil wir die Jüngsten sind?«

Er hebt den Kopf. An seinen Lippen klebt eine brennende Zigarette.

»Hör zu, Léopold ...«

Was will sie hinzufügen? Sie weiß es nicht. Ein Dämon treibt sie voran. Sie hat das Bedürfnis, zu viel zu sprechen. Sie geht um ihn herum, schrabbt Möhren an einer Ecke des Tisches, hebt die Zelluloidpuppe des Kindes auf, schließt wieder das Fenster, das sie wegen des Küchendunstes für einen Moment geöffnet hat.

Ich habe dich gesehen, an dem Abend des Grand Bazar ...

Nein! Sie sagt es nicht. Sie hat sich noch rechtzeitig gebremst, erschrocken. Sie ist Léopold deswegen nicht böse. Er ist, wie er ist, der Älteste der Peters, und er weiß alles.

»Was hast du, Mädchen?«

Ist das auch eine Krankheit der Peters? Félicie ist genauso. Es kommt vor, dass sie ohne Grund in Schluchzen ausbricht. Das ist die Nervosität, wie Élise sagt. Désiré, der das nicht verstehen kann, fragt immer wieder das Gleiche:

»Worüber beklagst du dich? Fehlt uns irgendetwas? Sind wir nicht glücklich?«

»Was hast du, Mädchen?«

Léopold dagegen erwartet keine Antwort. Man könnte sagen, er weiß Bescheid. Er schaut zu Boden, wie ein Mann, der mit seinen Gedanken sehr weit weg ist.

»Diese armen Leute, deren Sohn ... Der Vater hat sofort danach seinen Abschied eingereicht. Er hat so abgenommen, dass man ihn nicht mehr wiedererkennt. Wenn er einem auf der Straße begegnet, drückt er sich an den Häuserwänden entlang, überzeugt davon, dass jeder mit dem Finger auf ihn zeigt.«

Sie lügt. Léopold weiß, dass sie lügt. Nicht an den Vater von Marette denkt sie. Er schaut sie neugierig an. Vielleicht hat er sie nicht erkannt, als sie in das Gässchen ging, um ihren Strumpfhalter festzumachen? Er nickt zögernd mit dem Kopf, sucht in seiner Tasche nach Tabakresten und dreht sich eine schlecht geformte Zigarette.

»Wie konnte er so etwas tun? Wozu dient das? Seine Eltern haben ihm eine gute Ausbildung mitgegeben. Er hätte es zu etwas bringen können. Und jetzt? Gott weiß, wo er ist ...«

Gott und Léopold wissen es, Léopold, der nichts sagt und nur seufzt, weil all das so unnütz ist, weil das nur Worte sind, nichts als Worte. Er hätte es lieber, wenn sie schweigen und ihre Hausarbeit erledigen würde, ohne sich um ihn zu kümmern, wenn sie ihn friedlich in seinem Sessel sitzen und die heimelige Atmosphäre vor dem Feuer einatmen ließe.

»Es war genau der Tag, an dem Roger geboren ist. Ich holte Valérie beim l'Innovation ab, weil ich Angst hatte, vor Désirés Rückkehr zu entbinden. Anscheinend hat es Tote gegeben. Ich habe es nicht übers Herz gebracht, die Zeitungen zu lesen.«

Genauso wie Tabakkrümel und eine alte, mit Nähgarn zusammengebundene Meerschaumpfeife könnte Léopold Briefe aus seiner Tasche ziehen. Viele sind es nicht, sechs oder sieben, mit Bleistift auf schlechtem Papier geschrieben, ohne Datum.

»Ich klebe keine Briefmarke drauf, weil ich kein Geld habe, welche zu kaufen …«

Gleich nach der Ankunft in Paris ist Félix Marette in dem Viertel der Rue Montmartre und der Rue du Croissant untergetaucht, dort, wo die Straßen nach Druckerschwärze riechen und wo man in den Cafés schwarze Rücken und breitkrempige Hüte sieht, Künstlerschleifen, ausladende Bäuche, hohe Tiere aus der Politik, deren Namen man täglich in der Zeitung lesen kann, die man im Vorübergehen wiedererkennt, Anführer des Volkes, Herolde des proletarischen Gedankens.

Der magere Junge lungert ausgehungert auf den glitschigen Gehsteigen herum, drückt sein Gesicht an die Scheiben, hinter denen Pfeife geraucht wird; auf den Marmortischen werden zwischen Biergläsern und Sauerkraut Korrekturfahnen und Probeabzüge korrigiert.

Mit quatschigen Schuhen hat er, zusammen mit anderen, vor dunklen Fluren auf druckfrische Zeitungspakete gewartet, mit denen sie auf die Boulevards laufen.

»Ich klebe keine Briefmarke drauf, weil …«

»Ich fühle, dass ich irgendetwas tun werde, ich spüre in mir eine Kraft, die …«

Es verlangt ihn danach, selbst zu schreiben, seine Gedanken, die in ihm gären, auf den fahlen Blättern gedruckt zu sehen. Er kreist um die großen Männer, die geschäftig oder müßig vorübergehen, mit dem Nimbus des Ruhms umgeben, den die noch nicht trockene Tinte schafft.

»Ich habe einen Anarchisten kennengelernt, der in einem Lokal auf Montmartre Gedichte rezitiert. Wir haben eine ganze Nacht hindurch diskutiert und sind zwischen den Markthallen und dem Boulevard Montmartre nebeneinanderher gegangen. Auch er ist für die direkte Aktion, und ich habe ihm gestanden, dass …«

»Noch eine Tasse Kaffee, Léopold? Aber ja. Ich schneide dir ein Stück Käse ab.«

Léopold der Bärtige lässt sie machen, weil sie darauf besteht, aber er wird den Käse nicht essen. Ein klein wenig Überwindung würde genügen, und er würde sich von dem Korbstuhl losreißen können, dieses Treppenhaus, das nach Neubau riecht, hinuntergehen, die Tür öffnen und sich zum erstbesten kleinen Café begeben. In der Rue de l'Enseignement gibt es eins, er hat es im Vorbeigehen gesehen, und er hätte es fast betreten.

»Seit vorgestern verdiene ich mir meinen Lebensunterhalt, wie die Briefmarke auf diesem Brief beweist. Ich esse zu den üblichen Zeiten …«

Seltsamer Zufall! In dieser Rue Montmartre, wo er nur Nahrung für seine fieberhafte Erregung suchte, genau neben einem riesigen, zugigen Haus, wo sich die Redaktionen von etwa zwanzig Zeitungen übereinandertürmen und vermischen, hier entdeckte der Junge auf der Fensterscheibe einer Schreibwarenhandlung eine mit violetter Tinte geschriebene Anzeige.

Anfänger für Laden und Botengänge gesucht.

Am hellen Mittag ist er in den Halbschatten des Geschäftes getreten, dessen Auslage von den Gummistempeln (»auf Bestellung, innerhalb vierundzwanzig Stunden«) überschwemmt wird.

»Pardon, Monsieur …«

Ein Mann, traurig und düster wie eine Ameise, eine Frau, die in der Ecke an der Kasse kaum zu erkennen ist, der Geruch von Tinte, Papier, Gummi und Leim, vor allem von Leim.

»Ich habe Ihre Anzeige gelesen und erlaube mir, mich vorzustellen …«

Er wird durch mit Draht umrandete Brillengläser prüfend angeblickt.

»Ich kann Ihnen nur sechzig Franc monatlich geben, dazu ein kleines Zimmer im sechsten Stock, mehr ein Unterschlupf, eine Tür, ein Dach, ein Bett. Um die Mahlzeiten müssen Sie sich selbst kümmern.«

Marette hat Sauerkraut mit Einlage gegessen. Er schreibt an Léopold:

»Ich bin in die Brasserie du Croissant gegangen, und dort, am Tisch neben Renaudel und Jaurès, habe ich bestellt …«

Sauerkraut! Sein Chef, der Vétu heißt, hat ihn nicht nach seinen Papieren gefragt und ihn durch Flure und über nicht enden wollende Treppen in seine Dachkammer geführt. Er hat Angst, nachts aus dem Schlaf hochzufahren, weil sein Kopf gegen das Dach stoßen könnte.

» … Sauerkraut mit zwei Würstchen und einer riesigen Scheibe Schinken. Ich war so ergriffen, dass ich es nicht hinunterbekam; ich musste mir Mühe geben und fürchtete die Spötteleien meiner Nachbarn …«

Das ist der letzte Brief von Marette, in dem es ihm gelingt, einfließen zu lassen:

»Ich habe angefangen, Gummistempel zu machen. Das ist weniger schwer, als man meint. Die Vétus haben eine Tochter, die ich noch nicht gesehen habe und die den ganzen Tag im Zwischenstock auf dem Klavier übt. Der Boden vibriert …«

»Gehst du schon weg, Léopold?«

Er ist aufgestanden, jawohl. Er bleibt einen Moment vor dem Herd stehen, auf dem das Mittagessen vor sich hin kocht. Sie weiß, dass er wiederkommen wird, sie fühlt es, aber sie wagt nicht, ihn zu fragen, wann.

»Ich freue mich … Wenn du Eugénie siehst, grüß sie von mir.«

Er seufzt ein letztes Mal und klopft die Tabakkrümel von seinem weiten, verschossenen Mantel.

»Auf Wiedersehen, Mädchen.«

Léopold hat sich das Kind nicht angesehen. Er hat sich nicht einen einzigen Augenblick darum gekümmert. Weiß er wenigstens, wie alt es ist?

Hoffentlich fällt er im Treppenhaus nicht hin!

»Ich begleite dich.«

Sie geht ein paar Stufen hinter ihm her, hört, dass die Besitzerin unten ihre Tür einen Spalt öffnet, genauso wie Madame Cession es tat. Als sie in die Rue Pasteur eingezogen sind, hat sie geglaubt, dass es hier anders sein würde. Leider nicht! Alle Hausbesitzer sind gleich. Sie achten auf zwei Wassertropfen, die man auf der Treppe verschüttet.

Mit dem Kinderwagen das Gleiche …

»Ich bin froh, wenn Ihr Sohn laufen kann. Jedes Mal, wenn ich in den Keller muss, stoße ich mich an diesem Kinderwagen.«

Mein Gott, was für eine Arbeit, einen Kinderwagen ein paar Zentimeter zur Seite zu schieben!

»Auf Wiedersehen, Léopold. Vergiss nicht wiederzukommen.«

Er gibt sich nicht die Mühe zu antworten, findet den Türknauf, schließt die Tür nicht so heftig, wie Élise es befürchtet hat, begibt sich auf die Straße und in das erstbeste Café.

»Hör auf, so zu weinen. Du weißt doch, dass deine Mutter müde ist und dass ihr der Rücken wehtut. Wenn du nicht lieb bist, wird man sie ins Krankenhaus bringen und operieren müssen.«

Das Kind, das ein Jahr alt ist, versteht das nicht.

»Du hast schon wieder deine Spielsachen auf den Boden geworfen. Mein Gott, Roger! Und Désiré kommt jeden Augenblick nach Hause.«

Die Möhren sind beinahe angebrannt. Sie macht sich eifrig zu schaffen. Sie muss noch das dreckige Wasser ausschütten, sie muss ... Die Minuten gehen vorbei. Das Ticktack des Weckers wird immer schneller ...

Und Désiré kommt nach Hause, mit gleichmäßigem Gang und lächelndem Gesicht, seine lange Gestalt ist erfüllt von der Freude, die er auf seinem Weg durch die Stadt empfunden hat, obwohl der Himmel bedeckt ist. Auch das graue Wetter ist reizvoll, sogar der Regen.

»Ich habe Hunger.«

»Das Essen ist fertig, Désiré. Übrigens ...«

Sie muss ihm davon erzählen.

»Léopold ist gekommen. Er hat sich einen Augenblick hingesetzt und eine Tasse Kaffee getrunken.«

»Wie ging es ihm?«

»Gut.«

Das ist alles. Désiré macht sich weiter keine Sorgen. Oder vielmehr doch. Nach einiger Zeit fragt er:

»Arbeitet er?«

»Ich habe nicht gewagt, ihn danach zu fragen.«

Er isst seine gezuckerten Möhren und ein gut durchgebratenes Beefsteak, ohne zu bemerken, dass Élise ihm verstohlene Blicke zuwirft, so als würde sie ihm etwas verbergen, als fürchtete sie, erwischt zu werden.

»Monsieur Monnoyeur hat mir heute Morgen gesagt …«

Sie hebt die Augen zur Decke. Monsieur Monnoyeur sagt immer dasselbe: Im nächsten Jahr, wenn alles gut läuft, werde ich Ihnen eine Gehaltserhöhung zahlen.

Heute jedoch tut sie so, als teilte sie Désirés Zufriedenheit darüber, so als wollte sie Vergebung für sich erwirken.

»Das würde uns erlauben, neue Gardinen aus Köper zu kaufen. Ich habe im l'Innovation welche gesehen, nicht zu teuer.«

Wenn er so wie eine Peters fühlte, würde er bemerken, dass sich ein neues Element in das Haus eingeschlichen hat, so subtil, dass Élise, die noch immer zittert, es selbst nicht erklären könnte.

Léopold hat irgendwo Wurst gekauft und isst sie jetzt ohne Brot im Halbdunkel einer Eckkneipe, wobei er vage vor sich hinstarrt.

6

Schon am Morgen rief die Stille bei Élise dieses Unwohlsein hervor, das Unwohlsein einer Krankheit, die man ausbrütet und überall und nirgends in sich spürt. Das Küchenfenster stand weit offen und zeigte auf die Rückseite der Häuser, auf die kleinen Höfe, auf einen großen, durch die Giebel begrenzten Ausschnitt des hellblauen Himmels, und diese außergewöhnliche, beängstigende Stille wurde von weither in konzentrischen Wellen, so wie sich der Klang von Glocken ausbreitet, herangetragen, sie kam von jenseits der Dächer, von jenseits des aquarellfarbenen Himmels, und man hatte Lust, das Fenster wieder zu schließen, um sie daran zu hindern, ins Haus einzudringen.

Denn jeder musste von sich den Eindruck haben, der Mittelpunkt dieser Stille zu sein, jeder, der inmitten dieser Unendlichkeit absoluter Ruhe kleine persönliche Geräusche mit einer Gabel oder einem Glas auslöste, durch das Öffnen einer Tür, durch Husten oder Atmen.

Außerhalb dieses tönenden Kerns, den man beschämt mit sich herumtrug, war nichts. Leer, unanständig nackt waren die roten Ziegelsteinmauern des Hauses, das unterhalb von Élises Fenstern gebaut wurde; die Maurer arbeiteten nicht, und als erstes Geräusch vermisste man das Knirschen des Mörtels unter ihrer Kelle. Die Schmiede von Halkin mit den weit ausholenden Hammerschlägen auf dem widerhallenden Blech lag mitten in dem Häuserblock wie tot da. Und auf dem Schulhof der Klosterschule in der Rue de l'Enseignement blieb zur Zehn-Uhr-Pause die schrille Explosion der Stimmen aus.

Die Straßenbahnen fuhren nicht. Bevor es so richtig Tag war, waren zwei zu hören gewesen – die jedoch irgendwo bei Fétinne aus den Schienen gekippt wurden.

Am Tag vor diesem strahlenden Ersten Mai, dessen Himmel weiß und blau war wie das Bildnis der Heiligen Jungfrau, zog Monsieur Monnoyeur es vor, krank zu sein und sich, eingehüllt in einen Schal, in seinem Ledersessel zu verkriechen.

»Was sollen wir beschließen, Monsieur Mamelin?«

Und Désiré antwortete lediglich:

»Wir arbeiten selbstverständlich!«

Kaum dass er, als er abends am häuslichen Herd in Hemdsärmeln die Zeitung las, Élise ankündigte, er werde vielleicht nicht zum Mittagessen nach Hause kommen. In der Zeitung stand in riesigen, schwarzen Buchstaben für Katastrophenmeldungen:

Der Generalstreik ist beschlossen

»Was wird passieren, Désiré?«

»Warum sollte irgendetwas passieren?«

Wie gewöhnlich ist er weggegangen, heute mit einigen Butterbroten mehr für den Fall, dass Polizeisperren ihn daran hindern würden, um zwei Uhr nach Hause zu kommen, woran er jedoch nicht glaubt.

Die Leute haben ihre Einkäufe gemacht. Man sieht niemanden auf der Straße. Godard, der Metzger an der Place du Congrès, hat seinen Laden einen Spaltbreit geöffnet, und nur einige Nachbarsfrauen sind heimlich hineingehuscht.

Man könnte meinen, die Menschen hätten die Pest oder fürchteten, sich anzustecken. Kein Briefträger. Die vollen Mülleimer stehen noch an den Gehsteigen. Kein Schüler im Regenmantel, kein Schrei, kein Geräusch. Wenn nicht alle Einwohner der Stadt tot sind, so sind sie irgendwo, vielleicht liegen sie hinter ihren Gardinen auf der Lauer. Manchmal wird eine Tür ein wenig geöffnet; durch den Spalt hindurch kann man ein Auge erahnen, das die dramatische Leere der Straße erforscht, jemand, der Angst davor hat, die Ausdünstungen von draußen einzuatmen, diese grauenhaften Ausdünstungen, die die Stille hervorbringt.

Dennoch kommt Léopold gegen zehn Uhr, das eine Bein nachziehend, ohne sich darum zu kümmern, dass die Rue Pasteur von seinen Schritten widerhallt. Er blickt lange nach oben, bevor er läutet, denn dieses Läuten verabscheut er wegen der Besitzerin, die vorgibt, es nur einmal statt zweimal läuten gehört zu haben, und die dann zur Tür stürzt, um ihm zu öffnen.

»Guten Tag, Mädchen.«

Er hat den gleichen Gesichtsausdruck wie sonst, setzt sich auf seinen Platz in Désirés Korbsessel; Élise reicht ihm eine Tasse Kaffee, den sie für ihn extra stark gekocht hat.

»Mein Gott, Léopold, was wird passieren?«

Es ist seltsam, dass er, der alles weiß, so antwortet wie Désiré, der nichts wahrnimmt, der wie immer zur gleichen Zeit auf demselben Weg ins Büro ginge, selbst wenn die ganze Stadt in Flammen stünde.

»Was sollen sie machen?«

Er erklärt nie das, was er sagt. Er weiß, was er meint, lässt bedeutungsschwere und geheimnisvolle Orakelsprüche fallen und sagt dann, nach langem Schweigen und einem ekelhaft knisternden Geräusch in seiner alten, zusammengeflickten Pfeife:

»Es sei denn, *die anderen* schießen.«

»Und wenn sie schießen?«

Das Orakel antwortet nicht mehr und versinkt in Gedanken, die von der Stille des Ersten Mai nicht gestört werden.

Léopold ist gekommen. Er hat sich hingesetzt. Er hat seine Tasse Kaffee getrunken und ist wieder gegangen.

»Auf Wiedersehn, Mädchen.«

Und wieder die Stille. Das Getöse eines Löffels auf einem Teller. Dann Schritte, die berühmten, metronomartigen Schritte, Désiré, der um zwei Uhr nach Hause kommt, als wäre nichts geschehen, so wie er es angekündigt hat.

»Und?«

»Nichts.«

»Die Streikenden? Die Bergleute von Seraing?«

»Sie marschieren. Sie verhalten sich ruhig.«

»Mein Gott, Désiré!«

»Wenn ich dir doch sage, dass alles ruhig ist! Die Leute machen sich unnötige Gedanken.«

So wie er gekommen ist, ist er auch wieder gegangen. Das Kind hat bei dieser Gelegenheit geschrien, gebrüllt, bis es blau wurde, und mit seinem Geschrei die Kreise der Stille durchdrungen.

Es ist fünf, sechs Minuten nach vier auf dem Wecker, der

fieberhaft auf dem schwarzen Kamin tickt, als diese Beklemmung, an der Élise seit dem Morgen leidet, sich plötzlich in Panik verwandelt. Sie könnte es nicht fünf Minuten länger aushalten. Sie zieht sich an, schaut nicht in den Spiegel, wie sie den Hut aufsetzt, schließt das Fenster nicht, kümmert sich nicht um das Feuer. Sie nimmt das Kind mit, so als rettete sie es vor einer Katastrophe, und geht hinunter.

Sie weiß, dass Madame Martin, die Hausbesitzerin, sie hört und die Tür öffnet. Der Kinderwagen steht unter der Treppe. Die Tür bewegt sich. Die alte Frau schaut ihre Mieterin an. Wenn sie Élise wenigstens daran hindern würde, aus dem Hause zu gehen! Aber nein! Sie schaut sie erschrocken an, ohne ein Wort, mit halb offenem Mund wie ein Fisch, glaubt wohl, Élise sei verrückt geworden, und schließt sich dann wieder ein, dreht den Schlüssel im Schloss herum.

Élise geht, schiebt den Kinderwagen, kürzt den Weg zur Stadt ab und wird, ganz allein in den ausgestorbenen Straßen, unruhig, sie will, sie muss wissen, was los ist.

»Pardon, Herr Wachtmeister …«

Er sieht sie erstaunt und fragend an.

»Kann man noch über die Brücken gehen?«

»Das kommt darauf an, wohin sie wollen.«

Élise erfindet.

»Zum l'Innovation.«

»Das wird man Ihnen ein Stück weiter sagen.«

Das ist nicht sein Bezirk. Er weiß es nicht. Es ist ihm egal. Sie geht weiter, schiebt mit dem Bauch den Kinderwagen vor sich her. Dort, am Zugang zum Pont des Arches, sieht man eine Menge Leute, aber man hört immer noch keinen Lärm.

»Wohin gehen Sie?«

Sie wollte versuchen, zwischen den Polizisten, die die Brücke bewachen, hindurchzuschlüpfen.

»Zum Inno …«

Eine Eingebung. Sie verbessert sich:

»Nach Hause. Ich wohne in der Rue Léopold, im Haus von Cession, dem Hutgeschäft.«

»Gehen Sie durch.«

Sie triumphiert, stürzt auf die menschenleere Brücke, beneidet von den Neugierigen. Auf der anderen Seite stößt sie erneut auf eine Absperrung.

»Wohin gehen Sie?«

»Ich wohne in der Rue Léopold, bei Cession, dem Hutge…«

»Versuchen Sie weiterzugehen. Weiter vorn werden Sie schon sehen.«

Sie schafft Stück für Stück. Sie weiß nicht, wohin sie geht, was sie will. Sie geht weiter, um weiterzugehen, von ihrem Instinkt getrieben, aber an der Ecke der Rue de la Cathédrale steht sie vor einer Mauer aus Menschenrücken und stammelt vergeblich:

»Pardon, Monsieur … Pardon … Pardon.«

Sie stößt den Kinderwagen in die Beine der Leute, die die Sperre bilden und sich unwirsch umdrehen.

Sie ist am Ende. Die Polizisten und Gendarme könnten nichts mehr für sie tun, denn sie hat den Demonstrationszug erreicht, sie versucht immer noch, sich trotz allem hindurchzuzwängen, stellt sich auf die Zehenspitzen, streitet sich, beugt sich vor, sieht nur vorüberziehende Köpfe, und jetzt hört sie in der trügerischen Stille der Stadt das eigenartigste aller Geräusche, das von Schritten herrührt, von nichts anderem als Schritten, ohne Marschmusik, ohne Geschrei, ohne eine Stimme, ohne ein Murmeln, einhundertzwanzigtausend Männer, Frauen und Kinder, die seit dem Sonnenaufgang in Reih und Glied marschieren, zwischen den Geschäften mit den geschlossenen Fensterläden, an den Blendläden vorbei, und an jeder Straßenkreuzung die gleichen Polizisten, die gleichen Gendarme, Gewehr bei Fuß, die sie in einem immer enger werdenden Kreis zu umzingeln, in die Enge zu treiben scheinen.

»Madame, Sie täten besser daran, mit Ihrem Kind …«

Aber der Polizist, der so höflich zu ihr spricht, ist nur einer mit niedrigem Dienstgrad, mit dem könnte sie sich einig werden. Ein anderer läuft herbei, ein Hauptmann oder etwas Ähnliches, mit schweißbedeckter Stirn, der den Kinderwagen gesehen hat.

»Los! Zurückdrängen … Alles zurückdrängen! … Zurückdrängen!«

Alle müssen darunter leiden. Ihretwegen werden auch die, denen es gelungen ist, den Pont des Arches zu überqueren, gezwungen, wieder in das Quartier d'Outremeuse zurückzugehen, wo es nichts zu sehen gibt.

Warum ist Élise, als sie sich ihrer Wohnung nähert, mit einem Mal unruhig? Hat sie das Fenster offen stehen lassen? Unwichtig. Sie fühlt sich unbehaglich. Sie muss Verrenkungen ausführen, um mit dem Kinderwagen die drei Stufen zur Eingangstür zu erklimmen. Im Treppenhaus richtet sich ihre Angst auf etwas Konkretes. Es ist jemand in ihrer Wohnung. Man hört Schritte.

Mit dem gleichen Mut, mit dem sie sich in die Stadt gedrängt hat, öffnet sie die Tür, und mit einer Stimme, von der sie selbst überrascht ist, murmelt sie:

»Désiré!«

Es ist so unerwartet, Désiré mitten in der Küche in Hemdsärmeln stehen zu sehen! Er fragt sie in aller Selbstverständlichkeit:

»Wo bist du hingegangen?«

»Aber du?«

Sie hat bereits verstanden. Die Uniform der Bürgerwehr …

»Désiré! Hat man euch …«

»Stell dir vor! Der Trommler ist durch die Straßen gegangen. Alle Mitglieder der Bürgerwehr müssen sich um sieben Uhr auf der Place Ernest-de-Bavière einfinden.«

»Aber warum?«

»Sie wissen es selbst nicht. Gib mir mein Koppel, ja?«

»Warte doch wenigstens, bis ich Kaffee für deine Feldflasche gekocht habe.«

Er, Désiré, weiß nicht, was diese Kleinigkeiten Dramatisches an sich haben sollen. Es ist doch nur ein Generalstreik, ein Erster Mai, der etwas unruhiger ist als die anderen. Aber für sie ist er ein Mann, *ihr* Mann, der die Uniform anlegt, sein Koppel umschnallt und das Fett von seinem Gewehr abwischt. All das amüsiert Désiré.

»Offenbar will man Patronen an uns ausgeben.«

»Pass gut auf, Désiré.«

Wenn wenigstens Valérie da wäre. Aber auch sie steht da, unbeweglich, in den Verkaufsräumen des l'Innovation, wo die Polizei gegen drei Uhr angeordnet hat, die Eisengitter herunterzulassen.

Wenn Élise zu Madame Pain ginge, fünfzig Meter weiter

auf der Rue Pasteur? Ach! Madame Pain hat immer etwas zu jammern. Sie hat ein Leberleiden und Schmerzen in der Gebärmutter. Sie ist jetzt wohl gelb vor Angst.

»Bis gleich, oder bis morgen früh. Mach dir keine Sorgen. Es kann nichts passieren.«

Der Schnurrbart, mit dem Désiré sie küsst, riecht nicht so wie sonst.

»Pass gut auf.«

Worauf? In der Rue Jean-d'Outremeuse trifft er andere Mitglieder der Bürgerwehr, Kameraden, mit denen er zur Schule gegangen ist, und sie schlendern herum wie Jungen in den Ferien.

»Was wird man uns befehlen zu tun?«

Der Demonstrationszug folgt immer dem Weg, der ihm quer durch die Stadt vorgeschrieben worden ist, und die Streikenden befolgen die Anweisung ihrer Anführer: Sie schweigen. Nur die Fahnen sprechen, die meistens leuchtend roten der Gewerkschaften und die schwankenden Spruchbänder in Höhe der ersten Etagen, die von einem Gehsteig zum anderen reichen:

Für die drei Achter

Sie kommen von weither, von Seraing, Ougrée, Tilleur, Ans, von allen Kohlenbergwerken, aus den Bergarbeitersiedlungen, die rund um die Stadt liegen, aus den Fabriken, die man gewöhnlich nur so eben sieht, wenn man mit dem Zug daran vorbeifährt, schwarze und geheimnisvolle Anlagen mit den feuerspuckenden Schnauzen der Hochöfen, die von halb nackten Teufeln beschickt werden.

Einige sind noch vor Tagesanbruch aufgebrochen. Sie fangen an zu humpeln. Die Nagelschuhe kratzen auf dem Pflaster oder dem Asphalt. Man könnte meinen, dass die Menschen betäubt werden von der Entdeckung dieser Stadtviertel, in die sie sonst nie gelangen, in denen die Angst Schaufenster und Türen verschlossen hat.

Vorn marschieren acht oder zehn. Einige tragen ihre Kinder auf den Schultern. Frauen stolpern vorwärts und halten die dunklen Umschlagtücher mit den Fransen aus dicker Wolle vor der Brust zusammen.

Die Bergarbeiter haben ihre Lederhelme auf dem Kopf; die Augen in ihren harten Gesichtern sind heller als die der anderen Leute, die bei ihrem Anblick hinter den Gardinen zittern.

Élise betet, ohne genau zu wissen, warum. Sie empfindet das Bedürfnis, sich in einer Ecke der Küche hinzuknien und zu murmeln:

»Mein Gott, Heilige Jungfrau Maria, macht, dass …«

Macht, dass nichts passiert! Und dennoch möchte sie gern … Nein! Sie sehnt sich nicht danach, dass etwas passiert, sie erhofft keinen Aufruhr. Es ist vielmehr ein körperliches Bedürfnis. Ihre Nerven liegen frei. Sie wäre gern dabei. Es macht sie krank, allein in ihrer alltäglichen Küche zu sein.

»Macht, dass Désiré …«

Sie beschwindelt sich selbst. Sie weint ein wenig. Das beruhigt sie. Dann bereitet sie das Bad für Roger vor.

Was machen sie? Wie ist es möglich, dass immer noch nichts zu hören ist?

Eine Reiterstaffel der Polizei kreist die riesige Place

Saint-Lambert ein. Die Eisenrollläden am Grand Bazar, bei Vaxelaire-Claes, am l'Innovation sind heruntergelassen, und als der Abend hereinbricht, gehen die milchigen Bogenlampen nicht an. Noch dunkler liegt die Nordseite da, der schwere Palais des Princes Evêques mit seinen massiven Säulen, die dazu bestimmt zu sein scheinen, den Himmel zu tragen. Von Zeit zu Zeit ein Pfiff, ein Befehl, und ein Dienstgrad überquert zu Pferd das menschenleere Rondell.

Die Streikenden, oder vielmehr ihre Anführer, haben zugesichert, dass die Place Saint-Lambert für neutral erklärt wird. Alle Zugänge werden bewacht, die fünf oder sechs Straßen, die auf den Platz zulaufen, einschließlich der kleinen Gassen. Das große Café du Phare mit seinen dreißig Billardtischen und den Marmortischen für tausend Personen ist geschlossen. Auch das große Porzellangeschäft ist geschlossen. Zwischen diesen beiden Gebäuden liegt eine dunkle, hoch aufragende Fassade mit offenen Fenstern und einem Balkon, auf dem sich manchmal eine Gestalt abzeichnet.

Das ist die Populaire, der offizielle Sitz der Gewerkschaften und der Arbeiterparteien.

Man ist erstaunt, wenn man aus der ausgestorbenen Innenstadt kommt, dort Cafékellner mit weißen Schürzen herumgehen zu sehen, wie sie Bierfläschchen, rote und gelbe Limonade und Schinkensandwiches herumtragen. Die Fußböden sind grau von Staub mit feuchten Spuren, die Wände braun. Kleine Cafétischchen dienen als Schreibtische, Männer mit Mützen auf dem Kopf haken Listen ab, und in der ersten Etage häufen sich Unterlagen auf dem langen Tisch der Parteisekretäre.

»Ougrée-Marihaye?«

»Zweitausendzweihundert.«

»Tréfileries de Sclessin?«

Man sucht den verantwortlichen Sekretär, der auf den Balkon gegangen ist, um einen Blick hinunterzuwerfen.

»Achthundertzweiundfünfzig: die gesamte Belegschaft.«

»Vieille-Montagne? Wo ist Vieille-Montagne?«

Der Demonstrationszug ist nicht weit entfernt, er marschiert in weniger als zweihundert Meter Luftlinie hinter den großen geschlossenen Geschäften; trotzdem hört man nichts, von Zeit zu Zeit horcht man in diese Stille hinein; die wichtigen Anführer stehen in der Nähe des Fensters und sprechen von anderen Dingen. Sie tragen alle einen Bart: Vandervelde, der eigens aus Brüssel gekommen ist, Demblon der Dröhnende, der wissenschaftliche Abhandlungen über Shakespeare geschrieben hat und Ovid im Original liest, Troclet aus Lüttich, dazu ein junger Mann, der noch nicht Abgeordneter ist und durch seine Rücksichtslosigkeit beunruhigend wirkt: Flahaut.

»Telefon!«

Das Telefon klingelt fast unaufhörlich. Diesmal ist es kein Lagebericht aus der Provinz.

»Der Chef wird verlangt.«

»Hallo! … Ja … Wie bitte? … Aber nein … Ich kann Ihnen versichern, dass sämtliche Anordnungen in diesem Sinne gegeben worden sind …«

Am anderen Ende spricht der Polizeichef. In den Büros des Rathauses sind sie, wie in der Populaire, versammelt.

»Es entstehen Unruhen, als ob …«

Die beiden Seiten sind trotz allem übereingekommen. Ein Demonstrationszug, gut, aber ohne Gesang, ohne Musik, vor allem ohne die »Internationale«. Die Arbeiter werden Wachmannschaften in den Hochöfen und in den Fabriken bereitstellen.

»Hallo! Was sagen Sie?«

Ein paar Schritte vom Telefon entfernt kann man das Wort verstehen: »Bürgerwehr …«

»Sie haben unrecht … Wie bitte? … Ganz und gar nicht! Wenn ich Ihnen doch sage, dass es keine Versammlung geben wird, keine Ansprache, kein …«

Der Hauptverantwortliche sucht Flahaut mit den Augen, worauf dieser den Kopf zur Seite dreht.

»Sagen Sie, Flahaut! Offenbar haben sich Ihre Leute …«

Die Bergarbeiter von Seraing. Sie sollen sich, einer nach dem anderen, aus dem Zug entfernt haben, in kleinen Grüppchen. Es ist von Infiltration die Rede. Im Rathaus herrscht Besorgnis. Man hat die Bürgerwehr zum Versammeln getrommelt. Flahaut bestätigt das, ist aber noch fähig zu lügen.

»Ich habe keinerlei Anweisung gegeben.«

Das Gaslicht wird angezündet. Draußen wird es neblig. In der Nähe der Rue Léopold hört man Truppenlärm. Das ist die Bürgerwehr, die man auf der Place Ernest-de-Bavière versammelt hat und die sich jetzt zur Place Saint-Lambert begibt, um dort Posten zu beziehen.

Wie um die Besorgnis des Polizeichefs zu bestätigen, kommen einige Schreie vom anderen Ende des Platzes. An der Ecke einer kleinen Straße hat sich ein Gedränge ergeben. Sofort kommt ein Meldeposten der Populaire.

»Es ist schon zu Ende. Einige Bergarbeiter haben versucht, die Absperrung zu durchbrechen.«

Und dennoch hat man weiterhin das Gefühl, als läge eine

Bedrohung in der Luft. Woher kommen zum Beispiel diese Männer, die sich nach und nach auf dem Rondell gruppieren und zu den Fenstern der Populaire hochschauen? Es ist zu dunkel, um die Gesichter zu erkennen. Ganz bestimmt sind es Streikende. Wie sind sie dorthin gelangt?

In dem Moment, in dem die Bürgerwehr, an die zum ersten Mal Patronen ausgeteilt worden sind, durch die Rue Léopold auf den Platz einschwenkt, empfängt sie ein Geschrei:

»Nieder mit der Bürgerwehr!«

Ein einzelner Ruf:

»Die Bürgerwehr mit uns!«

Es sind jetzt zweihundert, vielleicht mehr, die in das verbotene Viereck vorgedrungen sind. Eine kleine Gruppe von Offiziellen kommt ebenfalls hinzu, der Bürgermeister mit seiner Schärpe, der Polizeichef, Polizisten.

Pfiffe.

Noch weiß man nicht, was jenseits der Absperrungen passiert, in den Straßen, wo eben noch der Demonstrationszug ruhig vorbeimarschierte. Man spitzt die Ohren. Die Offiziellen haben sich der Populaire genähert. Ihre Blicke richten sie wie eine stumme Bitte auf den Balkon.

Noch ist es Zeit, den Krawall abzuwenden.

Nein! Es ist zu spät. Ein ganzer Abschnitt des Zuges hat sich, mit neuem Leben erfüllt, verselbstständigt, als wäre ein Befehl durch die Reihen gegangen, und die Marschrichtung ändert sich, die Reihe wird länger, die Menschen zerstreuen sich, finden sich in einer anderen Anordnung wieder zusammen, Polizisten werden überrannt.

»Place Saint-Lambert!«

Ein Schrei, der anschwillt, der sich im Unendlichen bricht,

eilige Schritte, gellende Pfiffe. Man wartet darauf, dass der Bürgermeister oder der Polizeichef in die Populaire gehen, um Rechenschaft zu verlangen, aber das ist nicht möglich, da es ihnen untersagt ist, in aller Öffentlichkeit Kontakt aufzunehmen.

Berittene Gendarme haben an der Place du Théâtre blankgezogen, von wo die dichteste Menschenmenge auftaucht, und in dem Augenblick, in dem man am wenigsten darauf gefasst ist, wird die Absperrung nach einem unübersichtlichen Gedränge durchbrochen, und Hunderte, Tausende von Männern und Frauen strömen drängelnd vorwärts.

Sollen die Anführer auf dem Balkon erscheinen und versuchen, sich Gehör zu verschaffen? Sie diskutieren halblaut darüber, zwischen den Biergläsern, den Schinkenbrötchen und den Schriftstücken, die auf dem schmutzigen Fußboden verstreut herumliegen.

»Hallo! Hier spricht der Kommandant der Gendarmerie. Wenn sich die Streikenden nicht wieder ordnungsgemäß zurückziehen ...«

Wie soll man zu ihnen sprechen? Zu wem? Wozu? Es ist ein anwachsendes Meer von Menschen, in dem keine Individuen mehr zu unterscheiden sind. Durch das Gedränge ist eine große Glasscheibe hinter den Metallrollläden des l'Innovation zersplittert worden, und dieses Klirren hat die Menschen aufgebracht, Steine wurden in die matt geschliffenen Scheiben geworfen.

Irgendjemand aus der Gruppe der Offiziellen seufzt:

»Wenn es wenigstens regnen würde!«

Im l'Innovation sind die Verkäuferinnen und die Aufsichtspersonen von Monsieur Wilhelms im Untergeschoss neben den Abteilungen der Haus- und Küchengeräte versammelt worden, und Valérie denkt an Élise, die allein mit dem Kind in der Rue Pasteur ist.

Jedermann wartet auf etwas, jeder wartet auf das Gleiche, das unausweichlich scheint, und gegen alle Voraussagen ereignet sich dieses Etwas nicht, die Zeit vergeht, das Trampeln weitet sich aus, es scheint, als würde die ganze Stadt wütend zerstampft, als dröhnte es von überallher, ohne dass der erste Schuss fällt.

Der Platz hat sich gewissermaßen in zwei Teile geteilt: Das Rondell gegenüber dem Fürstbischöflichen Palast ist immer noch von den berittenen Gendarmen eingekreist. Der Raum vor dem Grand Bazar ist von der Bürgerwehr besetzt worden, die immer mehr von den vorwärtsdrängenden Streikenden gegen die Schaufenster gedrückt wird.

Die Nacht ist hereingebrochen. Nur die Fenster der Populaire sind noch erleuchtet, und die Demonstranten versuchen, die Schatten zu erkennen, die sich hinter diesen Fenstern bewegen.

»Hallo! … Ja … Schließen Sie Ihre Fensterläden … Das ist ein Befehl … Wenn sie kein Licht mehr brennen sehen, gehen sie nach Hause …«

Die Auguren zögern. Schließt man die Fensterläden, sieht es so aus, als hätte man Angst. Es wird beschlossen, nur die Lampen zu löschen, und infolge der Dunkelheit, die dann drinnen und draußen herrscht, kann man auf den Balkon gehen, um etwas zu sehen, ohne gesehen zu werden.

Von wo nahm das seinen Anfang? Es ist nach zehn Uhr. Man könnte meinen, dass die Nacht in dieser unbestimmten Warterei verstreichen oder dass die leeren Mägen und die

Müdigkeit die Demonstranten zur Vernunft bringen würden. Allgemeine Unruhe. Gesang, zunächst gedämpft, dann nach und nach lauter werdend, und schließlich stimmen Tausende Kehlen an:

»Auf zum letzten Gefecht …«

Zur gleichen Zeit Menschengedränge. Inmitten des Chaos beraten sich einige Männer halblaut. Der kleine Bürgermeister kann nicht über seine unmittelbaren Nachbarn hinwegsehen. Die erste Strophe ist beendet. Pause. Man wartet darauf, dass die zweite Strophe beginnt, als jedoch ein Hornsignal die kurze Stille zerreißt und alle Kehlen zusammenschnürt.

Mit blankgezogenem Säbel steht der Kommandant der Gendarmerie in seinen Steigbügeln und nähert sich, so weit er kann, diesen Menschen, deren Gesichter nicht mehr zu erkennen sind, und nach dem dritten Signal erhebt er seine Stimme, so deutlich, dass man sie wohl bis zum äußersten Ende der Place Saint-Lambert hört.

»Erste Aufforderung! Alle friedliebenden Bürger sollen nach Hause gehen! Es wird geschossen!«

Die Menge bebt, geht vor, weicht zurück. Ein Murmeln hebt an.

»Zweite Aufforderung! Alle friedliebenden Bürger sollen …«

Man brüllt auf. Jeder schreit seine Wut heraus.

»Es wird geschossen!«

Wieder ist alles still. Das Hornsignal.

Ist in die Luft geschossen worden? Niemand weiß das, niemand weiß, wohin er drängt, alle drängen, gebrauchen, nach einem Ausweg suchend, Ellbogen und Fäuste, und da greifen die berittenen Gendarmen auf Befehl an, die Demonstranten werden von den Pferden abgedrängt, während blanke Säbel aufblitzen.

Totenstille; auf dem Balkon der Populaire drängen sich etwa zwanzig Personen, versuchen zu verstehen, schauen mit weit aufgerissenen Augen in die Dunkelheit des Platzes, auf dieses erschreckte Hin und Her.

Wer hatte diese Idee? Wer hat die Anweisung gegeben? Jedenfalls leuchten alle noch heilen Lampen des Grand Bazar, des l'Innovation und vom Vaxelaire mit dem bläulichen Knistern von Kohle gleichzeitig auf.

Menschenmassen stürzen durch alle Ausgänge, durch alle Straßen, in die sich die Flut nach und nach ergießt, nur durch vereinzelte Krawalle, durch Schüsse hier und da und durch Pferdegetrappel unterbrochen.

Élise sitzt zitternd neben der Lampe. Die Tür zum dunklen Schlafzimmer, wo das Kind schläft, ist halb geöffnet. Élise weiß nichts, hört nichts, nur so etwas wie das weit entfernte Vorbeifahren eines Zuges, und sie bebt, steht auf, setzt sich wieder hin, fühlt sich nirgends wohl und fragt sich manchmal, ob sie der Versuchung nicht nachgeben soll.

Das ist unmöglich! Sie kann das Kind nicht allein lassen. In der Stille der Nacht hört sie ruckartige Schritte näher kommen. Man könnte das für eine verstörte Herde halten, die flieht und nicht weiß, wohin. Aber in dem Maße, in dem die Straßen breiter und leerer werden, in dem Maße, in dem man sich von der Place Saint-Lambert entfernt, verlangsamt man das Tempo, Schatten rufen sich an, es bilden sich Gruppen, man versucht, sich zurechtzufinden.

Sogar durch die Rue Pasteur kommen sie, diese Leute, sicherlich diejenigen, die nach Bressoux oder Jupille nach

Hause gehen. Élise steht im Zimmer hinter ihrem Fenster. Sie horcht, fängt aber nur zusammenhanglose Worte auf, würde gern hinuntergehen und Fragen stellen.

Sie entscheidet sich. In Pantoffeln huscht sie ins Treppenhaus, öffnet unten die Haustür einen Spaltbreit; doch es ist wie verhext: Ein paar lange Minuten kommt niemand vorüber.

Endlich ein Mann, eine Frau, ein Kind, das buchstäblich hinterhergezogen wird.

»Pardon, Monsieur. Ist geschossen worden?«

Sie haben Angst vor ihr. Der Mann zögert einen Augenblick, doch seine Frau rät ihm mürrisch:

»Komm!«

Élise zittert, weint, wartet weiter. Ihr ist so, als schrie oben ihr Sohn, und da sie die Lampe hat brennen lassen, geht sie wieder nach oben.

Sie legt sich nicht hin. Sie tut nichts, sieht nur nach dem Feuer und kocht Kaffee für Désiré, wenn er nach Hause kommt. Und schließlich, um sechs Uhr morgens, kommt er heim, Morgentau im Schnurrbart. Er kommt lächelnd herein, doch sein Lächeln wirkt etwas gezwungen.

»Mein Gott, Désiré! Was ist passiert?«

Er legt sein Gewehr wieder auf den Kleiderschrank, leert die Patronentaschen, in denen noch alle Patronen sind. Es ist noch etwas kalter Kaffee in seiner Feldflasche, die mit braunem Stoff bespannt ist.

»Wir sind in der Nähe des Grand Bazar zwischen der Rue Gérardrie und der Rue Léopold gegen die Häuser gedrängt worden. Man sah nichts. Vor uns ritten Polizisten, und wir hatten nur die eine Befürchtung, dass die Pferde scheuten.«

Er erinnert sich an etwas und lächelt.

»Kennst du den Uhrmacher neben der Apotheke? Dort befand sich unsere ganze Gruppe: Ledent, Grisard, der dicke Martens. Grisard hat als Erster gegen den Fensterladen gepinkelt …«

»Mein Gott, Désiré!«

»Danach ist jeder von uns hingegangen. Erst am Morgen haben wir bemerkt, dass es der Fensterladen der Eingangstür war. Das Geschäft ist unten. Gleich, wenn sie den Laden öffnen werden …«

Als er seinen Waffenrock aufknöpft, stößt er einen Seufzer des Wohlbehagens aus. Dann taucht er seinen Schnurrbart in den heißen Kaffee.

»Sonst haben wir nichts gesehen. Man hat die Leute aufgefordert, nach Hause zu gehen. Es ist in die Luft geschossen worden, das ist alles, was ich weiß. Anscheinend hat eine Revolverkugel die Mütze eines Gendarmen durchbohrt. Man sagt, dass …«

Was soll's? Es ist nicht sicher. Zweimal ist die Ambulanz zur Place Saint-Lambert gekommen. Die Mitglieder der Bürgerwehr standen bewegungsunfähig vor dem Schaufenster und konnten nichts erkennen.

»Bist du nicht todmüde?«

»Ich habe Hunger.«

Sie sieht genau, dass seine Lippen zittern, was nicht normal ist. Sie tut, als bemerkte sie es nicht. Sie ist traurig, erschöpfter als er und innerlich leer. Wenn es nach ihr ginge, wenn es nicht Zeit wäre, den Haushalt in Ordnung zu bringen, würde sie sich ins Bett legen.

Um sieben Uhr kündigt ein vertrauter Sirenenton die Wiederaufnahme der Arbeit bei Halkin an, und ein paar Minuten später, während die Maurer Ziegelsteine auf dem leeren Gelände unter dem Küchenfenster abladen, hallen die ersten Hammerschläge auf dem Blech wider.

7

Fünf Minuten vorher ... Noch nicht einmal fünf Minuten ... Das Unglück braucht so wenig Zeit, um über uns hereinzubrechen, und Élise hat recht, sie weiß es, sie fühlt es, auch wenn man sich noch so sehr über ihren grämlichen Gesichtsausdruck lustig macht, über ihre Art, sich entschuldigend zu winden, als wollte sie das Mitleid des Schicksals erregen. Einmal, als Désiré seine gute Laune übertrieb, um seine Frau nicht zu verstimmen, sagte er:

»Du bist eine Maria Magdalena!«

Er wird es nie verstehen, und für ihn ist das besser so.

Vor fünf Minuten noch war das Leben einfach und klar. Élise überquerte die Passerelle. So wird eine breite Holzbrücke genannt, die in fast gleicher Entfernung zum Pont-Neuf und zum Pont des Arches liegt, eine Grenze zwischen dem Faubourg und der Stadtmitte. Das ist der kürzere und üblichere Weg. Die Passerelle ist etwas für die Bewohner von Outremeuse, die Brücke, über die man ohne Hut geht, um schnell etwas einzukaufen. Man geht einige Steinstufen hoch. Die Bretter der Brücke hallen unter den Schritten wider und erbeben. Auf der anderen Seite geht man wieder hinunter, und am frühen Morgen ist das wie eine Landung in einer neuen Welt.

Überall, so weit man sehen kann, breitet sich der Markt aus, links der Gemüsemarkt, rechts der Obstmarkt; Tausende von Weidenkörben bilden richtige Straßen, Sackgassen, Kreuzungen; Hunderte Marktfrauen mit kurzen Beinen, die Taschen ihrer dreifachen Röcke voller Kleingeld, sprechen oder schreien die Kunden an.

Élise hört, wie sie, ihren Sohn anlächelnd, tuscheln:

»Er ist so drollig!«

Oder auch:

»Das ist die kleine Frau mit dem Kind, das so gepflegt ist!«

Entlang der Quais gibt es noch alte Häuser mit hohen Dächern und schieferbedeckten Fassaden, mit Fenstern aus kleinen, grünlichen Scheiben. Man sieht dort Pferde und Karren zu Hunderten, und den Pferden, die einen guten Teil der Nacht hindurch getrabt sind, hat man jetzt einen Sack mit Hafer um den Hals gehängt.

Élise schlängelt sich also durch eine Welt mit Menschen, die woandersher gekommen sind, aus allen ländlichen Gebieten der Umgebung, eine Welt, die gleich, mit dem Glockenschlag, wieder verschwinden und auf den kleinen Pflastersteinen der Quais und der Plätze nur ein paar Kohlblätter und Mohrrübenkraut zurücklassen wird.

Élise hat endlich ihren Kindersportwagen. Monatelang haben sie immer wieder gesagt:

»Wenn wir erst auf den großen Kinderwagen verzichten können!«

Wenn, immer wieder *wenn*! *Wenn* Roger nur noch sechs Fläschchen am Tag braucht, *wenn* wir ihm Brei geben können, *wenn* wir ihn in sein Stühlchen setzen können, *wenn* er anfängt zu laufen, *wenn* wir ihn nicht mehr die Treppe hinauftragen müssen …

Élise, die an Kreuzschmerzen leidet und jetzt, da das Kind

etwas läuft, es ständig auf dem Arm hat, Élise weiß, dass es eine Selbsttäuschung ist, aber es nützt nichts, Désiré immer wieder zu sagen, dass es immer das Gleiche sein wird. Übrigens weiß Désiré das im Grunde auch. Er tut nur so, als glaubte er …

Eben, als sie die Rue Pasteur mit dem neuen Kinderwagen, den sie zum ersten Mal benutzt, verlassen hat, hat er fröhlich zu ihr gesagt:

»Siehst du! Du wirst dich nicht mehr überanstrengen!«

Dann ist er mit langen Schritten zu seiner Mutter gegangen, um sich noch einen Augenblick bei ihr hinzusetzen, bevor er ins Büro geht. Élise hat beschlossen, Johannisbeerkonfitüre zu machen, und als sie die Welt in den Farben dieses Maimorgens sah, war sie beinahe fröhlich, beinahe entschlossen, wie Désiré.

Dennoch kann sie sich noch so bemühen, ihr Kopf neigt sich immer wieder ein wenig auf die Seite.

»Was soll ich machen, Désiré! Ich habe mich so an das Unglück gewöhnt!«

Sie wittert das Unglück da, wo es sich am besten verbirgt, sie würde es dort aufstöbern, wo niemand es vermuten würde. Zum Beispiel heute Morgen! Élise hat soeben rote Johannisbeeren gekauft, dann dicke grüne Stachelbeeren mit einem kleinen purpurnen Ring. Sie will sich im Vorbeigehen von Madame Pain die Kupferwanne ausleihen, und sie wird den ganzen Tag damit zu tun haben, Konfitüre zu kochen am offenen Fenster, das die rote Mauer und die weißen Bauarbeiter fast erreicht haben, denn hinter ihrem Haus wird ein neues Haus gebaut, und jeden Tag wachsen die Mauern um einige Reihen Ziegelsteine.

Plötzlich, bösartigerweise …

Das ist es, die Bösartigkeit, die Tücke des Schicksals, die sie befällt. Élise tut alles, was sie kann. Wie üblich ist sie um sechs Uhr aufgestanden. Zu ihr kann man unverhofft kommen: Alles ist in Ordnung, und auf der Herdecke kocht schon die Suppe vor sich hin. Kein Kind in der Nachbarschaft ist so gepflegt wie Roger. Die Windeln werden öfter als notwendig gewaschen, und in der Küche hängt nicht dieser säuerliche Geruch wie in so vielen Haushalten mit einem Baby. Die Kleider näht sie selbst. Sie kauft nichts von der Stange. Sie spart bei den kleinsten Käufen. Ist Désiré einmal in die Rue Pasteur heimgekommen, ohne dass das Abendessen auf dem Tisch stand? Heute Morgen wird der Stich von Félicie ausgehen.

Zu allem Überfluss hat Élise es gefühlt. Sie hätte ihrem Instinkt folgen sollen. Aber kann sie, weil Félicie ein Café direkt am Marktplatz hat, nichts mehr in der Innenstadt einkaufen und in die Läden der Rue Puits-en-Sock laufen, wie ihre Schwägerinnen aus der Familie Mamelin? Die Gemüsehändlerinnen kennen sie und lächeln ihr zu. Sie ist zu jedermann so liebenswürdig!

»Siehst du, Valérie, wenn sich nur jeder bemühte, liebenswürdig zu sein!«

Es tut ihr weh, wenn jemand dieser so einfachen Aufgabe nicht nachkommt. Manchmal nicht einmal Désiré! Zu viele Leute haben kein Gefühl. Umso schlimmer für die, die welches haben! Sie sind die Einzigen, die daran leiden.

Élise wusste es. Nicht genau, was ihr widerfahren würde, sonst wäre sie lieber im Erdboden versunken. Nichtsdestoweniger hatte sie so etwas wie eine Vorahnung.

Während sie einkaufte, näherte sie sich diesem ausladenden Café du Marché mit den breiten Fensterscheiben, der riesigen Theke aus weißem Marmor, den glänzenden Zapfhähnen. Sie hat ihre Johannisbeeren gekauft, das volle Netz hängt an dem zusammenklappbaren Wagen, den sie nun endlich in ihre Wohnung hochtragen können, was jegliche Reibung mit der Hausbesitzerin vermeiden wird.

Sie hat um die Preise gefeilscht und ist kaum überrumpelt worden.

»Zehn Sous? … Hören Sie mal! … Aber nur, weil Sie's sind, junge Frau.«

Sie geht nie ohne Hut zum Markt, und dennoch gilt sie nicht als hochmütig. Sie weiß, dass Félicie sie durch die Scheiben des Cafés gesehen hat. Sie hat Coustou, ihren Mann, den sie untereinander Coucou nennen, in Richtung Stadtmitte fortgehen sehen, schwarz gekleidet, seine Melone auf dem Kopf, als ginge er zu einer Beerdigung.

Obwohl Coucou nicht mehr da ist, geht sie nicht hinein. Sie bleibt draußen. Sie möchte nicht, dass Félicie ihr eines Tages vorwerfen kann, auf dem Markt gewesen zu sein, ohne ihr guten Tag gesagt zu haben, aber sie will sich auch nicht aufdrängen.

War Félicie nicht ständig bei ihnen, als sie noch in der Rue Léopold wohnten, und beschwerte sich über ihren Mann? Bis Désiré prophezeite:

»Eines schönen Tages werden wir Ärger mit Coucou bekommen.«

Und dabei hat Désiré nicht einmal alles gewusst, insbesondere nicht, dass Félicie eines Morgens wie eine Verrückte angelaufen kam, weil sie Angst hatte, verfolgt zu werden. Sie war ohne Hut, trug über der Bluse ein Umschlagtuch, aus dem sie ein kleines Paket zog.

»Élise, um Gottes willen, du musst es für mich aufbewahren, bis ich es von dir zurückverlange. Zeig es vor allen Dingen nicht Désiré.«

Das Paket blieb drei Tage auf dem Kleiderschrank neben dem Gewehr versteckt.

»Arme Félicie.«

Um ihre Aufmerksamkeit auf sich zu lenken, klopft Élise schüchtern an die Scheibe, wirft einen Blick ins Innere des Cafés, wo Marktfrauen Eier mit Speck und mächtige, dreifingerdicke Stücke Reistorte verschlingen und dazu große Schalen Kaffee trinken. Diese Frauen holen, ohne zu zählen, Geld aus alten Portemonnaies, die mit Kleingeld und Scheinen vollgestopft sind, ohne genau zu wissen, wie viel darin ist.

Félicie steht, auf ihre Ellbogen gestützt, am Tresen. Sie hat eine hübsche weiße Bluse mit Einsatz an, die ihren üppigen Busen betont. Sie schwatzt mit einem Gast, den man nur von hinten sieht. Neben Élise rollen Kutscher Bierfässer durch eine Kellertür, und die Luft riecht nach Bier, auch die Pisse der zwei falben Pferde hat die Farbe von Bier.

Élise will weitergehen. Sie meint, besser daran zu tun, sich zu entfernen. Aber da begegnet ihr Blick dem ihrer Schwester. Félicie kommt näher, dreht sich zu ihrem Bekannten um und sagt etwas, kommt zur Tür und öffnet sie, während Élise bereits lächelt.

»Was willst du schon wieder, Bettlerin?«

Das hat sie gesagt! Mit kalten Augen und unbeweglichem Gesicht. Élise schaut sie an, schaut sie noch einmal an, versteht nichts, findet keine Antwort darauf. Sie wäre gern weit weg, egal wo, sie möchte solche Worte nie gehört haben.

»Mein Gott!«

Ja, sie muss wohl »Mein Gott« gestammelt und dabei lebhaft um sich geblickt haben, um sich zu vergewissern, dass es niemand gehört hat. Einer, der es gehört hat, ist Joseph, der kahlköpfige Kellner, der sie kennt. Élise geht weiter und schiebt ihren Kinderwagen vor sich her. Sie rennt einfach drauflos.

Hör zu, Désiré … Nein! Désiré ist nicht hier … Er ist in seinem Büro, und außerdem würde sie Désiré nie anvertrauen … Meine liebe Valérie! … Nein! Auch Valérie nicht … Valérie wird es nicht erfahren …

Léopold vielleicht? Wenn Léopold heute Morgen in die Rue Pasteur kommen könnte! Er wird es verstehen, er, der sie alle kennt, alle Peters. Er muss auch wissen, was Élise nur ahnt …

Bettlerin!

Sie geht weiter, überquert, ohne Atem zu holen, ohne ihre normale Gesichtsfarbe wiederzuerlangen, den Pont des Arches. Sie schaut die Vorübergehenden an, als beabsichtigten diese, sie zu verfolgen. Sie murmelt:

»Félicie ist verrückt.«

In dem Maße, wie sie weitergeht, kommt ihr dieser Satz unaufhörlich, wie ein Refrain, in den Sinn.

»Félicie ist verrückt.«

Sie würde gern mit jemandem darüber sprechen, jetzt gleich. Sie weiß, dass sie keinen Frieden findet, bevor sie nicht ihr zu schweres Herz ausgeschüttet hat. Sie überquert die Place Ernest-de-Bavière, geht an der Kirche von Saint-Nicolas vorüber. Um ein Haar wäre sie mit dem Kind hineingegangen und hätte sich vor dem Altar der Heiligen Jungfrau, deren Monat gefeiert wird, niedergekniet.

»Ich wusste es: Félicie, unsere Félicie ist verrückt.«

Von der gesamten Familie kennt Élise ihre Schwester am besten. Vor ihrer Hochzeit lebte Félicie mit ihr und ihrer Mutter zusammen in der kleinen Wohnung in der Rue Féronstrée. Sie war damals bereits schön, sehr entwickelt für ihr Alter, und auf der Straße blickten sich die Männer nach ihr um, vor allem hatte sie eine herausfordernde Art, ihren Busen zu tragen.

Bettlerin! Élise, die nie etwas annehmen will, die jedes Mal so bedrückt ist, wenn sie bei ihrer Schwester war! Élise, die manchmal einen großen Umweg macht, nur um das zu vermeiden.

Und außerdem, wozu dienen ihr all diese Frühstücksgedecke aus dünnem Porzellan? Ist das nicht eine richtige Sucht?

»Nimm, meine liebe Élise: für den kleinen Roger.«

Wozu immer Frühstücksgeschirr?

»Hör mal, Félicie! Noch beim letzten Mal …«

Erinnert sich Félicie daran, dass sie schon in der vergangenen Woche ein Frühstücksgedeck geschenkt hat? Schließlich muss Élise sie vor Désiré verstecken. Sie weiß nicht mehr, wohin damit.

»Mach dir keine Sorgen, mein Mädchen. Nimm es! Es ist schön.«

Immer aus Limoges, mit ganz kleinen rosa Blumen. Ist es wirklich wahr, dass Félicie trinkt und dass sie dann …

»Nein, Félicie, kein Geld! Sieh mal, das kann ich nicht annehmen …«

»Du bist dumm!«

Geld, von dem sie einfach eine Handvoll aus der Schublade nimmt und es ihrer Schwester in die Hand drückt oder in die Tasche stopft!

»Für den Kleinen.«

Élise ist jederzeit in der Lage, Félicie dieses Geld zurückzugeben. Nie hat sie es verbraucht. Ohne Désiré etwas davon zu erzählen, hat sie ein Sparkassenbuch auf den Namen des Kindes eingerichtet. Wenn sie von Félicie kam, ging sie zur Hauptpost.

Jetzt ist ihr zum Weinen zumute. Das ist die Reaktion darauf. Ihre Nerven entspannen sich. Sie ist müde und denkt an die beiden Etagen, die sie, mit Roger auf dem Arm, hinaufgehen muss. Dann wird sie rot.

Auf dem Sparkassenbuch ist nicht nur das Geld von Félicie. Aber man kann nicht sagen, dass sie das andere Geld Désiré weggenommen hat. Er denkt nicht daran, etwas zur Seite zu legen. Er fragt sich nicht, was aus ihr und seinem Sohn würde, wenn ihm ein Unglück zustieße. Warum geht sie auf dem Markt einkaufen? Um hier oder da ein paar Centime einzusparen! Am Ende des Monats bleiben ein paar Franc übrig, die sie zur Sparkasse trägt.

Die Maurer sind auf ihrem Platz, kaum zwei Meter unter ihrem Fenster, und sie heben sich schon gegen den Himmel ab. Die Bohnensuppe im Topf ist angebrannt.

Élise wird nicht zu Madame Pain gehen, um die Kupferwanne zu holen. Sie macht ihre Konfitüre, lieblos und lustlos, während sie immer an Félicie denkt. Léopold ist nicht gekommen. Solange sie nicht mit jemandem darüber gesprochen hat, wird sie ihren Frieden nicht finden.

Um zwei Uhr ist Désiré überrascht, ihr weißes, rot geflecktes Gesicht zu sehen, als hätte sie geweint.

»Was hast du?«

»Achte nicht darauf, Désiré. Es sind die Nerven.«

Vorsichtig, wie er ist, drängt er sie in einem solchen Fall nicht. Er sitzt gegenüber dem geöffneten Fenster und isst. Sie ist es, die mit der Gefahr spielt.

»Ich habe Félicie gesehen.«

Und ohne besondere Aufmerksamkeit sagt Désiré:

»War sie *angesäuselt*?«

Ein Wort, das die Familie für Léopold und Félicie braucht und das sie, leider!, auch für Marthe brauchen wird.

»Warum sagst du so etwas, Désiré? Félicie trinkt nicht.«

»Wie wäre das erst, wenn sie trinken würde!«

»Du verstehst meine Familie nicht.«

Er ahnt die Gefahr, vermeidet eine Antwort, würde gern über etwas anderes sprechen.

»Du verstehst die Menschen nicht, die Pech gehabt haben.«

Gleich wird sie vor Aufregung anfangen zu weinen, und Désiré beeilt sich mit dem Essen, zündet sich eine Zigarette an.

»Arme Félicie! Wenn du wüsstest …«

»Aber ja! Coucou, ich weiß … Wenn er sie schlägt, braucht sie nur fortzugehen. Auf Wiedersehen, Élise.«

Roger schläft. Die Schritte im Treppenhaus werden leiser, die Haustür schließt sich, und Élise erschrickt bei dem Gedanken, dass sie Désiré beinahe alles erzählt hätte.

Sie wartet den Moment ab, wo das Kind aufwacht. Sie will es nicht selbst wecken, aber die Zeit bis dahin wird ihr lang, und vielleicht lärmt sie, als sie sich zum Ausgehen fertig macht, etwas mehr als nötig? Den Hut schon auf dem Kopf, füttert sie ihn, schaut nach dem Feuer, schließt das Fenster und geht hinunter.

Sie muss unbedingt mit jemandem sprechen, und darum geht sie nach Coronmeuse, um ihre Schwester Louisa zu besuchen.

»Meine liebe Louisa! Wenn du wüsstest, was Félicie heute Morgen zu mir gesagt hat …«

Nein! Sie wird nicht über das, was Félicie heute getan hat, mit ihr sprechen.

»Louisa, meine liebe Louisa, ich glaube, dass unsere Félicie verrückt ist.«

Sie hat die Beleidigung vergessen. Niemand würde es ihr glauben, und dennoch ist es die reine Wahrheit. Nicht ihretwegen eilt sie den unendlichen Quai de Coronmeuse entlang. Es liegt in ihrer Veranlagung. Sie würde wegen jedes anderen genauso laufen, immer empfindet sie das Bedürfnis, sich aufzuopfern, auch wenn sie hinterher mit gesenktem Kopf seufzt:

»Wie undankbar die Menschen sind!«

Sie will sich um Félicie kümmern, will sie retten. Sie hat so einiges bemerkt, aber das ist so subtil, so schwierig, jemandem zu erklären, der nicht so fühlt wie eine Peters …

An manchen Vormittagen zum Beispiel ist Félicie in Tränen aufgelöst, wenn sie ihre Schwester sieht, und umarmt sie lange, wie nach einer Katastrophe.

»Wieder mal Coucou?«, fragt Élise.

Élise hat nie mit jemandem darüber gesprochen, hat nie gewagt, so direkt daran zu denken wie in diesem Augenblick. Félicie kann ruhig seufzen:

»Er wird mich umbringen.«

Élise fühlt, sie weiß es, dass ihre Schwester nicht wegen

ihres Mannes weint. Sie ahnt sogar den Grund. Aber das ist noch unglaublicher. Sie ahnt, dass Félicie nicht wirklich unglücklich ist, sondern dass sie an jenem Morgen mit dem Verlangen zu weinen aufgestanden ist, dass sie in dem hellen, nach Speck und Kaffee duftenden Raum die unglückliche Frau spielt, wobei sie von Zeit zu Zeit einen flüchtigen Blick auf ihr Spiegelbild wirft.

Félicie macht Geschenke. Félicie würde alles verschenken, was sie besitzt! Sie greift mit der Hand in die Kasse!

»Nimm! … Aber ja!«

Wer weiß, ob ihre Stimmung sich um zehn, um elf Uhr nicht geändert hat? Einmal, kurz nach einem derartigen Tränenausbruch, ist Élise noch einmal an dem Café vorbeigegangen und hat gesehen, wie ihre Schwester zusammen mit einem Handlungsreisenden aus vollem Halse lachte. Sie lachte wie eine …

Nein! Man darf das Wort weder aussprechen noch denken.

»Hör zu, Louisa. Einmal, als wir noch beide mit Maman zusammen wohnten …«

Wird sie das ihrer Schwester Louisa erzählen?

Sie geht weiter, und die Gegend um sie herum verändert sich. Sie ist den unangenehmsten Teil des Quais entlanggelaufen, den Teil, der von keinem Baum beschattet wird, an dem die Maas breit und glänzend dahinfließt.

Eine andere Uferstraße beginnt, der Quai de Coronmeuse, und mit ihm der Kanal, der Hafen, wo hundert, zweihundert Schleppkähne, vielleicht noch mehr, Seite an Seite liegen, manchmal in zehn Reihen nebeneinander, Wäsche, die zum Trocknen aufgehängt ist, spielende Kinder, vor sich hin dösende Hunde, ein kräftiger Geruch nach Teer und Harz.

Wird sie es Louisa erzählen?

Da ist das Schaufenster, altmodisch, vollgepfropft mit Waren, mit Stärke, Kerzen, Zichoriepäckchen, Essigflaschen. Und hier die Glastür mit den durchsichtigen Reklameschildern: der weiße Löwe von der Remy-Stärke, das Zebra eines Herdputzmittels, der andere, schwarze Löwe einer Schuhputzmarke.

Und dann die Ladenglocke, die man unter Tausenden wiedererkennen würde!

Schließlich der einzigartige, der wundersame Geruch dieses Hauses, in dem es nichts Uninteressantes gibt, wo alles außergewöhnlich, alles unüblich ist, so als hätte man viele Jahre gebraucht, um es zu gestalten.

Dominiert der Geruch von Genever? Ist es der fadere Geruch der Lebensmittel? Hier wird nämlich alles verkauft, es gibt alles in dem Laden: Fässer voll von amerikanischem Petroleum, Taue, Stalllaternen, Peitschen und Teer für die Schiffe. Es gibt hier Glasbehälter mit Bonbons von zweifelhaftem Rosa und gläserne Schubladen, die mit Zimtstangen und Gewürznelken vollgestopft sind.

Das Ende der Ladentheke ist zinkbedeckt, drei runde Löcher sind darin eingelassen, und aus diesen ragen Flaschen mit gebogenen Zinnhälsen hervor.

Und es gibt hier noch einen anderen Geruch, den von Korbweide, der hinten aus dem Flur kommt, denn Louisas Mann ist Korbmacher und arbeitet mit einem buckligen Arbeiter zusammen in der Werkstatt, die zum Hof hinausgeht.

»Sieh an! Élise!«

Ihrem Aussehen nach könnte Louisa Élises Mutter sein, mit ihren grauen Haaren, ihren breiten Hüften, dem schwarzen Kleid und der blauen Schürze, ein schönes Lavendelblau. Ihre

Gesichtszüge sind fein und regelmäßig, und ihr Lächeln ist genauso grämlich wie das ihrer Schwester.

»Meine liebe Louisa …«

»Komm in die Küche.«

Louisa bedient eine Schiffersfrau zu Ende, an deren Rockzipfel drei Kinder hängen. Élise geht durch die doppelte Glastür mit den weiß geblümten Gardinen, und in der Küche, die durch eine seltsame Laterne erleuchtet wird, herrscht absolute Stille, Ordnung, Sauberkeit, Frieden. Eine der Töchter, wahrscheinlich Anna, die Älteste, spielt im Salon am anderen Ende des Korridors Klavier. Zwischen zwei Kunden kommt Louisa und stellt sich mit vorgeschobenem Bauch und verschleiertem Lächeln vor ihre Schwester.

»Geht es deinem Mann gut?«

Louisa kann Désiré nicht ausstehen. Niemand von den Peters mag den langen Désiré.

»Es geht ihm gut, Louisa, danke. Du weißt, dass wir umgezogen sind? Wir wohnen jetzt in der Rue Pasteur. Die Luft in dem Viertel ist besser für das Kind, verstehst du?«

Louisa weiß, dass Élise aus einem bestimmten Grund gekommen ist. Sie gießt ihr eine Tasse Kaffee ein und holt Zucker aus dem Laden.

»Leg ab. Du hast doch Zeit.«

»Nein. Ich muss nach Hause. Ich habe Konfitüre eingemacht. Louisa! Hör zu, ich muss mit dir sprechen. Heute Morgen habe ich Félicie gesehen. Ich frage mich …«

Wird sie es zu sagen wagen?

»Ich frage mich, ob Félicie nicht dabei ist, verrückt zu werden.«

»Na, hör mal!«

Die kräftige Louisa schüttelt mitleidig den Kopf.

»Meine arme Élise! Was machst du dir für Gedanken?«

»Ich versichere dir, Louisa. Du kannst das nicht verstehen …«

»Du täuschst dich. Félicie ist vielleicht nicht sehr glücklich mit ihrem Mann. Sie ist nicht ganz gesund. Sie ist immer nervös gewesen.«

Sie möchte hinzufügen:

»Wie du!«

Denn die zwei Jüngsten, auf die man nicht mehr gefasst war, werden immer mit Herablassung behandelt.

»An manchen Tagen ist sie so sonderbar, Louisa.«

Ohne sich dessen bewusst zu werden, haben sie angefangen, Flämisch zu sprechen.

»Ich versichere dir, dass Félicie nicht das ist, was du meinst.«

Élise hat sich auf den Rand des Korbsessels gesetzt, auf den gleichen, den Désiré hat. Aus ihrem Handtäschchen hat sie automatisch ein Taschentuch gezogen, als machte sie sich auf Tränen gefasst, die nicht kommen.

»Trink deinen Kaffee, solange er heiß ist.«

Richtig wäre es, alles zu erzählen. Sie wagt es nicht, nicht hier, in dieser gemütlichen Atmosphäre, die durchdrungen ist von den beruhigendsten Gerüchen, von Zimt, Korbweide, Gewürznelken, von derartig alltäglichen Gerüchen!

»Wie erklärst du, Louisa …«

»Ich sage dir, das sind Hirngespinste.«

Dennoch, diese Nacht vor langer Zeit, diese Nacht, an die Élise heute Morgen denkt, genau seit dem Augenblick, seitdem sie aufgehört hat, ihrer Schwester böse zu sein.

Das war zu der Zeit, als sie beide, Félicie und sie, mit ihrer

Mutter zusammenwohnten. Félicie arbeitete als Verkäuferin bei einem Tuchhändler in der Rue Saint-Léonard. Nun, zunächst, Élise wusste es, log ihre Schwester, als sie vorgab, das Geschäft schließe um halb acht. Es schloss um sieben Uhr. Was machte Félicie jeden Tag in dieser halben Stunde?

»Erzähl es vor allem nie Maman oder sonst irgend jemandem.«

Einmal, im Winter, hatte Élise in der Dunkelheit der Rue Hors-Château vor einer Toreinfahrt ihre Schwester in den Armen eines Mannes gesehen, und es war nicht die Gestalt eines jungen Mannes. Élise hätte schwören können, dass es ein verheirateter Mann war.

Sie hatte nichts gesagt, aber seitdem betrachtete sie ihre Schwester immer mit Schrecken, und da sie damals in demselben Bett schliefen, war Élise jede Berührung peinlich.

Schon damals hatte Félicie ihre Launen, bald war sie ausgelassen und sang aus vollem Halse, bald sagte sie mehrere Tage lang kein Wort, war unruhig und angespannt wie eine Katze vor einem Gewitter; oder es kam vor, dass sie in ihrem Bett schluchzte und Élise, die kaum vierzehn Jahre alt war, ins Ohr flüsterte:

»Erzähle Maman nie, dass ich weine. Wenn du wüsstest, wie unglücklich ich bin! Ich möchte sterben.«

Wer, wenn nicht Élise, wusste über all das Bescheid? Und das Schlimmste von allem geschah während der Krankheit ihrer Mutter, einer schweren Bronchitis: Sie hatten ihr Bett in der Küche aufgestellt, weil im Schlafzimmer kein Ofen stand; abends bekam sie einen Trank, der das Röcheln beruhigte und ihr einen tiefen Schlaf brachte.

»Ziehst du dich nicht aus, Félicie?«

Félicies Augen an jenem Abend, diese starren Augen – wie die einer Verrückten, jawohl! – schauten die kleine, erschrockene Schwester an:

»Sei still … Sag nichts … Ich komme gleich wieder …«

Félicie eilte fort, die Schuhe in der Hand, und nahm den Schlüssel mit. Élise, allein in der Dunkelheit, zitterte einige Stunden und fuhr bei jedem Straßengeräusch auf.

»Félicie! … Félicie!«

Endlich kam sie. Élise machte ein Streichholz an. Sie schaute auf den Wecker. Es war drei Uhr.

»Félicie!«

»Sei doch still, Idiot. Mach aus!«

Sie zog sich im Dunkeln aus und kroch zwischen die klammen Laken. Élise roch etwas. Zunächst den Geruch von Alkohol: Félicie musste etwas Starkes getrunken haben. Übrigens fiel sie sofort in einen tiefen Schlaf.

Dann ein anderer Geruch, als wäre ein Fremder im Zimmer, im Bett gewesen.

Nie hat Élise ein Wort davon gesagt. Am anderen Morgen sah sie unausgeschlafen aus. Félicies Gesicht war auch nicht ausgeruhter als ihres. Sie wagte nicht zu sprechen. Mit müden Bewegungen erledigte sie ihre Morgentoilette.

»Was soll ich dir schenken?«

Und die Kleine, dem Weinen nahe:

»Nichts! Ich will nichts haben! Bloß nicht!«

Und trotzdem war Félicie unglücklich. Élise, die nichts vom Leben wusste, fühlte undeutlich, dass es nicht der Fehler ihrer Schwester war, sondern dass sie nicht anders konnte.

Heiratete sie schließlich nicht einen Mann von vierzig Jahren? Und jetzt, liegt nicht ein Grund vor, wenn er sie schlägt?

»Du bist ja ganz außer dir. Warte, ich gieße dir noch einen kleinen Schluck ein.«

Élise richtet sich auf und ruft:

»Nein, Louisa! *Bloß nicht!*«

Nicht wie Félicie, nicht wie Léopold und auch nicht wie ihre Schwester Marthe, die ebenfalls trinkt!

»Ich möchte nichts, Louisa. Danke. Ich danke dir sehr. Es ist stärker als ich, weißt du! Ich bin so sehr davon überzeugt, dass Félicie hysterisch ist …«

Sie hat das große Wort ausgesprochen, dessen genauen Sinn sie nicht kennt, das ihr aber die Wahrheit auszudrücken scheint. Bei diesem Wort hat sich Louisas Miene verschlossen, haben sich ihre Gesichtszüge verhärtet, Louisa schaut Élise, diese kleine Verrückte, streng an.

»Sprich bitte derartige Worte nicht in meinem Haus aus!«

Um ein Haar würde sie in den Salon, wo Anna immer noch Klavier spielt, gehen, um sich zu vergewissern, dass ihre Tochter durch diese schrecklichen Silben nicht berührt worden ist.

»Du weißt nicht einmal, was das bedeutet.«

Warum versteifen sich ihre Schwestern darauf, sie wie eine dumme Göre zu behandeln? Weiß Louisa, was sie, Élise, weiß?

»Dann erkläre mir, Louisa …«

»Nichts mehr. Du hast zu viel Phantasie. Ich frage mich so langsam, ob nicht *du* das bist, was du soeben gesagt hast.«

Da! Élise hatte unrecht.

»Ich bitte dich um Entschuldigung. Aber der Auftritt heute Morgen …«

»Welcher Auftritt?«

»Nichts. Ich weiß es nicht mehr. Achte nicht darauf, Louisa.«

Louisa schüttelt den Kopf. Wenn Élise gern »Mein Gott!« murmelt, so stammelt ihre Schwester vom Quai de Coronmeuse ihrerseits mit einem starken flämischen Akzent:

»Jesus Maria!«

Und ihr Kopf wackelt von einer Schulter zur anderen, als Zeichen des Mitleids für alles, was nicht der vollkommenen Ordnung ihres Heims entspricht.

»Bist du nicht glücklich mit Désiré?«

»Aber ja, Louisa! Aber ja. Désiré ist sehr nett.«

Will sie um Verzeihung bitten für das, was sie über Félicie gesagt hat? Für diese Anklage, die niemals von einer Peters hätte erhoben werden dürfen? Jetzt schüttelt Élise ihrerseits den Kopf. Es ist ansteckend. Sie schaut um sich, betrachtet dieses Haus, in dem man nur seine Hand zu den Etageren und Regalen auszustrecken braucht.

»Er ist ein Mamelin, weißt du. Er hat keinen Ehrgeiz. Er ist glücklich, wie er sagt. Er braucht nichts. Ich hätte gern einen kleinen Laden aufgemacht, egal womit, ich hätte mich schon zurechtgefunden! Er wollte das nie. Und weißt du, warum? Weil er behauptet, dass er dann nicht mehr in Ruhe essen könnte, dass er ständig durch die Ladenglocke gestört würde. Wäre das nicht besser, als mit dem Allernotwendigsten auszukommen?«

Jetzt hat sie sich auf diese Idee versteift. Ist sie deswegen gekommen? Hat sie Félicie schon vergessen?

Sie weiß, dass sie Louisa damit einen Gefallen tut, dass alles, was sie gegen den langen Désiré sagt, von ihrer Schwester bereitwillig aufgenommen wird.

»›Was fehlt uns?‹ Das ist seine einzige Antwort. *Er* geht nicht auf den Markt. Wenn er nach Hause kommt, ist das Abendessen fertig. Aber ich kenne die Preise. Wenn er wenigstens etwas Unternehmungsgeist besäße! Ein Angestellter, der gleichzeitig mit ihm bei Monsieur Monnoyeur eingetreten ist, verdient schon zweimal so viel und schickt seine Töchter zu den Ursulinen ins Internat. Désiré dagegen ginge es gegen die Ehre, wenn er eine Gehaltserhöhung verlangte.«

»Meine arme Élise.«

Jetzt, da es sich nicht mehr um Félicie, sondern um Désiré handelt, kann sie jammern, ohne ihre Schwester zu verstimmen. Von Zeit zu Zeit wird Louisa von der Ladenglocke gerufen, und man hört, wie der Genever in die Gläser fließt, hört die schüchternen Stimmen der Schiffersfrauen, die ihr Geld genau abgezählt in der Hand halten, hört, wie die Geldstücke in die Schublade der Kasse fallen.

»Einen kleinen Milchladen zum Beispiel! Ich hätte einen Milchladen aufgemacht, wie den in der Rue de la Province ...«

Auf den ruhigen und breiten Straßen von Outremeuse, fern von der Rue Puits-en-Sock und der Rue Entre-deux-Ponts, sieht man Geschäfte, die keine richtigen Geschäfte sind. Es sind gewöhnliche Häuser, wo man sich damit begnügt hat, in dem vorderen Zimmer des Erdgeschosses eine Theke und Regale hineinzustellen. Die Schaufenster sind auch keine richtigen Schaufenster und infolgedessen zu hoch angebracht. Sie werden von einer einzigen Gaslaterne erleuchtet, und von weitem ist nur ein gelblicher Lichtschein in der schwarzen Häuserreihe zu sehen. Die Haustür ist geöffnet. Der Eingang hat drei oder vier Stufen, und der Hausflur ist nicht erleuchtet.

Wenn man die Tür zum Laden aufmacht, erklingt eine Glocke, oder es stoßen Kupferröhren melodisch aneinander. Trotzdem muss man mehrere Male rufen:

»Ist jemand da?«

Und schließlich hört man von weitem ein Geräusch. Eine Frau, die keine richtige Geschäftsfrau ist, oder auch ein Mann, der den Tag in seinem Büro verbracht hat, fragt unbeholfen:

»Was darf es sein?«

Auf einer Platte liegt ein Stück Blutwurst, unter einer Käseglocke zwei oder drei Stücke Herve-Käse, und es gibt noch sechs Dosen Sardinen und Kekse. Es wird geschnitten, gewogen. Die Kupferröhren schlagen wieder aneinander, und die Straße liegt wieder in vollkommener Ruhe.

Das ist es, was Désiré nicht gewollt hat.

Um ihre Schwester für ihr Jammern zu belohnen, holt Louisa eine Schachtel mit trockenem Kuchen, eine Schachtel, die man nicht mehr verkaufen kann, weil die Mäuse sie angeknabbert haben.

»Iss, mein Mädchen.«

»Danke, Louisa. Ich bin nicht zu dir gekommen, um zu essen. Es ist lange her, dass mir das Herz so schwer war …«

Ist das wahr? Ist es falsch? Sie weiß es nicht. Sie findet sich nicht mehr zurecht in ihren Ängsten, ihren Klageliedern, ihrem komplizierten Unglück, an dem sie sich labt.

»Mein Gott! Schon fünf Uhr. Désiré wird niemanden zu Hause vorfinden.«

»Warum kommt ihr nicht einmal an einem Sonntagnachmittag, um uns guten Tag zu sagen? Was macht ihr sonntagnachmittags? Wir sind immer hier, wegen des Ladens.«

Was sie machen? Élise weiß es nicht. Sie gehen spazieren.

Das erinnert sie wieder daran, dass sie nie bei einer Caféterrasse stehen bleiben, um ein Glas Bier zu trinken!

»Das Allernotwendigste …«

Sie trocknet sich die Augen, lächelt.

»Nun! Auf Wiedersehen, Louisa. Und vielen Dank, ja?«

Danke wofür? Für den trockenen Kuchen? Für die Tasse Kaffee? Für die Tränen?

Auf dem Gehsteig, noch während ihre Schwester ihr nachsieht, denkt Élise:

»Biest!«

Denn sie hat bemerkt, dass die Kuchenschachtel angefressen war. Sie wollte nicht einmal, dass das Kind davon aß, unter dem Vorwand, dass es sich ein wenig den Magen verdorben hat. Élise dreht sich noch einmal um.

»Danke, Louisa.«

Und vor Scham wird sie rot: Sie hat Désiré verraten, ohne Grund, nur um das Gesprächsthema zu wechseln, weil Louisa nichts über Félicie hören wollte und Élise ihre Tränen irgendwie erklären musste.

Sie hat noch eine halbe Stunde Weg vor sich, schiebt den Kinderwagen die Auffahrt des Pont Maghin hinauf.

Hoffentlich wird die Konfitüre fest! Hat sie genug Zucker in die kleinen Johannisbeeren getan?

8

In der Rue Montmartre in Paris spielt ein junges Mädchen namens Isabelle Klavier am Fenster eines niedrigen Zwischenstocks, der vom Erdgeschoss abgeteilt worden ist. Als Fenster dient der obere Teil des Schaufensters, sodass, wenn der Schreibwarenhändler sich in die Auslage beugt, das junge Mädchen auf ihm herumzugehen scheint.

In Lüttich in der Rue Jean-d'Outremeuse bleibt Élise einen Augenblick mit dem Kinderwagen stehen, hebt einen weißen Gegenstand auf und wirft einen verstohlenen Blick um sich. Der Anstreicher mit dem schwarzen Bart auf der Leiter hat nichts gesehen. Es ist Léopold, Élise hat ihn gerade erkannt. Als er ein rotes Taschentuch aus seinem Kittel zog, ließ er den Brief herausfallen.

Monsieur …

Élise hat nur dieses Wort gelesen, sie hat die zierliche, leidenschaftliche Schrift gesehen und ist weit davon entfernt, die Bedeutung dieses einfachen *Monsieur* zu erahnen, das an den Mann gerichtet ist, den die Polizisten jede Woche aus dem Rinnstein auflesen.

Wegen Monsieur Pain, der gerade vorbeiging und ihre Geste bemerkt hat, geht Élise zur Leiter zurück.

»Léopold.«

Sonst hätte er sie nicht erkannt, um sie nicht zu beschämen. Er begnügt sich damit, mit den Augen zu blinzeln, ohne sich zu bedanken. Er fährt fort, seinen Schwamm in einem Eimer auszuspülen, in dem sich Säure befindet, denn das grünliche Wasser rinnt perlend auf den Gehsteig.

Monsieur ...

Élise geht weiter. Sie geht schnell, wie immer. Wohin geht sie noch? Ah, ja! Zu Schuttringer, dem Metzger, um zwei Koteletts zu kaufen. In ein paar Tagen, wenn die Feiertage vorbei sind, wird sie mit Désiré sprechen.

Es ist seltsam, dass sie nicht früher mit ihm darüber gesprochen hat und dass sie nicht einmal sagen kann, was sie davon abgehalten hat. Sie ist bereits seit zwei Monaten schwanger. Nur, dieses Mal scheint es ihr vielmehr wie eine Krankheit als wie ein natürlicher Zustand zu sein. Sie leidet viel mehr als bei Roger. Wie die meisten Frauen, die sie kennt, tut ihr der Rücken weh, wenn sie mit einem Kind, das anfängt, schwer zu werden, die zwei Etagen hinauf- und hinabsteigt, wenn sie Eimer trägt und die Wäsche auswringt. Abends verspürt sie einen stechenden Schmerz zwischen den Schulterblättern, als würde der kleine Knochen, den man an dieser Stelle hat, durch die Haut dringen.

Wer kann Léopold wohl schreiben, wo sie, seine Schwester, doch nicht einmal seine Adresse kennt?

Monsieur,
ich frage mich ängstlich, was Sie von mir denken werden. Ich habe solche Angst, Ihre Achtung, das Einzige, was mir bleibt auf der Welt, zu verlieren, und dennoch werde ich Sie nicht länger anlügen, das schreckliche Drama das ich Stunde um Stunde erlebe, nicht länger vor Ihnen verheimlichen. Werden Sie es verstehen, Sie, der alles versteht?

Verzeihen Sie mir, wenn ich daran zweifle! Das ist so außergewöhnlich!

Ich liebe, verstehen Sie! Ich! Ich! Oh! Wie sehr bin ich jetzt darüber verzweifelt, dass ich Ihnen an jenem Abend (Sie wissen schon, an welchem!) nicht zugehört habe! Sie sagten mir Worte, die mich fast zum Weinen brachten, Sie schauten mich an wie jemand, der in der Zukunft liest, und Sie wussten nicht, dass es zu spät war, dass das Paket, das ich in meiner Hand hielt, von einer Sekunde zur anderen unserer Unterhaltung ein Ende setzen konnte. Sie wussten nicht, dass alles schon fast vollbracht war, dass ich mit Schweiß auf der Stirn darauf wartete, dass Sie fortgehen würden, um das zu tun, was ich später nicht mehr rückgängig machen konnte.

Heute liebe ich, wie ich noch nie geliebt habe, ich liebe so sehr, dass ich mich vor Verzweiflung auf dem Boden meines Zimmers wälzen könnte, und dabei bin ich nicht würdig, meine Augen zu ihr zu erheben, den Saum ihres Kleides zu berühren, es ist eine Ungeheuerlichkeit, dass ich, der ich nicht mehr meinen Namen tragen kann, mit ihr unter dem-

selben Dach wohne und ihr von morgens bis abends zuhöre. Denn ich höre sie, fast über meinem Kopf. Ein dünner Fußboden trennt uns, und dieser Fußboden schwingt von ihrer Musik. In diesem Augenblick übt sie eine Polonaise von Chopin, die ergreifendste …

Élise ist in Eile und geht um die Ecke zur Rue de la Liberté, um den Weg abzukürzen. Sie kürzt immer den Weg ab. Ihr Leben ist in jedem Augenblick ein Kampf gegen die Zeit. Verbissen kämpft sie um Sekunden wie um ein paar Sous, die sie vom Haushaltsgeld stibitzt, um sie zur Sparkasse zu tragen.

Sie meint, die Straße sei leer, nur Sonne und Schatten.

Es ist heiß. Anfang der Woche waren die Schulen wegen der Hitze zwei Tage geschlossen. Man spürt, dass ein Gewitter in der Luft liegt. Als eine Stimme sie anruft, fährt sie auf.

»Élise!«

Da sie nicht mehr umkehren kann, zwingt sie sich zu einem Lächeln.

»Guten Tag, Catherine.«

Es ist Catherine, die Frau von Lucien, dem Schreiner, die sich im blauen Schatten des breiten Gehsteiges gegenüber der Städtischen Mädchenschule vor einen Klapptisch mit Bonbons gestellt hat. Léopold hat wenigstens so getan, als sähe er seine Schwester nicht.

»Guten Tag, Élise. Guten Tag, mein kleiner Roger. Wie hübsch er ist! Wie groß er geworden ist! Stell dir vor, Élise …«

Catherine küsst das Kind und steckt ihm einen sauren Drops von widerlich roter Farbe, den Élise ängstlich anschaut, in die Hand.

Catherines Mutter verkauft Pommes frites in einer kleinen

Straße, wo sie ein Haus nach dem anderen kauft, in einer dieser schlecht riechenden Straßen, wo die Abwässer mitten über die Fahrbahn fließen, bläulich, ekelhaft, eine Straße, in der einer Frau, die zu gut und zu anständig gekleidet vorbeigeht, aus den dunklen Löchern der Hausflure nachgerufen wird:

»Seht doch mal die da, mit ihrem Hut!«

»Ich muss mich beeilen, Catherine. Sei mir nicht böse. Ich muss zu Schuttringer, Koteletts kaufen.«

Sobald sie um die Ecke gebogen ist, wird sie dem Kind das rötlich violette Bonbon wieder wegnehmen, aber sie wird nicht wagen, es wegzuwerfen, weil sie fürchtet, dass Catherine es auf dem Weg nach Hause sieht.

Félix Marette hat seinen Namen geändert. Kaum. So sehr an seinen alten Namen gewöhnt, hat er nur Félicien Miette gefunden. Er ist ganz hinten im Laden, lauscht der Musik über seinem Kopf und wartet auf den Moment, in dem Isabelle mit ihrer Notenmappe in der Hand herunterkommt.

Sie gleicht niemandem, weder ihrem Vater mit seinem traurigen Schnurrbart noch ihrer Mutter, die den ganzen Tag, ohne sich zu bewegen, hinter der Kasse sitzt, so unbeweglich, dass die Kunden manchmal aufschrecken, wenn sie eine Bewegung macht.

Isabelle kommt nach unten, immer blass, mit eckigem Gesicht, ohne Tand, ohne irgendetwas Weibliches in ihrer Aufmachung, ihre blaue Serge-Bluse bis unters Kinn zugeknöpft, ihre Haare straff zu einem Knoten im Nacken geflochten. Sie schaut niemanden an, sieht niemanden.

»Gib mir Geld.«

Für die Métro, mit der sie zum Konservatorium oder zu

ihrem Lehrer fährt, einem Mann mittleren Alters mit roten Haaren, auf den Marette schmerzlich eifersüchtig ist.

Morgen, am Sonntag, wird er sie nicht sehen, sie nicht hören; er wird sein Zimmer nicht verlassen, er wird schreiben, für sie, eine vom Sonnenlicht gleißende Dachluke als Aussicht, er wird die Geschichte seines Lebens aufschreiben, die er ihr niemals zu lesen geben wird.

Die Vétus besitzen in der Gegend von Corbeil ein kleines Landhaus und fahren sonntags in aller Frühe von zu Hause fort. Marette bleibt allein, mit seinem Kocher, seinem ungemachten Bett, mit Brot und Käse, was er tags zuvor gekauft hat.

Sagen Sie mir, ich bitte Sie, dass Sie mich nicht verachten, schreiben Sie mir irgendetwas, aber schreiben Sie, damit ich wenigstens weiß, dass es jemanden auf der Welt gibt, der sich ein wenig für mein Schicksal interessiert.

Fast hätte Élise diesen Brief, den sie am Fuße der Leiter aufgehoben hat, mitgenommen.

Morgen ist das Pfarrfest der Gemeinde Saint-Nicolas, und überall wird geputzt, man riecht das Großreinemachen bis auf die Straße. Auf der Place Delcour bis zum Ende der Rue Méan hämmern die Schausteller, sie bauen die Schießbuden und Karussells zu Ende auf.

Warum haben die Feiertage, alle Feiertage, die Eigenschaft, Élise traurig zu stimmen? Ist es, weil sie sich an diesen Tagen noch weniger heimisch fühlt?

Bald wird es mit einem Morgenständchen beginnen. Die

Männer haben das Bukett angefertigt. Das ist ein riesiges Ding, eine Stange von mehreren Metern Höhe, oder vielmehr ein Mastbaum mit Armen, und dieser ganze Apparat, der von mehreren Männern aufrecht getragen wird, ist mit Tausenden von Papierblumen geschmückt.

Die Musikkapelle marschiert vorneweg, dahinter die Kinder, von denen jedes einen Lampion an einer Stange hin und her schaukelt.

Der Festzug geht vom Haus des Küsters neben der Kirche aus und hält gleich vor dem Café an der Ecke der Rue Saint-Nicolas. Von da an wird er vor allen Cafés halten, vor allen Geschäften, überall dort, wo es etwas zu trinken gibt, sodass der Zug bald einen immer schärfer werdenden üblen Geruch von Genever hinter sich herziehen wird.

Wenn Léopold das Gedudel hört, wird er davor aus dem Viertel fliehen, über die Brücken gehen und in der erstbesten ruhigen Kneipe einer anderen Gemeinde eine neue Klausur beginnen.

Die Straßen, die Gehsteige, die Steine der Häuser sind an diesem Tag so sauber, dass man direkt vom Pflaster essen könnte, und die Kinder riechen noch nach ihrem Bad im Waschkessel und nach der Haarpomade, die ihr widerspenstiges Haar steif macht.

In der bläulichen Ruhe der Straßenkreuzungen bereiten Männer und Frauen die Altäre für die Prozession vor; in jedem Haus wird jedes Fenster zu einem Altar mit kupfernen Kerzenhaltern und Blumensträußen aus Rosen und Nelken.

Schon morgens haben alle neue Kleider an, sogar Élise, die ein tiefblaues Liberty-Kleid mit einem Spitzenjabot und einer hochgeschlossenen Bluse mit Kragenstäbchen trägt. Infolgedessen erscheint ihr Kopf mit dem Haarknoten, der nie zusammenhält, größer. Ihr Lächeln ist noch grämlicher. Wie an jedem Sonntag hat sie einen mit Gewürznelken gespickten Braten zubereitet, begießt ihn von Zeit zu Zeit, erhitzt das Fett für die Pommes frites, und in der Küche, im Schlafzimmer, bis ins Treppenhaus verbreitet sich der bläuliche Dunst.

Auf der Place Ernest-de-Bavière, dort, wo an den anderen Sonntagen die Bürgerwehr ihre Übungen abhält, beginnt das eigentliche Schauspiel. Der Feuerwerker hat Hunderte von Eisentöpfen aufgestellt. Gegen Ende des Hochamtes läuft ein lebhaft gestikulierender Mann herbei. Das ist das Zeichen. Die Kinder sind in Sicherheit gebracht. Bei dem Wagner an der Ecke wartet eine rot glühende Eisenstange in der Esse.

Nie hat die Sonne bei dem Fest gefehlt. Der Himmel ist klar. Es ist Sommer.

Die Eisentöpfe sind randvoll mit schwarzem Pulver gefüllt, und da kommt der Feuerwerker und läuft mit seiner rot glühenden Eisenstange von einem Topf zum anderen, während das ganze Viertel von Kanonendonner widerhallt.

Der Lärm hat sich noch nicht gelegt, als die Prozession aus der Kirche kommt und vor ihr kleine Jungen und Mädchen in gestickten und gestärkten Kleidern Rosenblätter und vielfarbige Papierrauten auf die Straße streuen, die man wochenlang vorher ausgeschnitten hat.

Nichts ist so wie am Tag zuvor. Die Welt ist wie verwandelt. Die Stadt ist keine Stadt mehr, die Straßen sind keine Straßen mehr, und selbst die Straßenbahnen bleiben an den Kreuzungen respektvoll stehen.

Der Geruch der Prozession geht ihr voraus und folgt ihr. Er wird sich bis zum Abend, ja sogar bis zum nächsten Tag in den Straßen halten, dieser Geruch der dicken roten Rosen, des Blattwerks, auf dem herumgetreten wird, dieser Weihrauchgeruch vor allem, vermischt mit dem Geruch von Backwaren, die in allen Häusern vorbereitet werden, und dem Geruch des Jahrmarkts, der gleich eröffnet werden wird.

Ein Lärm, so typisch wie zum Beispiel das Summen eines Bienenschwarms, mehr eine Symphonie, erfüllt die Luft: Das Getrappel von Tausenden Leuten, die dem Gang der Prozession folgen, die Lobgesänge, deren Melodien und Stimmlagen wechseln: Die kleinen Mädchen aus den Schulen oder aus der Kongregation der Heiligen Jungfrau Maria sind noch nicht ganz vorüber, da hört man schon undeutlich den Brummbass der schwarz gekleideten Männer von Saint-Roch, die nur Augen für ihre Gesangbücher haben; die Blaskapelle ist am Ende der Straße; sie geht um die Ecke; und dennoch hört man plötzlich die durchdringenden Stimmen der Diakone und Subdiakone, die den Herrn Dechant ankündigen, der, unbeweglich in seinen goldenen Gewändern, unter einem von den Notabeln gehaltenen Baldachin das Allerheiligste trägt.

Ebenso wie auf dem Jahrmarkt gleichzeitig die Musik von zehn oder fünfzehn Karussells, die Schüsse von den Schießbuden und die Rufe der Verkäuferinnen knuspriger Waffeln zu hören sein werden, so bildet auch diese zwei Kilometer lange Prozession, die kein Gässchen auslässt, sodass das Ende oft mit dem Kopf der Prozession zusammentrifft, ein Ganzes, dessen Abschnitte sich manchmal ineinanderschieben oder nebeneinanderher gehen.

Die Heiligen, die Schwarze Madonna der Gemeinde, der heilige Rochus, der heilige Joseph sind alle auf Podesten, die sich gefährlich zur Seite neigen, herausgetragen worden, ihnen voraus werden Kirchenfahnen getragen, denen, jeweils in Gruppen, kleine Jungen, kleine Mädchen, Männer, Frauen und Greise folgen.

Désiré trägt eine große Wachskerze auf einem rot-weiß gestrichenen Stock. Der alte Mamelin aber hält mit weißen Handschuhen den Baldachin über das Allerheiligste.

Um elf Uhr hört man die Töne der Drehorgel von einem winzigen Kinderkarussell herüberklingen, zwei Centime pro Fahrt. Dann erste Gewehrschüsse von den Schießbuden.

Morgen, übermorgen wird Élise mit Désiré über ihren Zustand sprechen. Er wird sich darüber freuen, ohne weiter nachzudenken. Als er zum Essen nach Hause kommt, riecht Élise an seinem Atem, dass er einen Aperitif getrunken hat. Er ist fröhlich. Es ist das Fest seiner Gemeinde.

Gleich, um Punkt zwei Uhr, werden alle Kinder und Enkelkinder der Familie Mamelin in ihren neuen Kleidern auf dem Hof in der Rue Puits-en-Sock versammelt sein. Élise dröhnt jetzt schon der Kopf. Nach dem Essen steht sie, Haarnadeln zwischen den Lippen, vor dem Spiegel und steckt drei-, viermal ihren Knoten fest, der immer wieder verrutscht. Sie wird ungeduldig. Désiré steht hinter ihr und hat nichts zu tun.

»Bring schon mal den Wagen nach unten, ja?«

Er bringt erst ihn, dann das Kind hinunter, denn er sieht den Moment kommen, wo sie, wie so oft an Sonntagen, in Schluchzer ausbrechen oder, mit den Nerven am Ende, plötzlich irgendetwas zerreißen wird.

Als sie endlich auch nach unten kommt, fragt er sie nichts. Er schiebt den Kinderwagen. Der Boden ist mit Blumen und farbigen Papierschnitzeln übersät. Die Gören stürzen sich auf die gelben Wagen der Italiener, die Eis verkaufen.

»Wenn deine Mutter an mir herumnörgelt ...«

»Sie wird nichts sagen. Man darf sich nicht darum kümmern.«

Sie grüßen die Fußgänger, die zurücklächeln. Désiré kennt jeden, alle Namen, die über den Schaufenstern zu lesen sind, sogar die Leute, die aus dem Viertel fortgezogen sind, an dem Gemeindefest jedoch wie der verlorene Sohn zurückkommen, mit Babys auf dem Arm, die sie ganz stolz den ehemaligen Nachbarn zeigen.

»Siehst du, Désiré. Wir sind zu früh. Sie sitzen noch bei Tisch.«

»Was macht das?«

Auf dem Hof der Rue Puits-en-Sock ist ein langer Tisch aufgestellt. Ein anderer Tisch ist in der Küche mit dem Glasfenster gedeckt. Gleich wird jemand auf die Idee kommen, die Personen, die um den unerschütterlichen Großpapa versammelt sind, zu zählen: siebenunddreißig, davon zweiundzwanzig Enkelkinder von Chrétien Mamelin, der sich, zusammen mit seinem alten Freund Kreutz, auf den Gehsteig zwischen die beiden Läden setzen wird.

Alle sehen hübsch aus, ihre Wangen sind rosiger, ihre Augen leuchtender als sonst. Es ist ein Kommen und Gehen. Die Frauen haben Eau de Cologne oder Parfüm aufgetragen.

»Guten Tag, Françoise.«

»Guten Tag, Élise.«

Niemand weiß, dass dies das letzte Fest ist, an dem alle in der Rue Puits-en-Sock versammelt sind. Die Mutter, ihrer Gewohnheit nach grau gekleidet, das graue Haar streng nach hinten gekämmt, ist die Einzige, die sich keinen Augenblick hinsetzt, denn irgendeiner hat immer Hunger.

Genau zehn Tage später, wenn man am wenigsten darauf gefasst sein wird, wird ihr dort, in dieser Küche, vor ihrem Herd, auf den sie so stolz ist, schwindelig werden. Niemand, außer Großpapa in seinem Sessel, in ihrer Nähe.

»Ich weiß nicht, was ich habe, Papa. Ich gehe einen Augenblick nach oben. Wenn das auf dem Herd anbrennt ...«

»Geh, meine Tochter.«

Nie hat man an so etwas gedacht. Zum ersten Mal in ihrem Leben legt sie sich um vier Uhr nachmittags hin, ganz allein, und als Cécile wenig später nach Hause kommt, schlägt sie Alarm. Man ruft den Doktor. Man wird Désiré, Lucien, Arthur holen. Nur Mère Madeleine kann nicht kommen, denn es ist den Nonnen verboten, in ihr Elternhaus zurückzukehren, außer beim Tod ihrer Eltern.

Um zehn Uhr abends wird es, so unwahrscheinlich es allen auch erscheint, zu Ende sein.

Niemand ahnt das heute. Bald öffnet eine Tochter, bald eine Schwiegertochter ihre Bluse, um einem Kind die Brust zu geben. Wenigstens dreißig Personen jeden Alters laufen auf dem Hof und in der Küche herum. Die Kreutz-Fräulein kommen herüber, um die Torte zu probieren. Es sind so viele Torten da, dass man sich fragt, ob man sie alle aufessen kann, und jedes Mal, wenn etwas gegessen wird, muss abgewaschen werden.

»Gib mir eine Schürze, Cécile. Ich helfe dir.«

Der Kopf dreht sich einem ein wenig von so vielen Dingen, die gleichzeitig passieren, und die Babys weinen in den Kinderwagen, weil man nicht immer Zeit hat, sich um sie zu kümmern.

Die Männer rauchen Zigarren und trinken Likör. Man teilt sich die Kinder auf. Mit den Größeren geht man auf die Karussells. Man kauft ihnen Eis und Spielzeug zu zwei Sous, vor allem Papiermühlen, die sich an kleinen Holzstäben drehen, oder Luftballons.

Kaum hat man zu Ende gegessen, da gibt es schon wieder etwas zu essen, und die Gruppen finden nicht mehr wieder zusammen, die Augen bekommen einen fiebrigen, fast verstörten Ausdruck.

»Wo ist Loulou?«

Loulou ist die Tochter von Charles Daigne; sie ist genauso alt wie Roger.

»Ich glaube, sie ist mit Catherine weggegangen.«

Man kann alles sehen. Das ganze Viertel feiert. Und von überallher hört man die Musik der Karussells und den Lärm der Schüsse.

»Soll ich die Babyfläschchen warm machen?«

Nicht zu reden von dem Abendessen, das man ab sechs Uhr zu sich nimmt: einen Schinken, den Désirés Mutter am Vortag gekocht hat und der nun mit Mayonnaise und Salat gegessen wird.

Vor allem die Männer sind anders als an den anderen Tagen, weil sie Zigarren geraucht und ein paar Gläschen getrunken haben. Gott weiß, wohin sie eben gegangen sind.

»Also, Arthur …«

Arthur übertreibt immer. Der Geruch des Festes wird fade. Es wird immer staubiger. Die Sonne ist verschwunden, und der Himmel wird langsam violett, ein Anblick von erschreckender Tiefe.

Die Augen stechen, die Körper sind träge, vor allem die kleinen Körper der Kinder, und doch sind sie es, die sich an diese Zauberwelt klammern.

Élise schmerzt der Rücken, aber sie sagt nichts. Diese ganze Fresserei ekelt sie an, und manchmal fragt sie sich, ob sie sich nicht verstecken soll, um sich zu übergeben. Nicht einen Augenblick fühlt sie sich zu Hause.

»Komm, mach mit uns eine Runde über den Festplatz!«

»Nein, Cécile, das ist sehr nett von dir. Wirklich, ich möchte lieber nicht.«

Cécile ist mit einem Schlosser verheiratet, einem gut aussehenden Mann mit einem gewichsten Schnurrbart, der bis zur Elf-Uhr-Messe von einer Schnurrbartbinde gehalten wird. Er heißt Marcel. Er hat den herausfordernden Blick eines ordinären, gut aussehenden Jungen. Élise mag ihn nicht. Ihrer Meinung nach gibt es in der ganzen Familie, vielleicht außer Françoise, nichts Gutes.

Als man, obwohl es draußen noch hell ist, das Gaslicht anzünden muss, entdeckt man unter der von Zigarrenrauch blauen Dunstglocke Stapel dreckiger Teller, Kaffeeflecken, Tortenreste, den angebrochenen Schinken.

»Désiré.«

Élise versucht, ihn nach draußen zu ziehen. Er versteht sie nicht. Er ist zu Hause. Er spricht von Monsieur Monnoyeur, und alle hören ihm zu, weil sie wissen, dass er der Intelligenteste, der Gebildetste ist.

Élise gibt ihm Zeichen. Endlich bemerkt er es und fragt mit lauter Stimme:

»Was gibt es?«

Woanders hätte er sofort etwas geahnt, aber hier ist er wieder ganz ein Mamelin.

»Geht's dir nicht gut?«

Sie würde gern weinen. Ihr dreht sich der Kopf. Sie macht

schon eine Handbewegung, wie um sich am Tisch festzuhalten.

»Komm mal einen Moment.«

Wie unauffällig! Alle schauen, wie sie fortgehen.

Auf dem Hof, neben der bronzenen Wasserpumpe, in der Nähe der Kinder, die sie ebenfalls beobachten, stammelt sie:

»Mir ist nicht gut. Hör zu: Du kannst hierbleiben. Ich gehe mit dem Kind nach Hause.«

»Und wenn du dich oben einen Augenblick ausruhst?«

Wie kann er ihr nur einen solchen Vorschlag machen? Sich hinlegen, sie, im Schlafzimmer ihrer Schwiegermutter zum Beispiel oder im Schlafzimmer von Cécile und Marcel, die hier im Haus wohnen! Wo allein schon der Geruch sie aufbringen würde! Sie sind sauber, selbstverständlich, trotzdem hat jeder, hat jedes Haus seinen eigenen Geruch. Und wenn sie krank würde, nicht sofort wieder aufstehen könnte?

Um ihre Nasenflügel bilden sich hässliche kleine Fältchen.

»Gehen wir.«

»Bleib du! Doch, ich bestehe darauf! Was werden sie sagen, wenn du sie an einem Tag wie dem heutigen verlässt?«

»Komm. Ich werde es ihnen erklären.«

»Nein. Wirklich, Désiré! Ich bin nicht mehr in der Lage, in die Küche zurückzugehen. Bring mir meinen Hut, meine Handschuhe. Sie liegen neben der Kaffeemühle. Sag ihnen …«

Sie kann nicht mehr. Sie stützt sich auf die Pumpe und muss die Augen schließen. In der Küche zwingt sich Désiré zu einem Scherz, um seine Verlegenheit zu verbergen.

»Élise geht es nicht sehr gut. Sie lässt sich entschuldigen. Die Müdigkeit. Sie ist nicht sehr kräftig, wie ihr wisst. Sie ist an den Lärm nicht gewöhnt.«

Seine Mutter bleibt ungerührt.

»Kommst du nicht wieder?«

»Vielleicht. Wenn es ihr wirklich nicht gut geht …«

»Nimm wenigstens ein paar Scheiben Schinken mit. Was suchst du? Ihre Handschuhe?«

Élise ist die Einzige, die mit Handschuhen gekommen ist. Catherine, die immerhin zum ersten Mal ein Kleid aus schwarzer Seide trägt, hat für die drei- oder vierhundert Meter von ihrer Wohnung bis hierher noch nicht einmal ihren Hut aufgesetzt.

»Gute Nacht, Maman. Entschuldige uns. Gute Nacht, alle zusammen.«

»Gute Nacht, Désiré.«

Élise steht draußen im Hof. Obwohl niemand sie durch die bunten Scheiben sehen kann, schaut sie zur Küche hin, deutet ein gezwungenes Lächeln an und murmelt:

»Gute Nacht. Danke …«

Sie gehen durch den weiß getünchten Flur. Chrétien Mamelin sitzt immer noch in der Abenddämmerung mit seinem Komplizen Kreutz zusammen und raucht seine Pfeife. Sie haben sich aus dem Laden Stühle geholt. Hier auf diesem Gehsteig sind sie zu Hause, hier, wo vor den Geschäften noch andere Grüppchen wie sie zusammensitzen und der flanierenden Jugend zusehen.

»Was fehlt dir?«

»Ich weiß es nicht. Ich bitte dich um Entschuldigung.«

»Nun, aber dir fehlt doch irgendetwas?«

»Schimpf nicht mit mir, Désiré. Wenn du wüsstest …«

Die Wahrheit, die volle Wahrheit ist, dass ihr der Rücken weniger schmerzt als an einem Waschtag zum Beispiel. Wenn sie einen Augenblick das Gefühl hatte, sich übergeben zu müssen, dann war das nur vorübergehend. Sie hätte bleiben können.

Es ist vielmehr eine innerliche Angst, von der sie inmitten dieser ausgelassenen Familie, dieser herzlichen und gewöhnlichen Unordnung, in der alle so glücklich waren, gepackt worden ist.

Der sie sich ganz hingaben, wie sie zu Valérie sagen wird. Sie sind nicht fein, haben kein Gefühl. Niemand hat bemerkt, dass sie das gesamte Geschirr abgewaschen hat, und als man ihr vorschlug, über den Festplatz zu gehen, war es zu spät, die anderen waren schon zwei- oder dreimal fortgewesen. Sie wäre nicht mitgegangen, aber sie hätte gehofft, etwas mehr Beachtung zu finden.

Je näher sie der Rue Pasteur kommen, desto mehr nimmt der Lärm ab, und der Geruch des Festes verliert sich in der Nacht. Die Gaslaternen brennen.

»Bist du wirklich krank?«

Und wenn schon! Sie spürt das Bedürfnis, sich zu rächen. Nichts gibt ihr Anlass zu meinen, dass das, was sie sagt, wahr ist.

»Ich glaube, ich werde eine Fehlgeburt haben.«

»Aber … Wie? … Du hast nie mit mir darüber gesprochen …«

»Ich habe bis jetzt damit gewartet. Ich spürte, dass es mir nicht gut ging …«

»Soll ich zu Doktor Matray gehen?«

»Das ist nicht nötig. Es wird wahrscheinlich nicht sofort passieren.«

Sie ist bösartig, sie weiß es. Sie verdirbt ihm seinen Festtag, den letzten Tag mit allen Mamelins, aber ein Dämon treibt sie weiter.

»Wie lange schon?«

»Seit zwei Monaten.«

»Und du hast nichts gesagt!«

Er versteht das nicht. *Bei ihm zu Hause* spielen sich die Dinge einfacher ab! Er nimmt den Schlüssel, öffnet die Tür, trägt das Kind, das schwerer ist als der kleine Faltwagen. Er hat Mitleid, gewiss. Er ist unruhig. Dennoch ist er böse auf Élise. Er vermutet dahinter eine Komödie, an die er nicht glauben will. Er dreht sich um, um sie die Treppe hinaufgehen zu sehen, und sie macht es absichtlich schlimmer, als es ist, er ist davon überzeugt, sie bleibt auf dem Treppenabsatz stehen, lehnt sich an die Wand.

Sie lächelt, mit diesem Lächeln, das sie so gut aufsetzen kann, wenn sie ausdrücken will:

»Mach dir um ein armes Wesen wie mich keine Sorgen! Ich bin an das Leiden gewöhnt, lass nur! Schon als ich fünf Jahre alt war, war ich ein bedauernswertes Waisenkind …«

Er zündet die Lampe an, wechselt die nassen Windeln.

»Tätest du nicht besser daran, dich hinzulegen?«

»Du hast noch nichts gegessen.«

Da ruft er theatralisch aus:

»Und der Schinken?«

Das ist wahr: Sie haben noch die Scheiben Schinken, die seine Mutter ihm mitgegeben hat! Von dem letzten Schinken, den sie für die ganze Familie gekocht haben wird und von dem Désiré trotz allem seinen Anteil mitbekommen hat. Er ist der Lieblingssohn. In der Rue Puits-en-Sock wird von ihm gesprochen. Man sagt:

»Armer Désiré.«

Überall im Viertel werden Feuerwerkskörper abgebrannt, und über dem Fest schwebt eine dichte, rötlich gelbe Rauchwolke. Man hört immer noch Schüsse. Dazwischen mischt sich die Musik.

»Élise.«

»Es ist nichts. Es ist schon vorbei.«

Élise hat Gewissensbisse, wenn sie ihn so dastehen sieht, beunruhigt und unbeholfen, voll guten Willens, so groß, dass sein Schatten den des Kleiderschrankes überragt! Sie versucht ihn durch ein Lächeln wieder zu beruhigen.

»Ich versichere dir, wenn ich aufstehen wollte …«

Sie hat eben gelogen. Sie hatte das Bedürfnis, sich an der Rue Puits-en-Sock, an den Mamelins, die sie wütend gemacht hatten, zu rächen. Sie hat nichts anderes gefunden, als krank zu sein, wegzugehen, als das Fest in vollem Gange war. Und da sie noch einen Rest Groll gegen Désiré hegte, hat sie draußen dann die Gelegenheit ausgenutzt und ihm von ihrer Schwangerschaft erzählt.

Jetzt ist sie böse auf sich selbst. Sie schaut ihm zu, wie er hin und her geht, das Kind versorgt, die ganze Wohnung in Ordnung bringt, und sie wird von einer abergläubischen Furcht ergriffen. Warum hat sie von einer Fehlgeburt gesprochen? Wie ist ihr diese Idee in den Kopf gekommen? Sie hat gedacht, dass die Schwangerschaft allein nicht ausreichte, und hat etwas erfunden, sie wollte ganz und gar unglücklich sein, ganz und gar bemitleidenswert angesichts der groben Fröhlichkeit der Mamelins.

Und wenn jetzt, um sie zu bestrafen …?

»Mein Gott, ich flehe dich an, mach, dass mir kein Unglück

zustößt. Mach, dass das, was ich soeben gesagt habe, nicht Wirklichkeit wird!«

Plötzlich ruft sie unterwürfig:

»Désiré!«

Armer Désiré, der so leicht den Kopf verliert und sich bemüht, alles richtig zu machen!

»Ich bitte dich um Verzeihung, Désiré. Ich bin gemein gewesen. Ich habe dir dein Gemeindefest verdorben.«

»Ach, Unsinn, ganz und gar nicht.«

»Geh wieder zu ihnen, ich möchte das. Es ist noch Zeit. Ich habe gehört, wie deine Mutter dich fragte, ob du zurückkommen würdest. Sie werden wohl von dir sprechen. Sie verabscheuen mich.«

»Das bildest du dir ein. Ruh dich aus.«

Und da er die Zeitung von heute noch nicht gelesen hat, setzt er sich in Hemdsärmeln unter die Lampe. Lange noch sieht sie, wie er in einer Rauchwolke seine Pfeife raucht, manchmal heimlich zum Bett, dann zur Wiege des Kindes hinschaut. Er hat sich bereits wieder beruhigt.

Sie stellt sich schlafend.

»Mein Gott, ich flehe dich an, mach, dass … Verzeih mir, was ich eben gesagt habe …«

Sie hat Angst. Mit dieser Angst schläft sie ein, und es ist hell, als sie plötzlich die Augen öffnet und mit der Hand den neben ihr liegenden Körper sucht.

»Désiré … Schnell! … Lauf schnell und hol Doktor Matray!«

9

François Marette ist tot. Anscheinend war er nicht nur ein einfacher Polizist, sondern ein Brigadier.

Seit ihre Schwiegermutter tot ist, sammelt Élise die Familienanzeigen und teilt mit trauriger Stimme alle Sterbefälle mit.

»Weißt du, Désiré, dieser alte Herr, der immer noch rüstig war und dem man immer in der Rue de la Commune begegnete ...«

Sterben in diesem Herbst tatsächlich mehr Menschen als im letzten Jahr? Oder glaubt sie, dass eine außergewöhnlich hohe Sterbequote jeden Trauerfall weniger schmerzlich werden lässt?

Sie trägt wieder den Schleier, den sie schon beim Tod ihrer Mutter trug und der so undurchsichtig ist, dass man sie kaum erkennt, so lang, dass sie, wenn der Wind ihn plötzlich an einer Straßenecke hochhebt, den Eindruck hat, ihr würden die Haare vom Kopf gerissen.

Désiré musste nur seine Krawatte wechseln. Jedes Jahr kauft ihm Élise eine zum Namenstag, vornehm im Farbton, malvenfarben oder rotviolett, und sie bindet sie ein für alle Mal auf einen Zelluloidknoten. Die schwarze Krawatte nahm Désiré aus der linken Schublade.

»Die Leute fragen sich, Désiré, ob er Selbstmord begangen hat. Seit sein Sohn das gemacht hat, war er depressiv, nur noch ein Schatten seiner selbst.«

Es wird auch behauptet, dass François Marette an Magenkrebs litt.

»Die Schwester von Madame Pain wohnt neben ihnen in der Rue du Laveu, neben dem kleinen Haus, das sie sich gebaut haben und in Jahresraten abzahlen. Es muss schrecklich sein.«

Warum sollte das schrecklicher sein als zum Beispiel der Tod von Madame Mamelin in dem Haus in der Rue Puits-en-Sock?

Die Blätter fallen. Man hat die dicken Wintermäntel aus den Schränken geholt. Es ist noch nicht Allerheiligen, und schon trifft man Leute, die erkältet sind, unter anderem Madame Pain, deren Nase rot ist und glänzt wie eine Kirsche. Das Straßenpflaster ist heller als sonst, leicht bösartig, mit feinem Staub bedeckt, den der Wind einige Zentimeter über den Boden vor sich hertreibt.

»Es ist wegen der Pension ...«

Désiré begreift nicht. Zerstreut hört er sich diese Geschichte aus der Rue du Laveu an, in der jetzt von einer Pension die Rede ist. Seine Mutter ist tot. Das ist kein Drama. Das ist nichts, was man erzählt. Es hinterlässt eine Leere im täglichen Leben, an jedem Morgen, denn er macht nicht mehr den Umweg an der Kirche Saint-Nicolas vorbei und durch die Rue des Récollets, um einige Minuten in der Küche mit den bemalten Fensterscheiben zu verbringen. Er könnte es. Cécile, die Marcel Wasselin geheiratet hat, ist zusammen mit ihrem Vater im Hause geblieben.

»Wenn sie beweisen könnten, dass er Selbstmord begangen hat, wer weiß, ob seine Frau die Pension bekäme, verstehst du?«

War es der Kummer über die Tat seines Sohnes? War es der Magenkrebs? War es wegen seines Abschieds, den er überstürzt genommen hatte, als man auf der Straße mit dem Finger auf ihn zeigte? François Marette hatte in der letzten Zeit die Gewohnheit angenommen, jeden Tag am Quai des Pitteurs spazieren zu gehen, so weit von seinem Haus entfernt, eine der wenigen Stellen, an denen die Quais der Maas kein Geländer haben. Stundenlang paffte er schweigend seine Meerschaumpfeife und beobachtete die Angler.

Man kann annehmen, dass er von einer Ohnmacht befallen wurde. Ebenso kann man glauben, dass er Selbstmord begangen hat.

»So wird seine Frau trotzdem ihre Pension bekommen!«

Élise verfolgt ihren Gedanken.

»Das ist zum Leben zu wenig, kaum das Allernotwendigste. Welch ein Glück, dass ihnen das Haus gehört.«

Man könnte sagen, dass Élise in der Trauerkleidung zarter wirkt, mehr wie ein junges Mädchen, unter ihren duftigen, blonden Haaren.

»Madame Pain hat mir gesagt … Hörst du mir zu? Sie hat gesagt, dass Madame Marette sich entschlossen hat, Untermieter zu nehmen, Studenten. Sie hat schon einen gefunden, der ihr für ein Zimmer dreißig Franc monatlich bezahlt, obwohl die Rue du Laveu so weit von der Universität entfernt ist!«

Désiré isst, löscht das Licht, lächelt Roger zu. Désiré versteht nicht oder will nicht verstehen. Er erfreut sich einer ungeheuer großen Trägheit, und ein paar Minuten später wird er, obwohl er in Trauer ist, Trommler spielen und dabei, den Jungen auf den Schultern, im dunklen Zimmer umhermarschieren.

Er kennt Madame Marette nicht, die Witwe ist und Untermieter ins Haus nehmen wird. Er interessiert sich nicht für all die Witwen im Viertel, mit denen man ihm ständig in den Ohren liegt.

Jeden Morgen geht er aus der Rue Pasteur eine Viertelstunde später fort, weil er seiner Mutter keinen Guten Morgen mehr wünschen kann; er bringt ihr nicht mehr jede Woche die Kragen zum Waschen, und das Brot isst er vom Bäcker.

Monsieur Marette ist tot? Monsieur und Madame Marette besaßen in der Rue du Laveu, ein wenig außerhalb der Stadt auf dem Hügel, ein Haus, das so aussieht wie das, was Élise seit langem zu mieten träumt, sie, die keine Witwe ist und nicht weiß, ob sie es eines Tages sein wird, die aber jetzt schon dieser Gedanke quält.

»Dreißig Franc für ein einziges Zimmer, Désiré! Überleg mal, was man aus einem Haus herausholen könnte, in dem man nur drei Zimmer vermieten würde.«

Er hört nicht hin, glaubt nicht daran. Es gibt Möglichkeiten, die ins Auge zu fassen er immer ablehnen wird.

»Glaubst du, dass er tatsächlich Selbstmord begangen hat?«

Wer? Der Polizist? Nun gut, wenn er sich umgebracht hat, dann deshalb, weil er es für richtig hielt.

»Und du meinst, er ist an Magenkrebs gestorben?«

»An irgendetwas muss man ja sterben!«

Ein Kummer zur gleichen Zeit reicht. Zuerst kommen seine Sorgen, diese Leere, diese Rue Puits-en-Sock, in die er nicht mehr einbiegt, dieses Gefühl, dass einem plötzlich ein Anker fehlt, was Désiré im Büro doppelt so viel arbeiten lässt.

»Ich muss immer an diese arme Frau denken.«

»Eben hast du gesagt, dass sie eine Pension bekommt.«

»Das genügt nicht zum Leben. Und wenn sie keine Pension bekäme? Wenn sie nicht die Frau eines Beamten wäre und wenn der nicht daran gedacht hätte, ein Haus zu kaufen?«

Versteht sie denn nicht, dass diese Trommelspielstunde ihm ganz und gar gehört, dass dies eine Stunde tiefer Freude ist? Das Kind auf seinen Schultern ruft:

»Weiter!«

Will sie Désiré dazu zwingen, einmal mehr zu entgegnen:

»Was fehlt uns?«

Sie kann noch so lange reden, er will nicht und wird nie daran denken, dass Élise, wie Madame Marette, Witwe werden könnte. Er singt für den Jungen, den er gerade ins Bett gebracht hat und der die Augen im Halbdunkel geöffnet hält:

Es waren zwei Liebende,
Die träumten von ferner Liebe.
Es waren zwei Liebende,
Ihre Eltern verleugneten sie …

Désiré ist ergriffen. Wegen nichts. Wegen seiner Mutter. Wegen sich selbst. Wegen seines Sohnes. Und dann Élise, die anscheinend so sicher ist, eines Tages Witwe zu sein und keine Pension zu bekommen!

Sie sind fortgegangen
In einem zerbrechlichen Boot.
Sie sind fortgegangen
Ins Land der Verbannten …

Élise schmerzt der Rücken. Sie ist schwach. Sie hat bei Doktor Matray darüber geklagt.

Und dennoch: Was fehlt ihr, in dieser Zweizimmerwohnung, die durch einen einzigen Ofen beheizt, durch eine einzige Lampe beleuchtet werden kann?

Der Geliebte sagte: »Mein Herz,
Ich lache über den Sturm.»
Der Geliebte sagte: »Mein Herz
Wird neben deinem keine Angst haben …»

»Du ermüdest ihn, Désiré. Mach die Tür zu. Lass ihn.«

Der Geliebte sagte: »Mein Herz,
Ich lache über …»

Das Viertel, die ganze Stadt ist in diesem Herbst voller Witwen, Madame Marette ist Witwe, sie hat bereits Untermieter genommen, um leben zu können, und Félix Marette hinten in seinem Laden in der Rue Montmartre weiß nichts davon, er weiß auch nicht, dass sein Vater tot ist.

Würde es ihm Kummer bereiten, wenn er davon erführe? Früher kam es manchmal vor, dass er zu Philippe Estévant und zu Doms, mit denen er die halbe Nacht in einer Ecke des Café de la Bourse hinter dem Theater durchtrank, aufgebracht sagte:

»Ich hasse sie! Ich hasse mein Stadtviertel, meine Straße, mein Haus, ich hasse die Schule, die ich in den ersten Jahren besucht habe.«

Und dennoch öffnet er auf seinem Dachboden in der Rue Montmartre ohne Widerwillen, ohne Ungeduld die Augen. Er braucht keinen Wecker. Ab sieben Uhr beginnt die Zwischenwand zu zittern: Seine Nachbarin, eine Näherin, beginnt mit der Heimarbeit.

Der Regen rinnt an der Scheibe der schräg gestellten Dachluke hinab. Er zieht eine Hose und Pantoffeln an, nimmt seinen Krug und holt Wasser am Ende des Flures.

Hier empfindet er nicht diese schäbige Mittelmäßigkeit, die ihn fast wahnsinnig gemacht hat – manchmal hätte er aufschreien mögen –, die ihn niederschmetterte, wenn er seinen Vater im Nachthemd mit behaarten Beinen vor dem Spiegelschrank stehen und sich, ein Liedchen trällernd, zufrieden die Barthaare stutzen sah.

Die Näherin ist eine kräftige junge Frau mit Sommersprossen, die ein Kind bei einer Amme hat. Ungefähr einmal pro Woche kommt es vor, dass sie ein Mann besucht, und Marette hört alles, weder mit Verlangen noch mit Abscheu, er, der an dem faden Geruch des mütterlichen Schlafzimmers litt.

Wie sie ihn krank machte, diese Tapete mit den rosa Blümchen, fünfzehn Jahre lang dieselben Blümchen mit denselben Flecken, und in der Höhe des Bettes die dunkle Stelle, entstanden durch den Atem der Schlafenden! Er wäscht sich. Die gekalkten Wände in der Rue Montmartre sind nicht sauber. Er hat sie nur mit einer Zeichnung geschmückt. Er hat keinen Ehrgeiz in der Kunst, aber geduldig hat er hundertmal damit begonnen, ein seltsames Porträt von Isabelle zu zeichnen, ein langes Oval, regelmäßig wie das in Holz geschnitzte Gesicht von Madonnen aus dem Mittelalter, mit den zwei Bändern im Haar, den zwei gebogenen Strichen, die wie ein Akzent aussehen und große, geschlossene Augen bilden, und der geschwungenen Linie des Mundes.

Das ist alles. Sein Blick genügt, um dieses Bild, das er jetzt durch das viele Kopieren in drei oder vier schnellen Strichen neu zeichnen kann, zu beleben.

Sein Anzug ist abgetragen. Wenn er einmal etwas Geld übrig hat, wird er sich Schuhe kaufen. Er putzt sie selbst. Beim Hinuntergehen raucht er eine erste Zigarette. Das Gebäude hat vier Treppenaufgänge mit den Bezeichnungen A, B, C und D. Seiner, der Aufgang D, endet unter dem zweiten Bogen hinter dem Hof, er ist der schmalste und schmutzigste und führt zu verschiedenen Kammern, hinter deren Türen man im Vorbeigehen Leben gewahr wird, zwielichtige Existenzen, Menschen, die von überallher kommen, ein Armenier, polnische Juden, ein Kürschner, der zu Hause arbeitet, ein Händler für Hutfedern, eine Stickerin, und all das ist in ein paar Worten in schwarzer Schrift auf einem weißen Emailleschild im Hauptflur neben der Conciergeloge zusammengefasst.

Félix Marette geht in der Rue Montmartre, die zu dieser Stunde noch nach den Markthallen riecht, in ein Café, wo er Croissants in den Kaffee stippt und dabei eine Zeitung überfliegt.

Er hat noch immer einen Hass auf die Küche seiner Eltern. Sie ist ganz klein, aber neu, ihre mit Ölfarbe gestrichenen Wände, ihr Kalender, ihr Reklamezeitungsständer, das Pfeifengestell, die zwei Kupfertöpfe, die nicht benutzt werden. Morgens riecht sie nach Eiern mit Speck. Die Suppe beginnt vor sich hin zu kochen. Man ahnt den eintönigen Ablauf der Stunden, wartet auf das Klingeln der Milchhändlerin.

Madame Marette, in Pantoffeln, die Haare hochgesteckt – so schwarz, dass manche glauben, sie trage eine Perücke –, Madame Marette öffnet ohne ein Wort die Tür, reicht ihren

Emailletopf hinaus. Sie ist sehr klein, dünn, eckig; ihr ausdrucksloses Gesicht sieht aus wie aus Holz geschnitzt und schwarz-weiß angemalt. Ohne guten Tag oder danke zu sagen, gibt sie das Geld, wirft einen Blick die Straße hinunter und schließt dann wieder die Tür.

Allein der Gedanke daran bereitet Félix immer noch Qual. Diese Straße am Abhang mit den zu neuen, zu kleinen, zu sauberen Häusern, diese Türen, die nacheinander geöffnet werden, wenn der Gemüsehändler vorbeikommt, seinen Karren absetzt, um in eine Trompete zu blasen …

Und die anderen, die bereits trassierten Straßen links und rechts, mit noch nicht gepflasterten Gehsteigen, mit zarten Bäumen, die jeden Winter erfrieren, mit großen Löchern zwischen den Häusern, die so aussehen, als wären sie vorübergehend dort hingestellt worden!

Er erinnert sich mit einer ekelhaften Genauigkeit an alles, an den Farbton der Quadersteine zu jeder Tageszeit – an den Geruch der Quadersteine im Sommer, im August, wenn sie in der Sonne Murmeln spielten –, an den Nebel im Winter und die brennenden Gaslaternen, wenn sie im Regenmantel aus der Schule kamen, einen Kieselstein vor sich her schießend. Dieses Licht, das er durch das Schlüsselloch am Ende des zu schmalen Flures sah, bevor er an den Briefkasten klopfte. Bis hin zu den in Kupfer gestochenen Schrifttypen des Wortes *Briefe*, die er genau nachzeichnen könnte.

Das enge Nebeneinandersitzen in der kleinen verschwitzten Kneipe der Rue Montmartre stört ihn nicht. Der dunkle Laden mit seinen Gummistempeln in einem Teil des Schaufensters erscheint ihm nicht hässlich. Er begehrt nicht auf, wenn er den feierlichen Monsieur Brois herankommen sieht.

Aber wenn Monsieur Brois sein Vater wäre?

»Ich hasse sie! Ich hasse sie alle!«, sagte er erregt zu Estévant und Doms in der wohligen Wärme des Café de la Bourse.

Sogar die Jesuitenpater des Collège Saint-Servais, wo seine Eltern ihn unter großen Entbehrungen studieren ließen!

»Der Kommissar hat zu mir gesagt«, begann Vater Marette mit verhaltener Genugtuung, wenn er abends, etwas Nebeldunst im Bart, nach Hause kam.

Sein Sohn sah ihn gefühllos an, er war ihm wegen dieser Unterwürfigkeit, wegen dieses einfältigen und dummen Stolzes böse. Er war ihm böse, dass er er selbst war, sein Vater.

Warum ist er Monsieur Brois nicht böse, der so hässlich und schwammig ist, der immer einen zu weiten, mit Flecken bedeckten Anzug und fadenscheinige Wäsche trägt, schlecht rasiert ist und das Band eines Gott weiß welchen beschämenden Ordens zur Schau trägt?

»Hätten Sie die Güte, Monsieur Miette, mir zwölf Dutzend Radiergummis ›Elefant‹, Modell B, aus dem Lager zu holen?«

Selbst diese geschraubte Höflichkeit, die Monsieur Brois wohl als Gipfel der Geringschätzung betrachtet, ärgert ihn nicht.

Dort in Lüttich störte ihn alles, bis hin zu den Straßen, der Weg, den er jeden Tag zur gleichen Zeit ging, die Geschäfte, unter anderem ein großes Strumpfgeschäft mit drei Schaufenstern in der Rue Saint-Gilles, dessen Geruch ihm schon aus hundert Metern Entfernung in die Nase stieg!

Aus Hass hatte er das Collège nach der Sekunda verlassen, aus Hass auf seine Mitschüler und auch weil er keine Lust mehr zu lernen hatte.

»Ich will arbeiten«, hatte er verkündet.

Seine Mutter war reglos geblieben, das war ihre Art, ihre Gefühle zu zeigen, wie bei der Ankündigung einer Katastrophe. Sein Vater hatte geglaubt, ihm eine feierliche Rede halten zu müssen, hatte selbstzufrieden den Kopf geschüttelt und Rauchkringel in die Luft geblasen.

»Mein Sohn, du wirst jetzt bald siebzehn Jahre alt, ich spreche also mit einem Mann, und ich möchte als Mann zu dir sprechen.«

Félix grub sich die Fingernägel ins Fleisch. Fliehen! Irgendwohin! Für immer! Sie nicht mehr sehen! Nichts mehr sehen von dem, was er bis zum Erbrechen kannte!

Stattdessen trieb er sich überall herum, streitsüchtig, gehässig, unzufrieden. Durch Zufall machte er im Café de la Bourse die Bekanntschaft von zwei ungewöhnlichen Männern, Philippe Estévant, mit langen Haaren, dunklen Augen, einer Künstlerkrawatte, und der unerschütterliche, Furcht einflößende Frédéric Doms, der so selten den Mund auftat.

Diese beiden verstanden ihn. Sie hörten seinen überspannten Reden bis zum Ende zu, und Estévant geriet in Begeisterung.

»Du musst das alles niederschreiben. Nicht wahr, Doms? Wir veröffentlichen das, sobald wir unsere Druckerei aufgemacht haben. Das ist ganz und gar im Geiste der Bewegung. Ganz und gar!«

Warum hatten die beiden Männer dieses friedliche Café de la Bourse auserwählt, diesen warmen, ruhevollen Ort, wohin immer dieselben Spieler des Viertels kamen und sich an dieselben Tische setzten und wo Jules, der Kellner, im Voraus wusste, was er ihnen bringen sollte?

Sie hatten ihre Ecke in dem Winkel, der durch die Doppeltür und die Wand gebildet wurde. Sie saßen dort, ohne zu sprechen, und rauchten Pfeife. Manchmal sahen sie Papiere durch, die Estévant in einer immer vollgestopften Tasche mitbrachte.

Für Félix war es ein Bedürfnis geworden. Sobald die Uhrzeit näher kam, wurde er nervös, seine Finger zitterten wie die eines Süchtigen, und nichts auf der Welt hätte ihn abhalten können, dorthin zu gehen. Er ging schnell an den Häuserwänden entlang. Die Straßen verloren ihre Hässlichkeit. Eine Angst befiel ihn, dass die beiden Männer nicht dort waren oder, schlimmer noch, dass sie des kleinen Jungen, der er war, überdrüssig würden.

Betrachtete ihn Doms nicht mit einer gewissen Geringschätzung? Was mochte Doms, ein Mann von vielleicht vierzig Jahren, der überall herumgereist war und mit so vielen Leuten verkehrte, wohl von ihm denken?

Doms war fett, ohne Bart. Mit seinen schütteren hellblonden Haaren erinnerte er an einen ehemaligen Priester, und seine Augen wurden entstellt durch eine seltsame Brille, deren mittlerer Teil verstärkt war, sodass sich das Licht darin sammelte.

Auch Estévant fürchtete immer ein Wort von Doms, eins dieser Worte, die dieser so gleichgültig fallen ließ, wobei er woandershin sah, so als lohnten seine Gesprächspartner nicht die Mühe, sie anzuschauen.

War er Holländer? War er Flame, wie sein Akzent vermuten ließ? Er gab zu verstehen, dass dies ein furchtbares, nur ihm bekanntes Geheimnis war; er behauptete, dass keine Polizei der Welt in der Lage wäre, das Rätsel seiner Person zu lösen.

Manchmal verschwand er für einige Tage. Estévant vertraute Marette an:

»Er ist nach Berlin gefahren.«

Oder auch:

»Genf! Eine Gruppe unserer russischen Freunde bereitet einen Coup vor.«

Estévant schrieb Verse und Flugblätter, die veröffentlicht werden sollten, wenn die Druckerei eröffnet sein, das hieß, wenn man das Geld dafür haben würde.

Dafür hatte Marette seinen Eltern und seinen Arbeitgebern kleine Geldsummen gestohlen.

»Danke! Leider ist das nur ein Tropfen auf einem heißen Stein im Vergleich zu dem, was wir brauchen, wenn wir zur Aktion übergehen wollen.«

Sie hatten ihm schlecht gedruckte Broschüren geliehen, die den Namen des Herausgebers nicht trugen. Darunter gab es eine, in schlechtem Französisch geschrieben, über die direkte Aktion und die Bedeutung der Tat.

Abends ging Estévant nach Hause zu seinen Eltern in ein behagliches Haus am Boulevard d'Avroy, denn er war Sohn eines Universitätsprofessors. In welchen Schlupfwinkel verkroch sich Doms? Marette wusste nie, wo er schlief. Man sagte ihm nur, dass er nicht zweimal an demselben Ort war.

Was empfände Marette jetzt wohl, wenn er von dem Tod seines Vaters erführe? Würde er auch nur fünf Minuten daran denken? Würde das Klavier über seinem Kopf ihn nicht bald aus seiner Betroffenheit reißen?

Heute ist Konservatoriumstag. Sie wird ein paar Minuten vor zehn Uhr herunterkommen. Marette schreibt Adressen auf die zartblauen Briefumschläge aus rauem Papier, auf dem die Feder kratzt. Der Erste Verkäufer, Monsieur Brois, streicht um ihn herum, und Monsieur Vétu beugt sich über seine Gummistempel, denn er arbeitet an einem kleinen Tisch neben dem Schaufenster.

Leidet sie nicht auch? Warum ist sie immer so blass? Nie hat er sie lächeln gesehen.

Sie kommt aus dem Zwischenstock wie aus einem musikalischen Bad, von dem sie ganz durchdrungen ist, bleibt vor der Kasse stehen und fordert mit ihrer gleichgültigen Stimme:

»Gib mir Geld.«

Nichts anderes! Nie! Sie trägt hohe Lackstiefel. Sie wechselt das ganze Jahr hindurch nicht ihren Hut.

Er würde ihr gern auf die Straße folgen, ganz nah an ihr vorbeigehen, anderswo als in dem düsteren Laden einen Blick von ihr erhaschen.

Er liebt sie. Er hat es Léopold geschrieben, diesem so verwirrenden Menschen, der ihm eine noch größere Bewunderung einflößt als Doms.

Anfangs achtete er nicht auf ihn. Ein kleiner, untersetzter Mann mit schwarzem Bart und dem Atem eines Säufers, der schwankend eintrat, sich schwerfällig auf die Bank fallen ließ und dann, ohne sich um jemanden zu kümmern, sein Glas betrachtete.

Warum richtete Léopold seinen düsteren, unerwartet durchdringenden Blick auf ihn? Hörte er ihnen zu? Einmal hatte Félix Marette die seltsame Idee, er wäre ein Angehöriger der Geheimpolizei in Zivil, und er wagte, mit Doms darüber zu sprechen.

»Glauben Sie nicht, dass er Ihnen folgt?«

Doms sah Léopold durch seine doppelten Brillengläser prüfend an und zuckte dann, ohne etwas zu sagen, mit den Schultern.

Nun ja, Marette hat sich gar nicht so sehr geirrt. Léopold ist sicherlich ein anderer Mann als der, der er zu sein schien. Er wusste Dinge, die Doms nicht wusste. Der Beweis dafür war, dass er Marette eines Abends im Zickzack folgte. Er rempelte ihn an und – vielleicht ganz einfach nur, weil der Junge ihm im Weg stand – murmelte:

»Sie täten besser daran, sich in Acht zu nehmen!«

Er blieb wochenlang verschwunden. Marette wusste nicht, dass es die drei Wochen waren, in denen er als Anstreicher auf einer Leiter stand.

Einmal, es war schon spät, Doms und Estévant waren nicht gekommen, langweilte sich Marette in seiner Ecke zu Tode und trank mehr als gewöhnlich, als Léopold, der am Nebentisch saß, anfing zu sprechen, wie zu sich selbst:

»Es ist eine Schande, ein Kind aufzuhetzen.«

»Meinen Sie mich, Monsieur?«

»Wenn diese Leute Lust haben, ein schmutziges Geschäft zu machen, dann sollen sie es nur selbst ausführen.«

Es ist Zeit. Das Klavier ist verstummt. Schritte. Isabelle geht im Zwischenstock hin und her. Sie hält es wohl nicht der Mühe wert, sich im Spiegel zu betrachten, um den Mantel überzuziehen. Im Winter – und der Winter fängt gerade an – bindet sie sich einen schmalen Schal aus Marderfell um den Hals.

An der Kasse hält ihre Mutter schon das Kleingeld bereit, und schließlich erscheinen Isabelles Halbstiefel auf der Wendeltreppe, danach der Saum ihres Mantels, die Mappe mit den Noten.

Eines Tages wird er ihr, ohne ein Wort, nur mit einem Blick, einem einzigen, dem letzten, die Geschichte seines Lebens überreichen, und dann wird er fortgehen.

Er leidet schon im Voraus, er erlebt diese letzten Minuten, hört die Schritte, mit denen er sich entfernen wird. Er wird sich nicht umdrehen.

Und Madame Vétu weiß ihrer Tochter nur zu sagen:

»Hast du deine Handschuhe nicht vergessen? Der Wind ist kalt.«

Sie weiß es, sie, die nie weggeht, denn die Kunden sind blau gefroren, wenn sie den Laden betreten, und wärmen sich unwillkürlich die Hände am Ofen.

Félix folgt Isabelle mit den Augen, tritt näher ans Schaufenster heran, um sie länger zu sehen, ohne sich bewusst zu werden, dass er aussieht wie jemand, der eine Halluzination hat, und jede andere Frau als diese einfältige Mutter würde auf den ersten Blick etwas ahnen.

Auf der Straße, die im ungemütlichen Grau eines Novembertages daliegt, geht das blasse Gesicht vor dem Schaufenster vorbei und ist kaum verschwunden, als Félix Marette einen Schreck bekommt. Auf der anderen Seite der Straße, auf dem Gehsteig gegenüber neben einem Kurzwarengeschäft, steht ein Mann, die Hände in den Taschen eines dicken Mantels, und schaut ihn starr an.

Es ist Doms. Er gibt ihm keinerlei Zeichen, versucht nicht, mit ihm anders Kontakt aufzunehmen als durch diesen Blick, der nichts auszudrücken geruht.

»Ich bin hier.«

Das ist alles. Félix kann in das Halbdunkel des Ladens eintauchen; er weiß, dass er, wie durch ein unsichtbares Band, an den Augen, die durch die doppelten Brillengläser vergrößert werden, hängen bleibt.

Er ist so aufgeregt, dass Monsieur Brois ihn erstaunt ansieht und hustet. Was kann der verstaubte Monsieur Brois wohl tun, wohin kann er wohl gehen, wenn er aus dem Laden in der Rue Montmartre geht? Es ist unvorstellbar, dass eine Frau und Kinder oder auch nur eine Schwester irgendwo auf ihn warten. Niemand hat wohl jemals seine Lippen auf dieses farblose Gesicht gedrückt, dessen Alter man nicht bestimmen kann und das nach Kleister riecht. Monsieur Brois raucht nicht, sondern kaut Salmiakpastillen, die er alle Viertelstunden aus einer kleinen Blechdose nimmt.

Marette findet neben dem Schaufenster etwas aufzuräumen, sieht Doms aber nicht mehr an demselben Platz stehen. Einen Augenblick lang freut er sich fast darüber, aber er begreift, dass er ihn nicht los ist.

Was tun? Er wird aus dem Geschäft hinausgehen müssen. Wenn auch nur, um in sein Dachzimmer hinaufzugehen, er muss auf die Straße.

Léopold hatte recht. Durch welchen Zufall hat Léopold, weniger als eine halbe Stunde vor dem Attentat, seinen Weg gekreuzt? Unglücklicherweise wusste er nicht Bescheid. Er ahnte die Wahrheit, aber er glaubte wohl, dass es später geschehen sollte. Wenn er es gewusst hätte, wenn er nur das verschnürte Päckchen, das Marette in der Hand hielt, angesehen hätte, wie anders wäre alles verlaufen!

So aber war Marette abends vergeblich um das Café de la Bourse herumgestrichen: Weder Doms noch Estévant waren dort! Hätten sie sich nicht da einfinden müssen, um ihm zu helfen? Waren nicht sie es, die diese Rolle spielen sollten?

»Komm!«

Dieser behaarte Bär von Léopold schwankte im Schatten.

»Los, komm!«

Und er führte Félix, nahm ihn sozusagen bei der Hand. Nie wird Marette diese Falltür in der Decke vergessen, das fragwürdige Wurstpaket, das sein Begleiter aus der Tasche zog, das Bett, das er ihm überließ, den Weinkrampf, der ihn heiß und leer mit fiebrigen Wangen zurückließ.

Wie hat Doms ihn wiedergefunden? Marette hat niemandem seine Adresse gegeben; selbst Léopold schreibt ihm postlagernd unter dem Namen Félicien Miette.

Doms' Anblick dort auf der Straße ist wie ein Hauch von Lüttich gewesen, aber es ist nicht der Hauch des Café de la Bourse, es ist vielmehr der Hauch bestimmter Straßen, vor allem der Rue du Laveu, die so verlassen dalag, wenn Marette abends den Hang hinaufging, mit den in regelmäßigen Abständen aufgestellten Gaslaternen, dem Licht im ersten Stock bei einer alten Dame – einer Offiziersfrau –, die an Schlaflosigkeit litt, dann der Geruch des Elternhauses, wenn er die Tür aufstieß, die Nachricht, die sein Vater ihm immer gut sichtbar hinlegte:

Im Büfett liegt ein kaltes Kotelett.

Er wusste nicht, dass sein Vater seitdem wochenlang beharrlich am Fluss am Quai des Pitteurs spazieren ging, damit sein Tod nicht so verdächtig erschien.

»Hätten Sie die Güte, Monsieur Miette, auf die Leiter zu steigen und diese Löschblätter in das zweite Fach ganz oben links zu legen?«

Er gehorcht, ohne sich dessen bewusst zu werden. Er hat Angst. Wer weiß, ob nicht Doms von der Polizei ist? Es wird oft von Polizeispitzeln gesprochen. In den Broschüren, die sie ihm zu lesen gaben, war davon die Rede.

Die Zeit vergeht, und es gelingt ihm nicht, sich zu beruhigen, obwohl er kein einziges Mal mehr Doms auf dem Gehsteig gegenüber erblickt. An den Konservatoriumstagen sieht er Isabelle nicht, wenn sie nach Hause kommt, denn sie kommt um Viertel nach zwölf zurück, wenn er schon gegangen ist, und er hat es nie gewagt, sie auf der Straße abzupassen.

Monsieur Brois bindet seinen gestrickten Schal um den Hals, zieht seinen aus der Form geratenen Mantel über, öffnet den Mund, um sich vorsichtig eine winzige Salmiakpastille hineinzuschieben.

»Guten Appetit, Monsieur Vétu. Meine Verehrung, Madame.«

Marette muss hinaus, koste es, was es wolle. Er stürzt auf die Straße, versucht, sich unter die Leute zu mischen, eilt, ohne um sich zu blicken, in die Richtung der Grands Boulevards. Er ist keine fünfzig Meter weit gekommen, als eine ruhige Stimme neben ihm sagt:

»Geht es Ihnen gut?«

Er macht den Fehler, Überraschung zu heucheln. Doms begnügt sich damit, wie anklagend zu murmeln:

»Ich glaubte, Sie hätten mich erkannt.«

»Nun ja, ich war mir nicht sicher.«

»Wo essen Sie?«

»Das kommt darauf an.«

Noch eine ungeschickte Lüge, denn er ist so verwirrt, dass er seinen Begleiter in ein billiges Restaurant mitnimmt, wo seine Serviette für ihn in einem Fach liegt und er mit Essensmarken bezahlt.

Doms isst an seinem Tisch und lässt ihn zwei Marken abgeben. Er teilt ihm weder mit, seit wann er in Paris ist, noch warum er hier ist. Er gibt keine Auskunft, wie es seine Art ist, sitzt ruhig und geheimnisvoll da.

Erst gegen Ende, nachdem er sich die Lippen abgewischt hat, öffnet er den Mund, und Marette merkt, dass der Augenblick gekommen ist, und er erstarrt auf seinem Stuhl.

»Ich …«

Pause. Doms macht das absichtlich, schneidet ein Streichholz zurecht, um in seinen Zähnen zu stochern, und schaut gleichgültig zu den dicht beieinandersitzenden Mittagsgästen hinüber, zwischen denen die schwarz-weiß gekleideten Serviererinnen hin und her laufen.

»Man hat mir erzählt, dass Sie in dem Haus, wo Sie arbeiten, über ein Zimmer mit separatem Eingang verfügen.«

Das Blut schießt Marette in die Wangen, seine Schläfen hämmern. Das also ist die Katastrophe, die er am Morgen vorhergesehen hat, noch schrecklicher, als er gedacht hat.

»Schon, aber leider … meine Arbeitgeber …«

»Ich weiß. Ich werde Sie heute Abend unter dem Torbogen erwarten. Ich werde Sie nicht sehr stören.«

»Es steht nur ein Bett drin. Außerdem könnte Monsieur Vétu heraufkommen …«

»Was hätte er in der Mansarde zu suchen? Zur Not können Sie sich herausreden, indem Sie ihm sagen, ich sei ein Cousin aus der Provinz.«

Doms schaut auf die Uhr, reinigt noch ein wenig seine Zähne.

»Ich muss fort. Ich werde erwartet. Ich freue mich, Sie wiedergesehen zu haben. Übrigens, wissen Sie, dass Estévant eine Zeitschrift gründet? Eine richtige Zeitschrift, bei einem richtigen Drucker.«

Ein Lächeln lässt den jungen Mann ahnen, wie schlecht Doms von dieser Zeitschrift denkt.

»Bis heute Abend? Vergessen Sie es nicht. Sagen wir um … Übrigens, essen Sie auch zu Abend hier?«

Er sagt ja. Es stimmt nicht. Abends begnügt er sich aus Sparsamkeit damit, ein Stück Käse in einem Milchladen zu essen.

»Gut, ich erwarte Sie am Ausgang, und wir gehen hierher. Ich hoffe, ich komme nicht zu spät.«

Er kehrt nochmals um, nachdem er bereits den Türknopf gedreht hat.

»Übrigens, geben Sie mir doch ein paar Franc. Danke. Auf bald!«

Marette kommt als Erster wieder ins Geschäft zurück, und zum ersten Mal erklingt das Klavier eine Zeit lang über seinem Kopf, ohne dass er es hört.

Unter der Gaslaterne, die soeben angezündet worden ist, wird Marette, starr in das Gesicht von Monsieur Brois blickend, von plötzlicher Angst gepackt, wie in seinen Albträumen als Kind, mit schweißbedeckter Stirn, einem wahnsinnigen Angstgefühl in der Brust und Beinen schwer wie Blei.

10

Es regnet. Es ist dunkel. Léopold hinkt vom schwach erleuchteten Hafen her schräg über die Straßen, geht schon von einer Kneipe in die andere. Er spürt mehrere Tage im Voraus, wenn ein Fest naht. Die Menschen, die sich auf das Vergnügen vorbereiten, geben ihm ein Gefühl der Verlorenheit, und er weiß nicht mehr, wo er bleiben soll. Überall fühlt er sich unwohl, wird mürrisch, brummt vor sich hin und trinkt, egal wo, auf der Suche nach einem Winkel, in den die anderen noch nicht eingefallen sind.

Man schreibt den 31. Dezember. Gleich wird bei Monsieur Monnoyeur eine kleine Feier stattfinden. Es ist jedes Jahr genau das Gleiche. Schlag sechs Uhr hüstelt Désiré und gibt seinen Arbeitskollegen ein Zeichen. Die rücken ihre Krawatte zurecht und folgen ihm in das Büro ihres Chefs, der Überraschung vortäuscht.

»Monsieur Monnoyeur, es ist uns eine Pflicht und eine Freude, Ihnen an diesem letzten Tag des Jahres viel Glück und Gesundheit für das kommende Jahr zu wünschen.«

Monsieur Monnoyeur erhebt sich, schmächtig, drückt jedem die Hand. »Meine Freunde … hm … Meine lieben Freunde … Ich bin sehr … sehr gerührt …«

Das Büro riecht nach altem Papier und altem Leder. Auf dem Kamin, neben einer Bronzefigur, ist schon eine Flasche Portwein mit der nötigen Anzahl Gläser vorbereitet.

»Wenn Sie bitte so freundlich wären, mit mir auf das kommende Jahr anzustoßen …«

Auch die Kiste Zigarren ist vorbereitet. Jeder nimmt sich eine heraus und zündet sie an. Etwas blauer Rauch steigt in die Luft. Man trinkt den Portwein in kleinen Schlucken, und in den winterlich kahlen Garten fällt traurig der Regen.

»Auf Ihr Wohl und auf das Ihrer Familien!«

Das war's. Monsieur Monnoyeur nimmt die Kiste Zigarren und reicht sie Désiré.

»Machen Sie mir die Freude, und teilen Sie sie mit Ihren Kollegen.«

Die Verteilung findet im Büro statt. Vier Zigarren pro Person, nicht mitgerechnet diejenige, die jeder noch beim Hinausgehen raucht und die einen süßlichen Nachgeschmack vom Portwein hat.

Élise läuft wie eine Maus durch die Straßen. Sie hat ihren Schleier nicht angetan, um schneller gehen zu können. Ihren Schirm fest in der Hand, huscht sie an einem Schaufenster vorbei, verschwindet im Dunkeln, taucht flüchtig unter einer Gaslaterne auf, ist erst wieder vor einem Schaufenster deutlich zu sehen, so in Eile, dass ihre Lippen schon jetzt die Worte formen, die sie gleich beim Fleischer sagen wird.

Madame Pain hat sich bereit erklärt, für eine Stunde auf Roger aufzupassen. Sie hat einen Sohn im selben Alter, mit einem Monat Unterschied. Sie ist eine Frau, die mit ihrem Haushalt nichts anzufangen weiß, ist immer müde, stöhnt immer, eine von diesen Frauen, bei denen man nicht überrascht ist, wenn man in der Zeitung liest, dass sich ihr Kind verbrüht hat oder in einer Wanne, ein paar Schritte von ihr entfernt, ertrunken ist.

Die Maas führt wieder einmal Hochwasser, die lückenhaften, glitschigen Bretter der Passerelle schwingen, man streift die Menschenmenge, ohne die einzelnen Gesichter zu erkennen, und die Stadt ist nur eine leuchtende Lichterkette; Place Cockerill, Rue des Carmes; Élise stürzt sich in die kühle Welt der Fleischhalle, deren kleine Eisenträger nur zum Teil von den Bogenlampen beleuchtet werden.

»Ein halbes Kilo Suppenfleisch, Madame Mouron, dann einen Braten wie üblich, nicht zu groß, und einen Markknochen.«

An Samstagen und vor Feiertagen kauft sie in den Markthallen ihr Fleisch, aber um nichts in der Welt würde sie sich an einen anderen als ihren Fleischer wenden. Sie bedauert, ja verurteilt diejenigen ein wenig, die woanders kaufen, die es nicht besser wissen oder ein paar Centime sparen wollen. Bei Fleisch darf man nicht sparen.

Sie hält ihr Portemonnaie fest in der Hand, weil sie Angst hat, es mit dem Schlüssel darin zu verlieren. Sie zählt das Wechselgeld nach, lächelt.

»Danke, Madame Mouron. Bis Samstag.«

Sie wäre sehr erstaunt zu erfahren, dass die dicke Fleischersfrau sie nie wiedererkennt und sich fragt, warum diese Kundin ihr so freundlich guten Tag und auf Wiedersehen wünscht.

Gegenüber sind die drei Schaufenster von Schroefs; Élise will nicht dort hinüberschauen und läuft in dem regnerischen Wind eilig drauflos, den Regenschirm vor sich haltend, wobei ihr das Einkaufsnetz gegen die Hüfte schlägt. Gegenüber der Universität, gerade als sie um die Ecke biegt, stößt sie direkt mit einem Mann zusammen, entschuldigt sich, stammelt etwas.

Der, einen erloschenen Zigarrenstummel im grauen Bart, sagt nur:

»Élise!«

»Hubert!«

Er ist es, der sich ihr gegenüber ins Unrecht gesetzt hat, und dennoch verliert sie die Fassung, lächelt, scheint aufgeregt, fragt sich, ob sie ihn nicht küssen müsse.

»Ich komme soeben von dir.«

»Mein Gott! Und du hast niemanden angetroffen!«

Das ist Schroefs, Hubert Schroefs, ihr Schwager, der Mann von Marthe. Wenn man bedenkt, dass Élise nach dem Tod ihrer Mutter drei Jahre lang in seinem Haus gelebt hat und er ihr so fremd, so eindrucksvoll erscheint! Allerdings bewohnten die Schroefs zu der Zeit noch nicht die weitläufigen Gebäude in der Rue des Carmes, sondern hatten ein Geschäft mit einem einzigen Schaufenster in der Rue André-Dumont.

Élise folgt ihrem Schwager und fragt sich, was er ihr zu sagen hat. Er lässt sich Zeit. Indessen, wenn er zu ihr gegangen ist, wo sie sich seit zwei Jahren nicht mehr gesehen haben, sogar seit mehr als zwei Jahren, seit Élises Hochzeit, dann deshalb, weil sich etwas Ernstes ereignet hat.

»Mein Gott, Hubert! Marthe?«

Er nickt mit dem Kopf und erklärt:

»Sie hat sich wieder einmal eingeschlossen. Sie muss wohl meinen Revolver im Nachttisch gefunden haben. Eben hat sie damit gedroht, durch die Tür zu schießen.«

Er gehört nicht zu denen, die ein Wort zu viel reden oder sich die Mühe machen zu lächeln, um jemandem entgegenzukommen! Man könnte meinen, er führte, die Hände in den

Taschen, Élise an der Leine durch die dunkle Straße, sicher, dass sie ihm folgt. In der Tat folgt sie ihm, beschleunigt den Schritt, stolpert, sie, die es vor ein paar Minuten so eilig hatte, dass sie nicht wusste, welchen Weg sie als Abkürzung nehmen sollte.

»Du musst nach deiner Schwester sehen.«

»Sie würde das nicht tun, Hubert! Ich kenne doch Marthe.«

Sie kann es sich nicht verkneifen hinzuzufügen:

»Sie, die alles hat, was sie will!«

Das Geschäft ist übervoll von Waren, die Regale quellen über von Luxuskonserven mit goldener Aufschrift, Verkäufer mit weißen Schürzen laufen geschäftig hin und her, Kundinnen warten; Hubert durchquert den Laden, seine steife Melone auf dem Hinterkopf, die kalte Zigarre zwischen den leicht ergrauten Schnurrbarthaaren und den dichten Haaren seines eckigen Bartes, wo das Nikotin einen braunen Rand hinterlassen hat.

Er geht einige Stufen hinauf, öffnet ein verglastes Büro einen Spaltbreit, gibt gewohnheitsmäßig eine Anweisung, wirft einen Blick in den Hof, wo man im Regen undeutlich ein Pferd erkennt, das vor einen Karren gespannt ist, der gerade beladen wird und auf dessen Plane in großen weißen Buchstaben geschrieben steht: *Hubert Schroefs*.

Er kümmert sich nicht mehr um Élise, steigt die private Treppe hinauf, befragt das Dienstmädchen, das auf dem Treppenabsatz erscheint:

»Madame?«

»Immer noch das Gleiche, Monsieur.«

Die Kinder sind im Esszimmer: Jacques ist zwölf, Germaine acht Jahre.

»Wie groß sie geworden sind, Hubert!«

Die Gasheizung verbreitet eine stickige Wärme. Die Stühle sind lederüberzogen und mit Kupfernägeln abgesetzt.

»Versuch, mit ihr zu reden, Élise. Ich kann nicht mehr.«

Er ist richtig entmutigt, er hat dunkle Ränder unter den Augen. Er ist ein massiger Mann mit schon vorstehendem Bauch; wegen der Härte seiner Gesichtszüge und seines Fleisches, wegen seiner blassen Hautfarbe macht er nicht so sehr den Eindruck von Gesundheit, sondern von Macht.

Heute Abend wirkt er kraftlos, sein Blick ist unstet. Er schickt die Kinder hinaus, lässt sich in seinen Sessel fallen und nimmt die Zeitung.

»Geh!«

Das ist fast eine Drohung. Er hat getan, was er konnte. Jetzt gibt er die Partie auf. Er legt Marthes Schicksal gewissermaßen in die Hände einer Peters. Er hat es nicht gewagt, Louisa aus Coronmeuse zu holen. Er hat sich in die Rue Pasteur begeben, wohin er noch nie den Fuß gesetzt hatte. Ihr Zerwürfnis stört ihn wenig.

»Geh!«

Élise soll sich um ihre Schwester kümmern, schließlich ist sie vom selben Blut. Er ist am Ende, und es ist nicht das erste Mal, dass er damit droht, seine Frau in eine Privatklinik zu sperren.

Was hat ihm die Vermieterin in der Rue Pasteur geantwortet? Hat er ihr gesagt, dass er Hubert Schroefs ist, der Kolonialwarenhändler en gros?

Élise findet es ganz natürlich, dass man sie geholt hat, weil man sie braucht. Sie legt ihr Netz ab.

»Wo ist ihr Zimmer?«

»Richtig, Léontine wird dich hinaufbringen.«

Er hat vergessen, dass Élise das Haus in der Rue des Carmes nie betreten hat. Erinnert er sich wenigstens an die Gründe ihres Streites?

Er wollte nicht zulassen, dass sie Désiré heiratete, weil sie ihm fehlen würde, die Kinder zu hüten. Was hatte sie davon? Kinderpipi am Kleid!

Hubert zündet sich eine Zigarre an, die er wieder ausgehen lassen wird, und umgibt sich mit Schweigen, das so erdrückend ist wie seine Person.

»Wenn Sie wüssten, Madame Élise!«

Léontine flüstert auf dem Treppenabsatz neben der offenen Küche.

»Diesmal ist es wirklich schrecklich. Es geht jetzt schon drei Tage so. Sie wissen ja, wie bösartig sie ist. Sie richtet es so ein, dass sie den Augenblick, wo ich weg bin, ausnutzt, um dann in die Küche zu gehen und alles mitzunehmen, was ihr in die Hände fällt. Ich möchte wissen, wo sie die Flaschen aufgestöbert hat.«

Eine Tür, unter der kein Licht hindurchschimmert, und schon steht Élise allein auf dem Flur in diesem unbekannten Haus, Élise, die es eilig hat, auf die Madame Pain wartet, Élise, der daheim das Feuer ausgeht, die das Abendessen nicht rechtzeitig fertig haben wird.

Sie ruft halblaut:

»Marthe!«

Sie spürt, dass sich jemand bewegt. Es stört sie, dass man sie im Esszimmer, unter dessen Tür das Licht hindurchscheint, hören kann.

»Marthe!«

Unbewusst hat sie den flämischen Akzent angenommen, und auf Flämisch fragt eine Stimme, so nah an der Tür, dass Élise hochfährt:

»Wer ist da?«

»Ich bin's, Marthe, Élise, deine Schwester.«

»Was willst du hier? *Er* hat dich geholt, nicht wahr? Er hat Angst.«

»Aber nein, Marthe. Ich kam gerade vorbei. Ich wollte dir guten Abend sagen.«

Tränen fließen, aber sie weint nicht. Es sind ganz besondere Tränen, wässriger als die anderen, ohne Bitterkeit, lautlose Tränen, die ihr wie selbstverständlich in die Augen treten, wenn es sich um jemanden aus ihrer Familie handelt, um Léopold, Louisa, Marthe, oder wenn sie von Louis de Tongres spricht, der jede Woche zur Börse kommt und sie noch kein einziges Mal besucht hat.

»Mach mir auf, Marthe. Ich muss mit dir reden.«

»Wo ist er?«

»Hubert? Ich weiß es nicht. Ich glaube, er ist unten.«

»Du lügst. Ich habe ihn heraufkommen hören. Wenn du gekommen bist, um mich anzulügen …«

»Ich flehe dich an, Marthe. Er ist im Esszimmer, das ist wahr. Er liest Zeitung. Ich schwöre dir …«

Und plötzlich, als sie nicht damit rechnet, steht sie vor der geöffneten Tür, sie wird sich dessen nicht sofort bewusst, denn das Zimmer ist in Dunkelheit getaucht, und erst das Licht von der Straße lässt es sie merken.

»Komm schnell rein. Was willst du? Worüber willst du dich wieder beklagen? Über Désiré, nicht wahr?«

Als ob immer dann, wenn zwei Peters-Mädchen sich treffen, es notwendigerweise darum geht, sich zu beklagen! Élise wollte sich in die Arme ihrer Schwester werfen. Sie kann es nicht mehr. Sie erkennt sie undeutlich in dem orangefarbenen Licht, das durch das Glasdach der Fleischhalle scheint. Marthe, deren Haare unordentlich auf die Schultern fallen wie bei einer Frau, die gerade aus dem Bett kommt, sieht fett und schwammig aus, mondgesichtig, sie, die vor ein paar Jahren noch die Haltung einer Königin hatte.

»Meine arme Marthe! Wenn du wüsstest, wie unglücklich ich bin …«

Ihr ist nichts anderes eingefallen, und außerdem ist es genau das, was sie sagen musste. Nun weinen sie alle beide, auf dieselbe Art, vergießen die gleichen lauwarmen Tränen, die von keinem Schluchzen begleitet werden.

»Mein armes Mädchen! Ich hatte dich gewarnt. Die Männer, weißt du … Was hat er dir getan?«

Désiré kommt gleich nach Hause! Roger ist bei Madame Pain, die fähig ist, ihn mit Streichhölzern spielen zu lassen. Élise hat versprochen:

»Nur eine halbe Stunde, Madame Pain. Gerade so lange, um schnell hin- und zurückzulaufen.«

Monsieur Pain wird ebenfalls nach Hause kommen, und er ist ein schwieriger Mann.

»Mein Gott, Marthe! Warum machst du kein Licht? Warum schließt du dich ein?«

Schon hat Marthe die Feindin gewittert.

»Ich ahnte, dass deine Tränen Krokodilstränen sind! Was suchst du hier, hm? Gib zu, dass er dich geschickt hat! Du tust dich mit ihm zusammen, einem dreckigen Mann, einem Geizhals, der einen Kieselstein anstelle eines Herzens hat.«

Sie geht zum Nachttisch, auf dem ein Revolver zu erkennen ist.

»Du wirst sehen, dass ich es eines Tages tun werde!«

Ein Schrei.

»Marthe!«

»Du wirst es schon sehen! Er behandelt mich wie sein Dienstmädchen! Er behandelt alle Leute wie Domestiken! Und alle Männer sind gleich! Alle!«

Ein ungemachtes Bett, undefinierbare Dinge, die herumliegen, Essensreste und ein schmutziges Glas, das man undeutlich im Lichtschein der Glaskuppel von gegenüber erkennt.

»Da! Ich wusste es! Er horcht gerade an der Tür.«

»Ich versichere dir, dass er es nicht tut, Marthe.«

»Nur er zählt, er und sein Geld. Wenn es in seinem Interesse läge, mich zu töten, würde er es tun. Verstehst du? Dein Désiré auch! Alle Männer. Sie wissen, was sie wollen. Es ist widerlich, und wenn sie mit ihren Gemeinheiten fertig sind, stopfen sie ihre Pfeife und denken nur noch an ihre Geschäfte.«

Sie wird wieder misstrauisch.

»Warum bist du gekommen, wo du doch sonst die Tür zum Geschäft nicht aufmachst, wenn du durch die Straße kommst?«

Diesmal schluchzt Élise, ohne zu wissen, warum, ihre Nerven sind zu sehr angespannt, sie bittet:

»Zünde das Gaslicht an.«

Sie verbessert sich sofort:

»Warte! Ich mach es. Gib mir die Streichhölzer.«

Zu spät! Marthe ist schon auf einen Stuhl gestiegen, und

ihre Schwester bemerkt, dass sie schwankt, dass sie vielleicht herunterfallen und das Zimmer in Brand stecken wird.

»Vorsicht, Marthe!«

»Wenn du meinst, ich wäre betrunken!«

Plopp! Eine Helligkeit überflutet sie, ein zu weißes, zu kaltes Licht, in dem sie einen Moment dastehen, als würden sie sich nicht wiedererkennen.

Marthe sagt weinerlich:

»Oh! Mein armes Mädchen … Ich, die ich keiner Fliege etwas zuleide tun könnte …«

Diesmal hat Élise die Schritte gehört, Schroefs entfernt sich von der Tür und geht beruhigt wieder zu seinem Ledersessel ins Esszimmer.

Das Bett ist in Unordnung, der Tisch ebenfalls, überall in diesem so gemütlichen, jetzt aber verwüsteten Zimmer herrscht Unordnung, Marthes Haare sind aufgelöst wie bei einem Fischweib, wie bei diesen Frauen in den Gassen, die sich in den Haaren liegen und unanständige Wörter schreien. Élise spricht Flämisch, putzt sich die Nase, dreht ihr Taschentuch in den Händen, jammert und flennt, ohne den Revolver aus den Augen zu lassen, auch dann nicht, als die beiden Schwestern sich schließlich in die Arme fallen.

Eine Viertelstunde später öffnet sich die Tür einen Spalt, schließt sich wieder, und Élise tritt, nachdem sie geklopft hat, in das Esszimmer. Hubert, der mit seinen Kindern zu Tisch sitzt, lädt sie nicht ein. Sie gibt ihm ein Zeichen, schiebt ihm die Waffe in die Hand.

»Désiré wartet auf mich. Ich muss nach Hause. Vor allen Dingen, dräng sie nicht. Sie ist jetzt ruhiger und wird gleich schlafen. Morgen brauchst du nur so zu tun, als wäre nichts gewesen.«

»Möchtest du nicht gleich nach dem Mittagessen mit deinem Mann zu uns kommen? Wir haben Gäste. Ich frage mich, ob das nicht besser wäre.«

»Glaubst du, Hubert?«

Als wüsste sie nicht, dass man sie braucht, wenn sie und Désiré eingeladen werden!

Sie läuft wieder. Die Lichter in den Schaufenstern sind erloschen. Sie erklärt und erklärt, ganz allein:

»Du darfst nicht mit mir schimpfen … Ich versichere dir, Désiré …«

In der Rue Pasteur brennt Licht. In dem Augenblick, wo sie den Schlüssel in das Schlüsselloch steckt, öffnet sich die Tür. Désiré steht da, riesig, frostig.

»Wo warst du?«

»Hör zu, Désiré, ich …«

»Und das Kind?«

»Was? Du hast nicht …«

Er hat nicht daran gedacht, dass das Kind bei Madame Pain ist. Als er die Wohnung leer vorfand, setzte er sich zunächst, nachdem er den Ofen versorgt hatte, da er dachte, dass seine Frau und sein Sohn in ein paar Minuten nach Hause kommen würden.

»Es ist halb acht.«

»Mein Gott! Warte, ich hole Roger. Und Monsieur Pain ist zu Hause!«

Nie hat sie Désiré so blass gesehen. Sie zittert, als sie zu Madame Pain läuft, und während sie an den Briefkasten klopft, werden ihr die Knie weich. Die leere, schon ausgekühlte Wohnung, und Désiré, der, als sie ohne das Kind nach Hause kam, ganz blass die Tür öffnete!

Sie kommt zurück, findet ihn sitzend neben dem Herd, mit geschlossenen Augen, wie ein Mann, der einen schweren Schlag erhalten hat und eine gewisse Zeit braucht, um sich zu erholen.

»Entschuldige, Désiré! Wenn du wüsstest! Stell dir vor, meine Schwester Marthe …«

Da erhebt er sich, und zum ersten Mal wird seine Stimme lauter:

»Ich pfeife auf Marthe, verstehst du? Ich pfeife drauf! Sie ist mir völlig egal!«

Und er geht ins Schlafzimmer, um seine Erregung zu verbergen, den Zusammenbruch nach der großen Angst.

»Was hast du gedacht, Désiré?«

Er wird es nicht sagen. Er hat an die glitschigen Straßen gedacht, weiß Gott, an die zu schmalen Gehsteige in der Rue Puits-en-Sock, daran, dass Élise immer wie eine Verrückte durch die Straßen läuft, an die Straßenbahn, die die Fußgänger wie Kegel umwirft.

»Komm essen. Verzeih!«

Zur gleichen Zeit kehrt Léopold, der sich nicht hat volllaufen lassen, schwerfällig nach Hause zurück. Als er den Kopf hebt, sieht er Licht durch die Ritzen der Falltür zu seiner Wohnung scheinen. Er ist nicht überrascht. Er steigt die Leiter hinauf, hebt mit den Schultern die Falltür an und spürt, dass es warm bei ihm ist, stellt fest, dass alles aufgeräumt ist, dass das Feuer brennt, der Tisch gedeckt ist. Léopold hat gerade Zeit, seine Schuhe, die sich wie ein Schwamm mit Wasser vollgesogen haben, auszuziehen, als die Falltür wieder geöffnet wird, Eugénie erscheint, ein Umschlagtuch um die Schultern gelegt, ein Wurstpaket in der Hand.

»Da bist du ja, Léopold!«

Sie sagt das, als wäre sie es, die erstaunt ist, ihn hier zu sehen, nicht umgekehrt.

»Du hast doch wohl noch nicht gegessen?«

Sie küssen sich nicht, sehen sich kaum an, werfen sich nur kurze, flüchtige Blicke zu, und diese Blicke sind voll von Vertrauen und Zärtlichkeit.

Eugénie hat die Wohnung gründlich gereinigt. Das ist immer so, wenn sie wiederkommt. Die Leute sagen, sie habe ein Profil wie das Frauenbild auf einer Gemme, weil ihre Gesichtszüge von einer seltenen Regelmäßigkeit sind, und sie hat die schönsten schwarzen Augen der Welt.

»Bei den Leuten gefiel es mir nicht mehr. Sie empfingen nie Besuch und wussten nicht, was sie aßen. Ich habe ihnen erklärt, dass es sich nicht lohnt, eine Köchin zu halten, wenn man nicht fähig ist, ein Gericht von einem anderen zu unterscheiden.«

Sie hat Léopold Tabak mitgebracht.

»Dein Mantel ist am Kragen wieder aufgerissen. Ich frage mich, wie es möglich ist, dass deine Mäntel am Kragen immer aufgerissen sind.«

Sie wird den Kragen gleich festnähen, während er einschläft, sie wird vielleicht acht Tage, vielleicht auch einen Monat bleiben, solange ihr Geld reicht. Danach wird sie sich eine neue Stelle suchen. Sie wird Léopold nichts sagen. Eines Abends wird er ganz einfach die Wohnung leer vorfinden, auf dem Tisch das kalte Abendessen.

Désiré hat nicht geschimpft. Da Élise glaubte, er würde böse werden, wagte sie nicht, ihm von Schroefs' Einladung zu erzählen. Sie ist früh aufgestanden, um in die erste Messe zu gehen. Sie hat viel gebetet, mit Tränen in den Augen, für Félicie, für Marthe, für sich selbst und für alle, die leiden auf Erden.

Élise weiß, dass Marthe nicht mehr Verantwortung trägt als Félicie, vielleicht weniger. Marthe ist unglücklich. Das ist nicht ihr Fehler. Ihr fehlt es an nichts, und dennoch wäre keine empfindsame Frau an ihrer Stelle glücklich.

In der Kirche sind auch ein paar Mamelins. Élise nimmt die Gelegenheit wahr, ihnen an diesem kalten Tag, der gerade anbricht, beim Hinausgehen ein frohes neues Jahr zu wünschen, indem sie sie dreimal küsst.

Der Regen hat aufgehört. Es wird frieren, man spürt es. Schon sind einige Platten der Gehsteige von einem frostigen Grau überzogen.

»Frohes neues Jahr, Lucien, und viel Glück und alles, was du dir wünschst. Sag Catherine, wenn ich sie nicht mehr sehe, dass ich ihr ein frohes neues Jahr wünsche.«

Sie geht nach Hause, macht das Feuer an, schüttet einen Schuss Petroleum hinein, damit es schneller brennt. Dann mahlt sie den Kaffee und hört, wie Désiré sich bewegt.

»Frohes neues Jahr, Désiré. Ich bitte dich noch einmal um Verzeihung wegen gestern. Ich schwöre dir, dass ich mich nicht anders verhalten konnte. Frohes neues Jahr, mein kleiner Roger.«

Es ist zu hell, um die Lampe anzuzünden, zu dunkel, um gut sehen zu können. Sie wäscht das Kind, zieht es an und achtet dabei auf das Mittagessen, während Désiré sich neben dem Fenster rasiert.

»Hör zu, Désiré. Werd nicht vorher schon böse. Ich muss heute Nachmittag unbedingt zu Schroefs gehen. Ich habe es versprochen. Hubert hat darauf bestanden, dass du auch kommst.«

Was sie da sagt, ist so gewaltig, dass sie nicht wagt, ihren Mann anzuschauen. Bis heute war der Ritus des Neujahrstages unwandelbar festgelegt: Der Nachmittag spielte sich in der Rue Puits-en-Sock ab. Mutter Mamelin ist kaum einige Monate tot. Élise fährt fort, die Kehle wie zugeschnürt:

»Ich habe Angst, dass ein Drama geschieht. Wenn Marthe in einem solchen Zustand ist, ist sie zu allem fähig.«

Ist Désiré sich der Partie bewusst, die hier gespielt wird, vielleicht die entscheidendste in ihrem gemeinsamen Leben? Sein unbewegliches Gesicht, über das er sorgfältig die Rasierklinge gleiten lässt, spiegelt sich im Spiegel des Schrankes wider, der im Halbdunkel schmutzig wirkt.

»Du könntest heute Morgen bei dir zu Hause vorbeigehen. Ich werde mit dem Kleinen gegen zehn Uhr deinen Vater begrüßen.«

Désiré hat nichts gesagt, was so viel wie »ja« heißt. Élise hat Angst, dass er traurig oder verärgert oder böse ist, und sie beeilt sich, während sie Eier mit Speck essen, hastig von Marthe zu sprechen, um dem Schweigen zu entfliehen.

»Ein wenig ist es Huberts Schuld. Er tut nichts, um ihr das Leben angenehm zu machen. Er kauft ihr alles, was sie haben will, sicher. Sie braucht sich nur im Geschäft zu bedienen. Dagegen nie ein freundliches Wort, keine Zärtlichkeit, keine zarte Geste. Wenn er abends hinaufkommt, lässt er sich brummend in seinen Sessel fallen und liest seine Zeitung …«

Désiré ist zur Messe gegangen. Er nimmt in der Bank der Confrérie de Saint-Roch Platz. Sein Vater macht die Kollekte. Jeder kennt sie, drückt ihnen beim Hinausgehen die Hand.

»Meine besten Wünsche.«

»Alles Gute.«

Sie selbst haben sich einfach umarmt, wobei sie sich kaum berührten, wie die Generäle die Offiziere umarmen, wenn sie ihnen einen Orden verleihen.

»Frohes neues Jahr, Papa.«

»Frohes neues Jahr, mein Sohn.«

Er geht mit seinem Vater in die Rue Puits-en-Sock, umarmt Cécile, Marcel, der noch seine Schnurrbartbinde trägt, dann Arthur, der nicht lange auf sich warten lässt.

Der Tag ist weiterhin kalt und schneidend. Der alte Kreutz kommt herüber und setzt sich für eine Viertelstunde an den Herd, und Arthur rasiert scherzend Großpapa in der Küche, so wie er es fünf- oder sechsmal im Jahr tut.

Hinter den Scheiben, deren geometrische Figuren der Glasmalerei sich deutlicher abheben als an den anderen Tagen, weht Trauerflor. Auf der braunen Tischdecke aus Wachstuch steht eine Flasche Kempenaar, daneben Gläser für alle, ein Teller mit Galettes, die Cécile nach dem Rezept ihrer Mutter zubereitet hat.

Gegen zehn Uhr kommt Élise mit dem Kind, sieht Désiré auf einem leicht nach hinten gekippten Stuhl in einer Ecke sitzen, seine langen Beine weit ausgestreckt. Man könnte meinen, dass, wenn sie ihn hier antrifft, er ihr noch größer erscheint und sie es kaum wagt, ihn anzusprechen.

»Frohes neues Jahr, Papa. Frohes neues Jahr, Arthur. Frohes neues Jahr, Cécile.«

Sie fragt sich, ob Désiré ihnen schon gesagt hat, dass sie heute Nachmittag nicht kommen werden. Sie bleibt einen Augenblick. Das Kind geht umher.

»Vorsicht am Herd, Roger. Und du, Cécile, wann ist es so weit?«

Cécile erwartet nämlich Nachwuchs.

»Ich muss auf mein Mittagessen aufpassen. Komm nicht zu spät, Désiré.«

Und um Viertel vor zwölf erhebt sich Désiré und verkündet:

»Wir werden heute Nachmittag nicht kommen können. Wir müssen zu einer Schwester meiner Frau.«

Es ist heraus. Niemals, solange seine Mutter noch lebte, solange ihre graue, etwas nonnenhafte Gestalt die Küche in der Rue Puits-en-Sock beseelte, hätte er es gewagt, solche Worte auszusprechen.

Er weicht dem Blick seines Vaters aus, der sich nicht mehr richtig zu Hause fühlt, seitdem er mit Cécile und einem Schwiegersohn hier wohnt.

»Auf Wiedersehen zusammen!«

Der Braten, die Pommes frites und die kleinen, gezuckerten Erbsen warten auf ihn. Roger wird fieberhaft angezogen.

»Sollen wir nicht den Wagen mitnehmen?«

Die Menschen sind an diesem Tag nicht dort, wo sie sonst sind; in einigen Straßen stößt man überraschend auf unerklärliche Menschenmengen, in anderen dagegen ist es leer.

»Ich trage ihn, Désiré.«

Sie weiß, dass er es ihr nicht erlauben wird. Sie möchte unbedingt nett zu ihm sein, ihn vergessen lassen, was gestern Abend passiert ist, ihm dafür danken, dass sie zu Schroefs gehen. Sie geht, wie gewöhnlich, etwas hinter ihm her. An der Ecke der Rue des Carmes, die verlassen daliegt, ist sie innerlich bewegt. Das Haus mit den geschlossenen Fensterläden beeindruckt sie, sie schaut zur Loggia hinauf, bevor sie klingelt.

»Guten Tag, Léontine. Frohes neues Jahr. Geht es meiner Schwester besser?«

»Madame geht es sehr gut, Madame Élise.«

Sollen sie trotzdem hinaufgehen? Letztlich sind sie nur wegen Marthes Klausur eingeladen worden.

Hubert steht im Treppenhaus. Er gibt Désiré die Hand, dann dem Kind, das er nicht küsst.

»Geht hinauf. Es ist noch niemand da.«

Der Tisch im Esszimmer ist noch nicht abgeräumt. Die Kinder warten im Spielzimmer auf ihre kleinen Freunde, die zu ihnen zum Nachmittagskaffee kommen sollen.

»Marthe?«, erkundigt sich Élise schüchtern.

»Sie ist im Schlafzimmer. Sie zieht sich an.«

»Kann ich zu ihr gehen?«

Désiré wird eingeladen, sich vor dem Gasofen hinzusetzen, über den sich Schroefs beugt, um ihn zu regulieren.

»Eine Zigarre?«

Sie wissen nicht, wie sie ein Gespräch anknüpfen sollen. Sie wissen nicht einmal, ob sie sich duzen sollen. Hubert ist es, der mühsam den ersten Anlauf nimmt, wobei er es sich in seinem Sessel bequem macht und seinen Zigarrenstummel wieder anzündet.

»Hat dir Élise davon erzählt? Es ist immer dasselbe! Heute Morgen ging es ihr besser.«

Élise klopft an die Tür.

»Bist du's? Komm rein! Wie geht es dem Kleinen? Du hast ihn doch mitgebracht?«

Vom gestrigen Abend sind nicht mehr die geringsten Spuren zu sehen. Das Dienstmädchen hat das Zimmer sauber gemacht, Möbel und Parkettfußboden poliert, und man würde nicht meinen, dass Hubert drei Nächte auf einem Feldbett, das im Esszimmer aufgestellt wurde, schlafen musste. Das Haus ist warm und gemütlich. Marthe beendet ihre Toilette. Ihre dunklen Haare sind ordentlich frisiert, sie trägt ein schwarzes, mit Spitzen verziertes Seidenkleid, das die Würde ihrer Büste betont, und man spürt kaum, dass sie ein wenig schwankt, ein wenig unsicher auf den Beinen ist und gezwungen, mit einem Anflug von Müdigkeit, spricht.

»Warum kommst du nicht zu uns, um deine Lebensmittel einzukaufen wie Poldine? Wir berechnen ihr alles zum Selbstkostenpreis. Sie kommt einmal im Monat vorbei und kauft alle ihre Lebensmittel.«

»Du bist sehr nett, Marthe. Danke!«

»Wenn Hubert nicht da ist, stopfe ich ihr eine Menge Sachen in ihr Netz. Es ist nicht der Rede wert. Du musst auch kommen. Mit dem, was Désiré verdient …«

»Danke, Marthe.«

Sie ist genauso wie Félicie, ganz und gar liebenswürdig oder ganz boshaft, je nachdem. Auch Marthe wäre imstande, wenn ihre Schwester morgen mit ihrem Netz in den Laden käme, sie wie eine Bettlerin zu behandeln.

»Wenn ich daran denke, dass ich deinen Sohn noch nicht gesehen habe! Hol ihn, Élise.«

Sie küsst ihn, blickt suchend um sich, stürzt in die Küche und kommt mit einer riesigen Schachtel Schokolade wieder.

»Nicht jetzt, Marthe. Er hat gerade gegessen.«

»Was macht das schon? Iss, mein Kleiner. Kümmere dich nicht um das, was deine Mutter sagt, auch nicht darum, dass sie dich finster anblickt. Es ist etwas Gutes!«

Sie sind ganz und gar Töchter derselben Mutter, desselben Vaters. Man würde sie an einer bestimmten Art, den Kopf zu neigen, erkennen, an ihrer Art zu lächeln, an diesem gleichzeitig unterwürfigen und ergebenen Lächeln, das nur den Peters-Töchtern eigen ist.

Élise fühlt sich erdrückt durch dieses weitläufige Schlafzimmer mit den eindrucksvollen Möbeln, durch die Kleidung ihrer Schwester.

»Sag, Marthe, du erwartest Gäste, und wir werden stören. Meinst du nicht, es wäre besser, wenn wir euch verließen?«

Da Élise sich unwohl fühlt, würde sie wirklich lieber nach draußen gehen, unter die Loggia, zum Ententeich hin.

»Bist du verrückt? Wenn du wüsstest, wie oft wir von dir gesprochen haben! Ich frage mich, was ihr hattet, dein Mann und du. Geht es Désiré wenigstens gut?«

Es ist nicht ihre Schuld. Marthe hat es vergessen. Sie hat alles vergessen, was sie gegen Désiré gesagt hat, als Élise ihr ankündigte, dass sie heiraten würde. Sie hat vergessen, dass sie ihrer Schwester noch nicht einmal ein Geschenk gemacht hat. Sicher, es hat damals kein Hochzeitsfest gegeben, weil Élise in Trauer war und noch immer den Schleier trug. Sie haben niemanden eingeladen. Aber die Schroefs hätten irgendetwas schicken können, und wenn es nur eine Kleinigkeit gewesen wäre.

Marthe hat das vergessen. Vielleicht hat sie auch die Szene vom Vortag vergessen. Wenn nicht, dann tut sie wenigstens so.

»Roger! Roger! Pass auf, die schöne Bettdecke!«

»Lass ihn doch! Spiel weiter, Kleiner. Hör nicht auf deine Mutter.«

Was macht das schon? Wenn sie zerrissen ist, wird eine neue gekauft.

Und, mit einem komplizenhaften Augenzwinkern:

»Er ist reich genug.«

Arme, so gute Marthe! Sie würde alles hergeben, was sie hat. Sie würde ihr letztes Hemd hergeben, wenn man sie darum bäte. Hinterher jedoch würde sie es einem mit so harten Worten, mit Worten, die so wehtun, vorwerfen!

Das Verwirrendste daran ist, dass man nie weiß, ob sie, wenn sie getrunken hat oder wenn sie nüchtern ist, sie selbst ist.

Da man ja nun nicht mehr zerstritten ist, werden sie in Zukunft wieder zu den Schroefs gehen müssen, und Élise wird Roger einschärfen:

»Nimm vor allem nie etwas von Tante Marthe an!«

Aber Tante Marthe besteht darauf, ihm die Taschen vollzustopfen, so wie sie das Netz von Poldine füllt, der Frau ihres Bruders Franz, des Kontrolleurs in der Waffenfabrik Herstal.

Im Esszimmer, das bereits voller Rauch ist, treffen sich die Frauen und die Männer wieder. Hubert zieht zufrieden an seiner Zigarre. In seinem Haus herrscht wieder Frieden.

Dennoch gibt es Kleinigkeiten, die Élise als Einzige entdeckt. Zum Beispiel hat sie, als sie an der Tür des Salons vorbeiging, einen Tisch entdeckt, auf dem Kuchen, Teegebäck und Flaschen stehen. Die Gäste sind noch nicht eingetroffen. Die Mamelins dagegen sind keine richtigen Gäste, und man bleibt mit ihnen im Esszimmer, während man auf die anderen wartet.

Désiré spricht von Versicherungen. Hubert stellt ihm Fragen, denn er will nichts verschenken. Und Désiré ist sich dessen nicht bewusst, er glaubt naiv, dass man mit ihm wie mit irgendjemand anderem spricht, und ist stolz, dass man ihn um Rat fragt.

Élise leidet darunter. Mitunter würde sie ihm gern zuflüstern:

»Lass uns gehen. Du verstehst nicht, dass wir hier fehl am Platze sind.«

Sie stören! Sie werden nicht mehr gebraucht. Man erwartet Gäste, die richtigen, die auf sich warten lassen. Sie haben Zeit genug. Drei Uhr. Man weiß nicht mehr, was man noch tun soll. Hubert hat unten aus seinem verglasten Büro eine Mappe geholt, die seine Feuerversicherungspolicen enthält, und Désiré sieht sie prüfend durch, sagt seine Meinung dazu. Die Frauen halten sich mit den Kindern im Spielzimmer auf, wo die kleinen Freunde, die Söhne und die Tochter von Roskam, dem Bekleidungsfabrikanten, ebenfalls noch nicht eingetroffen sind.

»Wir verlassen euch wohl besser, Marthe.«

Der Tag geht zu Ende, als man ein Klingelzeichen hört.

»Ich versichere dir, Marthe …«, wiederholt Élise ängstlich.

»Das hätte gerade noch gefehlt! Du bist meine Schwester.«

Im Salon werden die Lampen angezündet. Man macht sich im Treppenflur gegenseitig überschwängliche Komplimente. Man hört die kindliche Stimme eines winzigen, kahlköpfigen Mannes, eines bedeutenden Käsehändlers, der denselben Akzent hat wie Schroefs. Sie sind aus demselben Dorf im Limburgischen. Die rosafarbenen Wurstarme seiner Frau erinnern an ihr ehemaliges Milchgeschäft, einen Laden aus weißem Marmor. Die beiden haben keine Kinder.

»Setzen Sie sich. Etwas Gebäck? Ein Glas Portwein?«

Nachdem Élise sich so sehr angestrengt hat, Désiré hierherzubringen, weiß sie jetzt nicht, wie sie ihm sagen soll, dass sie fortgehen müssen, und sie macht ihm Zeichen, die er nicht versteht.

Nach Monsieur van Camp, dem Käsehändler, kommt Monsieur Magis, ein Wirt aus der Rue Saint-Paul, der, wie der Vater von Marette, Magenkrebs hat.

»Eine Zigarre? Aber ja!«

Die Beine werden behaglich ausgestreckt. Désiré glaubt, dass er es geschafft hat, dass er der wichtige Mann der Gesellschaft ist, weil man ihn unaufhörlich etwas fragt, immer über Versicherungsangelegenheiten, und auf diesem Gebiet ist er stärker als irgendjemand. Er jongliert mit Zahlen, fällt Entscheidungen, gibt Ratschläge, die allen dreien, Schroefs wie Magis und van Camp, Tausende von Franc sparen helfen.

»Auf Ihr Wohl, Monsieur Mamelin. Sie sagten, dass bei einem Unglücksfall, bei dem eine Police vom Typ B in Kraft tritt …«

Jeder bei der Versicherung gibt zu, dass Désiré Mamelin sich nie geirrt hat, dass er nie eine Tarifordnung zurate ziehen oder in den Versicherungsbedingungen nachsehen musste. Er ist wie ein Zauberkünstler, dem noch nie ein Trick misslungen ist.

»Man würde Ihnen zwanzig Prozent abziehen, da der Artikel 8 vorsieht, dass eine erhöhte Prämie nötig wird, wenn …«

Er ist der Mann der Stunde, das ist sicher! Diese so selbstsicheren Geschäftsleute sind neben ihm kleine Kinder, die ihn bescheiden nach seiner Meinung fragen und sich Blicke des Einverständnisses zuwerfen.

Das geht so weit, dass Hubert Schroefs, der durch den Lärm aus dem Spielzimmer ungeduldig wird, die Tür schließen lässt.

»Und wenn sich in der Zwischenzeit das Risiko erhöht hat, ohne dass ein Zusatzvertrag gemacht wurde?«

In der Rue Puits-en-Sock haben sich die Mamelins versammelt, und zum ersten Mal fehlt Désiré, zum ersten Mal ist Chrétien Mamelin in Begleitung seines Freundes Kreutz spazieren gegangen, ohne den traditionellen Nachmittagskaffee mit den hausgemachten Waffeln abzuwarten.

Élise ist gleichzeitig zufrieden und beunruhigt. Sie spürt etwas. Sie hätte gern, wenn Désiré auch etwas spürte. Man gießt ihm ein drittes Glas Portwein ein.

»Désiré!«, fleht sie.

Er hört sie nicht. Und gleich, wenn sie durch die dunklen Straßen nach Hause gehen werden, wird es Désiré sein, der, das Kind rittlings auf seinen Schultern, sich zu »seinem« Tag gratulieren wird.

»Sie haben es eingesehen! Ihre Versicherungen sind so schlecht abgeschlossen wie möglich.«

Sie wagt nicht, etwas zu sagen. Wozu auch? Das sind Dinge, die die Peters verstehen können, nicht er.

Das Feuer ist ausgegangen. Sie zündet es wieder an. Sie haben Leberwurst von Tonglet mitgebracht.

»Ich fand, deine Schwester Marthe hat alles getan, um sich von ihrer netten Seite zu zeigen.«

Sie kann es ihm trotzdem nicht erklären. Und warum soll sie ihn an dem bitteren Nachgeschmack dieses so leeren Nachmittags, an dem sie nur Statisten waren, teilhaben lassen?

»Bediene dich, Désiré. Ich habe schon zwei Scheiben genommen. Ich versichere dir, dass ich keinen Hunger mehr habe.«

Die Schroefs haben sie nicht zum Abendessen eingeladen. Als sie gingen – Élise wagt nicht, es Désiré zu gestehen –, schob Marthe ihr zwei Dosen Ölsardinen ins Handtäschchen, die ihr, als sie durch den dunklen Laden gingen, in die Hände gefallen waren.

»Nimm! Du brauchst deine Kräfte. Sag Hubert nichts davon.«

Den ganzen Weg entlang war sie wegen dieser beiden eiskalten Dosen verlegen, sie wusste nicht, wie sie sie verstecken sollte, und zu Hause schob sie sie unter die Matratze des Kindes.

11

Élise und Julie Pain haben sich mit den Kindern auf eine Bank an der Place du Congrès gesetzt, genau gegenüber der Rue Pasteur, sodass sie, wenn sie sich von Zeit zu Zeit umdrehen, sich vergewissern können, dass niemand bei ihnen läutet.

Es ist ein klarer Märztag, es ist sonnig, silbrige Wolken schweben am Himmel, und ein helles, gleißendes Licht betont die Einzelheiten der Umgebung.

Die Kinder, Roger und Armand, hocken auf der Erde und spielen mit dem Kies und dem feinen Staub wie mit Sand.

Die beiden Frauen plaudern halblaut miteinander in kurzen, geflüsterten Sätzen. Élise strickt. Julie Pain weiß nichts mit ihren Händen anzufangen.

»Wenn du wüsstest, Désiré, wie es mich aufregt, diese beiden unbeweglichen Hände zu sehen!«

Sie schütteln oft den Kopf, ihr Lächeln ist von Melancholie gefärbt, und dennoch sind sie nicht traurig, vielleicht sind sie sogar glücklich. Es ist ihrer beider Art, so zu sein, sie haben sofort Freundschaft geschlossen – und sie warten, dass es vier Uhr wird, dass die Schüler aus der École des Frères in der Rue de l'Enseignement kommen, um nach ihrem Feuer zu sehen, eine Tasse Kaffee zu trinken und dazu ein Butterbrot zu essen.

»Schlag Armand nicht mit deiner Schaufel, Roger!«

Wie heute hat es schon viele ähnliche Nachmittage gegeben, und es werden bestimmt noch viele davon folgen, mehr oder weniger sonnig, genauso ruhig, denn an der Place du Congrès fährt nur ab und zu eine Straßenbahn vorbei, und auf den sechs sternförmig zulaufenden Straßen kann man die Fußgänger zählen. Manchmal bleiben die Gehsteige für einige Minuten leer, und man hat den Eindruck, dass sich derjenige, der sich als Erster vorwagt, des Lärms seiner Schritte schämt.

»Weißt du, Julie, das Unangenehmste …«

Roger und Armand sind erst Kleinkinder, die noch Kleidchen tragen. Die von Roger sind blau, weil er der Jungfrau Maria angelobt ist.

Armand, der nur einen Monat älter ist, ist sehr viel größer, ruhig, mit dunklen, schrägen Schlitzaugen wie ein Mongole. Wo man ihn auch hinsetzt, er bleibt so lange da, bis man ihn abholt. Einmal hat Élise zu sagen gewagt:

»Glaubst du, dass das normal ist, Julie?«

Sie hätten sich beinahe verkracht. Élise erwähnt es nicht mehr. Genauso wenig wie Julies Art, das Kind den ganzen Tag, um sich nicht darum kümmern zu müssen, auf der Türschwelle sitzen zu lassen, seinen kleinen Hintern direkt auf dem Quaderstein. Man kann durch die Rue Pasteur kommen, wann man will, die Tür von Pains steht offen, Armand sitzt da, und im Halbdunkel der Küche erkennt man Julie, wenn sie nicht gerade bei einer Nachbarin herumtratscht.

»Das Unangenehmste seit meinem Unfall, meine liebe Julie, sind die Leibschmerzen. Abends scheint es mir manchmal, als würde es mein Inneres zerreißen.«

Nun, dieser Augenblick wird für immer einem Gedächtnis

eingeprägt bleiben: Roger, der soeben seinen Eimer mit den Kieselsteinen umgekippt hat, erhebt den Blick zur Bank. Das Bild, das er entdeckt, das Stück Leben, das sich ihm bietet, der Geruch des Platzes, die Verschwommenheit der Luft, die gelben Ziegelsteine des Eckhauses – während alle Ziegelsteine der Häuser im Viertel rot oder rosa sind –, die leere Metzgerei Godard an der anderen Ecke, die frisch ausgefugte Mauer des Wohltätigkeitsvereins, die den Blick auf den hinteren Teil der Rue Pasteur versperrt, das alles bildet seine erste, bewusste Wahrnehmung von der Welt, das erste Bild, das ihn unverändert sein Leben lang begleiten wird.

Seine Mutter wird immer diese Frau bleiben, zu der er hochschaut, immer noch in Schwarz gekleidet, seit heute in Halbtrauer, den Hals mit einem Spitzenkragen belebt, ein Jabot zu beiden Seiten des Busens, von einer Brosche zusammengehalten, Spitzenrüschen an den Manschetten, eine Frau ohne Hut, mit sehr blonden, sich kräuselnden Haaren, die sich im Märzwind leicht bewegen.

Roger betrachtet sie. Er hört zu. Er versucht zu verstehen, wobei sich seine Stirn in Falten legt. Schließlich spricht er:

»Warum tut dir dein Bauch weh?«

Élise ist verwirrt und schaut flüchtig zu Julie. Man nimmt sich nie genug vor den Kindern in Acht!

»Spiel, Roger!«

»Warum tut dir der Bauch weh?«

»Weil ich einen Wäschebottich getragen habe, der zu schwer war. Weißt du, den großen Bottich, in dem du gewaschen wirst.«

Er denkt nach, ist mit der Antwort zufrieden. Élise seufzt. Schließlich, so als messe es dem keine Bedeutung bei, kratzt das Kind mit gelöstem Gesichtsausdruck den Kies mit seiner Holzschaufel wieder zusammen.

Sicher wird er nicht alles behalten. Dennoch wird es in der Wohnung der Rue Pasteur in Zukunft zwei Augen und zwei Ohren mehr geben, und allein die Zeit wird zwischen den Bildern, den Tönen und Gerüchen eindeutig unterscheiden. In Zukunft, wenn Élise sich über die zu schmalen Gehsteige der Rue Puits-en-Sock schlängelt, wo so viele Straßenbahnunfälle passieren, wenn sie für fünfzig Centime Pommes frites kauft, zwei Koteletts oder ein viertel Kilo Blutwurst, wenn sie sich über dies oder das beschwert, wenn sie vom Obstmarkt aus durch die Scheiben des Cafés die helle und zierliche Gestalt von Félicie erspäht, Élise wird nicht mehr allein sein.

Das erste Bild wird für immer die Place du Congrès an einem Tag im März sein, zwei Frauen auf einer Bank, eine leere Metzgerei, Élise, die zum ersten Mal seit so langer Zeit einen weißen Kragen angelegt hat, und Julie Pain mit ihrer lächerlichen roten Nasenspitze und ihrer Taille, die so hoch sitzt, dass sie wie ein Storch geht.

Das erste Problem, das Roger in seinem kleinen Kopf wälzt, ist dieser Bauch, der, er versteht nicht, warum, leidet, dieser geheimnisvoll verletzte Bauch einer Frau. Das wird noch viel geheimnisvoller und tragischer werden, wenn Élise es ausnutzen und bei jeder Gelegenheit wiederholen wird:

»Wenn du nicht artig bist, kommt ein Wagen und holt mich ab.«

Eines Abends hält eine Pferdedroschke vor einem Nachbarhaus, um einen alten Mann, der ein paar Tage später beerdigt wird, in die Klinik zu bringen. Das Kind sieht das.

»Wo fährt der Wagen hin? Ich auch?«

»Du nicht. Ins Hospital, mit mir.«

»Warum ins Hospital?«

»Um mich zu operieren.«

»Um was zu operieren?«

»Meinen Bauch.«

Roger weint nicht. Er schweigt. Er braucht lange, um sich seine Gedanken durch den Kopf gehen zu lassen, und er wirft kurze Blicke auf diesen gewölbten Bauch, der durch das Prinzesskleid seiner Mutter noch mehr betont wird.

Abends vor dem Einschlafen, wenn das Licht der Petroleumlampe aus der Küche durch die angelehnte Tür scheint und das Schlafzimmer mit beweglichen Schattenfiguren belebt ist, fragt Roger manchmal hinten aus seinem Bett:

»Du wirst doch nicht abgeholt?«

»Von wem?«

»Von dem Wagen.«

Der Trab eines Pferdes auf dem Straßenpflaster lässt ihn plötzlich erstarren. Er wartet angsterfüllt, atmet erst wieder, wenn er sicher ist, dass das Pferdegespann nicht angehalten hat, dass der Lärm endgültig in der Ferne verschwunden ist.

»Tut dir der Bauch weh, Mutter?«

»Was erzählst du da?«

Es ist ihr peinlich vor Désiré, der ihr oft ihre Manie, sich zu beschweren, vorhält.

»Wie deine Schwestern! Das liegt bei euch in der Familie! Selbst wenn man jeder von euch ein Schloss und eine Million geben würde, würdet ihr euch weinend in den Armen liegen!«

Die Welt wird sich unmerklich vergrößern, Bild für Bild, Straße für Straße, Frage für Frage.

»Warum möchtest du mich nicht tragen?«

»Weil ich müde bin.«

»Warum bist du müde?«

»Weil ich eine Frau bin.«

»Und Vater ist nicht müde?«

»Dein Vater ist ein Mann.«

Eine Frau.

Auf der Straße wird Élise wegen des Kindes angesprochen, die Haushälterin des Richters eilt jedes Mal heraus, wenn sie vorbeigeht, und hat immer Süßigkeiten für Roger bereit.

»Sie sind zu gut, Madame Gérard. Sie verwöhnen ihn.«

»Er ist so bezaubernd, so schelmisch! Er hat sprechende Augen, Madame Mamelin!«

»Sie können nicht wissen, wie ermüdend er werden kann! Nicht einmal deshalb so sehr, weil er schwer zu tragen wäre. Es gibt Kinder in seinem Alter, die schwerer sind als er. Aber er stellt von morgens bis abends Fragen. Manchmal ist es mir peinlich. Sehen Sie! Er hört uns zu. Er versteht alles, was man sagt.«

Sie täuscht sich. Er möchte begreifen, aber es geht ihm nicht immer darum, was gesagt wird, sondern um andere Geheimnisse, an die Élise nicht denkt, oft sehr subtile Dinge, von denen sie nicht zu sprechen wagt, so als wüsste sie, dass dies sein persönlicher, für andere undurchschaubarer Bereich ist.

Zum Beispiel das, was an bestimmten Tagen am Himmel, aus dem das Küchenfenster ein großes blaues Rechteck schneidet, auf- und niedersteigt. Roger sitzt auf dem Boden, auf der braunen Decke mit dem Rankenmuster, die samstagnachmittags nach dem Großreinemachen ausgebreitet wird und die während der Woche, vier- oder achtmal zusammengefaltet, ihm ganz allein gehört.

Er starrt auf dieses gleichmäßig blaue Rechteck, und plötzlich – er hat nie den genauen Moment abpassen können, in dem es beginnt – kommt etwas Durchsichtiges, eine längliche, ringartige Form aus einer Ecke des Vierecks und wandert im Zickzack zu einer anderen Ecke, bleibt manchmal für eine Sekunde unschlüssig stehen und wird dann vom Unendlichen, das der Fensterrahmen verbirgt, verschluckt.

Was ist das? Er wagt nicht zu fragen. Er ist davon überzeugt, dass sogar sein Vater es nicht weiß. Wer weiß es? Vielleicht ist er, Roger, der Einzige, der dieses lebendige Ding sieht?

»Warum spielst du nicht, Roger?«

»Ich spiele!«

Wenn er unbeweglich dasitzt, fürchtet Élise immer, er könnte krank sein.

»Gehen wir gleich Koteletts holen?«

»Heute gibt es keine Koteletts.«

»Was gibt es heute?«

»Heute ist Fischtag.«

»Warum ist heute Fischtag?«

Warum ist seine Mutter nicht dieselbe, wenn Léopold kommt und sich in die Ecke setzt?

»War jemand hier?«, fragt Désiré beim Nachhausekommen.

»Nein.«

Und Onkel Léopold? Sicher hat sie es vergessen? Er erinnert sie daran.

»Onkel Léopold war hier.«

Sie wird rot, rückt schnell ihre Töpfe auf dem Herd zurecht.

»Ach ja! Er ist nur kurz vorbeigekommen. Ich habe gar nicht mehr daran gedacht.«

»Geht es ihm gut? Und Eugénie?«

Warum dieser Blick, den Élise dem Kind zuwirft? Warum spricht sie leiser, wie mit Madame Pain?

»Stell dir vor, sie hat hier ganz in der Nähe eine Stellung gefunden, in der Rue de la Province, in einer Familienpension.«

»Wer ist das, Maman, Eugénie?«

»Das ist niemand, Roger.«

»Wer ist das, Niemand?«

Roger hat lebhafte Gesichtszüge und kleine Augen, die er bereits zusammenkneift.

»Wo ich doch so gerne ein Kind mit großen Augen gehabt hätte! Große Augen sind so schön! Er müsste genau die gleichen Augen wie Louis de Tongres haben.«

Zurzeit gehen sie sonntags zu den Schroefs in die Rue des Carmes. Beinahe jedes Mal ist Élise übernervös, und bevor sie gehen, bricht ein Streit aus. Um nichts, weil es ihr nicht gelingt, ihren Hut richtig aufzusetzen, wegen ihrer Haare, die nicht halten, wegen der zu kurzen oder zu langen Nadeln, wegen ihres Prinzesskleides, das Désiré nicht zuhaken kann.

»Du tust mir weh, das weißt du doch! Mein Gott! Warum bist du nicht in der Lage, ein Kleid zuzuhaken?«

Élise ist schon vorher den Tränen nahe, vielleicht schon vor dem Mittagessen. Schon bevor Désiré aus der Rue Puits-en-Sock zurückkommt, wer weiß? Sie macht sich vorher fertig, und die Szene bricht immer im letzten Moment aus, wenn man meint, man könne endlich gehen.

»Ich bleibe besser zu Hause. Geh du hin, mit dem Kind!«

»Was soll ich allein bei deiner Schwester?«

»Und wenn ich mich stundenlang in der Rue Puits-en-Sock oder bei Françoise einsperren lassen muss?«

»Hör mal, Élise! Ich sage nicht, dass ich nicht zu deiner Schwester gehen will. Ich sage nur …«

»Nein! Lass mich! Schweig, das wäre besser. Geh! Geh spazieren! Ich bleibe allein hier mit Roger.«

»Du weißt doch, dass wir erwartet werden.«

»Werde ich erwartet? Nein. Du! Hubert will noch mit dir über Versicherungen oder über ich weiß nicht was sprechen und dich die Arbeit machen lassen, um die er seinen Buchhalter nicht zu bitten wagt. Letztes Mal habt ihr euch drei Stunden im Büro eingeschlossen. Meinst du, das wäre angenehm?«

»Du warst mit deiner Schwester zusammen.«

Oft zieht sie sich wieder aus und wirft sich aufs Bett, am Ende mit ihren Nerven und ihren Argumenten. Dann, eine Viertelstunde später, wäscht sie sich die Augen mit kaltem Wasser, zieht ihr Kleid wieder an und sticht aufs Geratewohl die langen Nadeln in den Hut.

»Sieht man, dass ich geweint habe?«

Sie gehen. Sie überqueren den Pont Neuf oder die Passerelle. Sie läuten und flüstern, während das Dienstmädchen die Treppe herunterkommt.

»Du wirst sehen, dass die Kinder noch unterwegs sind.«

Was kann Élise das ausmachen? Kommt sie wegen der Kinder? Warum behauptet sie, dass sie als Lückenbüßer eingeladen werden, weil die Schroefs sich sonntags langweilen, weil sie keine Freunde haben, weil sie allein in ihrem großen Haus aus Quadersteinen sind und Hubert sich vor einem Beisammensein mit seiner Frau fürchtet?

»Hör zu, Désiré, wenn Marthe angesäuselt ist, bleibe ich nicht. Mach, was du willst, aber ich gehe nach Hause.«

»Psst!«

Schritte. Wie auf Kommando neigt Élise ihren Kopf, nimmt ihr liebenswürdiges, im Voraus dankbares Lächeln an.

Hubert kommt ihnen auf dem Treppenabsatz entgegen, und man ahnt, dass er soeben mit einem Seufzer der Erleichterung seinen Ledersessel verlassen hat, der neben der Gasheizung im Esszimmer steht. Das ist seine Ecke. Das Esszimmer riecht nach kaltem Zigarrenrauch (er hat einen Stummel zwischen seinen Barthaaren).

»Wie geht es dir?«

Er drückt Désiré die Hand, Élise sieht er kaum. Was das Kind angeht, so hat er es sicher noch nie angesprochen, vielleicht würde er es auf der Straße gar nicht erkennen?

»Marthe muss in ihrem Zimmer oder im Abstellraum sein.«

»Danke, Hubert.«

Er trägt seinen Alltagsanzug, eine weite, lange stahlgraue Jacke, wie ein Gehrock, darunter eine Weste mit Uhrkette. Auf dem Kopf hat er seine Melone, die er aus Gewohnheit aufbehält, wenn er in seiner Ecke an der Heizung sitzt. Denn sein Leben, sein wirkliches Leben, ist ein Kommen und Gehen, er geht hinunter, geht zehnmal auf den Hof, um das Beladen eines Wagens zu überwachen, klettert die Treppenleitern der weiträumigen Warenlager hinauf, kommt wieder in die Wohnung, geht hinaus, überwacht seine Welt und holt ein Werkzeug, um eigenhändig eine Kiste zu öffnen, die soeben angekommen ist.

»Setz dich, Désiré. Eine Zigarre?«

Die Zeitungen, die er während des Wartens zerlesen hat, liegen zerstreut auf dem Tisch. Er reguliert die Gasheizung, schlägt seine kurzen Beine übereinander, zündet seinen Zigarrenstummel wieder an.

»Nun, was gibt's Neues?«

Die Kinder sind fort. Élise hatte recht. Sie haben kleine Freunde in ihrem Alter, und jeder lädt der Reihe nach sonntags oder donnerstags zum Nachmittagskaffee ein. Das Kindermädchen bringt sie hin und kommt mit ihnen bei Einbruch der Dunkelheit zurück.

Marthe ist nicht fertig. Sonntags ist ihr nie danach, sich anzuziehen. Bei der Gelegenheit öffnet sie die Schränke, hängt deren Inhalt um, räumt auf, sortiert aus, lustlos, ohne Schwung, an den Füßen weiche Pantoffeln.

»Setz dich, Élise. Ich bin sofort fertig.«

»Soll ich dir helfen?«

Die Straße selbst scheint dazu da zu sein, die Schroefs durcheinanderzubringen, diese in der Woche so belebte Straße, verstopft mit Wagen, von denen im Lärm der Fleischhalle geviertelte Tiere abgeladen werden und die sonntags plötzlich ohne eine Menschenseele, ohne eine Katze daliegt. Man könnte meinen, die Häuser seien unbewohnt.

»Geht's Marthe gut?«

Hubert seufzt, zögert, auf Holz zu klopfen.

»Im Moment hat sie eine gute Phase.«

Niemand kümmert sich um Roger. Die Frauen verschwinden halb in den mit Wäsche und Kleidungsstücken vollgestopften Wandschränken.

»Sag, Marthe, erwartest du auch niemanden? Ich habe immer solche Angst zu stören.«

»Du weißt doch, dass du nie störst, Dummerchen! Wen sollten wir schon erwarten? Außer van Camp …«

Er wird vielleicht kommen, allein oder zusammen mit seiner dicken, rosigen und, wie Marthe sagt, kindischen Frau.

»Ich versichere dir, sie ist kindisch. Man möchte ihr ein Lutschbonbon schenken!«

In wenigen Minuten, dessen kann man sicher sein, wird man die beiden Männer aus dem Esszimmer ins Büro hinuntergehen hören, wo Hubert Désiré immer irgendwelche Papiere zu zeigen hat. Schroefs müsste schon krank sein, wenn er nicht hinunter ins Büro ginge.

Wenn der kleine Monsieur van Camp mit glänzender Glatze schließlich ankommt, wird er zusammen mit seiner Frau hinaufgeführt, sie werden sich ins Esszimmer setzen, und Marthe wird durch die halb geöffnete Tür rufen:

»Ich komme sofort! Sie entschuldigen mich bitte, nicht wahr?«

Léontine wird in der Küche den Kaffee bereiten.

»Léontine, nehmen Sie doch das Kind mit. Es langweilt sich hier.«

Das Haus ähnelt einem zu großen Kleidungsstück, in dem man sich unwohler fühlt als in einem zu engen Anzug. Man weiß nicht, wohin man gehen soll. Im hinteren Teil der Küche gibt es eine Tür, die die Wohnung mit einer buchstäblich unendlichen Welt verbindet, der Welt der Geschäftsräume, nicht der Verkaufsräume, die sich unten befinden, sondern der Räume, wo die Waren gelagert werden.

Das ist ein Block von drei Etagen, mit großen rechtwinkligen Löchern in den Zwischendecken, Leitern, Blockrollen, Wänden aus Kisten, Bergen von Säcken und Ballen. Auf dem Betonboden liegt Stroh herum, Kaffeebohnen, Zimtstückchen, und wenn man sich aus einer der glaslosen Fensteröffnungen lehnt, erkennt man im Pferdestall, der den hinteren Teil des Hofes jenseits des Wagenschuppens ausmacht, die fünf

Pferde mit den mächtigen Kruppen und den Stallknecht, der ein Stück Holz zurechtschneidet oder eine Peitsche repariert.

»Léontine! Sagen Sie Monsieur, dass der Nachmittagskaffee serviert ist.«

Während der ganzen Zeit ist Élise hinter ihrer Schwester hergetrippelt und hat versucht, sich nützlich zu machen, wobei sie nur bruchstückhaft redet.

»Übrigens, stell dir vor, Eugénie arbeitet jetzt in unserem Viertel, sodass man jeden Augenblick Gefahr läuft, ihr zu begegnen, ohne Hut, ungepflegt.«

Morgen wird das zu Ende sein, die Woche wird beginnen, das wirkliche Leben. Hubert Schroefs wird bereits um sieben Uhr als Erster in seinem Gehrock hinuntergehen, die Melone auf dem Hinterkopf und seine Zigarre schon im Mundwinkel. Er wird einen kleinen Gang durchs Büro machen, über den Hof, in den Pferdestall, durch die Lagerräume. Bis zum Abend wird er sein Leben leben können, und wenn er schließlich wieder in die Wohnung hinaufgehen wird, wird er sich in einen Sessel fallen lassen, dann, nach dem Abendessen, wird er die Beine vor der Gasheizung ausstrecken und sich in die Lektüre der Zeitung vertiefen.

»Zu Tisch, meine Lieben!«

Torten. Kuchen. Van Camp spricht kaum Französisch. Übrigens spricht er wenig. Er ist zufrieden so, wenn er die Atmosphäre schnuppert, die Schroefs, die große Persönlichkeit aus seinem Dorf, umgibt.

Bei sich zu Hause ist er unglücklich. Er hat den Fehler gemacht, sein Käsegeschäft zu früh zu verkaufen, und jetzt, allein mit seiner Frau in einer Wohnung in der Rue Neuvice, langweilt er sich.

Die beiden Männer sind zusammen in Lüttich angekommen; der Unterschied zwischen Schroefs und van Camp ist der, dass Schroefs gebildet war, schon Volksschullehrer, und bei Madame Winand, der Kolonialwarenhändlerin aus der Rue Sainte-Marguerite, als Buchhalter eintrat, während van Camp im weißen Kittel Käsekarren durch die Straßen schob.

Heute sind beide reich. Schroefs ist reicher. Sie sind klein und breit. Sie haben ihren Akzent beibehalten. Manchmal wechseln sie ein paar Worte.

»Erinnerst du dich an den kleinen Kees mit den Sommersprossen?«

»Der Sohn des Briefträgers Pietke? Was ist aus ihm geworden?«

»Ich weiß es nicht.«

Es macht ihnen Spaß, davon zu sprechen, die Erinnerung an den langen, schmutzigen Weg im Schnee wachzurufen, an die Zeit, als sie in ihrem Dorf in Campine zur Schule gingen, Holzschuhe an den Füßen.

Jetzt hat Schroefs einen großen Salon, den man sich nicht für van Camp und für Désiré zu öffnen die Mühe macht.

Hubert spricht über Kaffee, sein Lieblingsthema. Er kennt alle Kaffeesorten der Welt, bestimmt sie, indem er nur eine einzige Bohne zerkaut.

Élise neigt den Kopf, beaufsichtigt ihren Sohn.

»Hör mal, Roger. Iss nicht so viel. Du wirst noch davon krank.«

Und Marthe:

»Lass ihn, Élise. Er soll essen, der arme Kleine, wenn er meint, dass es gut ist. Sieh nicht zu deiner Mutter hin, Roger.

Iss. Wenn du bei Tante Marthe bist, darfst du nie darauf achten, ob deine Mutter dich strafend anblickt.«

»Übrigens, Marthe, wir können nächsten Sonntag nicht kommen. Wir müssen Désirés Schwester besuchen, die Nonne bei den Ursulinen in Ans ist.«

Aus Höflichkeit, weil die Schroefs sonst beleidigt sein könnten, glaubt sie, sie müsse zu verstehen geben, dass dieser Besuch im Kloster ihr lästig ist.

Man hat zwei Kissen auf den Stuhl des Kindes gelegt. Es schaut forschend um sich und wird bestimmte Dinge, die die anderen vielleicht noch nie bemerkt haben, nicht vergessen. Zum Beispiel tragen alle Bilder im Haus goldene Buchstaben auf dem Rahmen, denn es sind Werbegeschenke, die von großen Firmen für Gebäck, Konserven oder Schokolade verteilt werden. Genau gegenüber von Onkel Huberts Sessel hängt ein Bild, das dunkler als die anderen ist und Personen mit großen schwarzen Hüten zeigt, die einen völlig nackten, grünlich-gelben Mann umringen.

Roger würde gerne fragen:

»Was machen die?«

Es ist ein Farbdruck der »Anatomiestunde«. Diese schwarzen Männer um einen Leichnam verbinden sich im Geiste des Kindes mit der grauen und strengen Gestalt von Onkel Schroefs, mit seiner Melone, von der er sich nur trennt, um sich an den Tisch zu setzen, mit dem würzigen Geruch, der, vermischt mit dem der rauen Holzkisten, in dem Haus herrscht.

Tante Marthe stopft ihm immer irgendwelche Sachen in die Taschen, Sachen manchmal, die er gar nicht essen kann, sie steckt ihm sowohl Schokolade oder Kekse zu, die sofort zerbröckeln, als auch Dosen mit Sardellenfilets.

Warum nimmt ihm seine Mutter die Sachen wieder weg? Warum wird mit ihm geschimpft, kaum dass sie um die Straßenecke sind?

»Du sollst nichts von Tante Marthe annehmen. Du sollst sagen: ›Nein danke, Tante.‹«

Und dieses *nein danke* wird für ihn so etwas wie ein Eigenname.

»Neindanke.«

Warum muss er »Neindanke« sagen? Warum fangen sie an zu weinen, wenn sie zusammen in dem Zimmer oder in dem Abstellraum sind, vor allem in dem Abstellraum, und warum wischen sie sich ganz schnell die Augen, wenn jemand hereinkommt? Warum sagen sie bei der Begrüßung fast immer:

»Meine arme Élise.«

»Meine arme Marthe.«

Trotz allem ist es das schönste Haus der Welt. Wenn die Erwachsenen allein zu sein wünschen, nimmt Léontine Roger mit. Das ist ein komisches Mädchen, sehr mager, sehr farblos. Sie hat die Angewohnheit, ihn zu fest an ihre Brust zu drücken, wenn sie ihn küsst. Sie lässt ihn in die Geschäftsräume gehen. Sie erlaubt ihm, alles anzufassen. Sie hat ihn zu den Pferden geführt, und der Mann auf dem Hof – oder wenn es regnet, im Stall –, ein schlecht gekleideter alter Mann, hat ihm eine Peitsche gemacht, eine richtige, mit einer Schnur, die knallt.

Wenn es langsam dämmerig wird, schaut Élise ihren Mann an, versucht angestrengt, seine Aufmerksamkeit auf sich zu ziehen und gibt ihm ein Zeichen, das von allen verstanden wird.

»Aber nein! Es ist nicht spät«, protestieren Marthe oder Hubert.

Es ist Zeit, den Tisch für das Abendessen zu decken. Die Kinder werden gleich nach Hause kommen. Man stört. Merkt Désiré nicht, dass man stört?

Seit einer Viertelstunde schon hat Schroefs genug, unterdrückt kaum ein Gähnen, möchte jetzt, wo der größte Teil des Tages vorüber ist, sich allein in seine Ecke vor seine Gasheizung verkriechen und seufzend in seinen Zeitungen stöbern.

Désiré glaubt alles, was man ihm sagt. Wenn man ihm sagt:

»Aber nein, bleibt doch«, dann bleibt er!

Nun! Van Camp ist aufgestanden, aber er wäre gern noch geblieben. Sie gehen zur Tür. Sie wünschen sich zwei- oder dreimal einen guten Abend, einmal, bevor sie sich anziehen, dann auf dem Treppenabsatz, dann noch einmal unten.

»Geht doch hier durch.«

Die Ladentür wird etwas geöffnet, auf der Straße begegnet man wieder den violetten Schatten, der Stille, dem Geräusch der fernen Straßenbahnen.

»Bis Sonntag in acht Tagen. Danke, Marthe! Désiré, trag den Kleinen. Dann können wir schneller gehen.«

Ein paar Schritte:

»Sie haben ihn wieder drei Stück Torte essen lassen.«

Désiré versteht nicht, er kann sich weder darüber entrüsten, noch kann er darunter leiden.

»Ich bin sicher, dass Hubert sagen wird, dass du nur kommst, um seine Zigarren zu rauchen.«

»Ich habe zwei geraucht.«

»Sollen wir etwas Schinken zum Abendbrot kaufen? Das Feuer wird aus sein.«

Das Kind auf den Schultern seines Vaters sieht die Gaslaternen fast in Höhe seines Kopfes vorbeiwandern, in der Rue Puits-en-Sock sieht er alle schlecht beleuchteten Läden an sich vorüberziehen; sie sind sonntags bis zehn Uhr abends geöffnet, mit den Geschäftsleuten, die hinter einem Vorhang oder hinter den Scheiben des Hinterzimmers etwas essen, mit den Waren in allen möglichen Farben im Schaufenster, und plötzlich kommt die Straßenbahn aus dem Schatten der Place de Bavière hervor.

»Désiré, Vorsicht, die Straßenbahn!«

Das Hutgeschäft Mamelin hat noch eine Gaslaterne an, als käme noch jemand um diese Zeit, um einen Hut zu kaufen!

»Vater!«

Roger muss rufen. Er sitzt zu hoch oben. Élise trägt den Hut ihres Mannes in der Hand, weil das Kind ihn herunterschiebt, wenn es sich mit beiden Händen an Désirés Kopf festhält.

»Was werden wir zu Hause tun?«

Roger würde gerne in der Rue Puits-en-Sock haltmachen. Er weiß, dass, wenn sie erst einmal in der Rue Pasteur sind, der Tag zu Ende ist. Er wird etwas zu essen bekommen, dann sofort ins Bett gesteckt werden, und lange noch wird er das Stimmengemurmel seines Vaters und seiner Mutter in der Küche hören.

»Wir gehen doch noch nicht nach Hause?«

»Nein, mein Kleiner.«

»Wohin gehen wir?«

Er lässt nicht locker:

»Wohin gehen wir noch?«

»Wir gehen spazieren.«

»Wohin gehen wir spazieren?«

Und er weiß, dass es nicht wahr ist, weil sie durch die dunkle Rue Jean-d'Outremeuse gehen, die schon auf die absolute Ruhe der Rue Pasteur vorbereitet.

12

In der Rue Pasteur ist niemand außer Monsieur Lorisse, der Rentner von nebenan, der soeben, nachdem man ihm seinen Schal umgebunden hat, sanft nach draußen geschoben wurde und jetzt von der Loggia aus beaufsichtigt wird. Er steht unbeweglich am Gehsteigrand, die Hände hinter dem Rücken, in der Rechten eine geflochtene Lederpeitsche; versonnen betrachtet er seinen Hund, einen Schäferhund aus den Pyrenäen mit langen falben und weißen Haaren, der durch sein steifes Hinterteil genauso gebrechlich erscheint wie sein Herr. Der Hund läuft drei Meter, beschnuppert den Boden, sucht sich einen Pflasterstein aus, hebt das Bein oder hockt sich hin, aber er macht nichts, und etwas weiter versucht er es noch einmal, während Monsieur Lorisse ebenfalls drei Meter weitergeht und seine Haltung wieder einnimmt, sodass alle beide wie diese ausgesägten Holzspielzeuge aussehen, die man mitten in einen Schafstall stellt.

Von der Loggia aus werden sie von Madame Louise und ihrer Tochter – die vierzig Jahre alt und so liebenswürdig ist – beobachtet. Sie sind Rentner. Sie sind immer Rentner gewesen. Monsieur Lorisse wird vielleicht bis zu Madame Pain gehen, vielleicht auch bis zur Place du Congrès, aber er wird nicht um die Ecke biegen, denn er weiß, dass ihm das verboten ist.

»Welch ein Einfall, Désiré, ihren Hund Lorisse zu nennen, wie sie selbst heißen!«

Der Hund heißt nämlich Lorisse, wie seine Besitzer, woran sich jeder stößt, obwohl er der schönste Hund des Viertels ist.

Wäre Roger unten, würde ihn das Ringen fesseln, das bereits begonnen hat, dieses Ringen zwischen dem Schatten und der Sonne, das ebenso geheimnisvoll ist wie das, was vor dem Küchenfenster am Himmel vorbeizieht.

Dieses Ringen wird auch in den umliegenden Straßen ausgetragen. Roger hat es nie in der Innenstadt bemerkt, in der Rue Léopold zum Beispiel oder auf der Place Saint-Lambert, wenn sie donnerstags zum l'Innovation gehen, um den Verkäuferinnen guten Tag zu sagen.

In der Rue Pasteur findet es Minute für Minute statt: Die leere Straße ist immer in zwei Felder aufgeteilt durch eine klare Linie, die vorrückt oder zurückweicht und die um halb zwölf, wenn die Jungen aus der École des Frères kommen, manchmal nur einen schmalen Korridor von Schatten entlang der Häuser zurücklässt.

Roger sitzt auf seinem Stuhl und kümmert sich im Augenblick nicht um das, was auf der Straße geschieht. Es geschieht dort auch nichts. Das Küchenfenster ist geschlossen, und das Fenster im Schlafzimmer ist geöffnet, der Wind von der Straße bläst die Gardinen auf wie Ballons. Sie sind gelb. Alles ist, wegen der Sonne, gelb um diese Zeit, von einem zartrosa überzogenen Gelb, nur die Fensterscheiben in der Küche schimmern bläulich; morgen am Samstag wird die Küche gründlich sauber gemacht, und heute sind die Scheiben schmutzig.

»Was soll ich denn tun, Désiré? Soll ich sie bitten, nicht mehr zu kommen?«

Eben hat Élise wieder einmal so gesprochen. Es ist Freitag. Das ist der Tag von Madame Smet. Jede Woche seit Rogers

Geburt verbringt sie den Freitag bei den Mamelins. Sie bleibt unbeweglich in der Ecke beim Herd sitzen. Abends, wenn das l'Innovation schließt, kommt Valérie, um sie abzuholen, und Désiré nutzt die Gelegenheit und geht nach dem Abendessen zu Velden, um Whist zu spielen. So ist der Freitag auch ein wenig sein Tag.

Was man nicht vorhersehen konnte, ist, dass die Weltausstellung stattfinden würde, dass Élise eine Dauerkarte kaufen würde, dass es ein strahlender Sommer würde und es ein Verbrechen wäre, ein Kind den ganzen Tag im Haus festzuhalten.

»Gehen Sie mit dem Kleinen spazieren, meine Liebe. Lassen Sie sich durch mich nicht stören. Mit meinen alten Beinen …«

Élise seufzt.

»Ich schwöre dir, Désiré, dass sie könnte, wenn sie wollte. Aber sie will nicht gehen. Es ist eine Manie von ihr. Sie würde einen Umweg von einer halben Stunde machen, um die Straßenbahn zu nehmen.«

Sie waren sehr froh gewesen, Valéries Mutter bei sich zu haben, als Élise im Bett lag, allein mit dem Baby, das versorgt werden musste.

Élise lauert auf das Geräusch der Straßenbahnen, die an der Place du Congrès halten, auf die Schritte in der Rue Pasteur, aber man hört immer nur die zwei oder drei vereinzelten Schritte von Monsieur Lorisse, der hinter seinem Hund, der den halben Morgen braucht, um sein Geschäft zu verrichten, hergeht.

Da ist noch die Geschichte mit den Bonbons! Élise denkt daran, während sie die Matratzen der Betten wendet.

»Warum spielst du nicht, Roger!«

»Ich spiele.«

Er spielt nicht. Er betrachtet den wunderbaren Nebel aus feinem Goldstaub, der vom Schlafzimmer aufsteigt und von der feuchten Luft der Straße langsam, unwiderstehlich aufgesogen zu werden scheint. Wenn seine Mutter die Matratzen ausklopft, ist es, als ob Tausende von kleinen Tierchen sich im Kreis drehten, sich trennten und wieder zusammenkämen, während ein paar Federn lange in der Luft schweben. In diesem Moment sieht man außerdem den runden Fleck an der Decke, auch der eine Art Tier, ein leuchtendes Tier, das man nicht anfassen kann, das sich in einem Winkel der Zimmerdecke zitternd bewegt und sich plötzlich auf die andere Wand wirft, wenn man das Fenster berührt, denn es ist nur ein Sonnenreflex.

Da heute der Tag von Madame Smet und Valérie ist, stehen mehr Töpfe als sonst auf dem Herd. Élise hat noch keine Zeit gehabt, sich zu frisieren und sich Schuhe anzuziehen. Sie scheuert den Waschtisch mit der Platte aus weißem Marmor, die Waschschüssel und den Wasserkrug aus rosa Steingut, die zusammen wie eine große Blume aussehen und die man aus Furcht, sie zu zerbrechen, nicht benutzt.

Rrring …

Einmal. Das ist für unten.

Rrring … Rrring …

Zweimal. Élise stürzt zum Fenster und beugt sich weit hinaus.

»Warte, Léopold. Ich werfe dir den Schlüssel hinunter.«

Diesen Schlüssel, den man nie in dem Moment wiederfindet, wenn jemand kommt!

»Wo habe ich den Schlüssel hingelegt, Roger? Ich wette, du hast wieder damit gespielt. Gut! Da ist er.«

Sie wickelt ihn in eine Serviette und wirft ihn aus dem Fenster.

»Vorsicht, Léopold!«

Das macht ein seltsames Geräusch, zugleich weich und hart, ein Geräusch, das in der Rue Pasteur wohlbekannt ist.

Warum kommt Léopold? Er ist noch nie an einem Freitag bei Élise *hereingeplatzt*. Er weiß nicht, dass es Madame Smets Tag ist. Auf der Treppe sein schwerfälliger Gang. Hoffentlich ist er nicht gar zu sonderbar und riecht nicht nach Genever.

»Komm rein, Léopold.«

Rrring … Rrring … Rrring …

Sie beugt sich wieder aus dem Fenster wie eine Marionette über den Rand des Kasperletheaters.

»Ich komme, Madame Smet.«

»Erwartest du jemanden?«, sagt Léopold misstrauisch.

»Aber nein.«

Und so, als würde alle Welt Valéries alte Maman mit dem wächsernen Gesicht kennen, fügt sie lächelnd hinzu:

»Das ist doch Madame Smet! Setz dich. Was bringst du da?«

Er hat ein schlecht eingewickeltes Paket unter dem Arm. Aber Élise muss erst hinuntergehen. Sie tut es, und im Flur hört man:

»Gehen Sie langsam, Madame Smet. Mein Gott! Wieder Bonbons! Sie sind immer unvernünftig.«

Diese Bonbons! Diese schrecklichen, mit rosa Zuckerblumen überzogenen Bonbons, die Madame Smet jeden Freitag Gott weiß wo kauft, die sicherlich im Schaufenster gelegen haben und die man Roger nicht zu geben wagt! Élise ist gezwungen, ihn streng anzusehen, sobald der kleine Beutel auf dem Tisch liegt.

»Geben Sie ihm jetzt nicht davon, Madame Smet. Er hat gerade gegessen. Setzen Sie sich. Kennen Sie meinen Bruder Léopold?«

Léopold würde am liebsten weggehen. Er mag so etwas nicht. Er scheint zu glauben, dass man es absichtlich gemacht hat.

»Setz dich, Léopold, bitte. Das ist die Mutter von Valérie. Du weißt doch, Valérie! Sie ist, sie sind so gut zu mir gewesen, als ich den Kleinen geboren hatte.«

Roger blickt sie an. Élise macht das Paket auf.

»Hast du das gemalt, Léopold?«

Sie redet und redet, sie versucht, dem einen wie dem anderen über die Verlegenheit hinwegzuhelfen, um zu verhindern, dass sie den Eindruck haben zu stören. Sie macht alles auf einmal, schürt das Feuer, mahlt den Kaffee für Léopold, richtet ihre Haare, die immer wieder zurückfallen, sucht mit der Fußspitze ihre Halbstiefel, die unter das Bett gerutscht sind.

Jetzt schwenkt sie das Bild, das Léopold gebracht hat. Im Grunde weiß sie, warum er gekommen ist, warum er das Bedürfnis hatte, irgendetwas zu bringen, warum er, der so ungesellig ist, trotz allem bleibt, wie um auf seine Absolution zu warten.

Am Vortag hat Élise, wegen Madame Smets Tag, einen Teil ihrer Einkäufe nach Einbruch der Dunkelheit gemacht, während Désiré aufs Kind aufpasste. Sie lief in den nächstbesten Laden, in die Fleischerei der Rue de la Province, wohin sie sonst nie geht. Überraschend traf sie Léopold und wäre fast einfach stehen geblieben. Sie ging kaltblütig vorbei, tat so, als würde sie ihn nicht erkennen, und hätte fast vor Scham geweint. Ihr Bruder drückte sich gegen die Mauer eines Hauses, der Familienpension, in der jeder aufgenommen wird, sogar Frauen mit schlechtem Ruf. Dann wurde das Fenster der im Kellergeschoss liegenden Küche einen Spaltbreit geöffnet, ein Lichtstrahl ergoss sich über den Gehsteig, und Eugénie reichte ihrem Mann ein Paket hinaus. Élise konnte noch so sehr laufen, Léopold hatte sie sicherlich erkannt. Jetzt bringt er ihr ein Bild.

»Ich habe gedacht, das würde dir Freude machen, Mädchen.«

»Ist es das Haus unserer Eltern, Léopold?«

»Das ist in De Wateringen, jawohl.«

»Sehen Sie mal, Madame Smet. Hier ist das Haus, in dem meine Eltern wohnten, als Léopold geboren wurde. Bis wann hast du dort gelebt, Léopold?«

»Bis vierzehn.«

»Neulich hast du mir gesagt, dass es Maman, die Félicie erwartete, nicht gelang, in den Wagen zu steigen.«

Sein Geschenk besteht aus einer richtigen Leinwand, die auf einen Rahmen gespannt ist. Léopold hat das Bild wie ein Gebäudemaler gewissenhaft gemalt, hat sorgfältig die Farbe aufgetragen, ohne Licht und Schatten, ohne Perspektive, sodass es scheint, als throne das Haus auf einem großen Stück Rasen und als drohte der Kanal, der rechts vorbeifließt, daraufzufallen.

»Entschuldige, wenn ich mich vor dir frisiere, Léopold. Madame Smet, machen Sie es sich bequem. Erzähl uns, was unser Vater machte, Léopold!«

»Er war Dijkmeester.«

»Wie soll das jemand verstehen, wenn du es nicht erklärst?

Das heißt Deichmeister, Madame Smet. Er ließ das Land überschwemmen oder trockenlegen. Nicht wahr, Léopold? Stellen Sie sich vor, die Schiffe fuhren oberhalb des Hauses vorbei! Erzähl du, Léopold. Du weißt das alles besser als ich.«

Sie geht von einem Zimmer ins andere. Sie sucht ihre Haarnadeln. Es fehlen ihr immer Haarnadeln, und sie hat die Angewohnheit, sie zwischen die Lippen zu stecken, wenn sie sich frisiert.

»Erzähl, wie du zur Schule gegangen bist.«

»Es war sehr weit, eine Stunde Fußweg. Im Winter fuhren Hubert und ich mit Schlittschuhen hin.«

Élise hat De Wateringen nie gesehen, aber wenn Léopold sie besucht, hat sie es gern, wenn er ihr davon erzählt. Jetzt, da sie durch das Bild eine Vorstellung von der Lage der Örtlichkeiten hat, ist sie noch glücklicher darüber. Sie möchte, dass auch Madame Smet das Bild bewundert, aber die gute Madame Smet schüttelt zu allem, was man ihr erzählt, den Kopf.

»Und das eine Mal, als man den Arzt holen musste …«

»Ich bin mit dem Vater im Schlitten hingefahren.«

»Ein Schlitten, der von einem Pferd gezogen wurde. Madame Smet. Erzähl weiter, Léopold.«

Rrring … Rrring …

Sofort steht Léopold auf.

»Bleib sitzen. Ich versichere dir, dass ich niemanden erwarte. Du weißt doch, uns besucht nie jemand.«

All das dauert so lange, wie Monsieur Lorisse mit seinem Hund braucht, um schrittweise bis zur Place du Congrès zu gelangen, wo er sich umdrehen muss und von wo aus man undeutlich die beiden Frauen in ihrer Loggia erkennt.

»Ich sehe nicht, wer es ist …«

Élise hat sich zum Fenster hinausgelehnt. Sie hat den perlgrauen Hut nicht erkannt, auch nicht den Fischgrätmantel. Sie hustet. Der Besucher hebt den Kopf, und sie ruft mit nicht gespielter Bestürzung:

»Mein Gott, Guillaume! Wie ist das möglich?«

Dann hat sie plötzlich vier Hände, zehn Hände wie ein Jongleur, sie geht hin und her.

»Bleib, Léopold, ich flehe dich an! Es ist Guillaume. Mein Gott!«

Alle Haarnadeln rücken den schiefen Knoten wieder zurecht. Man weiß nicht, wie sie es fertigbringt, ihre Halbstiefel zu schnüren und gleichzeitig alles im Auge zu behalten, kleine Gegenstände, die noch herumliegen und die niemand bemerkt hätte.

»Bleib! Eine Sekunde, Madame Smet …«

Es ist Guillaume, der älteste Bruder von Désiré. Er ist vor zwei Stunden an der Gare des Guillemins angekommen, einfach so, weil er Lust hatte, die Ausstellung zu sehen, weil er zum ersten Mal seinen Fischgrätmantel ausführte, einen jener Mäntel, die eben auf den Markt gekommen sind, so kurz und hinten so hoch geschnitten, dass man sie *pète-en-l'air* nennt, Furz in die Luft.

Guillaume hätte Désiré in dessen Büro, das fast gegenüber dem Bahnhof liegt, guten Tag sagen können. Aber er macht nichts so wie die anderen. Er muss immer für eine Überraschung sorgen. Und in die Rue Puits-en-Sock wagt er wegen des Fischgrätmantels nicht zu gehen. Er hat sich als Zeichen der Trauer lediglich eine schwarze Armbinde umgelegt.

Er hat Élise aufgesucht. Da es noch zu früh war und er sich

die Zeit vertreiben musste, ist er zum Friseur gegangen und hat sich eine halbe Stunde lang im Spiegel betrachtet, während man ihn frisierte, puderte und parfümierte. Das ist typisch Guillaume. Von unten hört man:

»Wenn ich das geahnt hätte … Ist deine Frau nicht mit dir gekommen? Richtig, sie muss auf das Geschäft aufpassen.«

Guillaume besitzt in Brüssel in der Rue Neuve, mitten im Stadtzentrum, ein kleines Geschäft für Regenschirme und Spazierstöcke.

»Geh hinauf! Désiré wird staunen! Du bist nicht bei ihm vorbeigegangen?«

In dem Augenblick, in dem sie in die Wohnung gehen wollen, steht Léopold bereits im Türrahmen, mit rundem Rücken, dem schwarzen Bart, er gleicht mehr denn je einem Bären, mit seinen Augen, die niemandem zulächeln, schon gar nicht diesem sonderbaren Kauz, der nach Friseur riecht und dessen Schnurrbart hochgezwirbelt ist.

Élise dagegen lächelt jedem zu.

»Kennst du meinen Bruder Léopold? Das ist Guillaume, der älteste Bruder von Désiré. Guillaume hat sich in Brüssel niedergelassen.«

»Auf Wiedersehen, Mädchen.«

»Léopold! Bleib noch *einen* Augenblick, nur einen Augenblick.«

Léopold hört nicht zu und verschwindet brummend im Treppenhaus.

Dabei sind es die ältesten Kinder der beiden Familien, die eine Minute lang zusammen in der Küche in der Rue Pasteur waren, der Älteste der Peters und der Älteste der Mamelins. Élise beugt sich über das Geländer.

»Danke für das Bild, Léopold! Ich freue mich sehr darüber, wirklich. Du musst mich wieder mal besuchen!«

Sie weiß sehr wohl, dass er nicht zuhört; er ist gekommen in der Vorfreude auf die Überraschung, die er ihr machen wollte, und auf die langen Minuten, die sie in der Stille verbringen und über das Haus in Neeroeteren sprechen würden. Dieses Bild, das Élise nie gesehen, von dem sie jedoch gehört hat, hat Léopold schon Louisa verweigert, die es so gern hätte, auch Marthe und sogar Schroefs, der gar nicht böse darum gewesen wäre, das Haus seiner Schwiegereltern zu zeigen.

Élise hätte ihren Bruder gern bis an die Haustür gebracht, aber sie wagt es nicht, Guillaume mit dieser alten Frau, die er nicht kennt und die er feierlich begrüßt, allein zu lassen.

»Madame Smet – Guillaume ... Die Maman von Valérie, meiner besten Freundin, die uns so sehr geholfen hat, als ich den Kleinen hatte ...«

»Meine Verehrung, Madame.«

Wie im Theater! Dann sofort, ohne zu wissen, dass alle Silben zählen, dass sie sich für immer einprägen, dass er, Guillaume, heute eine fast historische Rolle spielt:

»Sehen wir uns meinen kleinen Herrn Neffen an!«

Er hat kein Kind. Dieses hier nimmt er wie ein Spielzeug. Am Bahnhof ist ihm der Gedanke gekommen, Désirés Sohn ein unvergessliches Geschenk zu machen.

Natürlich denkt er nicht daran, dass Roger, auf seinem Klappstuhl sitzend, ihn von unten herauf ansieht, so wie er oft seinen Vater ansieht. Vor allem stellt er sich nicht vor, dass er, ganz frisch rasiert, mit gepflegtem, spitzem Schnurrbart, mit gepuderten Wangen und nach Lavendel und Brillantine duftend, heute eine Art Désiré-Dämon ist, ein Désiré, der von einem Schauspieler übertrieben dargestellt wird, dessen Schnurrbartspitzen zu sehr hochgezwirbelt sind und der zu viel goldenen Glanz, zu viel scherzhafte Fröhlichkeit in die kastanienbraunen Augen legt.

Dennoch, es stimmt! Roger hat Angst und ist gleichzeitig hingerissen. Das ist sein Vater mit einem anderen Akzent, mit weiter ausholenden Gesten, einer lauteren Stimme, einem ungewöhnlichen Mantel und einem ungewöhnlichen Spazierstock mit goldenem Knauf, sein Vater mit einem fast kahlen Schädel und mehr Falten im Gesicht.

Élise ist ganz verwirrt, öffnet das Büfett, schließt es wieder, versteckt einen Gegenstand unter dem Tuch, das sie gerade um ihre Schultern geworfen hat.

»Eine Sekunde, Guillaume. Du erlaubst?«

Dieser Onkel aus Brüssel, den man nie sieht, sogar in der Rue Puits-en-Sock nicht, weil er eine geschiedene Frau geheiratet hat und nicht kirchlich getraut ist, das ist Guillaume. Er landet in der Rue Pasteur wie die Leute, die man in der Ausstellung aus einem Ballon steigen sieht, ganz frisch, ganz munter, mit sauberen Gamaschen auf seinen Lackschuhen.

»Zieh deinen Mantel aus. Ich komme sofort.«

»Aber ja. Du gehst doch hoffentlich nicht meinetwegen fort?«

Er heuchelt. Er ist glücklich. Er hat die kleine Karaffe genau gesehen, die sie aus dem Geschirrschrank genommen hat und unter ihrem Umschlagtuch mitnimmt.

»Achten Sie aufs Feuer, Madame Smet?«

Sie läuft, lässt die Tür angelehnt, weil sie ihren Schlüssel oben vergessen hat, und eilt zur Place du Congrès, zu Dupeux.

»Haben Sie Bitter, Monsieur Dupeux? Guten, nicht wahr?

Er ist für den Bruder meines Mannes, der gerade aus Brüssel gekommen ist.«

Sie erklärt und erklärt, immer hat sie das Bedürfnis, alles zu erklären, als wäre sie im Unrecht.

»Machen Sie die Flasche voll. Nein, warten Sie, halb voll, so etwa, das reicht. Wir selber, wissen Sie, wir trinken nie.«

Sie kommt zurück, außer Atem, triumphierend.

»Guillaume, du trinkst doch sicher ein Gläschen Bitter.«

»Unter einer Bedingung: Du musst mir deinen Sohn bis heute Nachmittag überlassen. Abgemacht!«

Er ist wie ein Teufel.

»Wir beide haben große Pläne zusammen, nicht wahr, Söhnchen? Psst! Sieh deine Mutter nicht an. Hab keine Angst vor ihr. Haben wir große Pläne?«

Verblüfft stammelt das Kind:

»Ja.«

Élise wendet sich Madame Smet zu, um ihre Hilfe zu erbitten, aber Guillaume sagt ungezwungen, so als würde er sie seit jeher kennen:

»Na, na, meine gute Madame Smet, verraten Sie mich nicht? Achten Sie nicht darauf, wenn meine Schwägerin Ihnen zublinzelt. Abgemacht! Auf Ihr Wohl! Ich nehme Roger mit, er gehört mir, sagen wir, bis vier Uhr.«

»Hör zu, Guillaume …«

»Gesagt ist gesagt, ja oder nein? Bin ich nicht extra aus Brüssel gekommen, um meinen Neffen zu sehen?«

»Sicher, Guillaume. Nur, lass mich ihn wenigstens umziehen.«

Und Élise, die nie jemandem ihren Sohn anvertraut hat, außer Madame Pain für ein paar Minuten, sie ist jetzt gezwungen nachzugeben, weil Guillaume darauf besteht, weil Madame Smet da ist.

Was wird Désiré sagen? Wenn wenigstens Léopold geblieben wäre! Sie versucht ein Ablenkungsmanöver.

»Sieh mal, Guillaume: Das ist das Haus meiner Eltern in Neeroeteren. Mein Vater war Deichmeister. Die Schleppkähne fuhren auf Höhe des Häuserdachs. Ich habe es nie gesehen, aber alle meine Geschwister wurden dort geboren; außer Félicie.«

Er streicht seinen Schnurrbart glatt und schaut höflich hin, ohne zuzuhören. Es ist ihm völlig gleichgültig.

»Mach Pipi, Roger. Du wirst mit deinem Onkel Guillaume spazieren gehen. Du wirst lieb sein, nicht wahr? Wirst du brav sein?«

Alles ist durcheinander. Nichts an diesem Tag verläuft wie gewohnt. Wochen-, monatelang sieht man keine Menschenseele, dann, mit einem Mal, überstürzen sich die Ereignisse.

Élise sieht Roger und seinem Onkel nach.

»Verstehen Sie, Madame Smet, er ist nicht an Kinder gewöhnt. Ich spüre, dass er Hintergedanken hat. Er wird ihm irgendetwas kaufen. Hoffentlich ist es etwas Nützliches! Bei Guillaume kann man nie wissen.«

Es ist so leer in der Küche, ohne Roger! Wäre Madame Smet nicht hier, würde Élise, ohne ein Wort zu sagen, ihrem Sohn folgen.

Die beiden gehen durch die blendend helle Sonne, und Guillaume beugt sich ein wenig hinunter, wobei es ihm nicht gelingt, seinen Schritt dem des Kindes, zu dem er wie zu einem Erwachsenen spricht, anzugleichen.

»Verstehst du, wenn deine Mutter mit uns gekommen wäre,

hätte sie mich nicht das tun lassen, was ich tun möchte. Ich kenne sie. Sie zieht dich immer noch wie ein Mädchen an.«

Er kennt die Gepflogenheiten nicht, er weiß zum Beispiel nicht, dass man vor den Werbemännern stehen bleiben muss, die im schwarzen Gehrock vor den Bekleidungsgeschäften in der Rue Léopold Wache stehen und an die Kinder Broschüren verteilen. Er weiß nicht, dass diese Broschüren Rätsel enthalten, bei denen man in einem Durcheinander von Linien den Bulgaren oder den Jäger suchen muss. Guillaume fragt sich, warum sein Neffe unbedingt darauf besteht, über das Gitter von Hosay zu gehen, wo man die warme Schokoladenluft aus dem Kellergeschoss einatmet.

»Bist du müde?«

»Nein.«

»Sollen wir mit der Straßenbahn fahren?«

»Nein.«

Er betritt das l'Innovation wie irgendein beliebiges Geschäft, das l'Innovation, wo alle Verkäuferinnen Roger kennen und ihn donnerstags – gestern noch – wie eine Puppe herumreichen, sobald Monsieur Wilhelms ihnen den Rücken zudreht. Er kennt Valérie nicht, die ganz aufgeregt ist, als er, ohne stehen zu bleiben, dicht an ihrem Regal vorbeigeht und zu einem anderen Regal schlendert.

»Das muss Désirés Bruder sein.«

»Wie konnte Élise ihm nur das Kind anvertrauen?«

Guillaume fühlt sich überall zu Hause. Hebt er da nicht schon Roger hoch und stellt ihn auf einen Ladentisch?

»Guten Tag, Mademoiselle. Schauen Sie sich diesen kleinen Mann genau an, und suchen Sie ihm einen Knabenanzug heraus.«

»Ist deine Maman nicht bei dir, mein kleiner Roger?«

»Nein, Mademoiselle. Heute gehört Roger den ganzen Tag mir. Mal sehen, was Sie mir anzubieten haben.«

Er ist wie berauscht. Er ist der Onkel, der auf wunderbare Weise aus Brüssel kommt und mit einem Zauberstab das Leben eines kleinen Jungen verändert.

»Nichts Blaues, Mademoiselle! Zeigen Sie mir etwas Fröhlicheres.«

Valérie wagt nicht, sich zu nähern. Die Verkäuferin zeigt widerstrebend einen Anzug aus rotem Jersey, von dem Guillaume begeistert ist.

»Ziehen Sie ihm den bitte an!«

Von Abteilung zu Abteilung werfen sie sich Blicke zu. Sie wissen alle, dass Roger die Jungfrau Maria zur Schutzpatronin hat und stellen sich Élises Gesicht vor, wenn sie ihren Sohn in diesem ausgefallenen roten Anzug heimkommen sieht.

»Großartig! Den soll er anbehalten. Legen Sie sein Kleid zur Seite. Seine Maman wird es an einem der nächsten Tage abholen. Wie viel macht das?«

Das ist Guillaume! Und mit Guillaume hat sich alles verändert. Der Kleine folgt ihm verblüfft, noch ein wenig erschrocken.

»Na also! Was würdest du jetzt gerne tun?«

Rogers Blick fällt auf den gelben Wagen eines Eisverkäufers.

»Ein Eis!«

Nie hätte er so etwas seiner Mutter zu sagen gewagt. Guillaume aber lehnt sich mit den Ellbogen auf den kleinen Wagen, spricht ungezwungen mit dem Eisverkäufer, so wie er mit jedem umgeht.

»Dann geben Sie also diesem Knirps ein Eis. Erdbeer, Roger?«

»Ja.«

Dann zieht er den Jungen in das Gewühl der Stadt. Dieser lässt es mit sich geschehen und lutscht an seinem Hörnchen, das mit rosa Eiscreme bedeckt ist. Wenn Élise das sähe!

Es ist alles ganz anders als sonst, wenn sie ins l'Innovation gehen, nicht so gedämpft wie sonst, wenn sie leise von Abteilung zu Abteilung gehen, wenn sich unauffällige Blicke zugeworfen werden, wenn sie dann lange vor einem Kleidungsstück aus Madapolam oder Merinowolle stehen bleiben und sich die Frauen Sätze zuflüstern, wobei sie immer nach der Gestalt von Monsieur Wilhelms oder dem Gehrock der Aufsichtsperson spähen!

Guillaume geht durch Straßen, wo Roger sonst nie hinkommt. Auf der Place Verte durchqueren sie ein Meer von Blumen, die gut riechen und hinter denen die Verkäuferinnen sitzen wie die Marktfrauen hinter ihren Obst- und Gemüsekörben.

»Wir wär's, sollen wir in der Ausstellung essen gehen? Macht dir das Spaß, in der Ausstellung essen zu gehen?«

Sie nehmen die Straßenbahn. Mit Élise fährt er nur mit der Straßenbahn, wenn es unbedingt nötig ist. Roger hat immer noch Eis, auch noch, als sie zu den Schaltern der Ausstellung hinuntergehen. Guillaume bezahlt; er weiß nicht einmal, dass Kinder nicht bezahlen müssen, und löst zwei Eintrittskarten, geht direkt zum Block mit den Restaurants.

Gewöhnlich vermeiden sie diesen Block, wo man in piekfeinen Häusern Leute sieht, die große Waffeln aus Brüssel essen, deren Löcher voller Schlagsahne sind. Sie biegen sonst sofort zu den Gratisständen ab, vor allem zu denen, wo Warenproben verteilt werden, zum Schokoladenstand zum Beispiel mit seinen Maschinen, dem riesigen, glänzenden Rad, das von einem Riemen geräuschlos angetrieben wird, und zu dem schwarzen Mann, der, wie in einer Geschichte aus Tausendundeiner Nacht gekleidet, die Schokoladenstückchen verteilt, die aus der Maschine fallen.

Guillaume weiß nicht, dass Élise ihrem Sohn verbietet, diese Probestückchen zu essen.

»Das ist schmutzig!«, sagt sie und wischt ihm die Handflächen mit ihrem Taschentuch ab.

Er weiß nicht, dass, wenn das Kind Durst hat und vor einem Kiosk stehen bleibt, wo bunte Limonadenflaschen aufgestellt sind, man es am Arm weiterzieht und ihm antwortet:

»Du kannst gleich zu Hause etwas trinken.«

Guillaume weiß auch nicht, wo man hingehen muss, um die prächtigen Broschüren zu bekommen, von denen Roger schon eine ganze Sammlung hat, die farbigen Bilder, die Serie mit den wilden Tieren von der Stärkefirma Remy und vor allem das Reklameheft für schwedische Zündhölzer, dessen Papier so fein, so seidig ist und auf dem man Zündhölzer in allen Farben sieht, grüne, rote, sogar Zündhölzer mit goldenem Kopf.

»Was gibt deine Mutter dir zu essen?«

»Ich weiß nicht.«

»Sagen Sie, Garçon …«

Jetzt sitzen sie nämlich in einer Gartenlaube, neben ihnen ein Kellner mit weißer Schürze, wie die Leute, an denen sie sonst so schnell vorbeigehen, bevor sie auf einer Bank essen.

»Was würden Sie diesem kleinen Mann empfehlen?«

»Er könnte auf jeden Fall mit einer Suppe beginnen. Dann etwas Leichtes, zum Beispiel gebratene Scholle?«

»Gut, eine gebratene Scholle.«

Guillaume trinkt Wein. Seine Augen lachen wie die von Désiré. Sie haben die gleiche kastanienbraune Farbe, aber sie sind nicht sanft, oder besser gesagt, in ihren fröhlichen Funken liegt eine vulgärere, manchmal ein wenig aggressivere Note.

»Freust du dich? Macht es dir Spaß?«

»Ja.«

Ein Verkäufer mit Papierwindmühlen an bunten Stangen kommt vorbei.

»Willst du eine Windmühle?«

»Ja.«

Das Kind ist beeindruckt. Man hat ihm eine Serviette für Erwachsene um den Hals gebunden. Man hat vergessen, ihn Pipi machen zu lassen, und nun hat er in die rote Jersey-Hose gemacht, die ihm zwischen den Beinen kratzt.

Das ist zu viel. Er findet sich nicht mehr zurecht. Ihm ist das Blut in die Wangen gestiegen. Um ein Haar wäre er in Tränen ausgebrochen.

»Möchtest du auf die Wasserrutschbahn?«

Roger zerrt an der Hand, die ihn mitzieht.

»Nein! ... Nein!«

Er hat Angst. Sonst schauen sie stundenlang den Leuten zu, die in einem Boot den Wasserfall hinunterfahren, aber nie ist ihm der Gedanke gekommen, selbst dorthin zu gehen.

»Du bist doch nicht müde?«

»Ja ... Nein ...«

Er hätte gerne, dass das Ganze noch lange dauert, und trotzdem spürt er in der Brust eine wachsende Angst. Wenn er seinen Onkel Guillaume ansieht, glaubt er, seinen Vater wiederzuerkennen, aber es ist ein so anderer Vater, dass er Angst vor ihm hat und traurig wird.

»Was möchtest du jetzt tun?«

Den Mund und die Hände voll, antwortet er nicht. Der Jersey kratzt an seinen Oberschenkeln, die schon ganz rot sein müssen, wegen dem Pipi.

»Wie wär's, wenn wir deinem Papa guten Tag sagen, der noch im Büro ist?«

Das Kind springt auf die letzte Rettung an, wenn auch das Wort »Papa«, das in der Rue Pasteur nie ausgesprochen wird, ihn erschreckt.

»Ja.«

Wartet sein Vater draußen an der Ecke des Pont du Commerce, links neben dem Eingang, wie an den anderen Abenden, wenn sie die Ausstellung verlassen? Désiré hat nämlich kein Geld für eine Dauerkarte ausgegeben. Wenn er aus dem Büro kommt, wartet er auf Élise und das Kind, und da Roger um diese Zeit immer müde ist, trägt er ihn auf seinen Schultern bis nach Hause.

»Lass ihn runter, Désiré! Er ist jetzt schon zu groß.«

»Ich möchte nicht unten gehen.«

Heute ist alles anders. Die Zeit existiert nicht mehr. Die Ausstellung ist auf den Kopf gestellt. Nichts ist an seinem Platz. Man findet sich nicht mehr zurecht. Man ist wie verloren in einer Welt, die keinen Sinn mehr hat und in der die Leute sich in alle Richtungen bewegen.

»Warte. Wir nehmen einen Wagen.«

Er versteht nicht. Ein Wagen, der ist dafür da, die Leute ins Hospital zu bringen. Er klammert sich an die Hand seines Onkels.

»Nein! Ich will nicht.«

Trotzdem hat Guillaume einer Droschke schon ein Zeichen gegeben.

»Willst du wirklich nicht einsteigen?«

»Nein!«

»Warum nicht?«

»Ich weiß nicht. Ich will zu Maman.«

Sie müssen nur noch den Pont du Commerce überqueren, durch die Grünanlage mit den Enten gehen, wo Fahnen in der Sonne flattern. Schon sind sie in der Rue des Guillemins. Sie biegen in die Rue Sohet ein. Ein triumphierendes Lächeln huscht über Guillaumes Lippen, als er die Tür zum Versicherungsbüro aufstößt.

Das Kind dagegen sieht nur eine Zwischenwand, die von Schaltern, an die es nicht heranreichen kann, durchbrochen wird.

»Nicht möglich! Guillaume! Du bist in Lüttich?«

Und schelmisch hebt Guillaume Roger auf seine Arme, setzt ihn auf die Schalterplatte.

Der Junge nimmt ein Haus wahr, das er nicht kennt, einen Ofen, Möbel, ein Butterbrot auf einer auseinandergefalteten Serviette, eine Schale voll Kaffee, seinen Vater in Hemdsärmeln, der dort wie zu Hause ist und jetzt in einer fremden Vertrautheit überrascht wird.

Das ist komisch: Désiré ist es fast peinlich, wie sein Sohn diesen Raum betrachtet, aber bald darauf lächelt er und öffnet die Verbindungstür.

»Komm herein, Guillaume. Komm, mein Sohn. Hast du ihm diesen Anzug gekauft, Guillaume?«

Wozu darauf bestehen? Élise wird es ihm ohnehin selbst sagen!

»Setz dich, Roger. Siehst du, das ist das Büro deines Vaters. Und deine Frau, Guillaume? Bleibst du ein paar Tage hier? Hast du wenigstens gegessen?«

Er nimmt sein Butterbrot, das neben der Schreibmaschine liegt, während das Kind ganz aufmerksam, so als machte es eine denkwürdige Entdeckung, seinen Vater betrachtet, der woanders als zu Hause isst, in Hemdsärmeln, so wie man ihn abends in der Wohnung in der Rue Pasteur sieht.

13

Valérie, glaubst du, dass es abfärben wird?«

Élise zieht aus dem handwarmen Seifenwasser eine blutrote unförmige Masse, Rogers ersten Anzug. Sind in dem bläulichen Seifenwasser rosa Spuren? Dort liegt das ganze Problem.

»Ich versichere dir, Élise, es färbt nicht ab. Du wirst sehen, man nimmt ihn wieder zurück.«

Élise tun die Nerven weh, ein anderes Wort findet sie nicht dafür. Ihr ist, als hätte sie viel geweint, und obwohl sie heute gar nicht geweint hat, sind ihre Glieder wie abgestorben, ihr Kopf ist leer, eine Art Ticken, das durch ihr ganzes Wesen jagt, vergleichbar einem Mechanismus, der sie vorwärtstreiben will, der schneller laufen will als sie selbst.

Madame Smet sitzt um neun Uhr abends genauso wie um zehn Uhr morgens da, immer noch auf Besuch, ihre Handschuhe über den fleckigen Händen, sie wackelt mit dem Kopf, um dem, was gesagt wird, zuzustimmen, aufrecht auf ihrem Stuhl, denn sie will sich nie in einen Sessel setzen.

Valérie lässt ihre Finger über eine Häkelarbeit gleiten. Das ist die einzige Arbeit, die sie ausführen kann. Ihre Finger sind so dünn, so durchsichtig, ihre Hände so zart, dass sie sich das Handgelenk verstauchen würde, wenn sie einen Eimer Wasser hochtragen müsste.

Ist es nicht widersinnig, dass sie Élises beste Freundin geworden ist? Valérie hat weder Knochen noch Nerven. Wenn man ihre Hand unter der Lampe betrachtet, sieht man keinen oder fast keinen Knochenbau. Ihre Schuhe muss sie in der Mädchenabteilung kaufen, so klein sind ihre Füße.

Sie berührt kaum die Erde. Sie ist eine sonderbare kleine Prinzessin, weder schön noch prinzessinnenhaft, eine Fee vielleicht, ein körperloses Wesen mit reizlosem Gesicht, einem zu großen Kopf, mit Haaren wie eine chinesische Puppe, die, außer mit ihrer Seide und ihren Spitzen, keine Tüchtigkeit hat, selbst zum Leben nicht, und sicher würden sie und ihre Mutter ihrem eigenen Tod zusehen, wenn sie nicht Marie, die ältere Schwester hätten, die Schneiderin, die ihnen den Haushalt besorgt, bevor sie selbst zur Arbeit geht.

Élise mag Valérie gern, aber nichtsdestoweniger kann sie es schlecht mitansehen, wie eine so junge Frau unerschütterlich neben einer Schüssel voll dreckigem Geschirr sitzt. An ihrer Stelle wäre sie schon lange aufgestanden und hätte gesagt:

»Gib mir ein Geschirrspültuch, Élise.«

Heute Abend sorgt sich Élise.

»Glaubst du wirklich, dass sie ihn zurücknehmen werden?«

Die Tür steht einen Spaltbreit offen. Roger schläft. Es ist neun Uhr. Désiré ist, wie jeden Freitag, zu Velden zum Whistspiel gegangen.

Dort ist er glücklich. Er ist, wie bei Monsieur Monnoyeur, der Beste und, wie in der Rue Puits-en-Sock, der intelligenteste Spieler. Auch der fröhlichste. Er macht Tricks, lächelt fast herablassend in die Runde.

Dabei gehören die Gebrüder Velden, die Kupferschmiede, einer der ältesten Familien von Outremeuse an, und sie beschäftigen etwa zwanzig Arbeiter, die um ein Uhr von der

Sirene – man hört sie in der Rue Pasteur – zur Arbeit gerufen werden. Außerdem ist noch Émile Grisard dabei, ein Architekt bei der Regierung, dessen Bruder eine bekannte Champagnermarke vertritt, und Monsieur Reculé, Bürovorsteher bei der Nord-Belge, der umsonst erster Klasse reist.

Sie brauchen Désiré dermaßen, Leute wie sie, dass sie sich in der Rue Pasteur an die Klingel hängen, wenn er sich um eine Viertelstunde verspätet!

»Du wirst sehen, Élise, es wird nicht mehr zu sehen sein, wenn es getrocknet und gebügelt ist.«

Es brennt ein Höllenfeuer. Das Kleidungsstück trocknet, das Bügeleisen wird heiß, rötlich schimmernde Aschestückchen fallen wie Regen in den Aschenkasten des Herdes, und dabei schlummert Madame Smet ein, jedes Mal hochfahrend, wenn das Geflüster etwas lauter wird.

Als Désiré um zwei Uhr nach Hause gekommen ist, hat er nichts gesagt. Élise ist ihm deshalb böse. Ganz lebhaft von dem Wiedersehen mit seinem Bruder ist er angekommen, mit dieser übertrieben guten Laune, die Élise bei den Mamelins so sehr hasst.

Sie hat es nicht sofort bemerkt. Er neckte, wie gewöhnlich, Madame Smet und setzte sich mit vergnügtem Appetit an den Tisch.

»Hast du Guillaume nicht gesehen?«

»Er ist eben mit Roger im Büro vorbeigekommen.«

»Wo sind sie?«

»Wir sind zusammen mit der 4 zurückgekommen.«

Élise sieht sie, sie könnte schwören, sie zu sehen, wie sie auf der Plattform der Straßenbahn stehen, die durch die Stadt fährt, sie haben sich nicht hineingesetzt, weil sie draußen rauchen können und weil es lustiger ist; Roger hat zwischen ihren Beinen gestanden, während sie sich ihre Geschichten erzählten.

»Wo ist Roger?«

»Guillaume ist an der Place du Congrès ausgestiegen. Er wollte unseren Sohn einer Tante seiner Frau zeigen, die in Bressoux oder Jupille wohnt.«

Welche Leichtfertigkeit. Es gibt kein anderes Wort dafür!

»Was hast du dir dabei gedacht, Désiré?«

»Guillaume ist immerhin fähig, ein Kind zu beaufsichtigen.«

Sie hat nicht geweint, wegen Madame Smet. Vielleicht ist sie deswegen mit den Nerven so herunter, weil sie an diesem Tag nicht ein einziges Mal hat weinen können.

Nun kommt ihr alles wieder ins Gedächtnis zurück, all das, was man ihr angetan hat, alles, was sie durchlitten hat, alles, was ihr stundenlang durch den Kopf geht, wenn sie auf der Place du Congrès auf den Kleinen aufpasst und Madame Pain nicht da ist.

Désiré hat gegessen. Er hat seinen Kaffee getrunken, sich zufrieden den Schnurrbart abgewischt, hat seinen Hut und seinen Stock genommen. Sie wusste noch nicht alles und war weit davon entfernt zu ahnen, dass er in jenem Augenblick den roten Anzug schon gesehen und, um in Ruhe essen zu können, feige nichts davon erzählt hatte.

Schlimmer noch! Sie erinnert sich jetzt, gemurmelt zu haben:

»Ich frage mich, welche Überraschung er uns zu bereiten gedenkt.«

Und er, mit unbestimmter Handbewegung:

»Bei Guillaume muss man mit allem rechnen …«

Er wusste Bescheid! Und er ist weggegangen, aufrecht wie eine Eins, mit ruhigem Gewissen. Élise musste allein mit Madame Smet zurückbleiben, bei der man sich immer fragt, was man sagen soll und ob sie einem überhaupt zuhört.

Drei Uhr … vier Uhr … Guillaume hat versprochen, das Kind um vier Uhr wieder zurückzubringen, und jetzt steht der Zeiger der Kaminuhr schon auf zwanzig Minuten nach vier.

»Hören Sie, Madame Smet …«

Sie entschuldigt sich, fleht die alte Dame an, ihr zu verzeihen. Sie kennt diese Verwandte ihrer Schwägerin nicht, diese Person, die in Bressoux wohnen soll, jenseits der Dérivation, weit draußen in einem Vorort und sogar außerhalb der Stadt.

»Ich bitte Sie nur um eine winzig kleine Viertelstunde. Es ist wegen Roger …«

Sie weiß nicht, wo sie ihn suchen soll. Eine ganze Weile bleibt sie unschlüssig mitten auf der Place du Congrès stehen, ohne Hut, blickt in alle sternförmig zulaufenden Straßen und zuckt zusammen, wenn eine Straßenbahn ankommt.

Schließlich stürzt sie grundlos in die Rue Puits-en-Sock. Gewöhnlich geht sie nicht ohne Hut, einfach so, nur mit einem Umschlagtuch dorthin. Es ist ihr peinlich. Sie empfindet immer ein Unbehagen, wenn ihr dieser Salpetergeruch in die Nase steigt, in diesem weiß getünchten Hausflur, wo eine quietschende Pendeltür eingebaut ist, um die Kinder davon abzuhalten, hinauszustürzen und unter die Straßenbahn zu kommen.

Élise hat in diesem Haus nie frei geatmet. Alles stößt sie ab, der überstarke Geruch im Hof, dieser Geruch von Armut, von dreckigem Wasser, den man nur in gewissen dicht bevölkerten Vierteln findet. Selbst in den Zeiten, in denen ihre Mutter und sie ganz arm waren, hätten sie nicht eingewilligt, in einem solch üblen Geruch zu leben.

Élise weiß, dass man sie bereits durch die bunten Fensterscheiben gesehen hat. Sie klopft. Sie tritt ein.

»Guten Tag, Cécile.«

Und es schlägt ihr wieder einmal eine stumme Feindseligkeit entgegen, die, wie ihr scheint, persönlich gegen sie gerichtet ist, diese Atmosphäre in der Küche, die gleich geblieben ist, obwohl Mutter Mamelin tot ist und Cécile ihren Platz eingenommen hat. Wenn man bedenkt, dass Désiré bis zum Alter von vierundzwanzig Jahren in diesem Haus gelebt hat!

Die Lampe wird erst im letzten Moment angezündet. Die Gegenstände sind seit jeher an demselben Platz, einige davon haben inzwischen wie Personen eine Gestalt angenommen, die Kaffeemühle zum Beispiel und der holzgedrechselte Topf mit der Zichorie, der Streichholzbehälter, alles, das Pendel der Uhr, bis hin zur Wärme, die nicht dieselbe ist wie anderswo! Und Cécile! Heute ist Bügeltag. Von jeher war freitags Bügeltag in der Rue Puits-en-Sock, und Cécile bügelt mit dem Bügeleisen ihrer Mutter, einem schweren Bügeleisen für Wäscherinnen, in dem Holzkohle verbrannt wird; das Gestell dafür steht auf seinem alten Platz auf der Bügeldecke, wo die Brandflecken als Anhaltspunkte dienen.

Man hat den Eindruck, eine ewige Harmonie zu stören, zu durchbrechen. Cécile bügelt seit dem Morgen und würde genauso bis zum Ende aller Zeiten weiterbügeln, ohne erstaunt zu sein, ohne ungeduldig zu werden, wenn der Freitag durch ein Wunder ewig dauern würde.

Bei ihrem Eintritt hat Élise Großpapa nicht gesehen. Es ist dunkel, und sie schreckt hoch, als sie diese wie in Stein gehauene Statue in ihrem Sessel bemerkt.

»Ich bin's nur, Großpapa.«

»Ich weiß, mein Mädchen.«

Durch die Scheiben sieht man auf der anderen Seite des Hofes Chrétien Mamelin, langsam und schwerfällig, der in seiner Werkstatt einen Hut unter Dampf hält, und auch dieses schlecht beleuchtete Bild hat einen schrecklichen Aspekt von Ewigkeit.

»Ich bin gekommen, um meine Schüssel abzuholen.«

Die Schüssel für die Pommes frites, die sie sonntags manchmal hierlassen, wenn sie in die Stadt gehen und auf dem Rückweg wieder mitnehmen, was ihnen erspart, sie aus der Rue Pasteur zu holen. Diese Ausrede hat Élise erfunden, als sie herkam, denn weil Guillaume nicht hier ist, kann sie nicht von ihm sprechen. Sie ist taktvoll.

»Da ist sie, Élise. Neben der Waage. Das Tuch liegt drin.«

Cécile erwartet Nachwuchs, aber man bemerkt es nicht, nichts kann man bei ihr bemerken, nicht einmal ihre Jugend, so sehr hat sie alle Gesten, alle Haltungen von ihrer Mutter angenommen, so friedvoll regiert sie in dieser Küche der Mamelins, in der kein Kind, seinerseits nun verheiratet und Familienvater, es wagen würde, den kleinsten Gegenstand von seinem Platz zu verrücken.

Als Élise in die Rue Pasteur zurückkehrt, ist das Schild an dem Haus in der Rue Jean-d'Outremeuse, an diesem Haus, mit dem sie seit langem liebäugelt, verschwunden.

Es ist zu früh, sie weiß es. Das Haus ist etwas groß. Man müsste mindestens fünf Mieter hineinnehmen, und für fünf Mieter ist eine Hausgehilfin nötig, und die würde den Gewinn verschlingen.

Mein Gott! Wohin kann Guillaume mit Roger gegangen sein?

Sie läuft wie eine Verrückte bis zum Pont de Bressoux, geht nach Hause und findet beide ruhig in der Küche sitzen.

»Wer hat dir die Tür geöffnet, Guillaume?«

»Eine Dame mit gefärbten Haaren wie auf einem Reklamebild beim Friseur.«

Die Hausbesitzerin. Madame Smet wäre nämlich nicht hinuntergegangen, und wenn auf der Straße Feuer ausgebrochen wäre.

»Komm, mein kleiner Roger.«

Élise würde viel dafür geben, ihren Tränen freien Lauf zu lassen: Beim Anblick ihres Sohnes überkommt sie ein entsetzlicher Schrecken. Er schaut sie mit anderen Augen an, er hat einen Tag verbracht, über den sie nicht Bescheid weiß. Roger, der vollgestopft worden ist mit Eindrücken, Leckereien und Andenken; und zu allem Überfluss ist er von Kopf bis Fuß in Rot gekleidet.

Dennoch drückt sich ihre Reaktion in Dankesworten aus, die sie stammelnd hervorbringt:

»Mein Gott, Guillaume, du hast Dummheiten gemacht. Das solltest du nicht! Das ist zu viel, Guillaume. Ein so teurer Anzug!«

Hätte er Roger doch irgendetwas geschenkt, und sei es eine

Kleinigkeit, die zu nichts nütze ist! Aber dieser rote Anzug! Die Hose ist schon ganz durchnässt!

»Danke, Guillaume! Du trinkst doch noch ein Gläschen? Aber ja! Es ist noch etwas da, und wir trinken ja nie etwas. Wenn du schon einmal nach Lüttich kommst …«

Vor Aufregung tut ihr alles weh.

»Auf Wiedersehen, Guillaume! Gute Heimreise. Sag doch deiner Frau …«

Was soll er seiner Frau sagen, die sie nur einmal kurz gesehen hat, auf der Beerdigung ihrer Schwiegermutter?

Nicht einen Augenblick Entspannung, nicht eine Sekunde Alleinsein. Madame Smet ist da, wie eine kostbare Puppe, die nur mit einem ewigen Lächeln den Kopf zu schütteln weiß.

Auf der Straße pfeift jemand.

»Das ist Désiré, Madame Smet. Ich muss ihm den Schlüssel hinunterwerfen. Stellen Sie sich vor, wir haben nur einen Schlüssel!«

Abends pfeift Désiré nämlich. Dann hört man das zaghafte Läuten von Valérie, und kurz darauf flüstern die beiden Freundinnen im Treppenhaus.

»Gleich, wenn er fort ist …«

»Oh, meine arme Élise! Als ich sah, wie man ihm dieses rote Ding anprobierte … Wir alle! Bis zum dritten Stockwerk im Kaufhaus … Wir haben sehr an dich gedacht, wirklich!«

Madame Smet nickt ein, fährt manchmal beim entfernten Lärm einer Straßenbahn hoch, Valérie häkelt mit ihren zerbrechlichen Fingern eine Spitzendecke (wozu soll die dienen?). Élise ist ihr am heutigen Abend böse, sie ist ihr böse wegen ihrer so flinken Finger, die im gelben Licht der Lampe hin und her huschen, wegen ihrer zarten Glieder und ihres sorglosen Lebens mit ihrer Mutter und ihrer Schwester; sie ist ihr böse, weil sie sich von Marie das Bett machen und das schmutzige Wasser ausschütten lässt. Élise ist auch Cécile böse, die nichts zu ihr gesagt hat, die so ruhig in ihrer Küche bügelte, sie ist Madame Pain böse, deren Mann viel Geld verdient. Élise ist von einem Groll durchdrungen, der ihr wie ein Kloß in der Brust sitzt.

»Wenn du wüsstest, Valérie, wie mir abends der Rücken wehtut! Das sind die Organe. Jede Woche muss ich zum Arzt gehen, der mir etwas eingesetzt hat.«

Allein bei dem Wort Organ wird Valérie, die nicht gesund ist, jedoch nie krank war und für die der Körper ein Geheimnis ist, das sie nicht kennenlernen möchte, wird Valérie blass.

Und dabei hat Élise heute Abend keine Schmerzen im Bauch, auch nicht im Rücken. Sie spricht und beklagt sich darüber, um ihr Fieber zu schüren. Seitdem das Schild an dem Haus verschwunden ist, spürt sie undeutlich, dass all ihre kleinen Missgeschicke des Tages einem bestimmten Ziel dienen. Sie bügelt die rote Hose, untersucht sie unter der Lampe.

»Weißt du, Valérie, das Haus in der Rue Jean-d'Outremeuse ist vermietet ...«

Valérie ist in das Geheimnis dieser Verschwörung eingeweiht, das seit zwei Jahren besteht, von genau dem Augenblick an, wo Élise ihren ersten Sieg davongetragen hat und sie in die Rue Pasteur einzogen.

Seitdem trifft sie Vorbereitungen, rastlos und unermüdlich wie ein Insekt, das von einem jahrtausendealten Instinkt getrieben wird, sie rafft alles zusammen und legt sorgfältig auf die Seite, was früher oder später ihren Absichten dienen könnte.

»Wenn ich dir sage, dass ich bereits siebenhundert Franc auf der Sparkasse habe! Désiré weiß nichts davon. Das ist für die Möbel, verstehst du?«

Einen Sou hier, einen Franc dort, manchmal ein größeres Geldstück. Sie versteckt es inzwischen in der geblümten Suppenterrine des Geschirrs. Wenn sie nach Coronmeuse geht, sagt sie immer zu ihrer Schwester Louisa:

»Was soll ich tun? Er ist ein Mann, der sein ganzes Leben lang mit dem Allernotwendigsten auskommen würde.«

Sie beklagt sich. All das wird von Nutzen sein. Und heute, wo sie wirklich, ohne es zu wollen, unglücklich ist, wo es den ganzen Tag über bei ihrem Wunsch zu weinen geblieben ist, wird sie es ausnutzen.

»Kennst du die Brötchen von Bloch zu drei Centime? Der Bäcker, der die Pension in der Rue de la Province beliefert, hat mir gegenüber versichert, dass man sie mit einem Hauch von Butter darauf den Studenten für zehn Centime berechnet. Einige von ihnen essen vier oder fünf davon. Und weiter: Fünfzig Centime für den Eimer Kohlen, den man für dreißig Centime auf der Straße kauft und nur die Mühe hat hinaufzutragen!«

Wie viel Laufereien in diesen paar Wörtern stecken, wie viel neidische Blicke zu den Häusern, in denen Studenten wohnen, wie viel harmlose Fragen links und rechts! Diese Studenten, Russen, Polen, Rumänen, Japaner, die nach Lüttich kommen, um an der Universität zu studieren, sie folgt ihnen auf der Straße mit dem Blick eines Geizhalses.

»Ich brauchte nur drei von den Studenten, Valérie, nicht zu reich, die stellen Ansprüche, auch nicht zu arm. Sie wären so zufrieden bei mir!«

Ist es ihr Fehler, dass dort ihre Bestimmung liegt? Sie hat soeben eine große Enttäuschung hinter sich. Kurz nach vier Uhr war sie mitten auf der Place du Congrès, danach am Aufgang zum Pont de Bressoux, eine richtig kopflose Maman, die ihr Kind verloren hat. Désiré ist schuld daran. Er ist der Bruder von Guillaume. Um zwei Uhr, als er schon alles wusste, besaß er die Feigheit, nichts zu sagen.

»Die Männer, meine liebe Valérie! Sie haben eine solche Angst, dass man ihre Ruhe stört und ihre kleinen Gewohnheiten durcheinanderbringt!«

Désiré, der nichts ahnt, der beim Whist gewonnen hat – das Geld ist für die Spielkasse bestimmt –, verlässt seine Freunde vor der Tür von Velden. Man erkennt ihn an seinen Schritten, Madame Smet wird geweckt, Valérie setzt ihren Hut auf, man umarmt sich.

Désiré bringt sie bis zur Straßenbahnhaltestelle an der Place du Congrès zurück. Sie warten alle drei im milden Dämmerlicht, dann schaukelt der Wagen auf den Schienen heran und bremst vor ihnen mit großem Getöse.

In dieser schönen Nacht erscheinen die Scheiben der Straßenbahn rosa. Die Köpfe im Innern des Wagens sehen nicht mehr so aus, als lebten sie, oder vielmehr nehmen sie an einem anderen Leben teil, fast wie in einem Museum.

Désiré zündet seine Zigarette an. Alles ist von einer vollkommenen Ruhe unter einem sternenübersäten Himmel. Die Zigarette schmeckt gut, er könnte sich auf eine Bank des Platzes setzen und lange so die Milchstraße betrachten.

Es hat ihn gefreut, Guillaume wiederzusehen. Das schwach erleuchtete Rechteck dort hinten ist das kleine Café an der Ecke der Rue Puits-en-Sock, wo er Billard spielen gelernt hat. Roger ist beeindruckt gewesen, seinen Vater im Büro in der Rue Sohet zu sehen, in Hemdsärmeln wie zu Hause. Roger hat aus seiner Tasse getrunken. Er hat auf die Schreibmaschine geklopft, und sie haben große Bücher unter seinen Hintern geschoben.

Désiré geht weiter. Seine Stirn verfinstert sich ein klein wenig, so wie er voranschreitet; denn er ahnt, dass Élise ihm wegen des roten Anzugs böse ist, und jetzt ist sie allein. Sie wartet auf ihn. Am Fenster des Schlafzimmers sieht man einen schwachen Lichtschein, der aus der Küche kommt.

Er hat die Haustür angelehnt gelassen, als er Valérie und ihre Mutter begleitet hat. Er geht hinauf, runzelt die Stirn, als er einen breiten Lichtkegel vor der weit geöffneten Tür sich ausbreiten sieht und die typischen Geräusche eines Putzeimers hört. Er findet Élise auf dem Boden kniend, wie sie den Fußboden gründlich schrubbt.

»Was machst du?«

Ihr Gesicht ist blass, ihre Züge sind spitz, so wie an ihren schlechten Tagen, ihre Brust erscheint unter der Schürze noch flacher, ihre Haare fallen herunter.

»Ich muss doch im Voraus arbeiten für morgen, Samstag, weil ich ins l'Innovation gehen muss.«

Er hat verstanden. Er weiß nicht, wo er bleiben soll. Sie macht das extra!

»Wenn ich dir zur Hand gehen würde?«

»Das lohnt sich nicht. Geh schlafen, geh! Wenn mir deine langen Beine im Weg stehen, brauche ich noch mehr Zeit.«

Es ist noch schlimmer als mittags an bestimmten Sonntagen, wenn sie jemanden besuchen müssen und Élise gereizt ist. Sie wird von einem auf den anderen Augenblick in Tränen ausbrechen, aber man kann nie voraussehen, wann genau und aus welchem Grund die Krise ausgelöst wird. Wenn Désiré etwas sagt, ist es zu viel. Wenn er schweigt …

»Hör zu, Élise …«

»Nein! Ich flehe dich an, lass mich. Du siehst doch, dass ich nicht mehr kann. Es ist zehn Uhr, und ich habe erst begonnen mit dem Großreinemachen. Nicht davon zu reden, dass du mit deiner lauten Stimme noch den Kleinen wecken wirst.«

Den Kleinen wecken! Wo doch immer er es ist, der den Trommler spielt, um ihn zum Schlafen zu bringen!

Wer kann sich schon in den verschlungenen Wegen auskennen, denen Élises Verstand folgt? Weiß sie wenigstens, auf welchem Weg sie schließlich dort ankommen wird, wo sie hinwill?

»Ich spüre meinen Rücken nicht mehr.«

»Lass mich wenigstens das Wasser ausschütten gehen.«

»Um deinen Anzug schmutzig zu machen! Und ich muss ihn hinterher wieder säubern!«

Élise scheuert wie nie. Sie legt eine fiebrige Verzweiflung hinein, so blass, dass man Angst bekommen kann, ein erschütterndes Bild zum Äußersten getriebener menschlicher Energie.

»Der Doktor sagte mir noch letzte Woche …«

Sie weint. Es ist so weit! Nicht übermäßig. Nicht stark. Sie flennt vielmehr, wie mit einem friedlichen Schimmer von Resignation inmitten ihrer Tränen. Sie zieht wie ein kleines

Mädchen durch die Nase hoch, nimmt einen feuchten Zipfel ihrer Schürze mit den kleinen blauen Karos.

»Élise …«

»Ich weiß, dass es dir egal ist, dass du nie ein zärtliches Wort, einen mitfühlenden Gedanken für mich haben wirst. Hast du ein einziges Mal *mein Liebling* zu mir gesagt? Du bist ein Mamelin, geh, wie Guillaume! Ihr seid wirklich Brüder!«

Guillaume … Der rote Anzug …

»Wenn ich daran denke, dass der Kleine so todkrank lag mit seiner Bronchitis, und dann der Karneval auf der Rue Léopold, als ich ihn der Jungfrau Maria angelobt habe! Und Guillaume, grob und boshaft, wie er ist, ganz stolz auf ihn, geht hin und sucht einen Anzug im schreiendsten Rot aus! Und du, du sagst nichts!«

»Hör mal, Élise …«

»Lass mich. Ich muss arbeiten. Du hast um sechs Uhr Feierabend. Egal ob ich um zehn Uhr abends noch dabei bin, auf den Knien zu schrubben oder das Gemüse zu putzen: Du gehst bei Velden Karten spielen.«

Einmal in der Woche! Nie geht er sonst weg! Und freitags auch nur, weil Madame Smet und Valérie bei ihnen zu Hause sind!

»Geh schlafen!«

Sie ist mit Mühe aufgestanden und hat sich wie jemand, der nicht mehr kann, hingesetzt. Sie stützt sich mit beiden Armen auf den Tisch und beugt sich vor, schluchzt, ohne dass man ihr Gesicht sehen kann, und stößt den Arm zurück, der sich um ihre Schultern legen will.

»Nein, Désiré, nein, lass es! Du bist zu egoistisch. Du siehst nur dich, deine Ruhe, dein kleines Leben, und wenn dir morgen etwas zustieße, könnte ich als Dienstmädchen arbeiten gehen.«

Warum als Dienstmädchen? War sie Dienstmädchen, als er sie kennenlernte? Trotz allem gelingt ihr kein richtiger Zusammenbruch wie sonst, wenn sie mit den Zähnen klappert und sich auf dem Bett windet, wobei sich ihre Hände in die Bettdecken verkrampfen. Vielleicht hat sie zu lange darauf gewartet? Sie muss den roten Anzug ansehen, dann das Durcheinander im Zimmer um sie herum, den Eimer auf der Erde, den zur Hälfte feuchten Fußboden …

»Ich bin am Ende meiner Kräfte …«

»Nun gut, abgemacht, wir werden eine Putzfrau nehmen!«

»Wovon sollen wir sie bezahlen? Wir haben gerade mal das Allernotwendigste.«

»Wir werden sie für zwei Stunden pro Tag nehmen, für die gröbste Arbeit.«

»Nein, Désiré! Mach dir um mich keine Sorgen! Eben noch sagte ich zu Valérie …«

Das verletzt ihn. Was hat sie Valérie von ihren kleinen Eheangelegenheiten erzählt? Kommt es etwa vor, dass er bei Velden von ihr spricht?

Sie hebt die Bürste und den Lappen auf, schnäuzt sich weiter ohne Tränen, und dann fühlt sie, dass es Zeit ist, dass gleich nicht mehr die richtige Stimmung sein wird.

»Wenn Roger wenigstens in den Kindergarten ginge …«

Das kommt so unerwartet … und so belanglos, eine so unbedeutende Sache verglichen mit dem, was er erwartete!

»Ich weiß sehr wohl, dass dein Sohn für dich etwas Heiliges ist! Dabei gibt es viel Jüngere als ihn, die zu den Schwestern gehen, und sogar Madame Pain hat diese Woche beschlossen …«

Élise war es, die Madame Pain dazu gebracht hat, Armand in den Kindergarten zu geben. Welch eine Geduldsarbeit!

»Wir werden morgen ernsthaft darüber reden. Ich sage nicht nein.«

»Aber du sagst nicht ja! Inzwischen gewöhnst du ihn daran, sich tragen zu lassen, ohne dich darum zu kümmern, dass er sich weigert zu gehen, wenn ich allein mit ihm bin. Was Guillaume betrifft … Er brüstet sich mit seinem Neffen, zieht ihn wie einen Clown an … Sie haben kein Kind … Sie leben alle beide wie Egoisten.«

Désiré hat ohne ein Wort seine Jacke ausgezogen und seine Manschetten abgestreift. Soeben hat er einen Eimer mit schmutzigem Wasser genommen, um ihn im Ausguss auf dem Treppenabsatz unten zu entleeren. Als er zurückkommt, erscheint ihm die Küche grauer als gewöhnlich, leerer, Élise wirklich erschöpft, wirklich bemitleidenswert, und er zwingt sich zu einem Lächeln.

»Von mir aus, einverstanden, wir werden Roger in den Kindergarten geben.«

Es gelingt ihr, nicht zu triumphieren und weiterhin erschöpft und rührend zu wirken. Sie taucht ihren Putzlappen ins saubere Wasser.

»Ich werde morgen zu Schwester Adonie gehen«, kündigt sie lediglich an.

Man spürt noch die getrockneten Tränen, die Szene, die fast böse ausgegangen wäre. Das Kind bewegt sich in seinem Bett. Valérie und ihre Mutter kommen nach Hause, wo Marie Smet an der Nähmaschine auf sie wartet.

Wenn Roger erst in den Kindergarten gehen wird, wird Élise wieder von Untermietern sprechen können, und Désiré wird ihr nicht mehr antworten:

»Aber der Kleine? Wie willst du gleichzeitig für Untermieter und für das Kind sorgen?«

Was ihre Rücken- und Bauchschmerzen betrifft, so wird sie schon damit zurechtkommen, das ist allein ihre Sache, es wird ihr besser gehen, sie wird kräftiger sein als sonst irgendjemand.

Désiré ahnt nichts, und als er sich nach einer Stunde ins Bett legt, nachdem er das Licht kleiner gedreht hat und ein Kreuz auf die Stirn seines schlafenden Sohnes gemacht hat, weiß er nicht, dass das Haus in der Rue Pasteur schon nicht mehr Wirklichkeit ist, dass ihr kleiner Haushalt gestorben ist, dass er, nachdem er die Rue Puits-en-Sock zugunsten der Rue des Carmes und des Quai de Coronmeuse aufgegeben hat, den Frieden verlieren wird, auf den er so großen Wert legt, die lauen Stunden in der warmen Ofenecke, in Pantoffeln und Hemdsärmeln, mit dem Kind, das hinter der angelehnten Tür schläft, und dem vertrauten Geräusch der Kartoffeln, die geschält werden und nacheinander in das frische Wasser in den Emailleeimer fallen.

»Gute Nacht, Élise.«

»Gute Nacht, Désiré.«

Etwas beunruhigt fügt sie hinzu:

»Küsst du mich nicht?«

»Doch … Entschuldige.«

In Gedanken läuft sie bereits durch alle Straßen des Viertels auf der Jagd nach Schildern, sie zählt die Bloch-Brötchen und die Kohleneimer zu fünfzig Centime zusammen, und sie bevölkert ihr Haus mit ordentlichen Russen und Polen – sie wird sie auswählen –, die keinen Damenbesuch empfangen dürfen, nicht so wie in der Rue de la Province.

Haus der offenen Tür, nein, das niemals!

Fontenay-le-Comte, den 17. Dezember 1941

Zweiter Teil

1

Eines Morgens um acht Uhr, als der Milchmann noch nicht vorbeigekommen war, fragte Élise Désiré:

»Würdest du Roger wohl in den Kindergarten bringen?«

Und das hat genügt, um einen neuen Ritus zu schaffen. Denn die Wiederholung derselben Geste nimmt bei Désiré einen rituellen Charakter an, die Abschnitte des Tages greifen ebenso harmonisch ineinander wie die durch die Orgeltöne untermalten Handlungen des Priesters in der Messe.

Man könnte nicht sagen, ob das Kind seinem Vater die Hand reicht oder ob es der Vater ist, der die Hand seines Sohnes ergreift: Jeden Morgen zur gleichen Zeit vor der Haustür der Rue de la Loi kuscheln sich die kleinen Finger in Désirés Hand, und die Beine des Jungen beeilen sich und machen drei Schritte, wenn dieser ruhige Riese einen Schritt macht.

Élise beugt sich vor, wobei die Hälfte ihres Körpers durch die angelehnte Tür verdeckt ist, folgt ihnen mit den Augen, bis sie an der Ecke der Rue Jean-d'Outremeuse, wo der Friseur seine Fensterläden hochzieht, vorbeigegangen sind, und dann verschwindet sie in der warmen Einsamkeit des Hauses. Sie versichert sich noch, dass der Gemüsehändler, dessen Trompete man hören kann, sich noch nicht an der anderen Straßenecke zeigt.

Der Kindergarten befindet sich ganz in der Nähe, im hinteren Teil eines ruhigen Hofes, neben dem Pfarrhaus, eine Oase aus klangvollerer, blauer scheinendem Pflaster und klarerer Luft; Geranien schlummern auf den Fenstersimsen, und der Flur der Sakristei, kühl und finster wie eine Grotte, verströmt einen Weihrauchduft.

Schwester Adonie, die so sanft ist, so träge, dass sie einen an etwas Gutes zu essen erinnert, empfängt in ihren weiten Röcken, an denen ein Rosenkranz klimpert, die tollpatschigen Küken, die aus allen Ecken des Viertels zu ihr gebracht werden. Ein besonderes Lächeln hat sie für diesen Monsieur Mamelin bereit, der zur Begrüßung so elegant den Hut vor ihr zieht.

Wenn die Mamans ihre Umschlagtücher zurechtziehen und durch den Hofausgang in das Leben des Viertels mit seinen täglichen Sorgen zurückkehren, schließt sich die Tür wieder hinter einer kleinen, ruhigen und gedämpften Welt, umgeben von vier weißen Wänden, die geschmückt sind mit Bildern, Kanevas-Stickereien, Zöpfen, ungebleichtem Leinen, auf dem in Kreuzstich mit roter Wolle Bilder gestickt sind.

In ihrem weiten schwarzen Gewand mit den hundert Falten, das ihre Füße bedeckt, scheint Schwester Adonie weniger zu gehen als ein wenig über dem Boden zu schweben.

Durch die zwei Fenster sieht man den Herrn Dechant, klein und dick, mit rotvioletten Wangen, der mit kleinen Schritten über die Gartenwege geht, sein Brevier liest und in jedem Sonnenflecken stehen bleibt.

Es ist warm. Ein riesiger schwarzer Ofen steht mitten in der Klasse, ein schwarzes Ofenrohr verläuft quer durch den Raum und verschwindet weiter hinten in der leuchtend weißen Wand. Die kleinen Kannen mit Milchkaffee, die die Kinder für ihr zweites Frühstück um zehn Uhr mitgebracht haben, werden nebeneinander warm gemacht, die Butterbrote in den ovalen Dosen werden etwas trocken, die Butter zieht ins Brot ein, feine Tröpfchen bedecken den Riegel Schokolade wie Lack.

Auf dem Ofen stehen Kannen aus weißer oder blauer Emaille, andere sind aus Blech, wie die der Kupferschmiede, die bei Velden arbeiten und mittags bei der Gemüsehändlerin für zwei Centime kochendes Wasser für ihren Kaffee kaufen, um dann am Straßenrand etwas zu essen.

»Die farbigen Kannen sind gewöhnlich«, hat Élise behauptet.

Sie sagt nicht, dass sie vor allem teurer sind. Gewöhnlich sind ihrer Meinung nach auch diese Butterdosen, die mit Bildern aus *Rotkäppchen* oder dem *Gestiefelten Kater* verziert sind.

Auf Rogers unauffällig brauner Dose ist nichts abgebildet. Roger wird auch nie diese karierten Schürzen tragen, rosa für die Mädchen, blau für die Jungen, auf die er so versessen ist.

»So werden die Arbeiterkinder angezogen.«

Warum die Arbeiterkinder? Er wird zu den schwarzen Schürzen aus glänzendem Baumwollstoff verdammt sein, die strapazierfähig und nicht leicht zu verschmutzen sind.

Ganz in der Nähe, in dem Glockenturm, den man so eben sieht, wenn man sich hinauslehnt, läuten Glocken; der Herr Dechant wird gleich ein Gebet singen, man hört das Säuseln der Orgel und das feierlich widerhallende *De profundis*; die Zeit verstreicht ereignislos, die Wangen sind rot von der Hitze, die Augen beißen, die Finger flechten mechanisch diese Glanzpapierstreifen, scharlachrot, gelb, grün, blau, die einen so feinen Geruch verbreiten.

Der Winter ist noch nicht lange vorüber, in dem Élise von einem Trödler zum anderen, von Geschäft zu Geschäft lief, auf der Suche nach Gelegenheitskäufen von Betten und Schränken, während Schwester Adonie nachmittags eine gerollte Wachskerze auf einem Stab anzündete. In dem Dämmerlicht brauchte sie immer eine Weile, um die Hähne der beiden hoch oben hängenden Gaslampen aufzudrehen. Die Kinder blickten nach oben und warteten mit heimlicher Angst auf das zweimalige »Ploff«, dann auf das grelle Licht, darauf, dass der riesige Schatten der Schwester über die weiße Wand huschte, und schließlich auf das Ende der Kinderschule und auf diesen ganz besonderen Taumel, der sie an der Grenze zwischen dem überheizten Klassenzimmer und der feuchten, dunklen Welt, in der ihre Mütter warteten, ergriff.

Der Winter ist zu Ende. In einigen Tagen, gleich nach Ostern, wird der Ofen mit dem Rohr nicht mehr angemacht werden, und die Klasse wird sich draußen aufhalten, in dem Garten, wo der Herr Dechant jeden Morgen sein Brevier liest; man wird dem alten Gärtner folgen können, der langsam hin und her geht, seine Schubkarre vor sich herschiebt, jätet oder hackt und Schnüre spannt, um Spinat und Karotten ganz gerade in einer Reihe zu säen.

Heute ist ein besonderer Tag, weder Winter noch Sommer, einer von diesen Tagen ohne Falte, ohne Vorkommnisse, an die man sich lange erinnert, und während Schwester Adonie die Kannen mit dem Milchkaffee verteilt, während Désiré um Punkt zehn Uhr an die Tür von Monsieur Monnoyeur klopft, späht Élise ein wenig fieberhaft auf die Straße, sich krampfhaft an der Gipürespitze der gekreuzten Gardinen festhaltend.

In dem Haus in der Rue de la Loi, dem neuen Haus, wie es genannt wird, herrscht die Stille des Wartens, und diese Stille umgibt Élise so, dass sie sich wie eingesperrt fühlt und den Eindruck hat, keine Luft zu bekommen, dass sie, wenn sie in sich hineinhorchte, sich ziellos hin und her bewegen würde, um der Angst der Unbeweglichkeit zu entgehen.

Sie hat nichts mehr zu tun. Es liegt kein einziges Staubkörnchen im Esszimmer, die Möbel sind dermaßen poliert worden, dass die Nippessachen sich darin widerspiegeln, die mit hellgrüner Ölfarbe gestrichenen Wände des Treppenhauses sind von oben bis unten abgeseift, die Stufen mit Sand gescheuert worden; es gibt keinen Gegenstand mehr, der noch woandershin gestellt werden könnte, nichts mehr zu waschen, zu putzen, zu scheuern.

Um zehn Uhr morgens ist Élise wie an einem Sonntag gekleidet, und ohne es zu wollen, hat sie ihr etwas trauriges, etwas unruhiges Sonntagslächeln aufgesetzt, das Lächeln, das zu der pastellblauen Liberty-Bluse mit den kleinen Falten passt, zu den Puffärmeln, zu dem Rock aus Marineserge, der bis auf die Absätze hinunter und hinauf bis unter den Busen reicht. Ihre blonden Haare, ebenso groß wie der Kopf, sind sehr weit vorne zu einem schweren Knoten zusammengesteckt.

Ganz allein in dem stillen Haus, in der Straße, wo niemand vorbeikommt, vor der roten Mauer der École des Frères, wo die Pause soeben zu Ende ist, hat Élise beinahe Angst.

Vielleicht weil ihre Aufgabe erledigt ist, diese Aufgabe eines ganzen Winters, sogar einer noch längeren Zeit, diese geduldige Arbeit, die sie erfolgreich durchgeführt hat, einsam, so angespannt, dass sie deshalb manchmal weinte, wenn sie ihre Eimer trug, die verschmutzten Holztäfelungen abkratzte, die

Möbel Gott weiß wo auftrieb, deren Preis sie Désiré nicht zu gestehen wagte und die sie manchmal im Schutz der Dunkelheit in einem Handkarren transportierte.

Hätte Valérie mit ihren pozellanenen Händen ihr helfen können? Oder die immer jammernde und ängstliche Madame Pain? Wer hat denn die Mauern des Hofes weiß getüncht? Wer ist auf die Leiter gestiegen, die wackelig auf den Treppenstufen stand? Wer hat die Eingangstür überstrichen, deren Farbe zu dem Zeitpunkt, als sie das Haus mieteten, niemand hätte erraten können?

Das ist vorbei. Vermutlich deshalb, weil Élise ihr Werk vollendet hat, fühlt sie sich leer, zittern ihr die Knie, beben unfreiwillig ihre Hände, die sie nach all diesen groben Arbeiten mit dem Bimsstein abscheuern musste.

Von diesem Fenster aus, zu dem sie immer wieder gegen ihren Willen zurückkehrt, weil sie sich schämt, hier auf der Lauer zu liegen, sieht sie nur zwei Füße, die in roten Stoffpantoffeln stecken, und zwei Beine, die auf dem Strohsitz eines Stuhles ruhen.

Den übrigen Teil des Mannes, der ganze Tage lang vor seinem Haus sitzt, kann sie nicht sehen, aber sie weiß, dass er in der Sonne schläft und so mager ist, dass seine Kleider an ihm herunterhängen wie die alten Anzüge, die man auf Holzkreuze hängt, um die Spatzen abzuschrecken.

Zwei dicke, vulgäre Frauen, die die Kneipe nebenan haben, setzen ihn, sobald das Wetter schön ist, dort wie einen Gegenstand hin, und so, wie die Sonne am Himmel wandert, rücken sie seinen Sessel weiter.

Élise spricht mit diesen Nachbarn nicht. Wenn sie weggeht, zwingt sie sich dazu, nicht in ihre Richtung zu sehen. Durch die Milchhändlerin hat sie erfahren, dass der Mann, der Hosselet heißt, im Kongo gelebt hat, von wo er die Schlafkrankheit mitgebracht hat. Er ist so leicht geworden, dass eine der beiden Frauen ihn wie ein Kind tragen kann.

Nein, Élise bedauert nichts, sie hat keine Angst. Sie weiß, dass sie recht gehabt hat, dass sie das, was sie getan hat, tun musste.

Die Straße, an die sie sich noch nicht gewöhnt hat, ist es, die sie verwirrt, diese Häuser, von denen sie nichts weiß, diese fensterlosen Mauern der École des Frères, dieses dunkelgrüne Portal, neben dem sich um halb zwölf ein Frère mit einem Holzbein aufstellen wird, um den Schulschluss zu beaufsichtigen.

Warum sollte Élise der Rue Pasteur nachtrauern, wo sie zwei Etagen hinaufgehen musste? Was hat sie verloren?

»Du wirst sehen, Valérie! Sobald ich meine Mieter gefunden haben werde …«

Ein Student ist gerade vorbeigekommen, ein großer Dunkelhaariger, sehr elegant, auf dem Kopf eine orangefarbene Samtmütze mit langem Schirm. Er ist einer der Mieter von Madame Corbion, ein Rumäne.

»Stellen Sie sich vor, Madame Élise …«

Warum besteht Madame Corbion, die ein Kind in demselben Alter wie Roger hat und sich die Haare rot färbt, darauf, sie »Madame Élise« zu nennen?

» … stellen Sie sich vor, er erhält von seinen Eltern dreihundert Franc im Monat, und es gelingt ihm noch, Schulden zu machen!«

Madame Corbion schminkt sich und versucht nicht einmal, es zu vertuschen.

»Ich versichere dir, Désiré, dass sie eine anständige Frau ist. Ihr Mann war Offizier.«

Die Rue Pasteur ist weniger als hundert Meter entfernt; das Haus, in dem die Mamelins früher gewohnt haben, ist das zweite links, gleich hinter der Ecke. Und doch, wie weit entfernt scheint es zu sein!

Als der Student vorbeiging, ohne zu ahnen, dass man ihm mit den Augen folgte, dachte Élise:

»Der da würde das rosa Zimmer zu dreißig Franc nehmen; er würde weder auf Kohlen noch auf sonst irgendetwas schauen, aber wahrscheinlich würde er ein Zimmer mit separatem Eingang wollen, denn seine dreihundert Franc gibt er sicher mit Frauen aus.«

Sie muss und sie wird sich eingewöhnen. Schon wenn das Wort »Pole« ausgesprochen wird, denkt sie an junge Leute, die wenig Geld bekommen, fünfzig bis achtzig Franc monatlich, und die deshalb aber nicht weniger stolz sind. Bald wird es für sie wie für Hoteliers oder Gastwirte sein, für die die Welt einen anderen Sinn als für gewöhnliche Sterbliche hat. Kommt ein Wagen zufällig vorbei, fährt er langsamer, hält er an? Das ist kein Auto mit Touristen, das sind etwa drei Gedecke, Flaschenwein, Kaffee und Likör, oder aber, wenn es ein mürrisches altes Paar ist, zwei Essen ohne Wein oder zusätzliche Gänge.

»Sehen Sie, Madame Élise, die Russen sind ärmer, aber weniger anspruchsvoll. Zum Beispiel gibt es unter ihnen welche, die noch etwas unzivilisiert sind.«

In der Rue Pasteur wohnen keine Studenten, in keinem Fenster hängt das gelbe Schild, das Élise hinter ihren eigenen Fensterscheiben lesen kann und das sie tags zuvor mit Siegeloblaten befestigt hat:

Möbliertes Zimmer zu vermieten.

Sie hat das s übermalt: *Möblierte Zimmer.*

Vor drei Wochen, nein, jetzt schon vor einem Monat, ging Élise um diese Zeit mit Roger aus dem Haus in die Rue Pasteur, um sich auf die Bank der Place du Congrès zu setzen. Sofort hob sie automatisch den Kopf zur Loggia der Lorisses, sicher, dass die alte Madame Lorisse oder ihre Tochter oder alle beide dort saßen und stickten und dabei den Spaziergang des alten Mannes mit seinem Hund beaufsichtigten.

Das sind reiche Leute, Rentner. Nun, sobald Élise bescheiden zu ihnen emporlächelte, nickte Madame Lorisse mit dem Kopf und machte eine kleine Handbewegung. Élise wusste sehr wohl, dass diese Bewegung bedeutete:

»Da ist die junge Maman von nebenan, die mit ihrem Kind spazieren geht. Wie tüchtig von ihr, dass sie das Kind in einer zweiten Etage aufzieht und es so sauber hält! Wie dünn sie ist! Wie müde sie sein muss! Wie vornehm und tapfer sie ist! Wir müssen ihr unsere Sympathie zeigen und ihren Sohn anlächeln, der ganz magere Beinchen hat. Das ist mal eine ordentliche und tüchtige Frau!«

Élise streichelte den Hund und deutete nun ihrerseits eine stumme Antwort an:

»Sie sehen, dass ich Ihre Anteilnahme bemerke! Sie haben mich verstanden. Ich tue alles, was ich kann, wo ich doch nur über das Allernotwendigste verfüge! Sie sind die reichsten Leute in der Straße, und trotzdem winken Sie mir von Ihrer Loggia herunter zu. Der Beweis dafür, dass ich nicht undankbar bin und eine gute Erziehung genossen habe, ist, dass ich Ihren Hund streichle, der mir solche Angst macht, wenn er nah an Roger vorbeigeht und ihm, bei seiner Angewohnheit, das Gesicht abzulecken, Würmer übertragen könnte. Danke. Vielen Dank. Glauben Sie mir, dass ich es zu schätzen weiß …«

Élise ging weiter. Sie wusste, wer hinter jeder Tür wohnte. Das Haus des Richters öffnete sich einen Spalt, als sie vorbeiging.

»Wie geht es dem Kind? Ist er ein Schelm! Er hat sprechende Augen, Madame Mamelin! Wie ich Sie beneide! Wie glücklich müssen Sie sein!«

Was tut es, dass Madame Gérard eine ehemalige Köchin ist, die der Richter jetzt als seine Haushälterin bezeichnet, die er aber anscheinend nicht heiraten will?

»Das schönste Kind im Viertel, Madame Mamelin. Ich sage es immer wieder zu Monsieur Dambois.«

Zum Beweis dafür, dass alles eine Frage der guten Erziehung ist, machte Élise damals, wenn die Zeit dafür blieb, einen Umweg und wechselte plötzlich die Straßenseite, sobald sie die dicke Madame Morel auftauchen sah, immerhin die Frau eines Ingenieurs, eine ehemalige Serviererin im Café, mit einer schrillen Stimme.

»Komm, mein kleiner Roger! Komm und hol dir Schokolade von der dicken Morel!«

Élises Lächeln drückte dann aus:

»Danke! Ich danke Ihnen aus Höflichkeit, weil es sich so schickt. Aber wir gehören nicht derselben Welt an. Die Damen Lorisse würden sich nicht aus ihrer Loggia beugen, um Sie zu grüßen. Jeder weiß, dass Sie aus dem Nichts kommen und die ungehobeltste Frau im Viertel sind. Ich bedanke mich, und es ist mir vor den Nachbarn peinlich, wenn Sie mich auf der Straße anhalten.«

Solche Leute leben nur, um zu essen, der Mann wie die

Frau, sie sind fett, vollgestopft, mit einem feuchten Mund und kleinen, glänzenden Schweinsäuglein. Madame Morel war es, die vor allen Leuten den Gemüsehändler angeschrien hat:

»Du bist ein Dieb, Sigismond! Du hast mir wieder verfaulte Möhren angedreht!«

Wo doch der Händler nicht einmal Sigismond hieß! So sind ihre Manieren!

»Geh und sag Madame Morel danke schön, Roger. Gib ihr die Hand. Nicht die! Dein schönes Händchen!«

Nach den Morels kommt das Haus mit der weißen Tür von Monsieur Hermann, dem Ersten Geiger des Théâtre Royal, der immer so gut gekleidet ist und aschblonde Haare hat, dünn wie die Haare einer Frau. Danach kommt die immer offen stehende Tür von Julie Pain.

»Ich bin gleich da, Élise.«

Denn Julie ist nie fertig!

Die Metzgerei Godard ... Die Place du Congrès, so sauber, vollkommen rund, mit ihren vier gleich großen Grünflächen, ihren Bänken, der Straßenbahn Linie 4, die eine gleichmäßige Kurve beschreibt ...

Nein! Élise bedauert nichts und wird niemals etwas bedauern. Sie ist nicht wie Désiré, der, Élise weiß, warum, seinen Blick abgewendet hat, als er an jenem Abend, nachdem das letzte Möbelstück weggetragen worden war, die zwei leeren Zimmer in der Rue Pasteur abschloss, um der Besitzerin den Schlüssel zurückzugeben.

Sie wird sich eingewöhnen. Sie hat sich schon eingewöhnt. Sie fängt an, ihren Nachbarn zur Rechten, den Delcours, zuzulächeln – der älteste Sohn ist Gebäudemaler und ähnelt ein wenig Arthur. Ein Pech, dass das Haus zur Linken eine Kneipe ist, aber es geht nie jemand dorthin, außer irgendein Kutscher, der nicht einmal sein Gespann feststellt und der kurz darauf wieder herauskommt, wobei er sich mit dem Handrücken den Schnurrbart abwischt. Im Grunde müssen diese Leute vor allem von der Pension leben, die Hosselet wegen seines Aufenthalts im Kongo und seiner Schlafkrankheit bekommt.

Élise versorgt das Feuer, und hier in der Küche herrscht die gleiche übertriebene Ordnung wie in dem Esszimmer, das »Salon« genannt wird. Sie hat Lust, hinaufzugehen und einen Blick auf die Zimmer zu werfen, aber eine Kraft zieht sie zurück in den vorderen Raum, hinter dieses Fenster, wo sie für nichts auf der Welt beim Spionieren überrascht werden möchte. Wie sähe das aus?

Welch eine Freude wäre es, könnte sie Désiré, wenn er um zwei Uhr nach Hause kommt, essen lassen, ohne ein Wort zu sagen, um ihm dann schließlich zu verkünden, ein Zittern unterdrückend:

»Übrigens, ich habe einen Mieter.«

Nun, um elf Uhr, gleich nachdem eine Straßenbahn in der Rue Jean-d'Outremeuse vorbeigefahren ist und man den Kranken auf dem Gehsteig weitergerückt hat – es gibt Leute, auf die so etwas eine bestimmte Wirkung ausüben könnte und die deswegen zögern würden zu läuten! –, bleibt eine Frau vor dem Haus stehen, vor dem Fenster mit den sorgfältig aufgehängten Gardinen und den kupfernen Übertöpfen mit Asparagus aus Coronmeuse.

»Mein Gott, wie hässlich sie ist!«

Einen Moment lang bleibt alles Leben in der Schwebe. Die Fremde ist verschwunden. Élises Herzschlag hat ausgesetzt. Endlich ertönt ein Läuten, hallt im ganzen Haus wider, das niemals so leer erschien; für Élise bleibt keine Zeit, den Zauber zu durchbrechen, der sie wie angewurzelt stehen lässt, da läutet es erneut, heftig, so als würde jemand den Klingelzug abreißen.

»Kommen Sie herein, Mademoiselle.«

Die Besucherin lächelt nicht, grüßt nicht, entschuldigt sich nicht; sie kommt herein, als wäre sie hier schon zu Hause oder in einem Niemandsland, und sie betrachtet gleichgültig die sauberen Wände, den Kupferknauf des Treppengeländers.

»Wo ist das Zimmer?«

Roger döst, erfüllt von Wärme und Wohlbefinden, neben dem großen Ofen von Schwester Adonie, und Désiré wartet auf den Moment, wo er endlich allein in dem Büro in der Rue Sohet ist, um seine Jacke auszuziehen und seine Butterbrote auszuwickeln, denn als richtiger Mamelin hat Désiré immer Hunger.

»Mein Gott, wie hässlich sie ist!«

Diese Schwalbe, die von so weither gekommen ist, um sich als Erste im Haus in der Rue de la Loi niederzulassen, ist Frida Stavitskaja, geboren an den Ufern des Schwarzen Meeres in einem Vorort von Odessa.

Da sie die Erste ist, die an einem Morgen unendlicher Stille über ihre Schwelle getreten ist, wird Élise sie immer so vor Augen haben, wie sie ihr in diesem Augenblick erscheint: Dünn und dunkel, mit ausgemergeltem Gesicht, in dem sich ein breiter, blutroter Mund und zwei gierige Augen abheben.

Wie kann sich ein menschliches Wesen, eine Frau von noch nicht zweiundzwanzig Jahren, auf diese Weise zurechtmachen? Die straff geflochtenen Haare bilden einen strengen

Knoten, der wie ein Kieselstein auf einem gelben, vielleicht schlecht gewaschenen Nacken liegt, und ein flacher Hut, den kein Dienstmädchen tragen würde, ist einfach nur so aufgesetzt.

Ein leuchtender Rock hängt herunter, ohne das Fehlen weiblicher Hüften und die großen Füße zu verdecken, die man für Männerfüße halten könnte. Kein weißer Fleck, kein Firlefanz, kein einziges Schmuckstück oder Familienstück, um die strenge Ärmlichkeit des Kleides mit dem hochgeschlossenen Kragen, der an die Uniform irgendeiner puritanischen Sekte erinnert, aufzulockern.

Aber vor allem ist es das Fehlen eines Lächelns, des unverbindlichen Lächelns, das man jedem, auch dem Bettler, der einen auf der Straße grüßt, schenkt, was Élise enttäuscht.

Sie würde die Besucherin gern in den Salon führen, dessen Tür sie offen hält.

»Setzen Sie sich, Mademoiselle, ich bitte Sie.«

»Nein.«

Ein ganz einfaches Nein, ein Nein, wie es in Outremeuse niemand sonst aussprechen würde, selbst Madame Pain nicht, die so kühl ist, ein Nein, das »Nein« sagt, weil Frida Stavitskaja weder hergekommen ist, um sich zu setzen, noch um die Reinlichkeit und die Ordnung eines Zimmers zu bewundern, in dem sie nichts zu suchen hat. Ein Nein, das Élise wehtut, das ihr das Blut gerinnen lässt, denn sie hat noch nie so gesprochen, sie hat zu viel Angst, nur im Geringsten zu kränken, zu verletzen oder Anstoß zu erregen.

Um etwas zu sagen, sagt sie mit zitternden Lippen, gezwungen lächelnd:

»Sie sind Studentin, Mademoiselle?«

Und Frida, im Türrahmen stehend, das Gesicht auf die Treppe gerichtet, verspürt nicht das Bedürfnis zu antworten, weil das nur sie selbst etwas angeht. Sie begnügt sich zu wiederholen:

»Ich möchte das Zimmer sehen.«

»Gehen Sie vor, Mademoiselle. Ich werde Ihnen das schönste zeigen, es geht auf die Straße. Die Möbel sind wie neu.«

Sie möchte hinzufügen, so groß ist ihre Furcht, nicht genug zu sagen:

»Das ist unser Eheschlafzimmer.«

Denn sie haben die schönen Möbel aus massiver Eiche geopfert, das Bett, das wegen Désirés Länge nach Maß angefertigt wurde. Zurzeit schlafen Élise und Désiré in einem Eisenbett, das sie in einem Auktionslokal gekauft haben.

»Die Metallrahmen sind so viel gesünder, Désiré!«

Mit klopfendem Herzen schiebt Élise die Tür zu dem rosa Zimmer auf. Alles in rosa, die Lampe, die Toilettengarnitur – auch die Dinge aus ihrem Haushalt – und sogar der Marmor des Waschtisches.

Frida Stavitskaja, auf die Spitze ihres Sonnenschirmes gestützt, macht sich nicht die Mühe hineinzugehen.

»Haben Sie nur dies?«

»Es ist das schönste, das freundlichste.«

Élise möchte alles auf einmal erklären, dass sie das Haus von oben bis unten sauber gemacht hat, dass das Wasser des artesischen Brunnens das beste in der Straße ist, dass es Gas gibt, dass der Besitzer versprochen hat, später Elektrizität legen zu lassen, dass sie mit ihren Händen die Tapete aufgeklebt hat, dass man nicht eine einzige Wanze in den Betten finden werde. Aber Frida hat eine andere Tür geöffnet, die von dem grünen Zimmer, dem kleinsten, in das erst gegen Abend die Sonne hineinscheint.

»Wie viel?«

»Das große Zimmer dreißig Franc monatlich, einschließlich Licht, zuzüglich Kohle, wie üblich, aber …«

Ohne die geringste Aufmunterung wartet Frida das Folgende ab.

»Dieses hier kostet nur fünfundzwanzig. Beachten Sie …«

»Das ist zu teuer.«

Das ist alles. Sie will fortgehen. Sie geht hinunter. Ihr Gesicht drückt nichts aus. Ihre Augen sind wunderbar, schwarz und leuchtend wie bestimmte Käfer; diese Augen heften sich auf nichts, sie leben ihr eigenes Leben und haben dieser Frau in der Liberty-Bluse nichts zu sagen.

»Hören Sie, Mademoiselle, ich habe noch ein anderes Zimmer im Zwischenstock …«

Sie überschlägt sich. Sie darf Frida um keinen Preis fortgehen lassen.

»Es ist kleiner. Es ist weniger freundlich. Das Licht kommt von Norden, und das Fenster geht auf den Hof …«

»Wie viel?«

»Zwanzig Franc.«

Zum ersten Mal huscht kaum wahrnehmbar etwas über das Gesicht von Frida Stavitskaja, was einem menschlichen Gefühl ähneln könnte. Ein Bedauern? Nicht einmal! Sie hat nur innegehalten und einen flüchtigen Blick auf das Zimmer geworfen. Vielleicht hat sie gespürt, dass es sich hier gut leben ließe, aber schon geht sie die Treppe hinunter.

»Ich kann nur fünfzehn Franc ausgeben.«

»Hören Sie, Mademoiselle. Ich mache bei Ihnen eine Ausnahme, weil Sie die Erste sind, die sich vorstellt …«

Wenn man bedenkt, dass sie so sehr gegen Désiré kämpfen musste, dass sie Sou für Sou gespart, bei den kleinsten Ausgaben betrogen und die Stückchen Zucker gezählt hat, um das hier zu erreichen!

»Wenn ich es Ihnen für achtzehn Franc überließe?«

»Ich habe gesagt, dass ich nur fünfzehn Franc geben kann«, wiederholt Frida kalt.

»Na gut …«

Frida sieht sie an, als ahnte sie nichts von dem Drama, das sich hier abspielt.

»Wann wollen Sie einziehen?«

»Heute.«

»Ich muss Ihnen noch etwas sagen, was ein wenig heikel ist. Ich habe ein Kind und Schwestern im Geschäftsleben. Meine ganze Familie ist …«

Élise errötet, verliert den Faden, ihre Worte überstürzen sich.

»Sie verstehen: Ich kann ein Haus der offenen Tür nicht zulassen.«

Frida zuckt nicht mit der Wimper; nur ihre Augen blicken fragend.

»Ich möchte damit sagen, dass Sie hier nicht jeden Besuch empfangen dürfen. Es würde sich nicht schicken, wenn Männer Ihr Zimmer betreten.«

Élise könnte meinen, sie wendete sich an den Besucher eines anderen Planeten. Frida entrüstet sich nicht. Kaum dass sich ein Schatten von Geringschätzung um ihre Mundwinkel legt.

»Gut. Ich zahle.«

Und sie zieht die fünfzehn Franc aus einem Handtäschchen mit unechtem Silberverschluss.

»Gehen Sie doch einen Augenblick hier hinein. Sie trinken sicher eine Tasse Kaffee.«

»Nein.«

»Auf dem Herd steht welcher. Ich bringe ihn sofort.«

»Ich habe nein gesagt. Würden Sie mir bitte den Schlüssel aushändigen?«

Das war's. Élise hat gerade noch Zeit, Roger vom Kindergarten abzuholen, ihm etwas zu essen zu geben und ihn wieder zu Schwester Adonie zurückzubringen, bevor Désiré nach Hause kommt.

»Ich habe vermietet!«

Sie verkündet es sofort, aus lauter Angst, ihr Unbehagen zu verraten.

»An wen?«

»An ein junges Mädchen ... Eine Russin ... Sie zieht heute ein.«

Sie hat nicht vom Preis gesprochen, und es erleichtert sie, dass Désiré keine Frage zu diesem Thema stellt. Am Nachmittag geht sie nervös hin und her, zufrieden oder nicht, sie weiß es nicht mehr.

»Ich habe eine Mieterin, Madame Corbion.«

»Sie werden sehen, dass man mit den Frauen schlechter auskommt als mit den Männern. Ich werde Ihnen irgendwann mal von all dem Kummer erzählen, den sie mir bereitet haben.«

Abends sitzen sie in der Küche mit der Glastür bei Tisch, als sich der Schlüssel im Schlüsselloch dreht, und es ruft eine seltsame Wirkung hervor, das erste Mal, dass sich die Haustür öffnet, ohne dass es jemand von der Familie ist. Élise eilt in den Flur und zieht an dem Kettchen, um das Gas in der Lampe zu entzünden.

»Geben Sie mir Ihren Koffer, Mademoiselle Frida.«

»Nein danke.«

Sie trägt ihn selbst. Sie hat nicht guten Abend gesagt. Élise wagt nicht, ihr ins Treppenhaus zu folgen. Und kaum ist die Untermieterin in ihrem Zimmer, schiebt sie den Riegel vor.

Sie hören sie über ihren Köpfen hin und her gehen, denn das Zimmer im Zwischenstock liegt genau über der Küche.

»Sie hat sicher nicht gegessen.«

Élise horcht. Was macht die Fremde wohl? Wo isst sie?

»Wohin gehst du?«, fragt Désiré, der sich in seinem Korbsessel niedergelassen und die Zeitung entfaltet hat.

Élise geht hinauf. Ein wenig aufgeregt klopft sie an die Tür.

»Was ist?«

»Ich bin's nur, Mademoiselle Frida.«

Die Tür öffnet sich nicht. Schweigen.

»Ich komme, um Sie zu fragen, ob Sie etwas brauchen. Am ersten Tag, nicht wahr?«

»Nein.«

Élise, hilflos und unnütz auf dem Treppenabsatz, weiß nicht, wie sie gute Nacht sagen soll, und auf die Silben, die sie hervorstammelt, erhält sie keine Antwort. Fast würde sie beim Hinuntergehen weinen.

Désiré nimmt die Pfeife aus seinem Mund, hebt ein wenig den Kopf.

»Nun?«

»Nichts. Sie braucht nichts.«

Das ist alles. Sie räumt den Tisch ab. Désiré hat seinen Sessel nach hinten gekippt und pafft in kurzen Zügen, während Roger über seinen Bauklötzen einschläft.

Élise öffnet den Mund. Nein. Wozu?

Gleich werden sie ins Bett gehen, in das Schlafzimmer, das im Erdgeschoss liegt und dessen Glastür mit den zwei Flügeln zum Hof geht. Es ist kein richtiges Schlafzimmer. Es ist das ehemalige Esszimmer. Man muss sich an das Eisenbett gewöhnen, dessen Gitterstäbe sich wie bei einer Tuschezeichnung auf der Kleiderablage abzeichnen, die den Glasschrank ersetzt, den sie in das rosa Zimmer gestellt haben, und auf dem weißen, mit einer Decke im Wabenmuster bedeckten Holztisch, der die Stelle eines Waschtisches einnimmt.

Désiré ahnt nicht, dass sogar dieses Zimmer eines Tages an einen Medizinstudenten aus Vilna abgetreten wird, dass das Eisenbett ganz nach oben in die weiß gekalkte Mansarde kommen wird und dass die Untermieter sich abends, um Kohlen zu sparen, in der Küche einnisten und in seinem eigenen Stuhl niederlassen werden.

Noch hat er seinen Winkel, in den er sich vergräbt, eingehüllt in Rauch und Seelenfrieden.

»Madame Corbion erzählte mir soeben …«

Er muss wohl einen spannenden Artikel lesen, denn er achtet nicht auf das, was sie sagt. Glücklicherweise. Sie besinnt sich eines Besseren. Es ist nutzlos, ihm zu erklären, dass die Studentinnen, nach Madame Corbion, die Erfahrungen damit gemacht hat, schlimmer sind als Schlangen.

»Willst du Roger nicht ins Bett bringen?«

Bald darauf dringt aus dem Schlafzimmer nebenan Désirés Stimme zu ihr:

Es waren zwei Liebende,
Die träumten von ferner Liebe …

Élise horcht nicht auf das Summen des Wiegenliedes, sondern auf die Stille über ihr.

Es waren zwei Liebende,
Ihre Eltern verleugneten sie …

2

Élise ahnte es. Sie hat sich sogar fest vorgenommen, mit ihrem Bruder beim nächsten Besuch darüber zu sprechen.

»Du musst das verstehen, Léopold … Ich bitte dich um Verzeihung, dass ich dir das sage, denn es geht mich ja nichts an, was du machst. Aber gerade bei den Nachbarn! Sie wissen, wer du bist …«

Aber sie hat es nicht gewagt, und vielleicht liegt der wahre Grund ihres Schweigens nicht in der Angst, ihn zu kränken. Seit sie in der Rue de la Loi wohnt und den ganzen Morgen über, während sie ihre Zimmer macht, die Haustür angelehnt lässt, seit Léopold seinerseits nicht mehr läuten muss oder zu fürchten hat, das mürrische Gesicht der Hauswirtin auftauchen zu sehen, kommt er öfter zu Élise, um sich in die Küche zu setzen.

Die Fenster der ersten Etage sind weit geöffnet, der Staub wirbelt in den Sonnenstrahlen, die ihn wie eine Rauchwolke nach draußen zu ziehen scheinen, Élise räumt das rosa Zimmer auf, das sie vor kurzem an Pauline Feinstein, eine Jüdin aus Warschau, vermietet hat, die man bereits Mademoiselle Pauline nennt.

Von dort oben beugt sich Élise zur Straße hinaus und hält nach dem Kohlenhändler Ausschau, als sie Léopold erblickt, der um die Ecke biegt und mit schiefen Schultern am Schaufenster des Friseurs vorbeigeht.

Man fragt sich immer, ob Léopold weiß, wohin er geht. Er zieht sein Bein nach, sein Gang ist schief, der Kopf gesenkt, der Blick starr aufs Pflaster gerichtet. Es ist ein Wunder, dass ihn noch keine Straßenbahn überfahren hat. Dennoch verlässt er immer an derselben Stelle wie ein Blinder den Gehsteig, überquert schräg die Straße und verschwindet dann, nach einem Augenblick des Zögerns und einem flüchtigen Blick zu Élises Haus hinüber, im Dunkel der Kneipe von nebenan.

Er bleibt nur kurz dort, gerade um im Stehen einen oder zwei Schnäpse zu trinken, schweigend, und dann steht er vor der Tür, immer noch zögernd und misstrauisch knurrend wie ein Hund, der eine Stelle beschnuppert, bevor er sich vorwagt.

Er geht über die Schwelle, berührt die Tür, stößt sie auf, findet den Flur leer, die Glastür der Küche halb geöffnet, und er hört die Suppe kochen, schließlich kommt Élise aus einem der oberen Zimmer, beugt sich über das Geländer, wobei sie mit der Hand ihren Knoten festhält.

»Geh hinein, Léopold. Setz dich hin. Ich komme sofort runter.«

So hat es sich zwischen ihnen eingespielt: Sie fährt mit ihrer Arbeit fort, geht hin und her, während ihr Bruder in Désirés Korbsessel sitzt und an seiner alten, widerlich blubbernden Pfeife zieht.

Sogar wenn sie neben ihm sitzt und das Gemüse putzt, schweigt er weiter, und nach einer gewissen Zeit, die durch Gott weiß welche Regel, die ihm allein bekannt ist, festgesetzt ist, geht er wieder fort, wie er gekommen ist, mit einem undeutlichen:

»W'erseh'n, Mädchen.«

Élise ist heruntergekommen und geht schon wieder hinaus.

»Du gestattest, Léopold? Das ist der Kohlenhändler.«

Sie trägt ihre Eimer an den Gehsteigrand, kommt wieder zurück, um ihr Portemonnaie zu holen, öffnet die Türen, schließt sie wieder, wäscht sich die Hände und bleibt endlich in der Küche, um die Suppe zu passieren.

Die Gespräche zwischen Élise und ihrem Bruder ähneln in nichts denen, die sie mit anderen Menschen haben könnten. Man könnte meinen, sie warteten durch ein stillschweigendes Übereinkommen darauf, dass sie von einer bestimmten Atmosphäre durchströmt werden, dass eine Wärme sie umgibt, dass sich ein Kontakt herstellt und das Schweigen so dicht wird, dass das Ticken des Weckers wie der Pulsschlag des ganzen Hauses erscheint. Dann seufzt Élise nur:

»Ach! Mein lieber Léopold. Ich spreche mit niemandem darüber, vor allem nicht mit Désiré. Wenn du wüsstest, wie die Frauen ...«

Bleibt ihr Satz deshalb unvollendet, weil sie nicht wagt, sich genauer auszudrücken? Ist es zwischen ihr und ihrem Bruder überflüssig, deutlicher zu werden? Oder aber bereitet sie die Stimmung weiter durch einleitende, unklare Bemerkungen vor, durch Worte, die in keinem Zusammenhang miteinander stehen?

»Ich habe jetzt drei Untermieter. Nun ja, es macht mir nichts aus, das Zimmer von Monsieur Saft zu machen, obwohl er im Bett raucht und seine Zigarettenkippen irgendwohin wirft. Aber die Frauen, weißt du! Letzten Freitag hätte ich fast mit Valérie darüber gesprochen. Glücklicherweise habe ich mich rechtzeitig daran erinnert, dass auch sie Körpergeruch hat. Einmal musste ich mit ihr zusammen schlafen, und es ist mir schlecht davon geworden.«

Léopold sieht starr auf die rötliche Ofenplatte, und von Zeit zu Zeit ist das Blubbern seiner Pfeife zu hören. Er lässt seine Schwester reden. Élise macht sich keine Gedanken darüber, ob er ihr zuhört oder an etwas anderes denkt.

»Das erste Mal, als ich das Zimmer von Mademoiselle Frida gemacht habe, habe ich geglaubt, ich würde nie damit fertig werden. Ich frage mich, wie kann das sein, dass Frauen, junge Mädchen, nicht mehr Selbstachtung besitzen. Ich ... bei dem Gedanken, jemand anderes könnte mein Bett machen, mein schmutziges Wasser ausschütten ... !«

Arme Élise! Der Tag, vom dem sie spricht – das ist jetzt einen Monat her, und sie erinnert sich so deutlich an die kleinsten Einzelheiten, dass sie immer noch darunter leidet –, jener Tag war vielleicht für sie der unglücklichste in ihrem ganzen Leben. Sie hatte so gearbeitet, so sehr gerechnet, hatte alles bis auf einen Centime auskalkuliert, und dann sah sie sich plötzlich einer Wirklichkeit gegenüber, die sich so sehr unterschied von ihren Träumen, dass sie ihre Kraft schwinden spürte und sich fragte, ob sie nicht aufgeben sollte.

Der Geruch zunächst, dieser Geruch einer anderen Frau, einer Fremden, in dem Augenblick, als Élise die Tür im Zwischenstock öffnete, nachdem Mademoiselle Frida zur Universität gegangen war; dann der Anblick dieses ungemachten, noch feuchten Bettes und schließlich diese kleinen schwarzen Haarbüschel, die auf dem schmutzigen Grau des Seifenwassers in der Waschschüssel schwammen.

Da öffnete Élise das Fenster, und weil niemand da war, der sie beobachtete, musste sie nicht lächeln, ihre Lippen verzogen sich zu einer Grimasse des Ekels und des Überdrusses.

»Mademoiselle Pauline ist auch nicht sauberer, ich glaube

wohl, sie wäscht sich nie gründlich, aber vielleicht weil ihr Zimmer größer ist und zwei Fenster hat, merkt man den Geruch nicht so stark. Wenn du ihre Puderdosen sehen würdest, Léopold! Madame Corbion hatte schon recht mit dem, was sie mir von den Studentinnen erzählte, und sie hatte auch recht, als sie mir sagte, dass alle Russen noch immer ein wenig unzivilisiert sind.«

Léopold leert seine Pfeife, indem er sie am Rand des Kohleneimers ausklopft. Élise fürchtet, dass er sich schon erhebt, weil er üblicherweise kaum länger bleibt, aber heute Morgen vergräbt er sich wieder im Sessel und stößt einen Seufzer aus.

»Langweile ich dich, Léopold?«

Er brummt. Das bedeutet, dass sie weiterreden kann.

»Ich weiß nicht, warum ich gerade dir all meine kleinen Kümmernisse erzähle, sogar die, die nur Frauen verstehen können …«

Sie unterbricht keinen Augenblick ihre Arbeit, noch hört sie auf, durch die Fenster die Haustür zu beobachten, die einen dünnen Sonnenstrahl hereinlässt. Sie schält eine Zwiebel und gibt sie zum Bräunen in den Topf, sie geht vom Tisch zum Herd und vom Herd zum Tisch.

»Weißt du, diese Leute sind nicht so empfindlich wie wir.«

Jetzt geht es besser, Mademoiselle Frida ist fast umgänglich geworden. Deshalb ist es Élise nicht weniger schwer ums Herz, wenn sie sich an den Tag erinnert, an dem die Russin zum ersten Mal in ihrem Haus war. Das Zimmer, das sie so liebevoll eingerichtet hat und das man jetzt kaum wiedererkennt! Warum hat Frida die fast neue, ganz saubere Tischdecke heruntergenommen? Auf dem weißen Holz liegen nur noch Bücher, auf dem Toilettentisch ein Kamm mit abgebrochenen Zähnen, eine Zahnbürste, die von einer unbekannten Zahnpasta rot geworden ist, und kleine Wattebäusche.

Élise schaute umher und bemerkte einen leeren Fleck: Der vergoldete Rahmen mit einem vergrößerten Foto von Valérie war von der Wand genommen worden, ebenso die beiden weiß lackierten Rähmchen: ein Teich mit Seerosen und Rehe im Wald.

Auf dem Kaminsims aus schwarzem Marmor nichts mehr, weder die gestickten Deckchen noch die Vasen noch die große Muschel aus Ostende, wertlose Nippessachen, sicher, aber sie verschönerten das Zimmer.

In dem Rahmen des Spiegels steckte eine Fotografie, ein Holzhaus zu ebener Erde – ein richtiges Haus von Wilden –, davor aufgereiht eine Familie, eine dicke Frau mit grauen Haaren, eine jüngere, sehr hässliche mit einem Baby auf dem Arm, die sich schief hält, zwei kleine Mädchen und eine Göre von fünfzehn Jahren, die keine andere als Frida ist.

Kein Mann. Élise weiß nicht, dass der Vater der Familie Stavitskij, ein Dorfschullehrer, seit fünf Jahren in einem Zwangsarbeitslager in Sibirien lebt.

Ängstlich, gekränkt suchte sie ihre Vasen, ihre Andenken, das Bild von Valérie. Im Schrank fand sie nur ein schmutziges Hemd ohne Stickerei, ohne Spitze, ohne Einsatz, ein Paar durchlöcherte Strümpfe und Pantoffeln, die Élise nicht einmal anzuziehen wagte, um ihren Haushalt zu machen.

Unruhe überfiel sie. Auf dem Treppenabsatz gibt es zwei Türen, die eine zu den Toiletten und die andere zum Wandschrank, in dem die Eimer und Bürsten aufbewahrt werden. Und darin fand Élise ihre Habe wieder, einfach so hineingestopft.

»Hättest du so gehandelt, Léopold? Wenn du dieses nackte Zimmer gesehen hättest!«

Sie erzählte Désiré nichts davon. Bevor sie Roger aus dem Kindergarten abholte, fand sie noch die Zeit, in die Rue Puits-en-Sock zu laufen und ein paar Blumen zu kaufen, Nelken, schöne Nelken aus dem Gewächshaus, sie wird sie immer vor sich sehen. Sie tat das mit Bitterkeit um die Mundwinkel, als wollte sie die Verzweiflung, die sie erstickte, besiegen, koste es, was es wolle, und ihre Anstrengung bis zum Äußersten treiben. Im Esszimmer suchte sie dann ihre kostbarste Vase, eine längliche aus Kristall, die in allen Regenbogenfarben schillert, und stellte sie auf den Tisch von Frida Stavitskaja.

Diese ist gegen halb zwölf nach Hause gekommen. Würde sie nicht in die Küche sehen, um rasch guten Tag zu sagen? Würde sie nicht wenigstens ein »Salut« zur Glastür hin andeuten, wenn sie durch den Flur ging?

Sie ist vorbeigegangen, wie auf der Straße, wo man niemanden kennt. Weiß sie überhaupt, dass es Roger gibt? Fragt sie sich, ob ihre Hauswirtin einen Mann hat?

Mademoiselle Frida hielt ein kleines weißes Paket in der Hand, und Élise verstand: Sie würde auf ihr Zimmer gehen, um dort, wo kein Kocher steht und das Feuer nicht angezündet war, zu essen; sie würde kalt essen.

»Was sollte ich tun, Léopold? Es ist stärker als ich, und ich bin sicher, dass du dasselbe getan hättest …«

Désiré war nicht da, und sie hat die Gelegenheit ausgenutzt, um eine Tasse Suppe hinaufzubringen. An der Tür im Zwischenstock blieb sie verdutzt vor ihrer Vase stehen, die mit den Blumen auf dem Boden stand. Trotzdem klopfte sie.

»Was ist?«

»Öffnen Sie bitte einen Augenblick, Mademoiselle Frida.«

Élises Hand drehte den Türknauf, aber der Riegel war vorgeschoben.

»Kann man sich das vorstellen, Léopold: sich einzuschließen, als wäre das Haus nicht sicher oder als hätte man etwas zu verbergen?«

Endlich öffnete sich die Tür einen Spalt. Auf dem Tisch lagen, zwischen den aufgeschlagenen Lehrbüchern, ein Stück Brot und ein angebrochenes hartgekochtes Ei.

»Entschuldigen Sie, Mademoiselle Frida … Ich habe gedacht … Ich habe mir erlaubt …«

Die schwarzen Augen starrten auf die dampfende Tasse.

»Was ist das?«

»Ich habe mir gesagt, dass eine Tasse heißer Suppe …«

»Ich habe Sie um nichts gebeten.«

»In Ihrem Alter, vor allem wenn man studiert, braucht man seine Kräfte. Ich bin sicher, wenn Ihre Maman hier wäre …«

»Ich weiß besser als jeder andere, was ich brauche.«

»Ich hatte ein paar Blumen hingestellt, damit das Zimmer weniger kalt aussieht.«

»Ich mag Blumen nicht.«

»Das Bild, das an der Wand hing, ist das von meiner besten Freundin.«

»Es ist nicht meine Freundin.«

Élise hat sich vor Désiré nicht verraten. Es ist das erste Mal, nach einem langen Monat, dass sie darüber spricht.

Nie vergisst Élise die Uhrzeit. Selbst wenn sie keinen kurzen Blick auf die Zeiger des Weckers wirft, achtet sie auf alles, was auf das Voranschreiten der Zeit hinweist, auf den Hammer von Halkin – der hier weniger laut zu hören ist als in der Rue Pasteur –, auf den Schulschluss der École des Frères, auf die Sirene von Velden.

In zwanzig Minuten wird es Zeit sein, Roger aus der Rue Jean-d'Outremeuse abzuholen. Léopold ist noch da. Es ist das erste Mal, dass er so lange bleibt. Élise runzelt die Stirn.

»Wolltest du mir etwas sagen, Léopold?«

Er brummt.

»Geht es Eugénie gut?«

»Sie ist die Saison über in Ostende.«

Dennoch ist er aus einem bestimmten Grund gekommen, Élise spürt es, er ist nicht zufrieden.

»Ich belästige dich mit meinen Geschichten, aber siehst du, ich kann sie nur dir erzählen.«

»Ja, Mädchen.«

Dann gibt sie sich heiterer, fast zu heiter.

»Weißt du, seitdem hat sich Mademoiselle Frida sehr gebessert. Was Monsieur Saft angeht, er ist so gut erzogen! Er ist Pole. Er wollte nicht, dass ich seinen Kohleneimer hinauftrage und seine Schuhe putze. Anscheinend putzt keine Frau in seinem Land die Schuhe eines Mannes, und seien es die ihres Gatten. Du wolltest etwas sagen?«

Er hat den Mund geöffnet, als wollte er etwas sagen, dann aber sofort wieder seine Pfeife in den Mund gesteckt; und er bewegt die Füße, ein Zeichen, dass er gleich gehen wird.

»Um von Mademoiselle Frida zu Ende zu erzählen …«

Das ist jetzt kein Drama mehr, auf jeden Fall nicht mehr Élises Drama, und sie rächt sich.

»Wenn man mir früher eine solche Geschichte erzählt

hätte, ich hätte sie nie und nimmer glauben wollen. Stell dir vor, eines Morgens sehe ich sie nicht fortgehen. Ich denke zuerst, dass sie keine Vorlesung hat und das ausnutzt, bis in die Puppen zu schlafen. Am Nachmittag, als Désiré wieder aus dem Hause ist, fange ich an, mir Sorgen zu machen; denn ich wusste, dass sie in ihrem Zimmer nichts zu essen hatte. Es war ein Donnerstag, und Roger war zu Hause. Ich setze ihn in seinen Stuhl, gehe hinauf und klopfe.

›Mademoiselle Frida!‹

Keine Antwort. Kein Laut.

›Ich bin's, Mademoiselle. Ich mache mir Sorgen. Sie sind doch hoffentlich nicht krank?‹

›Verschwinden Sie!‹

Und die Tür war wieder einmal verriegelt.

›Mademoiselle Frida, sagen Sie mir wenigstens, ob Sie irgendetwas brauchen. Ich werde es Ihnen auf den Treppenabsatz legen und sofort wieder gehen. Haben Sie keine Angst!‹

Ich musste wieder hinuntergehen. Ich konnte nicht, wie an den anderen Donnerstagen, aus dem Haus gehen, um mit Roger ins l'Innovation zu gehen. Das Kind war sehr lebhaft, und über der Küche hörte ich so etwas wie ein Röcheln. Als Désiré endlich nach Hause kommt, erzähle ich ihm davon, und er zuckt mit den Achseln.

›Wenn sie krank ist, soll sie es sagen. Wir können doch schließlich nicht die Tür einschlagen.‹

›Sie hat nichts zu essen.‹

›Das ist ihre Sache.‹

Du weißt, Léopold, wie Désiré ist.«

Élise beeilt sich mit dem Erzählen, aus Angst, Léopold könnte vor dem Schluss gehen, und auch weil Schwester

Adonie pünktlich die Türen ihres Kükenkäfigs ganz weit auf den sonnigen Hof hin öffnen wird.

»Am nächsten Tag, als das so weiterging, habe ich, ohne ein Wort zu sagen, Doktor Matray aufgesucht. Ich habe ihm alles erzählt. Als er sah, dass ich ganz blass war, hat er sich über mich lustig gemacht.

›Nun ja, Madame Mamelin, ihre Untermieterin ist ganz einfach hysterisch.‹

Sie hat sich drei Tage in ihrem Zimmer eingeschlossen, wie Marthe, wenn sie ihre Klausur hat …«

Élise beißt sich auf die Zunge. Mein Gott! Jetzt hat sie von Marthes »Klausuren« gesprochen vor Léopold, der ebenfalls trinkt! Sie weiß nicht mehr, wo sie hinschauen soll. Sie versorgt den Ofen. Es wird gleich Zeit sein, es ist Zeit.

»Ich glaube, ich habe dich gelangweilt, mein armer Léopold.«

Sie würde ihn gern fragen:

»Hast du mir wirklich nichts zu sagen?«

Denn man kann sie nicht täuschen. Sie weiß es. Unglücklicherweise muss sie fortgehen.

»Ich werfe dich nicht hinaus. Du kannst bleiben. Ich hole nur Roger ab und komme sofort zurück.«

Nein. Er verabschiedet sich vor der Haustür. Aus Taktgefühl, um ihr auf der Straße seine Begleitung nicht aufzudrängen, gibt er vor, in einer anderen Richtung zu tun zu haben.

»Übrigens …«

Nun, hat sie nicht recht gehabt?

»Du hast nichts Neues von Louis de Tongres gehört?«

»Du weißt doch, dass ich ihn nie sehe, Léopold. Seitdem Maman tot ist, hat er sich an meine Existenz nur dann erinnert, als er gekommen ist, um die Möbel unserer Eltern abzuholen. Dabei ist er jeden Montag in Lüttich. Hubert Schroefs trifft ihn immer auf der Börse. Einmal, als ich mit Roger vorbeiging, erblickte ich ihn, wie er in einer Ecke in der Taverne Grüber saß und die Leute mit seinen kleinen Augen ansah.«

Ein seltsamer Mann, dieser Léopold. Er bleibt fast zwei Stunden bei seiner Schwester. Er hört ihr zu, raucht seine Pfeife und trinkt eine Tasse Kaffee, die er kalt werden lässt, er wartet, bis sie auf der Straße sind, um ihr eine Frage zu stellen, und dann, ohne ein Wort zu sagen, nicht einmal auf Wiedersehen, geht er wieder weg. Er ist ein Stück gegangen, als Élise noch immer spricht, und sie sieht nur noch seinen runden Rücken, der nah an den Häuserwänden entlangstreift.

Sie wird zu spät kommen. Monsieur Saft, der so blond und so gut gekleidet ist, biegt um die Straßenecke und grüßt feierlich seine Hauswirtin, als wäre sie eine vornehme Dame. Élise lächelt und eilt weiter. Am ersten Tag hat er ihr die Hand geküsst und sich wie ein Automat verbeugt.

An jenem Tag, einem Montag im Mai, geht ein Mann mit sehr breiten Schultern, einer grünlichen Melone und einem unpassenden Mantel mit tapsigem Gang zwischen den Börsenspekulanten hin und her, die in Gruppen auf dem linken Rondell der Place Saint-Lambert stehen, zwischen dem Café du Phare, der Populaire und der Taverne Grüber. Seinem schwarzen Bart entströmt ein starker Alkoholgeruch, denn er hat, statt zu essen, in jeder Eckkneipe der Rue Gérardrie etwas getrunken. Sein Gang ist manchmal so schwankend, dass die Leute ihm ausweichen, wenn er vorbeigeht.

Was kümmert Léopold die Verachtung dieser fetten und

glänzenden, selbstzufriedenen Männer, die Geschäften nachgehen, sich laut anreden, geschwind Notizen machen und blitzschnell in die Cafés stürzen, wo die Allmächtigen thronen, während andere Leute gestikulierend zwischen den Reihen der runden Tischchen stehen?

In seiner Tasche knüllt er ein schmutziges Stück Papier, einen Brief mit dem Poststempel von Paris, und ganz allein verfolgt er seine Idee, ganz allein lässt er sich seine Gedanken durch den Kopf gehen und durchlebt ein Drama, das ihn düster und wie abwesend zwei Stunden lang in Élises Küche festgehalten hat.

Hat er Geld, er selbst? Hat er jemals welches gehabt? Haben sie nicht, bevor Eugénie nach Ostende gefahren ist, wo sie eine Stellung in einer Familienpension hat, die paar Sous ausgegeben, die sie während der letzten Monate auf die Seite gelegt hatte? Seit langem besitzt er keine Uhr mehr, und seine Frau hat kein Schmuckstück, keine Goldkette.

Zwei-, dreimal hat er sich mit scheuem Blick einer der großen Scheiben des Grüber genähert. Beim ersten Mal saß Louis de Tongres, den man den reichen Peters nennt, allein vor einem blendend weißen Tischtuch beim Essen, sein Blick schweifte über die respektvolle Menge oder antwortete mit einem kaum wahrnehmbaren Blinzeln jemandem, der den Hut zog.

Louis macht ganz kleine Augen, genauer gesagt er hat die Angewohnheit, seine Augenlider zusammenzukneifen, und in ihrem winzigen Spalt sind die funkelnden Augäpfel, die von einer störenden Schärfe sind, kaum zu erkennen. Das ist eine Marotte geworden. Um ja zu sagen, um zuzustimmen, um seine Zufriedenheit auszudrücken, schließt er die

Augen völlig, sehr schnell; man muss aufmerksam sein, muss dieses Zeichen der Zustimmung im Nu erhaschen, denn es geht so schnell wie der Auslöser eines Fotoapparats. Dann wieder öffnet er die Lider einen Spalt, richtet das Objektiv einen Augenblick auf jemanden, wobei er unbewegliche und kalte Augäpfel sehen lässt: Das heißt »nein«, ein Nein, über das niemand auf der Welt mit Louis de Tongres jemals wieder sprechen konnte.

Beim zweiten Mal, als Léopold mit seiner Helotengestalt ganz nah an dem breiten Glasfenster des Grüber vorbeiging, aß sein Bruder nicht mehr, sondern stocherte langsam in seinen Zähnen, während auf einem Stuhl ihm gegenüber ein servil lächelnder Mann Dokumente aus einer Ledermappe zog.

Léopold hatte beim dritten Mal beinahe Angst, Louis, der sich soeben eine Zigarre mit einer breiten Bauchbinde angezündet hatte, könnte sich zu ihm hindrehen und ihn erkennen. Von Rauch umgeben, suchte er in seiner Weste seine Zigarrenspitze aus Bernstein und hörte seinem Gesprächspartner zu, ohne ihn anzusehen, antwortete ihm nur durch seine Augenlider, er saß da wie in einem Schaufenster, genauso bequem wie zu Hause in seinen vier Wänden.

Er ist der Herr über die Wälder von Limburg und über den Kunstdünger. Stück für Stück interessiert er sich für alles, was auf seinem Gebiet gekauft und verkauft wird. Hat er nicht die einzige Tochter des Gouverneurs der Provinz geheiratet, eines Adligen?

Gegenüber der samtbezogenen Bank, wo er unbeweglich sitzen bleibt, haben sich dann noch andere hingesetzt und ihre Mappe geöffnet, um ihm Papiere zu reichen oder eine Unterschrift, eine Bürgschaft, einen Auftrag zu erbetteln; wieder andere stehen etwas weiter entfernt und warten, als der Blick von Louis Peters über die bläuliche Fläche des Fensters gleitet, an die sich das bärtige Gesicht eines Armen drückt.

Die Blicke der beiden Brüder haben sich gekreuzt. Léopold hat sich nicht bewegt, und niemand von den Umstehenden ahnt den Heldenmut, den der Betrunkene aufbringen muss, um auf seinem Platz zu bleiben, während Louis sich erhebt, die Asche seiner Zigarre abstreift und, ohne seinen Hut zu nehmen, ohne seine Papiere zusammenzusuchen, zur Tür geht.

Alle Peters sind untersetzt, nicht sehr groß; Louis, der sehniger ist als die anderen, erscheint fast mager wegen seines hageren Gesichtes, seiner spitzen Nase, der Lebhaftigkeit seiner Bewegungen, die einen überraschen, wenn er plötzlich aus seiner Unbeweglichkeit hochfährt.

Er ist durch die Taverne gegangen und wie ein Pfeil durch die Drehtür hinausgeeilt. Auf dem Gehsteig bleibt er abrupt stehen, und nur noch seine Augenlider bewegen sich.

Er wartet; Léopold ist es, der Ältere mit den gebeugten Schultern, der mit seinem schiefen Gang auf den Bruder zugeht. Um sie herum stehen Gruppen, tausend Stimmen reden durcheinander, und trotzdem können sie sich unterhalten, ohne dass ihnen jemand zuhört …

Léopold spricht, schwankend, mit übel riechendem Atem; er sagt nur ein paar Worte, nennt eine Zahl: fünfhundert Franc.

Auf dem Rondell, auf dem Gehsteig, im Café verkauft und kauft man ganze Schiffsladungen von Holz, Güterzüge mit Phosphaten, Bauernhöfe mitsamt ihren Herden, ganze Ernten.

Léopold bittet nur um fünfhundert Franc. Seine Nase läuft, er zieht ein großes rotes Taschentuch aus seiner Tasche und bedeckt damit sein halbes Gesicht, während sein Bruder ihm zwei oder drei bissige Fragen stellt. Was antwortet er? Dass das Geld nicht für ihn selbst ist? Dass er es nie nötig hatte? Nein! Er antwortet schon nichts mehr. Er hat die weit geöffneten, eiskalten Augen gesehen, er hat verstanden, er dreht sich um, stürzt sich ins dichte Gewühl der Menschenmenge.

Um diese fünfhundert Franc konnte Félix Marette nur Léopold bitten, und Léopold konnte nur Louis de Tongres darum bitten.

Léopold rempelt die Passanten an, ohne sich zu entschuldigen, sein Instinkt führt ihn sehr schnell in eine schmale Straße, wo er vertraute Gerüche wiederfindet, in ein kleines Café, in dem Männer, die Ellbogen auf die Theke gestützt, genauso wie er mit leeren Augen vor sich hin starren.

Was kümmert ihn jetzt der Brief? Er wird später antworten, in drei Tagen, in einer Woche, wer weiß?, wenn sein Herumvagabundieren ihn wieder zu seiner Treppenleiter führen wird, zu der Falltür seiner Wohnung.

In Paris warten sie und hoffen; Marette hat geschrieben, mit seiner Schrift, die sich in den paar Monaten verändert hat, die eigenwilliger geworden ist: »Das *muss* klappen …«

Er hat *muss* mit einem dicken Federstrich unterstrichen.

Er kann sich nicht anders aus der Affäre ziehen. Seit einem Monat ist Doms untergetaucht, wie er es regelmäßig tut. Ist er tatsächlich in Russland, in Rumänien oder in Barcelona, wie er versuchen wird, ihn glauben zu machen, wenn er, noch genauso abgerissen, genauso ruhig, voll Unheil verkündender Schweigsamkeit zurückkommt?

Doms ist ein absolutes Nichts! Doms hat kein Geld, keine

Freunde, keine Fähigkeiten! Er gehört keinerlei Gruppierung, keiner Partei an, das ist die Wahrheit. Er ist ein trauriges Individuum, den Marette verachtet, obwohl er gezwungen ist, ihn in seinem Dachzimmer zu beherbergen und in seinem kleinen Restaurant zu versorgen, wann immer er es verlangt.

Schon vor langer Zeit hat Marette diese Wahrheit entdeckt, eines Morgens, zufällig, als er auf der Erde lag und der andere in seinem Bett schlief. Félix Marette hielt, ein wenig wie Louis Peters, die Augenlider fast geschlossen, und Doms, der glaubte, dass er schlief, war ganz er selbst, an einem grauen Wintermorgen, an dem der Tag schonungslos durch die Dachluke auf die fadenscheinigen Bettlaken und die braune Decke fiel, ein Doms ohne Brille, fetter wirkend, vom Nachtschweiß glänzend, eine dicke, fahle Fleischmasse, mit albernen und vulgären Bewegungen und einem so leeren, so armseligen Blick, dass Marette schockiert war.

Ein paar Minuten lang kratzte sich der falsche Anarchist die schmutzigen Füße, dann zog er seine durchlöcherten Strümpfe an, streifte seine Hose über und blieb dann schlaff sitzen, wusste nicht, was er tun sollte, zog ein paar Sous aus seiner Tasche, zählte sie und griff dann schließlich in die Taschen seines Freundes, um einige Geldstücke daraus zu stibitzen.

Das ist alles. Ein wenig später, mit seinen dicken Brillengläsern, wurde er wieder der Doms des Café de la Bourse, aber Marette konnte sich nicht mehr in ihm täuschen.

Er musste ihn ertragen, ungeduldig und angewidert. Er musste ihn jedoch umso mehr ertragen, weil er nur ein kleiner, erbärmlicher Hochstapler war, fähig, einen Kameraden bei der Polizei zu denunzieren.

Ging er nicht sogar so weit, Marette heimlich auf der Straße zu folgen, sodass er jetzt über alles Bescheid wusste?

Sein Lächeln am übernächsten Tag hat genügt, den einzig wirklich schönen Augenblick, den Marette bis dahin erlebt hat, zu verderben.

Es war kurz vor Weihnachten. Eines Abends, als Félix in seinem Dachzimmer fieberhaft an der Geschichte seines Lebens schrieb, war der Regen so heftig geworden, dass sich mehrere Pfützen auf dem Dachboden gebildet hatten und man das Bett woandershin stellen musste.

Am nächsten Morgen hätte Marette, obwohl sein Schicksal auf dem Spiel stand, fast nicht auf den geöffneten Regenschirm geachtet, der in einer Ecke des Ladens neben der Tür abtropfte, während der Regen aufgehört hatte.

Es war der Regenschirm von Isabelle Vétu, und als er ihn ein wenig später erkannte, ging ihm ein Licht auf, er begriff, dass sie am Abend zuvor weggegangen war, sehr wahrscheinlich allein.

Er hatte nie an diese so einfache Möglichkeit gedacht. Zwei Abende lang lag er draußen auf der Lauer. Endlich sah er Licht im Geschäft, Isabelle kam auf dem Gehsteig näher und ging rasch in Richtung Konservatorium, wo ein Konzert gegeben wurde.

Während sie in die Wärme des Saales, in dem es nach feuchter Wolle roch, eintauchte, stürzte er wie ein Verrückter zu sich hinauf, stopfte sein Manuskript in die Tasche und ging zum Konservatorium zurück, wo er sich zwischen zwei Gaslaternen postierte. Etwas Musik drang zu ihm. Zeitweise fiel Regen, und zwischen zwei Schauern erblickte er den silbernen Mond.

Als die Leute herauskamen, ließ er sich herumstoßen, und zitternd vor Furcht, sie nicht zu sehen, stellte er sich auf die Fußspitzen; endlich kam sie, sie ging schnell, er stürzte hinterher, lief, blieb atemlos genau unter einer Gaslaterne vor ihr stehen, in einer Straße, deren Namen er nicht kannte.

»Mademoiselle …«

Ein ganz weißes Gesicht vor sich, dieses Gesicht, das er inzwischen mit drei oder vier Strichen zeichnen konnte! Er suchte seine Blätter in der Tasche.

»Ich wollte …«

Und plötzlich, als risse man ihm ein Stück Fleisch heraus:

»Ich liebe Sie, Isabelle … Ich kann nicht mehr … Ich bin zu unglücklich … Ich liebe Sie, verstehen Sie?«

Er weinte, es war lächerlich, er ließ sein Heft fallen, und sie bückte sich zur selben Zeit wie er, um es aufzuheben, er sah nichts mehr, er war verrückt, er riss sie in seine Arme, drückte sie an sich, berührte ihr Gesicht mit seiner nassen Wange, streifte ihren Mund mit seinen Lippen.

Da … Da geschah das, was er am wenigsten erwartet hatte. Der Mund presste sich auf seinen, und er sah immer noch das unbewegliche Gesicht, blasser als jemals zuvor, an seinem eigenen, sah die geöffneten Augen ganz nah an seinen.

»Isabelle …«

Das war zu viel. Er hatte das nicht erhofft. Erschrocken über das Glück, das ihn erfüllte, ließ er sie plötzlich mit einer heftigen Bewegung los und lief fort, stieß zwanzig Meter weiter an fettes Fleisch.

Kein Wort. Höhnisches Grinsen. Eine Hand, die schwer auf seiner Schulter lastete.

Es war Doms. Marette folgte ihm, ohne zu wissen, was er tat, und zwei Stunden lang tranken sie Bier in einer Wirtschaft, die er nicht mehr wiederfinden könnte.

Inzwischen ist der Winter vorbei. Eines schönen Tages verschwand Doms ohne ein Wort.

Die Nacht ist hereingebrochen. Am Ende der Rue Montmartre sind die Bogenlampen zwischen den Gebäuden der Markthallen angezündet worden, und am anderen Ende fließt das lärmende Leben auf den Grands Boulevards.

Marette wartet verkrampft, mit angespannten Nerven. Endlich dringt Licht durch die Fensterläden der Papierwarenhandlung Vétu. Eine Gestalt streift an den Häuserwänden entlang. Hinter der nächsten Biegung geht er schneller, legt seinen Arm um eine Taille, die nicht überrascht ist.

»Meine Kleine?«

Seine Augen blicken leidenschaftlich. Isabelles Augen lächeln, eine Hand ergreift die seine, ihre Lippen finden sich, ohne sich um die Passanten zu kümmern, die für sie nur Schatten sind.

»Hast du eine Antwort erhalten?«

Sie gehen weiter, durchqueren die Markthallen, wie sie es seit drei Monaten fast jeden Abend tun, erreichen alsbald die verlassenen Quais, wo die Seine sprudelnd an den Steinmauern entlangfließt.

»Nichts. Es ist unbedingt nötig, nicht wahr? Unbedingt!«

»Beruhige dich, mein Kleiner.«

»Deine Mutter?«

»Aber nein. Man kann noch nichts sehen.«

Er verspürt das Bedürfnis, sich zu bewegen, Gesten voller Zorn auszuführen, er beherrscht sich plötzlich, reumütig, wird sanft, umarmt Isabelle behutsam, als wäre sie zerbrechlich geworden.

»Wenn man bedenkt, dass es nur darum geht, fünfhundert Franc aufzutreiben, dass diese schreckliche Frau sich weigert, an mein Wort zu glauben und uns Kredit zu geben! Weißt du, Isabelle, es gibt Augenblicke, in denen … Es gibt Augenblicke …«

Eine solche Energie, eine solche Verzweiflung, ein solches Bedürfnis, ein solcher Wille, glücklich zu sein, trifft auf die heitere Leere einer schönen Nacht!

»Beruhige dich, mein Kleiner. Du weißt doch, dass du mir Angst machst, wenn du so bist. Das führt zu nichts.«

Und schweigend gehen sie weiter, eng umschlungen, starr auf das graue Pflaster vor sich blickend.

3

Wohin gehst du, Roger?«

»Mit Albert spielen, Maman.«

»Hast du deine Schürze angezogen?«

»Ja.«

»Pass auf die Straßenbahn auf.«

Sie beugt sich über das Treppengeländer, während Roger seinen Strohhut vom Kleiderhaken nimmt, das Gummiband um seinen Hals schnellen lässt und noch einen Moment unbeweglich im Hausflur stehen bleibt, wie ein Erwachsener, der sich fragt, ob er nichts vergessen hat. Schließlich öffnet er den Briefkasten und nimmt seine Murmeln heraus.

»Achte darauf, dass ich dich immer sehen kann.«

Er antwortet nicht mehr, entfernt sich und lässt die Tür angelehnt. Die Rue de la Loi ist leer und heiß. Eine feierliche Stille herrscht auf dem Schulhof, denn seit gestern sind Ferien, und man sieht die Frères zu dritt zu ungewöhnlichen Zeiten weggehen, die Krempen ihrer Hüte wie Flügel hochgeschlagen, die schwarzen Mäntel hinter ihnen herflatternd, wobei eine Ecke des weißen Beffchens immer hochgeklappt ist. Eben hat auch Frère Médard das grüne Portal durchschritten, nicht um sich, wie an den anderen Tagen, mitten auf dem Gehsteig aufzustellen und den Beginn oder den Schluss der Schule zu überwachen, sondern um in die Stadt zu gehen. Macht auch er Ferien? Jedenfalls hat er mit den Augen diese junge Maman gesucht, die so tüchtig, so sauber ist und Untermieter hat.

Élise und Frère Médard kennen sich jetzt schon seit langem, ohne miteinander gesprochen zu haben, da sie immer durch die breite Straße getrennt sind. Frère Médard sieht niemandem ähnlich, passt in keine Schublade. Er ist wohlbeleibt. Seine glänzende Soutane spannt sich über einen Bauch, der so rund ist wie eine Tonne. Ein riesiger Kopf mit kurz geschnittenen Haaren sitzt übergangslos auf dieser zylinderförmigen Masse, die Wangen sind fett und glänzend, das massige Ganze rollt bei jedem Schritt von links nach rechts, wegen des Holzbeines, das er mit sich schleppen muss; Frère Médard schwitzt, wischt sich wie Léopold die Stirn mit einem roten Taschentuch ab, man hört seinen Stock auf dem Pflaster, schon lange bevor man ihn im Rahmen der grünen Pforte erscheinen sieht; und trotz alledem flößt Frère Médard Respekt und Vertrauen ein, an ihn würde Élise sich wenden, wenn sie einen Rat brauchte.

Sie fühlt sich von diesem Blick geschmeichelt, den er ihr jeden Morgen zuwirft, von diesem unbestimmten, wie keuschen Gruß, den man an jemanden richtet, den man nicht kennt, aber zu kennen wünscht; mehrmals hat sie bemerkt, dass er, nachdem die Schüler nach Hause gegangen waren, verweilte, wenn er sie nicht an einem ihrer Fenster gesehen hatte.

Nach den Ferien wird Roger, der fünfeinhalb Jahre alt ist, in die École des Frères gehen.

»Krächz! Krächz!«, machen die Straßenjungen, wenn die Frères, die ein wenig Raben ähneln, vorbeigehen. Élise nennt diese dreckigen und unverschämten Kinder Schmutzfinken.

Es gibt viele kleine Schmutzfinken in dem Viertel. Zwischen der Kirche Saint-Nicolas und der Rue Puits-en-Sock, in den Gassen, durch die man nur geht, wenn man es eilig hat und den Weg abkürzen will, trifft man nur solche; schmutzige Mädchen ohne Schlüpfer, die mit gespreizten Beinen am Gehsteigrand sitzen, Babys mit laufender Nase, um den Mund herum Eigelb, Jungen, die sich auf die Beine der Fußgänger stürzen und mit Steinen werfen, wobei sie schreien, dass es einem in den Ohren wehtut.

Hundert Meter weiter, in der Rue de l'Enseignement, sind auch solche kleinen Strolche, die in die École Communale gehen.

»Benimm dich anständig, Roger! Steck den Finger nicht in die Nase! Benimm dich nicht wie ein Bengel aus der École Communale!«

Manchmal stürzt eine Bande, man weiß nicht, woher, auf die Place du Congrès, Kinder aus Bressoux oder aus der Gemeinde Saint-Pholien, sie steigen auf die Bänke und machen sie schmutzig, klettern auf die Bäume, reißen die Blätter ab, hängen sich an die tiefen Äste, erschrecken die Mamans, sind brutal, vulgär, kreischen herum, bis die Gestalt eines Polizisten auftaucht oder es ihnen einfällt, woanders Schabernack zu treiben.

In die Rue de la Loi, zu den Frères selbst, gehen einige Jungen aus den Gässchen, mit anderen Worten also auch Schmutzfinken, von denen manche mit Holzschuhen schlurfen. Denn die Schule ist in zwei Abteilungen geteilt. Genau gegenüber den Mamelins führt das grüne Portal, wo Frère Médard herrscht, auf einen weitläufigen Hof und zu den rosafarbenen Gebäuden des Institut Saint-André.

»Nach den Ferien wirst du das Institut Saint-André besuchen.«

Sie sagen nie »École des Frères«, denn die Leute könnten es verwechseln. Die Schüler des Institut Saint-André gehen, von den Lehrern geführt, in Reih und Glied weg, sofern nicht ihre Mamans sie in dem verglasten Sprechzimmer rechts von der Vorhalle erwarten.

Etwas weiter dagegen sieht man, wie die Schüler der kostenlosen Schule nach Schulschluss in einem lärmenden, ungeordneten Haufen aus einer Art schmutziger Kaserne stürmen. Ein Frère folgt ihnen mit Mühe bis zur Tür, groß, fett und gewöhnlich, wie ein Bauer in Soutane, mit tabakverschmierter Nase, der sich nicht die Mühe macht, die Kinder in Zweierreihen aufzustellen, und der sie aus der ruhigen und bürgerlichen Straße fortzujagen scheint.

Diese Invasion dauert nur ein paar Minuten, aber wenn Roger zufällig in diesem Moment draußen ist, taucht seine Mutter mit Sicherheit in der Tür oder an einem der Fenster des Hauses auf.

»Komm schnell herein, Roger!«

Hübsch sauber in seinem schwarzen Kittel mit den breiten Falten, auf dem Kopf seinen Jean-Bart-Hut, mit weißen Waden über den marineblauen Söckchen, geht er, verträumt oder bedächtig wie ein Mann, in einer Umgebung umher, deren Einzelheiten ihm vertrauter sind als sonst irgend jemandem. Er weiß, dass er zwei Häuser weiter, hinter den Fensterscheiben mit den tadellosen Gardinen, Raymonde erblicken wird, Raymonde, die nie auf der Straße spielt, nicht einmal vor der Tür, ein Mädchen in seinem Alter, rosig wie eine Luxuspuppe, das so still ist und so schöne goldene Locken hat. Auch sie beobachtet ihn, aber sie sind immer durch diese Scheibe getrennt. Raymonde lebt in einer gepolsterten Schachtel, in die weder die Luft noch die Geräusche von draußen eindringen, und hinter ihr sieht man eine Erzieherin in Schwarz mit einem winzigen Spitzenkragen hin und her huschen. Der Vater und die Mutter von Raymonde, Monsieur und Madame Rousseau, sind beide im Schuldienst. Sie gehen morgens fort und kommen abends, ernst und würdevoll, wieder nach Hause.

Roger dreht sich um und folgt mit den Augen einer Straßenbahn, die durch die Rue Jean-d'Outremeuse fährt, dann, nachdem er einen Moment nachgedacht hat, sucht er sich eine Glaskugel aus, eine von diesen großen grünlichen Kugeln, die die Limonadenflaschen verschließen, und wirft sie vor sich hin.

Lebt nicht auch er wie in einer Schachtel, einer Schachtel, die größer ist als die Raymondes, mit einem Stück blauem Himmel als Deckel, auf dem sich Dächer und Kamine abzeichnen, als Rand die gleichmäßige Kurve, die die Straßenbahn Nr. 4 beschreibt, die man durch die Rue Jean-d'Outremeuse und dann wieder an der Place du Congrès am Ende der Rue Pasteur vorbeifahren sieht? In dieser Schachtel kennt er die Farbe von jedem Haus, die Form der Fenster bis hin zu ganz bestimmten Kuhlen zwischen den Pflastersteinen des Gehsteigs, die als Löcher für das Murmelspiel dienen.

Er weiß, dass heute Samstag ist, weil seine Mutter am Morgen nicht ihre Schürze aus kariertem Baumwollstoff angezogen hat, sondern den Kittel aus grobem blauem Stoff, den sie immer beim Großreinemachen trägt, und als er sich, bevor er in die Rue Pasteur einbiegt, noch einmal umdreht, sieht er das Laugenwasser, das an der Türschwelle entlangfließt.

Demnach werden am Nachmittag die Straßen einem Schachbrett gleichen, mit großen schwarzen Karos vor einigen Häusern, weißen Karos vor anderen. Die glänzenden schwarzen Karos, das sind die feuchten Abschnitte, wo die Frauen ihren Anteil an Gehsteig und Straße mit viel Wasser gewischt haben und wo jede in der Mitte der Straße einen kleinen Haufen von Staub und Pferdemist zurückgelassen hat.

Es ist kaum eine Woche her, dass der Polizist an den Türen geläutet hat, um anzuordnen, das Gras zwischen den Pflastersteinen auszurupfen; Roger hockte stundenlang auf dem Pflaster, ein Messer zum Gemüseputzen in der Hand, und ließ die schmalen Streifen aus Gras oder Moos hochhüpfen, wobei er versuchte, lange unbeschädigte Stücke zu bekommen, mit zusammengebissenen Zähnen wegen des Knirschens der Klinge auf den Steinen. Das ganze Viertel war draußen, Leute, die man sonst nie sieht; einige schauten verlegen umher, während der Polizist Leroy, der in der Rue de l'Enseignement wohnt, befriedigt lächelnd umherspazierte.

Armand Pain steht allein vor dem Haus seiner Eltern. Roger sagt ihm nicht guten Tag. Wenn seine Mutter da wäre, würde sie mit ihm schimpfen.

»Sag Armand guten Tag.«

»Ich will nicht.«

»Er ist dein Freund.«

»Ich will nicht mehr, dass er mein Freund ist.«

Er geht vorbei und dreht absichtlich den Kopf zur Seite. Sein Freund ist jetzt Albert.

»Albert? Wie weiter?«

»Albert.«

»Warum hat er keinen anderen Namen?«

»Versuch nicht, das zu verstehen. Geh spielen.«

Roger bleibt vor einem weißen Steinhaus stehen, genau gegenüber von den Pains, das einzige Haus in der Straße, das so hell ist, er klopft an den Briefkasten, und eine blonde, liebenswürdige junge Frau öffnet ihm die Tür.

»Du bist's, Roger! Willst du Albert abholen?«

Das Haus sieht innen anders aus als die anderen. Alles ist freundlicher, anspruchsvoller; in den Vasen stehen Blumen, es riecht angenehm, und Alberts Maman trägt immer ein mattglänzendes Seidenkleid.

»Albert! Möchtest du mit Roger spielen gehen? Nicht zu lange. Vergiss nicht, dass wir noch dein Gepäck fertig machen müssen.«

Auch Albert ist kein gewöhnlicher Junge. Mit seinen Haaren, die genauso fein und blond sind wie die seiner Mutter, mit seiner weißen Haut und den Sommersprossen unter den Augen, erinnert er an ein Mädchen, er trägt Samtanzüge mit großen weißen Kragen.

Vom Gehsteig gegenüber sieht Armand voller Neid herüber, wie die beiden zur Straßenecke gehen, denn Roger und Albert müssen an der Ecke der Rue Pasteur und der Rue de la Loi spielen, sodass die beiden Mütter sie sehen können. Dort angekommen, zeigen sie sich ihre Murmeln, nicht ohne sich mit Genugtuung zu Armand umzudrehen, der so tut, als vertreibe er sich ganz allein die Zeit.

»Ich werde nie wieder mit ihm spielen!«, verspricht Roger mit einer gewissen Feierlichkeit, als hätte Albert ihm ihre frühere Freundschaft vorgeworfen.

Er hat Angst, Albert nicht zu gefallen. Er bewundert seinen Anzug, seinen Wohlstand, ja sogar diese kleinen goldenen Fleckchen, die seinem Gesicht einen besonderen Glanz geben.

»Was sollen wir spielen?«

Die Straßenecke wird durch ein hohes gelbes Haus gebildet, und zu ebener Erde befinden sich die Fenster einer Küche, die im Kellergeschoss liegt. Sie sind weit geöffnet, und man sieht ein Dienstmädchen bei der Hausarbeit, Wände mit Keramikfliesen und Kupfertöpfe auf einem Küchenherd aus weißer Emaille. Das Dienstmädchen schabt Karotten, was dem Geräusch von Insekten gleicht. Eine Bulldogge, die einzige im Viertel, liegt mit dem Bauch nach oben auf der Türschwelle, und manchmal wirft Roger einen verstohlenen Blick zwischen ihre Hinterbeine, wie er es bei den dreckigen kleinen Mädchen aus der Rue des Récollets tut. Zu diesem Thema würde er gerne Albert eine Frage stellen, aber er wagt es nicht.

Man hört die schrille Stimme der dicken Madame Morel, die sich auf dem Gehsteig aufgepflanzt hat und sich von dort aus mit einer Nachbarin unterhält, die sich aus der ersten Etage herauslehnt.

»Kannst du das?«, fragt Albert herausfordernd und kreuzt die Finger der beiden Hände, wobei er seine zarten Handgelenke schnell herumdreht.

»Das ist nicht schwer!«

Roger gelingt es trotzdem nicht auf Anhieb.

»Warte! Du hast es ja auch schon öfter versucht.«

Alle zehn Minuten fahren Straßenbahnen durch die Rue Jean-d'Outremeuse. Die Frères kommen in Dreiergruppen zurück und läuten an dem grünen Portal. Roger, der alles beobachtet, weiß, dass ein Draht quer über den Hof läuft und dass der Frère in der Küche von weitem den Mechanismus der Tür auslöst, indem er an einem Griff zieht.

Noch vor einem Monat horteten Albert und er die Kirschkerne, und es gelang ihnen, sie weiß und blank zu bekommen, indem sie sie säuberten und in ihren Taschen gegeneinanderrieben, aber die Kirschenernte ist vorbei. Die Spargelsaison auch. Spargel, das mag Roger am liebsten.

Albert verkündet:

»Heute Abend fahren wir ans Meer.«

»Hast du das Meer schon mal gesehen?«

»Ja. Wir fahren jedes Jahr dorthin. Und du?«

»Nein. Ist es sehr groß?«

Élise Mamelin scheuert ihre Straße, um vorzuarbeiten. Sie hat Holzschuhe an, schüttet schwungvoll das Wasser aus den Eimern auf die Straße, scheuert mit dem Schrubber das Pflaster und rückt ihren Knoten wieder zurecht, der sich aufzulösen droht.

Mademoiselle Frida kommt nach Hause und geht, vorsichtig wie ein Storch, über das feuchte Stück. Über ihrem schwarzen Faltenrock trägt sie eine weiße Bluse, auf ihrem rabenschwarzen Haar sitzt eine Kreissäge, so flach wie eine Galette.

»Aber ja, Mademoiselle Frida, Sie müssen mit uns kommen. Sie werden sehen, wie gut die Luft auf den Höhen ist. Nicht war, Désiré, sie soll doch den Tag mit uns in Embourg verbringen?«

Monsieur Saft ist nach Polen zurückgefahren. Er hatte eine solche Angst, seine Prüfung nicht zu bestehen und hierbleiben zu müssen, um die Oktoberprüfungen vorzubereiten! Zu Semesterbeginn wird er zurückkommen. Sein Zimmer wird für ihn freigehalten, obwohl er es während der Ferien nicht bezahlt, da er nicht reich ist.

Morgens kommt er immer als Erster herunter, geht auf den Hof, und während Élise das Frühstück bereitet und das Haus nach und nach erwacht, macht er, den Oberkörper mit einem weißen Unterhemd bedeckt, eine halbe Stunde lang Gymnastik, sehr schwierige Übungen. Dann läuft er wieder in sein Zimmer hinauf, ein Frottiertuch um den Hals gebunden.

Mademoiselle Pauline, die noch eine mündliche Prüfung vor sich hat, wird Anfang der nächsten Woche wegfahren. Ihre Mutter, eine beleibte Frau, der das Gehen wegen ihrer kranken Füße schwerfällt, hat sie zu Weihnachten besucht und eine geräucherte Gans mitgebracht.

»Ich wette, dass du noch nie geräucherte Gans gegessen hast!«, sagt Roger zu Albert.

»Das gibt es nicht.«

»Doch, das gibt es, in Polen. Ich weiß es ganz genau, weil wir Polen bei uns haben. Und Kirschsuppe, hast du die probiert?«

»Man macht keine Suppe aus Kirschen.«

»Komm und frag meine Mutter! Sie hat einmal eine für Monsieur Saft gemacht, und ich habe davon gegessen. Mutter! Mutter! Albert will nicht glauben …«

»Vorsicht, Kinder! Lauft nicht im Dreckwasser herum. Spielt ein Stück weiter.«

In diesem Abschnitt der Straße gibt es nur ein Geschäft – das andere Stück jenseits der Rue Pasteur zählt nicht, sie gehen nie dorthin, es ist eine andere Welt –, und es ist nicht einmal ein richtiges Geschäft. Es ist ein eigentümliches Haus, dessen venezianisches Fenster in ein Schaufenster umgewandelt worden ist. Es ist zu hoch, und die Kinder müssen sich auf die Fußspitzen stellen oder sich mit den Sohlen an den Quadersteinen der vorspringenden Grundmauer festklammern …

»Du machst deine Schuhe kaputt, Roger!«

Sie betrachten hinter der Scheibe mit dem halb heruntergelassenen Vorhang die Kästchen mit den Zigarren, deren goldene Bauchbinden sie faszinieren. Es gibt gewöhnliche, aber es gibt auch andere mit breiten Etiketten, auf denen komplizierte Wappenbilder abgebildet sind, manchmal das Profil einer hochgestellten Persönlichkeit, der Bart von Léopold II.

»Wenn ich größer bin, werde ich Bauchbinden sammeln.«

Sie gehen umher, bedächtig, auf der Suche nach einem neuen Spiel.

Aus der Kellerküche an der Ecke strömt ihnen Geruch von Ragout entgegen, die Hündin wälzt sich in einem dampfenden Pferdeapfel und zeigt dabei ihren rosa Bauch mit den Brustwarzen und den kleinen weich umrandeten Schlitz, der Roger so neugierig macht. Alberts Mutter nähert sich, ihre blonden Haare mit einem malvenfarbenen Sonnenschirm schützend, und beugt sich, wie eine Blume auf ihrem Stängel, hinunter.

»Kommst du essen, Albert?«

Sie ruft nie von der Türschwelle aus, wie es die anderen Mütter des Viertels tun.

»Auf Wiedersehen, Roger. Bis in zwei Monaten. Hab schöne Ferien.«

Élise hat Eimer und Schrubber ins Haus gebracht, und Roger hüpft auf einem Bein zu dem nassen Gehsteigstück, baut noch eine Schleuse aus Schmutz in den Rinnstein, bevor er den Hausflur betritt, der von dem blauen Dunst aus der Küche erfüllt ist.

Es ist zwei Uhr vorbei. Désiré, der soeben nach Hause gekommen ist, sitzt am Tisch, Roger hört das Geräusch seiner Gabel, seine Stimme, dann die Élises, denn an diesem Samstag stehen alle Türen offen, sogar die von Mademoiselle Fridas Zimmer, und in allen Winkeln des Hauses weht frische Luft.

»Roger!«

Darauf war er gefasst. Er weiß schon, was seine Mutter sagen wird.

»Wenn du auf der Schwelle sitzen bleibst, dann nimm dein Kissen.«

Schade. Er mag die Berührung mit dem kalten Stein, dessen Farbe ein fast blaues Grau ist, den Kontrast zwischen dieser Kühle und der warmen Sonne, die ihm direkt ins Gesicht scheint. Er wird das rote Kissen unter dem Kleiderständer hervorholen, das seine Mutter für ihn aus einem Stück Bezug angefertigt hat.

Kurz darauf sitzt er und schließt die Augen, um schneller weg zu sein. Er spielt nämlich ein geheimes Spiel; er lässt sich von einer Benommenheit durchfluten, die man nicht an jedem beliebigen Tag erlangt, auch nicht zu jeder beliebigen Zeit, er genießt das Prickeln auf seinen Wangen und den Augenlidern, durch die goldene Sonnenstrahlen dringen, er beobachtet, wie das Blut in seinen Adern dicker wird, vermengt absichtlich die Töne, die durch die kristallklare Luft zu ihm gelangen, vermischt die Bilder und erzeugt Wirbel aus leuchtenden Farben.

Mit einer Hand bedeckt er ein Auge, um einen dunklen Kontrast zu schaffen, und buchstabiert die Schrift auf dem sich grünlich färbenden Kupferschild der Schule in dem klaren Schatten des Gehsteigs auf der anderen Seite:

»Ins-ti-tut ... Saint ...«

Denn Schwester Adonie hat ihm heimlich das Lesen beigebracht: Er darf es nicht sagen, weil er noch nicht alt genug ist.

»Ins-ti-tut Saint ...«

Die grüne Pforte der Frères ist geschlossen. Auch die kleine Tür, die sich in der großen befindet und immer offen bleibt, ist geschlossen.

»Ich bin sicher, dass Mathilde Coomans ...«

Das ist die Stimme seiner Mutter in der frischen Kühle der Küche. In der Rue Pasteur sitzt Armand wohl auf seiner Türschwelle, ohne Kissen, und nur seine Füße ragen aus dem Schatten hervor, der zu dieser Stunde einen schmalen Streifen dicht an den Häuserwänden bildet. Ist Albert schon weggefahren? Wird ein Auto ihn abholen, das Auto von Monsieur Méline, das jede Woche einmal vor dem weißen Haus hält, worauf die Nachbarn schon lauern?

»Du wirst sehen, Mathilde wird uns das nicht abschlagen.«

Roger bläst seinen Atem über den Handrücken, und gleich danach atmet er den stärkeren Duft seiner Haut ein. Er zittert, als er die Trompete des Eisverkäufers hört, der auf der heißen, verlassenen Place du Congrès stehen geblieben ist, er glaubt, seinen zitronengelben Wagen zu sehen mit den Kupferdeckeln, den bemalten Seitenflächen, von denen die eine in Türkisblau die Bucht von Neapel darstellt, die andere einen dramatischen Ausbruch des Vesuv.

»Vanne d'ju d'la t'charrette!«

Der drollige kleine Italiener mit dem dünnen Schnurrbart wird böse, wenn die Lausejungen auf die Räder seines Wagens klettern, den er so sorgfältig angemalt hat. Sie hängen sich mit Absicht wie eine Traube daran, sobald er ihnen den Rücken zukehrt.

»Vanne d'ju d'la t'charrette!«

Sie laufen weg, nicht weit, kommen kurz darauf wieder, und Di Coco kreischt und gestikuliert, wobei er die wallonische Mundart mit der Sprache seines Landes vermischt.

»Glaubst du nicht, Désiré, dass du mit Victor darüber sprechen könntest? Sag ihm, dass Mathilde jeden Morgen nur eine Viertelstunde kommen müsste, um das Bett von Mademoiselle Frida zu machen und ihr Schmutzwasser auszuschütten.«

Eine Fliege summt vorbei. Eine Straßenbahn. Wenn Roger so von Sonne durchflutet ist, kann er nach Belieben die Fliege genauso laut hören wie die Straßenbahn. Er kann zwischen seinen halb geschlossenen Wimpern alles miteinander vermischen, den Kirchturm von Saint-Nicolas, so unbeweglich in einfarbigem Violett, das Kupferschild der École des Frères, die Buckel des Pflasters, das von Wasserspuren netzartig durchzogen ist, ein Beweis für das morgendliche Großreinemachen.

Er kann von den Dingen leben, die bereits vergangen sind, und von denen, die noch kommen werden; gleich wird Désiré sich mit einem Seufzer des Wohlbehagens erheben, wird vor dem Kleiderständer stehen bleiben, um seinen flachen Strohhut aufzusetzen und seinen Spazierstock zu nehmen. Dann wird Élise einen Vorhang – keinen richtigen Vorhang, sondern ein altes Betttuch – hinter der verglasten Küchentür aufhängen. Man hört schon das Wasser in der Waschwanne kochen.

»Roger!«

Nein! Noch nicht, nicht bevor sein Vater weggegangen und

seine Mutter in die zweite Etage gegangen ist, um saubere Wäsche zu holen, dazu die Glyzerincreme, die Nagelschere und den Waschlappen, der im Seifenwasser weich und glitschig wird.

Roger braucht nicht hinzuhören, was seine Eltern sagen, er ahnt, wovon sie sprechen, und in ihren Plänen gibt es eine ihm unbekannte Stelle, die ihn ängstigt und in Erregung versetzt.

Seit drei Wochen waren sie nicht mehr in Ans, um im Kloster der Ursulinen Mère Marie-Madeleine zu besuchen, seine Tante, bei der er sich an den gestärkten Rändern ihrer Schwesternhaube stößt, wenn er sie küsst. Sie sind auch nicht mehr nach Coronmeuse gegangen, wo die Erwachsenen sich auf Korbstühlen vor Tante Louisas Laden setzen, während Anna im Salon bei geöffneten Fenstern Klavier spielt und Roger, mit einer Weidenrute bewaffnet, die er sich in der Werkstatt ausgesucht hat, über den schattigen Quai geht und die Schiffe auf dem Kanal beobachtet.

Er weiß nicht, warum sie eines Sonntags plötzlich aufs Land gefahren sind, in Begleitung von Leuten, die er nicht kannte.

»Sag Tante Mathilde und Onkel Victor guten Tag.«

Später erfuhr er, dass es kein richtiger Onkel und auch keine richtige Tante sind. Sie sind Cousin und Cousine von Onkel Charles, dem Küster von Saint-Denis. Wenn Roger den Kopf zur Seite dreht, könnte er ihr Geschäft an der Ecke der Rue de la Loi und der Rue de la Commune sehen, in jenem Teil der Straße, den er nicht mag, jenseits der unsichtbaren Grenze.

Roger mag auch die Coomans nicht, und auch nicht ihren frechen Sohn, der sechs Monate jünger ist als er.

Sie haben Butterbrote mitgenommen, hart gekochte Eier, Désirés Feldflasche von der Bürgerwehr, mit Kaffee gefüllt.

Sie haben die Straßenbahn genommen, haben eine Welt von Fabriken, von kleinen, schwarzen Häusern, die alle gleich aussahen, durchquert, dann sind sie zu Fuß einen langen, von Gebüsch gesäumten Hang hinaufgeklettert, Désiré hat sein Taschentuch über den Nacken gelegt und unter seinem Strohhut festgeklemmt, und er hat seine Jacke ausgezogen.

Sie haben im Gras gegessen, neben einem Weg mit feinem weißem Staub, und abends waren ihre Kleider von diesem farblosen Staub bedeckt.

Roger öffnet ein Auge, schließt es sehr schnell wieder; ein anderer Duft geht ihm durch den Kopf, der Geruch bei der Preisverleihung in dem Garten der Kinderschule, wo man sie in drei Reihen vor dem Gewächshaus zwischen den Grünpflanzen aufgestellt hat, um sie zu fotografieren, die Kinder der ersten Reihe im Schneidersitz. Wo hat seine Mutter die Krone aus goldenen Blättern hingetan, die Krone, die er auf der Straße nicht auf dem Kopf behalten wollte, weswegen er geweint hat?

Onkel Victor ist Drucker; er spricht über Politik, er spricht durch die Nase, eine lange, zu schmale Nase, und sein dünner Schnurrbart, der auf die Lippen fällt, scheint aus den Nasenflügeln herauszuwachsen. Tante Mathilde wollte an der Ecke der Rue de la Commune ein Lebensmittelgeschäft eröffnen. Es ist ein weitläufiger, zu heller Raum, beige gestrichen, der nach Petroleum riecht und den nie jemand betritt.

»Weißt du, Désiré, sie ist keine Geschäftsfrau. Wenn ich das wäre!«

Désirés Schritte nähern sich. Er beugt sich ein wenig zu Roger hinunter und berührt seine Stirn.

»Bis heute Abend, mein Sohn.«

»Bis heute Abend, Vater.«

Gleich wird Élise ihn rufen. Sie ist hinaufgegangen, um frische Wäsche zu holen.

Was wollen sie Tante Mathilde fragen?

»Glaubst du, Désiré, dass sie uns wohl eine Tasse Milch geben würden? Gegen Bezahlung, selbstverständlich.«

Sie waren auf dieser staubigen Straße. Jenseits der Wiesen, auf denen schwerfällige Kühe weideten, erblickte man weit entfernt, im Blau und Grün des Horizonts, die weißen und roten Flecken der Dörfer, einen schlanken Kirchturm oben auf einem Hügel.

Sie blieben ein paar Meter vor den drei kleinen weiß gekalkten Häusern stehen und diskutierten einen Augenblick; dann ging Élise tapfer auf die erste Tür zu, die offen stand und zu der fünf oder sechs Treppenstufen führten.

»Pardon, Madame. Ich bitte Sie um Entschuldigung, dass ich Sie störe. Es ist für die Kinder, verstehen Sie.«

Auf diese Weise machten sie die Bekanntschaft von Madame Laude, einer kräftigen Frau, so groß wie ein Mann, mit tiefer Stimme und dunklem Flaum um den Mund, die Roger sofort mit ihren starken Händen hochnahm.

Madame Laude führte sie im Garten unter wildem Wein entlang, und eine Wespe versank in der Milch des Jungen.

»Wie gut die Luft ist!«, wiederholte Élise unaufhörlich. Sie hatte unter den Armen Halbkreise von Schwitzflecken.

»Warum lassen Sie den Kleinen während der Ferien nicht bei mir? Davon würde er dicke Backen bekommen.«

Roger erklärte, obwohl alle glaubten, dass er nicht zuhörte: »Ich möchte nicht bei ihr bleiben.«

Man schickte ihn spielen mit dem kleinen Coomans, der genauso schlecht erzogen war wie die Kinder der kostenlosen Schule. Die grünen Fensterläden wurden in der ersten Etage geöffnet, und Roger sah genau, dass seine Eltern das Haus besichtigten, dass sie redeten und dabei mit dem Kopf nickten; er fing die Zeichen auf, die Élise Désiré hinter Madame Laudes Rücken machte.

Auf dem Heimweg sprachen die Erwachsenen unaufhörlich mit halblauter Stimme.

»Sieh mal, Mathilde, nur Mademoiselle Frida wird im Haus sein. Monsieur Saft fährt weg, Mademoiselle Pauline auch. Was Monsieur Chechelowski angeht, den Ingenieur, von dem ich dir erzählt habe und der ein Praktikum in Ougrée-Marihaye macht, er wartet auf die Antwort eines Landsmannes, den er im August in Charleroi treffen muss.«

Der Beweis dafür, dass noch vor ein paar Minuten zwischen seinem Vater und seiner Mutter die Rede davon war, ist, dass sie am Donnerstag im l'Innovation cremefarbenen Stoff kauften, um für Roger leichte Kittel zu nähen. Sie sind schon zugeschnitten.

In dem luftigen Zimmer, dessen Fenster und Tür geöffnet sind, ist Mademoiselle Frida, sicher zum ersten Mal in ihrem Leben, mit Nähen beschäftigt.

»Roger! Es ist Zeit. Roger! Was machst du?«

Nichts. Er ist benommen. Er schleppt sich in die Küche, wo seine Mutter ihn auszieht, nicht ohne dass er verlangt:

»Schließ die Tür ab.«

Denn er hat Angst davor, im Bad überrascht zu werden.

»Wasch deine Ohren richtig, Roger.«

Er wird gekämmt, die Fußnägel werden ihm geschnitten,

die Fensterscheiben sind beschlagen, und als er endlich fertig ist, von Kopf bis Fuß sauber angezogen, hat eine andere Empfindung die Liebkosung der Sonne auf seiner Haut verdrängt. Er fühlt sich gleichzeitig sehr matt und sehr munter, ein wenig leer, und seine Ohren werden bis zum Abend puterrot bleiben.

»Geh hübsch spazieren. Mach dich nicht schmutzig.«

Sie gibt ihm fünf Centime für ein Eis, und auf der Place du Congrès, wo er mit dem Italiener allein ist, lutscht er es langsam und würdevoll.

Das Blau des Himmels färbt sich erst rosa, dann rot, Wasserpfützen glänzen auf den gescheuerten Gehsteigen, und die Quadersteine im Schatten, die mit der Eisenbürste abgerieben worden sind, sind gnadenlos weiß.

Désiré kommt eine halbe Stunde später als gewöhnlich nach Hause, denn er hat in der Rue des Pitteurs ein Bad genommen. Élise hatte Zeit, die Küche aufzuräumen, die Mahlzeiten für den nächsten Tag vorzubereiten und sogar Wäsche zu bügeln, wovon noch ein dumpfer Geruch in der Küche hängt.

»Was hat Victor geantwortet?«

»Dass Mathilde es mit dem größten Vergnügen täte.«

»Morgen werden wir Madame Laude Bescheid geben. Wir könnten nächsten Sonntag wegfahren. Hör zu, Roger, wir werden einen Monat auf dem Land verbringen, in Embourg, bei Madame Laude, wo Vater uns jeden Abend besuchen kann.«

Die Haustür steht an dem lauen Sommerabend offen, und Désiré stellt in Hemdsärmeln seinen Stuhl auf den Gehsteig, kippt ihn nach hinten, zwei Meter entfernt von den Delcours, den Leuten von nebenan, die wie er vor ihrer Tür sitzen. Sie haben eine Tochter von sechzehn Jahren, die zur École Normale geht, einen großen Jungen von zweiundzwanzig Jahren, der schon Volksschullehrer ist, einen weiteren Sohn, der Zeichner in einer Fabrik ist, und den Ältesten von fünfunddreißig, der, wie Arthur, immer scherzt und mit jedem vertraut ist und Unternehmer eines Betriebes für Gebäudeanstrich ist.

Etwas weiter schnappen noch andere Leute frische Luft. Mademoiselle Pauline, ganz rosa von den Strahlen der untergehenden Sonne in dem Rosa ihres Zimmers, lehnt träge aus ihrem Fenster, und über die Mauer des Institut Saint-André hinweg sieht sie die Frères, die im Hof spazieren gehen.

Désiré redet. Um ihn herum bildet sich ein Kreis, Stühle werden näher gerückt; der Anstreicher, der Arthur gleicht, antwortet ihm, und alle lachen, das junge Mädchen tut entrüstet, manchmal schaut jemand zu Mademoiselle Pauline hinauf; Élise, die sich eine saubere Schürze mit kleinen Volants umgebunden hat, wirft, ebenfalls lächelnd, einen Blick hinaus, bevor sie zu den tausend Arbeiten zurückkehrt, die in der Kühle des Hauses auf sie warten.

Die Glocken läuten zur Abendandacht, aber in der leeren Kirche werden wohl nur ein paar alte Betschwestern sein. Die ganze Gemeinde lebt ihr Sonntagsleben, die Geschäftsleute der Rue Puits-en-Sock stehen in der Tür und schnappen Luft, Chrétien Mamelin raucht schweigend neben dem alten Kreutz seine Pfeife, während die beiden Püppchen – wie die Kreutz-Fräulein mit den glanzlosen Haaren genannt werden – stricken, als hinge ihr Leben davon ab.

Zwei oder drei Schaufenster, die immer noch beleuchtet werden, geben schlechtes Licht. Aus den Geschäften strömen Gerüche nach zuckersüßen Bonbons und Gewürzkuchen von

Gruyelle-Marquant, nach Pappe und Stärkekleister aus der Puppenklinik, nach Butter und Käse, dann nach den Torten von Bonmersonne, die sich morgen in den Regalen stapeln werden. Eine Frau ohne Hut verschwindet in der nächsten Sackgasse und zieht den fettigen Geruch von Pommes frites hinter sich her, die sie in einer mit einem rot gerandeten Handtuch bedeckten Schüssel nach Hause trägt.

In der Rue de la Loi bringt Désiré alle zum Lachen, die beiden Hauseingänge bilden nur noch einen einzigen, und sogar Mademoiselle Frida, die nach unten gekommen ist und sich geräuschlos gegen die Türfüllung gelehnt hat, verzieht den Mund zu einem herablassenden Lächeln.

»Geh spielen, Roger. Das ist nur etwas für Erwachsene. Übrigens, es ist Zeit, ins Bett zu gehen.«

»Noch fünf Minuten, Vater! Nur fünf Minuten!«

»Du weißt doch, dass du morgen früh aufstehen musst.«

Roger hat mehr Angst vor der Dämmerung als vor der Nacht. Diese kalte Beleuchtung, die ihm wie der Abglanz der toten Sonne erscheint, beeindruckt ihn, und er mag das gelbe, ölige Licht seiner Nachttischlampe nicht und auch nicht das Licht, das man noch durch den Vorhang sieht.

»Liegst du schon im Bett, Roger?«

Seine Mutter kommt herauf und deckt ihn zu.

»Schlaf gut. Morgen fahren wir nach Embourg. Freust du dich, dass du deine Ferien in Embourg verbringst?«

Er antwortet nicht. Der ganze Tag pocht einen Augenblick lang in ihm, erfüllt ihn, seine Ohren sausen; sein Körper, der nach Samstagabend und nach dem Baden riecht, zieht sich zusammen, Roger zieht das Betttuch über den Kopf, um nichts mehr zu sehen, und er hört, sehr nah und gleichzeitig sehr weit entfernt, schrilles Lachen auf der Straße, Stimmengewirr, die Stimme seines Vater, die alle übertönt, Bruchstücke eines Liedes, die den Lärm der Straßenbahn plötzlich überdecken.

»Nun, Élise?«

»Einen Moment …«

Da ist sie, sie kommt, lächelnd, etwas müde, lehnt zunächst den ihr angebotenen Stuhl in dem Kreis ab, setzt sich schließlich auf den Rand, die beiden Hände unbeweglich auf ihrem Schoß; sie verschnauft.

Schon längst sind die Gaslaternen angezündet worden, als sich eine Tür nach der anderen schließt, und ohne Übergang ist es Sonntag, die Siebenuhrmesse, der Duft von Eiern mit Speck in der Küche, Mademoiselle Frida ganz erstaunt über den Tag, den sie verbringen wird, Mademoiselle Pauline, der man das Haus anvertraut, Leute, die hin und her gehen, die Stimmen, dieses Fieber, das erst abklingen wird, wenn die Tür endlich geschlossen ist und man sich in der Leere der Straße wiederfindet.

»Hast du nichts vergessen? Hast du den Schinken in die Tasche getan?«

Die Straßenbahn. Roger darf mit seinem Vater auf der Plattform bleiben, neben zwei Anglern, die sich mit ihren Geräten abschleppen.

Es ist noch nicht zehn Uhr, und sie klettern zwischen zwei grünen Hecken gemächlich den langen Hang hinauf, Fliegen schwirren, Küchengerüche durchziehen die Luft, Mademoiselle Frida, in Schwarz und Weiß gekleidet, ihre flache Kreissäge auf dem Kopf, hält sich genauso steif wie in der Stadt und sticht mit der Spitze ihres Sonnenschirms in den Straßenstaub, während Désiré die Verpflegung trägt und seine Jacke, die er ausgezogen hat.

»Trödle nicht, Roger, geh weiter!«

Und sie lächeln, als sie die Stadt hinter sich sehen, sie atmen schwer; sie sind es nicht gewohnt und ein wenig außer Atem.

4

Es ist der 15. August 1908, als Désiré den halben Morgen mit dem Versuch zubringt, einen Papierdrachen auf der Wiese von Piedbœuf steigen zu lassen, wobei Roger einige Meter von seinem Vater entfernt stehen muss; aber sobald eine Böe das leichte Ding aus rotem und grünem Kaliko emporhebt und sich Rogers Gesichtszüge endlich voller Hoffnung entspannen, beruhigt sich die Luft sofort wieder, und in der von unsichtbaren Insekten summenden Luft kann man nur noch die warmen, kreisförmigen Wellen wahrnehmen, die die Sonne wie Ringe aussendet.

Am Abend zuvor haben Roger und seine Mutter, wie an jedem Tag, in der bläulichen Abenddämmerung auf dem Gipfel des Thiers des Grillons gewartet. Sie sahen, dass Désiré, der zeitungslesend den Hügel hinaufstieg, ein längliches Paket trug. Es war der in seine Einzelteile zerlegte Drachen, vier zerbrechliche Stäbe, Kreuzverstrebungen, ein Streifen grünes, ein Streifen rotes Leinen. Roger wusste da noch nicht, dass es eine weitere Überraschung geben würde.

Nach dem Abendessen im Garten von Madame Laude dachte niemand daran, das Kind ins Bett zu stecken, in das Zimmer, wo Roger bei geöffnetem Fenster im Sternenschein und beim Quaken der Frösche von der Ziegelei einschläft, das Zimmer, in das mit dem fahlen Licht der Morgendämmerung das Muhen der Kühe von Halleux dringt.

Ein Désiré mit vor Ungeduld zitterndem Schnurrbart ging geheimnisvoll hin und her, und er konnte es nicht erwarten, bis es völlig dunkel war, ein Knallfrosch krachte auf der Straße, eine Rakete stieg in den Himmel, um ganz langsam als feiner Funkenregen wieder auf die Erde zu fallen.

Roger sieht immer noch die drei Häuser vor sich, deren weiße Mauern sich ins Braune verwischen, die Böschung gegenüber und seine Hecke mit den roten Beeren, ein einzelner, krumm gewachsener Baum, unter dem er neulich das Grab für seinen Kanarienvogel geschaufelt hat, er sieht lautlose Gruppen, gesichtslose Gestalten, Kinder, die geräuschlos von der Tankstelle an der Ecke gekommen sind, und dann Désiré, gewichtig wie ein Bühnenarbeiter in einem Märchenspiel, den man nur vermuten konnte, die Flamme, die am Ende einer Rakete prasselte, und schließlich die echten Sterne, die am Himmel aufleuchteten. Ein unbekannter Geruch hüllte diesen ländlichen, vom Feuerwerk verwandelten Winkel ein, und wenn eine Rakete nicht losging, wenn die grünen Sterne zu früh am Himmel verloschen, hielt Roger den Atem an, so aufgeregt, dass er seiner Mutter nicht antworten konnte.

»Freust du dich?«

Er bewegte sich nicht, wagte weder näher heranzugehen noch sich umzudrehen.

»Macht es dir Spaß? Du hast doch keine Angst?«

Er hatte keine Angst. Und dennoch erschienen ihm die Wesen fremd, die im Schatten miteinander flüsterten und sich bewegten. Er erkannte weder Madame Laude noch die Kinder in den Holzschuhen aus den Nachbarhäusern. Ein dreifacher Sternenregen machte Désiré viel Mühe. Eine der Raketen verlosch zu früh, und er bemühte sich, in gebeugter Haltung, um nicht im Lichtschein zu stehen, sie wieder anzuzünden. Als er schließlich wieder zu seinem Sohn kam, schaute ihn Roger anders an als sonst, ein wenig so, als wäre das eben nicht sein Vater gewesen.

In dieser Nacht schlafwandelte er.

»Siehst du, Désiré, er ist zu sensibel.«

Und am nächsten Morgen sucht er auf der Straße, die die Sonne wieder vertraut erscheinen lässt, die blassblauen Röhrchen der Raketen, die krummen Drahtschnüre, die noch nach Schießpulver riechen, als er seinen Vater in Hemdsärmeln erblickt, der auf der Wiese von Piedbœuf damit beschäftigt ist, den Drachen steigen zu lassen.

An diesem Tag strömen Tausende Menschen aus Straßen und Wegen auf eine größere Wiese drei Kilometer entfernt von Nevers zu. Sie kommen aus allen Himmelsrichtungen, mit dem Handkarren, im Wagen, zu Fuß, man hat Zäune errichtet und Segeltuchbahnen auf Pfähle gespannt, um diejenigen, die keinen Eintritt zahlen, daran zu hindern, auf den umzäunten Platz zu sehen. Trotz dieser Maßnahme sind mehr Leute außerhalb als innerhalb der Seile, die die Zuschauerplätze abgrenzen. Familien essen im Freien, die Pferde weiden, fliegende Händler in weißer Jacke verkaufen Limonade, Kokosnüsse, Bier und Wein, Sandkuchen und Hefegebäck. Es ist heiß. Junge Leute sitzen mit baumelnden Beinen oben auf den Zäunen, und einige von ihnen verteidigen den höchsten Punkt eines Grashügels oder die Äste eines Nussbaumes genauso leidenschaftlich, wie man seinen Platz im Theater verteidigt.

Zum ersten Mal in der Gegend wird man Flugmaschinen

fliegen sehen. Die Doppeldecker mit den Tragflächen aus Segeltuch und dem zerbrechlichen Rumpf stehen am Rand des Geländes, umgeben von einigen geschäftigen Männern, die fragend zum Himmel schauen, wo zwei weiße Wölkchen schweben.

Nie zuvor ist der Bahnhof von Nevers so leer gewesen wie heute Morgen, als der Zug aus Paris ankommt und die Waggons im Zeitlupentempo einfahren; Félicien Miette könnte glauben, er sei allein auf dem sonnenbeschienenen Bahnsteig, auf dem er seit einer halben Stunde hin und her geht. Gespannt und beklommen schaut er angestrengt auf die wenigen Türen, die geöffnet werden, auf die Reisenden, die ihre Koffer in die Hand nehmen und den Ausgang suchen.

Plötzlich dreht er sich um. Isabelle steht lächelnd da, ganz sie selbst, ohne dass er sie aus ihrem Abteil dritter Klasse hat steigen sehen.

Er ist einfach wütend, sie nicht früher unter den wenigen Leuten entdeckt zu haben, er ist wütend, dass er zusammengezuckt ist, dass er nicht sofort begriffen hat, warum sie allein ist, und dass er es gezeigt hat, dass er sich vor ihr so wenig natürlich, so verwirrt gegeben hat, während er sie doch erwartet hat; schließlich ist er wütend, sie so vor sich zu sehen, wie sie ist, gekleidet wie immer, ruhig und einfach, in ihren Augen einen Funken von liebevollem Spott.

Er denkt nicht einmal daran, sie zu küssen.

»Was hast du, mein Kleiner?«

Er blickt über sie hinweg, unruhig, verständnislos, und sie erklärt, um seiner Angst ein Ende zu machen:

»Mein Vater hatte gestern Abend eine Krise. Er wollte dir

ein Telegramm schicken. Ich habe darauf bestanden zu kommen, und Maman hat geseufzt:

›Wie die Dinge nun einmal stehen, Joseph!‹«

Er fragt mit sachlicher Stimme:

»Hast du kein Gepäck?«

»Wozu, wo ich doch heute Abend wieder wegfahre?«

Gleich wird er sich entspannen. Er beruhigt sich. Er ist bewegt. Fast hätte er geweint, ohne Grund.

»Komm.«

Und schon küsst er sie, während sie ihre Fahrkarte in ihrem Handtäschchen sucht, und sie spürt, dass er zittert; draußen fasst er sie um die Taille, wie in Paris, als sie abends an den verlassenen Quais entlanggingen.

Es ist erst einen Monat her, dass sie sich getrennt haben. Einen Monat lang hat er ihr bis zu drei Briefe täglich geschrieben, seitenlange, eng beschriebene Briefe, und trotzdem braucht er Zeit, um wieder mit ihr vertraut zu werden, er geht schweigend, den Blick auf den Boden gerichtet.

Er weiß, dass sie vom ersten Augenblick an alles bemerkt hat, die Haare, die er sich hat wachsen lassen, was ihn dünner erscheinen lässt – übrigens, er *ist* dünner geworden –, die schwarze Künstlerschleife und den breitkrempigen Hut. Seine Finger schlingen sich um Isabelles, ihre beiden Körper lehnen sich aneinander und bilden nur einen Schatten auf dem Pflaster.

Sie fragt sanft:

»Freust du dich?«

Roger Mamelins Mutter hat während des Feuerwerks am Abend zuvor die gleiche Frage gestellt, worauf das Kind nicht geantwortet hat. Félicien Miette begnügt sich mit einem stärkeren Druck seiner Finger. Er hatte bis eben solche Angst, ohne Grund, Angst, dass sie nicht kommen würde, dass sie nicht mehr dieselbe sein würde, dass sie ihn nicht mehr liebe, und seltsamerweise hatte er noch mehr Angst, als er ihre Eltern nicht sah, die sie begleiten sollten.

»Armer Papa! Ich glaube, er wird seine Ruhe erst wiederfinden, wenn wir verheiratet sind.«

Dann, als sie schließlich um sich blickt, unter dem Schatten der Avenue de la République, über die sich ein gestreiftes Zeltdach spannt:

»Ist es weit?«

Er zögert, seine Stirn verdüstert sich, seine Gesichtszüge werden spitzer, so wie es immer dann der Fall ist, wenn er von seinen bösen Gedanken gequält wird.

»Nein! Fünf Minuten zu Fuß. Liebst du mich, Isabelle?«

»Schon?«

Wie viele Male hat er ihr diese Frage nicht schon gestellt, manchmal, wenn sie sich für kaum eine Stunde getrennt hatten.

»Antworte!«

»Und wenn ich nein sage?«

Sie kann sich nicht einmal diesen harmlosen Scherz erlauben, ohne dass er sich wie ein Bogen spannt.

»Hör mal, großer Dummkopf!«

»Bereust du es nicht?«

»Nein.«

»Bist du sicher, dass du nichts bereust, überhaupt nichts, dass du es nie bereuen wirst?«

»Ich bin sicher.«

»Und trotzdem …«

Sie spürt, dass er bitter wird, sie weiß, dass dieser Bitterkeit eine plötzliche Heftigkeit folgen wird, die scharf und schmerzhaft aus seinem tiefsten Innern hervorbricht, und während sie eng umschlungen den Gehsteig entlanggehen, wo man sich nach ihnen umdreht, murmelt sie:

»Sei still.«

Er versteht nicht, dass man ihn lieben kann. Es gibt Augenblicke, in denen er sich weigert, es zu glauben, in denen er es Isabelle übel nimmt, dass sie ihn verführt, und in denen er sie mit verwirrtem Blick ansieht.

»Erzähl mir von deiner Zeitung«, sagt sie.

»Nicht jetzt.«

Er möchte von ihnen beiden sprechen, immer, das Thema soll niemals erschöpft sein, von ihm und von ihr, von ihrer Liebe. Wie oft hat er versucht, dasselbe Geheimnis zu ergründen.

»Am ersten Abend, vor dem Ausgang des Konservatoriums, auf der kleinen Straße, als ich mich wie ein Verrückter auf dich gestürzt habe …«

»Ja?«

»Du liebtest mich nicht!«

Er behauptet es. Sie behauptet ihrerseits:

»Doch!«

»Das ist unmöglich. Du konntest mich nicht lieben, und doch hast du es zugelassen, dass ich dich in meine Arme nahm. Wenn das nun irgendein anderer Mann gewesen wäre …«

»Nein!«

»Als du erfahren hast, was ich getan hatte …«

»Sei still.«

»Siehst du!«

»Aber nein, mein armer Großer …«

Er schämt sich wegen seiner Vergangenheit, und er wird wieder einmal tricksen, er trickst, indem er sie in dieses Haus führt, mit dessen Schlüssel er in seiner Tasche spielt.

»Hier wohnst du?«

Ein Stadtviertel, das ländlich aussieht, ein weißes Haus mit grünen Fensterläden, an beiden Seiten mit Steinpfosten versehen, in dem die Stille sie empfängt, der kühle Schatten, der behagliche Geruch eines Haushaltes, Kinderspielzeug im Flur und eine Anglerausrüstung hinter der Tür. Neben dem Haus führt eine Steinbrücke über einen Fluss, dessen klares Wasser durch das Flussbett aus Gras dahinfließt, bevor es sich in der Nièvre verliert. Die Gemüsehändlerin in dem Laden gegenüber sieht die beiden ins Haus gehen und spricht mit einer Kundin über sie.

»Komm.«

Die Stufen der gebohnerten Treppe knarren unter ihren Schritten. Das Fenster in dem Zimmer mit dem Mahagonibett ist geöffnet, aber Félicien Miette, gleichgültig gegenüber allem, hat Isabelle bereits wild und ungestüm in seine Arme geschlossen und presst seine Lippen auf ihre, als wollte er sie ersticken.

Sie macht sich sanft von ihm los und holt tief Luft. Sie sieht zu dem sonnenbeschienenen Fenster hin, das sie über seine Schulter hinweg im Auge gehabt hat:

»Man beobachtet uns.«

Er ist ihr böse, dass sie das Gesicht einer alten Frau hinter den Fensterscheiben von gegenüber entdeckt hat.

»Schließ wenigstens die Fensterläden!«

Nervös gehorcht er, dann sieht er sie an, in dem Zimmer, in dem nunmehr Streifen von Licht und Schatten liegen.

»Was hast du?«, fragt sie ihn.

»Weißt du es nicht? Sehnst du dich nach nichts?«

»Doch.«

Es ist nicht so sehr ihr Körper, nach dem ihn verlangt, auch nicht das Vergnügen, vielmehr möchte er spüren, dass sie zu ihm gehört, immer mehr, dass sie so sehr zu ihm gehört, dass nichts und niemand mehr aus ihnen zwei verschiedene Wesen machen kann. Er umschlingt sie, als wollte er gegen etwas Unmögliches anstürmen, und als er endlich zur Ruhe kommt in dem zerwühlten Bett, ist er traurig, sie weiß es, sie kennt ihn so gut, sie, die mit zärtlichem Erstaunen seinen mageren Körper betrachtet, den Körper eines noch nicht ausgereiften Mannes.

Er ist es, der misstrauisch das Schweigen bricht.

»Woran denkst du?«

»An uns, du hast mich noch über nichts aufgeklärt.«

Und wenn er ihr alles erzählen würde, wirklich alles, wäre sie erschrocken oder entrüstet oder angewidert, sie würde sich mit schroffen Bewegungen wieder anziehen und für immer fortgehen, ohne ein Wort, ohne einen Blick.

Dennoch hat er Lust zu reden. Oft wird er von dem Bedürfnis geplagt, ihr alles zu gestehen, vielleicht mehr zu sagen, etwas hinzuzufügen. Sie glaubt ihn zu kennen, weil er ihr von seiner verhassten Jugend erzählt hat und von der Tat, die er begangen hat, um dem ein Ende zu machen.

Sie weiß nichts. Zum Beispiel die Wahrheit über die fünfhundert Franc. Wenn er daran denkt, steht ihm ungesunder Schweiß auf der Stirn. Es kommt vor, dass er sich nachts in seinem Bett wälzt, ohne diese Erinnerung verscheuchen zu können. Vor ihm taucht der Ort an der Spitze der Île Saint-Louis auf, direkt hinter der unvergänglichen Steinmasse von Notre-Dame, wo er eines Abends gesagt hat:

»Ich habe die Zahlungsanweisung bekommen.«

Sie sind schweigend weitergegangen, beide zu überwältigt, um sich freuen zu können.

»Wann gehen wir zu ihr?«

»Morgen, wenn du willst. Hör zu, Isabelle …«

Wozu wieder auf das zurückkommen, was beschlossen wurde? Was sollten sie tun in der Situation, in der sie sich befanden?

Er hat auf dem Treppenabsatz vor der Tür der furchtbaren Alten gewartet. Es regnete, und das ganze Haus roch nach Zwiebeln. Ein Gasbrenner spuckte in der unteren Etage. Mieter kamen vorbei, und Miette drehte sich zur Wand hin wie ein Mann, der an einem verrufenen Ort überrascht wird. Als Isabelle aus der Wohnung kam, in der er undeutlich purpurrote Samtsessel erblickte, war sie blass, schwankte ein wenig. Sie sind an den Häuserfassaden entlanggeschlichen, und im Papierwarengeschäft wagte Félicien nicht mehr, Monsieur Brois anzusehen.

Denn Léopold hat das Geld nie geschickt. Es war Monsieur Brois, der es ihm geliehen hatte. Miette hatte ihn zu Hause aufgesucht, in einem Vorort, wo er allein ein Häuschen aus grauem Bruchstein bewohnt. Er hatte ihm alles erzählt, tragisch, heftig, hatte sich dabei die Handgelenke verrenkt und den Gasofen angestarrt, und seitdem geht Isabelle jeden Tag an Monsieur Brois vorbei!

»Was hast du, mein Kleiner? Was quält dich?«

Er ist wütend, gegen Monsieur Brois, gegen die ganze Welt, die ständig darauf aus ist, ihn in seiner Ungeduld zu bremsen.

»Du glaubst, dies sei mein Zimmer, nicht wahr? Nun, das stimmt nicht! Mit dem, was ich bei der *Gazette du Centre* verdiene, kann ich mir kaum eine schäbige Unterkunft in dem düstersten Zimmer der Stadt leisten.«

Er lügt, er trickst immer noch. Es ist stärker als er. Mit dem, was er verdient, könnte er in einem nahezu anständigen Zimmer wohnen, er hat eins gefunden, bei einer Witwe, aber zänkisch, wie er durch seine Einsamkeit geworden ist, fügt er sich nicht in die Ordnung und die Ruhe ein, und er hat absichtlich das verrufene Hotel ausgesucht, wohin die Mädchen abends ihre Gelegenheitskunden mitnehmen.

»Begreifst du nicht? Weil deine Eltern kommen sollten, habe ich dieses Zimmer hier in Chapelle geliehen, von dem Redaktionssekretär der *Gazette*, einem Dummkopf. Wir sind in seinem Haus. Er ist mit seiner Frau und seinen Kindern zum Flugtreffen gefahren. In diesem Moment essen sie irgendwo im Freien.«

Isabelle schaut auf das zerwühlte Bett; er errät ihre Gedanken und schämt sich. Wenn sein Freund nach Hause kommt, wird er wissen, wozu er Félicien den Schlüssel geliehen hat, seine Frau wird bestürzt vor den zerknitterten Laken stehen.

Isabelle, die sich langsam wieder anzieht, macht ihm keinen einzigen Vorwurf.

»Und selbst, wenn er es weiß?«, beginnt Miette.

»Wovon sprichst du?«

»Du verstehst schon. Du schämst dich, meine Geliebte zu sein. Du fürchtest dich davor, dass die Leute Bescheid wissen.«

»Nein.«

Es gibt einen Unterschied, den er vorgeblich nicht fühlt, zwischen Bescheid wissen und sich plötzlich der nackten Tatsache dieses zerwühlten Bettes gegenüber zu finden.

»Sieh mal, Isabelle, du bist wie die anderen. Ich dagegen ...«

Er stützt seinen Kopf in beide Hände. Er leidet.

»Ich, ich bin ganz allein! Ich bin immer allein gewesen! Ich werde mein ganzes Leben lang allein bleiben! Niemand will mich verstehen, und trotzdem, wenn du wüsstest ...«

Sie will sagen: »Ich weiß«, als er sich abrupt aufrichtet.

»Du selbst glaubst mir nicht, wenn ich dir immer wieder sage, dass ich es erreichen werde, dass ich sie alle in der Hand haben werde, so, schau!«

Und er ballt die Faust so stark, dass die Knöchel weiß hervortreten, schlägt mit einer krampfhaften Bewegung gegen die Wand, der Backstein hallt wider.

»Ich versichere dir, mein Kleiner, dass ich Vertrauen habe.«

»Wenn du Vertrauen hättest, wenn du so fühltest, wie ich fühle, dann würde dich der Gedanke nicht beunruhigen, dass irgendein Blödmann, der mir sein Zimmer zur Verfügung gestellt hat, und sein Schäfchen von Frau wissen oder nicht wissen, dass wir zusammen schlafen ...«

»Ich bitte dich um Verzeihung ... Nein, Félicien, weine nicht!«

Die Tränen sind unvermeidlich, beim Weinen entspannt er sich; sie streicht ihm über das Haar und spricht leise:

»Du wirst sehen, mein Kleiner, alles wird sich einrenken. Alles ist schon fast wieder in Ordnung gebracht, weil mein Vater ...«

Er lacht höhnisch.

»Dein Vater!«

»Gib zu, dass er verständnisvoller war, als man hätte erwarten können.«

»Weil er Angst vor dem Skandal hatte. Er hat geglaubt …«

»Er hat das geglaubt, was war.«

Er mag auch nicht, dass dieser dunkle Abschnitt in ihrem Leben heraufbeschworen wird, und später werden sie dieses Ereignis unbedingt aus ihrem Gedächtnis auslöschen müssen. Dunkle Straßen im Winter, Regen, huschende Gestalten in dem zähen Schatten und diese Absteige in der Rue Coquillière, in die er Isabelle eines Abends ohne Zögern vor sich hergeschoben hat, wo im Hauseingang nebenan die dicke Frau stand und vorübergehende Männer ansprach.

Er hatte das Bedürfnis, sie ganz für sich zu haben, koste es, was es wolle. Er hat sie bekommen, frostig und gefügig.

»Ich frage mich, wie du mich lieben kannst. Nein, das ist nicht möglich!«

Wer wird verstehen, dass es nicht sein Fehler ist, dass eine Kraft ihn dazu treibt, ihn zwingt, trotz allem voranzugehen?

»Sieh mal, ich liebe dich mehr als alles auf der Welt, denn ich habe nur dich, nichts als dich.«

»Aber ja.«

Er hat sich an jenem Abend in dem scheußlichen Zimmer auf die Knie geworfen und um Verzeihung gebeten. Er hat auch dort vor Wut geweint, er hat mit seinen geballten Fäusten auf die Zimmerwand eingeschlagen.

»Ich möchte, dass das Leben schön ist, dass alles schön ist, dass unsere Liebe …«

War Monsieur Vétu ihnen schon im Schatten der Straßen gefolgt? Sie haben es nie erfahren. Eines Abends wurde Isabelle in dem Augenblick, in dem sie die Ladentür losstieß, vom Licht überrascht. Ihr Vater stand dort, den Hut auf dem Kopf, sehr blass, mit dem Rücken gegen die mit grünen Ordnern gefüllten Regale gelehnt.

Er sah seine Tochter an, wandte dann den Blick ab. Er schnäuzte, bevor er herausbrachte:

»Geh hinauf in dein Zimmer.«

Miette, ruhiger, die Augenlider ein wenig gerötet, bindet vor dem Spiegel seine Künstlerschleife, und Isabelle murmelt lächelnd:

»Das steht dir gut!«

Die langen, welligen Haare, der schwarze Anzug, die Künstlerschleife, der Schlapphut, all das unterstreicht noch die Anspannung und Leidenschaft in ihm. Als Monsieur Boquélus, der Geschäftsführer der *Gazette du Centre*, seinen jungen Redakteur zum ersten Mal in diesem Aufzug sah, schüttelte er den Kopf und sagte dann mit gewollter Treuherzigkeit, die beleidigender war als eine Zurechtweisung:

»Ich sehe, Sie sind Künstler.«

Félicien will nicht mehr daran denken. Er fragt:

»Wirklich? Gefällt es dir?«

Sie nutzt die Gelegenheit, um das Bett zu machen, und falls er es merkt, so bemüht er sich, nichts zu sagen.

»Komm. Jetzt erzählst du mir, wie es bei deiner Zeitung zugeht.«

Sie treten wieder auf die Straße. Die Gemüsehändlerin, die von ihrem Schaufenster zurückweicht, die warme Sonne, die die beiden einhüllt, die Steinbrücke und Miettes Arm, der wie selbstverständlich seinen Platz um Isabelles Taille einnimmt.

»Im Augenblick geben sie mir nur hundert Franc im Monat plus Provision für die Anzeigen, die ich hereinbringen kann.«

Er beobachtet sie unauffällig, so als wäre sie dabei, sich zu verraten.

»Es wird vielleicht einige Zeit vergehen, bevor man mein Gehalt anhebt, ein Jahr oder mehr.«

Sie weiß genau, was er denkt. Sie hat seine plumpe Falle bemerkt. Sie liest in ihm, ohne dass sie ihn dabei ansehen müsste, und sie ärgert sich nicht über das, was sie an Kindischem oder Ausgekochtem bei ihm entdecken kann.

Er wartet, als hätte er soeben eine entscheidende Frage gestellt, und um ihn nicht im Voraus aufzubringen, um eine neue Szene zu vermeiden, sagt sie, wobei sie auf den Schatten zu ihren Füßen starrt:

»Wir werden heiraten, wenn du willst, mein Kleiner.«

Monsieur Vétu hat zunächst erklärt:

»Wenn er eine Stelle hat, sehen wir weiter.«

Dann:

»Wenn er zweihundert Franc monatlich verdient.«

Miette wird behaupten, dass er zweihundert Franc verdient. Isabelle wird dasselbe sagen. Er wird es glauben. Er glaubt alles. Er ist heute nicht, wie er es angekündigt hat, nach Nevers gekommen, um sich mit eigenen Augen zu überzeugen, und seine Magenkrankheit ist vielleicht nur ein Vorwand.

In kaum einem Jahr hat Félicien alles erreicht, was er wollte.

Eines Morgens, als er den Laden betrat, hat sein Chef ihm nicht einmal die Zeit gelassen, seinen grauen Kittel überzuziehen.

»Wollen Sie bitte für einen Moment mit hinaufkommen, Monsieur Miette?«

Es war das erste Mal, dass er aufgefordert wurde, die Stufen der Wendeltreppe hinaufzusteigen, das erste Mal, dass er dieses dunkle, geräumige Zimmer mit der niedrigen Decke betrat, das als Salon und Esszimmer dient, und sein Blick wurde sofort von Isabelles Klavier angezogen. Madame Vétu, die noch nicht nach unten gegangen war, verschwand wie auf einen stummen Befehl hin.

Monsieur Vétu öffnete seinerseits eine Schublade, und Félicien bekam einen Schock, als er seine Briefe erkannte, die ihm wortlos hingehalten wurden.

»Ich möchte Sie bitten, sich von jetzt an wieder als frei zu betrachten.«

Wo war Isabelle? Sicher horchte sie hinter einer Tür, die wohl zu ihrem Zimmer führte.

»Ich muss Ihnen erklären, Monsieur …«

Nichts hielt ihn zurück, weder die einfache Würde, die schmerzbewegte Zurückhaltung des kränklichen Mannes, der aufrecht vor ihm stand, noch die seltsame Intimität, die ihn umfing, noch die Ladenklingel.

»Sie können mich nicht fortjagen, ohne mich anzuhören. Ich liebe ihre Tochter. Isabelle liebt mich.«

»Ich bitte Sie.«

Wie lange hat er gesprochen, mit wahnsinnigem Blick, die Kehle voll unterdrückter Schluchzer?

»Ich werde fortgehen. Ich werde gehen, wohin Sie wollen. Jedoch, ich muss, ich brauche unbedingt die Gewissheit, dass Sie mir die Hoffnung lassen, ich muss wissen, dass eines Tages …«

Und er erreichte dieses Wort:

»Vielleicht.«

Danach erlebte er die finstersten Wochen seines Lebens, so finster, dass er sich nur noch als Ganzes an sie erinnert, zielloses Umherstreifen, unendliches Stehen vor dem Haus in der Rue Montmartre, das Isabelle nicht mehr verließ. Es kam vor, dass er seine Nase gegen die Scheiben drückte, wie ein Armer, der Mitleid zu erregen versucht.

Er lief hinter Monsieur Brois her.

»Hat sie Ihnen nichts gesagt? Ich flehe Sie an, Monsieur Brois, überreichen Sie ihr diesen Brief. Ich bin im Moment zu allem fähig. Zehnmal hätte ich mich beinahe in die Seine geworfen.«

Monsieur Brois händigte Isabelle den Brief aus. Abends brachte er eine Antwort:

Mein Vater ist sehr unglücklich. Ich schäme mich für das, was ich ihm angetan habe. Er war zwei Tage lang krank. Er spricht nicht mehr und wagt nicht, mich anzublicken. Wir müssen warten, mein Kleiner, uns gedulden …

Damals fand er herzzerreißende Töne, um in Isabelles Seele den Anblick der väterlichen Niedergeschlagenheit auszugleichen.

Unrasiert, mit unordentlicher Kleidung, lungerte er zu allen möglichen Zeiten unter ihren Fenstern herum.

Fürchte nichts. Du wirst bald von mir befreit sein, und dein Vater wird seinen Frieden wiederfinden …

Acht Tage? Zehn? Er wusste es nicht mehr. Ein schwarzes Loch, wahrhaftig genauso schwarz wie die Erinnerung an die Rue Coquillière und an die fünfhundert Franc. Und eines Morgens sah er sie im hellen Tageslicht aus dem Haus kommen, geradewegs auf ihn zu.

»Mein Vater ist einverstanden, dass du heute Abend ins

Haus kommen darfst. Er verspricht nichts. Er kennt dich nicht.«

Man bot ihm Kaffee an, eine Zigarette, Butterkeks, und von der Zeit an verbrachte er jeden Abend in dem großen, niedrigen Zimmer, während Madame Vétu sich um den Haushalt kümmerte und Monsieur Vétu auf dem vom Abendessen abgeräumten Tisch seine Rechnungen aufarbeitete.

»Später, wenn Sie eine Stelle haben, werden wir sehen.«

Monsieur Brois schickte ihn zur Börse, wo man einen Korrektor für die Druckerei suchte. Er brachte seine Tage in einem Glaskäfig zu, über noch feuchte Probeabzüge gebeugt, vor ihm als Aussicht zwei Reihen von Setzmaschinen. Journalisten kamen und gingen, wichtig, geschäftig.

»Sagen Sie, Kleiner …«

Und abends stieß er mit vor jugendlichem Stolz zitternden Lippen hervor:

»Dein armer Vater stellt sich vor, dass ich eines Tages seinen Laden übernehme und Gummistempel herstelle!«

Sonntags begleitete er die Vétus in ihr kleines Landhaus an den Ufern der Marne, ungeduldig, aufgebracht über ihre ruhige und leere Existenz.

»Wenn wir zu zweit sein werden …«

Er schrieb Léopold einen langen Brief.

Sie müssen mir unbedingt ein Formular für eine Geburtsurkunde besorgen, sei es aus Lüttich oder aus einer Gemeinde der Umgebung, wenn es geht, aus einer unbedeutenden Gemeinde.

Und siegesgewiss füllte er selbst die leeren Formulare aus, ohne sich einzugestehen, dass es Doms war, der ihm beigebracht hatte, sich eine Identität zu verschaffen. Den Gummistempel mit dem Wappen der Stadt Huy – er erinnerte sich an seine Durchreise durch diese Stadt und an den Malerkittel, den er auf der Bahnhofstoilette ausgezogen hatte – fertigte er mit Hilfe des Materials, das er aus dem Laden der Vétus mitgenommen hatte, eigenhändig an.

»Siehst du! Niemand wird jemals an die Gemeindeverwaltung von Huy schreiben, um sich der Echtheit dieses Dokuments zu vergewissern. Von nun an heiße ich offiziell Félicien Miette und bin einundzwanzig Jahre alt, sodass ich mit dem Militärdienst nichts mehr zu tun habe.«

Er hatte keine Gewissensbisse. Sein Schicksal musste sich *unbedingt*, wie er Léopold schrieb, erfüllen. Umso schlimmer für diejenigen, die nicht daran glaubten. Und wenn das Hindernis zu hartnäckig wäre, würde er es umgehen, ohne sich zu schämen.

»Wenn man einmal damit anfängt …! Du wirst sehen, Isabelle, was für ein Leben ich dir bieten werde!«

Eines Tages sprachen zwei Journalisten neben der Tür des Glaskastens miteinander.

»Boquélus schreibt mir, dass er für sein Käseblatt in Nevers einen Dummen sucht, der nicht zu hohe Ansprüche stellt. Hast du nicht so was an der Hand?«

»Pardon, Monsieur. Sagten Sie, dass jemand einen Journalisten sucht?«

»Haben Sie etwa Lust, für Zeitungen zu schreiben?«

Aufs Kommissariat gehen, von Konferenzen und Wohltätigkeitsveranstaltungen, von Messen und Unfällen berichten, die Telefongespräche aus Paris annehmen, den Kopfhörer auf dem Kopf, das waren seit einem Monat seine Aufgaben. Monsieur Vétu hatte versprochen:

»Wenn er mindestens zweihundert Franc verdient…«

Er verdient erst hundert, aber was spielt das für eine Rolle, wo Isabelle doch einverstanden ist?

Er hatte an alles gedacht, sogar daran, aus Félicien Miette gesetzmäßig eine Vollwaise zu machen.

Im Moment scherzt er. Er hat all die dunklen Punkte der Vergangenheit weit von sich geschoben. Sie essen gemeinsam in diesem hellen Restaurant, wo sie allein sind. Als sie durch die von Lorbeerkübeln flankierte Tür gingen, haben sie den vor sich hin dösenden Kellner erschreckt.

»Zwei Gedecke, Monsieur, Madame?«

Jetzt lachen die Augen von Félicien Miette, das Tischtuch ist weiß, die Gläser sind voller Glanz, das Licht in dem Raum mit den heruntergelassenen Vorhängen ist milde, aber der kleinste Schatten genügt, damit sich sein Blick wieder verfinstert.

»Was beobachtest du?«

»Nichts.«

Er dreht sich heftig um, sofort eifersüchtig, sieht niemanden hinter sich, nichts als eine Tischreihe mit fächerartigen Servietten in den Gläsern und gelben, gedrechselten Stühlen.

»Was hast du beobachtet?«

Ihn! Ihn hat sie einen Augenblick zuvor angesehen, ihn schaut sie jetzt wieder an, nicht sein Gesicht, das in Eifer geraten ist, sondern seinen Kopf mit den langen Haaren, die den Hals dünner erscheinen lassen, seine Schultern, die noch nicht die Schultern eines Mannes sind. Er spricht, er isst, und sie sieht seinen Rücken in dem Spiegel, der das Restaurant umgibt. Es ist seltsam, einen Menschen gleichzeitig von vorne und von hinten zu sehen. Sie deutet ein Lächeln an, er braust wieder auf.

»Du machst dich über mich lustig!«

Bei der kleinsten Ironie reagiert er so empfindlich, dass sie sich beeilt, ihn zu beruhigen.

»Nein, mein Kleiner, ich bin zufrieden, ich bin glücklich, uns geht es gut hier, uns beiden.«

Das stimmt. Die Wolke ist vorübergezogen, aufgequollen, grau wie eine hässliche Wolke im Sommer, die sich so schnell in schwerem Bindfadenregen auflöst. In ihren Augen scheint nur noch die Sonne, und um sie herum herrscht die bezaubernde Stille dieses Restaurants, in das sie zufällig, wegen der dummen Lorbeerbäumchen, gegangen sind, mit dem Kellner, der »Monsieur« und »Madame« zu ihnen sagt, und der Chefin, die hin und wieder einen Blick durch die halb geöffnete gelbe Küchentür wirft.

»Woran denkst du?«

»An nichts.«

An nichts und an alles, an sie beide, an das nun beginnende Leben; sie sprechen über alles und nichts, stundenlang, indem sie auf gut Glück durch die Straßen wandern, die das Flugtreffen leer gefegt hat, wo sie sich allein fühlen und sich küssen können, wenn es ihnen in den Kopf kommt.

»Du wirst sehen. Ich suche sofort eine Wohnung. Ich werde eine Anzeige in die *Gazette* setzen. Wenn du in einem Monat wiederkommst …«

Manchmal lässt ein Windstoß das helle Blattwerk der Platanen erzittern, und die Schatten bewegen sich auf dem Gehsteig.

Es ist vier Uhr. Von der Terrasse der Wirtschaft aus, wo sie schließlich eingekehrt sind, sehen sie die Bahnhofsuhr.

»Ich werde keinen Monat aushalten können, ohne dich

zu sehen. Nächsten Sonntag fahre ich nach Paris. Doch! Ich werde Monsieur Boquélus sagen …«

Er wird irgendetwas erfinden. Er weiß noch nicht genau, was. Das, was er im Voraus sicher weiß, ist, dass er fahren wird.

»Liebst du mich?«

»Es ist Zeit, mein Kleiner.«

Sie hat sich zu früh in ihr Abteil gesetzt, und er hat die Stirn gerunzelt, als er dort einen jungen Matrosen auf Urlaub sah. Sie sprechen nicht mehr.

»In einem Monat.«

»Nächsten Sonntag.«

Fertig! Die Türen werden geschlossen. Die Abfahrt verzögert sich noch. Miette dreht den Kopf zur Seite, um seine Augen zu verbergen, in denen erneut Wolken aufziehen.

»Bis Sonntag. Versprich mir …«

Er sieht den Matrosen hinter ihr stehen. Der Zug fährt ab. Ein Taschentuch verschwindet in der Kurve.

»Geben Sie mir einen Pernod, Garçon, und etwas zum Schreiben.«

Er hat sich an ein Tischchen ins Café de Paris gesetzt, wo vier Musiker Wiener Walzer spielen.

Meine Kleine,
eben bist du abgefahren; ich bin allein und …

Er gerät in Fieber, fährt sich mit den Fingern durch die langen Haare, betrachtet zerstreut am Tisch gegenüber vier alte Whistspieler, für die das wirkliche Leben schon nicht mehr existiert.

Ich bitte Dich um Verzeihung, mein Liebling, meine Liebe, mein Ein und Alles, auf Knien um Verzeihung für die Szene, die ich wieder einmal gemacht habe, aber wenn du wüsstest, wie unglücklich ich bin, wie mich unaufhörlich böse Gedanken quälen! Im letzten Augenblick noch, als ich diesen Mann hinter Dir im Abteil sah, glaubte ich in den Zug springen und alles aufgeben zu müssen, um …

»Garçon! Noch einmal das Gleiche.«

Vier Seiten, sechs Seiten in seiner fahrigen kleinen Handschrift. Die Musik trägt ihn, undeutlich nimmt er das Geräusch der schwarzen und weißen Würfel in dem Würfelbecher wahr, die Seufzer der Kartenspieler.

Wenn wir bald zu zweit sein werden, endlich nur wir beide, fühle ich …

Ihm ist warm. Seine Schläfen pochen. Er geht selbst zur Hauptpost, um seinen Brief in den Kasten zu werfen, dann weiß er nicht mehr, was er tun soll, er hat keinen Hunger, er schlendert durch die Abenddämmerung, mager und innerlich verkrampft, während in dem weißen Haus neben der Steinbrücke die Familie aus Chapelle um die dampfende Suppenschüssel zu Tisch sitzt und Monsieur Vétu in Paris ein Medikament in einem halben Glas Wasser auflöst.

In Embourg wippt Roger auf seiner Bank im Garten von Madame Laude und wartet darauf, dass dieser schwüle Tag des 15. August, von dem beruhigenden Konzert der Grillen begleitet, zu Ende geht.

5

Am Allerheiligentag gehen sie zum Friedhof von Robermont, zu Désirés Seite, wie man sagt, und am Tag darauf, an Allerseelen, zum Friedhof von Sainte-Walburge. Denn für die Verstorbenen wie für die Lebenden und sogar für Gegenstände unterscheidet man die »Mamelin-Seite« und die »Peters-Seite«.

»Sie ist eine entfernte Cousine von der Seite deines Vaters«, sagt man zu Roger.

Oder auch:

»Diese Dose kommt von einem Onkel von meiner Seite.«

Die Dose für Knöpfe! Wenn Roger, der in die École des Frères geht, auch nicht mehr mit den Knöpfen spielt, so bleibt die Dose doch an ihrem Platz auf dem Küchenbrett, zwischen dem Wecker und dem Kupferleuchter, eine sehr alte Dose, die auf fünf ihrer sechs Seiten mit Bildern aus »Robinson Crusoe« verziert ist.

Das ist eine Dose von Élises Seite, und ihr Inhalt gehört noch mehr der Peters-Seite an, da er von der Linie der Familie stammt, die in Deutschland geblieben ist, von Verwandten, von denen man so gut wie nichts weiß und die in dem Album mit den Kupferecken nur zwei gelbliche, sehr frostige Bilder besitzt, mit einem Oval, das in der Mitte des Kartons gewölbt ist: eine asketisch aussehende, ganz in Schwarz gekleidete Frau, die dem Dritten Orden angehört, und ein langer junger

Mann, dessen Bild so verblasst ist, dass man seine Gesichtszüge nicht mehr erkennt. Élise ist nicht in der Lage, Roger zu erklären, was der Dritte Orden ist. Sie weiß nur, dass diese Cousine allein in einem großen Haus in Aachen wohnte, wo sie in weltlicher Kleidung wie eine Nonne lebte.

Die Knöpfe, die in der Dose liegen, stammen von derselben Linie der Familie. Als Élise ganz klein war, fuhr sie, begleitet von ihren Eltern, im Zug nach Deutschland, irgendwohin, sie hat vergessen wohin, auf eine Anhöhe, die mit einem Tannenwald bewachsen war (sie wird sich bei Léopold danach erkundigen müssen, aber sie vergisst es immer), und sie besuchte eine Knopffabrik, die einem Cousin gehörte.

Diese Knöpfe, mit denen Roger jahrelang gespielt hat, sind etwas Fremdes im Haus, im Viertel und in der Stadt, genauso wie die Fotografien und die mit braunen Karos verzierten Tassen, die in Tante Louisas Küche in Coronmeuse hängen und wohl denselben Ursprung haben. Die schönsten, die neuesten Knöpfe sind weiß mit roten, blauen oder grünen Punkten. Andere sind mit Kreisen oder Kreuzen verziert; einige sind aus Kupfer mit hervortretenden Figuren oder aus Knochen mit geschnitzten Szenen, vor allem richtige Jagdszenen mit Hirschen und Hunden. Schließlich ist bei einigen Knöpfen in der Mitte eine weiße Blume zu bewundern, die es in Belgien nicht gibt; seit kurzem weiß Roger durch den Lehrer von nebenan, dass es ein Edelweiß aus dem Hochgebirge ist.

Der Friedhof von Robermont auf der Anhöhe, auf derselben Seite des Flusses gelegen wie die Rue de la Loi, ist im Grunde die Verlängerung des Viertels, in dem sie leben. Von der Gemeinde Saint-Nicolas gelangt man ohne Übergang zur

Gemeinde Saint-Remacle, wo Arthur wohnt. Sie bleiben vor seinem Haus stehen, vor dem Schaufenster voller Mützen, sagen Juliette guten Tag, die immer frisch aussieht und deren Kinder sehr sauber sind; langsam gehen sie den Thiers de Robermont hinauf, der nicht zu steil ansteigt, und begegnen Leichenwagen, die leer wieder herunterkommen.

Sie treffen die gesamte Rue Puits-en-Sock, und Désiré grüßt unaufhörlich. Auf der Anhöhe sind die Straßen sauber und die Häuser neu, ihre Ziegelsteine von einem noch makellosen Rosa, und dazwischen liegt unbebautes Land, hinter dessen Zäunen Élise verschwindet, um ihr Strumpfband festzumachen.

Parzelle zu verkaufen. Zehn Franc pro Quadratmeter.

In eine dieser Straßen, die noch keinen Namen haben und erst zur Hälfte gepflastert sind, geht Roger seit zwei Wochen jeden Donnerstag zum Geigenunterricht. Seine Eltern haben ihm nämlich eine Kindergeige gekauft, die jemand im Viertel abzugeben hatte. Weil es für ein so kleines Instrument keinen richtigen Geigenkasten gibt, trägt er sie in einem Pappkarton, wobei das Ende des zu langen Bogens durch ein Loch herausragt.

Sein Lehrer, der Organist von Robermont, hat schlechten Atem, den er ihm beharrlich ins Gesicht bläst; mit derselben Grausamkeit drückt er die Finger des Kindes auf die Saiten, bis es vor Schmerz wimmert.

»Das ist so schön, die Musik!«, sagt Élise verzückt. »Es ist so angenehm, wenn man ein Instrument beherrscht!«

Warum ist das Wetter fast immer heiter, wenn sie auf den Friedhof von Robermont gehen? Es ist November, sicher, aber ein frischer November mit langen, sonnigen Aufheiterungen.

Der Friedhof ist freundlich, ein neuer, von Ziegelsteinmauern umgebener Friedhof mit einem schönen Hauptgang, einer Kapelle und Grabmälern aus fleckenlosem Stein.

Sie grüßen im Vorbeigehen die Gruft der Familie Gruyelle-Marquant, Besitzer der Konditorei in der Rue Puits-en-Sock, die Gruft der Familie Velden und andere, auf denen man dieselben Familiennamen wiederfindet wie auf den Ladenschildern des Viertels.

Sie verlaufen sich nie in dem Labyrinth der Gänge. Die Kerzen in den Glasbehältern vor den Gräbern haben eine helle Flamme, und zu beiden Seiten des vergitterten Friedhoftores verkaufen Händler Waffeln und Chrysanthemen.

»Guten Tag, Lucien, guten Tag, Catherine. Wie die Kinder gewachsen sind!«

»Bist du noch immer mit deinen Mietern zufrieden, Élise?«

Jede Woche geht Chrétien Mamelin auf den Friedhof und pflegt wie einen Garten das Grab seiner Frau, auf dem ein gerader, von einem Kreuz überragter Stein steht.

Marie Demoulin, verh. Mamelin
geb. in Alleur am 5. Oktober 1850
gottesfürchtig gest. im 61. Jahr ihres Lebens
Betet für sie

Ein Medaillon, in dem Stein eingelassen, stellt ein Kind mit unscharfen Gesichtszügen dar, die kleine Tochter, die im zarten Alter starb.

Désiré stellt einen Blumentopf aufs Grab, Élise zündet mit der Flamme derer, die schon brennen, ein paar Kerzen an. Dann geht sie mit einer alten Konservendose, die hinter dem Grab versteckt ist, zu einem nahen Brunnen und schöpft Wasser daraus, um die Blumen zu begießen.

»Niemand denkt daran zu gießen.«

Ein Kreuzzeichen. Désiré bleibt noch ein paar Minuten gebeugt stehen, den Blick auf das Grab gerichtet, und bewegt die Lippen, bekreuzigt sich wieder, nimmt die Hand seines Sohnes, entfernt sich und setzt seinen Hut wieder auf.

Es ist der Tag, an dem man die neuen Mäntel, die noch nach Schneider riechen, zum ersten Mal ausführt.

»Wollen wir über den Exerzierplatz nach Hause gehen?«

Der Wind lässt die Schleier der Frauen in Trauerkleidung flattern wie Fahnen. Sie gehen durch ein unregelmäßig gepflastertes Gässchen, halb städtisch, halb ländlich, und erreichen die weite Ebene, die sich zwischen Jupille und Bressoux erstreckt, sie gehen an den Quais der Dérivation entlang. Alles ist beruhigend und vertraut, kaum dass man den Eindruck hat, das Viertel der Place du Congrès verlassen zu haben.

Am nächsten Tag ist der Himmel unverändert trübe, und vereinzelte Windstöße fegen die leblosen Blätter und den Staub vor sich her. Schon in der Messe, wegen der schwarzen Trauerbehänge und des Katafalks, nimmt der Tag einen dramatischen Charakter an, der sich in Rogers Kopf wie selbstverständlich mit der Peters-Seite verbindet. Sogar die Worte erhalten eine andere Färbung. Robermont erinnert an die breiten und hellen Straßen von Saint-Remacle, an das neue Viertel auf der Anhöhe und die Bodenparzellen, die zu verkaufen sind, an die Grabsteine, die mit der Bürste gescheuert werden, und an die hellen Waffeln der Händler.

Sainte-Walburge, das bedeutet zunächst einmal die dunkelgrüne Straßenbahn, in die sie an der Place Saint-Lambert steigen und die immer so überfüllt ist, dass sie sich trennen müssen.

»Behalte Roger bei dir, Désiré. Gib acht, dass er sich nicht hinauslehnt.«

Die Straßenbahn riecht nach Allerheiligen, nach Chrysanthemen, nach Trauerflor und der Cheviotwolle der Trauerkleidung. Den ganzen Weg entlang, durch die engen Geschäftsstraßen des Viertels Sainte-Marguerite, sieht man die Köpfe von links nach rechts und von rechts nach links pendeln, man sieht den leeren Blick der Fahrgäste, und Roger ist zwischen den Beinen der Erwachsenen auf der Plattform eingeklemmt.

Danach gehen sie lange Zeit auf einer immer schmutzigen Straße, von der aus man die Halden der Kohlenbergwerke sieht, die mitten in Feldern aus schwarzer Erde liegen und die verfaulten Rüben verpesten.

Auch hier sind sie auf einer Anhöhe, aber auf der anderen Seite der Maas, der Peters-Seite; der Friedhof von Sainte-Walburge ist ein alter Friedhof mit gewundenen Gängen, in denen man sich verliert zwischen den grauen Gräbern, die von Efeu und Moos überwuchert werden.

»Mein Gott, Désiré! Wir haben uns wieder mal verlaufen! Wir müssen zurückgehen und das Grabmal mit den Säulen aus rosa Marmor suchen.«

Die Kälte lässt die Finger steif werden, die Nasen sind vom Wind gerötet.

»Warte. Ich glaube, ich sehe meine Schwester Louisa und ihre Kinder. Jawohl, das ist sie.«

In Sainte-Walburge trifft man viele Menschen, Leute, die man den Rest des Jahres über nicht sieht, die aber doch zur

Familie gehören. Die Frauen sprechen Flämisch in einem jammernden Tonfall, ohne sich um Désiré zu kümmern.

»Mein Gott, Poldine! Guten Tag, Franz.«

Das ist einer von Élises Brüdern, er ist Kontrolleur in der staatlichen Waffenfabrik und wohnt ganz am Ende von Coronmeuse.

»Findest du nicht, Franz, dass Poldine dünner geworden ist?«

Absichtlich fügt sie hinzu:

»Ich bin gestern hierhergekommen, um Mamans Grab ein wenig in Ordnung zu bringen.«

Sie hat sich vom Friedhofswächter einen Spaten geliehen. Ihre Geschwister denken nicht daran, sie begnügen sich damit, am Allerseelentag Blumen und Kerzen mitzubringen, und ohne Élise wäre das Grab ihrer Mutter ein Durcheinander von Unkraut und welken Blättern.

»Stell dir vor, dass die Leute …«

Sie sagt nicht ›Nachbarn‹, zeigt aber auf die Gräber nebenan.

»Stell dir vor, dass die Leute all ihren Dreck hinter Mamans Stein geworfen haben. Du siehst, Louisa, ich habe den Drahtzaun nachgestrichen. Er hatte es bitter nötig.«

Élise hat noch immer Emaillefarbe an den Fingern, die sie mit dem Bimsstein nicht wegbekommen hat.

»Guten Tag, Madame Smet. Guten Tag, Valérie.«

Sie küssen sich. Auf Rogers Wangen bleibt der Geruch von all diesen fremden Küssen; er wartet an jedem Grab, an dem sie stehen bleiben, denn es gibt viele Gräber, die sie besuchen müssen, wenn sie niemanden kränken wollen. Auch Désiré folgt, ein Fremder in einer Welt, deren Sprache er nicht einmal versteht.

»Hast du Marthe und Hubert Schroefs nicht getroffen?«

»Sie müssen am Grab von Huberts Bruder sein, im hinteren Teil des Friedhofs, auf der Seite des Kohlenbergwerks.«

»Wenn man daran denkt, dass Louis de Tongres seit der Beerdigung niemals zum Grab seiner Mutter gekommen ist! Er würde es nicht einmal wiederfinden.«

In Robermont sind sie nur ein paar Minuten geblieben. In Sainte-Walburge geht der Tag zu Ende, und sie sind immer noch da, bilden Gruppen, die sich auflösen, um sich vor anderen Gruften wieder zusammenzufinden.

»Wie geht es Félicie?«

»Ich habe sie seit mehr als einem Monat nicht gesehen. Armes Mädchen! Sie, die sie so zartfühlend ist, muss auf einen Kerl wie Coucou hereinfallen!«

Man hat endlich die Schroefs getroffen, und Hubert geht zusammen mit Désiré hinter den Frauen her.

Als sie in der Rue Sainte-Walburge ankommen, ist es stockfinstere Nacht. Einige Geschäfte sind erleuchtet. Von Zeit zu Zeit drehen sie sich um, um sich zu vergewissern, dass die anderen folgen.

»Sieh mal an! Franz und Poldine sind weggegangen, ohne auf Wiedersehen zu sagen.«

»Du weißt doch, wie Poldine ist.«

Kurz bevor sie das hellste Schaufenster erreichen, beteuert Élise:

»Nein, Marthe, lass uns nicht stehen bleiben. Wir machen den Eindruck, nur wegen der Torte zu kommen. Übrigens, wir müssen in die Abendandacht von Saint-Denis gehen. Dort gibt es einen so guten Prediger.«

Aber Schroefs ist mit Désiré vor der Konditorei seiner

Schwester stehen geblieben. Marie Beckers hat sie schon durch die Ladenfenster erblickt und winkt ihnen zu. Es ist zu spät, die Straßenseite zu wechseln.

»Guten Tag, Marie. Lass dich nicht stören. Wir wollten nicht vorbeigehen, ohne dich zu begrüßen, aber du hast so viel zu tun, an einem Tag wie heute …«

Die Ladentür öffnet und schließt sich unaufhörlich und löst dabei die Klingel aus. Marie Beckers, der die älteste Tochter hilft, streut Zucker über die Torten, wickelt diese in Glanzpapier ein, tippt auf der Registrierkasse, deren Schublade sich von ganz allein öffnet.

»Geht in die Küche. Ich komme sofort.«

Dort ist es düster. Überall stehen Torten, sogar auf den Stühlen. Die Fenster zeigen nicht auf einen Hof, sondern auf die Backstube mit dem Glasdach, in der Beckers mit nackten Armen, das Unterhemd weiß von Mehl, die Haare unter den Achselhöhlen grau, mit gepuderten Haaren auf dem Kopf, mit seinen beiden Gehilfen hin und her eilt.

»Nein, Marie, ich versichere dir, dass wir keinen Hunger haben. Deswegen sind wir nicht gekommen. Wir haben es eilig, nicht wahr, Désiré? Françoise erwartet uns zur Abendandacht in Saint-Denis.«

Es ist vergeblich: Die Tassen werden mit Milchkaffee gefüllt, die Stühle frei gemacht, große Stücke Reistorte abgeschnitten, während Marie Beckers, klein, dünn, mit unruhigem Blick, zwischen Küche und Geschäft hin und her läuft.

Wie Élise schon sagt: Man kann kaum glauben, dass sie die Schwester des dicken Hubert Schroefs ist. Sie ist so empfindsam, so traurig, so verletzlich. Élise folgt ihr in den Laden, um sie mit leiser Stimme zu fragen:

»Und dein Mann?«

»Er ist immer noch derselbe. Du hast ihn ja gesehen.«

Wie hat sie nur diesen ordinären Mann heiraten können, der öfter Wallonisch als Französisch spricht und die größte Nase hat, die Roger jemals gesehen hat? Wenn er die Tür zur Backstube öffnet, dann nur, um einen groben Scherz in die Küche zu rufen. Er hat keine Achtung, nicht einmal vor seinen Töchtern.

»Stell dir vor, Élise, neulich abends, als ich ihn fragte, ob er Germaine gesehen habe …«

Germaine ist die älteste der drei Beckers-Töchter. Sie ist siebzehn Jahre. Sie sieht gesund und liebenswürdig aus. Unglücklicherweise hat sie die groben Gesichtszüge ihres Vaters. Ohne es sich anmerken zu lassen, spitzt sie die Ohren, um das Geflüster ihrer Mutter zu verstehen, die jetzt noch leiser spricht, Flämisch.

»›Deine Tochter‹, hat er mir geantwortet, ›sie wird sich wohl in irgendeinem Winkel mit ihrem Freier herumtreiben‹! Ich habe deswegen geweint, Élise. Das ist nicht die Art und Weise, in der wir erzogen worden sind, wir nicht. Er geniert sich nicht, vor ihnen schonungslos über gewisse Dinge zu reden. ›Wozu sollte ein Mädchen gut sein, wenn nicht, um zu einem Jungen zu gehen?‹«

Niemand kümmert sich um Roger, der sich in dem Durcheinander der Küche mit süßer Torte vollstopft.

»Du musst uns mal mit dem Kleinen an einem Donnerstagnachmittag besuchen, Élise. Ich bin so allein, weißt du. Wenn das Geschäft nicht wäre, das mich ein wenig auf andere Gedanken bringt, ich weiß nicht, was aus mir würde.«

Élise verspricht es. Aber es ist weit, es liegt hoch.

»An einem Donnerstag, wenn das Wetter schön ist.«

Sie gehen wieder hinunter in die Stadt durch die Rue Pierreuse, die die Soldaten der Citadelle mit ihren Nagelschuhen geräuschvoll hinunterlaufen. Sie kommen zu spät zum Käsemarkt. Die Kirchenfenster von Saint-Denis sind mit schwarzen Tüchern verhangen, und als Désiré die gepolsterte Tür aufstößt, hören sie die volle und wohlklingende Stimme des Predigers.

»Schlurf nicht mit den Füßen, Roger ... Danke, Monsieur, lassen Sie sich nicht stören.«

Sie bleiben hinter den zur Kanzel gerichteten Stühlen stehen. Ein leichter Wink zu Françoise, die in der Nähe des Altars sitzt. Die Stimme des Dominikanerpaters prallt auf die Mauern des weiträumigen Kirchenschiffes, und die zu ihm erhobenen Gesichter scheinen aus Elfenbein zu sein.

Manchmal ein Husten, strenge Blicke, Stuhlbeine, die auf den Fliesen knirschen.

»Im Namen des Vaters, des Sohnes und des Heiligen Geistes, amen!«

Der Dominikanerpater bläst die Kerze aus, die auf dem Rand der Kanzel brannte, und verschwindet in der Wendeltreppe, alle Stühle werden gleichzeitig gerückt, die Orgel braust, tausend Kreuzzeichen, die Finger der Gläubigen betasten den glitschigen Stein des Weihwasserbeckens und suchen die Berührung mit dem kühlen Weihwasser.

Sie warten neben dem Springbrunnen auf Françoise, sie küssen Loulou, die ein Profil wie das Gesicht auf einer Medaille hat und bei der letzten Prozession die Jungfrau Maria darstellte.

»Ihr esst mit uns zu Abend.«

»Nein, Françoise. Wir wollen euch nicht stören. Außerdem warten die Mieter auf uns.«

Das ist wahr. Gegen eine Bezahlung von fünfzig Centime täglich essen Mademoiselle Pauline und Monsieur Chechelowski abends in der Küche in der Rue de la Loi. Élise macht bei Tonglet Halt, um Schinken zu kaufen, dann in der Rue Puits-en-Sock, wo sie auf dem Hinweg ihre Pommes-frites-Schale abgestellt hat. Man spürt wieder die Atmosphäre von Outremeuse, in die hinein sie von Sainte-Walburge so etwas wie einen Peters'schen Geruch bringen. In den Ohren klingen noch die Klagen in flämischer Sprache nach, der Tonfall von Tante Louisa und von Schroefs, man sieht noch die sauertöpfische Gestalt von Tante Poldine vor sich und hört das krampfhafte Lachen von Franz, der die gleiche Angewohnheit wie sein Bruder Louis hat und bei jeder Gelegenheit die Augen schließt. Wie viele Frauen in Trauerkleidung, fast alle aus der Familie, haben sie getroffen! Élise sagt oft, es sei das Schicksal der großen Familien, immer Trauer zu tragen.

»Wenn ich genau nachrechne, glaube ich, dass ich den Trauerschleier drei Viertel meines Lebens getragen habe.«

Das Feuer wird wieder angemacht, die rot karierte Tischdecke wird über den halben Tisch gelegt, nur über die Hälfte, die für die Mieter reserviert ist; denn die Mamelins essen auf einem Wachstuch, das hinterher auf eine Stange gerollt wird. Wie üblich öffnet Élise die Glastür einen Spalt und ruft in die Dunkelheit des Hausflurs:

»Mademoiselle Pauline! Monsieur Chechelowski!«

Man hört Geräusche in der ersten Etage, dann im Zimmer im Erdgeschoss. Die Pommes frites werden im offenen Herd warm gehalten.

Élise teilt den Schinken auf. Die Küche ist klein. Man hockt hier dicht aufeinander. Die Mamelins essen nur Butterbrote mit einem kleinen Stück Käse oder mit Konfitüre. Désiré wartet darauf, dass das Abendessen beendet ist, um sich in die Lektüre seiner Zeitung zu vertiefen, in der von Wilhelm II. und vom unvermeidlichen Krieg die Rede ist.

»Beeilen Sie sich, Mademoiselle Pauline, die Pommes frites werden trocken.«

Die Polin trödelt nämlich immer, bevor sie herunterkommt, vertut ihre Zeit damit, sich zu pudern und einzuparfümieren.

»Wozu machen Sie das?«, hat Élise sie einmal gefragt. »Wem wollen Sie gefallen?«

Monsieur Chechelowski, der ein echter Russe ist, und Mademoiselle Feinstein, eine polnische Jüdin, reden nicht miteinander. Sie begnügen sich mit einem kurzen Gruß, obwohl sie jeden Abend an demselben Tisch essen.

»Weißt du, Valérie, was sie mir geantwortet hat, als ich sie gefragt habe, wem sie gefallen wolle?

›Mir selbst.‹ »

Sie ist fett. Sie hat rote Haare. Wenn sie sich parfümiert, dann deshalb, weil sie von Natur aus schlecht riecht. Sie hat eine große Nase, ihre Lippen sind wulstig, ihr Nacken ist eine Speckrolle, und ihre Knöchel sind so geschwollen, dass sie ihre Halbstiefel nicht ganz zuschnüren kann.

»Und, Mademoiselle Pauline, wenn Ihnen die Macht verliehen würde, sich nach Ihrem Geschmack neu zu erschaffen, wie möchten Sie gern sein?«

Élise erzählt es jedem. Die Mieterin des rosa Zimmers hat mit ihrem ruhigen Gesichtsausdruck geantwortet:

»So wie ich bin.«

Mademoiselle Frida wartet in ihrem Zimmer, bis die anderen zu Ende gegessen haben. Erst dann wird sie hinuntergehen, ihre Blechdose von dem Küchenbrett nehmen und kochendes Wasser in ihre kleine Kaffeekanne aus blauer Emaille gießen.

»Sie müssen verstehen, Mademoiselle Frida, es ist eine Frage von Ordnung und Sauberkeit. Wenn jeder auf seinem Zimmer essen würde, würde das Haus wer weiß wie aussehen. Ich werde Ihnen eine Dose geben, in die Sie Brot und Butter, Ihren gemahlenen Kaffee, alles, was Sie wollen, hineinlegen können.«

Gleichgültig ins Weite blickend, während Élise auf einer Ecke des Herdes mit dem Abwasch beginnt und Désiré Zeitung liest, isst Mademoiselle Frida langsam ihr Brot, auf dem sie die Butter kratzt, und versichert sich, dass auch nicht ein Rest Kaffee in ihrer Kanne zurückbleibt.

Die Tage sind noch kürzer geworden. Schon um drei Uhr hat Frère Mansuy die beiden Gaslampen angezündet und so diese trübe, fast gedämpfte Stimmung geschaffen, die an Winternachmittagen den Klassenraum erfüllt. Die beiden schwarzen Wandtafeln über dem Podest erscheinen mehr rötlich als schwarz. Die Liter-, Doppel- und Dekaliterbehälter auf dem lackierten Brett werden von einem eigenartigen Leben erfüllt; in der Nebenklasse hört man die Schüler von Monsieur Penders im Chor leiern:

»Das frühere Belgien wurde im Norden und im Osten durch Sumpfgebiete begrenzt, im Westen durch das Meer, im Süden …«

Frère Mansuy geht geräuschlos, ohne eine Miene zu verziehen, durch die Gänge zwischen den blanken Schreibpulten;

seine Soutane bewegt sich sanft durch den Raum, und wenn man von ihr berührt wird, fährt man zusammen, genauso wie bei der Berührung mit einer Fledermaus, die man nicht gehört hat.

Immer kommt seine ruhige und sanfte Stimme aus einer Ecke, aus der man es nicht vermutet.

»Was ist Gott? Van Hamme, antworten Sie!«

Die Katechismusstunde ist für die Schüler der zweiten Klasse, die auf der linken Seite des Klassenraumes sitzen. Die Schüler der ersten Klasse, zu denen Roger gehört, bedecken ihre Schiefertafeln mit Grundstrichen, die sie dann mit einem kleinen feuchten Schwamm wieder wegwischen.

»Gott ist reiner Geist, unendlich vollkommen, ewig, Schöpfer des Himmels und der Erde.«

»Gut. Ledoux. Wie viel Personen sind in Gott?«

Ein Kind setzt sich wieder hin, während ein anderes aufsteht.

»Es sind drei Personen in Gott: der Vater, der Sohn und der Heilige Geist.«

»Ist jede Person Gott? Sie, Gallet! Van Hamme, ich verbiete Ihnen vorzusagen. Ist jede Person Gott?«

Roger strengt sich an, wagt nicht zu atmen. Die Hitze, die der Ofen neben ihm wellenförmig abgibt, rötet seine Wangen. Frère Mansuy ist ganz in der Nähe, und vielleicht wird er im Vorbeigehen ein rosa Fleißkärtchen aus seiner Tasche ziehen oder besser noch: eine Veilchenpastille, die es bei Gruyelle-Marquant nicht gibt und die er nur für seine Lieblingsschüler bereithält.

Deswegen darf man ihn weder anblicken noch den Kopf heben. Es ist ein Spiel mit verschwiegenen Regeln. Er geht vorbei, und erst wenn er in einer anderen Ecke des Klassenraumes angekommen ist, weiß man, ob er ein Fleißkärtchen oder eine Veilchenpastille auf eine Kante des Pultes gelegt hat.

Frère Mansuy ist ganz jung, rosig und blond, und wenn man ihn ansieht, dreht er den Kopf weg, um sein Lächeln zu verbergen.

Es regnet. Helle Tropfen rinnen die schwarze Fläche der Fensterscheiben hinunter, und man hört im Hof das leise Rauschen des Regens. Auch die Stimme von Frère Médard zwei Klassen weiter ist zu hören. Er schleudert Donner und Blitze gegen einen schlechten Schüler und stampft mit seinem Holzbein aufs Lehrerpodest. Die drei Klassenräume sind durch verglaste Zwischenwände voneinander getrennt. Der untere Teil der Wände ist aus Holz. Frère Mansuy ist groß genug, um darüber hinwegblicken zu können, aber die Schüler sehen die anderen Klassen nur von dem Podest aus.

Roger wartet immer noch, aber der Frère kommt nicht bis zu ihm. Er hat sich plötzlich umgedreht und Gallet seine Antwort an der Decke suchen lassen. An der Tür hat es schüchtern geklopft. Man spürt den feuchten Luftzug, ohne zu wagen, sich umzudrehen. Man hört undeutlich eine Frauenstimme, und Roger zuckt zusammen, da er glaubt, sie erkannt zu haben.

»Mamelin! Nehmen Sie Ihre Sachen. Sie werden abgeholt.«

Roger ist rot geworden. Die anderen sehen neidisch zu ihm hin. Seine unsichtbare Mutter murmelt im Regen:

»Danke, Frère Mansuy. Er hätte um vier Uhr niemanden zu Hause angetroffen, weil alle Untermieter in der Universität sind, verstehen Sie? Entschuldigen Sie die Störung.«

Roger geht zu ihr hinaus, und sie setzt ihm die Kapuze seines Regenmantels auf.

»Komm schnell.«

Die Hand seiner Mutter zittert vor Ungeduld. Sie hat die Tür gegenüber nur angelehnt, geht in den Hausflur, um die Schulmappe auf die Garderobe zu legen und läuft in die Küche, um sich zu vergewissern, dass auf dem Herd nichts anbrennen kann.

Sie nimmt Abkürzungen, ihren Sohn an der Hand.

»Man hat mich benachrichtigt, dass Tante Félicie krank ist, sehr krank. Du darfst keinen Lärm machen, Roger. Du wirst brav sein, nicht wahr?«

Der Regen verändert das Licht der Gaslaternen und der Schaufenster. Sie gehen ganz nah an einer Straßenbahn vorbei. Von den Bäumen des Boulevards in der Nähe der Passerelle fallen Tropfen. Bei jedem Schritt, den man macht, spritzt schmutziges Wasser von den Planken der Passerelle hoch. Die Stadt besteht nur aus flackerndem Licht und durchnässten Gestalten. Dort am Quai de la Goffe sind die breiten Fenster des Café du Marché erleuchtet, und man sieht die Kellner mit ihren Tabletts hin und her gehen, aber die Mutter zieht Roger zur Nebenstraße, sie klopft an eine Tür, die sofort geöffnet wird, als hätte jemand eigens dahinter gestanden.

Übergangslos kommen sie nun in eine chaotische Welt, in der Roger, kurz vorher in der friedlichen Wärme des Klassenzimmers eingefangen, sich nicht mehr zurechtfindet.

Niemand kümmert sich um ihn, selbst Élise nicht, die sich in Louisas Arme geworfen hat und weint.

Ein Hausflur, den das Kind vorher nicht kannte, wird durch ein Oberlicht vom Café her schwach erleuchtet; von dort, wo Billardkugeln aneinanderstoßen, kommt ein starker Breigeruch. Die Tür zum Keller ist weit geöffnet und führt ins Dunkle, und manchmal eilt ein Kellner hinunter, geschäftig wiederholend:

»Pardon … Pardon … Pardon …«

Eine Treppe. Unbekannte Personen! Und Louisa, die verzweifelt den Kopf schüttelt und flüstert:

»Ich bin gerade oben gewesen. Mach, was du willst. Jesus Maria! Wenn man uns das vorausgesagt hätte!«

Man wartet auf etwas, aber worauf? Diese Leute, die sich nicht kennen und die hier in dem engen Raum stehen, vermeiden es, sich anzusehen.

Élise eilt die Treppe hinauf. Man hört, wie sie auf dem ersten Treppenabsatz zögernd stehen bleibt. Jemand kommt herunter, ein Mann in einem Kittel. Er spricht leise mit Louisa.

Sein Kopf bewegt sich ernst von links nach rechts, als wollte er sagen:

»Es ist nichts zu machen.«

Von oben Schluchzer. Roger ist sicher, dass es Élise ist, und er beginnt nun seinerseits zu weinen. Eine Marktfrau beugt sich über ihn und wischt ihm trotz seiner Proteste mit ihrem Taschentuch übers Gesicht.

Warum kommt seine Mutter nicht wieder herunter? Wer ist dieser Mann, der mit gebeugtem Rücken am Ende des Korridors neben der Kellertür steht?

Die Marktfrau wendet sich an Tante Louisa, zeigt auf Roger.

»Man sollte das Kind nicht hierlassen.«

Wohin soll man es bringen? Vielleicht schickt man es ins Café. Aber in diesem Augenblick hält eine Pferdedroschke vor dem Haus, die Tür öffnet sich, und der Junge sieht das

Verdeck des Wagens, eine Laterne, die nasse Kruppe eines Pferdes.

Drei Männer machen viel Lärm mit ihren Schuhen, benehmen sich so unbefangen wie Leichenträger, die einen Leichnam abholen.

Tante Félicie ist jedoch nicht tot. Als die Männer in der ersten Etage angelangt sind, hört man sie durchdringende Schreie ausstoßen, sie wehrt sich, ruft um Hilfe. Anscheinend versucht sie zu beißen. Élise kommt verstört herunter.

»Mein Gott, Louisa! Es ist schrecklich. Ich möchte das nicht sehen. Wo ist Roger?«

Sie sucht ihn mit den Augen. Eine nicht zu beschreibende Gruppe kommt das Treppenhaus herunter. Man erkennt eine Frau, Tante Félicie, die von zwei Männern an Füßen und Schultern getragen wird. Sie windet sich, das Gesicht krampfhaft verzerrt, ihre Haare schleifen über die Treppenstufen. Ein anderer folgt mit einer Decke.

Man muss sich gegen die Wand drücken. Élise beißt in ihr Taschentuch, Louisa macht das Kreuzzeichen, die Marktfrau versucht, Roger hinter ihren Rücken zu drängen, damit er nichts sehen kann.

Félicie heult.

Währenddessen jedoch betrachtet Roger mit weit aufgerissenen Augen den Mann am Ende des Korridors und wagt nicht mehr zu atmen, so sehr schnürt es ihm die Brust zusammen. Ein heiseres Geräusch ist zu hören gewesen, ein Schluchzen, das die Kehle zerrissen haben muss, und plötzlich hat sich der breite, mächtige Mann gegen die Wand geworfen, den Kopf zwischen den angewinkelten Armen, und jetzt steht er gebeugt da, die Schultern wie im Krampf geschüttelt.

Niemand kümmert sich um ihn, niemand gönnt ihm einen Blick oder ein Wort, denn es ist Coucou, Félicies Mann, der sie so sehr verprügelt hat, dass sie davon wahnsinnig geworden ist.

Die geöffnete Tür lässt etwas frische Luft herein. Der geduldige Kutscher wartet neben seinem Pferd, aus der Tasche seines weiten Überrocks schaut die Peitsche heraus. Neugierige stehen im Schatten. Das Schwierigste ist es, Félicie durch die Wagentür zu drängen, denn sie sträubt sich immer noch und biegt sich so weit nach hinten, dass man fürchten könnte, sie bräche durch.

»Man müsste ihr ein Taschentuch zwischen die Zähne schieben.«

Jemand hat es gesagt, aber Roger wird nie erfahren, wer.

»Hör mal, Élise, Kopf hoch.«

Élises Gesicht ist nicht wiederzuerkennen, es ist gleichzeitig das Gesicht eines Kindes und das einer alten Frau, so sehr sind die Züge durch das Entsetzen verzerrt. Sie denkt nicht daran, es zu verstecken. Sie will sich auf ihre Schwester stürzen, die weggebracht wird und schon halb in der Pferdedroschke ist, in die sie von den Krankenpflegern wie ein Gepäckstück gestoßen wird.

»Félicie! … Félicie!«

Tante Louisa umschlingt sie. Sie leistet ein wenig Widerstand. Coucous Schultern heben und senken sich immer noch in langsamem Rhythmus. Ein Kellner hat die Tür des Cafés geöffnet und schaut heraus.

»Schließt die Tür!«

»Nein, Louisa. Ich will sie bis zum Schluss sehen. Ich will mit ihr gehen.«

»Du bist dumm. Wozu soll das gut sein? Und dein Sohn?«

In ihrer Verwirrung erinnert sie sich jetzt schlagartig an Roger.

»Wo ist er?«

»Er ist hier, Madame«, antwortet die Marktfrau.

Die Wagentür schlägt zu.

»Hat sie wenigstens alles, was sie braucht? Wird sie sich auch nicht erkälten? Sagen Sie, Doktor …«

Der Mann in dem Kittel ist der Arzt. Er zieht seinen Mantel über, sucht seinen Hut, den ihm jemand reicht.

»Haben Sie keine Angst, Madame. Ich werde vor ihr dort sein. Mein Wagen steht an der Straßenecke.«

»Wann können wir sie besuchen?«

»Schon morgen, wenn sie ruhiger geworden ist.«

Élise nimmt es Louisa übel, dass sie dort stehen bleibt »wie ein Turm«.

»Du verstehst das nicht, Louisa. Du kanntest sie nicht so, wie ich sie kannte. Wenn du wüsstest, wie unglücklich sie war! Komm, Roger. Und Désiré wird gleich nach Hause kommen …«

Der Hausflur leert sich, nur Onkel Coucou bleibt übrig, immer noch schluchzend gegen die Wand gelehnt. In ein paar Tagen, wenn sie an den schwarzen Wällen des Gefängnisses Saint-Léonard vorbeigehen werden, wird Élise sich nicht zurückhalten können, zu ihrem Sohn zu sagen:

»Coucou ist dort. Er hat deine arme Tante Félicie geschlagen. Er ist es, der sie getötet hat. Aber er ist nicht dein Onkel, nicht mehr. Du darfst nie sagen, dass er dein Onkel ist. Verstehst du, Roger?«

»Ja, Mutter.«

Tante Félicie wird bald in der Irrenanstalt sterben, ohne irgendjemanden wiederzuerkennen, und Élise wird wieder einmal ihren Trauerschleier tragen. Sie hatte recht mit dem, was sie neulich auf dem Friedhof von Sainte-Walburge sagte: dass man in den großen Familien die Trauerkleidung nur ablegt, um sie für jemand anders wieder anzuziehen.

Sie werden nach vier Uhr nach Coronmeuse eilen, werden die Straßenbahn nehmen, um schneller dort zu sein, und werden durch Tante Louisas Lebensmittelladen gehen.

»Hast du schon etwas von der Autopsie gehört?«

»Was ist das, Mutter, eine Autopsie?«

Schnell sprechen sie Flämisch miteinander, im Stehen, und Louisa hat, wie immer, die Hände über der blauen, vom Bauch gewölbten Schürze gefaltet. Der Gerichtsmediziner wird Spuren von Schlägen entdecken. Zwei Polizisten in Zivil werden Coucou eines Abends am Quai de la Goffe abholen und ihn nach Saint-Léonard bringen.

An die Beerdigung wird sich Roger nicht erinnern, denn sein Vater wird allein dorthin gehen, die Frauen und die Kinder werden dem Trauerzug nicht folgen, und Élise wird währenddessen neben einem Beichtstuhl in der Kapelle der Anstalt knien.

»Sechs Monate Gefängnis, das ist zu wenig für ein solches Ungeheuer.«

Warum vermeidet es Désiré, davon zu sprechen? Manchmal, wenn Élise sich entrüstet oder jammert, öffnet er den Mund, als wollte er etwas sagen, aber die Vorsicht gebietet ihm zu schweigen.

Die Haltung Léopolds ähnelt der seinen.

»Sie war so gut, Léopold. Du kannst das nicht wissen. Sie

hatte nichts für sich. Sie hätte keiner Fliege etwas zuleide getan.«

Léopold schweigt; er sitzt am Herd und zieht an seiner alten Pfeife.

»Sie war die Beste von uns allen, und sie ist so jung von uns gegangen!«

Lange Zeit wird Élise nicht darüber sprechen können, ohne zu weinen. Man könnte manchmal meinen, sie hätte so etwas wie Gewissensbisse, als läge ihr etwas schwer auf dem Herzen.

Ist es deshalb, weil sie sich an die Nacht erinnert, in der ihre Schwester, als sie beide noch junge Mädchen waren und in der Rue Féronstrée wohnten, erst um drei Uhr morgens nach Hause kam, den Geruch eines Mannes in ihren Kleidern?

Und das kleine Paket, das Félicie ihr in die Rue Léopold, in die Wohnung über den Cessions, gebracht und sie angefleht hat, es für ein paar Tage bei sich zu verstecken?

Das war Geld, Élise weiß es, viel Geld; ohne jemandem etwas davon zu sagen, hat sie das Paket geöffnet. Wem wollte ihre Schwester es geben?

»Weißt du, Léopold, Félicie war nicht verantwortlich dafür.«

Erst dann hebt er den Blick zu ihr und sieht sie lange ohne ein Wort an. Woran denkt er? Weiß er Bescheid? Ahnt er etwas?

Ist es, weil auch er nicht verantwortlich ist?

Félicie ist tot, und am nächsten Allerheiligentag wird ein Grab mehr auf dem Friedhof von Sainte-Walburge zu besuchen sein, in diesem neuen Teil, in dem man die Gänge, deren frischer Lehm in großen Klumpen unter den Sohlen hängen bleibt, nicht voneinander unterscheiden kann. Manchmal werden sie eine Zeit lang in einiger Entfernung warten müssen.

»Worauf warten wir, Mutter? Warum bleiben wir hier stehen?«

»Psst! Schau ihn nicht so auffällig an. Das ist Coucou.«

Er wird für Roger immer nur eine schattenhafte Gestalt sein; wie zufällig wird er ihn immer von hinten sehen, seinen Rücken, der ihm größer und breiter erscheint als die der anderen, den dunklen Rücken eines Mannes, der ins Gefängnis gegangen und nicht mehr sein Onkel ist.

Wagt er es deshalb nicht, Blumen mitzubringen, weil er sich schämt?

»Komm jetzt. Er ist fort. Bete ein Vaterunser und ein Ave-Maria für Tante Félicie, die dich so gern hatte.«

Élise kann nicht mehr weitersprechen. Es ist stärker als sie. Nur vor Félicies Grab wird ihr Herz so schwer, fühlt sie sich so klein, erscheint ihr die Welt so erbärmlich.

»Achte nicht auf mich, Désiré. Nimm den Kleinen mit.«

Sie hat das Bedürfnis, allein zu bleiben, in Tränen zu zerfließen, bis sie nur noch verschwommene Flecken sieht, und zu stammeln, die Augen starr auf den Strauß weißer Blumen gerichtet, den sie mitgebracht hat:

»Meine arme Félicie!«

6

Das Universum wird größer, Leute und Dinge verändern ihr Aussehen, Gewissheiten werden gleichzeitig mit Befürchtungen geboren, die Welt füllt sich mit Fragen, und ein Ring von Hell und Dunkel verwischt die Konturen, verlängert die Perspektiven bis ins Unendliche.

Monsieur Pain war im Gefängnis, wie Coucou. Armands Vater ist ein Mörder, ein richtiger: Er hat eine Frau mit einem Revolver erschossen.

Roger sitzt auf der Bank aus Englischleder im Café de la Renaissance. Seine kleinen Beine baumeln ins Leere, er sieht durch die Fensterscheiben. Auf dem weißen Marmortisch steht sein Glas Grenadine, so prächtig rot wie die gemalten Dreiecke, die die rautenförmigen Milchglasscheiben umrahmen.

Désiré spielt Karten. Seit dem Winter nimmt der Vater seinen Sohn jeden Sonntag nach dem Hochamt in Saint-Nicolas und einem kurzen Aufenthalt in der Küche der Rue Puits-en-Sock an die Hand und geht mit ihm in das Café im Stadtzentrum. Der Kellner weiß, was er bringen soll; Monsieur Reculé und Emile Grisard sind schon da, Joseph Velden, der sonntagvormittags keine Zeit hat, wird durch den dicken Monsieur Baudon vertreten.

Durch die Scheiben betrachtet Roger die Stuckfassade des Théâtre de la Renaissance, und das ist der Grund, weshalb er an den Kaffeevertreter aus der Rue Pasteur denkt, denn dort hat Monsieur Pain, in der Zeit, als er Kavallerieoffizier war, eine Schauspielerin getötet.

Roger hat gehört, wie seine Mutter Mademoiselle Pauline das Drama erzählte.

»Er wurde degradiert. Vor dem ganzen Regiment wurden ihm die Epauletten heruntergerissen.«

Jeden Mittag kommt ein Oberst durch die Rue de la Loi, und jedes Mal denkt Roger an die heruntergerissenen Epauletten. Monsieur Pain, der fast so groß wie Désiré ist, misst mehr als einen Meter achtzig. Roger stellt sich vor, wie ein hagerer, winziger Oberst mit krummen Beinen sich auf Zehenspitzen hochreckt und mit aller Kraft an den Goldfransen zieht.

Die Welt wird komplizierter. Es ist noch gar nicht so lange her, dass die Dinge nur existierten, solange man sie im Hellen sah; dann kehrten sie wieder ins Nichts oder in die Schattenwelt zurück. Monsieur Pain, der in die Rue Jean-d'Outremeuse einbog oder der Schatten, der in die Ecke des Zimmers fiel, nichts war mehr vorhanden.

Jetzt kann Roger, selbst wenn er an seinem Schreibpult in der Klasse von Frère Mansuy sitzt, den Leuten in Gedanken folgen, und er tut es, ohne es zu wollen; zum Beispiel sieht er Monsieur Pain, der »in Kaffee reist«, wie er die Lebensmittelgeschäfte von Chênée, von Tilleur oder von Seraing betritt, und er stellt ihn sich vor, wie er Warenmuster aus seinen Taschen nimmt, ohne ein Wort, mit immer bewegungslosem Gesicht.

Die Frau, die er getötet hat, glich der Frau auf dem Plakat neben der Tür zum Renaissance-Theater, mit einem federgeschmückten Kleid und einem Diadem auf dem Kopf.

Weil Monsieur Pain ein Mörder ist, hat er ein so weißes

Gesicht, graue Haare, harte Gesichtszüge, wegen seines Verbrechens ist er immer allein, deswegen ist Julie, seine Frau, kränklich, und Armand ist schlitzäugig. Ist es nicht merkwürdig, dass ein Mann, der getötet und im Gefängnis gesessen hat, in der Rue Pasteur wohnt, beinahe gegenüber dem Haus des Richters, und dass Roger mit seinem Sohn auf dem Gehsteig spielt?

Monsieur Reculé, der bei der Nord-Belge ist, reist erster Klasse, was Élise oft erzählt; er wird eine Pension bekommen, und Roger versucht sich diese Pension vorzustellen, ihr eine Form und einen Inhalt zu geben. Er richtet einen fragenschweren Blick auf das hagere Gesicht des Bürovorstehers, den er sieht, wie er in Pantoffeln, einen Strohhut auf dem Kopf, seine Tage im Garten eines Hauses auf dem Land beschließt.

In der Zeit, als die Welt einfacher war, fragte Roger seine Mutter unaufhörlich.

Jetzt schweigt er. Wenn man ihn dabei überrascht, dass er mit seinen Gedanken zu weit weg ist, tut er so, als spielte er. Er lauscht auf das, was die Erwachsenen sagen; bestimmte Sätze, bestimmte Wörter beschäftigen ihn wochenlang stark, andere werden zu Bildern, die sich ihm gegen seinen Willen aufdrängen und die er vergebens wieder loszuwerden versucht.

Wenn er seine Mutter sich im Nebenzimmer ausziehen oder ihre Morgentoilette erledigen hört, kommt ihm das Wort *Organe* wieder in den Sinn, das hässlichste und furchterregendste aller Wörter.

»Weißt du, Valérie, das sind die Organe! Doktor Matray wollte sie mir herausnehmen lassen. Ich habe es abgelehnt, wegen Roger, denn man kann nie vorhersehen, was eine Operation mit sich bringt.«

Und er sieht blutende Dinge, wie sie in den Fleischereien hängen, aus einem bleichen Körper, der vom Hals bis zu den Beinen aufgeschnitten ist.

Bedrückt und verschämt bemerkt er, dass er sich auf dem Weg zu Entdeckungen befindet, über die man mit niemandem sprechen darf, und er nimmt sich vor, sich während der Pause nicht mehr mit Ledoux neben dem Wasserhahn in einer Ecke des Schulhofs zu treffen.

Das Verbrechen von Monsieur Pain ist verknüpft mit diesen gegenwärtigen Entdeckungen, und überhaupt alles, worüber die Erwachsenen mit gesenkter Stimme sprechen, eingeschlossen der Tod von Tante Félicie.

Wie ist es Ledoux gelungen, Bescheid zu wissen? Roger wendet sich von den Kartenspielern ab und versucht, seine Handbewegung nachzuahmen, obwohl das sicherlich eine Todsünde ist.

Als Roger von seiner Tante Cécile sprach, hat er zu Ledoux gesagt:

»Man wird mir einen neuen kleinen Cousin kaufen.«

Ledoux, der in die zweite Klasse geht, hat ein treuherziges Clownsgesicht, einen Mund, den er wie Gummi verzieht und verdreht, und widerspenstige Haare, die ihm immer wieder ins Gesicht fallen, als hätte man sie gegen den Strich gebürstet.

»Glaubst du immer noch daran, dass die Kinder gekauft werden oder auf dem Kohlfeld wachsen?«

Und dann hat er diese Handbewegung gemacht: Mit dem Daumen und dem Zeigefinger der linken Hand hat er einen Kreis gebildet, und dann hat er mit seltsam glänzenden Augen den Zeigefinger der rechten Hand in diese Öffnung gestoßen.

»Was bedeutet das?«

»Wenn du das nicht weißt, kann ich es dir nicht erklären.«

Zehnmal hat Roger einen neuen Anlauf gemacht, ist Ledoux während der Pausen nachgelaufen, hat sich in der Klasse zu ihm umgedreht, um ihm stumme Zeichen zu geben. Der andere verdrückte sich, versprach etwas, hielt es nicht.

»Ich wette, du weißt nicht einmal, wer der Nikolaus ist!«

»Das ist der Schutzpatron der Schüler.«

»Das ist Vater und Mutter!«

Nein, in diesem Punkt hat Ledoux nicht gelogen. Roger hat lange darüber nachgedacht, und er hat sich an den Nikolaus der vergangenen Jahre erinnert. Einige Wochen vor dem großen Tag geht der heilige Nikolaus in die Häuser, wenn die Kinder ihre Schulaufgaben machen, um sich zu vergewissern, dass sie brav sind, und wenn er zufrieden ist, wirft er eine Handvoll Mandeln und Nüsse durch eine Fensteröffnung oder durch eine angelehnte Tür.

Roger hat seine Eltern heimlich beobachtet. Er hat festgestellt, dass jedes Mal, wenn Sankt Nikolaus auf diese Weise in Erscheinung trat, sein Vater auf dem Hof war und danach zurückkam, wobei er Überraschung heuchelte.

Sankt Nikolaus, das ist Vater und Mutter. Man darf es aber nicht sagen. Roger tut so, als wüsste er es nicht, und er wird, wie in den anderen Jahren, seinen Brief schreiben, der die Liste seiner Wünsche enthält. Er dreht sich zu Ledoux um, wenn Frère Mansuy sie in der Klasse singen lässt:

O großer, heiliger Nikolaus,
Komm zu uns herab;
Fülle deinen Korb …

Weil Ledoux also die Wahrheit über Sankt Nikolaus gesagt hat, muss er wohl auch über die Kinder Bescheid wissen.

»Sag's mir, dann gebe ich dir meinen Kreisel.«

»Ich kann nicht. Du bist zu klein.«

»Ich bin genauso groß wie du.«

»Das stimmt nicht. Der Beweis ist, dass du in der ersten bist und ich in der zweiten Klasse. Wenn du es wissen willst, sieh dir die Hunde an. Das ist fast dasselbe.«

Roger wird rot, als er sich an die Hunde erinnert, die man an Sommertagen sieht, wie sie mit einem so unglücklichen Gesichtsausdruck aneinander festhängen. Nein! Das ist nicht möglich, dass Tante Félicie und Coucou … Das wäre zu abscheulich. Er wird nicht mehr daran denken. Er wird nicht mehr mit Ledoux darüber reden, der in Bressoux wohnt und dessen Mutter in einem Haushalt putzen geht. Ledoux ist fast ein kleiner Schmutzfink.

Élise hat recht:

»Die Frères dürften gewisse Kinder nicht im Institut Saint-André zulassen. Für sie ist die kostenlose Schule da. In Rogers Klasse gibt es einen Jungen, dessen Mutter einen Gemüsekarren durch die Straßen schiebt. Diese Leute glauben, dass sie, wenn sie bezahlen, überall zu Hause sind.«

Sie meint damit Thioux, einen dicken rothaarigen Jungen, grobschlächtig, mit Karottenhaaren und kindlichen blauen Augen, dessen Kleidung mit dem eigenartigen Geruch der kleinen Gassen durchtränkt ist. Er hat immer die Taschen voller Lebensmittel, kaut von morgens bis abends, und wenn Frère Mansuy seinen Namen ruft, schreckt er auf und blickt Hilfe suchend um sich, denn er hat nie seine Hausaufgaben gemacht.

Roger schreckt ebenfalls auf, als er dem Blick seines Vaters begegnet, und vergewissert sich, dass seine Finger nicht mehr die Bewegung machen.

»Nun, Sohn?«

»Nichts, Vater.«

»Langweilst du dich auch nicht?«

»Nein.«

Genauso wie Élise, wenn sie mit ihren Schwestern oder mit Valérie zusammen ist, sprechen auch die Männer manchmal halblaut und versichern sich, dass Roger nicht zuhört. Es ist nicht dieser jammernde oder entsetzte Tonfall. Die Männer lächeln. Sie sind aufgedreht. Jedes Jahr machen die Whist-Spieler von Veldens aus der Kasse eine Reise von drei oder vier Tagen. In diesem Sommer sind sie nach Paris gefahren. Als der lange Désiré, umrahmt von den winzigen Brüdern Grisard, ein Cabaret in Montmartre betrat, rief der Chansonnier aus:

»Beifall für den Riesen und seine beiden Anhängsel!«

Désiré hat auch noch erzählt, dass sie den Abend im *Paradies* und in der *Hölle* verbrachten, und genau erklärt, dass die Kellner, die das Bier und die Erdbeeren in Schnaps servierten, in dem ersten Cabaret wie Engel, in der *Hölle* aber wie Teufel angezogen waren.

Warum kneift selbst sein Vater bei gewissen Anspielungen ein Auge zu?

»Erinnerst du dich an die kleine Dunkelhaarige, die sich Émile auf die Knie setzen wollte und schwor, dass sie einen Jieper auf ihn hätte?«

Roger, der sich vorgenommen hat, keine Fragen mehr zu stellen, fragte trotzdem seine Mutter:

»Was ist das, ein Jieper?«

»Das weißt du doch, Roger. Das ist ein Spielzeug, mit dem die Babys spielen, so wie du selbst, als du ganz klein warst.«

Frère Mansuy lässt sie singen:

Als ich klein, ganz klein war,
Schlief ich in einem kleinen Bett,
Meine Mutter sang im Takt:
Kleiner Liebling, schlafe ein …

Und dieses Lied bringt ihn jedes Mal zum Weinen. Seine Mutter. Die Organe. Der Wagen, der sie immer abholen sollte, um sie ins Hospital zu bringen. Seine Augen füllen sich mit Tränen, wenn sie bei der Strophe ankommen:

Wenn du weißes Haar haben wirst …

Seine Augen kribbeln, und er hält sich die Ohren zu, um das Folgende nicht zu hören:

Dann werde ich die Sous verdienen;
Viele Sous, damit du leben kannst,
Ganz sanft, ganz sanft.

»Auf zum Mittagessen, mein Sohn!«

Die Partie ist zu Ende. Désiré schluckt den schaumigen Rest aus seinem Bierglas hinunter, wischt sich den Schnurrbart ab und gibt den anderen die Hand.

»Bis Freitag!«

Draußen treffen sie die Leute, die aus der Halb-zwölf-Uhr-Messe von Saint-Denis kommen. Désiré grüßt. Er ist glücklich. Weil es Winter ist, hallen die Schritte wider, und die Häuserwände, vor allem die aus Quadersteinen, sind sauberer als sonst.

Sie bleiben bei den Spaniern stehen. Deren Laden mit den exotischen Gerüchen ist kanariengelb angestrichen. Unter den Bergen von Nüssen aus Brasilien, von Feigen, Orangen, Zitronen und Granatäpfeln suchen sie den Nachtisch für das Sonntagsessen aus: eine saure Orange, die Roger auslutschen wird, nachdem er ein Stück Zucker hineingedrückt hat, oder einen Granatapfel, dessen Kerne mit rosa Gelee glasiert sind.

Die Bretter der Passerelle federn unter den Schritten. Désiré bleibt noch einmal stehen, um ein Paket Louxor-Zigaretten zu kaufen. Was hat er zu dem Fräulein in dem Geschäft gesagt, als sein Sohn einen Augenblick nicht hinhörte? Sie wendet sich ab und murmelt:

»Seien Sie ruhig, Monsieur Mamelin!«

Sie gehen jetzt schneller, denn es ist Zeit, nach Hause zu kommen, wenn sie rechtzeitig im Wintergarten sein wollen. Zum ersten Mal wird Mayol in Lüttich singen. Élise wollte wegen des Kindes nicht hingehen, obwohl sie Lust dazu hat.

»Man wird sich tottreten!«

Wie jeden Sonntag gibt es Rinderbraten, Pommes frites und Apfelkompott.

Auf der lindgrünen Wand des Klassenzimmers, genau gegenüber dem Brett, auf dem die Hohlmaße stehen, hängt ein elfenbeinfarbenes Bild aus Épinal, auf Leinwand geklebt und lackiert. Es stellt einen Weihnachtsmarkt dar, wahrscheinlich in einer rheinischen Stadt; alle Bilder der Schule kommen aus Leipzig. Die gotischen Häuser haben gezackte Giebel, ein spitzes Dach und Fenster mit kleinen Scheiben. Über der Stadt liegt Schnee. Die Männer tragen flaschengrüne oder rostbraune Überröcke und Pelzmützen; im Vordergrund sitzt ein junges Mädchen in einem Schlitten, der von einem Kutscher in einem Bärenfell gelenkt wird. Auf dem Marktplatz quellen die Buden über von Lebensmitteln und Spielzeug; man sieht einen abgerichteten Affen und einen Flötenspieler in Kniebundhosen. Es herrscht rege Betriebsamkeit, Weihnachten steht vor der Tür, die Stadt liegt im Fieber.

In der Klasse der Großen drückt Frère Médard auf einen elektrischen Klingelknopf. Sofort erheben sich gleichzeitig die Schüler in den drei Klassen mit den verglasten Zwischenwänden, machen das Kreuzzeichen, sprechen hastig das Gebet herunter, bevor sie zu den Regenmänteln und Mützen stürzen.

Während die anderen unter der Führung von Monsieur Penders in Reih und Glied ins Halbdunkel hinaustreten, muss Roger nur die Straße überqueren; in der ersten Etage seines Hauses erblickt er zwei Fenster mit einem milden zartrosa Licht. Die Fenster haben keine Läden, keine Jalousien, und durch die sich kreuzenden Spitzengardinen erkennt man die rosafarbene Kugel des Lampenschirms mit dem Perlengehänge, die krausen, roten Haare von Mademoiselle Pauline, die sich über ein Lehrbuch beugt.

Durch das Schlüsselloch in Kinderhöhe beobachtet er, bevor er klopft, die Küchentür, die Gestalt seiner Mutter; Roger hat die heimelige Wärme nur verlassen, um in eine andere einzutreten; in dem weißen Emaillekessel singt das Wasser, die Bratröhre des Küchenherdes ist halb geöffnet, sodass die feuerfesten Ziegelsteine zu sehen sind, die man zur Nacht in die Betten legen wird; heute Abend wird Roger sich jedoch nicht an den mit altem Wachstuch bedeckten Tisch setzen, um seine Schulaufgaben zu machen.

»Wir gehen in die Stadt, Roger. Lass deinen Regenmantel an. Zeig mal, ob du saubere Hände hast.«

Sie versorgt den Ofen. In dem Fenster gegenüber auf dem dunklen Hof schimmert das Licht eines anderen Fensters, das von Mademoiselle Frida, deren Zimmer über der Küche liegt. Auch in Monsieur Safts Zimmer brennt Licht; alle Waben des Hauses sind bewohnt, nur Monsieur Chechelowski wird erst zur Abendessenszeit nach Hause kommen; in jedem Zimmer summt ein Ofen, daneben ein Kohleneimer, der Schürhaken und eine Schaufel. Jeder lebt inmitten einer Ruhezone, und wenn der eine oder andere aufsteht, um das Feuer zu versorgen, hebt Élise automatisch den Kopf.

Hat sie auch nichts vergessen? Ihr Netz, ihr Portemonnaie, ihren Schlüssel? Sie durchqueren schnell die menschenleere Rue Jean-d'Outremeuse, in der es kein richtiges Geschäft gibt, und spüren einen winterlichen Wind. Sie gelangen in die wimmelnde Menschenmenge der Rué Puits-en-Sock wie in einen beheizten Raum.

»Fass mich an, Roger!«

Der Atem der Stadt hat Gerüche an sich, die den Tagen vor Sankt Nikolaus eigen sind. Wenn es auch noch nicht schneit, so treiben doch unsichtbare Eiskörnchen wie Staub in der Luft und sammeln sich in dem leuchtenden Licht der Schaufenster.

Alle Welt ist auf der Straße. Alle Frauen laufen umher und ziehen Kinder hinter sich her, die lange vor den Auslagen stehen bleiben möchten.

»Geh weiter, Roger. Heb deine Füße hoch!«

Tausende von Mamans sagen dasselbe.

»Vorsicht! Die Straßenbahn!«

Die Süßwarengeschäfte, die Konditoreien, die Lebensmittelgeschäfte fließen über, wie die Buden auf dem Bild aus Épinal. Zwei Gerüche beherrschen die anderen, so typisch, dass kein Kind sich täuschen könnte, der süße, würzige Geruch von Lebkuchen und der von den Schokoladenteilchen, der nicht derselbe ist wie der von Schokoladentafeln. In den Schaufenstern stapeln sich Honigkuchen, einige davon sind mit bunten kandierten Früchten gefüllt. Daneben stehen in Lebensgröße Nikoläuse aus Lebkuchen, mit Zuckerguss, den Bart aus weißer Watte, umgeben von Schafen, Eseln und Kleinvieh, all das bräunlich oder dunkel wie Schwarzbrot, gezuckert, würzig und essbar. Der Kopf dreht sich einem.

»Sieh mal, Mutter!«

»Geh weiter, komm.«

Sie gehen zu Salmon, um Butter zu kaufen, in ein Gässchen unterhalb des Pont des Arches, auf der anderen Seite des Flusses. Um nichts in der Welt würde Élise die länglichen, in frische Kohlblätter eingewickelten Butterklumpen woanders kaufen. In einer Blechdose neben der Suppenterrine bewahrt sie die Rabattmarken auf, die am Ende des Jahres gegen eine Rückvergütung von drei Prozent eingetauscht werden können.

In der Rue Neuvice gehen sie ins Vierge Noire und kaufen Kaffee. In den Auslagen der Konditoreien, die noch prachtvoller als anderswo sind, liegen Marzipanteilchen nebeneinander, die täuschend ähnlich Obst und Käse nachbilden, ja sogar ein Kotelett mit Pommes frites und zartgrünen jungen Erbsen.

»Sieh mal!«

»Komm.«

Etwas weiter fragt sie, um seine Aufmerksamkeit von all diesen Auslagen abzulenken:

»Was soll dir Sankt Nikolaus bringen?«

Roger denkt an Ledoux, an das schmale Gesicht mit den widerspenstigen Haaren.

»Einen Farbkasten, richtige Farben, in Tuben, mit einer Palette.«

Die Gehsteige sind voll von Menschen, man bewegt sich mitten auf den dunklen Straßen, Straßenbahnen können nur im Schritttempo fahren und bimmeln unaufhörlich, und man wird von einer geheimnisvollen Kraft weitergetrieben.

Manchmal, um dem Trubel auszuweichen, zieht Élise ihren Sohn in eine menschenleere, eisige Gasse. Sie kürzen den Weg ab. Bald darauf, wie am Ende eines Tunnels, sehen sie wieder das leuchtende Gewimmel der Geschäftsviertel.

In jedem Laden bekommt Roger irgendetwas. Madame Salmon hat ihm auf der Messerspitze eine dünne Scheibe Holländer über die Theke gereicht. Im Vierge Noire durfte er sich selbst einen gefüllten Keks aus der Dose mit dem Glasdeckel aussuchen.

Aus Furcht, seine Mutter zu verlieren, hält er sich hartnäckig an ihrem Netz oder ihrem Rock fest.

»Gehen wir nicht ins Bazar?«

Sie kommen nämlich daran vorbei, um Valérie im l'Innovation guten Tag zu sagen. Aber es ist unmöglich, ins Grand Bazar zu gelangen. Vor den Kupfertüren, die unaufhörlich auf- und zugehen, steht man Schlange, und man muss sich drängeln, um an die Auslagen heranzukommen.

»Mein Gott, Valérie! Schon sechs Uhr, und gleich kommt Désiré nach Hause!«

Mit feuerroten Wangen, festgeklammert am Netz seiner Mutter, versucht Roger immer noch zurückzusehen, aber er wird auf dem kürzesten Weg nach Hause mitgezogen, durch die dunkelsten Gässchen, in denen es nicht nach Nikolaus riecht.

Er kann noch so genau wissen, dass Ledoux recht hat, trotzdem ist er nicht in seinem Normalzustand; der Dezember mit Nikolaus, dann Weihnachten, Neujahr, ist ein Monat voller Geheimnisse, voll sehr freudiger, auch ein klein wenig beunruhigender Eindrücke, die in wirrem Rhythmus aufeinanderfolgen.

Der Schulhof ist aschgrau. Die Großen der dritten und vierten Klasse von Monsieur Penders sagen eine Lektion rhythmisch wie ein Lied auf. Wer hat die ersten Flocken bemerkt? Trotz des Wartens auf die Veilchenpastillen von Frère Mansuy, der mit unschuldsvoller Miene umhergeht, drehen sich alle sofort zum Fenster hin, und zuerst müssen sie starr auf das gegenüberliegende Dach blicken, um die leichten Schneeflöckchen zu erkennen, die anfangen, vom Himmel herabzufallen.

Die Schüler haben Fieber. Die Dunkelheit bricht herein, und die Flocken werden dicker und fallen langsamer. In dem Aufenthaltsraum brennt das Gaslicht, und rund um den Ofen erkennt man die Mütter, deren Lippen sich wie ins Leere bewegen. Der elektrische Klingelknopf von Frère Médard, das Gebet, das überall aufgesagt wird und sich anhört, als purzelte jemand die Treppe hinunter, die Reihen, die gebildet werden, die Tür, die sich endlich öffnet: Er bleibt liegen! Der Schnee bleibt liegen!

Ob sie nun aus der ersten oder der sechsten Klasse sind,

bekleidet mit Kapuzenmänteln oder mit Mänteln aus blauem Ratiné mit goldenen Knöpfen: Mit einem Mal sind alle Kinder nichts weiter als aufgeregte Zwerge, die Monsieur Penders nur mit Mühe in Zweierreihen bis zur Straßenecke zusammenhält.

Auf ein geheimnisvolles Zeichen hin stürmen sie durch die Schneeflocken, die sich einem plötzlich aufs Auge legen und die Straßenlaternen in weit entfernte Leuchttürme auf dem Ozean verwandeln.

Die Place du Congrès mit ihren breiten schattigen Flächen, ihren drei kaum beleuchteten Läden und einigen schwach schimmernden Vorhängen ist zu weitläufig für die lärmende Truppe. Ein kleines Stückchen reicht aus, ganz in der Nähe der Rue Pasteur. Entlang des Rondells ist das Wasser gefroren; die Größeren haben sich bereits daraufgestürzt; der Schulranzen schlägt ihnen gegen den Rücken, einige fallen hin und rappeln sich wieder auf. Die Holzschuhe gleiten besser, sie klappern beim Anlaufen; die Nagelschuhe hinterlassen weiße Kratzer. Das Fieber steigt, auf dem Rondell bilden sich unregelmäßige Schneeflächen, leichter Schnee säumt die schwarzen Äste der Ulmen, man muss an mehreren Stellen den Schnee zu kleinen federleichten Häufchen sammeln, bevor man daraus einen Ball formen kann, um diesen dann auf kalte Wangen oder einen blauen Regenmantel zu werfen.

Ein Großer entscheidet:

»Die Kleinen dürfen nicht auf unsere Schlitterbahn.«

Und die Kleinen sehen den Großen zu, wie sie mit ausgebreiteten Armen schlittern und dabei in den Knien federn. Sie versuchen, etwas weiter eine andere Schlitterbahn für ihre Größe zu machen, aber es ist nicht genügend gefrorenes Wasser da, und sie werden durch die Steinchen, die unter ihren Fußsohlen knirschen, in ihrem Schwung gebremst.

Die Finger sind eiskalt, die Nasenlöcher feucht, die Haut spannt sich auf den Wangen und brennt, der warme Atem geht kurz, die Augen glänzen.

Eine Frauenstimme ruft aus der Ferne:

»Jean! … Jean!«

»Ja, Ma'.«

»Komm schnell nach Hause.«

»Ja, Ma'.«

Noch einmal schlittern, noch zweimal.

»Zwing mich nur nicht, dich holen zu müssen …«

Und noch einmal! Erwachsene gehen vorüber, was die Kinder nicht bemerken, Männer in dunklen Mänteln, Frauen, die ihr Umschlagtuch fester ziehen, mit schneegepuderten Haaren. Das Licht aus dem Schaufenster des Lebensmittelgeschäftes spiegelt sich auf der Schlitterbahn wider, die inzwischen blauschwarz ist.

Sie öffnen den Mund, strecken die Zunge heraus und versuchen, eine Schneeflocke zu erhaschen, die einen staubigen Nachgeschmack hat. Überzeugt behaupten sie:

»Das schmeckt gut!«

Und in der Tat tut es gut, die erste Kälte, der erste Schnee, eine Welt, die ihre Alltäglichkeit verloren hat, verschwommene Dächer in dem matten Himmel, Lichter, die kaum noch leuchten, Fußgänger, die sich durch die Gegend treiben lassen. Sogar die Straßenbahn wird zu einem geheimnisvollen Schiff, ihre Scheiben werden zu Bullaugen.

Noch wagt man nicht, an morgen zu denken. Zu viele Stunden liegen dazwischen, und die Wartezeit würde schmerzen.

Das Grand Bazar wird heute Abend bis Mitternacht geöffnet bleiben, vielleicht noch länger, und wenn die Eisenjalousien hinunterrasseln, werden sich Verkäufer und Verkäuferinnen kraftlos, mit leerem, dröhnendem Kopf wie Trommler, inmitten der leeren Regale abgestumpft wiederfinden.

Heiliger Nikolaus, Schutzpatron der Schüler,
Bring mir Äpfel und Nüsse in meinen Schuh.
Ich werde immer brav sein, wie ein kleines Schaf,
Ich werde meine Gebete aufsagen, um Bonbons zu bekommen.
Nach der Melodie: tra la la la
Nach der Melodie: tra ...

Eine andere Mutter ruft in die Nacht hinaus:

»Vic-tooooor! ... Vic-tooooor!«

Die Gruppe löst sich auf. Die von Bressoux sind in einem ganzen Schwarm weggegangen und heben immer noch am Quai de la Dérivation Schnee auf. Von seiner Türschwelle aus beobachtet Armand die sich bewegenden Kapuzenmäntel. Kleine Schmutzfinken kommen von Gott weiß woher und ergreifen von der Schlitterbahn Besitz. Roger geht taumelnd an den Häuserwänden der Rue Pasteur und der Rue de la Loi entlang, und er betrachtet durch das Schlüsselloch das ruhige Licht in der Küche, bevor er an den Briefkasten klopft.

Von der Hitze überrascht, merkt er, wie seine Augen brennen; er möchte gern sofort ins Bett gehen und schlafen, ohne zu Abend zu essen, um morgen schneller zu sein.

Als Désiré aus dem Büro nach Hause kommt, zieht er nicht, wie gewöhnlich, seine alte Jacke über, und seine Pantoffeln sind ihm nicht vor der Ofentür angewärmt worden. Élise ist angezogen, als wollte sie ausgehen; sogar Mademoiselle Pauline lächelt verschwörerisch.

Im Winter zieht sich Roger in der Küche neben dem Herd aus. Er zieht seinen langen Schlafrock aus weißem Baumwollstoff und seine Hausschuhe an. Seine Mutter bringt ihm den Ziegelstein für sein Bett hinauf und deckt ihn zu, nachdem sie sich vergewissert hat, dass die Nachttischlampe nicht rußt.

»Sei brav. Schlaf.«

Er hört zu. Er betet:

»Lieber Gott! Mach, dass ich keine bösen Träume habe und dass wir alle drei zur gleichen Zeit sterben werden.«

Denn er kann den Gedanken nicht aushalten, eines Tages dem Leichenwagen zu folgen, der seinen Vater und seine Mutter wegbringt.

»Lieber Gott, mach, dass ich keine schlechten Gedanken mehr habe. Ich verspreche dir ...«

Muss er nicht auch etwas von seiner Seite aus geben?

»Ich verspreche dir, nicht mehr mit Ledoux zu reden.«

Er wird noch mit ihm sprechen, das ist so gut wie sicher; aber dass er den Vorsatz gefasst hat, nicht mehr mit ihm zu sprechen, das zählt. Wenn es trotzdem geschieht, wird er um Verzeihung bitten und es von Neuem versprechen.

Noch ein Beweis, dass Ledoux wirklich Bescheid weiß: Als sie an einem Donnerstag gegen fünf Uhr nach Hause kamen, hörte Élise Stimmen im Zimmer von Monsieur Chechelowski und lauschte.

»Sei doch still, Roger. Mach keinen Lärm.«

Sie klopfte an die Tür, bleich, entschlossen.

»Pardon, Monsieur Chechelowski … Pardon, Mademoiselle …«

In dem Zimmer saß eine ziemlich hässliche junge Frau, die eine Filterzigarette rauchte und Élise ruhig ansah.

»Es hätte nur noch gefehlt, dass sie mir ihren Rauch ins Gesicht geblasen hätte, Valérie. Er dagegen wäre mir, glaube ich, am liebsten an die Gurgel gesprungen, so wütend war er.«

»Ich bin in meinem Zimmer, verstehen Sie? *Ich zahle!*«

Roger hat die Geschichte mehrere Male gehört, sie wurde Tante Louisa, Hubert Schroefs, Cécile erzählt.

»Da Sie ja verlobt sind und feste Absichten haben, werden Sie mich verstehen und damit einverstanden sein, ins Esszimmer hinunterzugehen. Für Sie ist es egal.«

Monsieur Chechelowski hatte nämlich eine Landsmännin getroffen, die wie Mademoiselle Frida Medizin studiert und die er, sobald er sein Praktikum beendet haben wird, heiraten will.

»Komische Ehe!«, prophezeit Élise.

Einerlei. Wichtig ist, dass sie in das Esszimmer gegangen sind, zu dem Élise absichtlich die Tür einen Spalt offen stehen gelassen hat. Für Roger ist es vor allem wichtig, dass Élise am Freitag darauf, als Désiré zu Veldens gegangen war, wörtlich zu Valérie gesagt hat:

»Verstehst du, ich möchte um keinen Preis, dass sie in mein Haus kommen, um *das zu tun*!«

Roger wiederholt und bewegt seine Lippen:

»Lieber Gott, mach, dass ich keine schlechten Gedanken mehr habe!«

Nein! Er wird diese Bewegung mit seinen Fingern nicht mehr machen. Er will heute Abend nicht einmal daran denken, dass Sankt Nikolaus Vater und Mutter ist.

Dennoch hat er seine Eltern fortgehen gehört. Wenn er hinunterginge, würde er in der Küche nur Mademoiselle Pauline antreffen, die man gebeten hat, das Haus zu hüten, und die neben dem Herd eine Vorlesung abschreibt.

Es ist so selten, dass Désiré und Élise zusammen draußen sind, vor allem abends, wie früher, als Désiré zum Ausgang des l'Innovation ging, um auf die junge Verkäuferin zu warten.

Sie hält ihn am Arm, und da sie zu klein für ihn ist, sieht es aus, als hinge sie an ihm. Schon in der Rue Puits-en-Sock kommt man kaum vorwärts, die beiden sind jetzt ebenfalls vom Fieber gepackt und möchten gern alles kaufen. Alles erscheint ihnen schön, es gibt Schaukelpferde, die mit richtigem Fell überzogen sind, elektrische Eisenbahnen, Puppen, die man für lebende Babys halten könnte und denen lediglich die Sprache fehlt.

»Das ist zu teuer, Désiré. Besser wenig, aber gut.«

Es sind die Arbeiter, die Bewohner der Nebenstraßen, die die größten Dummheiten machen und die anderen Leute an den Türen der Geschäfte anrempeln, die brutal mit den Ellbogen arbeiten, um als Erste bedient zu werden, und die dann auf ihren Schultern Dreiräder abtransportieren, Burgen und Couques, hinter denen man sich verstecken kann.

»Alles, was sie verdienen, bringen sie hier durch, und dann bleibt ihnen nichts, womit sie die Miete bezahlen können.«

Ihre Frauen sind es, die am Monatsanfang Fleisch oder Wurst kaufen, ohne auf das Gewicht zu achten; ihre Kinder haben Löcher in den Strümpfen, und vom Fünfzehnten an müssen sie Wertsachen zum Pfandhaus tragen.

Désiré und Élise bleiben lange draußen in der verschneiten

Nacht, gehen aus der Dunkelheit ins helle Licht, stellen sich vor den Regalen an, und immer nimmt Élises Hand wieder ihren Platz auf dem Arm des langen Désiré ein.

In der Küche, in der die Dunsttröpfchen auf der Ölfarbe der Wände langsam hinunterrinnen, arbeitet Mademoiselle Pauline in aller Ruhe, den Busen durch ihr Korsett bis unters Kinn geschnürt.

Durch Rogers Schlaf ziehen Geräusche, Stimmen, Türenschlagen. Zwei- oder dreimal wacht er auf und starrt auf die Flamme der Nachtlampe; aber es ist noch nicht so weit. Endlich dringen die vertrauten Geräusche des Ofens zu ihm, der Geruch des Petroleums, das Élise immer auf das Feuer zu gießen pflegt, damit es schneller brennt. Er springt mit nackten Füßen aus dem Bett, das Nachthemd behindert seine Beine. Er hat die Pantoffeln nicht angezogen. Die Treppenstufen sind kalt, die Fliesen im Hausflur sind wie Eis. Die Tür zum Esszimmer ist abgeschlossen.

»Warte, Roger! Dein Vater macht gleich auf.«

Désiré kommt herunter, die weiche Hose über seinem Nachthemd mit dem Kragen, auf dem mit rotem Garn kleine Kreuzchen gestickt sind.

Nie ist die ganze Familie so früh aufgestanden, was zu dem Außergewöhnlichen dieses Tages noch hinzukommt.

Am ersten Nikolaustag, an den sich Roger erinnert – damals wohnten sie noch in der Rue Pasteur –, hat er bei dem Anblick, der sich ihm plötzlich bot, laut losgeschluchzt. Es war zu viel.

Noch jetzt verwirrt ihn der Geruch, obwohl er darauf gefasst ist, der Geruch der Couques, der Schokolade, der Orangen und Rosinen. Das Esszimmer ist nicht mehr irgendein

Zimmer im Haus. Auf der Tischdecke stehen Teller voller Marzipan, Obst und Leckereien, man kann gar nicht alles auf einmal sehen. Das Gaslicht ist absichtlich nicht angezündet worden, nur die tanzende Flamme einer Kerze erleuchtet dieses Schauspiel.

Warum hat Roger eine dicke Orange genommen, die er in der Hand hält wie das Jesuskind in der Schule eine blaue Kugel mit einem Kreuz darauf als Symbol für die Welt? Ruhig und feierlich schreitet er zu einer methodischen Bestandsaufnahme, sieht kaum den Reifen an und die Soldatenmütze, die ihm Onkel Arthur gemacht hat (er hat sogar Maß bei ihm genommen), das Gewehr »Heureka« und die beiden Bilderbücher, sondern er setzt sich in eine Ecke, um seinen Farbkasten zu begutachten.

»Freust du dich?«

Ein abwesendes »Ja«.

»Hast du das hier gesehen?«

Es ist ein »Mechanikus«, womit er nicht gerechnet hat und dem er nur einen flüchtigen Blick schenkt. Als er wieder hochschaut, sieht er Désiré, der auf Élise zugegangen ist. Er überreicht ihr ein kleines Schmuckkästchen mit einer Brosche darin. Er ist linkisch, wie immer bei derartigen Gelegenheiten, seine Augen leuchten, sein Schnurrbart zittert. Roger schwört, keine schlechten Gedanken mehr zu haben.

»Das ist zu viel, Désiré, wirklich zu viel. Vielen Dank.«

Um ein Haar würde sie weinen.

»Sie ist viel zu hübsch. Für dich habe ich nur dies gefunden …«

Eine Pfeife, eine Pfeife mit dünnem, geschwungenem Stiel, so wie Élise sie mag, weil sie vornehm aussehen.

»Gefällt sie dir wenigstens?«

Désiré stopft sie sofort und zündet sie an, obwohl sie noch nicht gegessen haben. Heute ist nichts von Bedeutung. Die Mieter schlafen. Die Familie ist im Esszimmer versammelt, die Fensterläden sind geschlossen, und endlich wird das Gaslicht angezündet, als wäre es Abend. Sie riechen noch nach Bett und bemerken nicht, dass es kalt ist.

Roger isst ein Stück Schokolade, eine Feige, eine Rosine, knabbert vorsichtig an der Ecke eines Marzipanteilchens, an dem Horn einer Ziege aus Dinant-Lebkuchen.

»Désiré, du solltest seine Pantoffeln holen, während ich den Kaffee aufgieße.«

Es ist noch unwirklicher als auf der verschneiten Place du Congrès. Aus der Küche dringt der Kaffeegeruch, Élises Stimme:

»Iss nicht zu viel, Roger. Wir setzen uns sofort zu Tisch.«

Die erste Straßenbahn mit Arbeitern fährt durch die Rue Jean-d'Outremeuse, die Glocken der Gemeinde läuten zur Frühmesse; in der Kirche, die nur durch zwei Kerzen erleuchtet ist, muss der Messdiener seine Klingel betätigen, oder besser gesagt, der Küster; denn heute Morgen ist kein Messdiener da, und so dient er in der Messe.

In der Küche isst man keine Eier mit Schinken wie an den anderen Tagen, sondern nur süße Sachen, die sich jeder nach seinem Geschmack von den Tellern ausgesucht hat. Das ganze Haus riecht süß und fade, als Désiré schließlich hinaufgeht, um seine Morgentoilette zu verrichten.

Bei den Nachbarn hört man eine piepsige Trompete, und um neun Uhr, als Mademoiselle Frida frühstückt, sitzt Roger im Nachthemd neben ihr, die Nase in seinem Teller, den Magen verdorben, unsicher auf den Beinen, als hätte er zu wenig geschlafen.

Man muss sich damit abfinden, die Fensterläden zu öffnen, und da erblickt man eine Straße wie im Traum. Die Welt ist verschwunden. Die so nah gelegene École des Frères kann man durch einen sehr weißen Nebel, der an den Fensterscheiben haftet und nach Kälte aussieht, nur in der Ferne erahnen. Leute gehen vorüber, den Mantelkragen hochgeschlagen, die Hände tief in den Taschen vergraben, und kaum hat man sie gesehen, da verlieren sie sich wieder in dem bleichen Nichts. Die Straßenbahn bimmelt und bimmelt, sie wagt sich nur im Schritttempo vorwärts, und der Karren des Müllmannes wird zu einem geheimnisvollen Gespann.

Das ist der einzige Tag im Jahr, an dem man das Recht hat, so zu leben, wie man will, man kann auf dem Boden herumkriechen, sich schmutzig machen, zu irgendeinem Zeitpunkt des Tages essen, was man will.

Mademoiselle Frida allerdings hat nur einen nüchternen Blick für das verzauberte Esszimmer übriggehabt, sie geht in den Hörsaal der Anatomie, wo sie ihren Morgen damit zubringen wird, Leichen zu sezieren.

Roger wird mit warmem Wasser in der Küche gewaschen.

»Kommen Sie rein, Mademoiselle Pauline, Sie stören gar nicht.«

Élise macht den Kamm nass, um die Haare des Kindes zu scheiteln.

»Jetzt wirst du so lieb sein und mir deine Schokolade und deine Lebkuchen geben.«

Es soll alles bis Weihnachten reichen. Dann wird es Blutwurst und Kaninchen geben, und fast sofort danach die blassen Galettes und die Waffeln zum neuen Jahr, das kleine Gläschen Kempenaar, das morgens in aller Frühe in der Rue Puits-en-Sock getrunken wird, denn dort wird dieser Tag begonnen, der rote Bordeaux oder der Portwein bei den Schroefs, wo man Dosen voller Kekse öffnet und den Kindern damit die Taschen vollstopft, der Weißwein aus der Touraine und schließlich der Nachmittag in Coronmeuse.

Morgen in der Schule wird Frère Mansuy schon auf dem Harmonium spielen:

Komm, göttlicher Messias,
Uns zu erlösen von unsren unglücklichen Tagen.
Das Volk sehnt dich herbei,
komm, ko-omm, komm …

Die Mutter von Mademoiselle Pauline in Warschau wird doch sicherlich ihrer Tochter, wie im letzten Jahr, eine geräucherte Gans schicken?

Die Pinsel, die Roger in einer Untertasse mit Wasser auswäscht, hinterlassen dort malven- und rosafarbene Streifen, heimlich wischt der Junge die Borsten zwischen den Lippen ab, der bittere Geschmack wird ebenfalls zu einem Sankt-Nikolaus-Geschmack.

7

Um sich einen Vorsprung zu verschaffen, macht Élise gründlich das grüne Zimmer von Monsieur Saft sauber; sie hat schon das Bett und die Tischbeine poliert; von Zeit zu Zeit hört sie Mademoiselle Pauline, die in ihrem Zimmer hin und her geht.

Das Wetter ist weder schön noch hässlich, das, was Élise ein Wetter für alle Tage nennt, mehr hell als grau, ziemlich kalt; manchmal wirbelt der Wind den Staub auf den Flachdächern aus Zink auf. Und dennoch ist Élise sehr glücklich, als die Pause im Institut Saint-André beginnt und Roger die Straße überquert, um das in Bier geschlagene Ei zu trinken, das seine Mutter für ihn zubereitet und auf eine Stufe der Treppe stellt, bevor sie hinaufgeht.

»Ich bin's!«, ruft der Junge und stößt die Tür auf, die den ganzen Vormittag über angelehnt ist.

Élises Glücksgefühl passt sich dem Bild des Wetters an: ein laues, kleines Glück, das sich beim Putzen einstellt.

»Wenn du diese armseligen Briefe sehen würdest, Louisa!«

Élise denkt viel nach, während sie arbeitet, wie um ihren Gedanken einen roten Faden zu geben. Sie hat das Bedürfnis, sich im Geiste an jemanden zu wenden, und wenn auch kein Ton über ihre Lippen kommt, so nimmt ihr Gesicht doch den Ausdruck an, der mit ihrer gedachten Rede im Einklang steht.

Sie wechselt oft ihren Gesprächspartner, je nachdem welches Thema sie gerade beschäftigt. Eben war es noch Madame Corbion, weil sie, wie Élise, Untermieter hat und bestimmte Dinge verstehen kann. Manchmal kommt sie nachmittags herüber, herausgeputzt, in einem Seidenkleid, gepudert, parfümiert, eine Goldkette um den Hals und ein Spitzentaschentuch im Gürtel.

»Stellen Sie sich vor, Madame Corbion, seine Mutter ist Dienstmädchen bei einem Arzt. Er schämt sich deshalb nicht. Das bewundere ich an ihm. Die gute Frau, sie arbeitet sich tot, damit ihr Sohn etwas wird!«

Madame Corbion bleibt ungerührt, sie reagiert nicht. Was sie interessiert, das sind die Studenten wie die ihren, vorzugsweise Rumänen oder Türken, die viel Geld erhalten und deren Liebschaften sie begeistern. Sie behauptet, kein Haus der offenen Tür zu gestatten, aber sie schaut wohl nicht sehr genau hin, wenn jemand in ihrem Haus ein und aus geht.

»Wenn du seine Briefe sehen würdest, Louisa!«

Ihre Schwester aus Coronmeuse müsste das verstehen, sie, die ihre Kinder studieren lässt: Évariste ist auf der Universität, um Rechtsanwalt zu werden; Anna, die am wenigsten Begabte, bleibt zu Hause, studiert jedoch Musik; und Aimée, die jüngste, besucht die Vorlesungen der École Normale.

»Eine dürftige, ungeschickte Handschrift von jemandem, der nicht lange zur Schule gegangen ist. Ich bin nicht in der Lage, sie zu lesen, weil es auf Polnisch ist. Es sind Fettflecken darauf. Ich bin sicher, dass es voller Fehler ist. Nun gut! Ich finde das schön, und ich finde es noch schöner, dass Monsieur Saft sich seiner Mutter nicht schämt. Er hätte mir alles Mögliche erzählen können, dass er der Sohn von dem oder dem ist. Wo er doch immer so sauber ist, immer wie aus dem Ei gepellt! Stell dir vor, abends legt er seine Hose zusammen und schiebt sie unter die Matratze …«

Sie holt Wasser, um die Fensterscheiben zu putzen. Dabei steht sie dann im Rahmen des geöffneten Fensters, hoch über den Innenhöfen und Gärtchen des Häuserblocks.

»Er nimmt seine Mahlzeiten in der Rue de la Casquette ein. Das ist kein richtiges Restaurant, auch keine Familienpension. Ein polnischer Student, der kein Geld mehr hatte, um sein Studium fortzusetzen, kam auf die Idee, ein ganzes Erdgeschoss zu mieten und für seine Freunde zu kochen. Die zahlen ihm das, was es kostet, oder so ungefähr. Du kannst sagen, was du willst, ich persönlich bewundere diese Leute.«

Wenn Louisa da wäre, würde sie ihr antworten:

»Wenn man kein Geld zum Studium hat, sollte man besser einen guten Beruf erlernen.«

Bestimmt hat sie diesen Satz bei einer anderen Gelegenheit gesagt. So gibt es eine bestimmte Anzahl von fertigen Sätzen, die man zu hören glaubt, wenn man sich Louisa vorstellt. Vielleicht sprachen sie von Roger, aus dem Élise ebenfalls etwas Besonderes machen will. Élise hat sicherlich geantwortet, mit diesem Zittern auf ihren Lippen wie immer, wenn sie etwas Unangenehmes sagt:

»*Du* lässt ja deinen Sohn und deine Töchter studieren!«

Denn schließlich ist Louisas Mann nur Korbflechter. Er arbeitet mit seinen Händen. Louisa bedient den erstbesten Kutscher und verbringt ihre Tage stehend hinter einer Theke. Warum kann man nicht sehen, dass die anderen die gleichen ehrgeizigen Ziele verfolgen wie man selbst?

»Frère Mansuy hat mir gesagt, dass er ihn ins zweite Schuljahr geben würde, wenn er nicht zu jung wäre.

›Ich kann ihm in diesem Schuljahr nichts beibringen. Er ist zu weit fortgeschritten.‹ »

Die beiden Frauen von der Kneipe nebenan, die alte und die junge, waschen auf ihrem Hof Wäsche.

»Weißt du, warum es so viele arme Polen gibt, die studieren?«

Das erste Mal, als Élise Monsieur Saft und Monsieur Chechelowski in ihrer Küche miteinander bekannt machte, haben die beiden eine so ablehnende Haltung eingenommen, dass man hätte meinen können, sie würden jeden Augenblick Funken sprühen. Letzten Endes haben sie sich jedoch beherrscht. Monsieur Saft war ganz bleich und setzte sich ohne ein Wort. Seither haben sie kein Wort miteinander gesprochen.

»Und das, weil die Polen seit hundert Jahren und mehr unter der Knute der Russen stehen. Sie denken nur an ihre Befreiung und arbeiten nur dafür. Ist das nicht bewundernswert? Sie tragen durchlöcherte Strümpfe an ihren Füßen, sie essen nicht, wenn sie Hunger haben, aber sie studieren, um eines Tages ihr Land wiederaufbauen zu können, und jede Woche ficht Monsieur Saft mit einem Professor.«

Sein Bild steht auf dem Kamin, er trägt eine eng anliegende weiße Hose, einen gesteppten Brustharnisch, das Gesicht von der Maske bedeckt. Die Florette stehen hinter dem Kleiderschrank.

Auf diese Weise verstreichen die Minuten in der Farbe des Wetters, das Fensterleder quietscht auf den Scheiben, das Geräusch reizt die Zähne, eine Stimme ruft im Hausflur:

»Kohlen?«

Élise hat das Trompetensignal des Kohlenhändlers überhört. Sie eilt hinunter.

»Drei Eimer.«

Während die Eimer vollgefüllt werden, läuft sie in die Küche und holt ihr Portemonnaie. Es ist Freitag. Die alte Madame Delcour, die vor der Tür nebenan wartet, bis sie an der Reihe ist, grüßt Élise.

»Schön voll, ja, Monsieur Joseph? Er senkt immer noch nicht den Preis?«

»Er wird ihn in den nächsten Tagen vielmehr erhöhen. Drei Eimer zu vierzig Centime: einen Franc zwanzig, gute Frau. Haben Sie kein Kleingeld?«

Élise hat ein so feines Gehör! Sie sagt nichts, aber ihr Kopf bewegt sich unmerklich nach oben. Ein säuerliches Lächeln verzieht ihre Lippen.

Wie konnte sich Mademoiselle Pauline dazu herablassen? Man fragt sich, ob sie absichtlich nicht zu ihrer Vorlesung gegangen ist. Genau in dem Augenblick, in dem der Kohlenhändler Élise das Wechselgeld zurückgibt, hört sie, wie das Fenster in der ersten Etage vorsichtig geschlossen wird.

Von da an ist der Zauber gebrochen. Als Élise wieder in Monsieur Safts Zimmer hinaufgeht, denkt sie nicht daran, ihren stummen Monolog fortzuführen. Sie vergisst darüber den Brief an die Mutter, die Fotografie als Fechter, den guten Bohnerwachsgeruch, diese ein wenig gedämpfte Atmosphäre eines alltäglichen Morgens.

Élise riecht das Unglück von weitem. Es ist stärker als sie. Nicht nur die richtigen Unglücksfälle, die man erzählen kann und die Mitleid erregen, sondern auch all diese kleinen Nichtigkeiten, die ein empfindsames Wesen so sehr leiden lassen.

Élise denkt nur noch an Mademoiselle Pauline, die nicht

wollte, dass ihr Zimmer schon morgens sauber gemacht wurde, weil sie darin arbeitet. Désiré trägt die Schuld an dem, was passiert. Sie hat ihm hundertmal gesagt, dass es nicht richtig ist, wenn er mit Leuten scherzt, die keinen Spaß verstehen.

»Merkst du denn nicht, Désiré, dass sie nicht dieselbe Mentalität haben wie wir?«

Er gibt Acht, dass er nicht Mademoiselle Frida angreift, die, wie aus Eis bleibt, keine Reaktion zeigt, als spräche man zu jemandem, der sich hinter ihr befindet. Ein Dorn im Auge für Désiré ist Mademoiselle Pauline, die ganz dunkelrot wird, mit blitzenden Augen und wogendem Busen, der durch das Korsett bis unter ihr rundliches Kinn geschnürt wird.

»Du bist eben aus der Rue Puits-en-Sock, jaja!«

Élise selbst versteht dieses Spiel nicht – falls es ein Spiel ist, das darin besteht, unangenehme Wahrheiten zu sagen und so zu tun, als würde man scherzen.

Désiré fängt wegen nichts und wieder nichts immer wieder an.

»Er lässt sie nicht einen Abend in Ruhe, Valérie. Sobald sie in die Küche kommt, fängt er an. Es ist stärker als er, er stürzt sich auf die erstbeste Gelegenheit.«

Zum Beispiel ihre Hände. Mademoiselle Pauline pflegt ihre Hände, die klein und mollig sind, wie Kostbarkeiten; sie betrachtet sie liebevoll, verheimlicht es nicht, sondern erzählt bereitwillig, dass sie sie jeden Abend eincremt und dass sie nachts zum Schlafen Handschuhe trägt: Wenn sie isst, die Ellbogen auf dem Tisch, bewegt sie vorsichtig ihre Finger mit den lackierten Nägeln, als handelte es sich um Präzisionsinstrumente; man muss es gesehen haben, wie sie mit Sorgfalt, die einem auf die Nerven geht, einen Apfel schält oder das Brot wie für einen Vogel zerbröselt. In der Küche der Rue de la Loi, wo sich jeder ungezwungen gibt, sitzt sie genauso würdevoll wie bei einem Galadiner und fühlt sich in keiner Weise gestört, wenn alle aufstehen, während sie noch am Tisch sitzt.

»Madame Mamelin, ich kann nicht von einer Gabel aus Nickel essen.«

Ist sie, wie es doch so einfach gewesen wäre, in die Rue de la Régence gegangen, um sich ein Silberbesteck zu kaufen? Das zu glauben hieße, sie schlecht zu kennen. Sie hat ihrer Mutter geschrieben, und diese musste ihr aus Warschau ein Besteck schicken.

»An Ihrer Stelle, Mademoiselle Pauline«, sagte Désiré zu ihr, »würde ich nur von goldenem Geschirr essen. Wenn man es doch gewohnt ist, nicht wahr? Dann müssen die Speisen so viel besser schmecken!«

Sie verabscheut ihn, sie hasst ihn. Wie Élise sagt: Wenn ihre Augen Gewehrläufe wären, wäre Désiré längst tot. Kaum ein Abend vergeht ohne Stichelei. Eines Tages, als sie sich darüber beklagte, dass sie in Lüttich nicht die Creme findet, die sie gewöhnlich für ihre Hände gebraucht:

»Warum versuchen Sie es nicht mit Käse?«

Dieser Käse aus Herve, der so stark riecht, dass man ihn nur unter der Käseglocke auf den Tisch stellen kann und vor dem Mademoiselle Pauline flüchtet, sobald sie ihn sieht!

Élise kann sich bei der Erinnerung daran nicht zu einem Lächeln durchringen, auch nicht bei dem Wort, mit dem Désiré Hubert Schroefs ihre Untermieterin beschreibt:

»In Wirklichkeit ähneln ihre Finger verdorbenen Würsten.«

Plötzlich horcht Élise und ruft:

»Ich komme hinunter, Léopold!«

Sie beugt sich übers Geländer, hört aber nichts mehr aus dem Hausflur. Dann geht sie ein paar Treppenstufen hinunter und beugt sich wieder über das Geländer.

»Ah! Sie sind es ... Ich komme ...«

Es ist der arme Alte, der immer am gleichen Tag vorbeikommt.

»Würde es Ihnen etwas ausmachen, mir für zwei Wochen auf einmal etwas zu geben? Ich kann in der nächsten Woche vielleicht nicht kommen.«

Élise kann dieses leise Geräusch nicht vergessen, das sie veranlasst hat, nach oben zu blicken, als der Kohlenhändler ihr das Wechselgeld zurückgab. Man kann sie nicht täuschen. Obwohl sie versucht, die Erinnerung wegzuwischen, fängt sie schon an, sich zu rechtfertigen.

»Wir sind vielleicht arm, Mademoiselle Pauline, aber unsere Familie ist immer anständig gewesen.«

Um ein Haar würde sie hinzufügen (jawohl, sie wird es sagen, wenn man sie zum Äußersten treibt!):

»Unsere Eltern haben sich kein Vermögen erworben, indem sie in den ärmlichen Vororten von Warschau Strümpfe und Unterhosen verkauft haben.«

Das ist nämlich bei den Feinsteins der Fall. Sie sind deswegen nicht weniger stolz, und als ihre Mutter im vorigen Jahr nach Lüttich gekommen ist, glaubte sie, alles wäre ihr zu Diensten verpflichtet. Man musste sie gesehen haben, wie sie im Haus herumging und Befehle erteilte, als hätte sie Bedienstete vor sich. Um nichts in der Welt hätte sie sich erhoben, wenn ein Topf auf dem Herd anbrannte. Sie vergaß, dass sie ihr Leben an einer Kasse zugebracht hatte, hinten in einer Toreinfahrt, die zu einem Laden umgebaut worden war.

Monsieur Saft kannte sie, und er hat alles erzählt. Er verabscheut die Juden vielleicht noch mehr als die Russen.

»Das sind keine Polen, Madame. Man darf nie sagen, dass das Polen sind, man würde uns damit beleidigen. Bei uns leben sie in besonderen Vierteln, wohin die richtigen Polen nicht gehen.«

Mademoiselle Pauline studiert, um Lehrerin für Mathematik zu werden, und sie ist unfähig, ein Ei weich zu kochen, sie stopft ihre Strümpfe mit irgendwelchem Wollgarn, ohne auf die Farbe zu achten – wenn es an den Füßen ist und man es nicht sieht! –, sie würde sie mit rotem Bindfaden stopfen, wenn sie gerade nichts anderes zur Hand hätte.

»Wie werden Sie das machen, wenn Sie Kinder haben, Mademoiselle Pauline?«

Denn Élise, die Désiré wegen seiner Scherze böse ist, kann sich nicht enthalten, ihren Untermietern manchmal gründlich die Meinung zu sagen.

»Ich werde keine Kinder haben.«

»Nun, dann sind Sie schlauer als andere. Denn die Männer …«

»Nie wird ein Mann irgendwelche Rechte über mich haben!«

Sie geht einem auf die Nerven mit ihrer Ruhe, ihrem Selbstvertrauen. Sie bewundert sich, sie liebt sich selbst über alle Maßen. Einmal, als Désiré sie fragte, ob es nicht vorkomme, dass sie ihr Spiegelbild küsse, antwortete sie:

»Warum nicht?«

Roger kommt schon nach Hause. Es ist Zeit, den Tisch zu decken. Élise beeilt sich, und sie denkt immer noch an diese unangenehme Sache, die sich ereignen wird; fast wäre sie, so sehr quält sie die Ungeduld, zum Angriff übergegangen und hätte an die Tür zum rosa Zimmer geklopft.

»Nun, Mademoiselle Pauline, sagen Sie mir also, was Sie mir zu sagen haben. Ich weiß, dass Sie Ihr Fenster wie eine Diebin geöffnet haben. Ich weiß sehr wohl, warum. Ich war schon lange darauf gefasst. Reden Sie jetzt. Ich höre Ihnen zu.«

Denn es stimmt, dass Élise auf das Kommende oder auf einen anderen Angriff gefasst war. Einmal konnte sie sich nicht enthalten, ihrer Untermieterin vor aller Augen zu sagen:

»Hier sind drei Franc sechzig, Mademoiselle Pauline.«

Diese verstand sofort, zog es jedoch vor, Erstaunen zu heucheln.

»Sie haben die Angewohnheit, in allen Ecken Geld herumliegen zu lassen. Heute Morgen lag sogar ein Fünfundzwanzig-Centime-Stück unter Ihrem Bettvorleger. Sie würden mir einen Gefallen tun, wenn Sie Ihr Geld auf die Seite legten.«

Wer Ohren hat, der höre! Monsieur Chechelowski lächelte in seinen Schnurrbart hinein. Mademoiselle Frida betrachtete ihre Zimmerwirtin aufmerksam.

»Es ist doch wahr. Sie sehen immer so aus, als verdächtigten Sie die Leute, an Ihr Geld zu wollen. Sie haben nur Ihr Geld im Kopf. Nehmen Sie zur Kenntnis, dass es in diesem Haus keine Diebe gibt!«

»Das habe ich nie gesagt.«

»Aber Sie machen Striche an Ihre Flasche Kölnisch Wasser, und Sie wiegen Ihr Beutelchen mit gemahlenem Kaffee in der Hand, bevor Sie es in Ihre Dose zurücklegen.«

Élise errötet bei sich selbst, denn ein- oder zweimal ist es vorgekommen, dass sie, weil sie keinen Kaffee mehr hatte und nicht zum Vierge Noire laufen wollte, etwas gemahlenen Kaffee aus der Dose jedes Untermieters herausnahm. Was die Kohlen betrifft:

»Sehen Sie, Madame Corbion, was mich wütend macht, ist, dass sie bezahlen könnte. Anfangs aß sie in der bürgerlichen Pension in der Rue de l'Enseignement, wo man einen Franc pro Mahlzeit nimmt. Wenn mich Désiré nicht davon abhalten würde, Kostgänger zu nehmen, ich weiß sehr wohl, was ich verdienen könnte, wenn ich dasselbe machen würde …«

Sie macht sich mit sorgenvoller Stirn eifrig zu schaffen und bedauert ihren schönen Tag, der durch Mademoiselle Paulines Schuld verdorben ist. Alles kommt ihr wieder in den Sinn, das ist unvermeidbar; die kleinen Enttäuschungen, die schäbigen Schikanen, die das Schicksal für sie bereitzuhalten versucht. Gott weiß jedoch, dass sie alles tut, was sie kann.

Warum hat sie von Anfang an nur arme Untermieter gehabt?

»Was soll ich tun? Ich habe zu Mademoiselle Frida gesagt:

›Geben Sie mir Ihre Strümpfe, Ihre Wäsche, ich werde sie waschen.‹

Ich berechne ihr dafür kaum das Geld für die Seife. Ich nehme fünf Centime für jedes Paar Socken, das ich für Monsieur Saft stopfe, und dazu stelle ich das Wollgarn zur Verfügung.

Wenn ich schon einmal eine Untermieterin habe, die zahlen könnte, dann will es der Zufall, dass sie geizig und misstrauisch ist, immer dabei, Berechnungen in einem kleinen Notizbuch anzustellen, von dem sie sich nicht trennt. Sie geht sogar so weit, dass sie ihre Zuckerstücke zählt.«

Als Mademoiselle Pauline sah, dass die anderen in der Küche aßen und dass man ihnen kochendes Wasser für ihren Kaffee gab, rechnete sie sich aus, dass es für sie hier billiger wäre, als auswärts zu essen. Ihre Mutter schickt ihr von zu Hause Wurst, Schinken, geräucherte Gans und Kuchen. Nie hat sie etwas davon angeboten, nicht einmal dem Kind. Élise musste ein Stück Gans stibitzen, um den Geschmack kennenzulernen. Für Mademoiselle Pauline ist es unwichtig, dass es den anderen übel wird; im Gegenteil: Sie breitet ihre Essvorräte aus, setzt sich auf den besten Platz, bleibt eine Stunde am Tisch sitzen, und wenn tagsüber niemand in der Küche ist, kommt sie mit ihren Büchern und Aufzeichnungen herunter, um das Geld für die Kohlen zu sparen.

»Mademoiselle Pauline, Sie haben die Milch auf dem Herd überkochen lassen. Wie ist es möglich, dass Sie das Angebrannte nicht gerochen haben?«

»Ich bin nicht hier, um auf Ihre Töpfe aufzupassen.«

Sie ist boshaft, Élise weiß es. Sie beneidet jeden, weil sie hässlich ist, weil sie Jüdin ist, weil ihr Vater in einem Ghetto an der russischen Grenze geboren wurde, ein alter Jude mit einem langen Bart, der dort unten demütig an den Häusern entlangstreicht. Das ist der Grund, warum es in ihrem Zimmer kein einziges Bild von ihrem Vater gibt: Sie schämt sich seiner.

Sie wird sich, darauf kann man gefasst sein, für Désirés Sticheleien rächen, sie wird sich an Élise rächen, die zwischen ihr und den anderen Mietern einen Unterschied macht und die ihr für das Wäschewaschen zwei Centime pro Teil mehr abnimmt als Mademoiselle Frida.

Jetzt kommt sie herunter, setzt sich ohne ein Wort und

spielt mit ihrer Serviette, während sie darauf wartet, dass Monsieur Chechelowski und Mademoiselle Frida sich an den Tisch setzen. Fahrig gibt Élise ihrem Sohn zu essen, ohne die Mieter anzusehen. Sie spürt den Angriff kommen, und der Angriff kommt, zuckersüß.

»Sagen Sie mal, Madame Mamelin, wie viel nimmt der Händler, der durch die Straßen kommt, für den Eimer Kohlen?«

»Vierzig Centime, Mademoiselle Pauline. Kohle ist im letzten Monat infolge des Streiks um fünf Centime im Preis gestiegen.«

Schweigen. Die kleinen, dicken Hände ziehen vorsichtig die durchsichtige Pelle von einer Scheibe Knoblauchwurst ab, die auf der Silbergabel aufgespießt ist.

»Warum fragen Sie das? Weil ich Ihnen den Eimer mit fünfundvierzig Centime berechne? Vergessen Sie nicht, dass ich Ihnen die Kohlen hinauftragen, das Holz und Papier liefern und das Feuer anmachen muss! Wenn Sie finden, dass fünf Centime zu viel für meine Mühe sind, nichts hält Sie davon ab …«

»Das habe ich nicht gesagt. Ich habe das Recht, mich zu erkundigen, nicht wahr?«

»Aber ja, Mademoiselle Pauline. Sie haben jedes Recht, einschließlich das Recht, die Kohlen selbst in Ihr Zimmer hinaufzutragen.«

»Sie regen sich auf.«

»Ich rege mich nicht auf. Sie geben mir etwas durch die Blume zu verstehen …«

»Ich rede nicht durch die Blume. Ich bin, wie ich bin.«

Man könnte meinen, dass es beendet ist. Aber nein, es ist

noch nicht beendet! Denn Élise hat noch auf andere Weise betrogen und fragt sich ängstlich, ob Mademoiselle Pauline es gemerkt hat.

Es stimmt, dass Élise die Kohlen mit nur fünf Centime mehr als der alte Joseph berechnet. Sie verschweigt jedoch, dass in die Kohleneimer für die Zimmer ein gutes Drittel weniger hineingeht als in die Eimer des Händlers.

»Verstehst du, Valérie, es wäre nicht die Mühe wert, die ich mir damit gebe, wenn ich nicht daran verdiente.« Das ist der Grund, warum dies kein einfaches Geplänkel ohne Bedeutung ist. Dies ist unzweifelhaft ein richtiges Drama. Élise ist ehrlich. Sie nähme kein Zehn-Centime-Stück weg, das ihre Untermieter liegen lassen. Aber sie betrügt sie bei allem um zwei, drei Centime, und Mademoiselle Pauline ahnt das und weiß vielleicht mehr, als sie sagt.

Haben die anderen ihrerseits nichts bemerkt? Soeben hat Mademoiselle Frida Élise einen seltsamen Blick zugeworfen, als käme ihr ein Gedanke in den Sinn.

»Ich, die nicht weiß, wie ich Ihnen einen Dienst erweisen kann!«

Das ist wahr. Und das ist genau das Drama, das niemand, außer Élise, verstehen kann: Sie leidet, wenn Mademoiselle Frida nur Brot und Butter zum Abendessen hat, und sie versucht, ihr einen Teller Suppe aufzudrängen; sie macht auch, wenn sie donnerstagnachmittags mit Roger weggeht, den Vorschlag:

»Kommen Sie doch herunter in die Küche, Monsieur Saft, um zu lernen. Dort sind Sie allein, und es ist wärmer!«

Bedauerlicherweise rechnet sie hinterher. Jede Woche muss sie Geld auf die Sparkasse, auf Rogers Sparbuch bringen; fast überall versteckt sie kleinere Beträge, in der Suppenschüssel, in ihrer Wäscheschublade.

Bekommt sie denn irgendetwas umsonst? Warum sollte sie nicht auch das Recht haben, wo doch alle studieren, ihren Sohn studieren zu lassen?

»Wenn sie nur ausziehen würde!«

Jetzt bedrückt sie die Anwesenheit von Mademoiselle Pauline, als stellte diese eine ständige Bedrohung dar. Mit Désiré kann sie nicht darüber sprechen, auch ihn hintergeht sie. Sie mogelt sogar beim Gas und beim Wasser, denn er denkt nie daran, den Zähler zu überprüfen.

»Wenn ich noch einmal neue Untermieter nehme, werde ich es so einzurichten wissen, dass sie Belgier sind«, sagt sie lediglich, während Désiré seinerseits zu Abend isst und ein Sonnenstrahl endlich durch die Wolken gedrungen ist. »Wenn sie auch noch so nett sind, Ausländer sind Ausländer. Sie fühlen nicht wie wir.«

»Wer hat es gewollt?«, antwortet er, ohne noch länger darüber nachzudenken.

»Wohlgemerkt, ich beklage mich nicht. Ich sage nur …«

Wie kann ein so geringfügiger Zwischenfall Élise in einem solchen Maß durcheinanderbringen? Sie ist von einem Fieber befallen, als brütete sie eine Krankheit aus. Sie kann sich noch so vernünftig zureden, sie bleibt ängstlich und wartet auf ein Unglück. Sie hat angefangen, ihr Kupfergeschirr zu putzen. Das ist die Arbeit, die sie am liebsten tut, die Arbeit für den Freitagnachmittag; das gesamte Kupfergeschirr steht versammelt auf dem Tisch: Kerzenleuchter, Übertöpfe, Aschenbecher, Pfännchen und Petroleumlampen, die sie für den Fall aufbewahren, dass es kein Gas geben sollte, und vor allem deshalb, weil sie daran gewöhnt sind, sie auf dem Brett in der Küche zu sehen.

Désiré geht weg. Er kann die Rue Puits-en-Sock noch nicht erreicht haben, als es heftig klingelt. Sie fährt zusammen, denn gewöhnlich erkennt sie die Leute an der Art ihres Klingelns, aber dieses ist ihr unbekannt.

Nichtsahnend geht sie an der Esszimmertür vorbei und öffnet.

»Monsieur …«

Ein gut gekleideter Mann grüßt sie höflich, tritt ein, ohne ein Wort zu sagen, und geht ungezwungen ins vordere Zimmer, das immer muffig riecht, obwohl es jede Woche gelüftet wird. Bemerkt der Mann, dass Élise sich krampfhaft an ihrer Schürze festhält, dass sie gezwungen lächelt, als sie ihm einen Stuhl im Stil Henri II. anbietet und einen Blick zum Portal des Institut Saint-André hinüberwirft, wie um dort die beruhigende Gestalt von Frère Médard zu suchen?

»Entschuldigen Sie die Störung, Madame Mamelin.«

Seine Stimme ist sanft, herzlich, alles an ihm ist herzlich, gutmütig, beinahe vertraut; er erinnert an einen Hausarzt oder an einen erfolgreichen Geschäftsmann.

Élise ahnt nicht, dass sie ihn bald Monsieur Charles nennen und dass er genauso selbstverständlich wie Léopold das Haus in der Rue de la Loi betreten wird, sich auf diesen Stuhl, den sie ihm heute angeboten hat, setzen und sorgfältig eine schöne Meerschaumpfeife anzünden wird.

»Ihre Untermieter sind alle fortgegangen, nicht wahr?«

Bei diesen Worten wendet er sich der Tür zu, die dieses Zimmer mit dem von Monsieur Chechelowski verbindet, so als wüsste er über die Bewohner dieses Hauses Bescheid.

»Warum fragen Sie mich das?«

»Haben Sie keine Angst, Madame Mamelin! Wir haben über Sie die besten Auskünfte bekommen. Ich gehöre zur Polizei.«

Sie bleibt neben der Tür stehen, die sie nicht wieder geschlossen hat.

»Ich beschäftige mich im Besonderen mit Ausländern, unter anderem mit Russen, und ich hätte Sie schon seit langem aufsuchen müssen, um mit Ihnen zu reden.«

Er ist stattlich, hat einen dicken Bauch, seine Gesichtsfarbe ist frisch, die schon schütteren blonden Haare sind nach hinten gekämmt, und sie bemerkt den Ehering an seinem Finger, eine Einzelheit, die sie ohne weiteres beruhigt.

»Sicher waren Sie beschäftigt? Es wäre mir unangenehm, einen schlechten Zeitpunkt gewählt zu haben.«

»Mein Gott, ich kann mich eigentlich niemandem zeigen, so wie ich aussehe. Ich putze gerade mein Kupfergeschirr.«

Bei dieser Gelegenheit bindet sie ihre Schürze ab und richtet ihren Haarknoten.

»Sie haben doch hier eine Studentin mit Namen ...«

Er sucht den Namen in seinem Notizbuch, während sie davon überzeugt ist, dass er ihn genau kennt.

»Also ... Frida Stavitskaja ... Gestatten Sie, dass ich rauche? Sie würden mir einen großen Gefallen tun, wenn Sie sich setzen würden.«

Weiß er nicht, dass man sich nicht in Arbeitskleidung auf die guten Stühle im Esszimmer setzt?

»Was dieses Fräulein angeht ... Sagen Sie, empfängt sie oft Freunde bei sich?«

»Ich erlaube kein Haus der offenen Tür.«

»Ah ja! Gut. Selbstverständlich ...«

Weiß er, was Haus der offenen Tür heißt? Er ist aufgeräumt. Man kann kaum glauben, dass er ein richtiger Polizist ist. Amüsiert betrachtet er Élise, und man könnte fast eine gewisse Zärtlichkeit in seinem Blick entdecken, auf jeden Fall etwas gleichzeitig Liebevolles und Ironisches. Vielleicht weil er vielen Frauen wie Élise begegnet ist und sie bis ins Kleinste zu kennen scheint.

»Wenn sie keine Männer bei sich empfängt, nehme ich an, dass sie in ihrem Zimmer Freundinnen empfangen darf?«

»Man merkt, dass Sie sie nicht kennen. Sie ist viel zu menschenscheu, um Freundinnen zu haben.«

Élise wird schon zutraulicher, und er betrachtet, indem er den Verwirrten spielt, einen Brief, den er aus seiner Tasche gezogen hat und der unter dem Namen Frida Stavitskaja eine mit einem violetten Farbstift durchgestrichene Adresse trägt.

»Ich nehme an, dass Sie manchmal ausgehen, um Einkäufe zu machen? In der Zeit ist es Ihnen natürlich unmöglich zu wissen, ob jemand dieses Haus betritt.«

Es ist besser, die Taktik zu ändern. Élise mag es nicht, dass man ihr Haus verdächtigt.

»Hören Sie, Madame Mamelin. Ich will Ihnen nichts vormachen. Ich gehöre dem militärischen Geheimdienst an. Wir sind damit beauftragt, verdächtige Ausländer zu überwachen, und ich verhehle Ihnen nicht, dass es im Augenblick überhandnimmt. Zufällig ist dieser Brief mit einer Schweizer Briefmarke, weil die Adresse nicht vollständig war, als unzustellbar abgelegt worden und in unsere Hände gefallen.«

Er benimmt sich wie zu Hause, und Élise fühlt sich in ihrem eigenen Haus fremd, so fremd, dass die ruhige Straße, dessen Pflaster sie sieht, ihr wie eine Zuflucht erscheint.

»Ich versichere Ihnen, Madame, dass Ihre Untermieterin, natürlich ohne Ihr Wissen, jemanden hier im Hause empfangen und ihn mehrere Tage lang beherbergt hat.«

Élises Stirn wird purpurrot, und sie fängt schnell an zu sprechen, um keine Zeit zu lassen, in der sich ein Verdacht im Kopf ihres Gesprächspartners festsetzen könnte.

»Ich dachte nicht mehr daran, ich bitte um Entschuldigung. Das war vor zwei Monaten, nicht wahr? Ich könnte den Tag nennen. Ein Donnerstag, weil ich zum l'Innovation gegangen bin. Ich wette, Sie sprechen vom Teufel. Ich werde Ihnen erzählen, was geschehen ist:

Mademoiselle Frida hatte mir angekündigt, dass einer von ihren Verwandten, ein Cousin, für zwei oder drei Tage nach Lüttich kommen würde. Sie fragte mich, ob ich nicht damit einverstanden wäre, ihm ein Bett in diesem Esszimmer herzurichten, das fast nie benutzt wird. Es war Désiré, das heißt, mein Mann, der das nicht wollte. Sie schien sehr verstimmt zu sein und schmollte zwei Tage lang mit mir. Anscheinend spricht ihr Cousin kein Französisch und ist sehr schüchtern. Kurz, sie wollte ihn nicht allein in einem Hotel der Stadt lassen. Sie ist fast eine Woche lang herumgelaufen. Ich dachte schon gar nicht mehr daran, als ich sie an einem Donnerstag, wie ich schon anfangs sagte, mit einem Mann, den ich nicht kannte, im Hausflur antraf. Sie warteten auf mich. Es war schon dunkel, und ich musste das Gaslicht anzünden. Ich erinnere mich vor allem an den langen Mantel, den der Mann trug.

›Hören Sie, Madame Mamelin. Ich habe meinen Cousin mitgebracht. Wir haben auf Sie gewartet, um Sie davon in Kenntnis zu setzen. Er wird in meinem Zimmer schlafen, und ich werde zu einer Freundin gehen.‹

Ich konnte das nicht ablehnen, nicht wahr? Sie sind keine zwei Minuten zusammen in dem Zimmer geblieben, und während der Zeit stand die Tür offen. Nachdem der Koffer abgestellt worden war, traten sie auf den Treppenabsatz hinaus, wo sie sich lange miteinander auf Russisch unterhielten.

›Gehen Sie wenigstens ins Esszimmer‹, habe ich ihnen zugerufen.

Denn ich weiß nicht, welchen Eindruck sie so machten. Sie hat aber nicht gewollt. Der Mann – wir nannten ihn sofort den Teufel, wegen seiner schwarzen Haare und seines Spitzbartes, haben ihn aber kaum gesehen –, er blieb den ganzen nächsten Tag im Zimmer. Ich weiß, dass er etwas schrieb, weil ich ihm eine Tasse Kaffee hinaufgebracht habe, wobei er mich starr anblickte.

Aber sagen Sie, Monsieur …«

»Monsieur Charles.«

»Sagen Sie, Monsieur Charles …«

Élise hat Gewissensbisse. Ist sie nicht gerade dabei, Mademoiselle Frida ins Verderben zu stürzen?

»Sie hat doch wohl nichts Böses getan?«

»Fahren Sie bitte fort!«

»Das ist alles. Er ist vier anstatt zwei Tage geblieben. Er ging nur abends weg und kam mitten in der Nacht wieder, denn Mademoiselle Frida hatte ihm ihren Schlüssel gegeben. Die letzte Nacht ist er überhaupt nicht wiedergekommen, und am folgenden Tag hat meine Untermieterin ihr Zimmer wieder bezogen. Ich habe sie darauf aufmerksam gemacht, dass ihr Cousin sich weder verabschiedet noch bedankt hatte.«

»Dürfte ich einen Blick in dieses Zimmer werfen? Seien Sie

unbesorgt, Madame Mamelin! Ich habe Erfahrung, Mademoiselle wird keinen Verdacht schöpfen, dass ich in ihrem Zimmer war.«

»Und wenn sie nach Hause kommt?«

Er zuckt mit den Achseln. Man könnte meinen, er wüsste, wo sie ist, was sie tut und wann sie nach Hause kommen wird.

»Hören Sie, Madame Mamelin, ich möchte Sie nicht erschrecken, aber weil Sie eine vernünftige Frau sind – doch, dessen bin ich sicher – und weil Sie Stillschweigen bewahren können, will ich Ihnen anvertrauen, dass der Teufel, wie Sie ihn nennen, einer von den Nihilisten ist, die den Großfürsten von Sankt Petersburg durch eine Bombe ermordet haben, was außerdem noch mehr als fünfzig Opfer forderte.«

Élise lächelt ungläubig.

»Nein, Monsieur Charles, das ist nicht möglich. Sie werden mir nicht weismachen, dass bei mir …«

Bei ihr, sieh an! In der Rue de la Loi!

»Soll ich Sie über Ihre anderen Untermieter informieren? Dann werden Sie einsehen, dass wir uns nicht täuschen. Wissen Sie zum Beispiel, wohin Monsieur Saft Montagvormittag gegangen ist?«

Élise wird verlegen. In der Tat, am vergangenen Montag hat sie ihn fortgehen gehört, noch bevor es hell war, und als er wiederkam, hat sie gesehen, dass er unter seinem Mantel ein sehr langes Paket versteckte.

»Monsieur Saft ist nach Cointe gefahren, um sich mit einem Landsmann zu duellieren. Würden Sie mich bitte nach oben führen?«

Er lässt seinen Hut im Esszimmer liegen, wirft einen freundlichen Blick in die Küche, wo das Kupfergeschirr, das so aussieht, als wartete es auf Élise, wegen des kochenden Wassers mit Dunst überzogen ist. Fast hätte er sich dort hineingesetzt und eine Tasse Kaffee verlangt.

»Erhält Mademoiselle Frida viele Briefe?«

»Jede Woche einen Brief aus Russland und Ende des Monats eine Geldanweisung. Oft kommt die Geldanweisung mit Verspätung.«

»Haben Sie den Schlüssel zu diesem Schrank?«

»Dazu ist kein Schlüssel nötig; das Schloss funktioniert nicht.«

Die Hände des Mannes befühlen mit unerwarteter Geschicklichkeit die Wäsche und die Kleidungsstücke. Er öffnet die Schubladen, eine Bonbondose, die Bänder in allen möglichen Farben und Haarnadeln enthält. Élise beobachtet vom Treppenabsatz aus die Haustür.

»Wenn Sie sie kennen würden, wie ich sie kenne …«

»Hat sie Ihnen erzählt, dass ihr Vater seit zwanzig Jahren in einem Arbeitslager in Sibirien ist?«

»Sie hat es mir erzählt.«

Mit denselben vorsichtigen Handbewegungen – Élise hat den Ausdruck gefunden, den sie suchte: Er hat die Hände eines Zahnarztes – blättert er die Medizinbücher durch, ohne etwas darin zu finden.

»Nun! Sie ist schlau.«

Er geht wieder hinunter und bleibt vor dem Briefkasten stehen.

»Wer nimmt morgens die Post aus diesem Briefkasten?«

»Das kommt darauf an. Meistens nimmt jeder Mieter seine eigene Post heraus. Wenn der Briefträger kommt, sitzen wir am Tisch. Wir selbst bekommen fast nur die Zeitung.«

»Sagen Sie, Madame Mamelin, ich würde Sie sehr gerne fragen …«

Nein. Er gibt seine Idee lieber auf. Es ist besser, wenn er ein anderes Mal wiederkommt. Er muss behutsam vorgehen.

»Ich hätte beinahe meinen Hut vergessen. Vor allem: kein Wort, nicht wahr? Nicht einmal zu Ihrem Mann. Ich verlasse mich darauf. Bis bald. Ich bitte nochmals um Entschuldigung.«

Wie soll man beschreiben, was Élise fühlt, sobald sie allein im Haus ist? Wenn es nach ihr ginge, würde sie die Straße überqueren, um Frère Médard alles zu erzählen und ihn um Rat zu fragen. Wer weiß, ob dieser Mann wirklich dem Geheimdienst angehört? Wenn es nun ein Dieb war?

Sie geht hinauf, um sich zu vergewissern, dass Monsieur Charles nichts mitgenommen hat. Kaum ist sie wieder unten und taucht ihren Lappen in das bitter riechende Metallputzmittel, als Mademoiselle Frida von der Universität nach Hause kommt.

Wem kann man in Zukunft noch trauen, woran kann man sich halten? Es scheint Élise, als hätte man ihr Haus beschmutzt, als hätte sich eine dunkle Bedrohung eingeschlichen. Hätte sie nicht besser geschwiegen? Stattdessen hat sie geredet und geredet, sie hat alles erzählt, was sie weiß. Im Grunde war es die Angst, die sie dazu getrieben hat. Und außerdem, sie muss es gestehen, empfand sie den Wunsch, von diesem so höflichen Mann, den sie doch überhaupt nicht kennt, gut angesehen zu werden.

»Nicht einmal zu Ihrem Mann!«, hat er betont.

Armer Désiré! Sie wird noch etwas vor ihm verbergen müssen. Mogeln! Immer wieder mogeln! Sie hätte gern deshalb geweint! Sogar Monsieur Saft, der morgens auf den Zehenspitzen das Haus verlässt, um sich zu duellieren!

Plötzlich stockt ihr das Blut in den Adern. Sie fährt aus ihrer Abgespanntheit auf und blickt zur Glastür. Über ihrem Kopf hat sie eilige Schritte gehört, die Tür im Zwischenstock wird wie durch einen Luftzug geöffnet und wieder geschlossen, wütende Schritte kommen die Treppe herunter. Mademoiselle Frida stürzt so schwerfällig zur Küche, dass man meinen könnte, sie hätte derbe Männerschuhe an den Füßen. Sie bleibt in der Tür stehen und spricht unter dem Druck innerer Bewegung zuerst Russisch, besinnt sich und fragt mit zischender Stimme:

»Wer hat mein Zimmer betreten? Ich will das wissen. Ich will, dass Sie mir sofort sagen, wer hier war!«

So gut es geht, versucht Élise ein Lächeln auf ihre bleichen Lippen zu bannen.

»Was ist mit Ihnen los, Mademoiselle Frida?«

»Ich will es wissen, hören Sie?«

»Aber … Ich versichere Ihnen, dass außer mir …«

Die aufgebrachte Russin wäre imstande, sie zu schlagen oder ihre Zimmerwirtin an den Handgelenken zu packen und zu schütteln.

»Sie lügen!«, heult sie.

»Bei Rogers Leben …«

Sie hat es nicht absichtlich getan und versucht, sich wieder zu fangen.

»Bei meinem Leben, ich schwöre Ihnen …«

»Dann waren Sie es!«

»Was werfen Sie mir vor?«

»Sie haben meine Bücher angefasst!«

»Was sollte ich mit Ihren Büchern gemacht haben?«

Frida stampft mit dem Fuß auf.

»Ich habe Ihnen verboten, meine Bücher anzurühren.«

»Wenn ich Staub wische, kann es passieren, dass ich sie, ohne es zu wollen, ein wenig weiterschiebe.«

»Nein.«

Sie bleibt dabei. Élise ahnt, warum, und errötet noch mehr. Aber darf sie in ihrer eigenen Küche eine solche Szene dulden?

»Sie haben absichtlich die Seiten in meinen Büchern verschlagen. Sie haben in meinen Aufzeichnungen herumgewühlt und die Tischlade geöffnet. Ich *weiß es*!«

Schließlich fügt sie mit zusammengepressten Zähnen hinzu:

»Auch ich mache Markierungen.«

Trotz dieser Anspielung, die sie noch mehr aus der Fassung bringt, hat Élise die Geistesgegenwart auszurufen:

»Jetzt verstehe ich alles. Mein Gott! Mademoiselle Frida, wie können Sie sich wegen einer solchen Kleinigkeit in einen derartigen Zustand versetzen? Eben, als ich die Kohlen hinaufbrachte, ist mir Roger in Ihr Zimmer gefolgt. Ein Kind fasst alles an, wenn man ihm den Rücken kehrt. Ich verbiete ihm immer, die Zimmer der Untermieter zu betreten.«

Nach einem durchdringenden Blick, der nicht völlig überzeugt scheint, dreht sich Frida um, öffnet die Haustür und schließt sie wieder mit einer solchen Wucht, dass das Haus erzittert. Vielleicht ist sie für immer weggegangen?

Nun zögert Élise nicht mehr. Sie reißt sich die Schürze ab, kämmt sich wieder und wäscht sich an der Wasserpumpe die Hände. Frère Médard steht auf dem Gehsteig gegenüber, um die Schüler beim Hinausgehen zu beaufsichtigen, nicht ohne von Zeit zu Zeit einen Blick zum Haus der Mamelins zu werfen.

Warum ist er ihr niemals lächerlich erschienen? Sein Körper unter der Soutane sieht aus wie eine dicke Kugel, die nicht ganz im Gleichgewicht ist und auf der die andere, unproportional kleine Kugel des Kopfes sitzt. Er erinnert an einen Schneemann, allerdings an einen schwarzen; und trotzdem erscheint er Élise wie das vielleicht einzige Wesen, von dem sie jede Entscheidung akzeptieren würde.

»Komm mit, Roger. Warte, ich nehme den Schlüssel mit.«

Wenn Élise vergäße, ihn aus dem Briefkasten zu nehmen, wie es ihr schon passiert ist, würde sie vor der Tür stehen und müsste draußen warten, bis Désiré oder ein Untermieter nach Hause käme.

»Entschuldigen Sie, Frère Médard. Sie sehen, ich bin ganz hilflos. Ich brauche einen Rat. Gerade ist mir etwas so Unerwartetes passiert ...«

Würdevoll – ja, er ist wirklich würdevoll – weist er auf die kleine offene Tür mitten im Portal, auf den Hof mit den unregelmäßigen Pflastersteinen, auf seine leere Klasse, wo die fast neuen hellgelben Pulte und Bänke stehen.

»Bleib hier im dem Hof, Roger.«

Es ist das erste Mal, dass sie eine Klasse betritt, und es beeindruckt sie genauso stark wie der Moment, in dem sie mit Charles, Françoises Mann, die Sakristei von Saint-Denis betrat, um die Messgewänder zu bewundern.

»Setzen Sie sich, Madame Mamelin.«

Er kann ihr nicht seinen Stuhl anbieten, weil der nämlich sehr hoch ist, passend zum Pult, das am Rand des Podestes steht. Er zeigt auf die erste Schülerbank und bleibt mit vorgestrecktem Bauch stehen, gewichtig, selbstsicher, und sein Blick ist so ruhig, dass man das Gefühl hat, die Welt könnte durch und durch erschüttert werden, ohne dass er davon berührt würde.

Élise erzählt alles. Vor ihm schämt sie sich nicht. Eine Arithmetikaufgabe steht noch auf der schwarzen Tafel. Die Luft riecht nach Kreide und schmutzigem Wasser von dem mit einem Handtuch bedeckten Eimer, in dem sich die Schüler die Hände waschen. Eine Muttergottesfigur aus bemaltem Gips neigt den Kopf zu Élise, die noch immer spricht und von Frère Médard hin und wieder durch eine Frage unterbrochen wird.

»Ich weiß, dass es eine Lüge ist und dass man kein Recht hat zu lügen ...«

Er lächelt. Er ist ein Mann, der alles versteht.

»Das Unangenehmste daran ist, dass man das Kind dazu zwingt, ebenfalls zu lügen. Wie soll man es aber sonst machen?«

Er denkt nach. Er ist das zur Statue gewordene Nachdenken selbst, das Holzbein ein wenig hochgehoben, den Blick starr nach draußen auf den leeren Hof gerichtet, wo Roger nicht weiß, was er ganz allein tun soll.

Schließlich geht Frère Médard mit seinem hinkenden Gang zur Tür und ruft:

»Roger.«

Das alles ist außergewöhnlich. Nie ruft ein Mönch einen Schüler bei seinem Vornamen. Roger nähert sich überrascht und blickt seine Mutter fragend an.

»Komm her, kleiner Mann.«

Frère Médard setzt sich auf die Ecke einer Bank, löst durch die Soutane hindurch die Vorrichtung, die es ihm ermöglicht, sein Holzbein zu beugen, fasst das Kind an beiden Schultern und spricht zu ihm, wobei er ihm seinen Atem ins Gesicht bläst:

»Du bist ein großer Junge, nicht wahr? Und du hast doch deine Maman lieb. Weil du aber deine Maman lieb hast und weil du nicht willst, dass ihr etwas Böses geschieht, wirst du tun, was ich dir jetzt sage. Eben, als deine Mutter die Kohlen in das Zimmer von Mademoiselle Frida hinaufbrachte, bist du ins Zimmer gegangen und hast mit den Büchern gespielt.«

»Nein, mon cher Frère.«

Seine Ohren sind rot geworden, er weiß nicht, warum. Er wagt nicht, den Kopf wegzudrehen und erstickt fast an dem starken Atem von Frère Médard.

»Hör zu, was ich dir sage. Wenn man sich erkundigt, wenn man dich fragt, was du im Zimmer von Mademoiselle Frida gemacht hast, musst du antworten, dass du in den Büchern geblättert und die Tischschublade geöffnet hast.«

Er hat verstanden. Frère Médard lässt ihn los und wendet sich mit Genugtuung und einem Anflug von Stolz der Mutter zu.

»So, Madame Mamelin. Was diesen Monsieur Charles betrifft, so rate ich Ihnen, wenn er wiederkommt …«

Er gibt ihr Anweisungen.

»Sie haben sehr gut daran getan, mit mir darüber zu sprechen. Zögern Sie nicht, jedes Mal zu mir zu kommen, wenn Sie Kummer haben oder wenn ein Problem Sie quält.«

»Danke, Frère.«

Sie wagt nicht, *mon cher Frère* zu sagen wie Roger. Es ist unglaublich, wie erleichtert sie sich fühlt, als sie die Klasse verlässt und über den Hof geht. Es war so einfach!

»Sie konnten nicht anders handeln. Ihr Beichtvater wird Ihnen das Gleiche sagen wie ich.«

Auf dem Gehsteig verabschiedet er sie mit so großer Geste, dass sie vor Verwirrung errötet.

»Komm, Roger.«

Sie hält ihren Sohn beim Überqueren der Straße an der Hand. Ihr scheint, dass jeder sie anblickt, dass sie plötzlich sehr wichtig geworden ist.

»Sag, Mutter, warum will Frère Médard, dass ich …«

Élise ruft ihn zur Ordnung:

»Stell keine Fragen. Du weißt doch, dass Frère Médard es dir verboten hat. Später, wenn du groß bist, wirst du es verstehen.«

Sie reinigt das Kupfergeschirr zu Ende. Manchmal legt sich, ohne dass es ihr bewusst wird, ein etwas trauriges Lächeln auf ihre Lippen, ein etwas vornehmeres Lächeln als gewöhnlich, das Lächeln, das sie vor Frère Médard hatte.

Und das Erstaunlichste daran ist die Tatsache, dass die Dinge sich von jetzt an so abspielen, wie es ihr vorausgesagt worden ist. Mademoiselle Frida kommt wie gewöhnlich nach Hause, geht hinunter in die Küche, als die anderen bereits am Tisch sitzen, nimmt ihre Dose von dem Küchenbrett, schneidet ihr Brot und bestreicht es mit Butter. Man könnte meinen, es wäre nichts geschehen; nur Élise bemerkt, dass ihre Untermieterin ein wenig verlegen ist.

Roger seinerseits blickt unaufhörlich zwischen seiner Mutter und Mademoiselle Frida hin und her, und als das Abendessen beendet ist, ärgert er sich, dass ihm keine einzige Frage gestellt wurde, und er fragt sich, warum Frère Médard ihm eine so feierliche Predigt gehalten hat.

8

»Heb deine Füße hoch, Roger!«

Roger wundert sich schweigend. Als sie durch die Rue Neuvice anstatt durch die Rue Léopold gegangen sind, hat er geglaubt, dass sie zum Vierge Noire gehen würden. Es ist April, die Luft ist sehr rein, lau und zärtlich auf der sonnenbeschienenen Seite der Straße, frisch und bläulich im Schatten; einige Männer gehen schon ohne Mantel spazieren, und die Fenster der Wohnungen über den Geschäften, deren Waren wieder auf die Gehsteige hinausquellen, sind geöffnet.

Sie gehen nicht zum Vierge Noire. Roger ist verwirrt. Obwohl sie oft durch die Rue Neuvice gehen, sind sie nie diese Freitreppe hinaufgestiegen, diese Steinstufen, die so alt und abgenutzt sind, dass sie an manchen Stellen ineinander übergehen. Noch nie sind sie durch einen offen stehenden Flügel dieser rostbraunen Tür und dann durch diese gepolsterte Tür gegangen, die sich wie eine Falle von allein wieder schließt. Durch den Kontrast mit dem vibrierenden Leben draußen verwirrt, wird Roger durch die Leere und die Stille dieser kleinen, ihm unbekannten Kirche ergriffen, die von drei Sonnenlichtbündeln diagonal durchflutet wird. Seine Mutter geht in die Knie, bekreuzigt ihn mit zwei mit Weihwasser befeuchteten Fingern, zieht ihn wie jemand, der schon einmal hier war und Bescheid weiß, an der Hand hinter sich her zu einem Seitenschiff der Kapelle und kniet vor einem Beichtstuhl nieder.

Sie sind bei den Redemptoristen. Der Beichtstuhl, den Élise gewählt hat, ist leer. Oben steht ein Name: R. P. Meeus. Neben dem Holzgitter, das den Teil für den Priester abtrennt, befindet sich ein Klingelknopf.

Weiter entfernt vor anderen Beichtstühlen warten schwarz gekleidete Frauen; man sieht, wie eine kleine, alte Frau das grüne Tuch, das die Beichtenden halb verdeckt, hochhebt und aus dem Beichtstuhl herauskommt; ihren Platz nimmt sofort eine andere ein. Es herrscht eine so tiefe Stille, dass man das Flüstern einer sicherlich schwerhörigen Frau hört, die wie besessen ihre Sünden beichtet, wobei sie manchmal innehält, um Luft zu holen, was von einem langen Pfeifen begleitet wird. Élise bedeckt das Gesicht mit den Händen und kniet, den Oberkörper leicht vorgebeugt, unbeweglich in der Bank. Man merkt, dass sie nicht zum ersten Mal hier ist und dass sie nicht zufällig den Beichtstuhl von Pater Meeus gewählt hat. Ein länglicher Sonnenfleck zittert neben dem Klingelknopf, und Roger versucht herauszufinden, woher er kommt, gibt es auf und vertreibt sich die Zeit damit, mit der Hand einen anderen Sonnenfleck zum Verschwinden zu bringen, der auf die Lehne seines Stuhles fällt, dessen grobes Korbgeflecht sich in seine Knie eindrückt.

Seit vierzehn Tagen ist Élise Opfer des Putzfiebers. Im Haus wird ein Zimmer nach dem anderen leer geräumt und die Einrichtung auf dem Hof oder auf der Plattform über Mademoiselle Fridas Zimmer aufeinandergestapelt. Die Matratzen und die Schlummerrollen werden abgezogen und die Bezüge in der Sonne aufgehängt.

Hat das Fortgehen von Monsieur Chechelowski diese Sucht nach gründlicher Sauberkeit ausgelöst? Zweifellos hat dieses

Ereignis eine Rolle gespielt; aber irgendwann wäre es ohnehin geschehen, denn Élise Mamelin fühlte sich wie in einer Sackgasse, sie war mit ihren Nerven am Ende.

Beinahe jeden Sonntag klagte sie über Migräne. In dem Augenblick, wenn sie gehen wollten, wenn alles fertig war und Roger schon auf dem Gehsteig wartete, begann die übliche Szene, und eine Nervenkrise stellte den geplanten Besuch in der Rue des Carmes oder in dem Kloster der Ursulinen infrage.

»Du überanstrengst dich. Ich habe den Moment schon kommen sehen, wo du nicht mehr weiterkannst.«

Désiré sagt offensichtlich etwas, was er nicht sagen sollte. Außerdem täuscht er sich. Élise würde ihre Anstrengungen ertragen, so wie im vorangegangenen Jahr, wenn sich in diesem Winter nicht alles gegen sie verschworen hätte. Zuerst der Tod ihrer Schwester Félicie und diese zwielichtige Umgebung, in der das Drama jämmerlich geendet hat. Dann die Rippenfellentzündung von Françoise, obwohl sie nur ihre Schwägerin ist. Désiré hat sich kaum darüber aufgeregt. Élise dagegen weiß, dass Françoise, mit zwei hübschen kleinen Kindern auf dem Arm, Tuberkulose hat. Sie hat mit Doktor Matray darüber gesprochen, und er hat gesagt, dass nur das Gebirge sie retten könne und dass man sie auf jeden Fall von ihren Kindern trennen müsse. Charles Daigne weiß das. Er tut nichts und geht wie ein Schaf schicksalsergeben von der Sakristei zu seinem Haus hinten im Hof. Als Élise versucht hat, ernsthaft mit ihm zu reden, hat er sich damit begnügt zu seufzen:

»Was soll ich noch mehr tun? Ich bete. Der Herr Pfarrer liest jede Woche eine Messe für sie.«

Françoise ahnt nichts und glaubt, dass es ihr besser geht,

weil zwei rote Flecken auf ihren Wangenknochen erblühen. Ihre Stimme klingt schon gedämpft, weit entfernt, und wenn Élise sieht, wie sie ihren Sohn, der erst achtzehn Monate alt ist, küsst, stockt ihr das Blut in den Adern.

»Wenn du einen guten Rat möchtest: Kümmere dich nicht darum!«, sagt Désiré wiederholt.

Mademoiselle Pauline hat sich nicht geändert. Élise kann sie nicht mehr riechen, und doch wagt sie nicht, sie vor die Tür zu setzen; vielleicht würde sie ihr im Grunde fehlen, so sehr hat sie sich an diese Feindin in ihrem Haus gewöhnt, die ihr durch ihre täglichen Schikanen Anlass zu grämlichen Überlegungen oder zu stummer Empörung gibt.

Mademoiselle Frida ist ebenfalls nicht ausgezogen, und Monsieur Charles kommt fast jede Woche zu Besuch und setzt sich, herzlich und ungezwungen, in das Esszimmer in der Rue de la Loi. Zu Anfang hat Élise das nicht verstanden. Sie hat geglaubt, er gehe seinem Beruf nach. Als ihr ein bestimmter Verdacht kam, wies sie ihn als unmöglich zurück, und dennoch ist es immer offenkundiger: Er sieht sie auf eine Weise an, die eine Frau nicht täuschen kann, seine Stimme nimmt einen Klang an, der sie erröten lässt, und er hat die Angewohnheit, ihr, wenn er mit ihr spricht, gespielt väterlich die Hand auf das Knie oder den Arm zu legen.

Welch ein Gedanke! Ein verheirateter Mann! Ein Mann mittleren Alters in einer guten Stellung, der hierherkommt, um seine Zeit damit zu vertun, mit einer Frau zu plaudern, die eine Schürze trägt und immer unfrisiert ist, denn man könnte meinen, er überrasche sie absichtlich mitten in der Arbeit.

Sie hätte beinahe mit Frère Médard darüber gesprochen, der immer noch zu ihrem Haus hinschaut, wenn er die Schüler beim Herauskommen beaufsichtigt, und der sie übertrieben grüßt, sobald er sie erblickt. Sie hat es aber nicht noch einmal gewagt.

»Glaubst du, das ist möglich, Valérie? Meinst du, er wird versuchen, noch weiter zu gehen?«

»Warum sprichst du nicht mit Désiré darüber?«

»Niemals, um Gottes willen! Wenn Désiré das wüsste ...«

Es wäre keine Eifersucht. Désiré vertraut ihr. Niemals würde er sich dazu hergeben, seine Frau zu verdächtigen. Er hat, besser als sie befürchtete, den Überfall der Mieter auf sein Haus ertragen, aber wenn er herausfände, dass es irgendetwas Undurchsichtiges unter der Oberfläche des Lebens um ihn herum gibt, wäre er imstande, alle zugleich hinauszuwerfen, die Guten und die Schlechten.

Ein Pater aus dem Orden der Weißen Väter hat in Saint-Nicolas die Fastenpredigten gehalten. Er ist größer als Désiré und schön wie ein Heiliger, seine sanfte Stimme hat einen kupfernen Klang und bringt die meisten Frauen dazu, ihr Taschentuch aus dem Handtäschchen zu ziehen. Élise hat keine Predigt versäumt und wie die anderen geweint. Die Fastenzeit hat genau nach der Szene mit Monsieur Chechelowski begonnen.

Von allen Untermietern war er derjenige, der am wenigsten lästig war, mit dem man am leichtesten auskommen konnte. Er kam und ging ohne ein Wort, bediente sich selbst, zahlte, ohne auf die Rechnung zu schauen, und trotzdem war er es, auf den sich all der Groll entlud, der sich im Herzen Élises angesammelt hatte.

»Wissen Sie, Madame Mamelin, dass mein Bett voll von Ungeziefer ist?«

»Was sagen Sie da, Monsieur Chechelowski? Hören Sie, das ist nicht möglich!«

»Wenn ich es Ihnen sage! Sehen Sie sich meine Arme an.«

Er schiebt seine Manschette hoch und lässt kleine rote Flecken auf der behaarten Haut sehen.

»Warum behaupten Sie, dass das Wanzenstiche sind? Mein Haus ist sauber. Es gab noch nie Ungeziefer in meinen Betten.«

»Trotzdem waren es Wanzen, die ich heute Nacht zerdrückt habe.«

»Sie wissen nicht, was Sie da sagen ...«

Mademoiselle Frida und Mademoiselle Pauline sind dabei und hören zu.

»Oder vielmehr haben *Sie* sich irgendwo Flöhe gefangen und sie hierhin mitgebracht.«

Er lässt sich nicht davon abbringen, bleibt keine Antwort schuldig, und sie kann sich nicht länger beherrschen:

»Hören Sie, wenn Sie gekommen sind, um mich in meinem Haus zu beleidigen und mir vorzuwerfen, ich sei eine Schlampe, dann möchte ich lieber, dass Sie sich woanders ein Zimmer suchen. In diesem Viertel gibt es genug davon. Sicher wird man Ihnen sogar gestatten, Ihre Verlobte mit aufs Zimmer zu nehmen, weil Sie ja anscheinend Wert darauf legen«

Trotzdem, es gab Wanzen im Haus. Élise hat welche gefunden. Sie mussten wohl schon in den Wänden gewesen sein, als die Mamelins in die Rue de la Loi eingezogen sind. Oder aber sie stammen aus der Kneipe von nebenan. Als Monsieur Chechelowski, ohne ein Wort des Protestes, auszog, sagte Élise, von Gewissensbissen geplagt, zu ihm:

»Sehen Sie, selbst wenn es wahr wäre, durften Sie es nicht

vor aller Welt hinausposaunen. Sie wissen, dass ich alles tue, was ich kann. Sie werden sehen, dass Sie nirgendwo so gut versorgt werden wie hier.«

Freundlich räumte er ein:

»Ich weiß.«

Sie hätte ihn beinahe zurückgehalten, aber es war zu spät. Und stattdessen – Gott weiß, welcher Dämon sie dazu getrieben hat – sagte sie ihm nichts von dem Messer. Das ist solch eine Nichtigkeit, und sie wird sich so lange damit herumquälen! Zwei- oder dreimal war sie schon so weit, in die Rue de la Province zu laufen, wo er jetzt wohnt, um es ihm zurückzugeben, dieses Messer. Sie benutzt es jeden Tag, und immer mit dem gleichen Unbehagen.

Wie viel ist es wert? Zehn Franc? Zwanzig Franc? Das Messer hat eine andere Form als die, die man in Belgien im Geschäft kaufen kann; vermutlich kommt es aus Russland. Es schneidet besser als alle anderen Messer im Haus, und der Weißmetallgriff fühlt sich weich und glatt an und liegt Élise so tadellos in der Hand, dass sie es schon zu Monsieur Chechelowskis Zeit, wenn sie in der Küche arbeitete, aus der Dose ihres Untermieters nahm und es wieder zurücklegte, bevor er nach Hause kam.

Am Tag, als er auszog, war das Messer durch Zufall in einem Eimer zusammen mit den Küchenabfällen liegen geblieben. Élise wusste es. Monsieur Chechelowski dagegen dachte nicht mehr daran. Sie hätte ihn fast daran erinnert. Sie hat es aber nicht getan. Man kann letztlich sagen, sie hat es gestohlen.

Die Wanzen haben diesen Anfall von Putzsucht ausgelöst. Die anderen Mieter haben es so verstanden, und das gelbe

Puder, das in die Ecken der Zimmer gestreut wurde, war ein Geständnis.

Dann, während sich in dem Haus mit den von morgens bis abends offen stehenden Fenstern eine Art Erneuerung in Harmonie mit dem erwachenden Frühling ankündigte, begann die Fastenzeit, und das Verlangen nach Sauberkeit breitete sich aus. Élise spürte das Bedürfnis, die geheimsten Winkel ihres Herzens durchzulüften, und hätte es gern in der Aprilsonne ausgebreitet wie das Bettzeug auf der warmen Plattform.

Marie, Valéries Schwester, die sehr frömmlerisch ist und den Geruch einer Schneiderin hinter sich herzieht, hat an einem Freitag ihre Mutter abgeholt. Sie rennt dauernd zum Beichten und strapaziert einen religiösen Orden nach dem anderen, von den Jesuiten bis zu den Dominikanern und den Oblaten.

»Wenn du die Pater der Redemptoristen in der Rue Neuvice kennenlernen würdest …«

Am nächsten Tag, als Élise noch mehr in Bedrängnis war, ist sie heimlich dorthin gegangen, ein wenig verlegen, denn sie hat sich immer damit begnügt, ihre religiösen Pflichten in ihrer Gemeinde zu erfüllen, ohne in die Auswüchse zu verfallen, die sie als »Getue« bezeichnet.

»Ehrwürdiger Vater, ich bekenne …«

Als sie nach Hause ging, hatte sie als Alibi in ihrem Netz Lebensmittel, die sie im Vierge Noire gekauft hatte, und ihre Augen waren gerötet, was Roger als Einziger bemerkte.

Schließlich ist Léopold heute Morgen in die Rue de la Loi gekommen, um sich in die Küche zu setzen. Es ist lange her, dass man ihn hier gesehen hat. Er schien müde zu sein. Die Frühlingssonne machte seinen abgetragenen Mantel noch grüner und seine Gesichtsfarbe unter dem Bart schmutziger.

Zum ersten Mal hat Élise ihn betrachtet, als wäre er nicht ihr Bruder, sondern ein Fremder, und sie fühlte sich trauriger denn je; nach langem Zögern murmelte sie verlegen:

»Manchmal frage ich mich, mein armer Léopold, ob wir aus unserer Familie genauso sind wie die anderen.«

Er hat nicht widersprochen, hat sich nicht entrüstet über diesen Satz, der Louisa aus Coronmeuse wütend gemacht hätte.

»Im letzten Sommer bin ich zu Louis nach Tongeren zur ersten heiligen Kommunion seines Sohnes gefahren. Es war das erste Mal, dass er mich eingeladen hat, und ich weiß immer noch nicht, was ihn dazu bewogen hat. Ich fragte mich, ob ich die Einladung annehmen sollte, vor allem, weil er nicht an Désiré und auch nicht an das Kind gedacht hatte. Ich sehe noch Désiré, der ganz traurig war, mit Roger an der Hand, als der Zug wegfuhr ...«

Sie hat sogar, ohne ein Wort zu sagen, ein Erstkommunionsgeschenk gekauft, einen lilafarbenen Rosenkranz in einem Lederetui.

»Louis wohnt in einem richtigen Schloss, mit einem Park und Wäldern. Alles, was in Limburg zu den vornehmen und reichen Leuten zählt, die er im Herbst zur Jagd einlädt, war an jenem Tag bei ihm zu Gast. Nun! Ob du es glauben willst oder nicht, Léopold, Louis suchte mich unaufhörlich mit den Augen. Man hätte meinen können, er empfand das Bedürfnis, mit mir zu sprechen, als hätte er Kummer.

›Bist du glücklich, Louis?‹, habe ich ihn gefragt.

Anstatt zu antworten, hat er seufzend um sich geblickt, und dann, als sich jemand näherte, hat er meinen Arm gedrückt und ›Psst!‹ gemacht.

Weißt du, es will mir nicht aus dem Kopf gehen …«

Was will ihr nicht aus dem Kopf gehen? Élise weiß es nicht genau. Sie sucht nach dem Grund. Und sie sucht schon lange.

»Es ist wie bei Franz. Letzten Sonntag habe ich ihn zusammen mit Désiré und Roger besucht. Wir hatten Poldine bei Hubert Schroefs getroffen, und sie hatte uns eingeladen.«

Sie wohnen in einem kleinen Haus aus schwarz gewordenen Ziegelsteinen in einem Vorort voller Gärtchen, mit Hühner- oder Kaninchenställen und mit zwischen Stangen gespannten Drahtseilen zum Wäschetrocknen. Die Nachbarn sind in der Mehrzahl Arbeiter, die nach Feierabend in Hemdsärmeln im Garten arbeiten oder Wettbewerbe mit Tauben austragen.

Warum hat Franz, der eine gute Ausbildung hat, ohne mit jemandem darüber zu sprechen, ein Mädchen geheiratet, das in der Leinenindustrie arbeitete, in dieser großen, dunklen Fabrik, die den Quai de Coronmeuse verunstaltet?

Bei ihnen also haben sie Kaffee getrunken und Torte gegessen; sie haben ein Klavier in einem zu kleinen Salon. Poldine hält Hühner und verbringt ihre Zeit damit, stundenlang in den Geschäften oder vor den Haustüren zu stehen und zu reden. Ihr Sohn spielt auf der Straße mit den Jungen des Viertels. Franz hat an dem Nachmittag kaum den Mund aufgemacht, und Désiré hat die ganze Unterhaltung allein bestritten.

Élise ist traurig zu Hause angekommen. Franz hat, wie ihr Bruder Louis, kleine Augen; sie funkeln, aber weichen aus, sobald man ihn anblickt. Er beklagt sich nicht. Er hat nicht einen einzigen Freund in der staatlichen Waffenfabrik, wo er arbeitet. Und in seinem Wohnviertel ist es auch nicht anders.

Die meiste Zeit geht er ganz allein spazieren, mit gleichmäßigem Schritt, ohne sich zu beeilen. Er trinkt. Nicht so wie

Léopold, auch nicht so wie Marthe. Er macht keine Klausuren, ist nie betrunken. Nur dass sein Spaziergang einige Zwischenstationen einschließt, immer dieselben; er betritt eine Kneipe, ohne sich an einen Tisch zu setzen, leert sein Gläschen und geht wieder, wie er gekommen ist, wobei sein Lächeln ein wenig sarkastischer ist.

»Verstehst du, was ich sagen will, Léopold? Man könnte meinen, wir würden von irgendetwas getrieben, das stärker ist als wir …«

So gibt es in der Rue de la Loi Zeiten völliger Ruhe, Tage, in denen nichts passiert, leere Stunden, die uns, wie manchmal der Himmel, wenn er zu tief hängt, den Eindruck geben, unter einer Glocke zu leben. Eine Cécile würde dann immer weiter ihre Wäsche bügeln, ohne sich dessen bewusst zu werden, Juliette, Arthurs Frau, würde den Kinderwagen mit ihrem jüngsten Baby bis ans Ende der Welt schieben, wenn der Gehsteig dorthin führte.

Élise dagegen beherrscht sich an Tagen wie diesem, solange sie kann, mit beklommenem Herzen; aber es kommt der Moment, wo es stärker ist als sie, wo sie aufsteht, sich schüttelt und um jeden Preis Nahrung für ihre Beklemmung sucht, wo es ihr scheint, als gäbe es irgendetwas in ihr, das wegen des vielen Leerlaufs zerbräche.

Sie könnte dann etwas Beliebiges tun, Désiré bei den Schultern fassen und ihn anflehen zu handeln, sie mitzunehmen, mit ihr irgendwohin zu gehen oder, wenn notwendig, sie zu schlagen.

Sie hat eine krankhafte Angst vor vielen Dingen, vor allem aber vor dem Elend. Und deswegen hat es ihr eben einen Schock versetzt, als sie Léopold betrachtete, der heute wie ein armer Mann aussieht, einer, der auf der Straße bettelt. Bei der Erinnerung an gewisse Stunden, die sie in der kleinen Straße nahe der Rue Féronstrée mit ihrer Mutter verlebt hat, wird ihre Stirn feucht, und sie würde lieber stehlen, sie, die von Grund auf ehrlich ist, als eine ähnliche Zeit zu durchleben.

Diese Angst vor dem Elend war es, die sie dazu gedrängt hat, Untermieter zu nehmen. Sie errötet über sich selbst, wenn sie, ganz allein im Haus, heimlich deren Dosen öffnet, um einige Stückchen Zucker oder eine Scheibe Wurst daraus zu stibitzen.

»Aber Louisa, weißt du, Léopold! … Sie ist meine ältere Schwester. Mit mir spricht sie nicht viel, denn sie betrachtet mich immer noch als kleines Mädchen. Ich bin sicher, dass Louisa trotz ihrer äußeren Ruhe nicht glücklich ist. Warum hätte sie sonst einen Mann geheiratet, der zwanzig Jahre älter ist als sie und jetzt einen weißen Patriarchenbart hat? Er sieht aus, als wäre er ihr Vater. Einige Leute glauben das.«

Während eines so düsteren Winters wie diesem, den Élise soeben durchlebt hat, haben sich ihre Gedanken einsam in einem unterirdischen beängstigenden Labyrinth bewegt. Nicht die Müdigkeit hat sie, wie Désiré es behauptet, nervös und so empfindlich gemacht. Désiré findet für alles immer eine zu einfache Erklärung.

Ein wenig so wie Madame Laude in Embourg, bei der sie die Ferien verbracht haben. Élise beneidet sie. Sie ist eine Frau, die nichts aus der Ruhe bringt, die nichts berührt. Sie isst, sie trinkt, sie schläft, immer zufrieden, immer zu einem vulgären Lachen aufgelegt. Einmal, als sie mit Roger im Wald des Fond des Cris spazieren gingen, hörten sie plötzlich das Geräusch von fließendem Wasser. Sie schauten in alle Richtungen und bemerkten Madame Laude, die im Stehen urinierte, ohne sich die Mühe zu machen, ihren Rock hochzuheben. Ihr Mann arbeitet beim Entladen der Waggons in der Gare de Chênée. Abends kommt er kohlrabenschwarz nach Hause. Er setzt sich splitternackt in eine Wanne hinten im Garten, und Madame Laude gießt ihm große Eimer Wasser über den Körper.

Es gibt Leute, die so leben und dabei glücklich sind. Mademoiselle Pauline hat Élise ebenfalls viel Kummer gemacht. Vielleicht ist sie nicht dafür verantwortlich? Aber warum brauchen bestimmte Frauen, die nicht mehr Vorzüge haben als andere, nur in den Tag hineinzuleben und in einer behaglichen Umgebung zu studieren, sich mit der Miene einer Königin bedienen zu lassen, während Familienmütter dazu gezwungen sind, sich zu ihrem Dienstmädchen zu machen? Wenn sie wenigstens ihr schmutziges Wasser selbst ausleeren und manchmal daran denken würde, sich zu bedanken!

Élise verabscheut Mademoiselle Pauline, und sie schiebt Mademoiselle Frida die Schuld zu, seit Monsieur Charles in dem Haus in der Rue de la Loi verkehrt! Sie greift sie hinterhältig an, aber um nichts in der Welt würde sie zugeben, dass sie hinterhältig ist.

»Ist es wahr, Mademoiselle Frida, dass Ihre Landsleute die Revolution vorbereiten?«

Ihr Lachen klingt nervös, und sie zittert wie Kinder, die einen Gegenstand berühren, vor dem sie Angst haben.

»Aber sagen Sie uns doch, was sie an die Stelle des Bestehenden setzen wollen! Werden alle Reichen arm, während die Armen herrschen?«

Sie versteht nicht das eisige Misstrauen ihrer Untermieterin. Sie lacht gezwungen, als diese bemerkt:

»Die Reichen werden nicht arm werden. Wir werden sie töten.«

»Sie wären fähig, jemanden zu töten? Sie?«

»Ja.«

»Rechnen Sie damit, dass Sie nach der Revolution eine hochgestellte Persönlichkeit werden?«

Frida seufzt:

»In Ihrem Land reden die Leute, reden, sie können nur reden und lachen. Sie haben nicht genug Hunger gehabt.«

»Und Sie, Mademoiselle Pauline, werden Sie auch jemanden töten?«

Darauf diese, von der Höhe ihres heiteren Himmels:

»Das beschmutzt zu sehr!«

Nach solchen Unterhaltungen ist Élise dann wie ein Junge, der zu schnell gelaufen ist, zu viel gespielt und zu viel frische Luft geatmet hat, ihre Schläfen pochen, sie findet nachts keinen Schlaf und wälzt sich wie im Fieber neben Désirés langem Körper.

Sie mag die Reichen nicht. Sie hasst Hubert Schroefs. Sie verzeiht es auch Louis de Tongres nicht, obwohl der sie zu der ersten Kommunion seines Sohnes eingeladen hat.

Von all ihren Geschwistern ist Léopold ihr der Liebste, jetzt, wo Félicie tot ist.

Aber sie hat Respekt vor den Häusern aus Quadersteinen, wo es Hausangestellte gibt, für sie ist ein Doktor ein Doktor, ein Anwalt ist ein Jemand, und sie geht auf Zehenspitzen durch die würdevolle Vorhalle, die zu dem kleinen Hof von Françoise führt.

Wenn Roger sich schlecht betragen hat, sagt sie zu ihm:

»Du benimmst dich wie die Arbeiterkinder.«

Einmal ist sie zu Poldine gegangen, weil sie nicht anders konnte, aber sie ist entschlossen, nie mehr wieder den Fuß dorthin zu setzen. Poldine arbeitete in der Leinenfabrik, aus der man abends eine Flut von schlampigen Mädchen herausströmen sieht, die so derb sprechen, dass Élise einen Umweg macht, wenn sie mit Roger nach Hause geht.

Élise ist gut. Sie wäre so gerne gut! Das ist ihr ein Bedürfnis. Sie gäbe alles, was sie hat, wie die arme Félicie, aber es schmerzt sie, wenn die Leute es ihr nicht hundertfach zurückgeben. Sie ist anständig, und dabei betrügt sie von morgens bis abends; gestern hat sie wieder zwanzig Franc zur Sparkasse getragen, hinter dem Rücken von Désiré, der nicht mehr seine Sonntagszigarre raucht, weil es zu teuer ist.

Muss sie wirklich glauben, dass sie nicht so wie andere Frauen ist? Als sie sich mit sechzehn Jahren bei l'Innovation vorgestellt und behauptet hat, neunzehn Jahre alt zu sein, hat Monsieur Wilhelms sie seltsam angesehen. Man konnte in seinen Augen Überraschung, Belustigung, aber auch ein klein wenig Mitleid lesen, als betrachtete er ein sonderbares Tier. Er tat so, als glaubte er ihr.

Nun blicken sie zwei Männer beinahe auf die gleiche Weise an: Frère Médard und Monsieur Charles, vor allem Monsieur Charles, der nun zusätzlich noch ein anderes Gefühl hineinlegt.

Es ist nicht möglich, dass sie ahnen, was sie denkt, und sie hat keinen schwarzen Fleck auf der Nase, der die Männer veranlasst, so zu lächeln.

Fühlen sie, dass sie ihren Weg geht, immer kühn entschlossen, der Hindernisse nicht bewusst, dass sie von einer Macht angetrieben wird, für die sie nicht verantwortlich ist?

Valérie versteht sie nicht.

»Ich möchte wissen, wo du all diese Ideen hernimmst. Ich werde noch glauben, dass du überspannt bist.«

Überspannt, sie!

Mathilde Coomans, deren Geschäft gar nicht mehr gut geht, hat zu ihrem Mann gesagt, der es seinem Cousin wiedererzählt hat, der mit Désiré zusammen bei Monsieur Monnoyeur arbeitet:

»Élise ist zu kompliziert für mich. Sie würde mich dazu bringen, das Leben schwarzzusehen.«

Weil Élise ihnen einmal von den Russen erzählt hat! Sie versucht, sie zu verstehen, sich dieses weite Land vorzustellen, in das man nur mit einem Pass gelangt und wo man in einem Schlitten herumfährt, diese Familien, deren Väter in einem Steinbruch in Sibirien arbeiten und deren Kinder nur für die Revolution leben, wie die Familie von Mademoiselle Frida.

An manchen Abenden ärgert sie der innere Frieden Désirés, der nichts sehen will, so sehr, dass sie ihm gegenüber ungerecht wird und ihm sagt, was sie an Unangenehmem finden kann.

»Ich frage mich, warum du mich geheiratet hast. Du hättest hundertmal besser daran getan, in der Rue Puits-en-Sock zu bleiben.«

Désiré bringt ihr lösliche Eisentabletten, um sie zu stärken. Das ist seine Antwort darauf. Er hat sie dazu gezwungen, eine Zugehfrau zu nehmen, die jeden Montag kommt, um die Wäsche zu waschen.

Noch eine unglückselige Idee: Der Mann von Madame Catteau, die Élise sich ahnungslos ausgesucht hat, ist seit sechs

Monaten im Gefängnis. Er ist verurteilt worden, weil er seine neunjährige Tochter misshandelt hat.

Nun waschen die beiden Frauen im Hof die Wäsche und unterhalten sich dabei.

»Wenn Sie die Kleine hätten sehen können, Madame Mamelin …«

Mit einer ordinären Stimme, die weithin zu hören ist – und die Mauern der Höfe sind nicht hoch –, gibt sie bereitwillig schonungslose Einzelheiten von sich, dass Élise gezwungen ist, sie daran zu erinnern, dass es Nachbarn gibt.

»Ich kenne die Menschen, gehen Sie mir weg! Ich werde dafür bezahlt, sie zu kennen. Wenn Sie die Hälfte von dem wüssten, was in meiner Straße passiert …«

Sie wohnt in der Rue Grande-Bêche, einer der ärmlichsten von Outremeuse, in einem wirklichen Elends- und Gaunerviertel, wohin sich Désiré einmal im Monat zum Besuch des Wohltätigkeitsvereins begibt.

Am Anfang ihrer Ehe, als Élise ihn über die Armen, denen er half, ausfragte, begnügte er sich mit der Antwort:

»Wir dürfen nicht darüber sprechen.«

»Nicht einmal mit deiner Frau?«

Als hätten die anderen so viele Skrupel wie er!

»Es gibt Zimmer, Madame Mamelin, die stinken, mit Verlaub gesagt, dass Sie nicht dort hineingehen könnten, auch wenn Sie sich die Nase zuhielten. Sie sind zu zehnt oder zwölft da drinnen, Jungen, Mädchen, alles durcheinander, zusammen mit dem Vater und der Mutter, die das, was sie unbedingt tun müssen, vor den Kleinen tun, die ihnen zuschauen und es mit ihren Schwestern versuchen …«

Die Angst überwältigt sie, wenn sie an der Rue Grande-

Bêche vorbeigeht, so als streifte sie einen Abgrund, der sie hinunterziehen könnte, und sie hat sich nicht enthalten können, Roger zu erklären:

»Siehst du! Du musst in der Schule gut lernen. Sonst wirst du später arm sein und in dieser Straße dort wohnen.«

Sie will nicht arm sein. Der bloße Anblick von Armut macht sie krank vor Angst und Abscheu. Sie hasst die Reichen, aber sie mag die Armen nicht.

»Weißt du«, hat Désiré einmal zu ihr gesagt, »das Beste ist es, sich genau in der Mitte zu halten, wie wir.«

Die Mitte, das ist die Rue de la Loi. Sie weiß es. Oft gelingt es ihr, dort glücklich zu sein. Sie kann nichts dafür, wenn sie sich von Zeit zu Zeit unwohl fühlt, wenn es sie danach verlangt, irgendetwas zu tun, um dort herauszukommen, wie sie von den Cessions und dann aus der Rue Pasteur weggekommen ist.

»Es ist ein wenig so, Léopold, als blieben wir überall Fremde, wir alle aus unserer Familie, wir alle, ohne Ausnahme.«

Sie spricht von den Peters, Jungen wie Mädchen.

»Marthe ist unglücklich mit Hubert Schroefs, trotz all ihrem Geld, weil er keinerlei Zartgefühl besitzt. Louisa leidet daran, Gläschen an der Theke zu servieren, man wird mir nicht das Gegenteil weismachen können. Louis fühlt sich nicht wohl mitten in der vornehmen Familie seiner Frau, die es ihn wohl spüren lässt, dass er nicht derselben Welt angehört. Meine beste Freundin, Valérie, verletzt mich unausgesetzt, ohne es zu wissen, und ich kann nie offen mit ihr reden.«

Franz und Poldine … Félicie, die daran gestorben ist …

Und Léopold, der trinkt, der das Trinken braucht, sobald

er aufwacht, ohne dass er wie ein Kranker ist, der auf seine Arznei wartet.

»Es ist nicht deshalb, weil wir von der Grenze kommen, fast Ausländer. Mademoiselle Pauline zum Beispiel fühlt sich überall wohl, wohin sie geht. An der Ecke des Boulevard de la Constitution wohnen Juden, die die Synagoge besuchen und die in dem Viertel wie zu Hause sind.«

Wird man sie nicht von dem Gedanken abbringen können, dass es ein persönliches Problem ist, dass eine Art Fluch, vielleicht ein Makel auf der Familie liegt?

»Woran genau ist unser Vater gestorben?«

»An einem Krebsgeschwür an der Zunge.«

Léopold ist heute mürrisch. Er blickt starr vor sich hin und vergisst, seine Pfeife wieder anzuzünden. Er sagt nie, was er denkt, man muss es erahnen; manchmal hat Élise, die daran gewöhnt ist, den Eindruck, dass sie ihn denken hört, und ganz selbstverständlich antwortet sie ihm darauf.

In der Rue Puits-en-Sock leben all diese kleinen Geschäftsleute, die Wand an Wand geboren wurden und auch hier sterben werden, wie eine große Familie ohne Sorgen zusammen, und aus diesem Grund hat sie jedes Mal, wenn sie Désiré sich mit Roger auf den Weg zum Hutgeschäft seines Vaters machen sieht, eine ungewollte Anwandlung von schlechter Laune.

Verstreut und fremd in ihrem Viertel streben die Peters instinktiv zueinander, weil nur einer der Ihrigen sie verstehen kann, aber wenn sie dann zusammen sind, schweigen sie, als machte ihr Dämon ihnen Angst.

Manchmal scheint es Élise, als gäbe es mehr gemeinsame Berührungspunkte zwischen ihr und Mademoiselle Frida zum Beispiel oder zwischen ihr und der Mutter von Monsieur Saft, die als Dienstmädchen arbeitet, damit ihr Sohn studieren kann, als zwischen ihr und ihrem eigenen Mann.

Gibt es überall auf der Welt menschliche Wesen, die empfindsamer sind als die anderen, die mehr leiden und die nichts zufriedenstellen kann?

Neulich ging sie die Rue Haute-Sauvenière hinauf. Jugendliche kamen ihr in Gruppen entgegen, mit schwarzem Gesicht und weißen Augen, und sie ließen ihre eisenbeschlagenen Schuhe auf dem Straßenpflaster widerhallen. Sie wurde von einem nervösen Zittern gepackt und drückte Roger instinktiv an sich.

Sie hat es Madame Laude nie eingestanden: Wenn in Embourg Frédéric abends von der Arbeit nach Hause kommt, hat sie Angst, und sie beruhigt sich erst wieder, wenn er sich, nachdem er aus seinem Bottich gestiegen ist, wieder in einen friedlichen Mann mit seinen langen blonden Schnurrbarthaaren und seiner ewigen Mütze verwandelt, der kegelt oder seinen Garten umgräbt.

Sie hat immer den Eindruck, dass sich jeden Augenblick etwas ereignen wird, dass die Welt unmöglich wie schwebend im Weltenraum bleiben kann und den gegenwärtigen Augenblick bis ins Unendliche verlängert, und erschreckt fragt sie die anderen, die nichts bemerken; sie fühlt eine Katastrophe herannahen, vor der sie sich als Einzige fürchtet.

Léopold steht schwerfällig auf, klopft seine Pfeife auf dem Rand des Kohleneimers aus und schluckt einen Rest kalten Kaffee hinunter, der noch in seiner Tasse ist.

»Auf Wiedersehen, Mädchen.«

»Willst du mir nichts sagen, Léopold?«

Was sollte er ihr sagen? Beredter als seine Worte ist sein schwerer, unentschlossener Gang, der ein paar Meter weiter auf dem Gehsteig anhält: Er ist in die Kneipe nebenan gegangen.

Das ist der Grund, weshalb Élise ihren Sohn mitnahm und in diese Kapelle in der Rue Neuvice gekommen ist, weshalb sie, sich schnäuzend, aufsteht und auf den elektrischen Klingelknopf drückt, dessen Läuten irgendwo in der Zelle des Beichtvaters zu hören sein wird.

Es ist ein ganz gebrechlicher alter Mann, der ihr letztes Mal aufgetragen hat:

»Betet, meine Tochter. Erfüllt Eure Pflichten als Gattin, als Mutter und als Christin, und Ihr werdet sehen, dass der Frieden Gottes wieder in Euch einkehren wird.«

Sie hat es eilig damit, es hinter sich zu bringen, sie möchte gern, dass für den herannahenden Frühling alles in ihr genauso rein und leicht ist wie in dem Haus, das sie von oben bis unten geputzt hat und wo die frische Luft von morgens bis abends in die hintersten Winkel weht.

»Warte brav auf mich, Roger.«

Sie kniet sich hinter dem grünen Tuch nieder, von dem sie nur halb verdeckt wird, und lange hört das Kind ihr monotones Gemurmel, es errät durch das Holzgitterfenster das Gesicht von Pater Meeus, der aussieht wie eine Person aus dem Messbuch.

Gleich, wenn sie wieder in der Sonne auf der vibrierenden Straße sind, wird Élise sich zu einem Lächeln zwingen und vor der Tür einer Konditorei bestimmen:

»Komm, iss ein Stück Kuchen, ein Sahnehörnchen, was du so gerne magst.«

Bald ist Ostern, man wird zum ersten Mal den Strohhut bürsten, die neuen Sommerkleider einweihen, man wird mit dem Pilgerzug nach Chèvremont wallfahrten und mit den Füßen durch den dicken weißen Staub des von Weißdorn umsäumten Kalvarienberges stolpern. Man wird an jeder blumengeschmückten Kreuzwegstation ein Vaterunser und drei Ave-Maria beten, und oben bei der Molkerei wird man im Freien neben den Schaukeln essen, mitten unter der Schar der Erstkommunikanten, von denen die weiß gekleideten Mädchen wie Bräute aussehen.

Dann wird man über Fléron nach Hause gehen, obwohl es weiter ist, um so lange wie möglich auf der Anhöhe zu bleiben.

9

Man schreibt das Jahr 1911. Das Leben, das das kleine Haus in der Rue de la Loi erfüllt, lässt die Mauern bersten und breitet sich auf dem Gehsteig aus. In der Küche, wo die Deckel der Kochtöpfe klappern, spricht man von der Zeit von Mademoiselle Pauline und Monsieur Saft, wie Chrétien Mamelin und sein Freund Kreutz von einer Zeit sprechen, die sie gekannt haben, ohne Straßenbahnen oder Autos, oder wie Désiré von seiner Jugend spricht, als sie mit zwölf Kindern in der Rue Puits-en-Sock um den Tisch herum saßen und als ein Blick des Vaters zu seiner Reitpeitsche genügte, um Ruhe zu gebieten.

Großpapa ist tot. Er war nicht krank. Es gab keinen Grund, an jenem Abend mehr als an einem anderen darauf gefasst zu sein, und dennoch sah Roger im Schlaf eine Feuerkugel, die vom Fußboden bis zur Decke sein Zimmer durchquerte, genau um die Stunde, in der die Seele des ehemaligen Bergmannes heimlich fortging, so als wollte sie niemanden stören, und einen riesigen, unwichtigen Leichnam auf dem Bett zurückließ.

Von Monsieur Saft, der sein Studium beendet hat und wieder zurück in sein Land gegangen ist, hört man nichts mehr. Und dabei hat er Roger versprochen, ihm aus Polen Postkarten zu schicken, die sehr schön sind. Im Gegensatz dazu schreibt Mademoiselle Pauline manchmal aus Berlin, wo sie

Schülerin von Professor Einstein geworden ist. Anscheinend hat sie einen außergewöhnlichen Verstand, und der Wissenschaftler betrachtet sie als eine seiner besten Schülerinnen. Élise kann sich nicht genug darüber wundern:

»Sie ist vielleicht mathematisch begabt, aber dagegen liegt alles andere im Argen. Erinnern Sie sich, Mademoiselle Frida? Sie konnte mit ihren Händen nichts tun, und es fehlte ihr so sehr an Geschicklichkeit!«

Bestimmte Wörter der Feinstein, bestimmte Anekdoten, ihre Hände, die sie wie kostbare Gegenstände pflegte, ihre Wutausbrüche, wenn Désiré sie neckte, ihre dicken Fesseln, für die sie vergeblich Halbstiefel suchte – sie hatte einen ganzen Schrank voll davon! –, all das macht nun einen Teil der Geschichte des Hauses aus, die die neuen Untermieter bei ihrem Einzug kennenlernen.

Von den Ehemaligen ist nur noch Mademoiselle Frida da. Sie hat sich stets dagegen gewehrt, das Zimmer zu wechseln, sogar als Élise vorgeschlagen hat, ihr das grüne Zimmer zu überlassen, zum selben Preis wie das schlecht beleuchtete Zimmer im Zwischenstock.

Das grüne Zimmer wird seit einigen Wochen von Monsieur Bernard bewohnt, einem Belgier, dessen Eltern ein Lebensmittelgeschäft in Verviers haben. Er studiert Medizin, ein kleiner, dünner junger Mann mit blonden Haaren, immer zum Scherzen und Necken aufgelegt, wie Désiré; und wenn sich die beiden zusammentun, um Mademoiselle Lola zu ärgern, dann ist ein solcher Lärm im Haus, dass Élise sich fragt, wie das arme Mädchen das aushält.

Allerdings bringt nichts diese dicke, ein wenig einfältige Kaukasierin aus der Ruhe.

»Es genügt, wenn man sie lächeln sieht, Valérie. Sie lächelt wie ein Kind im siebten Himmel.«

Sie bewohnt das rosa Zimmer von Mademoiselle Pauline, und dieses Zimmer ist weiblicher geworden, fast zu weiblich, denn Mademoiselle Lola, die sehr schön ist, von einer friedlichen, odaliskenhaften Schönheit, pflegt und schmückt ihren Körper liebevoll, verbringt Stunden mit ihrer Toilette, geht im Haus umher, halb nackt, wobei ihr Busen unter dem halb offenen Morgenmantel zu sehen ist, und hinterlässt im Haus, das gewöhnlich nach Küche riecht, Spuren von Parfüm.

Sie singt, sie lacht, man sieht sie nie studieren; ihre Eltern sind reich, und sie gibt zu, dass sie nur in die Universität eingetreten ist, um dem eintönigen Dasein im Elternhaus zu entkommen und etwas von der Welt zu sehen.

»Sie wird ihr ganzes Leben lang ein Kind bleiben. Ich sage mir manchmal, dass das ein Glück ist.«

Sie spricht so drollig Französisch, dass bei jeder Gelegenheit Gelächter ausbricht, vor allem, wenn man ihren arglosen Worten einen doppeldeutigen Sinn unterschieben kann. Denn seit dem Einzug von Monsieur Bernard ist der Ton der Scherze in der Rue de la Loi schlüpfriger geworden, und auch Désiré hat sich daran beteiligt; oft muss Élise den Männern durch ein Zeichen bedeuten, dass Roger, ohne dass es den Anschein hat, ihnen zuhört.

Es gab graue Zeiten, in denen die Untermieter so häufig wechselten, dass man keine Zeit hatte, ihre Bekanntschaft zu machen. Es gab sogar einen, der, man hat niemals erfahren, warum, ohne ein Wort einen Tag nach seinem Einzug wieder fortging und in dem Zimmer ein altes Paar Socken und einen

Federhalter zurückließ. Der Federhalter befindet sich noch immer in der Küchenschublade.

Seltsam, dass ausgerechnet Monsieur Chechelowski, der Einzige, den Élise hinausgeworfen hat, von sich hören lassen hat. Er ist verheiratet, Vater eines Kindes, das bald drei Jahre alt wird, und Ingenieur in einer Elektrofabrik in Antwerpen; er hat nicht die Absicht, in sein Land zurückzukehren.

Sein Messer liegt ebenfalls noch immer in der Tischschublade.

Das Hinterzimmer im Erdgeschoss ist an einen anderen Russen, Monsieur Bogdanowski, vermietet. Ein Menschentyp, den man bisher in dem Haus noch nicht kennengelernt hat, eine Art Orientale – er ist aus Astrachan –, dick und gepflegt wie Mademoiselle Lola, mit so schönen Augen wie sie und bläulich schimmernden Haaren, die von Natur kraus sind.

Wie der Kaukasierin fehlt auch ihm das elementarste Schamgefühl, er geht im Schlafanzug umher und kauft in diesem Aufzug seine Butter in dem kleinen Milchgeschäft in der Rue Jean-d'Outremeuse. Einmal, als er den Korridor von der Küche zu seinem Zimmer mit großen Schritten durchmaß, rief ihm Élise zu:

»Halten Sie doch still, Monsieur Bogdanowski. Sie machen mich ganz schwindelig.«

»Der Einlauf, Madame …«

In der Tat, wenige Augenblicke später stürzte er wie ein Verrückter, die Hände auf dem Bauch, auf den kleinen Ort, der sich hinten auf dem Hof befindet. Er spricht mit Vorliebe von seinen Eingeweiden und von dem Einlauf, den er sich jede Woche macht; jeden Morgen um zehn Uhr isst er einen Topf Joghurt.

»Für die Därme!«, erklärt er mit seinem so komischen Akzent.

Er hat krauses Haar wie ein Schwarzer und parfümiert sich, dass einem übel werden kann.

Dieser Tag ist einer der längsten des Jahres. Alle Türen, alle Fenster sind geöffnet, denn wenn die Hausgemeinschaft vollständig ist, ist es nötig, dass sich das Haus bis auf die Straße fortsetzt. Roger, der um sechs Uhr allein an einer Ecke des Tisches zu Abend gegessen hat, um dann Platz zu machen, sitzt vor der Tür, umgeben von seinen Farbtuben, von Töpfchen voller Wasser, das in den Regenbogenfarben schillert, von Pinseln und Lappen, von Farbstiften und Radiergummis; gleichgültig gegenüber dem Leben drinnen wie draußen, das über seinem Kopf hinweg zusammentrifft, kopiert er sorgfältig genau eine Postkarte, die eine Mühle neben einem Bach darstellt.

Monsieur Bernard hat so sehr darauf bestanden, voll verpflegt zu werden, dass Désiré nachgegeben hat. Zwei Belgier, beides Medizinstudenten, die in dem Viertel ein Zimmer haben, kommen außerdem noch jeden Tag zum Mittagessen.

»Iss schnell, Roger. Die Mittagsgäste kommen gleich.«

Der Herd steht von morgens bis abends voll von Kochtöpfen mit scheppernden Deckeln, und kaum ist der Tisch für die einen fertig gedeckt, da muss er wieder abgeräumt werden, um das Gedeck für die Nächsten aufzulegen, und um zwei Uhr sind die gezuckerten Gerichte an der Reihe, die Élise für Désiré zubereitet.

Mademoiselle Frida, die immer noch an ihrer Blechdose

festhält, schleicht unerschütterlich herein, gießt kochendes Wasser in ihre kleine, blaue Emaillekanne und breitet ihr Brot, ihre Butter, ihr Ei oder ihren Käse aus.

Mademoiselle Lola dagegen ist die fleischgewordene Unordnung. Bald isst sie in der Stadt, man weiß nicht, wo, bald verlangt sie das Essen der Kostgänger, dann wieder hat sie die Absicht, eigenhändig Gerichte aus ihrer Heimat zuzubereiten, verlangt unbekannte Gewürze, mischt die überraschendsten Zutaten zusammen, um schließlich festzustellen, dass sie das genaue Rezept vergessen hat.

Man lacht. Man ruft. Man versteht sein eigenes Wort nicht mehr. Manchmal findet eine Verfolgungsjagd im Treppenhaus statt, Türen schlagen, die Kaukasierin ruft um Hilfe: Monsieur Bernard ist es, der hinter ihr herläuft, sie fest um den Leib fasst, außer Atem vor dem Körper stehen bleibt, der ebenfalls nach Luft ringt, vor dem zurückgeneigten Gesicht, in dem heißer Atem die dunkelroten Lippen beben lässt.

Letzte Woche hat er das Skelett, das er zum Studieren mitgebracht hat, in Mademoiselle Lolas Bett gelegt. Durchdringende Schreie ausstoßend, ist sie im Nachthemd heruntergelaufen, und da er schallend lachte, hat sie ihm das Gesicht zerkratzt; er hat immer noch Narben davon.

»Sie sind ein gemeiner Belgier! Ein gemeiner Belgier! Verstehen Sie?«

»Soll ich Sie auf Knien um Verzeihung bitten, Mademoiselle Lola?«

Er hat es gemacht. Désiré lachte ebenfalls. Élise setzte ihr nervöses Lächeln auf, das sie fast nicht mehr verlässt und in dessen winzigen Fältchen tausend Sorgen eingegraben sind.

Denn vielleicht war sie niemals so beunruhigt wie inmitten dieses lärmenden Treibens, das sie in Gang gebracht hat und wo sie allein einen klaren Kopf behält. Abends hält sich Désiré noch gern in der Küche auf, anstatt vor die Haustür zu gehen, um seine Zeitung zu lesen. Sie wird ungeduldig, obwohl sie auf Mademoiselle Lola nicht eifersüchtig ist.

»Die Delcours sind schon draußen«, bemerkt sie.

Das ist ein allabendliches Zusammensein geworden, wenn nicht gerade ein Sommerregen fällt. Die Jugend aus dem Nachbarhaus wartet auf dem Gehsteig, wo man die Stühle in einem Halbkreis aufgestellt hat. Die Gruppe hat sich um den Verlobten des jungen Mädchens, Hélène, vergrößert, die jetzt Lehrerin ist.

Durch den Flur, an dessen Ende Roger, auf dem blauen Stein sitzend, seine Mühle malt, treffen so das Gelächter und die Rufe von der Straße auf das aus der Küche, bevor sich die beiden Gruppen zusammensetzen.

Roger könnte sich nicht einmal woanders hinsetzen. Um vier Uhr muss er sich mit seinen Hausaufgaben beeilen. Das vordere Zimmer, der einzige Schlupfwinkel, der noch zur Verfügung stand, ist von jetzt an vermietet. Zwischen die Möbel des Esszimmers hat man dort ein Bett und einen Waschtisch hingestellt, und das ist der Bereich von Monsieur Schascher geworden.

Dieser beteiligt sich weder an den Spielen noch an den Mahlzeiten. Er ist ein kleiner, rothaariger Jude und so hässlich, dass die Kinder Angst vor ihm haben, er ist so arm, dass er weder Strümpfe in seinen schief getretenen Schuhen noch Unterwäsche unter seinen Kleidern trägt. Abends kann man ihn durch die scharfkantigen Blätter einer Grünpflanze am

Fenster erkennen, wie er, mit den Fingern in den Ohren, studiert, wobei er die letzten Lichtstrahlen der Dämmerung ausnutzt, um das Gas zu sparen.

Obwohl es vorkommt, dass er den ganzen Tag nichts isst, beklagt er sich nie. Durch Mademoiselle Frida haben sie erfahren, dass ihm eine jüdische Bank seines Landes das notwendige Geld für sein Studium leiht. Sie wird seine Diplomzeugnisse zurückhalten, bis er alles zurückgezahlt hat. Er wird vielleicht zehn Jahre damit zu tun haben.

»Das ist schön, Louisa, einander so zu helfen. Warum müssen die Juden die Einzigen sein, die das machen? Welch ein Unterschied zu einem Monsieur Bernard, der nur an sein Vergnügen denkt, so sehr, dass ich dazu gezwungen bin, ihn in seinem Zimmer einzuschließen, um ihn zum Arbeiten zu bringen. Seine arme Mutter hat mich dazu ermächtigt. Er verdient solche Eltern nicht.«

Der Kirchturm von Saint-Nicolas ragt starr in einen Himmel von bedrohlicher Unbewegtheit auf. Die Luft ist schwül. Während man noch am Tisch verweilt, hat Élise auf einer Ecke des Herdes mit ihrem Abwasch begonnen.

»Beeilen Sie sich, Monsieur Bernard. Sie sind immer der Letzte beim Essen.«

Er ist ein Lausbub, und als solchen behandelt sie ihn.

Sie möchte endlich mit ihrer Arbeit, die sie noch bis Mitternacht in Anspruch nehmen wird, allein sein, und während die anderen sich auf der Straße herumtollen, kann sie dieses verkrampfte Lächeln ablegen, das sie von morgens bis abends auf einem immer spitzeren und wechselhafteren Gesicht aufrechterhält.

Wohin soll das führen? Wohin treibt sie? Wohin treibt das

Haus, das sie wie ein Schiff auf gut Glück vom Stapel gelassen hat und in dem sie sich manchmal nicht mehr als Herrin fühlt?

Auf der Straße spielen sie harmlose Spiele, sogar der lange Désiré, sie spielen Fangen, geben sich Klapse, machen Radau, kommen in Fahrt, man hört die Lachsalven von Mademoiselle Lola, die wieder jemand um die Taille gefasst hat und die sich mit feurigem Blick sträubt, mit dem verlegenen Lachen eines schönen Mädchens in Liebesnöten.

Élise lauscht plötzlich auf eine weiter entfernte Stimme, auf eilige Schritte auf dem Straßenpflaster der Rue Jean-d'Outremeuse.

»Verlangen Sie die *Meuse*! ... Extrablatt!«

Der Zeitungsverkäufer geht vornübergeneigt, bleibt kaum vor den Menschengruppen stehen, um ein noch feuchtes Blatt von dem Stapel zu nehmen, den er auf dem linken Arm trägt, und läuft dann weiter.

»Verlangen Sie die *Meuse*! ... Der Panthersprung nach Agadir ... Unverschämte Herausforderung des deutschen Kaisers ... Krieg ...«

Hat sie richtig verstanden? Hat er *Krieg* gesagt? Was hat er danach gerufen? Sie stürzt hinaus, beugt sich über die Tuben und Farbtöpfe ihres Sohnes, die ihr im Weg sind.

Die anderen sind erstarrt. Man sieht sie in der Haltung, in der das Wort sie überrascht hat, und es vergeht ein Moment, bevor sie die begonnene Geste automatisch zu Ende bringen, dort auf der Straße, über die sich soeben das Schweigen wie ein Schleier gelegt hat.

Das Gelächter ist verstummt, außer dem von Mademoiselle Lola, die nichts verstanden hat, eine Lachsalve, die langsam von selbst erstirbt, während das dicke Mädchen mit von Angst gefärbtem Erstaunen um sich blickt.

Désiré geht als Erster zur Ecke Jean-d'Outremeuse und sucht schon in seiner Tasche nach einem Sou; man sieht ihn warten, das Gesicht zur Rue Puits-en-Sock gewandt. Die Türen der Nachbarhäuser öffnen sich nacheinander, die Leute beugen sich heraus, fragen:

»Was hat er gerufen?«

Endlich erscheint der Verkäufer, Désiré bleibt am Gehsteigrand stehen und sieht auf das bedruckte Blatt, die anderen möchten gern etwas erfahren, sie fragen sich, warum er nicht sofort zurückkommt, er dreht sich um, macht eine ausladende, beruhigende Bewegung.

»Nun?«

Endlich ist er wieder da. Die Nachbarn umringen ihn. Er bleibt ganz ruhig.

»Aber nein! Aber nein! Es gibt keinen Grund, sich aufzuregen. Es ist noch kein Krieg. Alles kann sich einrenken, und ihr werdet sehen, es wird sich einrenken.«

Er liest mit lauter Stimme, unterstreicht wie jemand, der Bescheid weiß, mit dem Finger das Fragezeichen, das die Drohung richtigstellt, die in der Schrift einer Bekanntmachung verfasst ist:

Krieg in Europa?
Kaiser Wilhelm in Agadir an Land gegangen
Monsieur Fallières beruft dringend den Ministerrat ein
Wird die Mobilmachung verordnet?

Dort unten in Nevers, zu Beginn des Abends, beugt sich Félicien Miette vor dem Bürogebäude seiner Zeitung über das Auto, das er vor kurzem gekauft hat, und bemüht sich, es in Gang zu bringen, Isabelle, in einem Ziegenledermantel, mit einem Schleier, der ihren Hut festhält und um den Hals gebunden ist, wartet ungeduldig darauf, dass der Motor, der in kurzen Abständen spuckt, sich endlich dazu bequemt anzuspringen.

Miette wischt sich die Stirn und nimmt wieder die Kurbel in die Hand. Der Motor läuft. Im selben Augenblick wird ein Fenster geöffnet.

»Monsieur Miette! Monsieur Miette!«

Und während Isabelle sich schließlich auf den Sitz gezwängt hat, winkt der diensthabende Telefonist der Zeitung mit den Armen und kreischt mit schriller Stimme, sodass man ihn durch den Lärm der Maschinen verstehen kann:

»Krieg!«

Élise hält immer noch ihr Geschirrtuch in der Hand. Monsieur Bernard, mitleiderregend blass, sieht aus wie ein Junge, der nicht wohlauf ist. Monsieur Schascher hat einen Moment lang sein farbloses Gesicht und die roten Haare gegen die Fensterscheibe seines Zimmers gedrückt und kehrt an seinen Tisch zurück, als hätte der Krieg nichts mit ihm zu tun.

Mit einer Unüberlegtheit, die niemanden zum Lachen bringt, fragt Mademoiselle Lola:

»Glauben Sie, dass sie den Frauen etwas tun werden?«

Der Tag ist damit noch nicht zu Ende. Der aufgehende Mond leuchtet so stark, dass man den Übergang zur Nacht nicht bemerkt, die Gruppen werden kaum verschwommener, die Stimmen klangvoller in einer künstlich erscheinenden Welt.

»Man wird morgen schon sehen, ob Krieg ist«, erklärt der Älteste der Delcours und geht zu Bett.

Seine Schwester Hélène begleitet ihren Verlobten Hand in Hand zurück zur Place du Congrès; sie finden keine Worte, die sie sagen könnten, sie schmiegen sich eng aneinander, und als er sie verlässt, ist sie drauf und dran, ihn zurückzurufen.

»Glaubst du, Désiré«, flüstert Élise in ihrem Bett, »dass die Mitglieder der Bürgerwehr mitmarschieren müssen?«

Als jeder eingeschlafen ist und sich bemüht, den hässlichen Albtraum des Krieges abzuwehren, wird die Stille des Hauses durch einen ohrenbetäubenden Schrei zerrissen, der an den Ruf eines Tieres in höchster Not erinnert.

»Désiré! ... Désiré!«

Élise sitzt auf dem Bett und schüttelt ihn; aus dem Nebenzimmer, dessen Tür immer angelehnt bleibt, fragt eine seltsam ruhige Stimme:

»Was ist los, Mutter?«

Élise zieht die Kleidungsstücke an, die ihr in die Hände fallen, knotet mechanisch ihre Haare und steckt sie hoch, öffnet die Tür, während andere Türen im Haus geöffnet werden. Mademoiselle Lola, die den Schrei ausgestoßen hat, steht in einem hellen Nachthemd auf dem Treppenabsatz in der ersten Etage; sie redet hastig auf Russisch, wobei sie wie eine Verrückte Blicke um sich wirft.

»Um Gottes willen, bringen Sie sie zum Schweigen, Monsieur Bernard! Was hat sie? Was sagt sie? Was ist geschehen?«

Alle sind auf den Beinen, alle laufen im Haus umher, und

man bemerkt lediglich, dass man wie am helllichten Tag sehen kann, ohne dass eine Lampe angezündet ist. Jemand ruft aus:

»Feuer!«

»Schnell, Désiré … Das Kind … Es brennt …«

Sie wartet nicht auf Désiré, hebt Roger, der ganz warm ist in seinem weißen Nachthemd, auf ihre Arme und trägt ihn fort.

Krieg … Feuer …

Ihre Arme werden schwächer, die Beine versagen ihr, sie ist gezwungen, sich auf eine Treppenstufe zu setzen, als sie feststellt, dass es nicht bei ihr brennt, obwohl das Zimmer von Mademoiselle Lola von dem Flammenschein hell erleuchtet ist.

»Das Institut Saint-André …«

Hinter den Schieferdächern der Schule sieht man Flammenwirbel aufsteigen, durch die hindurch manchmal schwarze Dinge wie Pfeile sehr heftig in den Himmel geschleudert werden.

Désiré steht nah bei ihr. Er beruhigt sie, sagt:

»Das ist die Werkstatt von Déom. Bleibt hier. Ich schau mal nach.«

Leute rennen durch die Straße, Fenster werden geöffnet, man hört die Unheil verkündende Glocke der Feuerwehr, eine lärmende Menschenmenge in der Rue Jean-d'Outremeuse.

Nicht nur die Tischlerwerkstatt von Monsieur Déom steht in Flammen, sondern das ganze Haus. Obwohl die Feuerwehrleute bereits die Wasserspritzen aufgefahren haben, rufen Nachbarn:

»Eine Kette … Wir müssen eine Kette bilden!«

Andere bringen Wasserkannen und Eimer. Zwei Polizisten versuchen vergeblich, die Neugierigen fernzuhalten. Auf dem Gehsteig gegenüber trifft Désiré, ohne Jacke, in seinem Nachthemd mit dem rotbestickten Kragen, Albert Velden, und beide sehen stumm zu, zünden sich eine Zigarette an.

»Geh ins Bett, Roger. Es ist nichts.«

Das Kind bleibt im Zimmer von Mademoiselle Lola, das so rosa ist wie nie und aus dessen Fenstern sich die Frauen hinausbeugen, während die Männer draußen sind.

»Mit all dem Holz, das in der Werkstatt aufgestapelt war! Er hat so schöne Möbel gemacht!«

Monsieur Déom, lang und mager, mit herabhängendem Schnurrbart, irrt umher wie ein Mann, der nicht mehr weiß, wo er ist oder was er tut. Einige sehen ihn an und murmeln mit ängstlichem Respekt, dass er den Verstand verloren hat. Kopflos läuft er zwischen den Unbekannten umher, die, ein Taschentuch vor der Nase, in sein Haus gehen und mit allem, was ihnen in die Hände fällt, wieder herauskommen.

»Dort! ... Dort! ... Da ist jemand!«

Eine menschliche Gestalt, zwei Arme, die sich an einem Fenster in der zweiten Etage bewegen, aus der Rauch kommt. Es ist eine alte, gebrechliche Mieterin, die man vergessen hat. Die Feuerwehrmänner fahren ihre Leiter aus.

Und immer noch laufen Männer, Frauen und Kinder herbei, aus der Rue de la Loi, aus der Rue Pasteur, aus der Rue Puits-en-Sock. Es ist eine Prozession. Sie kommen aus den kleinen Straßen, und man erkennt sie sofort. Unter denen, die am meisten rennen, die unaufhörlich in das Haus gehen und, beladen mit allen möglichen Gegenständen, wieder herauskommen, erkennt man Monsieur Bogdanowski, mit rußgeschwärztem Gesicht, weißen Augen und den gekräuselten Haaren.

Das rosa Zimmer riecht nach Eau de Cologne, mit dem man Mademoiselle Lola besprengt hat. Manchmal bahnt sich eine besonders heftig lodernde Feuersäule einen Weg durch die Glut des Himmels, und man hört so etwas wie das Brausen eines riesigen Ofens, der jeden Augenblick explodieren kann.

»Mein Gott! Wenn wir jemals Krieg haben werden«, seufzt Élise und sieht den Feuerwehrleuten zu, die sich vorsichtig auf die spitzen Dächer der École des Frères emporziehen. Die armen Leute! Was bleibt von ihrem Haushalt übrig?

Sie vermischt die Kriegsdrohungen mit der Katastrophe, die auf das Haus Déom niedergegangen ist. Das Blut in ihren Adern fließt schneller, sie läuft ziellos hin und her, es scheint ihr, dass das, was geschieht, geschehen musste, dass es das ist, was sie hat kommen sehen, worauf sie gewartet hat, dieses schreckliche Ende, dessen Vorgefühl sie immer gequält hat.

Sie betet leise:

»Mein Gott, verschone uns, verschone unser Haus, verschone Roger und Désiré. Nimm mich, wenn es sein muss, aber verschone sie!«

Sie fährt zusammen, als sie Mademoiselle Frida sieht, bleich und aufrecht in dem tanzenden Licht, wie ein Würgeengel.

»Werden Sie auch Feuer legen, wenn Sie die Revolution machen?«

Und die andere, die Zähne in das Fleisch der Lippen eingegraben:

»Es wird *schrecklich* sein!«

Dramatisch lange rollt sie das r von schrecklich.

Auf dem überschwemmten Gehsteig stapeln sich Matratzen, Stühle, Töpfe, namenlose Gegenstände, genauso wie bei einem Notverkauf. Madame Déom, die ein Baby erwartet und die man deshalb in ein Nachbarhaus gebracht hat, trinkt den Rum, den man ihr zwischen die Lippen gießt, ohne sich dessen bewusst zu sein.

»Mein Haus«, wiederholt sie unaufhörlich.

Jungen aus den Straßen laufen den Erwachsenen zwischen den Beinen herum, während Velden und Désiré ganz selbstverständlich angefangen haben, über den Panthersprung nach Agadir zu reden.

»Deutschland wird es nicht wagen. Niemand würde es zum gegenwärtigen Zeitpunkt riskieren, einen Krieg vom Zaun zu brechen, mit den Vernichtungswaffen, über die die Armeen verfügen.«

Einige der Neugierigen entfernen sich, um sich wieder schlafen zu legen. Es ist drei Uhr, als der Mond verschwindet und der Himmel sich verdunkelt, während es immer noch schwarze Asche auf die Straßen regnet.

Monsieur Schascher hat sich in seinem Zimmer eingeschlossen, sobald er sah, dass es nicht das Haus in der Rue de la Loi war, das in Flammen stand. Um Mademoiselle Lola wieder auf die Beine zu bringen, hat Élise die Flasche Madeira geholt, die für die Saucen gebraucht wird, und damit kleine Gläschen gefüllt.

»Ist es zu Ende, Désiré? Haben sie etwas retten können? Arme Leute! Jetzt sind sie ruiniert!«

»Warum? Die Versicherung wird zahlen.«

»Wird ihnen die Versicherung auch die Gegenstände wiedergeben, an denen sie hingen, die Erinnerungsstücke, die man nicht ersetzen kann? Jetzt müssen wir wieder ans Schlafen denken. Komm, Roger.«

Roger ist auf dem Kanapee von Mademoiselle Lola eingeschlafen, die Wange auf einem ihrer Unterröcke. Er wacht nicht auf, als sein Vater ihn in sein Bett bringt. Eine Stunde später hört Élise, die noch keinen Schlaf gefunden hat, ein leichtes Klopfen am Briefkasten. Sie geht barfuß hinunter, fragt:

»Wer ist da?«

»Ich bin's.«

Es ist Monsieur Bogdanowski, an den man gar nicht mehr gedacht hat, mit zerrissenem Hemd und blutbeflecktem Ohr.

»Wo waren Sie? Was haben Sie gemacht?«

»Drüben ...«

Ohne mit jemandem zu sprechen, hat er bis zum Schluss mit der Rettungsmannschaft gearbeitet und war zuletzt in einem unbekannten Haus, zusammen mit unbekannten Leuten, denen man etwas zu trinken gab.

Der Wecker, der nichts von der Feuersbrunst und den Kriegsgerüchten weiß, klingelt wie an jedem anderen Morgen um halb sechs im Zimmer von Roger. Er streckt mit einer automatischen Bewegung den Arm aus, hält den Mechanismus an und bleibt noch einen Augenblick zögernd unter der roten Bettdecke liegen, wo eine angenehme Wärme herrscht. Er hat eine Entschuldigung dafür, heute Morgen nicht aufzustehen, es gäbe keinen Grund sich zu schämen, wenn er im Bett bliebe, aber eben weil es so außergewöhnlich ist, steht er auf und streift seine Kleider über, an diesem bleichen, von der Morgendämmerung wie verwischten Tag, wie er es so gut kennt.

Als er auf Socken durch das Schlafzimmer seiner Eltern

geht, fragt seine Mutter aus ihrem Bett heraus, aus dem nur ihre langen Haare hervorsehen:

»Du bist aufgestanden, Roger?«

»Ja, Mutter.«

»Du hättest besser daran getan, dich auszuruhen.«

»Ich bin nicht müde.«

So ist er der Erste, der, nachdem er die Haustür wieder geräuschlos geschlossen hat, an dem rußgeschwärzten Haus mit den Fensterläden und dem stark beschädigten Dach vorbeigeht; noch immer steht ein Feuerwehrauto davor am Rand des Gehsteigs, über dem dicke Gummischläuche liegen.

Es ist Viertel vor sechs – er sieht die Uhrzeit auf dem Kirchturm von Saint-Nicolas –, als er an der Ecke Rue Jean-d'Outremeuse und Rue Puits-en-Sock in der Nähe der dunkelgrün gestrichenen Postgrenze stehen bleibt; von dort sieht er gleichzeitig vier Straßen, er hört in der Ferne Schritte, er erkennt die von Monsieur Pelcat, der in der Rue Entredeux-Ponts soeben die Tür zu seinem Laden geöffnet und wieder geschlossen hat.

Das ist ein mächtiger Mann, der mehr als einhundertzehn Kilo wiegt und dessen Hosenboden an das Hinterteil eines Elefanten im Zirkus denken lässt. Er hat ein Tuchgeschäft, dessen faden Geruch er mit sich herumträgt, aber heute Morgen ist es der Brandgeruch, der alles im ganzen Viertel überlagert, dieser besondere Geruch von in Wasser getränkter Asche.

»Hast du die Feuersbrunst gesehen, Söhnchen?«

Eine andere Tür öffnet sich in der Rue Puits-en-Sock, Großvater Mamelin nähert sich mit seinem Schritt, der dem Désirés ähnelt, Roger drückt ihm einen flüchtigen Kuss auf die Wange, und dort am Ende der Rue Méan erkennt man die schmächtige trippelnde Gestalt von Monsieur Repasse, dem Schuhmacher aus der Rue de la Cathédrale.

Sie sprechen nicht sofort vom Krieg, und sie setzen sich automatisch in Bewegung, wie sie es jeden Morgen tun; jeden Tag treffen sie sich um dieselbe Zeit, aus verschiedenen Himmelsrichtungen kommend – man könnte meinen, dass sie sich wie Verliebte gegenseitig anziehen –, und ihre kleine Truppe wächst an wie die Schülerbanden, die man anwachsen sieht, in dem Maß, wie sie sich der Schule nähern.

Sobald sie um die Ecke zur Place du Congrès kommen, geht Monsieur Effantin, der Polizeikommissar, von zu Hause fort, und das Seltsamste dabei ist, dass sie sich kaum guten Morgen sagen; sie sind einfach so zufrieden, obwohl Monsieur Repasse mit seinem runzeligen Gesicht und seiner violetten Nase manchmal mürrisch aussieht.

Sie alle sind zwischen sechzig und siebzig Jahren. Sie haben den Gipfel ihrer Laufbahn erreicht. Sie erwarten vom Leben keinerlei Überraschung mehr, und jeden Tag gehen sie gemessenen Schrittes durch die reine morgendliche Frische, vorbei an den Häusern mit den geschlossenen Fensterläden, hinter denen die Leute noch schlafen.

Roger geht um sie herum wie ein junger Hund, wie der Hund von Monsieur Fourneau, der in der Nähe der Fußgängerbrücke wartet und währenddessen das Tier über seinen Spazierstock springen lässt.

Das ist die Zeit, in der ein wohlriechender Dunst vom breiten, glitzernden Fluss aufsteigt, auf dem die mit glänzendem Teer überstrichenen Schleppkähne sich langsam vom Ufer abstoßen und die Schleppdampfer pfeifend vor der Schleuse von

Coronmeuse vor Ungeduld zittern. Um diese Zeit ist auch das nahe gelegene Schlachthaus voll vom Gebrüll der Rinder, und die Tiere der Herden, die man den Quai entlangtreibt, stoßen zwischen den Gehsteigen aneinander.

Roger hört der Unterhaltung der alten Männer nicht zu. Sie sprechen wenig, ruhen sich bei erfülltem und bedeutungsvollem Schweigen aus. Man fühlt, dass sie ihre eigene Sprache haben, wie die ganz Kleinen, eine Sprache, die nur sie verstehen, seit den vierzig Jahren und mehr, die sie sich kennen.

Sie sind Freunde geworden, damals, als sie mager und hitzig ins Leben hinaustraten, als Monsieur Repasse, der heute der Schuhmacher der gehobenen Gesellschaft ist, noch in einer kleinen Klitsche arbeitete, und als Monsieur Pelcat, der damals noch nicht seinen lästigen Bauch hatte, als Hausierer von Volksfest zu Volksfest lief.

Vielleicht haben sie sich einen Moment lang aus den Augen verloren? Sie haben gearbeitet, Familien gegründet, haben sich dann auf der anderen Seite des Lebens wieder getroffen, und wer weiß, ob sie sich nicht noch immer für die Gleichen halten?

Haben sie vom Krieg gesprochen? Roger hat es nicht gehört. Er spielt mit Rita, der Belgischen Schäferhündin von Monsieur Fourneau, die mehrere Dressurpreise bekommen hat, wirft für sie Holzstücke in das Wasser des Flusses.

»Apport, Rita! Apport!«

Monsieur Fallières? Kaiser Wilhelm?

Sie nähern sich der Badeanstalt, deren Sprungtürme, umgeben von Pfählen und gespannten Seilen, ganz am Ende des Quais aus der Maas emporragen. Man riecht den Geruch des Wassers noch stärker. Wenn die Bäume nicht wären, könnte man gegenüber am Quai de Coronmeuse am Kanalufer das Haus von Tante Louisa sehen.

Rogers Augenlider sind ein wenig schwer, er spürt eine Leere in der Brust, weil er nicht genug geschlafen hat. Er sieht Mademoiselle Lola wieder auf ihrem Bett vor sich, als man ihr Gesicht mit Eau de Cologne bespritzte, und er denkt mehr an sie als an das Feuer.

Sein Vater hat gesagt, dass es keinen Krieg geben würde.

Sie klettern über eine Absperrung, folgen einem Weg, der mit roten Ziegelsteinen gepflastert ist, gehen nach links und kommen so zu den Kabinen. Der Junge stürzt sich auf die größte, auf die einzige, die ein Dutzend Personen aufnehmen kann.

Dort ziehen sich die alten Männer aus, alle zusammen, gehen hin und her mit ihren mageren, blau gefleckten oder -geäderten Beinen, die unter ihren Hemden hervorstaksen, sie scherzen, spielen sich Streiche, werfen sich gegenseitig ein Handtuch oder ein Seifenstück an den Kopf, während Roger seine blau gestreifte Badehose anzieht, die er, zusammen mit seinem Kamm und seiner rosa Badeseife, in ein Frottierhandtuch eingerollt unter dem Arm mitgebracht hat.

Auf der anderen Seite des Wassers hört man den Lärm der ersten Züge. Um diese Zeit geht Élise hinunter, um das Feuer anzumachen und den Kaffee zu mahlen. Die anderen Kinder der Schule sind noch im Bett, und die meisten werden stöhnend erwachen und nach Entschuldigungen suchen, um den Augenblick des Aufstehens hinauszuzögern.

Die Ziegelsteine unter den nackten Füßen sind selbst mitten im Sommer um diese Zeit kalt. Das Wasser, in das Roger eine Zehe taucht, bevor er sich zu dem Sprungturm im großen Becken begibt, ist ebenfalls kalt. Die Haut von Monsieur Effantin, dem Polizeikommissar, ist weiß wie Papier, und Roger wendet, peinlich berührt, immer seine Augen von dessen großem, dünnem Körper ab, an dem man die Knochen zählen kann.

Die Alten fahren mit dem Gezänk und dem Lachen fort, auf den Sprungbrettern und im Wasser schubsen sie Monsieur Repasse, der einen hinterhältigen Charakter hat; nur Chrétien Mamelin geht mit gleichmäßigen Schritten zum anderen Ende des Beckens, lässt sich langsam ins Wasser gleiten und passt auf, dass er sich nicht den Kopf nassmacht; so schwimmt er auf dem Rücken mit der Strömung des Wassers, wobei er die Hände an beiden Seiten des Körpers kaum bewegt. Das ist wegen seiner Herzkrankheit. Er geht als Erster mit ruhigem Schritt zurück in die Kabine, Wassertropfen auf der Haut, und Roger, der auf der anderen Seite der Seile schwimmt, kann sehen, wie er sich mit den gleichen sorgfältigen Bewegungen anzieht, mit denen er die Hüte auf den Holzköpfen in dem hinteren Raum des Ladens in der Rue Puits-en-Sock bügelt.

Über Stunden behält man noch den Geschmack der Badeanstalt auf den Lippen, auch den Geschmack des Schlucks Kaffee mit Rum, den Roger danach aus der Tasse seines Großvaters trinken muss, denn sie bleiben noch ein paar Minuten in der Küche des Besitzers.

Auf dem Heimweg sieht man schon mehr Fenster offen stehen, mehr Frauen, die vor der Tür fegen, und so spürt man, dass das Leben für die meisten Leute eben erst begonnen hat und dass sie noch umhüllt sind von der feuchten Wärme ihres Bettes.

»Immer zu spät, van Hamme!«, wird gleich Monsieur Penders, der Lehrer, sagen. »Fragen Sie Mamelin, seit wann er auf ist. Fragen Sie ihn, was er gemacht hat, bevor er zur Schule gekommen ist.«

So beginnt Rogers Tagesablauf auf eine außergewöhnliche Art und Weise. Von allen Schülern darf er um zehn Uhr als Einziger die Schule verlassen, um über die Straße zu gehen, die Tür, die immer angelehnt ist, aufzustoßen und das Glas Bier mit dem geschlagenen Ei zu trinken, das auf einer Treppenstufe auf ihn wartet.

»Ich bin's, Mutter.«

»Putz deine Füße gut ab. Der Hausflur ist frisch gewischt.«

Nur er war, weil er ganz in der Nähe wohnt, bei der Feuersbrunst dabei. Er allein wird um halb zwölf seinen Platz nicht in der Reihe einnehmen, die Monsieur Penders bis zur Straße führt, weil sein Haus genau gegenüber liegt, und jeder weiß bereits, dass Roger der Liebling von Frère Médard ist.

Man sieht es daran, dass seine Mutter zu diesem auf den Gehsteig geht.

»Glauben Sie, Frère Médard, dass wir Krieg bekommen werden?«

Fürchtet er, etwas von seiner Wichtigkeit zu verlieren, wenn er sie zu schnell beruhigt?

»Wer weiß, Madame Mamelin? Es wird von der Haltung der französischen Regierung abhängen. Vermutlich informiert man uns heute Abend.«

Mengen von Pommes frites warten auf der Ecke des Herdes, bis sie zum zweiten Mal in die brutzelnde Fritteuse gelegt werden.

»Iss schnell, Roger. Die Mittagsgäste kommen gleich.«

Heute Mittag gibt es ein frisches Brötchen für Roger, das Monsieur Bernard beim Frühstück übrig gelassen hat.

10

Wie immer ist Élise um sechs Uhr morgens aufgestanden. Es gibt weder einen Schrank noch einen Garderobenständer in dem weiß gekalkten Zimmer, dessen kleine Fenster zur Straße und auf Wiesen gehen. Désiré schläft noch, Roger schläft in dem Nachbarzimmer, das etwas tiefer liegt und wie eine Küche rot gekachelt ist.

Wie nackt das alles ist! Sauber, sicherlich. Jedes Jahr streicht Madame Laude das ganze Haus, innen und außen, mit Kalkmilch. Nichtsdestotrotz ist es eine ärmliche Bleibe. Die Wände sind hier nach außen, dort weiter nach innen gewölbt, ein Balken geht quer durchs Zimmer, ohne etwas zu tragen, ohne dass man wüsste, warum er dort eingebaut worden ist, das Kruzifix ist so vulgär, dass es Élise nicht möglich wäre, davor zu beten, zwei oder drei Farbdrucke sind schwarz eingerahmt, das Glas von dem einen, welches Napoleon bei Austerlitz darstellt, ist seit Jahrzehnten gesprungen.

»Ist es nicht seltsam, Doktor, dass ich auf dem Land noch nervöser bin als in der Stadt?«

Doktor Matray, dessen eckiges Gesicht von Natur aus ziemlich streng ist, hat Élise mit einer gewissen Milde angesehen, ohne ihr zu antworten.

»Ich habe alles versucht, Eisen, stärkende Medikamente, die Pillen, die Sie mir verschrieben haben …«

Nichts will helfen, und man könnte meinen, der Doktor

wüsste, dass nichts helfen kann. Hat er diesen geheimnisvollen Makel entdeckt, von dem Élise immer mehr überzeugt ist, ihn in sich zu tragen, und der sie daran hindert, so wie andere zu sein?

Das Bett ist sauber. Sie hat den Bezug aufgetrennt. Da die Matratze jedoch mit Seegras gefüllt ist, riecht man, vor allem, wenn man in den warmen Sommernächten schwitzt, nach ein wenig modrigem Heu. Désiré nennt das »Landgeruch«, so wie den kaum wahrnehmbaren Geruch saurer Milch, dem man überall im Haus begegnet, obwohl es weit entfernt liegt von einem Stall.

Wie eine Zauberkünstlerin schnappt sich Élise ihre Kleider, die verstreut auf dem runden Tisch und den beiden Stühlen mit Strohsitz liegen, ihr Hemd, die lange Damenhose, das Mieder, Obermieder, den Unterrock, sie wäscht sich, frisiert sich vor dem rostgesprenkelten Spiegel, in dem man sich mit schiefer Nase sieht, und währenddessen muhen die Rinder in Richtung des Bauernhofes der Piedbœufs, aus dem die Frauen mit Eimern kommen, um die Kühe zu melken.

Élise kann sich noch so oft vorsagen, dass die Luft auf dem Land gut für die Gesundheit ist, sie fühlt sich dennoch nie wohl, alles ist ihr zuwider, macht ihr sogar ein wenig Angst. Sie geht die wenigen Stufen hinunter, die zur Küche führen, deren Tür zur morgendlichen Frische des Gartens hin geöffnet ist, und trifft Madame Laude und Frédéric dort an, gegenüber am Tisch sitzend vor ihren Kaffeeschalen und riesigen Graubrotschnitten.

Sie hat immer den Eindruck, dass sie stört, sie entschuldigt sich, bereitet den Kaffee in ihrer eigenen Kaffeekanne, wie es

Mademoiselle Frida in der Rue de la Loi macht, wobei Mademoiselle Frida jedoch nie meint, dass sie stört. Frédéric mit dem dichten blonden Schnurrbart behält seine Mütze von morgens bis abends auf dem Kopf und setzt sie auch beim Essen nicht ab. Er ist ein Arbeiter. Die ganze vorherige Woche befand er sich im Streik, und man sah ihn in seinem schwarzen Sonntagsanzug fortgehen, um an irgendeiner Versammlung teilzunehmen.

»Komm her, Frédéric.«

Madame Laude ruft ihn wie ein Kind, und wie einem Kind zahlt sie ihm sein Taschengeld aus, denn er gibt ihr alles, was er verdient.

Désiré zieht sich singend an, weckt seinen Sohn, indem er ihn an der Nase kitzelt. Frédéric fährt auf dem Fahrrad fort, seinen Brotbeutel mit den Butterbroten und der Kaffeekanne auf dem Rücken. Dann entfernt sich auch Madame Laude mit zwei Eimern. Sie hängen an einer Art Packsattel, der mit Ketten versehen ist. Madame Laude trägt ihn auf den Schultern, um Wasser von der Pumpe zu holen, die an der Wegkreuzung steht.

Élise, die im Stehen gegessen und dabei gearbeitet hat, macht die Betten, wischt Staub und putzt das Gemüse für das Mittagessen.

»Beeil dich, Roger. Lass sehen, ob dein Hemd noch sauber ist.«

Ein angefeuchteter Kamm hat die strohblonden Haare des Jungen gescheitelt. Er trägt eine Hemdbluse aus Tussahseide, die seine Mutter ihm genäht hat. Sie sind wieder einmal in Trauer, aber auf dem Land lässt sie ihn seine blauen Hosen tragen. Sie selbst trägt über einem schwarzen Rock – einem

Rock aus grauem Kammgarnserge, den sie gefärbt hat – eine weiße Bluse mit rundem Kragen.

Sie gehen langsam zum Thiers des Grillons, in eine Welt, in der sie sich allein fühlen können. Élise ist traurig, und wenn sie traurig ist, spürt sie noch mehr ihre Müdigkeit. In der letzten Zeit hat sie sehr unter ihrer Gebärmuttersenkung gelitten. Es war wieder von einer Operation die Rede, der Spezialist riet dringend dazu, während Doktor Matray erklärte:

»Sie haben ein Kind, Madame Mamelin. Geben Sie Acht auf Ihre Gesundheit, ruhen Sie sich aus, aber lassen Sie sich nicht operieren.«

Wegen Roger, das hat er gesagt! Also könnte sie sterben. Sie würde, genauso wie Félicie, in einem Wagen abgeholt und in ein Hospital oder eine Klinik gebracht werden. Die Familie käme sie besuchen, Désiré ginge mit Roger an der Hand die grauen Korridore entlang, wo der Geruch von Krankheit und Tod einem an die Gurgel springt. Orangen und Weintrauben lägen auf einem blanken Tischchen neben den Medikamenten, dann würde man ihr eine Narkose geben, und wenn das Kind und sein Vater wiederkämen …

»Nein! Nein! Ich will nicht!«

Nachts träumt sie davon, sie denkt daran, wenn sie in der Sonne sitzt, an diesem herrlichen Morgen im blassgrünen Gewand, ganz von Goldstaub umgeben.

»Spiel, Roger.«

Er spielt, das heißt, er schlägt mit einem Stock auf den dichten Staub, der die Straße bedeckt und bereits seine Stiefelchen weiß gepudert hat.

Françoise ist im April gestorben. Sie hat sich noch einen Monat herumgequält, wobei man wusste, dass nichts mehr zu machen war. Sie war dazu verurteilt. Élise lief jedes Mal, wenn sie sich in der Rue de la Loi freimachen konnte, zu ihr, traf dort Schwägerinnen und Nachbarinnen, die sich um die Kinder kümmerten, sah Françoise, die allein in ihrem Zimmer lag, ihren Blick, der starr auf sie gerichtet war mit einem Ausdruck, den Élise bei niemandem sonst je gesehen hatte und den sie nicht vergessen wird, auch wenn sie noch hundert Jahre leben sollte.

Die Vorhänge waren immer zugezogen, denn das Licht ermüdete die Kranke. Sehr dünn, mit ihren schwarzen Haaren, die auf dem Kopfkissen ausgebreitet lagen, den schon wie bei einer Toten hervorspringenden Kieferknochen, ihrem Atem, der stoßweise ging, sah man nur ihre großen dunklen Augen von schrecklicher Starrheit.

Sie dachte an die Kinder, Élise weiß es. Sie sagt nichts, wenn jemand behauptet:

»Sie hat nicht gemerkt, wie sie gestorben ist.«

Warum drückten ihre Augen dann jedes Mal, wenn die Stimme von einem der Kleinen in der Küche zu hören war, diese grenzenlose Angst aus? Warum wollte sie sie nicht sehen? Man brachte sie manchmal zu ihr, weil man ihr damit eine Freude zu machen glaubte, und sie wendete sich unter großer Anstrengung von ihnen ab; man sagte, sie sei nicht mehr ganz richtig im Kopf gewesen.

Nur Élise hat verstanden, was in Françoise vor sich ging. Aus diesem Grund hat sie der Tod ihrer Schwägerin mehr geschmerzt als der von Félicie, die doch immerhin ihre Lieblingsschwester war.

Kurz bevor sie starb, richtete sich Françoise in ihrem Bett auf, stieß einen Schrei aus, einem Brüllen ähnlich, es gibt kein anderes Wort dafür, und blickte so starr auf die Tür, dass man meinen konnte, sie sähe hindurch. Es war kurz vor Tagesanbruch. Das Baby weinte im Nebenzimmer, und eine fremde Stimme, die der Frau des Kirchenschweizers, Madame Collard, versuchte, es wieder zum Einschlafen zu bringen.

»Du wirst deine Kleider zerreißen, Roger.«

Er zwängt sich beim Spielen durch das Loch einer Hecke. Erstaunt über die Stimme seiner Mutter sieht er zu ihr hin, bemerkt, dass ihre Augen feucht sind, aber er sagt nichts und vertreibt sich weiter ohne Begeisterung die Zeit.

Die Blätter der Bäume treffen sich oberhalb des steilen Abhangs des Thiers des Grillons und bilden ein dunkles Gewölbe. Die Sonne durchbricht es nur an einigen Stellen und wirft helle Flecken auf das unregelmäßige Pflaster. Die Luft rauscht leise. Die Stadt in dem Tal liegt da wie ein bläulicher, von Dunst bedeckter See, aus dem die Schornsteine der Fabriken aufragen und die Pfeifsignale der Lokomotiven bösartig hochsteigen. Man ahnt die Züge der aneinanderstoßenden Waggons und Kipploren, die ausgeleert werden, riesige Hämmer, die auf weiß glühendes Metall schlagen. In dieser mächtigen Symphonie ertönen schwächer das Klingeln der Straßenbahn, die genau unten am Abhang hält, und das Kindergeschrei in einer Schule; ein ungeschickter Brummer streift Élises Gesicht, und von einem Stacheldraht piept munter ein Vogel, mit geöffnetem Schnabel und geschwellter Brust. Élise setzt sich auf ihr ausgebreitetes Taschentuch ins Gras. Roger sucht Haselnüsse. Die Sonnenstrahlen, blass und schwach am frühen Morgen, werden dunkelgelb wie reifes Getreide, und die Luft ist von schwirrendem Leben erfüllt.

Die Untermieter sind in den Ferien, sogar Mademoiselle

Frida ist für einen Monat nach Genf gefahren, was beweist, dass Monsieur Charles recht hatte.

»Sieh mal, Mutter!«

Von Zeit zu Zeit kommt der Junge zu Élise, um ihr Haselnüsse, Eicheln oder Erdbeeren zu zeigen, die er im Wald gefunden hat.

»Vielleicht hat Onkel Charles den Weg über die Landstraße genommen?«

Sie fragt es sich auch, denn es ist, nach dem Stand der Sonne zu urteilen, mindestens elf Uhr, und sie ist drauf und dran, wieder zum Haus zurückzugehen, als man ganz unten am Thiers des Grillons in einer Pfütze von Licht drei Gestalten bemerkt.

»Mein Gott!«, seufzt Élise mit schwerem Herzen.

Warum lässt Charles Daigne seine Tochter, die erst zehn Jahre alt ist, den Schleier tragen? Loulou trägt tiefe Trauer wie eine Frau, und erst auf halber Höhe bleibt die arme Kleine, der es sehr warm sein muss, stehen, um ihren Trauerschleier nach hinten zu schlagen.

Roger ist ihnen bereits entgegengelaufen. Sie halten einen kleinen Kerl von zwei Jahren an der Hand, Joseph, der, in einem Alter, in dem andere Knaben noch Kleider tragen, in schwarzen Hosen mit seinen kleinen Beinchen mühsam den steinigen Abhang erklimmt.

Mathilde Coomans, die an der Ecke der Rue de la Loi wohnt, wo ihr Geschäft immer noch nicht gut geht, hat sich des Jüngsten angenommen, das Élise hatte zu sich nehmen wollen, ein Baby von fünf Monaten, das mit Kuhmilch ernährt wird.

»Aber wie willst du das machen, mit deinen Mietern?«

Élise tut es weh, wenn sie das Baby bei Mathilde sieht, bei der keine Ordnung herrscht, die nie vor zehn Uhr morgens angezogen ist und benommen um sich blickt, als fände sie sich in ihrem Laden nicht zurecht. Eine Kundin braucht nur ein Pfund weiße Bohnen oder getrocknete Erbsen zu verlangen, und schon ist sie verloren.

Die kleine Gruppe ist stehen geblieben, denn Joseph kann nicht mehr. Sein Vater versucht ihn zu tragen und muss alle zehn Meter verschnaufen.

»Mein Gott, Charles, du musst ja in Schweiß gebadet sein. Gib ihn mir. Guten Tag, meine arme Loulou.«

»Guten Tag, Tante.«

Sie sind allein auf dieser langen Straße, die sich zur Stadt hinunterschlängelt, Charles und die Kinder in ihren schwarzen Kleidern, die noch neu riechen, scheinen aus einer anderen Welt aufzutauchen.

»Wie blass sie ist, Charles.«

Loulou ist immer blass gewesen. Ihr kleines Gesichtchen ist von einer matten Blässe, die von dem Crêpe ihres Trauerschleiers, der aus einem Schleier ihrer verstorbenen Maman geschneidert ist, unterstrichen wird.

»Du solltest sie auch hier bei mir lassen, Charles. Und wenn nur für einen Monat. Die Luft würde ihr so guttun.«

Und Charles antwortet schlicht:

»Ich brauche sie im Haus.«

Élise würde gern weinen. Sie leidet, wenn sie sie so ruhig sieht, so einfältig nach der Katastrophe, als hätten sie es nicht verstanden. Charles hat sich nicht verändert. Sein Gesicht behält den Ausdruck eines sanftmütigen Schafes, der einen fast zur Raserei bringen kann. Er konnte nicht gestern kommen, weil Sonntag war und sonntags die Gottesdienste sind. Seitdem er Küster in Saint-Denis ist, hatte er nie einen freien Sonntag, nie hat er die Farbe eines Sonntags woanders gesehen als im Beginenhof mit der stillen Vorhalle, wo er wohnt, und in dem durch Wachskerzen erleuchteten Kirchenschiff.

»Ich dachte schon, ich könnte heute nicht kommen, wegen Mademoiselle Tonglet, die Freitag gestorben ist. Ein Glück, dass sie die Tumbagebete für drei Uhr bestellt haben.«

»Du wirst kaum Zeit haben zu essen.«

Wie kann er noch immer alles für die Tumbagebete und die Totenmessen herrichten? Es gibt Augenblicke, in denen man die Lust verspürt, ihn zu schütteln. Er ist zu sanftmütig, zu gottergeben. Man könnte schwören, dass er sich des Dramas nicht bewusst ist, das über ihn und die Seinen hereingebrochen ist.

»Nun, Loulou, du also versorgst deinen Papa?«

»Ja, Tante.«

»Du kochst, wäschst das Geschirr ab?«

»Ja, Tante. Madame Collard kommt und hilft mir beim Bettenmachen.«

Loulou ist so schön, so zierlich. Man hat sie herausgeputzt mit zu langen Röcken, die ihr nicht das Aussehen eines Kindes, sondern einer Zwergin geben. Jeder drehte sich nach ihr um, als sie bei der Prozession, in Weiß und Himmelblau gekleidet, die Heilige Jungfrau verkörperte.

»Zieh deine Jacke aus, Charles. Es ist zu heiß.«

Das ist unwichtig. Ihm ist es heiß, aber er macht es sich nicht bequem, nicht einmal dann, wenn keiner da ist, der ihn sehen kann. Man weiß nicht, was man mit ihm reden soll. Es ist eine Qual, ihm ein Wort, einen Satz zu entreißen. Er geht, sieht weder die Landschaft noch das Haus von Madame Laude, das er betritt wie irgendeinen Ort, wohin man ihn schieben würde.

»Siehst du, ich habe das alte Kinderbett von Roger kommen lassen.«

Joseph ähnelt schon seinem Vater. Er hat den Mund nicht aufgemacht. Er hat sich von dieser Stute von Madame Laude küssen lassen, und auch wenn er Angst davor gehabt hat, so hat er es nicht gezeigt.

»Wirst du hier schön spielen, Joseph?«

Als hätte man keinen hübscheren Namen für ihn finden können!

»Hast du seine Wäsche und seine Kleider mitgebracht, Loulou?«

Ein winziges Paket, in graues Papier gewickelt und mit einem roten Bindfaden verschnürt. Es ist fast nichts Leichtes für den Sommer darin.

»Das ist nicht so wichtig. Ich werde etwas für ihn zurechtmachen.«

Beinahe hätte sie sich gezwungen gesehen, Charles Daigne wie einen Bauern beim Schach zu ergreifen und ihn aufs nächste Feld zu setzen. Bei Tisch schaut er auf seine Uhr, denkt nur an seine Kirche, an seine Tumbagebete, an seine Gottesdienste. Weiß er, was er isst? Loulou kümmert sich um ihn wie um ihren kleinen Bruder.

Als er aufbricht, beugt er sich nieder, küsst seinen Sohn lediglich auf beide Wangen, und an seiner Nase hängt ein Tropfen.

»Kommst du ihn besuchen, Charles?«

»Sobald ich kann.«

Joseph weint nicht.

»Sag deinem Vater und deiner Schwester auf Wiedersehen, mein kleiner Jojo.«

Sie hat soeben einen Namen gefunden. Das Kind öffnet nicht den Mund, sieht ihnen mit seinen sanften Augen nach, sodass Élise sich beherrschen muss, nicht loszuschluchzen, und sie denkt, dass der Kleine bereits ein sicheres Opfer ist.

»Wenn Sie wüssten, wie sehr mich das getroffen hat, Madame Laude.«

Jetzt aber noch, wie sie den Vater und die Tochter sieht, die sich, ganz in Schwarz, zwischen den beiden Hecken entfernen und sich auf der hellen Straße deutlich abzeichnen, Charles mit seinem Melonenhut oben auf dem Kopf, seinen Hängeschultern, seinen zu engen Hosen, mit dieser Hand, die er hinhält und in die Loulou ihre hineinschiebt, diesem Blick, den man mit dumpfer Gleichgültigkeit über die Dinge hinweggehen zu sehen meint! Sie kommen aus einer anderen Welt, aus dieser grauen Welt, die Élise betrachtete, als sie auf sie wartete, und die von weitem so düster aussieht, dennoch so voller kleiner, friedlicher Häuser, voll von Wasserkesseln, die auf einem blank polierten Herd singen, von kleinen, beruhigenden Winkeln, passend für diejenigen, die dort leben, für ihre Bedürfnisse, ihre Freuden, ihren Kummer.

»Was hast du, Mutter?«

Seit Roger ein großer Junge ist, muss sie sich ständig vor ihm in Acht nehmen.

»Es ist nichts. Achte nicht darauf.«

Der Kleine von Françoise hat nicht einmal geweint. Er weiß noch nicht, dass er Waise ist, vielleicht macht sich Charles seinerseits nicht klar, dass er Witwer ist?

»Komm her, Jojo. So ist es zu warm.«

Sie zieht ihm seinen dunklen Kittel aus, und die schmalen Schultern, so weiß wie Milch, scheinen durch die Helligkeit der Sonne überrascht zu sein.

»Was soll man ihm wohl anziehen, Madame Laude? Ich kann ihn nicht so sehen, ganz in Schwarz. Morgen werde ich ihm einen kleinen Anzug nähen.«

Nicht heute, weil man nach draußen muss. Es ist Zeit. Man ist nicht auf dem Land, um die Kinder im Haus zu halten.

»Nimm dein Spielzeug, Roger. Fass deinen kleinen Cousin schön an die Hand.«

»Wohin gehen wir?«

»Zu den Kastanienbäumen.«

Seine Mutter bereitet das Vesperbrot und steckt es zusammen mit einer Häkelarbeit in ihr Netz. Sie nimmt einen Klappstuhl und einen malvenfarbenen Sonnenschirm mit.

»Bis gleich, Madame Laude. Sind Sie bitte so nett und stellen gegen fünf Uhr das Kompott aufs Feuer? Mit einem Schuss Wasser, ja?«

Sie kann sich noch so sehr bemühen, es gelingt ihr nicht, das Bild von Charles und seinen beiden Kindern zu vertreiben, so wie es sich ihrer Netzhaut eingeprägt hat, als sie langsam den Thiers des Grillons hinaufstiegen. Sie waren so allein! Sie sahen aus wie die Überlebenden einer Katastrophe, die die Welt verwüstet und nur sie auf Erden zurückgelassen hat, drei unscheinbare, in Schwarz gekleidete Wesen, die in der gleichgültigen und leeren Unendlichkeit herumirrten.

Und dennoch ist nur die Mutter gestorben!

»Roger, du musst nett, sehr nett zu deinem Cousin sein. Weißt du, wenn die Maman tot ist, hat man nichts mehr.«

Sie denkt an das Hospital, in das sie ginge, wenn sie auf den Spezialisten hörte, an Désiré, der Roger an der Hand hält und mit ihm eine endlose, menschenleere Straße entlanggeht. Sie hat mehrere Male davon geträumt und ist davon überzeugt, dass sie die Straße kennt, sie kramt in ihren Erinnerungen, vergeblich, sie hat sie nie gesehen, und trotzdem ist sie sicher, dass es sie gibt und dass sie eines Tages plötzlich stehen bleiben und rufen wird:

»Dort ist es!«

»Du gehst zu schnell mit ihm, Roger. Denk daran, dass er ganz kurze Beinchen hat.«

Grün, Grün, überall Grün, die weißen Flecken der liegenden Kühe, dann lebende Hecken, wieder Gras auf dem schmalen Weg, ein Zaun, über den man im September klettert, um auf den Wiesen der Piedbœufs Champignons zu sammeln.

Élise ist so erschöpft!

Abseits der Straße, dort, wo das Gelände in sanften Hängen zu den dichten Wäldern abfällt, erreichen sie schließlich eine Allee mit vier Reihen Kastanienbäumen, in die man wie in eine Kathedrale hineingeht und wo ein schwacher Windhauch einem die Wangen streichelt. Sie stellt ihren Klappstuhl auf, sucht ihre vernickelte Häkelnadel, die grellweiße Baumwolle, an der noch ein Stück Spitze, wie durch eine Nabelschnur befestigt, hängt.

Den Kopf über ihre Arbeit gebeugt, bewegt sie ihre Lippen, als rede sie mit jemandem oder spreche ein Gebet, hebt manchmal die Augen zum hinteren Ende der Allee, wo man das Rosa eines Hauses sieht, das von kunstvoll angelegten Blumenbeeten und gestrichenen Zäunen eingerahmt wird.

Sie erklärt bereits, als säße Madame Dossin neben ihr:

»Das ist der Neffe, von dem ich Ihnen erzählt habe, dessen arme Maman …«

Sie sitzen da wie in einem Schmuckkästchen, und die großen Bäume ragen um sie herum auf, um vor ihnen die beunruhigende Unendlichkeit des Horizonts zu verstecken. Élise und Roger kennen diese Bäume wie Freunde, wie menschliche Geschöpfe, jeder hat seine eigene Physiognomie, seine charakteristischen Züge, der Dritte ist wohl wie ein kranker alter Mann, ein anderer trägt horizontal einen tief liegenden Ast, auf dem Roger gerne balanciert, ganz am Ende der Reihe gibt es einen, der vom Blitz getroffen worden und nur noch ein bleiches Baumskelett ist. Das lachsrote Halstuch von Madame Dossin weht durch den Garten, dessen Duft Élise in Wellen erreicht, gemischt mit Gerüchen von Moos und feuchter Erde.

Sie wird nicht sofort kommen. Zunächst ruft sie:

»Jacques! Wo bist du?«

Sie ruft nicht hinter ihrem Sohn her wie die Frauen von Outremeuse, die mit ihrer schrillen Stimme die kristallene Luft durchschneiden. Sie moduliert den Namen, indem sie die erste Silbe ein wenig in die Länge zieht, was diesem Namen einen zusätzlichen Reiz verleiht.

»Ein so schöner Vorname, Madame Laude! Wenn ich noch einen Sohn bekommen könnte …«

Jacques ist für sie nicht einfach nur ein Kind, er ist der sanfte Schatten der Kastanienbäume, das seidenweiche Gras, weicher als anderswo, er ist eine neue, so hübsche Villa, so behaglich, wo alles sauber ist, er ist auch Madame Dossin, die sich nicht auf Élise stürzt wie das Unglück auf die arme Welt, sondern noch ein wenig zwischen den Rosen ihres Gartens spazieren geht.

»Wo bist du, Jacques?«

Der hat sich unter den Bäumen Roger zugesellt, und dann erst erscheint seine Mutter am Ende der Allee, in hellen Kleidern, einen Sonnenschirm in der Hand; sie nähert sich ohne Eile, erscheint überrascht, als sie Élise auf ihrem Klappstuhl sieht.

Keine der beiden Frauen lässt sich durch diese Riten täuschen, die sich nach und nach eingebürgert haben und die jetzt ein geheimes und unwandelbares Zeremoniell bilden. Madame Dossin, die über eine prächtige Veranda verfügt und einen Garten voller Blumen, die ein alter Gärtner mit einem großen Strohhut von morgens bis abends gießt, Madame Dossin, die auf dem durch die weißen Zäune begrenzten Gelände Eichen, Linden und purpurrote Buchen besitzt, die kunstvoll angeordnet sind und Bänke beschatten, die an den günstigsten Stellen stehen, Madame Dossin hat gar keinen Grund, sich draußen irgendwo hinzusetzen, und sie könnte nicht, wie Élise, die nur zwei Zimmer bei Madame Laude hat, einen Klappstuhl mitnehmen, um sich daraufzusetzen; sie würde ihr Kleid beschmutzen, wenn sie sich ins Gras setzte; also bleibt sie stehen, verweilt und sucht ihren Sohn mit den Augen.

»Nehmen Sie meinen Klappstuhl, Madame Dossin! Ich versichere Ihnen, dass ich lieber im Gras sitze.«

Warum nimmt sie dann einen Klappstuhl mit?

»Ich bin nicht müde.«

Sie ist jung, hübsch, wehleidig, ein wenig traurig oder vielmehr melancholisch, mit plötzlichen Heiterkeitsausbrüchen.

Schon seit zwei Wintern schicken die Ärzte sie ins Gebirge. Élise weiß, was das bedeutet.

»Eine so vornehme und dabei einfache Person, Madame Laude! Ihr Sohn ist so gut erzogen!«

Woher kommt es, dass man vom ersten Augenblick an weiß, dass das ein Kind von Reichen ist? Er sieht seiner Mutter ähnlich. Das Oval seines Gesichtes ist länglich, sein Teint durchsichtig, sehr lange Wimpern geben dem Blick voller Freundlichkeit einen wehmütigen Ausdruck. Man könnte nicht sagen, worin er sich in seiner Kleidung von den anderen unterscheidet, und dennoch ähnelt ihm kein Kind, er ist dafür geschaffen, an der Seite einer jungen und anmutigen Maman in dieser neuen Villa zu leben.

»Das ist der Sohn meiner verstorbenen Schwägerin, Madame Dossin, von der ich Ihnen erzählt habe. Sein Vater hat ihn mir heute Morgen gebracht, denn er wird seine Ferien mit uns verbringen. Klettere nicht so hoch, Roger. Bleib in der Nähe von Jacques. Machen Sie mir doch die Freude und nehmen Sie den Klappstuhl!«

Madame Dossin ist erschöpft. Sie muss sich langweilen. Eines schönen Tages wird sie sterben, wie Françoise gestorben ist, aber wird man denselben Schrecken in ihren Augen lesen? Sie weiß, dass es ihrem Sohn an nichts fehlen wird. Er hat bereits eine Hauslehrerin, denn man hält ihn für zu zart, um ihn zur Schule zu schicken.

»Sein kleiner Bruder ist bei einer seiner Tanten. Die Älteste bleibt mit ihren zehn Jahren beim Vater und führt ihm den Haushalt wie eine tapfere kleine Frau. Wenn Sie sie mit ihrem Schleier gesehen hätten!«

Denkt Madame Dossin daran, dass sie bald sterben wird,

dass es vielleicht ihr letzter Sommer in dem Haus ist, das ihr Mann so schmuck haben wollte wie ein Spielzeug?

Élise beneidet sie nicht. Sie bedauert sie. Und trotzdem ist sie ihr heute böse, missgünstige Gedanken machen sich in ihr breit, sie versucht, sie zu verbergen, aber vergebens.

»Für die Reichen ist das Unglück nie ganz und gar ein Unglück, nicht wahr? Verstehen Sie, was ich meine?«

Sie hat den Kragen aus echter flämischer Spitze bemerkt, die Brosche aus Gold, die schweren Ohrringe.

»Meinen Sie zum Beispiel, der Tod eines Gatten sei genauso tragisch für eine, die Geld hat, wie für die Unglücklichen von Souverain-Wandre?«

Die Zeitungen waren in den letzten Wochen voll von der Katastrophe in dem Bergwerk von Souverain-Wandre, fünfundachtzig Bergleute wurden durch eine Schlagwetterexplosion verschüttet; auf dem Titelblatt der Sonntagsillustrierten sah man die Frauen und Kinder, die zwischen den Polizisten neben dem Grubenschacht warteten, in den Rettungsmannschaften mit Lederhelmen hinunterstiegen.

Man hat zu Spendenaktionen aufgerufen. Aber danach? Deswegen bleiben es doch Frauen in Trauerkleidung, mit Kindern, die sie ernähren müssen. Viele sind schwanger. Sie werden in der Stadt in Haushalten arbeiten, oder man wird sie sehen, wie sie, ein Taschentuch um die Haare geknotet, einen Sack auf dem Rücken, einen Eisenhaken in der Hand, die Halde der Hochöfen erklimmen, um ein paar Kohlenstücke in der rauchenden Schlacke zu suchen.

Das tut Élise weh. Sie leidet, wenn sie abends jemanden bis zum Gipfel des Thiers des Grillons begleitet und die Schornsteine erblickt, die mit fürchterlichem Keuchen Feuer spucken.

Sie bedauert Madame Dossin, die Tuberkulose hat. Sie gibt sich ihr gegenüber instinktiv unterwürfig, weil sie reich ist, aber sie nimmt sich diese Unterwürfigkeit selbst übel, sie nimmt es sich übel, ihr ihren Klappstuhl angeboten, darauf bestanden und sich selbst auf die Erde gesetzt zu haben. Es ist stärker als sie selbst. Sie ist so erzogen worden.

Sie spricht Worte aus, die banal klingen können:

»Es scheint mir, dass Jacques schon Farbe bekommen hat.«

Es fehlt nur wenig, und sie würde wirklich bösartig. Weil sie Schmerzen hat. Nicht nur im Rücken und im Bauch. In dem lastenden Frieden auf dem Land ist das Gefühl ihrer Ohnmacht vor dem Schicksal für sie schmerzhafter als auf der Insel der Rue de la Loi.

In Saint-Denis ist man gerade dabei, die Trauerfeierlichkeiten für Mademoiselle Tonglet zu begehen, für die Tochter des Fleischers in der Rue de la Cathédrale. Sie litt an einer Knochenkrankheit. Jeden Tag sterben Leute. Wer ist nicht krank?

»Roger! Wenn der Ast bricht, stürzt alles herunter, und du wirst dir sehr wehtun. Er ist so wild, Madame Dossin! Allerdings ist mir das noch lieber, als wenn er zu still wäre.«

Es ist besser, sie schweigt. Jacques nämlich ist immer still, furchtsam, linkisch in seinen Bewegungen, und obwohl er älter und größer ist als Roger, sieht er seinem Freund, der auf die Bäume klettert, bewundernd zu. Im vorigen Winter hat er sich einen Arm gebrochen, als er vom Stuhl fiel.

»Freust du dich, Jojo, auf dem Land zu sein?«

Sie wird keine weiteren Anspielungen machen, sie möchte sogar, dass ihr verziehen wird, sie zwingt sich dazu, ihr liebenswürdigstes und bescheidenstes Lächeln aufzusetzen.

»Welch einen hübschen Spitzenkragen Sie haben, Madame Dossin! Wie fein er ist!«

Der Schatten der Bäume wird länger, die abendliche Kühle legt sich auf die Schultern, Jacques' Maman fröstelt.

»Sie hätten ein Umschlagtuch mitnehmen sollen.«

»Ich gehe hinein, Madame Mamelin. Es ist Zeit.«

Sie machen noch einmal den Weg in diesem beklemmenden Licht, in dieser unnatürlichen Stille dieses Tages, der zur Neige geht. Auf der Landstraße treffen sie Désiré, der gemessenen Schrittes heraufkommt und dabei die Zeitung liest, und während Roger zu seinen langen Beinen hinläuft, denkt Élise immer noch an Charles Daigne, der vor kurzem denselben Weg in entgegengesetzter Richtung zurücklegte, an die Frauen, die die Polizisten an dem vom Unglück heimgesuchten Bergwerksschacht zurückdrängen mussten, an das nicht enden wollende Begräbnis, an dem der König teilgenommen hat.

Sie setzen sich zu Tisch in dem Garten, wo man den Schatten spürt, der sich eng um einen legt. Die Frösche quaken in den Tümpeln, unsichtbare Grillen beginnen ihr nervtötendes Konzert.

Von dem verwickelten Knäuel ihrer Gedanken hat Élise nur einen Faden, eine Idee im Gedächtnis zurückbehalten, der klarer wird, während sie Madame Laude beim Abräumen des Tisches hilft und hört, wie Désiré die beiden Kinder zu Bett bringt.

Soldaten gehen auf der Straße vorbei zurück zur Kaserne von Embourg, deren Glacis sich bis zu achthundert Meter von der Pumpe aus erstreckt. Frédéric, der nach Hause gekommen und durchs Haus gegangen ist, ohne sich zu zeigen, wäscht sich mit Getöse hinter einer alten Bretterwand, wo er wohl ganz nackt ist.

Es ist die Stunde, in der Élise und Désiré fast jeden Abend auf der Straße von einem bestimmten Punkt zu einem anderen hin- und hergehen, wobei sie immer in Höhe des verkrüppelten Baumes, der aus der Böschung emporragt, umkehren, dort, wo Roger damals seinen Kanarienvogel begraben hat.

Désiré raucht seine Pfeife, deren Geruch sich mit dem der Nacht vermischt. Nachdem Frédéric gegessen hat, setzt er sich, seine Mütze auf dem Kopf, direkt neben die Haustür und blickt unbestimmt vor sich hin, taub für das undeutliche Gemurmel seiner Mieter.

Élise hat Désirés Arm genommen. Selbst wenn sie sich ins Gesicht blickten, könnten sie sich kaum sehen. Als er plötzlich merkt, dass sie zittert, fragt er:

»Frierst du?«

»Hör zu, Désiré ...«

Es muss sein. Sie kann nicht länger an sich halten.

»Meinst du nicht, dass du eine Lebensversicherung abschließen solltest?«

Sie glaubt, hat immer schon geglaubt, dass er kein Gefühl, dass er keine Antennen hat. Sie hat es so manches Mal zu Valérie gesagt, zu Louisa, zur armen Félicie. Er geht schweigend neben ihr her, und sie ist weit davon entfernt zu ahnen, dass er die Frage, die sie soeben nach einem langen, ihr ganzes Wesen erfassenden Zittern schließlich gestellt hat, dass er auf diese Frage seit langem wartet, seit Monaten, vielleicht seit Jahren, und dass das Blut in seinen Adern stockt.

Dennoch gelingt es ihm, mit normaler, fast ein wenig tonloser Stimme hervorzubringen:

»Warum sprichst du heute mit mir darüber?«

»Ich wollte immer schon mit dir darüber sprechen.«

Wie kann sie erklären, dass es der Anblick von Charles in Trauer war, die Erinnerung an den Blick von Françoise, ihre Unterhaltung mit Madame Dossin, die Tuberkulose hat, was ihr, auf Gott weiß welchen Umwegen, ein unerträgliches Bedürfnis nach Sicherheit gegeben hat? Es geht weiter zurück, sicherlich, auf die Jahre, die sie in einer kleinen, schmutzigen Straße mit ihrer Mutter verbracht hat, auf die leeren Töpfe, die sie aufs Feuer stellten, auf den Selbstmord von Monsieur Marette, auf die Stunden, die sie mit Madame Pain auf der Bank der Place du Congrès verbracht hat. Selbst die Zeitungen, die nur noch von Krieg und Katastrophen sprechen, haben dazu beigetragen, ihre Ängste deutlich werden zu lassen, sogar Mademoiselle Frida und die Besuche von Monsieur Charles.

Heute Abend tut ihr der Rücken weh. Ihr ganzer Körper ist krank.

»Ich hoffte immer, dass du selbst daran denken würdest. Man weiß nicht, was passieren kann. Was würde ich tun, allein mit Roger?«

Der Arm ihres Mannes ist härter geworden, Désiré ist ganz starr, man könnte meinen, er wolle allein gehen.

»Du würdest arbeiten.«

Er hat das mit einer so sachlichen Stimme gesagt, dass sie sich fragt, ob wirklich er es ist, der da gesprochen hat.

»Aber Désiré, wenn ich nicht die Kraft zu arbeiten hätte?«

Sie sind fünf Schritte von dem krummen Baum entfernt, der ein dunkler und fast menschlicher Fleck auf dem Himmel ist, Arme, die sich verzweifelt hochrecken, ein verwundeter Körper. Alle Sterne leuchten über ihnen, eine leichte Brise bewegt Élises Haare, ein Zug pfeift unten im Tal.

Wie soll sie wissen, dass Désirés Augen starr sind, dass seine Zähne in den Stiel seiner Pfeife beißen, dass er alles, ja, buchstäblich alles dafür gegeben hätte, damit sie nie davon gesprochen hätte? Und dennoch findet er einen heiteren Tonfall, um ihr zu sagen:

»So wie ich dich kenne, ziehst du dich immer aus der Affäre, lass es gut sein!«

Sie hat sich von seinem Arm losgemacht. Sie bleibt auf derselben Stelle stehen, während er noch zwei Schritte weitergeht, aber er wagt nicht, sich umzudrehen, aus Furcht, sein Gesicht zu zeigen, sogar in der Dunkelheit.

»Kommst du?«

»Nie, Désiré, nie, verstehst du, hätte ich geglaubt, dass ein Mann fähig wäre, seiner Frau zu sagen …«

Sie würde gern die Hände ringen, so wie der Baum seine Äste, möchte sich im Staub wälzen, windelweich geschlagen werden, sie möchte, dass irgendetwas passiert, und sie bleibt unbeweglich in der Dunkelheit stehen, hilflos, ohne Halt, sie hat Lust, sich der Länge nach fallen zu lassen und dort für immer liegen zu bleiben.

»Und du rauchst deine Pfeife! Du bist selbstzufrieden!«

»Komm.«

Er könnte nicht mehr dazu sagen. Vor Jahren hat er sich um eine Lebensversicherung bemüht, hat die medizinische Untersuchung über sich ergehen lassen, und zwar, wie durch Ironie, bei dem Arzt seiner eigenen Gesellschaft, Doktor Fischer, fast einem Freund.

»Sie sind ein Mann, nicht wahr, Mamelin?«

Das Herz. Er hatte schon verstanden.

»Wenn Sie vorsichtig sind, Anstrengungen vermeiden, Aufregungen, dann können Sie noch …«

Er steht da, in der Nähe des gepeinigten Baumes, dem Äußeren nach groß und stark, aber er musste die Hand auf seine Brust legen, er presst sie auf ein Organ, das so schnell schlägt, dass er es aufhalten muss.

»Wie, wie, wie kann ein Mann kaltblütig seiner Frau das sagen, was du mir soeben gesagt hast? Nein, weißt du, Désiré, ich …«

Sie geht zum Haus zurück. Sie zieht es vor, schwankenden Schrittes zurückzugehen, über Frédéric hinwegzusteigen, der noch immer vor der Tür sitzt und sie von oben bis unten ansieht; aus Gewohnheit stammelt sie:

»Pardon.«

Sie läuft. Sie hat nur noch ein paar Sekunden für sich, und sie lässt sich aufs Bett fallen, ohne die Lampe angezündet zu haben, ihre Zähne beißen sich in der Steppdecke fest, sie möchte sofort sterben, während Désiré, dessen ist sie sich sicher, draußen unter dem Sternenhimmel in aller Ruhe seine Pfeife zu Ende raucht.

Gleich wird er kommen und sich, ohne ein Wort zu sagen, auf einen Stuhl mit Korbgeflecht setzen. Und es wird nötig sein, dass Roger im Schlaf zu sich selbst spricht, um Élise aus ihrer tiefen Niedergeschlagenheit herauszureißen.

Mit leerem Körper, den Geschmack der Verzweiflung auf den Lippen, wird sie wohl gezwungen sein hervorzubringen:

»Hast du Streichhölzer?«

Sie zieht sich aus. Da steht sie in bauschigen Unterhosen, im Korsett, in dem rötlichen Licht der Lampe ohne Schirm.

Das Bett ist wie ein großes, krankes Tier, das purpurrote Federbett nimmt die Formen eines Walfisches an.

Désiré legt sich als Erster ins Bett und dreht sich zur Wand, sieht nur noch den Flecken einer zerquetschten Fliege, dann verlischt die Lampe, die Matratze quietscht.

Lange danach nähert er sich vorsichtig mit der Hand, aber der Arm, den er berührt, wird mit einem heftigen Ruck zurückgezogen.

»Gute Nacht, Élise.«

Schweigen.

»Gute Nacht, Élise.«

Niemals zuvor, auch nach den heftigsten Auseinandersetzungen, sind sie nebeneinander eingeschlafen, ohne sich eine gute Nacht zu wünschen. Der Tod könnte sie im Schlaf zu sich nehmen, wie es anderen passiert ist, und er würde von ihr gehen, ohne ein letztes Wort seiner Lebensgefährtin.

Er wartet, beißt auf seinen Schnurrbart, der noch nach Tabak riecht, während Élise, deren Gesichtszüge hart und verkniffen geworden sind, es kaltherzig, wütend bis zum Ende durchzuhalten gedenkt.

11

Fast ein ganzes Jahr ist seit Embourg verflossen, und das Leben geht weiter, man könnte meinen, es hätte sich in der Rue de la Loi nichts geändert. Élise bereitet kleine gezuckerte Speisen für Désiré vor, wenn er um zwei Uhr nach Hause kommt, und an den schönen Frühlingsabenden schickt sie ihn, um ungestört in ihrer Küche sein zu können, hinaus auf den Gehsteig zum Plaudern mit den Untermietern.

Zu jener Zeit ist das Leben dank Rogers Ziegenpeter wenigstens in den ersten Tagen nicht schwieriger gewesen. Bei Élise dauern die Eindrücke an. Wie die Klausuren ihrer Schwester Marthe oder das Untertauchen von Léopold in den Kneipen der kleinen Gässchen. Die kleinste Auseinandersetzung vom Sonntag färbt auf die ganze Woche ab. Um nur einen Fall zu nehmen: Obwohl Roger jetzt elf Jahre alt und in der sechsten Jahrgangsstufe ist, in der Klasse von Frère Médard, wirft seine Mutter ihm immer noch den Kummer vor, den er ihr während seiner ersten heiligen Kommunion bereitete. Nun, er war damals sieben Jahre alt. Auch er wird sich immer daran erinnern, aber aus einem anderen Grund, einem besonders verborgenen. Am Vorabend dieses Tages, der der schönste Tag im Leben sein soll, nach einem noch gründlicheren Bad als an den anderen Samstagen, schlenderte er auf den sorgfältig gereinigten Gehsteigen entlang, als er Lucile traf, die Tochter der Gemüsehändlerin aus der Rue Jean-d'Outremeuse, ein Mädchen, das ein wenig schielt und sich immer mit den Jungen in den Ecken versteckt.

Roger kommt soeben aus dem Beichtstuhl, seine Seele ist, wie sein Körper, rein für den nächsten Tag, und dennoch folgt er wie ein Hund Luciles Spuren, ein Opfer quälender Neugier, er spricht sie mit verschämter Stimme an, erfindet ein Spiel, bei dem man sich hinhocken muss, um zwischen ihre Beine zu sehen, und bittet sie schließlich, rot wie der Kamm eines jungen Hahnes, da er es nicht mehr aushält:

»Lass mich anfassen!«

Seit mehreren Wochen sagte seine Mutter ihm immer wieder:

»Vergiss nicht, dass die Kinder an dem Tag ihrer ersten heiligen Kommunion ihre Eltern für allen Kummer, den sie ihnen bereitet haben, um Verzeihung bitten müssen.«

Am Morgen dann, als sie sich zur Messe anzog, wartete sie. Mehrmals wiederholte sie:

»Roger.«

»Ja?«

»Vergisst du nichts?«

»Nein.«

Er wusste sehr gut, worauf sie wartete. Als Désiré einen Moment allein war, hat er die Gelegenheit ausgenutzt, ist zu ihm gegangen und hat ihn stammelnd um Verzeihung gebeten, aber seine Mutter wird er nicht um Verzeihung bitten, er kann es nicht, eben weil sie darauf wartet. Das ist keine Böswilligkeit von ihm. Es ist ganz einfach unmöglich. Die Worte würden nicht über seine Lippen kommen.

Élise hat daraus ein Drama gemacht. Sie ist aus dem Haus gegangen, mit roten Augen, den Kopf vom Weinen leer, und noch jetzt, nach so vielen Jahren, versäumt sie nicht, jedes Mal wenn sie sich über ihn ärgert, ihren Sohn zu erinnern:

»Wenn ich daran denke, wie du mich am Tag deiner ersten heiligen Kommunion zum Weinen gebracht hast!«

Was wäre geschehen, wenn Roger nach dem Abend von Embourg nicht unverhofft krank geworden wäre? Seine Temperatur stieg pfeilschnell mit verwirrender Geschwindigkeit. Mittags hatte er schon 39,5 Grad. Madame Laude holte einen Arzt aus Chênée. Eine Woche lang waren die Wände des Zimmers um Roger herum gleichzeitig weich und bedrohlich, aus demselben Material wie das purpurrote Federbett, das sich aufblähte, bis es fast an die Decke reichte, während Roger einen ungeheuer dicken Kopf zu haben meinte, den er mit Entsetzen betastete.

Als Désiré am ersten Abend zurückkam, sagte Élise, als wäre zwischen ihnen nichts passiert:

»Du musst nach Chênée gehen und ein Rezept abholen.«

Dann, später, als ihr Mann am Bett wachen wollte:

»Nein! Du arbeitest morgen früh. Ich dagegen habe sonst nichts zu tun.«

Sie hat nichts vergessen, wie er hätte meinen können. Als er sie wie üblich küssen wollte, wandte sie den Kopf zur Seite, und seine Lippen berührten nur ihre Haare.

Frédéric, der von der Türschwelle aus bei der Szene auf der Landstraße fast dabei gewesen war, musste wohl Madame Laude davon erzählt haben. Diese blickte Élise von Zeit zu Zeit an, um in ihrem Gesicht zu lesen, aber dank Rogers Krankheit hatte Élise einen triftigen Grund zu weinen, wenn sie Lust dazu hatte, ganz wie es ihr beliebte, und das Gesicht einer *Mater dolorosa* aufzusetzen.

So haben sich die Dinge zugetragen. Man kann nicht ewig im Drama leben. Die menschlichen Kräfte haben Grenzen, die heftigsten Schmerzen lassen nach, wie viel Energie man auch darauf verwendet, sie zu bewahren. Zunächst hat Élise bei einem Scherz von Madame Laude gelächelt, dann hat sie das Wort bei anderen Themen als der Krankheit des Kindes an Désiré gerichtet. So konnte Madame Laude Frédéric verkünden:

»Sie haben sich wieder versöhnt.«

Désiré hat sich einen Augenblick darüber hinweggetäuscht, denn er hält seine Wünsche gern für Wirklichkeit, er ist weder böswillig noch nachtragend.

Ein Blick von Zeit zu Zeit, stechend wie ein unsichtbarer Eiszapfen, der aus Élises durchsichtigen Pupillen geschleudert wird, genügt, um festzustellen:

»Mach dir keine Illusionen. Sicher, ich bin nicht gestorben. Ich gehe umher, ich kümmere mich wie früher um den Haushalt und die Mieter, aber ich werde nie mehr dieselbe sein, in mir ist etwas zersprungen, das keiner reparieren kann.«

Er tut so, als bemerkte er es nicht, gibt sich fröhlich, unbeschwert. Ein kleiner Sonnenfleck auf seiner Wange genügt, um ihn beim Rasieren zum Trällern zu bringen; jeden Morgen weckt er seinen Sohn, indem er ihn an der Nase zieht.

Als wieder einmal ein Streit losbricht, schießt Élise ihren Pfeil aus Eis ab, und es genügt ihr, zwischen ihren zusammengepressten Lippen hervorzubringen:

»Sei still. Du weißt sehr gut, dass du nur ein Egoist bist.«

Er schweigt, versucht nicht, sich reinzuwaschen. »Egoist« ist das Schlagwort geworden. Verwirrt geht er fort oder beeilt sich, von etwas anderem zu sprechen, sodass die Leute meinen könnten, es bestehe ein tiefes Geheimnis zwischen ihnen.

Bis hin zu Roger, der an den Tagen, an denen es großen Ärger gibt, wenn seine Mutter ihm seine erste heilige Kommunion vorwirft, zu hören bekommt:

»Du bist nicht mehr wert als dein Vater.«

Und dennoch spürt sie undeutlich, dass dieser männliche Egoismus, der sie so hat leiden lassen, ungewollt ist, dass er vielleicht ein Gesetz der Natur ist. Désiré sieht nicht, was er nicht sehen will. Er bildet sich fast ernsthaft ein, dass die Dinge so sind, wie er sie gern hätte. Er hat seine Tagesabläufe so geregelt, dass sie eine harmonische Aneinanderreihung kleiner Freuden sind, und wenn die geringste dieser kleinen Freuden zufällig fehlt, bedroht dies das ganze Gebäude. Eine Tasse Kaffee und ein Butterbrot, eine Schüssel hellgrüner Erbsen, die Lektüre der Zeitung beim Herd, ein Dienstmädchen, das auf einem Hocker eine Fensterscheibe putzt, tausend stille Freuden, die ihn an jeder Biegung des Lebens erwarten, die man vorhersehen kann, über die er sich im Voraus freut, sie sind so notwendig für ihn wie die Luft, die er atmet, und darum ist er unfähig zu wirklichem Leiden.

»Wenn du die Männer kennen würdest, meine liebe Valérie!«

Seit Embourg spricht Élise diese Worte nicht mehr in einem resignierten Ton aus. Sie hat sich damit abgefunden. Sie hat sich davon befreit. In ihr ist eine aggressive Kraft, die manchmal an Raserei grenzt.

»Ich lasse mir nichts mehr gefallen, lass nur gut sein! Ich *neppe* ihn, ich *neppe* sie alle, so wie sie sind.«

Dieses einfache Wort enthüllt mehr als alles andere die Wandlung, die in ihr vorgegangen ist. Sie hat immer einen

Abscheu vor dem Vulgären des Dialekts gehabt. Das ist es, was sie am meisten in dem Haus Rue Puits-en-Sock zornig gemacht hat, wo ein Lucien, eine Catherine, ein Arthur gerne Wallonisch sprachen.

Neppen bedeutet in dieser Sprache stehlen, aber nicht offen wegnehmen: Es bedeutet, in kleinen Mengen heimlich etwas wegnehmen, das bedeutet betrügen, auf die Gelegenheit lauern, sich heimtückisch etwas anzueignen, und von nun an neppt Élise ständig, ohne Gewissensbisse, sie neppt Désiré, sie neppt ihre Untermieter, sie neppt Mademoiselle Frida, nie hat das Haus in der Rue de la Loi von einem so erfüllten Leben gesummt, man kommt, man geht, man trinkt, man isst, man ruft, Élise verausgabt sich, ohne aufzurechnen, ohne auf ihre Mühe zu schauen, ohne sich um ihren Rücken oder ihren Bauch zu sorgen, denn sie neppt in jedem Augenblick, fortwährend nimmt sie dem einen oder dem anderen Geld weg und steckt es in die Tasche ihres Unterrocks oder in die rosa geblümte Suppenterrine, bevor sie donnerstagnachmittags zur Sparkasse geht und es auf Rogers Sparbuch trägt.

Dank dieser rastlosen Tätigkeit, dieser Leidenschaft, der sie mit einer wütenden Besessenheit frönt, sieht man sie fast nie schmerzbewegt oder melancholisch wie früher, es ist wie ein Fieber, das sie lebhafter und hübscher macht, so wie bei den Schwindsüchtigen, deren Augen leuchten und deren Wangen rot sind.

Nur darf sie nicht innehalten, darf sich keinen Augenblick entspannen, denn dann würde sie vielleicht vom Schwindel gepackt werden.

Madame Corbion hatte recht. Es war falsch, ihr zu misstrauen. Man darf nicht zu viel Gefühl haben. Haben die anderen denn welches, wenn es um einen selbst geht?

Wenige Leute bemerken die Veränderung, die in Élise vorgegangen ist. Sie ist immer sauber, immer in Bewegung, sie hat ihr unterwürfiges Lächeln beibehalten, ihr Kopf neigt sich immer noch ein wenig, wie um durch die Schläge hindurchzugehen, aber was man nicht sieht, ist, dass sie ein Ziel hat, das sie sich schließlich selbst eingesteht; sie hat eine Leidenschaft, wie Léopold und Marthe die ihre haben, sie neppt, rechnet, häuft Sou auf Sou, Franc auf Franc, sie beklagt sich immer, nur das Allernotwendigste zu haben, und um nichts in der Welt würde sie ihren Schatz anrühren.

Äußerlich markiert dieses Jahr den Höhepunkt des Hauses in der Rue de la Loi. Die beiden Freunde von Monsieur Bernard, Monsieur Jacques und Monsieur Dollent, nehmen Vollpension, Monsieur Bogdanowski und Mademoiselle Lola haben sich endlich miteinander verbunden, und weil die Küche zu klein geworden ist, vor allem, weil sie oft Freunde zum Mittag- oder Abendessen mitbringen, hat man das Zimmer von Monsieur Schascher wieder als Esszimmer genommen, und er musste sich woanders eine Bleibe suchen. Bei dem, was er zahlte!

Man hört nicht auf, Pommes frites zu machen und Koteletts zu braten, die Hausgehilfin kommt dreimal die Woche ganztags, Élise würde, wenn das Haus größer wäre, gern zwanzig, dreißig Mahlzeiten servieren, nichts hält sie auf, und sie hat nicht einmal mehr die Zeit, ihren Schwestern guten Tag zu sagen.

Die alte Madame Smet verbringt nicht mehr den Freitag bei ihr. Aus Taktgefühl behauptet sie, sie habe zu alte Beine, um von so weit zu kommen, aber die Straßenbahn hält ganz in der Nähe; in Wahrheit schreckt sie das schwindelerregende Treiben, mit dem sich Élise in letzter Zeit umgibt, die Männer von überallher, die in allen möglichen Sprachen sprechen und sich hier wie zu Hause fühlen.

Élise merkt sehr wohl, dass man nicht immer in einem derartigen Tempo leben kann und dass vermutlich die Zeit kommen wird, wo sie das Neppen anekelt. Nun ja, sie ahmt Désiré nach, sie vermeidet es, daran zu denken, sperrt sich dagegen, mit sich allein zu sein; seit einiger Zeit ruft sie mit mürrischer Stimme aus der ersten Etage hinunter, wenn sie einen bestimmten schweren, plumpen Schritt im Hausflur hört:

»Komm rein, Léopold. Ich bin gleich unten.«

Hat Léopold gemerkt, dass er stört? Das ist wahrscheinlich. Er täuscht sich, wenn er denkt, dass es deshalb ist, weil er schlecht angezogen ist und aussieht wie ein armer alter Mann oder weil er hinterher ein Gläschen in der Kneipe nebenan trinkt. Élise pfeift darauf. Sie pfeift auf alles. Was sie stört, ist, dass sie vor Léopold wieder sie selbst wird. Sie versucht vergeblich, sich darüber hinwegzutäuschen.

»Weißt du, Léopold, es ist immer falsch, darauf zu warten, dass die Leute einem etwas schenken, und sei es auch ein wenig Achtung, die man einem Hund nicht verwehren würde.«

Léopolds Blick stimmt ihr nicht zu. Vielleicht hat er nie erwartet, dass man ihm etwas schenkt? Fast würde er die übliche Tasse Kaffee ablehnen, so sehr spürt man, dass Élises Leben nur noch leidenschaftliche Berechnung ist.

Einmal besaß Désiré die Ungeschicklichkeit zu murmeln:

»Meinst du nicht, du überanstrengst dich?«

Sie warf ihm ihren berühmten Blick zu:

»Du wagst es, mich das zu fragen? Muss ich dich daran erinnern, was du mir an einem gewissen Abend geantwortet hast?«

Sie leben in demselben Haus, schlafen in demselben Bett, wie in den vergangenen Jahren. Sie versorgt ihn, so gut sie es kann. Oft ist sie fröhlich, sogar wenn sie allein sind. Sie kleidet sich kokett. Sie gehen jeden Sonntag mit der Familie spazieren. Dank ihres Geldbeutels, wie sie sagt, da sie niemandem Rechenschaft gibt, werden sie Roger zum Collège schicken können.

Und dennoch haben sie manchmal den Eindruck, ins Leere hineinzuleben, Gesten zu machen, die keinerlei Bezug haben, die Lippen zu bewegen, um Töne hervorzubringen, die keinerlei Bedeutung haben. Vor allem sonntags. Élise kann die Sonntage nicht mehr ausstehen, die leeren Straßen, in denen sie zu dritt herumlaufen, als wüssten sie nicht, wohin mit sich, der lange, fade Spaziergang nach Coronmeuse, zum Kloster der Ursulinen oder zu irgendeinem anderen Ausflugsziel. Sie kommt mit schwerem Kopf wieder nach Hause, hat nichts Eiligeres zu tun, als ihr Feuer wieder anzufachen, ihr gutes Kleid auszuziehen und sich zu vergewissern, dass die Untermieter heimgekommen sind.

Sie hat zweitausend Franc auf der Sparkasse, und Désiré weiß nichts davon. Sie braucht noch viel mehr, sie braucht so viel, dass es ihr scheint, sie werde ihr ganzes Leben lang verbissen damit zu tun haben, dieses Sparbuch aufzufüllen, das langsam von rosa und blauen Stempeln bedeckt wird, die Geld bedeuten.

Wie Madame Marette, wie so viele Witwen, die sie kennt und aufzählen kann, will sie ihr eigenes Haus haben, sie wird sich erst in Sicherheit wiegen, wenn sie ein Haus besitzt … So, wenn Désiré etwas zustößt …

Warum empfindet sie plötzlich das Bedürfnis zu schluchzen, ganz allein in ihrer Küche, als hätte dieses Tier, das in ihrem Innern nagt, bereits ihr Gleichgewicht zerstört, als höbe eine dicke Luftblase, die versucht, sich einen Weg durch ihre Kehle zu bahnen, sie als Ganzes in die Höhe?

Kaum haben sich ihre Züge vor dem Tränenausbruch zu einem schiefen Gesicht verzogen, als die Haustür geöffnet wird: Schnell setzt sie ihr Lächeln wieder auf, so wie sie den Haarknoten wieder in Ordnung bringen würde.

»Kommen Sie herein, Monsieur Jacques. Monsieur Bernard musste fort. Er bittet Sie, in seinem Zimmer auf ihn zu warten. Er wird gleich zurück sein.«

Sie hat gerade Zeit, den Tisch zu decken. Sie wird ein anderes Mal weinen, später. Manchmal wünscht sie, die Zeit, wo sie nach Belieben weinen und sich ihrer Erschöpfung wird hingeben können, möge bald anbrechen.

Das weiß niemand, ahnt niemand. Man lebt wenige Stunden mit sich allein, die Minuten der Krise sind kurz, unterbrochen, sodass man durchhalten kann, in den langen Abschnitten des alltäglichen Lebens, und wenn sich die Untermieter schließlich im Esszimmer versammelt haben, hat Élise, frischer denn je, die Gesichtsfarbe durch die Hitze des Herdfeuers belebt, eine hübsche Schürze mit Latz und Volants über ihren Rock gezogen, sie beugt sich vor, um die Suppenschüssel mitten auf das Tischtuch zu stellen und um sich zu vergewissern, dass nichts fehlt auf dem Tisch, weder ein Glas noch eine Gabel, weder der Salznapf noch das Glas mit den eingelegten Zwiebeln.

Nie ist Roger so freudestrahlend gewesen, nie hat er so viele wichtige und köstliche Stunden verlebt, von einer Fülle, die an die vollendete Fülle des Eis erinnert, von einer Tiefe, die nur bestimmte Nachthimmel, die bis ins Innerste des Unendlichen mit Sternen übersät sind, erreichen.

Alles ist miteinander verwoben, die Gegenstände verwandeln sich, die Gesten fließen ineinander, das rosa Zimmer, das Mademoiselle Lola vorgestern für die Ferien verlassen hat, ist so warm und so bunt, so erregend in seinen kleinsten Winkeln, dass das Kind davon benommen ist, schwebend an der äußersten Grenze zwischen Wirklichkeit und Traum und das filternd, was es durch das Gitter seiner halb geschlossenen Wimpern von der äußeren Welt in sich aufnimmt.

Die Geräusche dringen zu ihm, die kleinsten, vertrauten Reibereien, das heimliche Getuschel der Dinge, aber seit vierzehn Tagen entgeht Roger als Einziger im Haus den allgemeinen Regeln, er ist nicht gehalten, sich der Disziplin der verrinnenden Zeit zu beugen, er lebt am Rande des täglichen Lebens, das um ihn herum, flüssig wie Wasser, dahinfließt.

Gestern hat im Institut Saint-André die feierliche Preisverleihung stattgefunden, ein umso denkwürdigeres Ereignis, als Roger die sechste Klasse beendet hat und nach den Ferien ins Collège der Jesuiten gehen wird. Er ist Klassenerster. Er war jedes Jahr Klassenerster, außer in der Fünften, wegen van Hamme, einem blassen, eigensinnigen Jungen, Sohn eines Holzschnitzers aus Bressoux, der, den Kopf zwischen den Händen, sein Leben mit Lernen verbringt und den man nie spielen gesehen hat.

Vielleicht hat Frère Médard in diesem Jahr ein wenig gemogelt, damit der Sohn von Madame Mamelin trotz van Hamme Erster wurde? Auf jeden Fall hat der Direktor gemogelt.

Roger saß wegen seines Gipsbeins zwischen den Eltern im Saal. Er musste getragen werden.

»Mesdames, Messieurs, meine lieben Kinder«, sagte der Direktor, »ich möchte nun das außergewöhnliche Betragen eines unserer Schüler würdigen …«

Ein Schauder. Roger wartet, und es vergeht eine Ewigkeit, bevor sein Name endlich ausgesprochen wird und sich die Gesichter seinem errötenden Gesicht zudrehen.

» … eines unserer Schüler, Roger Mamelin, den eine Verletzung daran hindert, unter seinen Mitschülern zu sitzen, den ich aber mit seinem Preis in der ersten Reihe der Anwesenden zu erblicken mich freue …«

Der Direktor verliest die Rede, die Frère Médard verfasst hat.

»An einem Morgen zu Beginn dieses Monats, als eine drückende Hitze uns dazu zwang, unsere Schulen zu schließen …«

Das stimmt. Die Schulen der Stadt sind drei Tage lang geschlossen worden, und am dritten ist Roger mit seinen Freunden von der Place du Congrès zum Spielen auf das Manövergelände gegangen. In der prallen Sonne, nahe dem glänzenden Wasserlauf der Maas, dem tosenden Überlaufkanal, hielten die Soldaten ihre Übungen ab, Geschütze und Munitionswagen, die von vier Pferden gezogen wurden, setzten über die Gräben und Buckel der Ebene.

»Erschreckt durch ein sich aufbäumendes Pferd …«, fährt der Direktor fort.

Das ist nicht wahr. Die Wahrheit ist einfacher, so einfach,

dass es unmöglich ist, sie an einem Tag wie heute zu erzählen, wo die Kinder goldene Kränze auf dem Kopf tragen.

Sie waren vier, die, wie kleine Tunichtgute, mit hochroten Wangen dicke Steine in den Fluss warfen, als einer der Jungen rief:

»Étienne! ... Dort! ... Da!«

Und man sah, wie ein Strohhut abtrieb, sich von der Böschung entfernte, durch die schnelle Strömung mitgerissen, aus der von Zeit zu Zeit ein Arm auftauchte. Roger sprang in die Maas, fast ohne es zu wissen. Er ist geschwommen. Zweimal hätte er beinahe die Partie aufgegeben, weil Étienne sich an ihn klammerte und die Angst ihn packte.

Schließlich hat er ihn gerettet, Gott weiß wie, er hat den triefenden, von Krämpfen geplagten Körper auf die Bruchsteine des Ufers gezogen. Dann sind sie zu dem einzigen Haus in der Nähe gegangen, einem seltsamen rosafarbenen Bau, der aus dem flachen Manövergelände aufragte, einem Café für Soldaten, wo man ihnen Rum zu trinken gab. Roger ist nach Hause gegangen, ganz allein auf den Gehsteigen, bemitleidenswert in den zu großen Kleidern, die ihm die Leute in dem Café geliehen haben, halblaut sprechend und gestikulierend.

Zum ersten Mal in seinem Leben trug er Männerhosen, die so lang waren, dass man sie weit umschlagen und mit Sicherheitsnadeln feststecken musste.

Der Direktor vermied es, diese Einzelheiten zu erwähnen.

»Als Folge seiner Tapferkeit sitzt Roger Mamelin heute bewegungsunfähig auf seinem Stuhl, wo er sich doch so sehr darauf gefreut hatte, die Rolle des Monats Mai in dem Stück ›Der Reigen der Monate‹ zu spielen, das wir Ihnen soeben gezeigt haben ...«

Wie kann ein Frère der christlichen Schulen, ein Direktor, derart lügen?

Das Reale und das Irreale vermengen sich in der drückenden Hitze so gut, dass Roger schließlich selbst daran glaubte, er habe sich seinen Gelenkerguss zugezogen, als er seinen Freund aus dem Wasser zog.

Dabei ist er erst tags darauf in dem Klostergarten über eine Ziegelsteinmauer gefallen, die eine Plattform umgibt. Er lief mit einem Bein auf jeder Seite der Einfassung, wie ein ungezogener kleiner Junge; er hat das Unheil vorausgeahnt, aber trotzdem weitergemacht.

Er war der Einzige in dem Gemüsegarten. Frère Médard hatte während der Probe von »Der Reigen der Monate« seinen Liebling mit dem Schlüssel weggeschickt, einen Gegenstand aus der Klasse zu holen.

Was soll's? So wie der Direktor es erzählt, ist es viel hübscher, und es ist besser, nicht einzugestehen, dass Schüler aus dem Institut Saint-André sich damit die Zeit vertreiben, Steine ins Wasser zu werfen.

Alle sind nett zu ihm. Man überreicht ihm feierlich einen Bayard-Ritter aus vergoldetem Zink. Die meisten Mütter der Schüler kommen, um ihn zu umarmen.

Im Haus sind drei Medizinstudenten, die ihn versorgen, für ihn Verbandszeug und Gipsbinden aus dem Hôpital de Bavière stibitzen, wo sie Externisten sind.

Hat Roger noch Schmerzen? Ist sein Knie noch geschwollen?

Es geht ihm so gut hier, in dem rosa Zimmer von Mademoiselle Lola, auf einer Chaiselongue, mit ausgestreckten Beinen, die Arme auf bequemen Lehnen, sein Ei mit Bier in

Reichweite auf einem Stuhl, bunte Bonbons und eine Sammlung illustrierter Zeitungen, die so gut nach frischer Druckerschwärze riechen.

Er liest ein wenig, betrachtet die Bilder, folgt mit trägem Blick dem Flug einer Fliege oder den Zeichnungen von Licht und Schatten auf der Tapete mit den seltsamen Blumen, er horcht auf das Hin- und Hergehen seiner Mutter, auf das Trompetensignal des Gemüsehändlers, der aus der Rue Pasteur kommt, auf die Hammerschläge aus der Schmiede von Halkin, auf die Stille der Schule, die für zwei lange Monate geschlossen ist.

Ist es nicht erstaunlich, dass er diese erste Etappe seines Schülerlebens bereits durchschritten hat, die ihm so lang erschien, als er seinen Fuß zum ersten Mal in die Klasse von Frère Mansuy gesetzt hat? Die Klasse war düster an jenem Herbstmorgen, und doch sind seine Schülererinnerungen fast alle sonnig, bis auf eine vielleicht, oder vielmehr zwei, die einen grauen Schatten in das Flimmern seiner Träumerei werfen: zunächst sein verdorbenes Getuschel in den Ecken mit Ledoux, dem mit dem lustigen Kopf eines Clowns, über den Unterschied zwischen Jungen und Mädchen; dann die Geschichte mit dem neuen Katechismus.

Seit dieser Geschichte hasst er Frère Mansuy, auf jeden Fall weicht er ihm aus, weil Frère Mansuy Bescheid weiß. Roger hatte einen gebrauchten Katechismus bekommen, dessen kartonierter Einband von einem verblichenen Blau war, die Ecken waren geknickt, man sah die Fäden vom Einbinden und Stockflecken auf einigen Seiten. Roger wünschte sich so glühend einen neuen Katechismus mit knarrendem Rücken, dass er eines Tages Frère Mansuy aufsuchte.

»Meine Mutter hat gesagt, dass Sie mir einen neuen Katechismus schenken.«

Wie klein er damals gewesen sein muss. Er kann es gar nicht fassen, dass er diese Kühnheit besaß. Er bekam seinen Katechismus. Er freute sich nur heimlich daran, denn er wagte nicht, ihn zu Hause zu zeigen, und jeden Abend in seinem Bett wurde er von dem Gedanken an die unvermeidbare Katastrophe gequält. Vor den Osterferien erhielten seine Eltern mit den Noten des Trimesters die Liste der Lehrmittel. Es wurde höchste Zeit, mit seiner Mutter zu sprechen. Zehnmal hätte er es fast getan, aber letzten Endes traute er sich nicht, er ist zur Pausenzeit in die Klasse gegangen, seinen Katechismus in der Hand, Gott weiß, wie er, ohne etwas zu sehen, zum Frère gesprochen hat, so aufgeregt war er.

»Meine Mutter hat mir aufgetragen, ihn zurückzugeben. Sie hat den alten wiedergefunden.«

Frère Mansuy schien nicht überrascht zu sein. Man hätte meinen können, er habe alles erraten. Er behielt sein sanftes Lächeln, und vielleicht gab er dem Kind sogar eine Veilchenpastille.

Noch heute hegt Roger ihm gegenüber einen Groll, gerade weil er alles erraten hat und so großmütig war zu schweigen, einem kleinen Jungen eine Demütigung zu ersparen.

Das ist nicht mehr von Bedeutung, weil es vorbei ist und Roger das breite, grüne Portal nicht mehr als Schüler durchschreiten wird. Außer Mademoiselle Lola, die weggefahren ist und die ihr Studium zum Spaß betreibt, haben die anderen Untermieter noch ein oder zwei Examen zu machen. Danach werden sie für die Ferien nach Hause fahren, und man wird nach Embourg gehen.

Roger lutscht ein Bonbon, liest die Geschichte von »Onésime Pourceau, Sportsman«, die jede Woche die beiden Mittelseiten der *Petit Illustré* einnimmt. Er zieht den Geruch von Tomatensuppe durch die Nase ein, freut sich darauf, zum Essen hinunterzugehen, ein Bein in der Luft, hüpfend, sich am Geländer festhaltend. Jede Minute ist angenehm, und dennoch fragt er sich, ob ihm sein Knie noch lange wehtun wird oder ob er ein wenig auf die Straße spielen gehen kann.

Es ist schon elf Uhr. Eine Straßenbahn fährt durch die Rue Jean-d'Outremeuse, Élise deckt den Tisch, man hört das Aneinanderstoßen der Teller, ein Luftzug schließt heftig die Küchentür, Mademoiselle Frida lernt in ihrem Zimmer, Fenster und Tür geöffnet, mit dem Gesicht zur weißen Mauer des Hofes, auf der seit einigen Tagen eine Ameisenkolonne marschiert, deren Nest man vergeblich ausgeräuchert hat.

Kann man ahnen, dass, von einer Sekunde auf die andere, diese friedvolle Ordnung durcheinander gebracht werden wird? Spürt Élise ihrerseits, dass die bange Leidenschaft, von der sie vorwärtsgetrieben wird, plötzlich ihre Fermate finden wird?

Die Haustür wird geöffnet. Sie blickt durch die Scheibe. Sieh an! Es ist Monsieur Bernard, der zu früh dran ist. Was hat er? Er scheint in Eile zu sein, er stürzt ins Treppenhaus, beugt sich über das Geländer und ruft:

»Krieg. Madame Mamelin! Es ist Krieg! Die Deutschen sind in Belgien einmarschiert! In der Umgebung von Visé wird gekämpft!«

Bei Visé, wohin sie sonntags manchmal fahren und mit der Familie von Tante Louisa Waffeln essen? Élise lächelt skeptisch.

»Das ist nicht möglich, Monsieur Bernard!«

Unter einem Himmel, so blau, so weit, dass man vom Kirchturm von Saint-Nicolas aus fast die grüne Ebene um Visé erkennen könnte, wo die Maas breiter wird!

Mademoiselle Frida steht ganz starr in ihrer Zimmertür.

»Wissen Sie, ob noch Züge fahren?«

Von jetzt an gerät alles durcheinander, man weiß nicht mehr, wer kommt und wer geht, was vorher oder nachher geschieht. Élise hat sich nicht die Zeit zum Weinen genommen. Sie hat sich damit begnügt, an die Tür des Nachbarhauses zu klopfen, die alte, sehr gebrechliche Madame Delcour hat ein erstauntes Gesicht unter ihrer schwarzen Haube gezeigt.

»Es ist Krieg, Madame Delcour! Monsieur Bernard kommt gerade aus dem Hospital zurück. Er zieht sich schon seine Soldatenuniform an.«

Halb auf zwei Stühlen liegend schaut der skelettartige Mann mit der Schlafkrankheit Élise aus seinen leeren Augen an, und nur seine Fingerspitzen bewegen sich.

»Was wollen Sie tun, Mademoiselle Frida?«

»Ich fahre weg.«

»Sie kehren in Ihr Land zurück? Sie werden nicht durch Deutschland fahren können.«

»Ich werde durch Frankreich und die Schweiz fahren.«

Sie packt ihre Koffer. Auch Monsieur Bogdanowski kommt aufgeregt an. Vorsichtigerweise ist er schon zum Bahnhof gegangen und hat einen Platz in einem Zug reserviert.

»Man muss sich um eine Fahrkarte schlagen. Wenn Sie die Menge sehen würden …«

Monsieur Bernard kommt in der flaschengrünen Uniform eines Infanteristen herunter.

»Essen wir trotzdem?«, scherzt er ohne viel Schwung.

»Ich frage mich, Monsieur Bernard, warum mein Mann nicht nach Hause kommt. Ich nehme an, dass sie das Büro nicht geöffnet halten werden. Mein Gott, Roger! Warum bist du heruntergekommen? Pass auf dein Bein auf. Was willst du?«

»Dass man mir den Gips abnimmt.«

»Was muss man tun, Monsieur Bernard?«

Da ist Monsieur Jacques mit dem schönen, schwarzen Bart, Monsieur Dollent, der bereits ins Hôpital de Bavière, wo er Assistenzarzt ist, gegangen ist, um sich die Uniform anzuziehen, in der er linkisch aussieht.

»Würden Sie mir wohl einen Knopf annähen, Madame Mamelin?«

Unwillkürlich denkt sie, da es der Lieblingsspruch von Monsieur Dollent ist, dass er es halb im Scherz, halb im Ernst sagt:

»Meine Dankbarkeit wird erst mit meinem letzten Seufzer verlöschen.«

Sie schweigt. Sie wird später daran denken, sie wird noch oft daran denken.

»Werden Sie mitkämpfen?«

»Ich weiß es nicht. Ich muss zu meinem Regiment zum Fort de Boncelles. Ich suche ein Fahrrad, das ich ausleihen kann, um schneller dort zu sein.«

»Hören Sie …«

Sie spitzen die Ohren, hören nichts.

»Das Geschütz … Ein dumpfes Geräusch … Halt die Füße still, Roger …«

Sie horchen immer noch und nehmen ein entferntes Donnern wahr. Monsieur Bernard isst. Monsieur Jacques, immer noch ruhig, entfernt mit Bewegungen, die für einen Mann erstaunlich feinfühlig sind, den Apparat, der Rogers Knie gefangen hält.

»Meine Dankbarkeit wird erst mit meinem letzten Seufzer verlöschen ...«

Das wird nicht lange dauern, leider! Heute Abend noch wird Monsieur Dollent, der rote Haare hat, Monsieur Dollent, der ein Fahrrad sucht, um schneller dort zu sein, wird dieser Monsieur Dollent in dem Wald von Sart-Tilmant getötet werden, in der Nähe von Boncelles, wohin sie sonntags so oft einen Ausflug gemacht haben und wo zwei Regimenter von Jägern sich niedermachen werden, weil sie sich für Feinde halten.

Weiß man wenigstens, wie die Deutschen gekleidet sind? Man ist auf den Krieg nicht vorbereitet. Das alles ist ein schrecklicher Irrtum.

Élise serviert das Essen, egal wo, egal wie, und lauert dabei immer auf das helle Viereck der Haustür, die offen steht. Man scherzt immer noch, vor allem der kleine Bernard, der sich mit einem Diplom als Dentist begnügen wird, da er das Medizinstudium zu lang und zu schwierig findet.

»Gute Reise, Mademoiselle Frida. Wir werden uns vielleicht in Berlin wiedertreffen, weil doch die Russen mit uns verbündet sind.«

Man geht hin und her, man versteht kein Wort, man denkt nicht, man weiß, dass Krieg ist, weil es jeder sagt und weil die Leute, die aus dem Stadtzentrum wiederkommen, die Bekanntmachungen gesehen haben, aber eine noch muntere Erregung hält jeden aufrecht, man könnte meinen, man sei darauf gefasst gewesen, darauf, von dem täglichen Einerlei befreit zu werden, von dem Haufen angesammelter Sorgen, die jedermann mit sich herumschleppt.

Nach und nach leert sich das Haus, die Türen bleiben offen stehen wie nach einem Umzug, und auf dem Boden der Zimmer liegen Sachen herum, ein zerbrochener Kamm, eine leere Tube Zahnpasta, Kartonschachteln, zerknülltes Papier. Endlich sind Désirés Schritte zu hören, er geht wie immer, beugt sich automatisch zu seinem Sohn hinunter, um ihn auf die Stirn zu küssen.

»Nun, Désiré?«

Ernst und einfach sagt er:

»Es ist Krieg.«

»Hat man die Bürgerwehr einberufen?«

Er nickt, beeilt sich dann zu lächeln:

»Wir müssen die öffentlichen Gebäude bewachen. Wahrscheinlich hat man Angst, dass das Rathaus oder der Justizpalast davonlaufen. Fürchte dich nicht. Uns darf man nicht an die Front schicken.«

Er zieht sich an, bürstet den seltsamen Hut mit den goldbraunen Federn, den er so oft bei den Paraden oder zum öffentlichen Schießen getragen hat, bei dem der beste Schütze jedes Jahr ein Silberbesteck gewinnt. Désiré hat bereits zwei Bestecke gewonnen. Sie haben beschlossen, sie erst zu benutzen, wenn sie drei davon haben, eins für jeden.

Élise begleitet ihn zur Tür, zwingt sich zu einem Lächeln.

»Komm bald zurück, ja?«

Er wird nicht weit gehen. Zusammen mit ein paar anderen seiner Kompanie, unter ihnen der kleine Grisard, wird man ihn zum Schlachthaus schicken, das die Leute aus den Gassen bereits zu plündern beginnen. Es ist dort, am Ende des Quai des Pêcheurs, wo Roger jeden Morgen mit seinem Großvater und den Messieurs Pelcat, Repasse und Fourneau vorbeikam, als sie um halb sieben in der Maas schwimmen gingen.

Jetzt spielt Roger mit Murmeln, ganz allein vor der Haustür: Zweimal ist er bis zur Straßenecke gegangen, aber sein Freund Albert lässt sich nicht blicken.

Élise setzt sich endlich in ihre Küche, und ihr ganzes Wesen entspannt sich, sie ist nicht aufgeregt, denkt an nichts; einen Ellbogen auf dem Tisch, die Hand auf der Stirn, so isst sie kalt gewordene Speisen von irgendeinem Teller, das ist jetzt nicht mehr wichtig, und als sie aufsteht, blickt sie um sich, ohne zu wissen, was sie tun soll, sie macht Ordnung, aus Gewohnheit, obwohl das zu nichts mehr nütze ist, und sie fühlt sich so müde, als hätte sie vierzehn Tage lang Wäsche gewaschen.

Dritter Teil

1

Die Stimme von Père Renchon, der seine Geschichtsstunde gibt, fließt monoton dahin wie der Regen, der seit Tagen unaufhörlich aus dem dämmrigen Himmel fällt. Alles in der Klasse ist feucht und grau, die nackten, weiß gekalkten Wände, die schwarzen Pulte, über die nasse Ärmel gewischt sind, der Betonfußboden, auf dem noch die Spuren der Schritte zu sehen sind; und wenn Roger in seiner Ecke nah beim Fenster den Kopf leicht hin und her bewegt, berührt er die Mäntel, die mit kalten Tropfen in der Wolle an den Kleiderhaken hängen.

Gebeugt, mit rundem Rücken, auf einer Bank ohne Rückenlehne sitzend, täuscht er vor, in ein Heft zu schreiben, das vor ihm aufgeschlagen liegt, aber in Wirklichkeit starrt er in das offene Buch mit dem Leineneinband auf seinen Knien im Schutz des Pultes.

Das Buch riecht nach Leihbücherei, die Mäntel in der langen Reihe der Kleiderhaken riechen nach nasser Wolle, die Klasse riecht nach fauliger Tinte und saurer Kreide, alles ist trübe, alles erscheint alt und schmutzig, mit zu scharfen Kanten, zu harten Konturen in der Verschwommenheit, wie die leuchtenden Dächer, die man jenseits des weiten Hofes des Collège erblickt, und wie dieses bereits erleuchtete Fenster in der Ferne, hinter dem jemand hin und her geht, ohne dass man sagen könnte, ob es ein Mann oder eine Frau ist oder welcher geheimnisvollen Beschäftigung dieser Jemand nachgeht.

Roger Mamelin nimmt die Stimmung jedes Mal auf, wenn er beim Umdrehen der Seite für einen Moment die Augen hebt, um den Blick dann wieder auf *Die Dame von Monsoreau* zu senken, für die er sofort einen Rahmen schafft, mit Flächen von einem bleichen Weiß wie auf den Kupferstichen aus dem letzten Jahrhundert.

Alles verbindet und verkettet sich, alles harmoniert miteinander, alles, eingeschlossen die Stimme von Père Renchon, verschmilzt in seiner Welt, so sehr, dass er auffährt, als diese Stimme ihren Tonfall ändert. Dann schließt er überstürzt sein Buch und beeilt sich, wieder an die Oberfläche zu kommen. Die Stimme sagt mit einer Sanftheit und Höflichkeit, die das Gewicht der Worte unterstreichen:

»Monsieur Neef, wenn das, was ich sage, nicht das Glück hat, Sie zu interessieren, darf ich Sie darum bitten, wenigstens eine höfliche Aufmerksamkeit vorzutäuschen?«

Roger und die anderen drehen sich der Reihe nach zu den beiden Neefs um, denn es gibt zwei davon in der Klasse, zwei Neefs ohne irgendeine verwandtschaftliche Verbindung; Neef der Adlige, der in einem Schloss wohnt und jeden Morgen, gefolgt von einem Lakaien, zum Collège geritten kommt, und Neef der Bauer, Sohn eines Bierbrauers vom Land, der jedes Mal mit aufspringt und errötet, wenn ein Lehrer sich an seinen Namensvetter wendet.

Seltsam, trotz ihrer Verschiedenheit haben die beiden Neefs eine Gemeinsamkeit: Sie haben seit langem das Alter überschritten, um unter Jungen von fünfzehn Jahren in der Tertia zu sitzen. Es sind bereits Männer, der eine, der Sohn des

Bierbrauers, mit dunklen Barthaaren, die seine Lippen umschatten, und mit lauter Bassstimme, der andere, dünn und so vornehm, dass er ein schiefes Gesicht hat, mit dem gezierten Benehmen eines jungen Stutzers.

»Haben Sie mich nicht verstanden, Monsieur Neef? Ja, Sie. Genau Sie habe ich angesprochen.«

Père Renchon beschleunigt unmerklich sein Sprechtempo, was die einzige Art ist, seine Wut zu äußern.

»In Anbetracht dessen, dass Ihre Anwesenheit mir nicht angenehmer ist, als Ihnen mein Unterricht zu sein scheint, ermächtige ich Sie gern, bis zum Ende der Stunde draußen spazieren zu gehen.«

Ohne die geringste Erregung erhebt sich der Neef in Reithosen und Reitstiefeln, verbeugt sich im Vorbeigehen vor dem Katheder, wie um sich für eine Gunst zu bedanken, geht zur Tür, dreht sich im Hinausgehen um und blinzelt seinen Mitschülern zu.

Roger senkt den Kopf, findet alsbald die Seite wieder, den Faden seiner Geschichte, liest hier einen Satz, schnappt dort ein Wort auf, überspringt ganze Passagen, Antworten, die er im Voraus erraten hat; alles um ihn herum findet wieder seine Ordnung, auch die Stimme des Lehrers, der seinen Unterricht in einem unschlüssigen Tonfall wieder aufnimmt, als stimmte er eine Violine.

Dennoch ist irgendetwas nicht in Ordnung. Roger spürt es, da er den Kopf in dem Augenblick wieder hebt, als Père Renchon seine Rede unterbricht. Er sieht, dass alle Gesichter zum Fenster blicken, und draußen in dem Gang, der zu einer ganzen Reihe von Klassen führt und einer riesigen Gangway bei einem Schiff ähnelt, scheint sich ein Neef selbst eine Komödie vorzuspielen, er mimt mit feierlichem Ernst eine Salonszene, küsst die Hand einer unsichtbaren Dame, lehnt anmutig eine Tasse Tee ab, plaudert, spielt den Charmeur, fordert schließlich seine Begleiterin zum Tanz auf.

Hinter ihm die harten, wie mit Tusche gezeichneten Linien des Eisengeländers, die schlanken Säulen, der eintönige und düstere Himmel wie die Leinwand im Hintergrund auf einer Fotografie. Diesen Rahmen scheint Neef nicht zu sehen, er spielt seine Rolle mit einer derartigen Überzeugungskraft, dass er um sich herum unsichtbare Personen schafft, und er deutet die ersten Takte eines Tangos an, mit gestrafftem Körper, die Augenlider halb geschlossen, als eine riesige Gestalt auf der Bildfläche erscheint, dunkel und streng wie die Realität, langsam und unerbittlich, der große Manitu persönlich, der Schwarze Mann des Collège, Père van Bambeek, der Präfekt für Schuldisziplin.

Da bricht Gelächter aus zusammengeschnürten Kehlen los, es kribbelt in den Augen, man hat Lust, vor Begeisterung zu brüllen, sogar Père Renchon gelingt es nicht sofort, sein Lächeln in eine strenge Maske zu verwandeln, aber ein Blick des Präfekten durch die Fensterscheiben genügt, die Gesichter erstarren zu lassen, und der Lehrer leiert nach einem kurzen Schlag mit dem Lineal auf das Katheder wieder einen Psalm herunter.

Roger hat seinen Blick auf das von außen unsichtbare Buch gesenkt, aber der Zauber ist gebrochen, er liest, ohne zu verstehen, achtet auf die beiden Gestalten, die zehn Minuten lang mit gleichmäßigen Schritten vor den Fenstern auf und ab gehen, in regelmäßigen Abständen erscheinen und wieder verschwinden, der riesige Jesuitenpater in der Soutane, der

Kavallerieoffizier war, begleitet von dem schmächtigen Neef, der nichts von seiner Lässigkeit eingebüßt hat.

Eben hat er seinen Kameraden, um sie zu amüsieren, eine Komödie vorgespielt, und jetzt macht er fast dieselben Bewegungen, oder vielmehr, er ist derselbe Mann, noch genauer gesagt, es sind zwei Männer, der Jesuitenpater und der Sohn des Schlossherrn, die auf gleichem gesellschaftlichem Fuß miteinander plaudern, weit entfernt von dem Collège und seinen Klassenräumen, von Unterrichtsstunden und Strafarbeiten; und als sie sich trennen auf der anderen Seite des Fensters, durch das Roger sie von seinem günstigen Platz aus als Einziger sieht, tauschen sie einen Händedruck aus, Neef kommt zurück und setzt sich wieder in seine Bank, so selbstverständlich, wie er eben hinausgegangen ist, während eine leichte Röte, dessen ist Roger sich sicher, Père Renchons Stirn färbt.

Die Minuten verstreichen, der Regen fällt, andere Fenster sind in dem weit entfernten Häuserblock erleuchtet worden, als Schritte in dem Gang widerhallen, und dieses Mal weiß Roger, der den Pedell erkannt hat, dass es für ihn ist, jeder weiß es, alle blicken ihn an, der andere Neef, der Bauer mit den Nagelschuhen, versucht, ihm mit einem traurigen, gutmütigen Hundeblick Mut zu machen.

»Monsieur Mamelin, würden Sie mir bitte zum Studienaufseher folgen!«

Man kann noch so sehr darauf gefasst sein, es verursacht einen Schrecken. Roger erhebt sich, durchquert die Klasse, folgt dem Pedell den kalten Gang entlang, sieht undeutlich Schüler in ihren Klassen, Lehrer an ihrem Katheder, Gleichungen auf einer schwarzen Wandtafel. Der Pedell geht ihm voran und scheint ihn an einem unsichtbaren Kettenende hinter sich herzuziehen. Er klopft an eine Glastür, zieht sich zurück. Kein Geräusch, nur ein Kratzen auf dem Papier, überall Dämmerlicht, außer auf dem Schreibtisch, der von einer Lampe mit grünem Lampenschirm beleuchtet wird, ein Gesicht, das durch dieses Licht unwirklich, wie in Stein gehauen wirkt, eine von schlaffen und tiefen Falten umgebene Knollennase, ein unmerkliches Blinzeln unter den gesenkten Wimpern. Der Studienaufseher, der den Rektor vertritt, schreibt mit einer flüssigen und regelmäßigen Schrift, und lange Minuten vergehen, ohne dass er wahrzunehmen scheint, dass jemand im Zimmer ist. Dann ergreift seine Hand einen Löscher, und er löscht sorgfältig sein Blatt, zieht nicht ohne Abscheu ein Papier zu sich hin, auf das Roger gestern noch so stolz war und das ihn jetzt plötzlich durch seine unanständige Vulgarität enttäuscht.

Es ist eine Zeitung, die er allein verfasst und selbst vervielfältigt hat. Die erste Seite ziert eine Karikatur des Studienaufsehers.

Dieser hat das Dokument wie eine unreine Sache zwischen zwei Finger genommen, hält es einen Augenblick unschlüssig im Licht der Lampe vor sich und hebt schließlich seinen Blick zu dem schuldigen Schüler. Für Roger dauert das eine Ewigkeit. Mit trockener Kehle und feuchten Handflächen kann er seine Augen nicht von dem glänzenden Papier abwenden, auf dem die violette Tinte ihre Schmierereien hinterlassen hat. Ist es Mitleid, weshalb der Jesuitenpater schließlich das Blatt in den Papierkorb fallen lässt, der links neben seinem Fuß steht?

»Ich nehme an, Monsieur Mamelin, dass Sie die Schulordnung des Collège kennen?«

Selbst wenn er schweigen wollte, wenn er wild dazu entschlossen wäre, unter dem Blick des Préfet könnte er einfach nicht umhin zu stammeln:

»Ja, mon Père.«

»Sie wissen also, dass Sie mit endgültigem Verweis zu bestrafen sind.« Ein Bild schießt aus dem Durcheinander von Licht und Schatten hervor, das ihn umgibt, eine Folge von Bildern, ein Quai im Regen, eine Brücke, die den Hochwasser führenden Fluss überspannt und über die eine Straßenbahn mit gelbem Auge fährt, ein Boulevard mit niedrigen Häusern, und er, Mamelin, der dort entlanggeht, der gleich die Ecke der Rue des Maraîchers erreichen wird, das Eckhaus, das seit einiger Zeit sein Zuhause ist, er, der stehen bleibt, als er ein wenig warmes Licht hinter dem Store der Küche bemerkt und das vertraute Geräusch des Ofens, dessen Feuer man schürt, hört oder zu hören glaubt. Er hat seinen Schlüssel in der Tasche, aber er macht keinen Gebrauch davon, er möchte nicht hineingehen, er dreht sich um, geht, geht hin und her, zehnmal gelangt er zum Pont d'Amercœur, und er muss noch lange im Regen umherirren, bevor er die unerschütterliche Gestalt seines Vaters erblickt, der aus seinem Büro nach Hause kommt.

»Vater, ich bin …«

Sogar in Gedanken bringt er das Wort nicht heraus.

»Ich bin vom Collège verwiesen worden …«

Von allen Albträumen, die ihn, aufrecht in seinem Bett sitzend, vor Entsetzen aufheulen ließen, ist das der schrecklichste, und trotzdem hat er sich nicht bewegt, er wacht auf, ist erstaunt, unbeweglich vor einem grünen Lampenschirm zu stehen, während der Studienaufseher leicht über das Kreuz streichelt, das er in seinen Gürtel aus schwarzer Seide geschoben hat.

»Ihre zuchtlose Tat, Monsieur Mamelin, ist umso schwerwiegender, umso unerklärlicher, da Sie, nicht wahr, unter besonderen Bedingungen hier sind. Ich beharre nicht weiter auf der Dankbarkeit, die wir erwarten konnten, auch nicht auf der Betroffenheit, hervorgerufen durch …«

Oh! Wie böse er seiner Mutter ist für das, was er in diesem Moment erleidet! Wie er fühlt, dass er ihr sein ganzes Leben lang deshalb böse sein wird! Wie er Tante Louisa hasst, als er sie vor sich sieht in dem Hinterzimmer ihres Ladens in Coronmeuse, wo der üble Geruch von Gewürzen und Genever in der Luft schwebt, wie sie, die Hände auf dem Bauch, den Kopf zur Seite geneigt, einer unterwürfigen und fügsamen Élise auf Flämisch Vorhaltungen macht!

Denn von dort, aus dieser Höhle von falscher Güte und Frömmelei, ist die Idee gekommen.

»Warum machst du nicht einen Priester aus ihm? Wenn die kirchlichen Behörden eine Berufung bei einem armen Kind spüren, zögern sie nicht, sein Studium zu bezahlen, und später …«

Ja, später! An später hat Élise gedacht, an ihre oft beschworene Witwenschaft, die ihr keine Ruhe lässt, was Louisa mit einem Schlag gelöst hat. Es gibt einen Vers dazu, der in Rogers Kopf umherschwirrt:

Wenn du Pfarrer sein wirst, werde ich deine Dienerin sein.

»Glauben Sie, Frère Médard, Roger würde ein guter Priester werden?«

Weil er jeden Morgen in der Messe diente!

Ihre zuchtlose Tat, Monsieur Mamelin, ist umso schwerwiegender, umso unerklärlicher, da Sie, nicht wahr, unter besonderen Bedingungen hier sind …

Er beißt die Zähne zusammen und senkt den Kopf, um seinen Hass nicht zu zeigen. Es gibt eine Erinnerung, die er gern aus seinem Gedächtnis löschen möchte, so wie er die Geschichte mit dem Katechismus gern vergessen möchte oder die mit der Tochter der Gemüsehändlerin, die er am Tag vor seiner ersten heiligen Kommunion darum bat, sich anfassen zu lassen.

»Nur einmal ... Mit einem Finger ...«

Um wie viel hässlicher war dieser Gang mit seiner Mutter, die ihn an der Hand hinter sich her zum Haus des Dechanten von Saint-Nicolas zog, auf den kleinen Hof am Ende der Sackgasse, in der Nähe des Kindergartens von Schwester Adonie! Es war gegen Abend im Herbst, an einem milden und bläulichen Abend; die Geranien auf den Fenstersimsen waren blutrot. Die Lampen waren nicht angezündet. Sie warteten lange in einem Sprechzimmer auf mit schwarzem Rosshaar bezogenen Stühlen, und die Luft roch schlecht, ein Geruch, den Roger inzwischen unter tausend anderen wiederzuerkennen imstande ist, dieser Geruch in Häusern, wo nur Männer leben, derselbe, der ihn bei den Frères im Institut Saint-André anekelte, wenn er in die Küchenräume geschickt wurde, um etwas auszurichten, derselbe, dem man, kaum abgeschwächt, in den Privaträumen der Jesuitenpater begegnet.

»Halt dich gerade, Roger. Vor allem, sag dasselbe wie ich. Widersprich mir nicht wieder, wie immer.«

Und sie hat geredet, als der kleine Dechant, breit und ohne Hals, vulgär wie ein Tabaktopf, das Gesicht vom Wein gerötet, sie endlich empfing. Sie hat geredet, wie sie zu reden weiß, wenn sie irgendetwas leidenschaftlich will, gleichzeitig unterwürfig und stolz. Das »Allernotwendigste« ist vorgekommen, ihre Rückenschmerzen am Abend, ihre Organe, und Désiré, der Beste aller Männer, dem es jedoch, wie allen Mamelins, an Initiative und Ehrgeiz fehlt.

Der Dechant blickte sie mit seinen großen, hervorstehenden Augen an, wobei er sicherlich daran dachte, dass es Zeit zum Abendessen war, aber die ganze Familie musste an ihm vorüberziehen, ein Cousin der Peters, der Pfarrer in einem Dorf in Limburg ist, ein anderer Cousin von der Mamelin-Seite, Lehrer im Priesterseminar von Löwen, Désirés Schwester bei den Ursulinen in Ans …

»Er denkt nur ans Lernen, Herr Dechant. Ich habe die größte Mühe, ihm seine Bücher zu entreißen, um ihn dazu zu zwingen, ein wenig zu spielen. Monsieur Jacques, einer meiner ehemaligen Untermieter, der nur noch sein letztes Examen machen muss, um Arzt zu sein, sagt, er habe noch nie ein Kind gesehen, das so weit fortgeschritten ist für sein Alter …«

Sie hat gewonnen. Sie hat ihren Brief bekommen, den der Dechant mit demselben abgestumpften Gesichtsausdruck geschrieben hat.

Und Roger ist zum halben Gebührensatz ins Collège eingetreten.

Und heute wirft man ihn hinaus, aber zuvor sorgt man dafür, dass er seine Schuld bezahlen muss.

… die grundlegendste Dankbarkeit …

»Nun gut! Monsieur Mamelin, sind Sie sich des Ausmaßes Ihres Vergehens bewusst?«

»Ja, mon Père.«

Nein, nein und wieder nein! Das stimmt nicht! Er hat das Bedürfnis, es aus Leibeskräften zu rufen. Er schämt sich nicht. Und wenn er Neef hieße, Neef vom Schloss selbstverständlich und nicht Neef vom Land, der für das Collège Luft ist, würde er vermutlich mit R. P. van Bambeek auf dem Gang hin und her gehen und mit ihm über den letzten Wohltätigkeitsverkauf plaudern.

»Denken Sie über die Frage nach, die ich Ihnen stelle. Haben Sie ernsthaft die Absicht, den festen Vorsatz, sich zu bessern, ich will damit sagen, ein für alle Mal mit einer Gesinnung zu brechen, die in diesem Hause nicht üblich ist?«

»Ja, mon Père!«

Welch ein wunderbares »Nein«! würde in dem Büro widerhallen, könnte man seine innere Stimme hören!

»Ihr Fall ist lange besprochen worden. Ich sage Ihnen sofort, dass ich die Lage Ihrer Eltern dargelegt habe. Es geschieht aus Rücksicht auf sie, Monsieur Mamelin, vor allem aus Rücksicht auf Ihre Mutter, deren Mut und Opferbereitschaft wir kennen, dass eine gnädige Maßnahme zu Ihren Gunsten ergriffen wurde.«

Nicht verwiesen! Roger ist plötzlich weniger erleichtert als enttäuscht. Der Père hat sich erhoben, er hat auf einen elektrischen Klingelknopf gedrückt, und man erblickt das Gesicht des Pedells hinter der Glastür. Noch ein kleiner Satz, der scharf in den Raum fällt und der so vielsagend ist:

»Ich hoffe, dass wir nicht wieder darauf zurückkommen müssen!«

Das ist alles. Es ist vorbei. Er wird weiterhin zum Collège gehen, und er ist dem Studienaufseher böse wegen seiner drohenden Nachsicht, die so frostig ist wie der Luftzug, der ihn auf dem Gang empfängt. Als er in die Klasse kommt, sind die Lampen angezündet, und er hat Angst vor dem grellen Licht, vor den Blicken, die auf ihn gerichtet sind, denn er fühlt, dass sein Gesicht nicht Zerknirschung und Dankbarkeit, sondern einen bösen Willen ausdrückt.

Père Renchon weiß wohl Bescheid, denn er wendet sich dem Jungen, der sich wieder in seine Bank setzt, nicht einmal zu. Vielleicht wurde er zurate gezogen? Soll Roger ihm auch böse sein?

Man schiebt einen Zettel auf sein Pult, der von Hand zu Hand gegangen ist, und Neef der Bauer gibt ihm zu verstehen, wobei er sich verrenkt, dass er ihn geschickt hat, bittet ihn mit den Augen um eine Antwort.

Der große Idiot mit dem Stimmbruch hat mit seiner Erstklässler-Schrift geschrieben:

Was hat er gesagt?

Und Roger kritzelt wütend ein einziges Wort quer über das Blatt:

Scheiße.

Der Zettel geht wieder so zurück, wie er gekommen ist, aber Père Renchon folgt ihm mit seinen kleinen bösartigen Augen auf seinem Weg, ohne seinen Unterricht zu unterbrechen. In dem Augenblick, in dem der Empfänger ihn entfaltet, sagt er:

»Monsieur Neef.«

Es sind zwei, die sich erheben, die beiden Neefs, wie immer.

»Es geht ausnahmsweise nicht um Sie«, bemerkt der Lehrer mit ausgesuchter Höflichkeit, indem er sich an den Neef vom Schloss wendet.

Dann, indem er sich zu dem anderen dreht:

»Monsieur Neef, würden Sie mir dieses Papier bringen, dessen Lektüre so fesselnd zu sein scheint?«

Der arme Tölpel durchquert die Klasse, wobei er mit seinen genagelten Sohlen über den Zement schlurft und es ihm gelingt, dass sie Funken sprühen. Errötend legt er den Gegenstand auf eine Ecke des Katheders, bleibt dort verzweifelt stehen und bittet Roger mit den Augen um Verzeihung.

»Ich danke Ihnen. Sie können an Ihren Platz zurückkehren.«

Die dünnen Lippen von Père Renchon haben sich leicht verzogen. Roger hat es als Einziger bemerkt. Neef bittet immer noch von weitem um Verzeihung.

»Sagen Sie, Monsieur Neef, es wäre sehr nett von Ihnen, wenn Sie für mich fünfhundert Zeilen zum Donnerstag abschreiben.«

Neef der Schlossherr hat den unglückseligen Einfall, einmal zu oft Missverständnis vorzutäuschen.

»Ich?«, fragt er und steht auf.

»Sie auch, selbstverständlich, wenn Sie Wert darauf legen.«

Hat er Roger angesehen? Sein Blick ist sehr weit umhergeschweift. Dennoch ist der Junge davon überzeugt, dass in all dem etwas Gewolltes lag, ein sanfter und subtiler Kontakt, eine Art wohlwollende Mitteilung.

»Fahren wir fort, Messieurs.«

Und, indem er seine Uhr aus seinem breiten Gürtel zieht:

»Monsieur Mamelin, es ist halb vier.«

2

Es war Ende August 1915, an einem dieser Morgen, an denen die Luft summt und die Dinge wie mit einem vibrierenden Dunst umgeben sind. Roger war in Embourg, ganz allein, in dem neuen Haus, das Madame Laude an der Landstraße gemietet hatte und wo sie endlich ihren Traum verwirklichte, ein Café zu betreiben.

In der Rue de la Loi putzte Élise die Zimmer, alle Fenster geöffnet, alles Bettzeug draußen, und sie beugte sich hinaus, sobald sie die kleine Trompete eines Händlers hörte, wie früher, wie in der guten Zeit. Da sie ihre Mieter nicht mehr hatte und die Zimmer viele Monate lang leer gestanden hatten, waren diese von der deutschen Armee beschlagnahmt worden.

Die Zimmer hatten wieder einen Namen, einen Geruch; nur Désiré ging seinen Gästen aus dem Weg und tat, als wären sie nicht da, während Élise sich von morgens bis abends eifrig zu schaffen machte und zungenfertig ein komisches Deutsch sprach, das ihr aus ihrer frühesten Kindheit wieder einfiel.

Sie konnte wieder Großputz machen, die Matratzen wenden, die Möbel und das Kupfergeschirr polieren; ausländische Zigarettenschachteln lagen auf den Tischen, Briefe, Tafeln Schokolade mit bitterem Geschmack. Sie hatte in einer Schublade des Major Schorr, eines sanguinischen, schönen Mannes, der immer nach Eau de Cologne roch, eine Schachtel mit pharmazeutischen Ampullen entdeckt, von denen sie bei der nächsten Gelegenheit Doktor Matray erzählte.

»Stell dir vor, Désiré, er ist von einer bösartigen Krankheit befallen.«

»Umso besser!«

»Ein so schöner Mann! Wenn man daran denkt, dass er sich vielleicht für die Offenstadt-Mädchen entscheiden wird, du weißt doch, deren Eltern die großen Reitställe gehören …«

Das Zimmer von Mademoiselle Pauline – denn Mademoiselle Lola hatte es nur vorübergehend besetzt, ohne das Zimmer zu prägen – wurde von einem anderen Major bewohnt, einem von denen, die einen wehenden Umhang tragen und mit ihrem Säbel über den Gehsteig schleifen, ein vornehmer Mann, eingezwängt in seine Uniform, unter der er wohl ein Korsett trug, im Auge immer ein Monokel. Anscheinend war er im zivilen Leben Bankier.

Was das Zimmer von Mademoiselle Frida angeht, so genügte es einem Leutnant des »Landsturms«, Herrn Kramp, einem kurzbeinigen, rundlichen Bayern, fett und rosa, der vor dem Krieg Vertreter für Champagner gewesen war und schon zweimal heimlich seine Frau hatte kommen lassen. Unnötig zu sagen, dass diese ständig mit Élise in der Küche herumsaß.

»Ich versichere dir, Désiré, es sind Leute wie alle anderen. Nur, du verstehst sie halt nicht!«

Aber Désiré duldete nicht einmal dieses Gesprächsthema. Sein Gesicht nahm einen solchen Ausdruck an, dass man spürte, es war besser zu schweigen. Einmal, kaum einen Monat nach dem Einmarsch der Deutschen in die Stadt, hatte Élise wirklich geglaubt, er würde sie schlagen, und zum ersten Mal seit ihrer Heirat hatte sie Angst vor ihm.

Als er um zwei Uhr aus seinem Büro kam, blieb er wie angewurzelt vor einem Schild stehen, das hinter den Fensterscheiben seines eigenen Hauses steckte und im ganzen Viertel auffiel mit seinen groben, mit dem Pinsel schlecht hingemalten Buchstaben:

Wein, gute Qualität
1 Mark 50

Anstatt geradewegs in die Küche zu gehen, nahm er zuerst das Schild ab, und als er dann zu Élise ging, war er so blass, war sein Gesicht dermaßen verschlossen, dass sie zurückwich.

»Hör zu, Désiré, es war nicht meine Idee … Alle verkaufen welchen. Schroefs hat mir dazu geraten, und er selbst hat das Schild aufgesetzt. Sein Keller ist voller Wein, sodass er fürchtet, man werde ihn ihm eines schönen Tages wegnehmen. Er liefert ihn mir für eine Mark …«

Désiré aß nicht, seine Zähne blieben aufeinandergepresst. Élise bestand nicht weiter darauf, und der Name von Hubert Schroefs wurde im Haus lange nicht mehr ausgesprochen.

Während nun Élise in den zugigen Räumen der Rue de la Loi hin und her geht, stürzt Roger in Embourg die brennend heiße Landstraße hinunter, auf der die Füße bis zu den Knöcheln in dem goldenen Staub einsinken.

Er ist zwölfeinhalb Jahre alt. Er hat soeben am Collège Saint-Louis seine sechste Lateinklasse beendet und mehrere Preise bekommen. Er trägt sehr kurze Hosen, die seine von den Brombeersträuchern zerkratzten Beine bloß lassen, und ein Hemd aus Tussahseide, das über der Brust offen steht.

Seine Haare, die sich stark von seinem sonnengebräunten Gesicht abheben, erscheinen im Sommer noch blonder.

Er läuft bis zur Erschöpfung und schiebt dabei eine Schubkarre, in der ein großes Mädchen von fünfzehn Jahren aus vollem Halse lacht.

Die blendend weiße Straße ist menschenleer. Das Dorf liegt bereits weit hinter ihnen, und an einer Biegung, in der die Schubkarre gefährlich schlingert, erblickt Roger eine sich wiegende Gestalt, eine junge Frau in einem Rock, der über den Staub fegt, und einer Spitzenbluse; sie schreitet langsam einher, schützt sich mit einem geblümten Sonnenschirm. Er kann sich noch so sehr bemühen, das Hindernis zieht ihn an, die Schubkarre reißt ihn mit, und zu Füßen der erschreckten Spaziergängerin, die mit einem Schrei zurückweicht, kippt das Fahrzeug um, während seine Last in den weißen Staub rollt.

Trotz des Vergnügens, das ihn erfüllt, entschuldigt er sich sofort stotternd, als eine Stimme, die ihm von sehr weit entfernt zu kommen scheint, aus einer Welt, die er seit langer Zeit vergessen hat, mit schamhafter Entrüstung ausruft:

»Roger! Mein Gott …«

Er steht da, verdutzt. Das Fräulein ist Aimée, seine Cousine, die jüngste Tochter von Tante Louisa aus Coronmeuse, die ihr Lehrerexamen bestanden hat und bei den Filles de la Croix Lehrerin ist.

Alle romantische Blässe, alle romantische Zartheit liegt in ihrem zu langen Gesicht, das so schmal ist, als wäre es nur ein Profil. Aimée ist überirdisch, in solch einem Maß vergeistigt, dass sie darunter leidet, wenn die Umstände sie dazu zwingen, vor einem Fremden zu essen.

Nun, eine andere Stimme sagt mit Respekt, dem eine heftige Lust, laut loszuprusten, entgegensteht:

»Mademoiselle!«

»Renée! … Wie ist das möglich! … Sie hier, in diesem Aufzug! … Sie, in einer Schubkarre!«

Sie stehen dort in der blendenden Sonne, mitten in einer sanften Straßenkurve.

»Ich hoffe, Ihre Eltern wissen nichts von dieser Art Zerstreuung?«

»Sie haben mich für vier Tage hier in Embourg gelassen, Mademoiselle. Sie kommen mich am Sonntag abholen. Ich wohne bei Madame Laude, zusammen mit Roger.«

Dies ist einer der Augenblicke, in denen die Herzen ohne bestimmten Grund in der Brust hüpfen, wo nichts mehr existiert außer der Lebensfreude, die einen emporhebt, die Augen leuchten lässt, auf den Augenlidern brennt.

»Kommst du, Roger?«

Cousine Aimée will sich einmischen.

»Wohin geht ihr?«

»In den Wald!«

»Hört mal einen Augenblick …«

Sie prusten beide los, gleichzeitig, als hätten sie sich verständigt. Sie können nicht mehr. Renée, deren Pensionatskleid mit den breiten Falten staubbedeckt ist, lässt sich in die Schubkarre fallen, und als Roger diese mit allen seinen durch den Spaß verzehnfachten Kräften schiebt, legt sie sich auf den Rücken, die Beine in die Luft.

»Hast du gesehen, sag mal, hast du das gesehen?«

»Ist das deine Lehrerin?«

»Weißt du, wie man sie bei den Filles de la Croix nennt?

Mademoiselle Guimauve. Das passt gut zu ihr, nicht? Wie ist es möglich, dass sie deine Cousine ist?«

Sie sind verrückt. Die Welt gehört ihnen, die Sonne bescheint, wärmt nur sie, für sie singen die Vögel, und sie lachen, blicken sich an, sind voll ausgelassener Freude, während die biegsame Gestalt mit dem Sonnenschirm, sich in den Hüften wiegend, auf den Kirchturm des Dorfes zuschreitet.

Sie haben die Schubkarre am Rand des Straßengrabens stehen gelassen, sind den ansteigenden Wald hinaufgeklettert, der die Straße säumt und mit dem Thiers des Grillons verbindet. Sie sind gelaufen. Sie haben sich versteckt. Sie haben aus der gewölbten Hand das Quellwasser getrunken, aus ihrer Quelle, denn auch wenn sie sie gestern erst entdeckt haben, gehört sie ihnen schon. Dann haben sie ein Dickicht von Stechpalmen mit roten Beeren erblickt.

»Willst du welche?«

»Du wirst dich stechen.«

»Das macht mir doch nichts aus.«

Tapfer dringt er ins Gebüsch ein, um an die schwersten Zweige heranzukommen, zieht sich hoch, windet sich hindurch, während Renée, ihre schönen Lippen halb geöffnet, rot wie die Beeren der Stechpalmen, ihm heftiger atmend zusieht.

»Komm zurück. Es sind genug.«

Er will noch mehr, geht immer noch höher, wagt sich noch weiter vor in das stachelige Gestrüpp, und als es ihm endlich gelingt, sich einen Weg herauszubahnen, sind seine Beine und seine Hände voller Blut, auf der Wange ein langer Schmiss.

»Lass mich dich abwischen. Doch! Lass mich machen. Die Frauen sind dafür geschaffen, die Männer zu pflegen.«

Sie ist ein wunderbares Mädchen, dunkelhaarig mit goldener Haut, schon ausgereift mit ihren fünfzehn Jahren. Ihre lockigen, leuchtend schwarzen Haare fallen unordentlich auf ihre Schultern.

»Leg dich hierhin … Bleib ruhig …«

Und neben ihm kniend, wischt sie das Blut mit ihrem Taschentuch ab, das sie in der Quelle nass gemacht hat.

»Tu ich dir weh?«

»Nein.«

»Ein ganz klein wenig?«

»Nein.«

»Sticht das nicht?«

»Nein.«

»Du sagst das, um den Tapferen zu spielen.«

»Ich sag das, weil es wahr ist. Ich spüre nichts.«

»Warum hast du das gemacht?«

»Um dir Palmenzweige zu bringen.«

»Hast du mich gern?«

Er wird rot, wird verlegen, antwortet nicht. Nur im Innern spricht er mit geschlossenen Augen aus:

»Ich liebe dich.«

Und dann spürt er zum ersten Mal, wie sich Lippen auf seinen Mund drücken. Das ist so unerwartet, so wunderbar, dass sich seine Augen mit Tränen füllen, während eine undeutliche Stimme in sein Ohr flüstert:

»Hast du mich gern?«

Er kann nur antworten, indem er mit beiden Händen Renées Kopf gegen seinen hält, ihre Wange mit seiner Wange streichelt und in den schwarzen Haaren versinkt, deren Duft er einatmet.

»Bist du glücklich?«

Er versteht nicht, warum sie keucht, warum sie ihn so eng mit ihrem festen Körper umfängt. Sie liegen von Kopf bis Fuß gegeneinander, sie liegt auf ihm, er spürt die Kühle ihrer Beine, die mit seinen verknotet sind, er bewegt sich nicht mehr, er ist wieder rot geworden, er schämt sich, er weiß nicht mehr genau, was geschieht, aber er möchte, dass es lange andauert, für immer, eine nicht gekannte Wärme hat ihn durchdrungen, seine Hände zittern, vor allem hat er Angst, dass sie spricht oder ihn anblickt, es scheint ihm, dass alles, was sich an Seltsamem und Wunderbarem in ihm abspielt, auf seinem Gesicht zu lesen sein muss.

Es ist ein Traum. Wie in einem Traum verschwindet der Begriff von Zeit und Ort, und dennoch hört er immer das Fließen der Quelle, und im Unterholz knackt es manchmal, sicher ein Tier, ein Eichhörnchen oder ein Wiesel, das sie beobachtet, ihm ist heiß, er ist von einem Geruch von Speichel und feuchter Haut durchdrungen, Haare kitzeln ihn, für einen Augenblick ist sein Mund voll davon, dann plötzlich spannt sich sein Körper, vielleicht wird er schreien, sich losmachen, sie hält ihn durch einen Händedruck auf seinem Arm zurück, sie beißt heftig in seine Lippe, als wollte sie ihm befehlen zu bleiben, und Sekunden, Minuten vielleicht fließen dahin, ein Leben, das in keinem Zusammenhang steht mit dem Leben, das er kennt. Er hat Angst. Er empfindet Scham. Seine Lippe tut ihm weh. Ihm ist schwindlig. Das ist zu stürmisch. Das kann keine Sekunde länger andauern, ohne dass er verrückt wird, und er wird tatsächlich steif, liegt da wie tot. Als er endlich wagt, die Augen zu öffnen, lächelt ihm Renée, ruhig geworden, mit ihren blutenden Lippen zu, und er verbirgt seinen Kopf an ihrer Brust, fängt an zu schluchzen.

Wie lange verharrt er so? Eine Stimme murmelt in sein Ohr:

»Bist du glücklich?«

Er kann nur mit einer Umarmung antworten. Er versucht zu nicken.

»Du bist ein kleiner Junge, nicht wahr? Du bist *mein* kleiner Junge.«

Und wie ein kleiner Junge, die Lippe verquollen von seinen Tränen, durch die eine große Freude, ein unsinniger Stolz hindurchscheint, antwortet er endlich ja.

Wegen dieser vier Tage von Embourg, wegen der Schubkarre, dieses brennend heißen Morgens, an dem sie so sehr über das prüde Erschrecken von Cousine Aimée gelacht haben, die zu Besuch gekommen und so schlecht dafür belohnt worden ist, und wegen Renée hat Roger das Collège Saint-Louis und den lateinischen Zweig aufgegeben und ist eines Morgens mit der linkischen Art und dieser Angst des Neuen die Rue Saint-Gilles hinaufgegangen, mit den Augen das Collège Saint-Servais suchend.

Die Rue Sainte-Véronique, wo sich das Institut des Filles de la Croix befindet, ist ganz in der Nähe der Rue Saint-Gilles. Am letzten Abend in Embourg, als er in Renées Zimmer stieg, indem er außen auf dem schmalen Sims aus Zink über dem Café von Madame Laude von einem Fenster zum anderen ging, sagte sie:

»Du holst mich an dem Ausgang der Filles de la Croix ab. Das Dienstmädchen wartet jeden Tag auf mich, aber es ist ein Mädchen, mit dem man sich einigen kann. Wir werden über den Boulevard d'Avroy gehen. Im Winter ist es dort sehr dunkel.«

»Bist du sicher, dass das Dienstmädchen nichts sagen wird?«

Aber ja, sie war sich dessen sicher, zu sicher, leider! Aber da wusste er noch nichts.

Welche Aufgabe hatte er in einem Monat zu bewältigen, vor dem Schulbeginn im Oktober! Um das Collège zu wechseln, musste er zunächst den Lateinunterricht aufgeben, denn weil es zwei Collèges in der Stadt gibt, reserviert sich jedes die Schüler von einem Ufer der Maas.

»Mutter, ich möchte nicht mehr Priester werden.«

»Was sagst du? Ich wette, Madame Laude hat dir solche Ideen in den Kopf gesetzt.«

Denn Madame Laude ist nicht gläubig und macht gern grobe Späße über die Pfarrer.

»Es war nicht Madame Laude. Es war niemand. Ich möchte kein Priester mehr werden. Ich möchte Offizier werden.«

Denn so muss er den naturwissenschaftlichen Zweig besuchen, und dieser Unterricht wird nur im Collège Saint-Servais gegeben. Er hat lange nachgedacht. Er hat mit Sorgfalt den Beruf gewählt, der keine teure Schule verlangt und auch keine langen Jahre auf der Universität, die seine Eltern ihm unmöglich bezahlen könnten. Schließlich ist da das Ansehen der Uniform, des Titels, wofür seine Mutter, was er sehr gut weiß, empfänglich ist.

»Du weißt doch, dass das unmöglich ist. Wenn du nicht mehr Priester werden willst, wird man dir nicht das Teilstipendium gewähren.«

»Anscheinend haben andere es sehr wohl bekommen.«

»Wer hat das gesagt?«

»Schulkameraden.«

Sie sind zu Frère Médard gegangen, und Roger hat sich

nicht gemuckt. Sie haben dem Herrn Dechanten einen neuen Besuch abgestattet, darauf dem Präfekten des Collège Saint-Louis und dann dem Collège Saint-Servais.

Einen Monat lang hat er in Angst gelebt, seine ganze Energie auf ein Ziel gerichtet, ohne ein einziges Mal Renée zu sehen, die mit ihren Eltern nach Ostende gefahren ist.

Das Wunder ist geschehen. Er hat die Partie gewonnen. Die Jesuiten der Rue Saint-Gilles haben einen Gebührenerlass, wenn auch nicht um die Hälfte, so doch um ein Drittel gewährt, vielleicht, um sich Élises Hartnäckigkeit zu entledigen.

»Verstehst du, Louisa, wenn er keine Berufung verspürt, können wir ihn nicht zwingen. Es gibt nichts Beklagenswerteres als einen schlechten Priester. Als Offizier wird er eine gesicherte Laufbahn einschlagen, und wenn sie einmal ihre Epauletten erworben haben, haben sie nichts mehr im Leben zu fürchten.«

Die Rue Saint-Gilles am anderen Ende der Stadt ist eine schmale Geschäftsader wie die Rue Puits-en-Sock, mit der gleichen Straßenbahn, die zwischen den Gehsteigen schlingert. Und dennoch hat sich Roger dort sofort fremd gefühlt.

Am ersten Tag wollte er das weitläufige Steingebäude, neben dem eine Kapelle steht, betreten, wo er sich mit seiner Mutter vorgestellt hatte. Er hat den Türklopfer aus Bronze gehoben, und das Geräusch hat wie in einem leeren Haus widergehallt; lange danach wurde der Türflügel kaum einen Spaltbreit auf einen feierlichen Flur geöffnet, und ein verblüffter Laienbruder sah den Jungen an, ohne zu verstehen, was er hier wollte, deutete dann, als er im Bilde war, die Straße hinauf.

»Der Eingang für die Schüler ist dort.«

Roger suchte ihn lange und wollte nicht glauben, dass es

diese gewöhnliche Toreinfahrt war, schlecht gestrichen, eingeklemmt zwischen zwei Geschäften, die er für den Eingang zu einem Pferdestall oder zu einem Lagerschuppen gehalten hatte.

Aber was störte ihn die Feindseligkeit der Umgebung und all dieser Schüler, unter denen er ein Unbekannter war? Um vier Uhr würde er zur Rue Sainte-Véronique stürzen – denn auch sie kam um vier Uhr heraus, aber er würde es einrichten, als einer der Ersten hinauszukommen, um sie wieder einzuholen. Er würde Renée sehen, er hatte nur vor dem Dienstmädchen Angst, das man für sich gewinnen musste, er fragte sich, welche Geldsumme nötig sein würde, um Erfolg zu haben.

Renée kam erst um den 15. Oktober aus den Ferien wieder. Roger hatte sich nicht verkneifen können, seinen neuen Schulkameraden von ihr zu erzählen, und er weigerte sich, ihnen zu glauben, er hasste sie wie gemeine Lügner, als sie alle behaupteten, sie zu kennen, er ballte die Fäuste, bereit, sich zu schlagen, als nur bei der Nennung ihres Namens die Älteren sich zuzwinkerten und sich in die Seite stießen.

Eines Abends, als er hinter den jungen Mädchen herrannte, die von den Filles de la Croix kamen, fühlte er sein Herz schlagen: Vor ihm ging Renée an einer Gaslaterne vorbei, begleitet von einem Dienstmädchen, das ihre Bücher und Hefte trug.

Sie hatte ihr Pensionatskleid mit den weiten Falten an, eine Uniformkappe, rund, leuchtend, mit steifem Rand; etwas an ihr war verändert, er wusste nicht, was, er folgte ihr ein gutes Stück, bevor er entdeckte, dass ihre Haare hochgesteckt waren und als schwere Zöpfe im Nacken lagen.

Sie bog links ein in eine finstere und verlassene Straße. Er beschleunigte den Schritt, öffnete schon den Mund, um zu sprechen, seine Knie zitterten. Als er seinerseits um die Ecke bog, ging das Dienstmädchen ganz allein am Rand des Gehsteigs ein paar Schritte voraus, während Renée am Arm eines Mannes dicht an den Häusern vorbeiging.

Das war vor zwei Jahren, zwei Jahre, in denen er Schüler in Saint-Servais war. Père Renchon hat ihn soeben daran erinnert, dass es halb vier ist, und da verlässt er die Klasse, deren Lichtschein ihm einen Augenblick folgt, während er die Tür öffnet und wieder schließt.

Er könnte nicht sagen, warum das Collège ihn in diesem Augenblick so lebhaft an die Leinenfabrik erinnert, warum ein Hauch seiner frühen Kindheit ihn umfängt, warum er sich so benommen fühlt, wie gelähmt, sein Geist zwischen Wachen und Träumen, wie damals, wenn er donnerstagnachmittags mit seiner Mutter von Tante Louisa zurückkam.

Es ist eine Wintererinnerung, denn wenn sie den Laden, der von warmem, sirupartigem Licht erfüllt war, verließen, empfand Roger immer Angst an der Schwelle des stockfinsteren Quais, wo ein feiner Eisregen wie Nebel in der Luft hing.

Sie drehten sich um, um zum letzten Mal Tante Louisa, die im Türrahmen lehnte, auf Wiedersehen zu sagen, und vielleicht, um sich noch einen Moment an das rötliche Rechteck des Schaufensters zu klammern, denn danach gab es nur noch eine weite Welt, feucht und geheimnisvoll, in der hin und wieder von trübem Glanz umgebene Gaslaternen aufleuchteten. Zu ihrer Linken dagegen, jenseits des Rondells mit den vier Reihen kahler Bäume, dort, wo man die Wellen der Hochwasser führenden Maas dahinfließen hörte, herrschte absolute Finsternis, Chaos, das Ende der Welt.

Sie gingen schnell, auch Élise hatte es eilig, den Pont Maghin und die Reihen mit den beruhigenden Geschäften zu erreichen. Dann, auf halbem Weg, erhoben sich Mauern von geschwärzten Ziegelsteinen, schwindelerregend, durchbrochen von den hohen, schmalen Fenstern wie in Kathedralen. Das waren keine richtigen Fenster mit Gardinen, die den wohlwollenden Blick von bewohnten Häusern haben, das waren blaugrüne Löcher, die Scheiben stumpf und schmutzig, einige fehlten, und dahinter spürte man eine Leere, so weit wie in einer Kirche.

In dieser unmenschlichen Leere, wo das Licht von Bogenlampen hin und her hüpfte, hallte Maschinenlärm wider, metallene Schläge, Zischen von Dampf; Roger wusste, weil er sie hatte herauskommen sehen, als sie genau um sechs Uhr beim Ertönen der Sirenen vorbeigekommen waren, dass es Tausende von schmutzigen, groben Mädchen waren, ohne Hut, die aus den kleinen Gassen kamen und sich endlos hin und her bewegten, winzig klein hinten in der Höhle, erdrückt von dem Raum, gehetzt von den mechanischen Ungeheuern.

Fast genauso hart und feindlich erscheint ihm die Welt, von der er sich in diesem Moment abwendet, die er zu fliehen scheint, ganz allein, die er eben beim Studienaufseher heute für immer zu verlassen meinte.

Seinen feuchten Mantel auf den Schultern, seine Schulmappe in der Hand, geht er den unendlichen Gang entlang, wo die Fenster, die alle gleich aussehen, ihm denselben Anblick bieten von kahlen Wänden, dunklen Kleidungsstücken, in einer Reihe hängend, von schwarzen Bänken, von unbequem sitzenden Schülern, unbeweglich im grellen Licht.

Jenseits des Eisengeländers lässt einen die Dunkelheit des großen, verlassenen Hofs nur zögernd in diese unendliche

Weite eintreten, und um dorthin zu gelangen, muss man eine sehr steile Eisentreppe hinuntergehen, auf der die Schritte wie in einer Fabrik widerhallen.

Von der Treppe und vom Hof aus, den Roger schräg überquert, entdeckt man nichts mehr von der gewöhnlichen Welt. Auf der einen Seite liegen die fensterlosen Mauern des Festsaales, der nur zu seltenen Gelegenheiten geöffnet wird. Hinten eine unerbittliche Mauer wie die eines Gefängnisses, und links dieses gewaltige Gebäude, von dem er soeben eines der Schubladenfächer verlassen hat und das ihn an die Leinenfabrik erinnert, drei Etagen mit Klassen, die untereinander durch das Eisengerüst aus Treppen und Gängen verbunden sind.

Wie viel gleiche kahle Fenster sieht man zur selben Zeit, die das gleiche Licht ohne Wärme ausstrahlen? Vielleicht zwanzig pro Etage, er hat sie nicht gezählt, nichts unterscheidet die Klassen voneinander, und es kommt oft vor, dass er sich irrt, was allen Schülern passiert.

Es sind zu viele Schüler, mehr als tausend. Man kann sich nicht an all die Gesichter gewöhnen, man kennt kaum die Lehrer vom Sehen, es ist eine dunkle Menge, wo Kleine im Matrosenanzug zwischen den Beinen der jungen Männer mit Schnurrbart herumlaufen.

In den Pausen muss sich jede Klasse, jede Gruppe irgendwo eine Ecke suchen, sodass es auf diesem völlig geometrischen Hof ohne einen Baum, ohne eine Handvoll Erde, mit den Tausenden von regelmäßigen und sorgfältig ausgefugten Ziegelsteinen, Plätze gibt, auf die Roger niemals den Fuß gesetzt hat, Zonen, die von einer unsichtbaren Grenze umgeben und ihm sozusagen verboten sind.

Während er nun so dahergeht, gebannt von dem entmutigenden Anblick der Fenster, stößt er mit jemandem zusammen, nein, er weicht ihm eben noch aus – ein Mann, der ganz allein mitten auf dem menschenleeren Platz steht. Roger erstarrt, von instinktiver Angst ergriffen, als schließlich die Stimme des Pedells ihn beruhigt.

»Guten Abend, Monsieur Mamelin.«

»Guten Abend, Monsieur Sacré.«

Rechts in einem Schuppen sind Fahrräder aufgereiht, Hunderte von Fahrrädern stehen da, aber Roger wird kein eigenes haben, wird nie eins haben, denn das ist viel zu teuer. Er geht in eine Art Flaschenhals, der immer schmaler wird. Der Hof endet trichterförmig, zwei Mauern laufen aufeinander zu, ein eiskaltes Gewölbe und schließlich diese Toreinfahrt, die er vom ersten Tag an verabscheut hat.

Er ist auf der Straße, sein Schritt wird leichter, eine Straßenbahn nähert sich, eine andere entfernt sich, sie warten an der Stelle, wo die Schienen sich kreuzen; die Schaufenster sind, aus Furcht vor den Flugzeugen, kaum erleuchtet; mitten im Zentrum der Stadt könnte man glauben, man befände sich in einer düsteren Vorortstraße, und die Geschäfte sehen von weitem alle so aus wie diese ärmlichen Läden der Arbeiterviertel, wo etwas welkes Gemüse neben Kerzen, Bonbons und Toilettenseife liegt.

Es regnet, das Pflaster ist nass, seine Schuhe saugen sich mit Wasser voll; man kann keine Schuhe mehr kaufen; die meisten Jungen tragen welche mit Holzsohlen, aber man kann mit solchen Schuhen nicht ins Collège Saint-Servais gehen, was immer auch Élise sagt.

»Wenigstens wirst du trockene Füße haben, und über das, was deine Kameraden sagen, kannst du dich lustig machen.«

Der Krieg dauert jetzt drei Jahre, und seitdem sind die Scheiben der Straßenlaternen blau gefärbt worden, sodass sie kaum die Straße beleuchten; und wenn um sechs Uhr die Geschäfte ihre Läden schließen, irrt man wie ein Gespenst in den Straßen umher, wobei man den tanzenden Schein einer Taschenlampe vor sich hält. Manchmal erhebt sich Gelächter, Gekicher von kleinen Mädchen vor allem. Man entdeckt Paare gegen ein Portal oder in eine Ecke gedrückt. Man macht es absichtlich, versucht eifrig, ein Stück von einem bleichen Schenkel zu beleuchten.

Roger hat im Gesicht die Wärme zurückbehalten, die ihn im Büro des Studienaufsehers durchdrungen hat, er biegt rechts in ein Gässchen, um den Weg abzukürzen. Den Schülern ist es verboten, durch diese Gasse zu gehen, aber er hat sich nie darum geschert. Es ist auch verboten zu rauchen, und er stopft absichtlich seine Pfeife, kaum dass er das Portal durchschritten hat.

Heute Abend ist er voll unbestimmtem Groll, und von Zeit zu Zeit stößt er wie ein Straßenjunge mit dem Fuß an den Gehsteigrand.

Er hasst das Collège. Er war eben fast erleichtert bei der immerhin erschreckenden Aussicht, von ihm ausgeschlossen zu werden, nie mehr dorthin zurückkehren zu müssen, und doch, während er aus dem Gässchen kommt und den Boulevard d'Avroy überquert, beneidet er die Schüler seiner Klasse, die er auf ihren Bänken sitzend zurückgelassen hat und die auf vier Uhr warten, wobei sie der monotonen Rede von Père Renchon zuhören.

Er beneidet sie vor allem um ihren Heimweg, wenn sie in Gruppen gehen, denn sie wohnen fast alle in denselben Vierteln, den reichen Vierteln der Stadt; ihre Eltern kennen einander, ihre Namen stehen auf Kupferschildern, es sind Ärzte, Rechtsanwälte, Richter, Industrielle; die Schüler sprechen von ihrem Dienstmädchen und vom Meer, wohin sie jedes Jahr fahren, sie haben Schwestern, die bereits junge Mädchen sind.

Im Sommer vor allem vermitteln sie den Eindruck von strahlendem Leben, wenn sie auf vernickelten Fahrrädern, den Lenker lässig mit nur einer Hand haltend, scharenweise davonfliegen, sich durch das Gewühl der Rue Saint-Gilles schlängeln und aufeinander warten, um sich dann auf den schattigen Fahrbahnen des Boulevards wiederzutreffen.

Kein Schüler hat Mamelins Weg, und wenn er hinter sich zufällig eilige Schritte hört, wenn sich ihm jemand außer Atem zugesellt, dann ist es Neef, Neef der Bauer selbstverständlich, der sich bis zum Pont d'Amercœur an ihn hängt, wo er die Straßenbahn nach Chênée nehmen muss. Roger flüchtet vor ihm, behandelt ihn grob. Der arme Neef kann ihm noch so unterwürfig seine Freundschaft und seine Ergebenheit anbieten, er weist beides zurück, er ist sich manchmal deshalb böse, aber es ist stärker als er, er zieht seine Einsamkeit der Begleitung dieses Bauerntölpels in Cordsamtkleidung vor.

Er geht durch die Rue Hazinelle. Im Schatten der Gehsteige zu beiden Seiten der École Supérieure für Mädchen erwarten bereits junge Leute, Männer, den Schulschluss. Es gibt dort einen kleinen Platz, zu dem zwei Gässchen führen, und wegen dieser Gestalten, die auf der Lauer liegen, auch wegen der Dinge, die erzählt werden, gewisser Klatschgeschichten, die von den Zeitungen verbreitet worden sind, empfindet man dort eine besondere Erregung; die Mauern, die Türen, die wenigen kahlen Bäume, die schattigen Ecken vor allem haben ein anderes Aussehen und so etwas wie einen speziellen Geruch.

Es wird behauptet, dass eine bestimmte Anzahl junger Mädchen von Hazinelle – einige sagen drei, andere mehr – von der Polizei in einem möblierten Zimmer in der Rue de la Casquette in Begleitung deutscher Offiziere erwischt worden ist.

Jedes Mal wenn er an dieser Schule vorbeigeht, sieht Roger dasselbe Bild vor sich, das er sich von allen Zimmern gemacht hat, das vielmehr fast unbewusst in ihm entstanden ist und immer gleich bleibt, mit verschwommenen Teilen, schattigen Flächen, und im Gegensatz dazu mit Einzelheiten von einer schonungslosen Genauigkeit wie auf gewissen Fotografien, die seine Kameraden ihm gezeigt haben und die in ihm immer dasselbe Unbehagen hervorrufen.

Das Zimmer in der Rue de la Casquette ähnelt dem Zimmer von Mademoiselle Lola, obwohl es grün beleuchtet ist wie das Zimmer von Monsieur Saft, und außerdem befindet sich dort der Ledersessel aus dem Salon. Einer der Offiziere gleicht dem Major Schorr, der eine bösartige Krankheit hat, ein anderer ähnelt den Karikaturen des Kronprinzen, die man sich heimlich zuschiebt. Von den jungen Mädchen sieht er nur kleine, blasse Gesichter mit Ringen unter den Augen, feine Nasenflügel, milchig weiße Flecken Fleisch unter den geschürzten Kleidern.

Dann geht er schneller, überquert nun, als durchwate er Flüsse, die belebten Straßen, kürzt immer den Weg ab, wie es Élises Art ist, weniger um Zeit zu gewinnen als aus Vorliebe für diese Gässchen mit den schiefen Häusern, wo Grenzpfosten schräg an jeder Seite der Toreinfahrten stehen und wo schwarze Gräben beginnen, die Gott weiß wohin führen.

Manchmal lässt ein Schritt ihn zusammenfahren. Er hat Angst, aber es ist eine wollüstige Angst, wie damals, als er um sechs Uhr morgens zum Messedienen ins Hôpital de Bavière ging. Ständig ging jemand in dem Dunkel der Wintermorgen hundert Meter hinter ihm her, und nachdem Roger sich eine gewisse Zeit beherrscht hatte, konnte er nicht mehr an sich halten und rannte Hals über Kopf, bis er schließlich keuchend in dem bleichen Licht des Portals stehen blieb und den Türklopfer umklammerte.

Fast all seine Erinnerungen sind verschwommen, mit Dämmerlicht und geheimnisvollen Lichtreflexen vor in Schatten getauchter Umgebung, selbst der Krieg ist etwas Dunkles, eine schwere Beklemmung: Der Keller, wo man zusammen mit unbekannten Nachbarn während der Bombardierung in Deckung ging; das verbrannte Papier, das man durch die Kellerfenster hindurch wie höllischen Schnee durch die Luft treiben und nach und nach die Gehsteige bedecken sah, als die Gemeindebibliothek in der Rue des Pitteurs ausbrannte; dann die Ulanen, Lanzenreiter, die als Erste in die Stadt eindrangen – man sagte, es seien Abgeordnete –, die man angstvoll beobachtete, als sie vorbeizogen, und von denen man nur die Stiefel sah; die Lampen oder die Kerzen, die man in allen Fenstern der Häuser angezündet lassen musste, während die Truppen Nacht um Nacht vorbeimarschierten.

Die Rue Puits-en-Sock, die Rue Jean-d'Outremeuse haben eine andere Farbe angenommen, und das Haus in der Rue de la Loi, in dem die Mamelins seit sechs Monaten nicht mehr wohnen und das er kaum wiedererkennt, erscheint ihm eng und schmutzig; ohne Leben, ohne Persönlichkeit. Er schämt sich ein wenig dafür. Er empfindet ein Unbehagen bei dem Gedanken, dass er dort den größten Teil seiner Kindheit verlebt hat, er errötet wegen dieser Kindheit, und widerwillig schreitet er einmal noch – das letzte Mal, wie er auf dem Weg beschließt – durch das grüne Portal, gleichgültig gegenüber dem Kupferschild, auf dem er früher von seiner Türschwelle aus, die von der Sonne beschienenen Augenlider halb geöffnet, die Worte Institut Saint-André buchstabierte.

Der Warteraum rechts in der Eingangshalle wird nicht mehr beleuchtet, denn man muss Gas sparen; Roger sieht nur undeutlich im Vorbeigehen die Mütter, die in der feuchten Dunkelheit sitzen und sich das Umschlagtuch enger um die Schultern ziehen.

Die Klassen sind weniger hell, er könnte es schwören. Er überquert den Hof. Er ist kein Schüler mehr. Für die, die in den lackierten Holzbänken sitzen, ist er ein Großer, fast ein Mann, er geht geradewegs zu den Küchenräumen; der große Bottich mit Brei ist soeben von der Versorgungsstelle angekommen, gelb, süß, auf der Grundlage von Mais, den das Amerikanische Rote Kreuz geschickt hat.

Dieser Anblick widert Roger an, er wird heute nicht einmal davon essen; heute Abend, zum letzten Mal, hat er kein Wort, kein Lächeln für den Koch mit dem schweren, birnenförmigen Bauch, dem vulgären Gesicht, der bekleckerten Soutane übrig. Er weiß, dass seine Mutter darauf bestehen wird, dass er weiterhin das Collège um halb vier verlässt, um den Schülern des Institut Saint-André den Vesperbrei zu servieren.

Das ist noch so eine Idee von ihr. Sie wird von dem Wunsch

gequält, ihn zu Kräften kommen zu lassen. Die Lebensmittelversorgung ist so schwierig geworden, dass man zusätzliche Rationen in den Schulen verteilen muss.

In den höheren Klassen der Collèges erhalten die Schüler nur ein winziges Stück Weißbrot, aber die Kleinen aus den Écoles Primaires haben darüber hinaus ein Recht auf eine Schale von diesem Brei, den Roger zusammen mit dem Koch zur Klasse von Frère Mansuy trägt.

Er ist es, der auf dem Podium die Schalen füllt, die ihm die Kinder, in Reih und Glied, nacheinander reichen, er ist es auch, der die Brötchen überwacht, die sie danach aus einem Korb nehmen.

Aufgrund dessen darf er, nachdem er die Verteilung in allen Klassen vorgenommen hat, so viel Brei essen, wie er kann, und drei oder vier Brötchen nehmen, denn es sind immer einige Schüler abwesend oder krank.

Nie mehr wird er von dieser lauwarmen und klebrigen, widerlich gelben Masse essen, in der er mit der Suppenkelle herumrührt und von der er sich einmal den Magen derart vollgepumpt hat, dass ihm die Luft wegblieb. Es ist eine Art Rache, die er nimmt.

Er wird nicht mehr in die Rue de la Loi kommen. Er wird zur selben Zeit wie die anderen aus dem Collège fortgehen. Er wird es sofort seiner Mutter ankündigen. Er hat es bereits Frère Médard gesagt, wobei er errötete wie immer, wenn er lügt.

»Père Renchon befürchtet, dass mein Fehlen in den manchmal wichtigen Unterrichtsstunden meinen Studien schadet.«

Mein Gott! Wie dunkel die Schule ist, und wie die Dinge auf den grünen Wänden, auf den Regalen, auf den Pulten nach

Stillstand aussehen, die Hohlmaße zum Beispiel und die geographischen Karten, die fast braun geworden sind, die in Leipzig gedruckten Bilder auf Glanzpapier, die die Jahreszeiten darstellen. Roger leidet, als er das Winterbild betrachtet, mit dem Jahrmarkt in einer kleinen Stadt, dem Mann in dem flaschengrünen, pelzgefütterten Mantel, dem jungen Mädchen in dem Schlitten, die alle wie erstarrt geblieben sind seit seinem Schulwechsel.

Er möchte sicher sein, dass es wirklich zu Ende ist, dass er nie mehr wiederkommen wird. Auf dem Hof atmet er ein letztes Mal den Geruch aus den schiefergedeckten Pissoirs ein, in einer Ecke erblickt er das bleiche Spülbecken und den Wasserhahn, wovon er, als Liebling von Frère Médard, den Schlüssel in Gewahrsam hatte.

Es ist nicht mehr seine Straße, auch nicht sein Viertel. Er überquert den Pont d'Amercœur, über den sie früher nur einmal im Jahr gingen, um sich auf den Friedhof von Robermont zu begeben, biegt links ein, folgt einem ärmlichen Boulevard mit flachen Häusern, Lagerschuppen und unbebautem Gelände.

Das Viertel demütigt ihn. Es ist fast schon Bressoux, woher die kleinen Schmutzfinken kamen, die auf die Place du Congrès stürzten und die die Mütter vergeblich fortzujagen versuchten. Und wenn ihr Haus an der Ecke der Rue de Maraîchers auch schön ist, zu schön und zu groß für sie, so bewohnen sie es doch durch Zufall, fast aus Barmherzigkeit.

Man könnte meinen, Élise könnte nicht so wie jedermann leben, ein Schicksal liege auf ihr. Wie hat sie dieses Haus ausfindig gemacht, in dem ein wichtiges Postamt war, das durch verwaltungstechnische Veränderungen nicht mehr benutzt wird? Sie gibt nie erschöpfend Auskunft auf diese Art von Fragen, man spürt immer, dass eine Betrügerei zugrunde liegt: Ein alter Arzt, der allein in dem Haus gegenüber wohnt und mit der Vermietung beauftragt ist, hat für die Dauer des Krieges einem lächerlich niedrigen Mietpreis zugestimmt.

Es wird eine Szene geben, wegen der Brötchen. Denn da Roger Maisbrei essen kann, so viel er will, werden die Brötchen von Frère Médard auf die Familie aufgeteilt. Roger wiederholt, seiner Angewohnheit entsprechend, innerlich die Sätze, die er sagen wird.

»Ich werde das Vesperessen im Institut Saint-André nicht mehr verteilen.«

Und wenn sie wissen will, warum? Wird er lügen wie bei Frère Médard? Er hat im Gegenteil eine boshafte Lust, kategorisch zu erklären:

»Weil ich nicht mehr will.«

»Warum willst du nicht mehr?«

»Weil ich Wert darauf lege, wie die anderen bis um vier Uhr im Collège zu bleiben.«

Wenn seine Mutter zu hartnäckig ist, wird er ihr sagen, er habe genug davon, betteln zu gehen.

Er hat es eilig, nach Hause zu kommen, er meint, schon die Kampfesstimmung zu atmen, die gleich die Küche erfüllen wird, deren Licht er sieht, als er um die Ecke biegt.

Er steckt den Schlüssel ins Schlüsselloch. Er legt seine Mappe ab, hängt seinen Mantel an den Kleiderhaken. Sieh an! Es ist jemand da. Er entdeckt am Kupferhaken einen Frauenmantel, den er nicht kennt, und darüber ein Altfrauenhütchen mit malvenfarbener Blume.

Er runzelt argwöhnisch die Stirn, neidisch auf ihre Ruhe,

stößt die Tür zur Küche auf, den Mund zu einer Frage schon halb geöffnet, und er stößt mit seiner Mutter zusammen, die hastig aufgestanden ist, mit einem Lächeln, das er an ihr gut kennt, ihrem zuckersüßen Lächeln.

»Ich möchte Ihnen meinen Sohn vorstellen, Mademoiselle Rinquet. Meinen Roger, der im Collège Saint-Servais studiert, um Offizier zu werden. Komm herein, Roger. Stell dir vor, Mademoiselle Rinquet ist Postbeamtin im Ruhestand, und sie wird bei uns wohnen.«

Und sie lächelt ihr schönstes Lächeln zu Désirés Sessel hin, in dem eine kleine Alte mit scheuem Blick sitzt, die damit beschäftigt ist, einen schwarzen Wollstrumpf zu stopfen.

»Nun, sagst du Mademoiselle Rinquet nicht guten Tag? Das ist die Überraschung, Mademoiselle. Ich habe weder mit meinem Mann noch mit meinem Sohn darüber gesprochen. Aber Sie werden sehen, Sie gehören sehr bald zur Familie.«

3

So wie es von Zeit zu Zeit vorkommt, haben sie sich am Sonntagmorgen zufällig bei Tante Cécile getroffen. Früher sagte Désiré:

»Ich gehe nach Hause.«

Oder man ging in die Rue Puits-en-Sock. Jetzt geht man zu Cécile, obwohl Chrétien Mamelin noch dort wohnt. Er nimmt weniger Platz ein, seine hohe Gestalt ist wie zusammengesunken, manchmal erschrickt man, wenn man ihn vor sich auftauchen sieht, so leise ist er.

Aus Gewohnheit kommen noch alle für einen Moment in die Küche, deren Geruch sich ein wenig verändert hat, säuerlich geworden ist, wegen der drei kleinen Kinder von Cécile. Ihretwegen hat man auch die Farbe von einer der Scheiben gekratzt, um sie besser beaufsichtigen zu können, wenn sie im Sommer auf dem Hof spielen.

Cécile ist krank. Zum ersten Mal hat man an jenem Morgen eine fremde Person im Haus angetroffen, die den Haushalt macht und kocht, ein kräftiges Mädchen, das Dienstmädchen von Gruyelle-Marquant; und es schockiert alle Mamelin-Söhne zu sehen, wie sie den Rinderbraten nach sonntäglicher Art zubereitet.

Cécile sitzt, eingehüllt in ein Umschlagtuch, neben dem Küchenherd, und wenn Lucien eintritt oder Arthur oder Désiré, beginnt sie immer wieder zu erklären, wie es sie erwischt hat, hebt dann ein weiteres Mal ihr Kleid hoch, um ihre geschwollenen, kränklich weißen Knöchel sehen zu lassen.

Sie ist mehr betrübt als beunruhigt. Es ist die erzwungene Untätigkeit, die sie zermürbt und derer sie sich schämt, sie hat auf alles ein Auge, hört alles, überwacht die Bewegungen des Dienstmädchens, es scheint ihr, als ginge alles schief, sie leidet körperlich daran, ein kräftiges Mädchen von zweiundzwanzig Jahren zu sehen, das unfähig ist, Kinder anständig anzuziehen.

Um sie wieder aufzurichten, scherzt jeder, Désiré genauso wie die anderen, mit seiner sonoren Stimme.

»Guten Tag zusammen! Nun, Cécile, geht's dir nicht gut? Gib zu, dass du Lust hattest, dich verwöhnen zu lassen. Sieh an, du bist hier, Roger?«

Désiré, der aus dem Hochamt von Saint-Nicolas kommt, wärmt sich die Hände über den Töpfen, deren Duft er einatmet.

»Sagt mal, Kinder, ratet, was wir zu Mittag essen werden! Sag du als Erste, Cécile … Nein, du würdest es nicht erraten. Nicht wahr, Roger? Pommes frites, nur das! Stellt euch vor, gestern brachte mir ein Kunde vom Land, dem ich ein paar kleine Gefälligkeiten erwiesen habe, ein Kilo Kartoffeln ins Büro. Im Handel bekommt man nicht einmal welche zu dreißig Franc das Kilo. Als ich zu Hause das Paket aufmachte, hatte Roger Tränen in den Augen. Da sagte ich zu Élise:

›Wir werden eine Dummheit machen, und wenn schon! Unsere Ration Schweineschmalz wird dabei draufgehen, aber morgen müssen wir Pommes frites essen.‹«

Sie plaudern noch ein wenig, kommen vom Hundertsten ins Tausendste, jeder in seinem Winkel, eingehüllt von wohliger Wärme, und zum Schluss denkt Cécile nicht mehr an ihren ganzen Haushalt, in dem alles schiefgeht.

»Kommst du, mein Sohn?«

Sie gehen zusammen mit gleichen Schritten nach Hause. Es ist sehr kalt. Heute Morgen musste man mit dem Stiel eines Hammers die Eisschicht zertrümmern, die sich während der Nacht auf den Steingutkrügen gebildet hatte.

»Cécile sieht schlecht aus«, bemerkt Désiré, der eine ausgesprochene Vorliebe für seine jüngere Schwester hat. »Wenn du während der Woche einen Moment Zeit hast, solltest du bei ihr vorbeigehen und guten Tag sagen.«

Er spricht zu seinem Sohn wie zu seinesgleichen. Sie verstehen sich. Sie wissen beide, dass der Mann von Cécile, Marcel, ein vor Gesundheit strotzender Rohling ist, der sich nicht vorstellen kann, dass seine Frau ernsthaft krank sein könnte.

»Eine Zigarette, mein Sohn?«

Die Geste rührt Roger, diese vertraute Geste des Vaters, der seinem Sohn ganz selbstverständlich das Etui hinreicht wie einem Freund. Dann gehen sie nebeneinander und denken an etwas anderes, beide an das Gleiche, sie möchten gern darüber sprechen, zögern jedoch.

Der heutige Morgen ist grau, von einem unfreundlichen und schneidenden Grau. Sie haben die gleiche Abneigung gegen den Pont d'Amercœur, der ihnen immer fremd bleiben wird, gegen den schäbigen Boulevard, an dessen Ende sich ihr neues Haus befindet, an das sie sich nicht gewöhnen.

Mademoiselle Rinquet hat ihnen ihren Sonntagvormittag verdorben, den ersten, den sie bei ihnen verbringt. Sicher, es ist wirklich sehr kalt. Als sie aufgestanden sind, zeigte das Thermometer minus zwölf Grad Celsius an. Sie gingen, wie jeden Sonntag, hinunter, bevor sie sich gewaschen hatten. Élise rief unten an der Treppe:

»Mademoiselle Rinquet! Das Frühstück ist fertig.«

Man konnte das Feuer noch so sehr schüren, man musste sich an den Ofen schmiegen, um ein wenig Wärme zu spüren.

»Sie antwortet nicht. Hoffentlich ist sie nicht krank.«

Élise ging hinauf, man hörte sie durch die Tür verhandeln.

»Sie will nicht hinunterkommen. Sie sagt, sie steht erst auf, wenn ich bei ihr Feuer gemacht habe.«

»Ich hoffe, dass du nichts dergleichen tust?«

Élise zögerte. Wenn sie allein gewesen wäre, hätte sie sicherlich nachgegeben.

»Was? Wir haben schon nicht genug Kohlen für die Küche, Gott weiß, wann uns wieder welche zugeteilt werden, und du würdest bei dieser Frau Feuer machen?«

»Sie ist alt, Désiré.«

»Das ist kein Grund, alle unsere Vorräte aufzubrauchen.«

Sie aßen schweigend. Sie schnitten das Brot in vier gleiche Stücke, wogen diese auf der Waage, und wie jeden Morgen bekam jeder seine Tagesration.

»Nimm das größte Stück, Désiré. Aber ja. Du arbeitest. Du brauchst es am meisten.«

»Aber nein. Roger ist im Wachsen.«

Sie saßen noch am Tisch, als Mademoiselle Rinquet herunterkam. Sie trauten ihren Augen nicht, so unerwartet war ihr Anblick. Sicher hatte sie absichtlich ihr Gebiss nicht hineingetan, obwohl sie keine eigenen Zähne mehr hatte und der untere Teil ihres Gesichtes nur noch eine hässliche weiche Masse war; oben auf ihrem fast kahlen Schädel saß ein winziger, aufdringlich schwarzer Knoten, und zu guter Letzt war sie in einen Schlafrock aus Baumwolle gehüllt, dessen Violett einen mit den Zähnen knirschen ließ.

»Kommen Sie schnell und wärmen Sie sich, Mademoiselle Rinquet.«

»Ich habe niemals ein so kaltes Haus gesehen wie dieses. Wenn ich gewusst hätte …«

»Aber nein, Mademoiselle. Es ist überall kalt. Schauen Sie doch nur auf das Thermometer, das draußen hängt. Sie wissen doch, dass seit drei Monaten niemand Kohlen bekommen hat.«

»Sie haben welche im Keller, ich habe sie gesehen.«

»Wir haben sehr wenig, gerade das Allernotwendigste, und ich will nicht davon reden, welche Mühe es uns gekostet hat, sie zu bekommen.«

Sie geben ihr Désirés Platz neben dem Ofen. Sie begutachtet ihr Stück Brot, steht auf, um es mit misstrauischem Blick zu wiegen.

Sie ist bei allem so. Der Backofen zum Beispiel enthält nur drei feuerfeste Ziegelsteine. Am Vorabend hat sie zwei davon für sich allein genommen, als stünde ihr das zu: Élise und Désiré mussten verzichten.

Selbst wenn sie keinen Hunger mehr hat, was man von weitem sieht, isst sie bösartig weiter bis zum letzten Bissen, um sicherzugehen, ihren ganzen Anteil genommen zu haben.

Und Élise besteht noch darauf!

»Ein wenig Brei, Mademoiselle Rinquet. Aber ja. Es ist genug da, wirklich. Ich habe keinen Hunger mehr.«

Man wird ihr von den Pommes frites abgeben müssen, von diesen wunderbaren Pommes frites, die sie seit einem Jahr nicht mehr gegessen haben und an die sie seit dem Vorabend unaufhörlich denken. Bei dieser Vorstellung wird Roger blass vor Zorn.

Inzwischen wussten sie den ganzen Morgen nicht, wo sie bleiben sollten. Ohne sich zu waschen, ohne sich das Gesicht frisch zu machen, ohne ihr Gebiss einzusetzen, blieb die Alte übel riechend in ihrem violetten Baumwollmantel am Küchenherd wie festgeklebt sitzen, und Élise hatte Mühe, an ihre Töpfe zu kommen und ihr Feuer zu überwachen.

Gewöhnlich ist das der schönste Augenblick der Woche. Man trödelt herum; man wartet auf warmes Wasser, um sich zu waschen; man geht ohne ein bestimmtes Ziel im Haus umher, bis es Zeit ist für das Hochamt; Désiré schlägt einen Nagel ein oder bessert irgendetwas aus.

Roger hat es vorgezogen, ohne Ziel durch die kalten und fast menschenleeren Straßen zu gehen. Er hat einem Teil der Messe in Saint-Remacle beigewohnt, er ist auf dem Flohmarkt der Place Delcour umhergeirrt, dann hat er sich bei Tante Cécile hingesetzt.

Jetzt, da sie nach Hause gehen, weiß sein Vater so gut, was er denkt, dass er murmelt:

»Es ist besser, nichts zu sagen, wegen deiner Mutter.«

Dann fügt er hinzu, was Roger viel mehr berührt:

»Sie glaubt, richtig zu handeln.«

Das ist alles. Sie brauchen nicht mehr darüber zu sprechen.

»Was machst du heute Nachmittag?«

»Ich weiß es noch nicht.«

»Haben wir etwas Gutes zu lesen im Haus?«

»Von Eugène Sue.«

Denn Roger holt zweimal in der Woche Bücher aus der Gemeindebibliothek in der Rue des Chiroux (die in der Rue des

Pitteurs ist an dem Tag abgebrannt, an dem die Deutschen dreihundert Personen erschossen haben) und aus einer Leihbücherei in der Rue Saint-Paul. Er wählt das aus, was ihm gefällt. Abends oder sonntags liest Désiré eines dieser Bücher aufs Geratewohl, und er hat Pech gehabt, wenn sein Sohn es wegbringt, bevor er es ausgelesen hat, er sagt es nicht einmal und beginnt ein anderes, von dem er vielleicht wieder das Ende nicht erfahren wird.

So sind die beiden.

»Du wirst sehen, dieser alte Drachen macht sich seinen Teller mit Pommes frites voll«, kann Roger sich nicht enthalten zu seufzen, als sie vor der Haustür ankommen. »Und Mutter wird zu ihr sagen (er imitiert Élises zuckersüße Unterwürfigkeit): ›Nehmen Sie sich doch mehr, Mademoiselle Rinquet. Bedienen Sie sich. Mir liegt nichts daran.‹«

Er könnte deshalb heulen, und Désiré, der ihn vorgehen lässt, nachdem er die Tür geöffnet hat, legt ihm einen Moment die Hand auf die Schulter, wie um ihn zu erinnern: Sie glaubt, richtig zu handeln.

Die Luft in dem Haus ist ganz blau, wie an den Sonntagen vor dem Krieg, man hört das Brutzeln des Schmalzes in dem schweren Eisenblechtopf, den sie nach so langer Zeit wiedersehen, und Élise ruft ihnen geschäftig, mit geröteten Wangen, zu:

»Lasst die Tür einen Moment offen, damit der Dunst abziehen kann.«

Dann ruft sie von unten die Treppe hinauf:

»Mademoiselle Rinquet! Sie können herunterkommen. Es ist angerichtet.«

Man ist der erbärmlichen Diskussion nicht entronnen.

»Wozu hast du Lust, Désiré?«

»Entscheide du. Wir machen, was du willst.«

»Möchtest du, dass wir hinausgehen?«

Und Mademoiselle Rinquet sitzt da, unbeweglich, schweigsam, mit weit aufgerissenen Augen in ihrem Unglück verheißenden Vogelkopf. Sie hat so viele Pommes frites gegessen, wie sie verschlingen konnte, wobei es aussah, als wollte sie Roger verhöhnen, der seinen Blick nicht von ihrem Teller losreißen konnte. Als Élise das Geschirr abwäscht, stört Mademoiselle Rinquet noch mehr, alles ginge besser, wenn sie nur ein paar Zentimeter weiterrücken würde, man versucht es ihr unauffällig zu verstehen zu geben, sie versteht es bestimmt, aber sie würde dort sitzen bleiben, nur um sie zu ärgern, vor allem Désiré und Roger, die sie nicht riechen kann.

»Wohin sollen wir gehen? Zu Louisa nach Coronmeuse?«

In Wirklichkeit möchte Désiré lieber auf seinem Platz in der Ofenecke bleiben und lesen, in seinem Sessel, den die Untermieterin ihm weggeschnappt hat, und er fragt sich, ohne ihr die Frage zu stellen, ob sie den ganzen Nachmittag über dort sitzen zu bleiben gedenkt.

»Gehst du weg, Roger?«

»Ja, Mutter.«

»Würdest du mit uns zu Tante Louisa gehen, um guten Tag zu sagen?«

»Nein.«

Das wird noch wenigstens eine Stunde so gehen, und er zieht es vor zu entwischen, bevor er dessen völlig überdrüssig wird, er geht in sein Zimmer hinauf, wiederholt trotz der Kälte seine gesamte Toilette. Heute Morgen, als er sich in einem Schaufenster in der Rue Entre-deux-Ponts betrachtete, hatte er den Eindruck, dass sein Kragen nicht richtig saß. Er wechselt dreimal die Krawatte, geht auf den Zehenspitzen in das Schlafzimmer seiner Eltern, um das Fläschchen Floramye zu nehmen und sein Taschentuch damit zu besprenkeln. Er geht sogar mit seinen parfümfeuchten Fingern über seine Wangen, um seine Lippen herum. Er ist fertig. Ein greller Sonnenstrahl hat die weiße Wolkendecke durchbrochen. Roger geht hinunter, öffnet wegen des Parfüms die Küchentür nur einen Spaltbreit.

»Bis heute Abend.«

»Roger, hör mal ...«

Er bemüht sich, nicht hinzuhören, und macht Lärm im Haus, indem er hinter sich die Haustür schließt. Er hat flüchtig seinen Vater in Pantoffeln gesehen, mit angezündeter Pfeife, einen Eugène Sue in der Hand, auf der Suche nach einer Ecke, wo er es sich bequem machen kann. Ihre Blicke haben sich gekreuzt, und Désiré hat, sicherlich schweren Herzens, gemurmelt:

»Amüsier dich gut.«

Roger weiß, dass er sich nicht amüsieren wird. Wie, warum sollte er sich amüsieren? Mit wem? Er hat schon den Pont d'Amercœur überschritten, ist der Rue Puits-en-Sock gefolgt und überquert jetzt die Maas über die Passerelle, während die meisten Leute noch am Tisch herumsitzen. Er ist immer zu früh, überall, wohin er auch geht, so als fürchtete er, den kleinsten Krümel eines möglichen Vergnügens zu versäumen. Denn welchem Vergnügen sollte er sich widmen, mit den fünfzig Centime für den Sonntag in der Tasche, plus den üblichen zehn Centime vom Großvater?

Obwohl er nur wenig davon gegessen hat, die Pommes frites drehen ihm den Magen um, weil man nicht mehr daran gewöhnt ist und weil ihm, als er sie aß, die Aufregung die Brust zuschnürte. Er bleibt vor den Auslagen stehen, weniger um die Zigarettenpäckchen zu betrachten, als um sich zu vergewissern, dass alles an seiner Erscheinung stimmt. Der Gedanke, dass er lächerlich wirken könnte, lässt ihm keine Ruhe. Oft beobachtet er die Passanten und versucht festzustellen, welche Wirkung er auf sie ausübt.

Die Jugendlichen in seinem Alter, vor allem die vom Collège, tragen Kniehosen, die an der Seite geschnürt oder geknöpft sind wie Reiterhosen. Damit es gut aussieht, müssen die Strümpfe aus grober, melierter Wolle sein und einen breiten, bunt gemusterten Rand haben. Nun, seine dagegen, die Élise bei den alten Demoiselles Chaineux machen lässt, sind unverwüstlich, von einem blassen Grau mit zwei dunkleren Streifen. Die Hosen sind ebenfalls grau, die Jacke ist schwarz.

»Das ist alles, was es an schönem Tuch gibt!«, behauptet seine Mutter.

Das ist vielleicht wahr. Er wird mit Stoffresten aus dem Ausverkauf gekleidet. Cortleven, Élises Cousin, der Zuschneider in einem Konfektionsgeschäft ist, hat ihm nie einen Anzug schneidern können, wie ihn die anderen tragen, es ist immer etwas Unerklärliches daran, etwas, das zu knapp sitzt, das dilettantenhaft aussieht.

Roger leidet darunter. Zweimal hat er an diesem Tag seine Schuhe mit den Lackspitzen geputzt, zweimal hat er den Scheitel nachgezogen, und vor jedem Schaufenster rückt er seinen Hut etwas zurecht, zieht einen Handschuh an, zieht ihn wieder aus, fragt sich, ob sie für die Jahreszeit nicht zu gelb sind. Es sind Glacéhandschuhe von gelbgrüner Farbe, die er in der Schublade seines Vaters gefunden hat und die dieser vor seiner Hochzeit trug.

Es ist halb zwei, und natürlich ist noch niemand im Carré. So wird die Rue de la Cathédrale genannt, die geschäftigste und vornehmste Straße der Stadt, oder besser gesagt, der Abschnitt zwischen der Rue de l'Université und dem Boulevard d'Avroy, wo abends und sonntagnachmittags die Menschenmenge wie in einer Prozession auf und ab wandelt.

In seinen Augen ist alles hässlich, er hat für die Dinge wie für die Leute einen strengen und feindseligen Blick, der eine Drohung enthält; und diese Drohung stößt er manchmal halblaut aus, wenn er sich in einer Fensterscheibe betrachtet, um über die Ausstrahlung seines Äußeren zu urteilen.

»Ich gehe fort.«

Wen bestraft er, wenn er mit Gott weiß welchem Ziel weggeht? Etwa das Schaufenster, in dem er sich betrachtet, wahrscheinlich das hässlichste, das deprimierendste der Stadt, das Schaufenster eines Fotografen, der Passfotos in Serie macht? In dem zitronengelben Fensterrahmen des Ladens sind Hunderte von Probeabzügen in Grauschwarz zu sehen, auf jedem Streifenabzug wiederholt sich dasselbe Gesicht zwölfmal, dieselben schiefen Nasen, dieselben verbissenen oder energielosen Kinne, dieselben verstörten Augen, eine Welt, eine Menschheit aus einem Albtraum, die man niemals auf der Straße sieht und die unglaublich erscheint.

»Die Menschen sind hässlich, das Leben ist dumm. Mein Gott! Wie dumm es ist!«

Ist es möglich, dass bei ihm zu Hause zum Beispiel sein Vater und seine Mutter um diese Zeit immer noch dabei sind, sich unter dem giftigen Blick von Mademoiselle Rinquet zu fragen, was sie mit ihrem Nachmittag anfangen wollen? Was sie tun werden, wissen sie sehr gut. Sie werden nichts tun. Sie werden noch eine Stunde lang darüber reden. Élise wird sich aufregen. In einem bestimmten Augenblick wird Désiré, in seine Lektüre vertieft, es versäumen, ihr zu antworten, dann wird sie ihm vorwerfen, ihr gegenüber nicht aufmerksam zu sein, nur ein Mann zu sein, und wenn es einer ihrer schlechten Tage ist, wird die Szene eskalieren, die Tränen, die Nervenkrise, Élise wird hinaufgehen und sich in dem eiskalten Zimmer auf ihr Bett werfen, Désiré wird ihr folgen.

»Nein, lass mich, ich flehe dich an. Und das alles vor den Leuten! Eine Frau, die gerade erst bei uns eingezogen ist und die bei solchen Szenen dabei sein muss …«

Schließlich wird sie sich die Augen auswaschen und wieder hinuntergehen, und sie wird sich dazu zwingen, Mademoiselle Rinquet zuzulächeln.

»Ist Ihnen nicht kalt, Mademoiselle? Möchten Sie vielleicht eine Tasse Malzkaffee zum Aufwärmen? Ich kann Ihnen in wenigen Minuten welchen machen …«

Sie werden alle drei dortbleiben, jeder in seinem kleinen Eckchen eingeigelt, manchmal ein »Plopp« des Ofens, das Geräusch einer Buchseite von Désiré, das Klimpern einer Stricknadel, die zu Boden fällt.

»Lassen Sie, Mademoiselle, ich hebe sie für Sie auf.«

Und das nennt man leben! Sie leben! Roger lebt auch. Er geht zwischen den Reihen der Geschäfte umher, von denen die meisten ihre Fensterläden geschlossen haben, und betrachtet hasserfüllt die Aushängeschilder, einige zu vertraute Namen in großen schwarzen oder braunen Buchstaben, er folgt den Leuten mit den Augen, die fröstelnd in die Theater strömen. Vor vierzehn Tagen hat er bemerkt, dass sein dicker Mantel ihn unförmig macht, und seitdem knöpft er ihn nicht mehr zu, trotz der Kälte, er trägt ihn lässig offen, eine Hand in der Tasche seiner Hose, denn er ist ziemlich stolz auf seine Reithose, die man sonst nicht sehen würde.

Unwichtig, dass niemand da ist, der ihn sehen könnte. Er hat das Bedürfnis, sich ein glänzendes Bild von sich selbst zu machen. Es gelingt ihm nicht. Er weiß, dass tausend Einzelheiten nicht stimmen, er hat seine Krawattennadel zu hoch angesteckt, er verändert sie, jetzt sitzt sie schief, und die Straße bleibt leer, die Jungen warten träumend hinter den beschlagenen Scheiben der Cafés und der Kneipen.

Er wird fortgehen, und niemals, niemals wird er wie sein Vater und seine Mutter leben, er gelobt es sich, nichts wird er in seinem Leben dulden, was ihn an seine Kindheit erinnern könnte.

Diese Kindheit, er hasst sie. Er hasst die Rue de la Loi, die Rue Pasteur, das Institut Saint-André wie das Collège Saint-Servais, er hasst Frère Médard und Madame Laude und all die kleinen Hässlichkeiten, die kleinen Gemeinheiten des Alltags, die ihn leiden lassen. Er ist entschlossen, sich zu rächen, er weiß noch nicht, wie, aber er wird sich rächen, er weiß es, er denkt daran, während seine Hand in seiner Tasche mit den zwölf Sous spielt, deren Bestimmung er im Voraus kennt.

In einer schmalen Querstraße, der Rue Lulay, hört man die Glocke eines Kinos schwingen, des ersten, das sich vor ein paar Jahren in der Stadt niedergelassen hat. Roger hat einen Blick auf die bunten Plakate geworfen, auf denen Cowboys dargestellt sind, aber in dieses Kino wird er nicht gehen, denn auch daran hat er demütigende Erinnerungen.

Als er jünger war, ging er donnerstagnachmittags dorthin. Er hatte nicht genug Geld, um seinen Platz zu bezahlen, aber der Inhaber ließ für zwei Sous, manchmal für einen, einige Kinder hinein, um die erste Reihe zu besetzen, in der niemand sitzen wollte und die, unbesetzt, schlecht aussah. Auf die Gefahr hin, dass er sie wieder hinaussetzte, wenn die Zuschauermenge zu groß wurde!

Er wird ins Mondain gehen, in die Rue de la Régence, wo einem schon am Eingang warme Luft entgegenschlägt und wo es perlgrau gepolsterte Sessel und Logen gibt. Dort wird er immer noch leiden, er wird sich nur einen Platz im zweiten Rang kaufen können. Das letzte Mal, als er dort war, ist seine Cousine Germaine Schroefs, die die groben Züge ihres Vaters hat, im grauen Mantel nah an ihm vorbeigegangen; er hat sie dank der elektrischen Lampe der Platzanweiserin erkannt, während sie zu den reservierten Sesseln ging und dort Platz nahm.

Die Atmosphäre des Kinos, die von einem weißen Lichtbündel durchbrochene Dunkelheit, die Bilder, die auf der Leinwand hüpfen, die Ritornelle des Klaviers, die unsichtbare, warme Menschenmenge, die man um sich herum spürt, all das erzeugt in ihm eine Art Fieber. All seine Wünsche, all sein Stolz steigern sich, vervielfachen sich ums Zehn- oder Hundertfache, er möchte alles auf einmal erleben, und dieses riesige Verlangen konkretisiert sich schließlich in verstohlenen und ängstlichen Blicken zu den Logen hin. Er weiß, was dort geschieht, Freunde im Collège haben es ihm erzählt; es genügt übrigens, wie auf der Suche nach einem Platz um sie herumzugehen, um seltsam verrenkte Pärchen zu sehen, um hochgeschürzte Röcke zu erahnen, Hände auf Abwegen. Er könnte schwören, dass von diesen Logen mit den heimlichen Umarmungen ein besonderer Geruch ausgeht, der ihn an den des Carré in bestimmten Abendstunden erinnert.

Denn gleich wird das Carré sein wirkliches Leben leben, das Leben zumindest, für das Roger Stunden im Vorhinein dort ist. Wenn die letzten Fensterläden geschlossen sind, wenn es völlig dunkel ist, wenn die Straßenlaternen nur undeutliche Anhaltspunkte sind, dann wird sich das Dunkel nach und nach beleben, mit hallenden oder flüchtigen Schritten erfüllt werden, mit kaum zu erkennenden Gestalten, mit Gelächter und Geflüster.

Gruppen junger Mädchen kommen eigens hierher, um in der günstigen Dunkelheit Arm in Arm spazieren zu gehen, und Scharen von Studenten necken sie, folgen ihnen und nehmen sie manchmal mit.

Andere Frauen gehen allein langsam an den Häuserwänden entlang, bleiben oft stehen; wenn sie vorbeigehen, atmet man eine Parfümwolke ein, und fast immer geht ein Mann mit hochgeschlagenem Mantelkragen in ihrem Kielwasser.

Roger streift sie mit schwerem Herzen. Er weiß nicht genau, wonach er sich sehnt, es ist nicht immer dasselbe. Wärme durchflutet ihn beim bloßen Anblick der milchigen Kugelleuchten, die in den kleinen Gässchen als Aushängeschild für gewisse Hotels dienen, in die Paare heimlich hineinhuschen. Die Tür steht meistens offen und lässt einen stinkigen Hausflur sehen, aber eben dieses Vulgäre verursacht ihm Schwindel, er stellt sich die nicht ganz sauberen Betten vor, die abgerissenen Tapeten, ein durchgesessenes, mit Flecken bedecktes Sofa, er sieht, er will ein Frauengesicht mit Ringen unter den Augen sehen, mit müden Lippen, einen kränklichen Körper, der nach und nach entblößt wird, mit dumpfem Widerwillen in dem schummrigen Licht.

Wie glücklich er wäre, mit ihr zu weinen, sich vor Verzweiflung zu winden, Leib an Leib, bevor sie im Vergnügen versinken würden!

Aber nein! Was er möchte, ist, elegant und ungezwungen die gut geölte Drehtür einer dieser Brasserien aufzustoßen, aus denen Musik klingt, mit einer Frau am Arm, herablassend einen freien Tisch zu suchen und mit blasierter Geste den Kellner herbeizurufen.

»Was trinken die Herrschaften?«

Dann seiner Begleiterin, die damit beschäftigt ist, ihren Pelzmantel von den Schultern zu streifen, ein Zigarettenetui hinzuhalten, ein sehr schönes Etui aus Gold oder Silber, die Leute sehr distanziert, von oben herab, so als sähe er sie nicht, zu beobachten, kaum zu lächeln, lässig die Hand auf das warme Knie seiner Freundin zu legen, sich mit ihr so zu benehmen – die Liebespaare haben eine besondere Art, sich zuzulächeln, gleichzeitig erregt, dankbar und zärtlich –, sich mit ihr so zu benehmen, dass jeder, der sie beobachtet, spürt, dass sie eben erst aus den feuchten Laken gestiegen sind, wo sie alle Freuden ausgekostet haben, die das Fleisch bietet.

Warum ist nicht *er* es, der in diesem dunklen Türeingang steht, an den Lippen einer Frau, von der man im Vorbeigehen nur das verlorene Profil, den starren Blick erkennt?

Eines Abends wird er vielleicht den Mut haben, Sidonie anzusprechen. Seit Wochen geht er durch das Carré, in der Hoffnung, sie allein zu treffen. Er weiß ihren Vornamen, weil jeder ihn weiß, junge Männer murmeln ihn im Schatten, wenn sie am Arm einer Freundin vorübergeht, zu erkennen an ihrem Käppchen und dem Muff aus falschem Hermelin; andere Bengel singen ihren Namen im Sprechchor.

Sie ist erst sechzehn Jahre alt, sehr zart, mit einem durchscheinenden Gesicht; ihre Augen sind so hell, dass man die Pupillen für durchsichtig halten könnte, und für ihn ist sie die Verkörperung aller menschlichen Zerbrechlichkeit, aller Weiblichkeit. Sie hat Liebhaber gehabt, er braucht es, dass sie welche gehabt hat. Er hat sie gesehen, wie sie mit ihrer Freundin und Männern fröhlich in Restaurants gegangen ist. Das waren Männer, keine jungen Leute. Es ist bekannt, dass die Männer Ansprüche stellen. Er hat sie gesehen in Begleitung deutscher Offiziere mit langem Umhang, die mit dem Säbel über die Gehsteige schleifen.

Er fühlt dennoch, dass sie rein ist, er will, dass sie rein ist, obwohl er sich ihren zerbrechlichen weißen Körper von ihren Gelegenheitsfreunden besudelt vorstellt; er dagegen würde sie lieben, mit ganzem Herzen, sie würden Seite an Seite gehen, eng umschlungen, Wange an Wange, ohne ein Wort, aufmerksam einer inneren Musik lauschend, von Zeit zu Zeit würden sich ihre Lippen suchen, und ein neues Leben würde beginnen.

»Was machst du hier, Mamelin?«

Er tat gar nichts. Er dachte nach und betrachtete die Zigarren in einer Auslage; vermutlich betrachtete er sich auch selbst ein wenig. Als er sich plötzlich Gouin gegenübersieht, hat er Mühe, den wilden Ausdruck von seinem Gesicht zu verbannen.

»Ich mache nichts, wie du siehst. Ich warte darauf, dass es Zeit ist, ins Kino zu gehen.«

Gouin ist ein oder zwei Jahre älter als er. Sie haben sich jahrelang nicht getroffen, seit der Zeit im Institut Saint-André.

Jetzt trägt er lange Hosen, gelbe Schuhe, wie man sie nur bei den Schiebern sieht, einen perlgrauen Hut, einen weiten und bequemen Mantel, und seine Hand spielt mit einem Spazierstock aus Rohr. Roger beneidet ihn um seine Selbstsicherheit. Er ist kräftig, das Fleisch ist fest, die Haut rosig und straff.

»Du erinnerst dich an die Rue de la Loi? Übrigens, wo bist du jetzt?«

»Ich bin im Collège Saint-Servais. Und du?«

»Ich helfe meinem Vater im Geschäft.«

Der Vater von Gouin ist Metzger in Bressoux. Seitdem der Krieg ausgebrochen ist, ist das der einträglichste Beruf.

»Hör mal, Mamelin, ich habe eine Verabredung um drei Uhr mit zwei Miezen. Ich bin allein. Kannst du nicht mit uns kommen? Du könntest dich um die Freundin kümmern.«

»Wohin geht ihr?«

»Zuerst ins Kino. Was hältst du davon? In eine Loge, da kann man schon Spaß haben.«

Eine Welle von Blut hat Rogers Gesicht überflutet.

»Eigentlich …«

»Was?«

»Ich habe nicht genug Geld mitgenommen.«

Da bricht Gouin in Gelächter aus, schlägt ihm fest auf die Schulter, nimmt direkt aus seiner Tasche eine Handvoll Geldscheine, Mark und Franc, kleine und große Scheine.

»Schau! Wenn nur das dich hindert, ich zahle für alle. Oder besser, hier …«

Er stopft ihm Scheine in die Hand, ohne zu zählen.

»Für mich ist es einfach, verstehst du: Ich stibitze zu Hause von Zeit zu Zeit einen Schinken und verkaufe ihn. Ich habe gerade gestern einen genommen, einen schönen Schinken von zwölf Kilo.«

Er bemerkt nicht, dass Rogers errötetes Gesicht jetzt blass geworden ist, noch verwirrter durch die gutmütige Einfachheit, mit der die Worte ausgesprochen wurden, als durch die Worte selbst.

»Meinst du nicht, dass ich euch störe?«

»Dummkopf! Wenn ich dir doch sage, dass es Miezen sind! Nachher werden wir sicher einen Ort finden, um sie zu vernaschen, und dann ist der Spaß zu Ende. Gehen wir! Sie warten sicher schon an der Ecke der Rue du Pont-d'Île auf uns.«

Er folgt Gouin. Einmal hätte er in der Rue du Pont-d'Île fast den Rückzug angetreten, als er eine der beiden wartenden Mädchen erkannte, denn es ist die Freundin von Sidonie. Die andere, die er von hinten sieht, ist groß und fett. Es ist die, die sich Gouin ausgesucht hat.

»Mein Freund Roger, Mademoiselle Jeanne und Mademoiselle Camille … Es ist doch gut so, nicht wahr?«

Gouin fügt ganz natürlich vor ihnen hinzu:

»Camille ist deine. Und jetzt wollen wir uns amüsieren!«

Er geht mit dem großen Mädchen voraus, während Roger schweigend neben dem Pummelchen mit dem runden und vulgären Gesicht hergeht. Sie ist wirklich klein. Darüber hinaus ist sie für ihr Alter sehr entwickelt, was dazu beiträgt, ihr das Aussehen einer Zwergin zu geben.

»Wohin gehen wir?«, fragt sie, um irgendetwas zu sagen, als sie bemerkt, wie schüchtern er ist.

»Ich glaube, wir gehen ins Mondain.«

»Ist das Ihr Freund?«

Verlegen antwortet er:

»Ich war mit ihm in der Schule.«

»Ich wohne hinter ihnen. Meine Mutter macht die Wäsche für sie.«

Die Sonne ist schon untergegangen, die Straßen sind von einem kalten Grau, die Glocke des Kinos zittert, sie gehen hinein, müssen eine Weile warten, bis eine freie Loge gefunden wird.

Nicht einen Augenblick fühlt sich Roger wohl. Vor ihm flüstert Gouin mit seiner Begleiterin, sie stören und lachen so laut, dass Zuschauer sich umdrehen und *psst!* machen.

»Wie geht's da hinten?«

Er antwortet:

»Gut.«

Aber er denkt an den gestohlenen Schinken, an die Mutter von Camille, die bei anderen Leuten die Wäsche wäscht, wie die Frau, die jede Woche in die Rue de la Loi kam. Camille ist es, die schließlich ihre schon feuchte Hand schüchtern auf seine legt.

»Gefalle ich Ihnen nicht?«

Er sagt doch. Er denkt auch an das, was Gouin gesagt hat.

»Nachher werden wir einen Ort finden, um sie zu vernaschen ...«

Und die Kleine, die tut, was sie kann, um das Eis zu brechen, murmelt:

»Ich kenne Sie schon. Ich weiß, wo Sie wohnen: in dem schönen Haus an der Ecke der Rue des Maraîchers. Ich gehe fast jeden Tag dort vorbei. Im Sommer sehe ich Sie in Ihrem

Zimmer lesen und Pfeife rauchen, die Füße auf der Fensterbank, und ich nannte Sie bei mir ›Der junge Mann, der immer liest‹. Dann haben wir, Sidonie und ich, Sie im Carré gesehen. Aber Sie sind stolz. Sie sprechen mit niemandem. Sie sind immer so elegant, so gut gekleidet! Neulich haben Sie uns fast angerempelt, und Sidonie war verärgert, dass Sie uns nicht einmal ansahen.«

»Ist das wahr?«

Trotz der aufeinanderfolgenden Akkorde des Pianos hört man immer noch die schrille Glocke vom Eingang, man denkt an das blaue Licht über der gepolsterten Tür, man hört auch das summende Geräusch, das der Film beim Abspulen macht, Leute kommen herein, andere gehen hinaus, es ist warm, Roger fühlt, dass er unter den Armen schwitzt, Camilles Hand in seiner ist weich und feucht, die Zwergin nähert sich ihm, und aus Anstand, um ihr nicht wehzutun (denn er spürt, dass sie es braucht), legt er seinen Arm um ihre Taille.

Es stört ihn, dass sie nach Armut riecht. Lange fragt er sich, ob er sie küssen wird. Er hat keine Lust dazu, es stößt ihn ein wenig ab, aber sie legt eine Hand auf seinen Schenkel, und da stellt sich ein Kontakt her, seine Hände bewegen sich ebenfalls, suchen die nackte Haut über den Strümpfen, gehen dann unmerklich höher in die Wärme.

Die beiden anderen vor ihnen machen es genauso, man sieht es an ihrer Haltung, an einer bestimmten, wie ängstlichen Unbeweglichkeit, die sie plötzlich erfasst. Roger sitzt unbequem. Seine Schulter wird steif, sein Arm schläft ein, und als er sich seiner Begleiterin zuwendet, sieht er in dem fahlen Lichtschein der Leinwand ein kleines Gesicht, rund und erwartungsvoll, Augen, die den Ereignissen des Films folgen, so als würde nichts ganz nah geschehen. Schließlich stellt er eine Frage.

»Warum ist Sidonie heute nicht mit Ihnen zusammen?«

»Wie? Sie wissen es nicht? Ich glaube, Sie sind der Einzige im Carré, der nicht auf dem Laufenden ist. Die Polizei hat sich mit ihr beschäftigt. Das war vorgestern Abend, und heute konnte Sidonie nicht aus dem Haus gehen, weil ihr Kleid zerrissen ist. Ihre Schwester ist dabei, es zu flicken, sie ist Schneiderin.«

Sie unterbricht sich einen Augenblick und flüstert:

»Pass auf. Du tust mir etwas weh.«

Dann fährt sie ganz natürlich fort:

»Zwei Kerle hatten uns eingeladen, in einer Friture zu essen, in der Rue Lulay, sicher irgendwelche Schieber, Bauern in Sonntagskleidung, wie man sie montags an der Börse sieht, die Taschen voller Geld. Wir hatten beschlossen, uns über sie lustig zu machen. Zuerst haben wir gut gegessen, haben alles bestellt, was es Gutes gab, russischen Salat, Langusten, Entrecôtes. Wir saßen in der ersten Etage, in dem kleinen Nebenzimmer, wissen Sie ...«

Nein, er weiß nicht, er hatte keine Ahnung, dass es in den Fritures Nebenzimmer gibt.

»Wir haben viel getrunken, englisches Bier, Champagner, Wein, dann wieder englisches Bier. Die Kerle waren besoffen. Sidonie war es schlecht. Nun, anstatt sie fürsorglich zu behandeln, wollten sie sich amüsieren, sie setzten sich in den Kopf, Sidonie auszuziehen, die das nicht wollte. Sie rief ihnen Beleidigungen zu und verteidigte sich. Je mehr sie schrie, desto mehr lachten sie. Der größere von beiden, ein Mann, so rot wie ein Fleischer, mit großen Fischaugen, hatte sich schon aufgeknöpft und wollte mit aller Macht ...«

Ihre Freundin macht sie aufmerksam, ohne sich umzudrehen:

»Sprich leiser, Camille. Die Leute aus der Nachbarloge hören dir zu.«

Und zu Gouin, der sie fragt:

»Ich erzähl es dir. Ich war nicht dabei, aber Sidonie hat mir alles gesagt.«

Sidonie hat sich, als sie sich verteidigte, mit einer zerbrochenen Flasche am Ellbogen verletzt. Als Camille das Blut sah, hat sie den Kopf verloren und ist ins Treppenhaus gestürzt, um Hilfe zu rufen. Der Patron ist dazwischengegangen und hat vergeblich versucht, die zwei aufgeregten Mädchen zu beruhigen.

»Keinen Skandal, Kinder! Das wird wieder in Ordnung gebracht. Im Übrigen seid ihr doch hergekommen, nicht wahr? Ihr musstet darauf gefasst sein, dass es nicht zum Händchenhalten war.«

Sie waren stockbesoffen, riefen laut nach der Polizei, Gäste im Erdgeschoss haben sich aufgeregt und einen Polizisten herbeigerufen.

Daraufhin hat Gouin die Idee, gleich in dasselbe Nebenzimmer essen zu gehen.

»Findest du nicht, Mamelin, das wäre spaßig?«

Aber Camille protestiert:

»Der Patron wird mich nicht hineinlassen. Er war wütend. Er hat uns sogar Geld angeboten, damit wir ruhig sind.«

»Ihr seid blöd gewesen!«, sagt die Freundin.

»Wenn ich dir doch sage, dass wir *stockbesoffen* waren. Na ja! Trotzdem, nicht mit solchen Rohlingen!«

Roger ist ganz krank davon. Er kann sich noch so bemühen,

es gelingt ihm nicht, von seiner Netzhaut das Bild des Nebenzimmers zu verdrängen, so wie er es sich vorstellt, Sidonie halb nackt, blutend, der Mann mit dem Fleischergesicht, der Polizist schließlich, der nicht weiß, was er tun soll, und sie mitnimmt. Er würde gern nach Hause gehen. Wenn er nicht von Gouins Geld hier wäre – das Geld von dem Schinken! – und wenn er nicht noch welches in der Tasche hätte, würde er sich irgendwie entschuldigen und fortgehen.

»Sagt mal, Kinder, ich habe den Eindruck, den Film haben wir schon am Anfang gesehen. Sollen wir abhauen?«

Sie verschwinden. Biedere Leute, die wohl zu viel von allem gehört haben, protestieren murmelnd, als sie vorbeigehen. Sie werden, noch warm, von der eisigen Dunkelheit überrascht und brauchen einen Moment, um sich zurechtzufinden, um sich daran zu erinnern, dass sie in der Rue de la Régence sind, dass die Place Verte rechts und die Passerelle links liegt.

»Was machen wir jetzt?«

Wie bei den Mamelins, wenn man stundenlang über die Gestaltung des Sonntagnachmittags berät! Sie gehen, ohne zu wissen, wohin, Gouin mit seiner Freundin voran, Roger mit Camille, die an seinem Arm hängt.

»Lasst uns beschließen, was wir machen sollen. Bist du sicher, dass man dich in der Rue Lulay nicht hineinlassen wird?«

»Jedenfalls werde ich es nicht versuchen. Geht ihr hin, wenn ihr wollt.«

»Und du, Mamelin, was schlägst du vor?«

Roger hat den Verdacht, dass sein Kumpan in Wahrheit zu nichts mehr Lust hat, dass das Vergnügen, das er in der Dunkelheit des Kinos gehabt hat, ihn wahrscheinlich befriedigt hat. Er hat seine lärmende Fröhlichkeit verloren. Er will sich ohne rechte Begeisterung amüsieren, weil er es sich und den anderen versprochen hat. Es ist erst sechs Uhr.

»Sollen wir zuerst etwas trinken gehen?«

Aber Roger widerstrebt es, sich in einem Café in Begleitung seines kleinen, schlecht gekleideten Pummelchens zu zeigen, die eine verblüffende Boa mit schäbigen Federn um den Hals trägt.

Jeanne ist es, die Dicke, die ihn rettet und leise zu Gouin spricht. Er versteht nicht, was sie sagt, aber er errät es.

»Lass die beiden doch ihrer Wege gehen. Er ist nicht lustig, dein Freund! Man kann nichts mit ihm anfangen.«

Von der Gruppe ziehen vermutlich nur Gouin und Camille die geplante Viererpartie ungeniert in Betracht. Roger hat der Bericht von dem Abend in der Rue Lulay gereicht. Beim besten Willen hätte er dergleichen nicht gekonnt.

»Sie sagt, dass ihr vielleicht Lust habt zu …«

»Genau! Übrigens muss ich rechtzeitig nach Hause gehen. Meine Eltern warten auf mich.«

»Bis Sonntag?«

»Bis Sonntag …«

Sie verabreden keinen bestimmten Ort. Das ist besser so. Sie geben sich die Hand. Gouin fragt halblaut:

»Alles klar?«

Roger sagt ja, obwohl sie beide wissen, dass es nicht wahr ist. Dann kehrt er um und stopft seinem Freund die Geldscheine in die Tasche, die dieser ihm gegeben hat.

»Was machst du?«

»Nichts … Viel Vergnügen …«

Camille folgt ihm, hängt sich an seinen Arm, wobei sie sich vergeblich bemüht, ihren Schritt dem seinen anzupassen. Sie gehen durch die Dunkelheit der Straßen, wie die Paare, die er so sehr beneidet hat, und deshalb kommt ihm die Idee, als sie auf die Passerelle gehen, seine Begleiterin zum verlassenen Quai mitzunehmen und sie dort, in einem sehr dunklen Winkel, ganz und gar zu nehmen.

»Warum bleibst du stehen?«

Ja? Nein? Tut er es? Wenn er sie nimmt, wird er sie auf den Mund küssen müssen, und das stößt ihn ab. Er scheut sich auch vor der Kälte, vor den komplizierten Bewegungen, die man vollführen muss. Und wenn sie morgen, am helllichten Tag, auf der Straße zu ihm kommt und vertraut mit ihm spricht, ihn vielleicht vor allen Leuten küsst? Außerdem wird sie es sicherlich Sidonie erzählen.

Also nein.

»Ich muss nach Hause. Ich werde wirklich erwartet.«

»Es stört dich doch nicht, dass ich dich bis vor dein Haus begleite? Ich habe denselben Weg.«

In der Rue Puits-en-Sock geht er am Haus seines Großvaters vorbei, aber die Rollläden sind hinuntergelassen, alles ist dunkel.

»Man merkt sofort, dass du nicht wie dein Freund bist. Ich wette, dass du nicht oft mit ihm weggegangen bist.«

»Warum?«

»Nur so. Sie sind jetzt sicher im Hotel. Jeanne war verlegen, ich hab's bemerkt, obwohl es nicht das erste Mal ist und sie es auch schon vor mir gemacht hat. Du bist es, der sie gestört hat.«

Er tut so, als lachte er. Er fühlt sich geschmeichelt.

»Bin ich denn so beeindruckend?«

»Nein. Aber wenn man mir gestern gesagt hätte, dass wir

beide was zusammen machen würden, hätte ich es nicht glauben wollen. Sidonie auch nicht.«

»Wirst du es ihr erzählen?«

»Nicht, wenn du mich bittest, es nicht zu sagen.«

»Dann sag es nicht.«

»Du bist verliebt in sie, hm?«

Er antwortet nicht.

»Gib zu, dass du verliebt in sie bist. Alle Männer sind in Sidonie verliebt. Ich bin nicht eifersüchtig. Ich sehe den Unterschied sehr wohl, lass nur, und wenn du wolltest …«

»Glaubst du?«

»Ich bin sicher, ihr würdet euch verstehen. Soll ich mit ihr reden?«

Diesmal drückt er sie an sich, ohne sich anstrengen zu müssen, er beugt sich hinunter, küsst sie auf die Wange.

»Meinst du, dass ich Chancen habe?«

»Weißt du, dass du mich zum ersten Mal küsst?«

»Ach!«

»Weil ich dir von Sidonie erzählt habe. Komm Donnerstag ins Carré.«

»Um wie viel Uhr?«

»Wie immer, zwischen fünf und sechs Uhr. Ich werde dir ein Zeichen geben. Wenn ich mehrere Male meine Taschenlampe aufleuchten lasse, wenn du an uns vorbeigehst, heißt das ja …«

»Und wenn es nein ist?«

»Wenn es doch im Voraus schon ein Ja ist!«

Hat er ihr wenigstens gute Nacht gesagt? Er weiß nicht mehr, wie er sie verlassen hat, er ist zu Hause, er hat die paar Kubikmeter Licht und Wärme in der Küche wieder vorgefunden, jeder befindet sich wie angewurzelt an seinem Platz, von der unbeweglichen Atmosphäre umgeben wie die Bewohner von Pompeji in der Lava, sein Vater, der, auf einem nach hinten gekippten Stuhl sitzend, liest, Mademoiselle Rinquet, die strickt und mit ihren sich lautlos bewegenden Lippen die Maschen zählt, seine Mutter, die mit schiefem Knoten Wäsche ausbessert.

Um irgendetwas zu sagen, ruft er wie üblich, obwohl der Tisch für das Abendessen gedeckt ist:

»Gibt es Essen?«

Und einige Minuten lang spürt er das Erregende eines vergeistigten Lebens, des Lebens hier im Haus, hier und nirgendwo anders, er nimmt so etwas wie das Nagen der Zeit wahr – und es ist nicht nur das Ticken des Weckers, der auf dem Kamin steht –, der Ofen hat eine eigene Art zu atmen, und er sieht den großen Wasserkessel aus weißer Emaille mit der angeschlagenen Stelle am schwanenhalsförmigen Schnabel; die Zimmerluft umhüllt ihn, berührt ihn, er fühlt sie wie eine Sache, die ihre eigene Dichte hat, ihre Temperatur, ihre Milde, vielleicht ihr Vorhaben, die Luft schließt sich über ihm und hüllt ihn ein; Spiegelungen zittern wie Zeichen auf dem Handleuchter, auf einer geblümten Tasse, auf dem Pfännchen aus rotem Kupfer; es ist zunächst ein wenig beängstigend, wenn man von draußen hereinkommt, dann aber passt sich Roger ganz behutsam an diesen geheimnisvollen Rhythmus an und wird ruhig.

4

Und für Monsieur Mamelin«, scherzt Raoul, »sicher einen Titusschnitt?«

»Ich überlege«, antwortet Roger ernsthaft und betrachtet im Spiegel über den Fläschchen mit Haarwasser sein Gesicht, das wie ein unechter Kopf auf der weichen Pyramide des weißen Friseurumhangs sitzt.

Seit zwölf Jahren schneidet ihm Raoul, der Friseur der Mamelins, seitdem es die Mamelins in der Rue Puits-en-Sock gibt, die Haare. Er war es, der ihm mit einem Schnitt die babyhafte Haartolle abnahm, die Élise gewissenhaft in Seidenpapier aufhebt, und seit jener weit entfernten Zeit wiederholt sich dieser ewige Scherz alle vierzehn Tage.

»Einen Titusschnitt?«

Und jetzt scheint Roger zu zögern, er, der nicht scherzt, nie gescherzt hat, wenn es um seine Haare ging, der in dem Friseursalon manchmal in helle Wut geriet, wegen ein paar Millimetern, die seine Haare zu kurz waren, Roger scheint zu zögern, zögert tatsächlich, verdeckt mit beiden Händen für einen Augenblick den oberen Teil seiner Stirn, wie um sein Aussehen zu beurteilen, wenn er kurz geschoren ist.

»Ich frage mich, Raoul, ob es nicht das Einfachste wäre!«

Raoul ähnelt ein wenig Désiré; er hat das gleiche Musketierbärtchen, jedoch feuerrot, die gleiche fliehende Stirn mit den kahlen Schläfen, die schalkhaften Augen in einem Gesicht, das unerschütterlich bleibt, wobei er jedoch von morgens bis abends das Verslein seiner Scherze hersagt. Er ist ein faderer Désiré, dessen Gesicht man in die Länge gezogen hat.

Aus einer der verschiedenen kleinen Schubladen, deren Geheimnisse Roger als Kind so oft zu erspähen versuchte, hat er eine Haarschneidemaschine gezogen, die er in seiner Hand herumwirbelt.

»Also das heißt ja?«

Roger überlegt, zögert immer noch, kaum berührt. Raoul soll ihn beim Wort nehmen und mit der Operation beginnen, er wird es geschehen lassen. Schon berührt die Haarschneidemaschine seinen Nacken, er spürt den kalten Kontakt mit dem Metall, aber der Friseur ist es, der einen Rückzieher macht.

»Sie meinen es doch nicht ernst?«

»Warum nicht?«

Wie konnte es Raoul entgehen, dass Roger, der immer so gepflegt war, nun schwarze Fingernägel hat und einen alten Anzug trägt, eine unordentlich gebundene Schleife und schlecht geputzte Schuhe? Anstatt seiner dünnen Bruyèrepfeife raucht er eine von diesen dicken, imitierten Meerschaumpfeifen mit langem Stiel aus Kirschholz, wie man sie auf der Brust der Alten baumeln sieht, die vor den Geschäften frische Luft schnappen. Wie sie stopft er die Asche fest, indem er seinen Zeigefinger in den Pfeifenkopf drückt, und eben, als er zu Raoul ging, hat er Schnupftabak gekauft und sich auf offener Straße ostentativ davon etwas in die Nasenflügel gestopft.

Es ist Mitte März. Die Osterferien haben soeben begonnen. Gestern ist Roger während eines Frühlingsplatzregens in Holzschuhen zur Lebensmittelausgabe gegangen und hat dort, ein Einkaufsnetz in der Hand, Schlange gestanden. Élise hat sich von ihrer Überraschung noch nicht wieder erholt.

»Nein, Monsieur Mamelin. Ich übernehme nicht die Verantwortung dafür, Sie kahl zu scheren. Ich habe weder Lust, mir die Augen auskratzen zu lassen, noch, Sie in Tränen ausbrechen zu sehen. Seien wir ernsthaft. Wie soll ich sie Ihnen schneiden?«

Roger zieht mit dem Lächeln eines Mannes, der sich unverstanden fühlt, wohlig an seiner Pfeife.

»Wie Sie möchten, Raoul.«

»Den Scheitel in der Mitte oder auf der Seite?«

»Überhaupt keinen Scheitel. Lassen Sie sie doch lang.«

»Wie ein Künstler?«

Er wird sich später kahl scheren lassen. Denn eines Tages wird er es tun, schon seit mehr als einer Woche denkt er daran. Es ist die radikalste Maßnahme, um sich ein für alle Mal über die armseligen Eitelkeiten zu erheben, die er verachtet.

Müssten die Leute nicht auf den ersten Blick verstehen, dass er sich ganz und gar verändert hat? Der Beweis dafür ist, dass er glücklich ist in diesem Laden, den er früher hasste, dass er, anstatt das Bild eines angespannten Gesichtes mit abwesendem, geringschätzigem Blick im Spiegel zu suchen, seinen Gesichtszügen alle Biederkeit verleiht, zu der er fähig ist, sich aufbläst und dick und rund erscheinen möchte wie ein rechtschaffener Bürger aus dem Viertel.

Heute Morgen scheint leicht die Sonne. Seitdem Roger, die Hände in den Taschen und Bücher unter dem Arm, den Pont d'Amercœur überquert hat, hat er den Eindruck, mitten in einem Bühnenbild zu leben. Seine Augen lächeln jedem Schauspiel zu, kurz vorher hat er sich die Zeit damit vertrieben, ein dickes Mädchen zu beobachten, das mit Eimern voll klarem Wasser die weißen Kacheln eines Fischgeschäftes säuberte, dann hat er die Fische betrachtet, die stacheligen rosa Knurrhähne, die bleichen Rochen, die berühmten Schollen, er hat sich über die Heringsfässer gebeugt, die entlang des Gehsteigs standen, um ihren starken Geruch einzuatmen.

Raouls Laden ist noch mehr Bühnenbild als das Übrige. Er gehört übrigens bereits zum Theater, dessen Säulenhalle man etwas weiter in der Rue Surlet sieht. Das schmale, schiefwinklige Schaufenster enthält nur Perücken. Man sucht die Tür, ohne sie gleich zu finden, denn der Eingang liegt im Nachbarhaus. Der Frisiersalon ist eine Art dreieckige Höhle, eine Wand ist von einer Öffnung durchbrochen, in der ein Ofen steht, und über diesem Ofen, in einem noch engeren Verschlag, der scheinbar keinen Zugang hat, sieht man Raouls Vater, der lange, flachsblonde Haare auf einen Holzkopf heftet.

Raoul und sein Vater sind fest angestellte Perückenmacher und Maskenbildner am Pavillon de Flore, wo sich Operette und Melodrama abwechseln. Die Wände sind von gewidmeten Fotografien bedeckt, man spricht nur über Baritone, hohe Bässe und lyrische Tenöre, es wird eine unsichtbare und dennoch gegenwärtige Welt heraufbeschworen, die in Kostümen aus früherer Zeit gekleidet ist; es liegt so etwas wie Kulissengeruch in der Luft, eine Atmosphäre von Tourneen, von Schmetterlingsbrennern und Feuerwerk, die Schränke sind vollgestopft mit fetter Schminke, und es herrscht hier nicht dieselbe Zeitrechnung wie woanders.

»Das war die Spielzeit, als die Mercœur zum ersten Mal ›Die lustige Witwe‹ im Pavillon gespielt hat. Was für eine Stimme!

Was für ein Auftreten! Welcher Schwung in dem Duo! Ich behaupte, dass seither niemand den Danilo so gespielt hat.«

Bei jedem Wetter bleibt die Tür offen, denn andernfalls hätte man weder genug Luft noch genug Raum. Man sitzt sozusagen auf der Straße. Das Leben von der Straße dringt ungehindert in den Laden, die Geräusche, die Stimmen, die Gerüche, die Sonne. Und die Nachbarn kommen und setzen sich einen kleinen Moment hin wie auf einem öffentlichen Platz.

»Nun, Raoul, was gibt's Neues?«

»Alles ist alt, vor allem wir, leider!«

»Kannst du mich gleich zum Rasieren drannehmen? Ich gehe zur Beerdigung.«

»Narquet?«

»Man fragt sich, wie der Junge so schnell dahingehen konnte. Ein Mann, der noch vor vierzehn Tagen an meiner Seite am Staudamm der Grosses-Battes geangelt hat. Übrigens, heute Morgen habe ich den langen Henry zum Angeln gehen sehen. Er wird nichts fangen. Das Wetter ist zu unruhig.«

Roger hört ihnen zu und zieht langsam an seiner Pfeife. Es scheint ihm, als atmete er hier das Leben des ganzen Viertels, und plötzlich hat er angefangen, dieses Viertel der Rue Puits-en-Sock, von der die Rue Surlet nur eine Art Verlängerung ist, die im spitzen Winkel auf sie zuläuft, zu lieben.

Er möchte ebenfalls jeden mit Vornamen kennen und, wie Raoul und seine Kunden, sagen können:

»War es nicht seine Schwägerin – du erinnerst dich, die Kleine, die ein wenig hinkte und so hitzig war –, die mit dem Chorsänger mit den schlechten Zähnen an dem Abend abgehauen ist, als der ›Turm von Nesles‹ gespielt wurde? Ich sehe sie noch in diesem Sessel sitzen, als sie gekommen ist, um sich für ihre erste heilige Kommunion Locken machen zu lassen.«

Roger wünscht sich die Häuser noch schmaler, noch schräger, in schwindelerregenden Winkeln gebaut, mit seltsamen Korridoren, mit geheimnisvollen Ecken und Winkeln versehen, mit Gerüchen, die sich bei jedem Schritt ändern. Er mag die Leute, die ihre Berufskleidung tragen und sich von einer Tür zur anderen etwas zurufen, Leute, die in dem Haus geboren sind, in dem sie wohnen, und die sich seit ewig kennen, die sich, inzwischen alt und Großväter, noch immer zanken wie zu der Zeit, als sie zur Schule gingen oder in der Gemeinde in der Messe dienten.

Camille ist tot. Sie ist im Januar gestorben, in der Nacht von Sonntag auf Montag, gegen Morgen. Einige Stunden vorher, in einer Loge des Kinos Mondain hinter Gouin und seiner Freundin, schob Roger noch seine Hände unter ihre Röcke.

Montagabend, als er nur an die Verabredung für Donnerstag und an die Zeichen dachte, die Camille ihm mit ihrer Taschenlampe geben sollte, um ihn über Sidonies Absichten zu unterrichten, jammerte Élise plötzlich, sich an die unvermeidliche Mademoiselle Rinquet wendend:

»Als ob wir nicht schon genug Kummer hätten, jetzt fangen noch die Seuchen an!«

Es war mitten in der düsteren Zeit, in der Zeit des Carré und des unendlichen Herumwanderns in der Dunkelheit, auf der Jagd nach Gott weiß welch zweifelhaftem Vergnügen, eine Periode, in der für Roger alles düster und beängstigend war. Élise sprach und putzte dabei Steckrüben, Mademoiselle Rinquet hörte zu, finster wie die finstersten Straßen.

»Allein heute gab es in Bressoux drei Fälle von Brechdurchfall, unter anderem ein Mädchen, das gestern Abend gesund und munter nach Hause kam und das man heute Nachmittag beerdigen musste, so schnell setzte die Verwesung ein. Anscheinend folgte ihre Mutter heulend dem Sarg. Sie ist eine arme Frau, die anderen Leuten die Wäsche besorgt.«

Roger, die Nase ins Buch gesteckt, spürte sein Blut gerinnen. »Man hat mir versichert, dass die Ärzte von Brechdurchfall sprechen, um die Bevölkerung nicht zu erschrecken, dass es sich aber um Cholera handelt. Anscheinend gibt es das bei jedem Krieg. Denken Sie an die Tausenden und Abertausenden von Leichen, die tagelang, manchmal wochenlang auf den Schlachtfeldern liegen bleiben, ohne beerdigt zu werden!«

Ihm gelang es, mit tonloser Stimme zu fragen:

»Du weißt nicht, wie sie heißt?«

»Man hat mir ihren Namen heute Morgen bei der Lebensmittelausgabe gesagt, aber ich habe ihn vergessen. Ihre Mutter arbeitet vor allem bei einem deiner ehemaligen Schulkameraden von Saint-André, dem Metzger in der Rue Dorchain. Einer von denen, die sich nicht über den Krieg beklagen, aber ich hoffe sehr, dass diese Leute das zu Unrecht Erworbene eines Tages wieder herausgeben müssen. Wenn man an die vielen kleinen Kinder denkt, die nichts zu essen haben!«

Roger lebte acht Tage lang in Angst und Schrecken, in verhaltener Angst sozusagen, einer unterdrückten Angst. Er ist nicht ins Carré gegangen. Er ist seitdem nicht ein einziges Mal dorthin zurückgekehrt. Er hat Sidonie nicht wiedergesehen. Er lebte allein, nicht wissend, wohin er gehen sollte, verkroch sich Abend für Abend, ganze Sonntage, mit einem Buch in irgendeinem Winkel. Wenn es nötig war, wenn seine

Mutter und Mademoiselle Rinquet gedämpft ihre Klagelieder herunterleierten, stopfte er sich die Finger in die Ohren und fuhr entschieden mit seiner Lektüre fort, er ging, außer zum Collège, nur fort, um seine Bücher in der Rue Saint-Paul und in der Bibliothek von Chiroux umzutauschen.

Er vernachlässigte sein Äußeres, fand an unordentlicher Kleidung Gefallen und fasste ins Auge, sich kahl scheren zu lassen.

»Warum setzt du dich nicht neben das Feuer, Roger? Was willst du wieder oben? Du wirst dir noch eine richtige Rippenfellentzündung holen, wie mein Schwager Hubert, wenn du in einem eiskalten Zimmer sitzt.«

Er schließt sich dennoch dort oben ein, wickelt sich in einen Morgenmantel, den seine Mutter aus einer alten Steppdecke mit rosa Rankenmuster geschneidert hat. Es gibt kein Gas in der ersten Etage. Er zündet eine Kerze an. Ihm ist kalt, seine Finger werden steif, seine Frostbeulen tun ihm weh. Er raucht, durchmisst das Zimmer, betrachtet mit unbegründeter Rührung durch das Fenster die feuchte Dunkelheit des Boulevards, auf dem Schatten vorbeihuschen, und schließlich fängt er mit Tränen in den Augen plötzlich an zu schreiben:

Melancholie des hohen Kirchturms,
So hoch, so allein …

Es ist der Kirchturm von Saint-Nicolas, kalt und hart, den er, als er klein war, ganze Tage lang von der Tür in der Rue de la Loi aus sah. Er möchte ihn beschreiben, starr in der grausamen Unendlichkeit einer Mondnacht, den Kirchturm, den man für schroff vor Hochmut hält und der dennoch voller

Neid, ohne jemals zu ihnen hinuntersteigen zu können, die Dächer der niedrigen Häuser betrachtet, die zu seinen Füßen kauern, all diese Dächer aus Schiefer oder aus Ziegeln, flach oder spitz, schief, wackelig, bestückt mit rauchenden Kaminen, durchbrochen von Luken, aus denen ein bleicher Lichtschein dringt, diese brüderlich aneinandergelehnten Dächer, die noch versuchen, sich oberhalb der Gässchen, wo das Leben vorbeifließt, zu vereinigen und die sich gegenseitig davon abhalten einzustürzen.

Céciles Krankheit hat sich verschlimmert. Sie bleibt von morgens bis abends unbeweglich sitzen, die Füße in einem Emaillebottich, denn ihre geschwollenen Beine sondern unaufhörlich Wasser ab.

Roger hat es sich zur Angewohnheit gemacht, sie zu besuchen. Er geht jeden Tag in die Rue Puits-en-Sock. Er bringt seiner Tante die Bücher, die sie in ihrer Einsamkeit verschlingt, und nach und nach hat ein neues Leben begonnen, Rogers Gang ist langsamer und gemessener geworden, man sieht ihn ohne Ziel und ohne Groll durch die Gassen schlendern, unter dem Durcheinander von Dächern, die der Kirchturm von Saint-Nicolas überragt.

Er antwortete fast im Ernst, als Raoul ihm vorschlug, die Haare à la Titus zu schneiden.

»Warum nicht?«

Kaum, dass er eine schwache Angst verspürte. Er hätte es zugelassen. Jetzt ist er zufrieden mit seinem Künstlerhaarschnitt. Er muss sich die Haare noch viel länger wachsen lassen. Alles oder nichts. Entweder den Schädel prächtig rasiert oder einen unordentlichen Haarschopf, den man mit einer

Kopfbewegung schüttelt und durch den man mit seinen gespreizten Fingern fährt.

»Soll ich Ihnen ein wenig Brillantine ins Haar tun?«

»Nein.«

»Soll ich sie anfeuchten?«

»Nein.«

Er möchte sie so struppig wie möglich. Er bedauert es, nicht in Holzschuhen gekommen, kein Lehrling in einem der mittelalterlichen Läden des Viertels zu sein.

»Danke, Raoul.«

Er ist zufrieden. Er genießt in vollen Zügen den Sonnenstrahl, der in den Spiegeln spielt, alle Bilder, die sich dort wirr durcheinanderdrängeln, sodass man sich kaum wiederfindet und er sich, als er klein war, in den Flächen und Hintergründen der Spiegel ganz und gar nicht zurechtfand; er streichelt den glatten und warmen dicken Pfeifenkopf und betrachtet sich noch ein letztes Mal in dem Spiegel, wobei er versucht, sich das gutmütige Aussehen eines alten Handwerkers aus Outremeuse zu geben.

Es gibt keinen Übergang von dem Laden auf die Straße, dasselbe Leben setzt sich hier fort, gewöhnlich, lärmend und bunt, ein Leben gemäß dem kräftigen Geschmack des Volkes. Seine Nasenflügel blähen sich, die Augen öffnen sich ganz weit, er ist ohne Widerwillen, sogar der Geruch des bläulichen Schmutzwassers im Rinnstein erscheint ihm köstlich.

Er muss nur ein paar Schritte tun, um zu dem Schaufenster des Buchhändlers zu kommen, und zu jeder anderen Zeit hätte der bloße Anblick der Auslage ihm richtige Schmerzen verursacht, es ist beinahe der Gipfel an Schäbigem und Hässlichem. Vermutlich wegen der Nähe zum Flohmarkt nimmt die Rue Surlet das Aussehen eines Trödelmarktes an, wo die überraschendsten Dinge nebeneinanderliegen.

Wie dieses Schaufenster, in dem Unterhaltungsromane zu fünfundsechzig Centime aufgereiht sind, zerlesen, meistens zerfleddert, geschwärzt wie alte Pfeifen, und in dem man direkt daneben elektrische Batterien zwischen preiswerten Schuhen, Zelluloidkämmen und einer grauenhaften Schneiderpuppe sieht.

Auf dem schmutzigen Fußboden des Geschäftes krabbeln immer drei oder vier kleine Knirpse herum, von denen der jüngste seinen Po zeigt und den Roger einmal ruhig neben der Ladentheke auf seinem Topf sitzen gesehen hat. Eine Frau mit farblosen Haaren zeigt sich einen Moment im Türrahmen, die Arme mit Seifenschaum bedeckt.

»Ach! Sie sind es. Ich rufe jemanden zum Bedienen, ja?«

Diese Vertrautheit macht ihm Spaß. Er ist fast stolz darauf, hier wie zu Hause zu sein, um die Theke herumzugehen, in den Regalen herumzustöbern und sich ins Schaufenster zu beugen. Man hört Schritte, Rufen, einen Hagel von Flüchen in der oberen Etage. Das Haus ist voll von lärmenden Kindern und ungehobelten Frauen, die sich durch die Fenster oder durch das Niemandsland des Treppenhauses gegenseitig schikanieren. Es gibt keinen separaten Hauseingang, und all diese Leute gehen durch den Laden. Roger hat hier einmal ein Mädchen mit stark geschminktem Gesicht und wertlosem Tand gesehen, und es war für ihn eine Offenbarung, sie in dem Treppenhaus rufen zu hören:

»Vergiss meine Unterhemden nicht, Ma.«

So wohnen also diese Frauen, denen er ohne Hoffnung im Carré folgt, in Häusern wie diesem hier, sie haben eine Mutter, vielleicht kleine Geschwister, und niemanden stört es, man findet es selbstverständlich, dass sie, wenn es Zeit ist, auf den Strich gehen, wie die Männer in die Werkstatt gehen.

Er blättert in den Büchern, bevor er sich für etwas entscheidet. In der ersten Zeit hat er Cécile die Bücher gebracht, die er gewöhnlich liest und die er in der Gemeindebibliothek oder im Lesesaal ausleiht, in schwarzes Leinen gebunden und moderig riechend. Aber Cécile las sie nie zu Ende.

»Das zerstreut mich nicht, Roger. Ich bin vielleicht dumm, aber ich verstehe nicht, welches Vergnügen man daran finden kann.«

»Was würde Ihnen denn gefallen, Tante?«

Sie hat sozusagen nie gelesen. Sie hatte keine Zeit dazu.

»Ich weiß es nicht. Ich erinnere mich an ein Buch, das man mir vor langer Zeit geliehen hat und das sehr spannend war. Ich glaube, es hieß ›Keusch und verblüht‹. Solche Romane hätte ich gern.«

Er war gerührt. Es ist seltsam festzustellen, wie Cécile, seit ihrer Krankheit, ein kleines Mädchen geworden ist. Sie spricht mit schwacher und monotoner Stimme. Ihre schwarzen Haare fallen auf ihre Schultern und ihren Rücken. Sie kennt ihm gegenüber keine Verlegenheit, es ist schon vorgekommen, dass ihre Bluse sich öffnete und er eine magere, ganz schlaffe Brust sah.

»Ich bin mager, hm?«, sagte sie ohne Scham, als sie seinen Blick auffing.

Für sie hat er diesen Laden in der Rue Surlet entdeckt. Die Buchhändlerin, die kaum lesen kann und die Bücher vor allem nach dem Umschlag erkennt, hat ihm das Vorgehen erklärt. Man muss zunächst den Preis eines neuen Buches zahlen, als

Garantie, dann jedes Mal wenn man es gegen ein anderes austauscht, zwanzig Centime.

Eines Tages hat er zwei Bücher anstatt einem mitgenommen, eins für seine Tante und eins für sich selbst, denn als er die ganze Rocambole-Serie sah, wurde seine Neugier angestachelt. Aus Furcht vor dessen Lächeln wagte er nicht, dieses Buch seinem Vater zu zeigen. Jetzt liest auch Désiré sie alle. Unglücklicherweise bekommt man nie die vollständige Serie.

»Ist Band Nummer sechzehn noch nicht zurückgegeben worden, Madame Pissier?«

»Der mit einem Vampir auf dem Umschlag? Das ist jetzt schon das zehnte Mal in dieser Woche, dass ich danach gefragt werde. Wenn ich wüsste, wer das Schwein ist, der es mitgenommen hat und es seit mehr als einem Monat behält … Hoffentlich ist er nicht in der Zwischenzeit gestorben!«

Für seine Tante sucht er nach Titel und Bild eine sentimentale und sehr traurige Geschichte aus, wie sie sie liebt.

»Ich lege vierzig Centime auf den Ladentisch. Bis morgen, Madame Pissier.«

Er liest mühelos ein Buch pro Tag, manchmal zwei, wenn er nicht ins Collège geht. Er beginnt schon auf der Straße zu lesen und schließt das Buch erst, wenn er bei seinem Großvater in den Hausflur tritt. Er geht über den Hof. Er kommt nicht zu Besuch wie früher. Er ist ein wenig hier zu Hause. Er begrüßt Thérèse, die Schwester von Marcel, die in das Haus gezogen ist, um die Kinder zu beaufsichtigen, und deren Wangen schwindsüchtig rosafarben sind.

»Geht es Tante Cécile besser?«

»Immer noch gleich. Sie hat schon zweimal nach dir gefragt.«

Nie ist er früher weiter ins Haus gegangen als in diese Küche, in der man automatisch verschwand, wobei man an der Ecke vorbeiging, wo Großpapa saß. Jetzt geht er durch die hintere Tür und dringt in das gesamte Geheimnis der Rue Puits-en-Sock ein. Er befindet sich zunächst in einem Hausflur ohne Fenster oder Licht, wo er sich weiter vortastet. Er geht zwei Steinstufen hinunter, seine Hand findet eine Schnur, die einen Mechanismus auslöst, und dann steht er in einer hellen Küche, in der ein süßer Bonbongeruch herrscht.

Auf allen Möbelstücken liegen hier Bonbons, auf dem wachstuchüberzogenen Tisch, auf dem Büfett, auf einer Kommode, auf den Stühlen, denn Roger ist nicht mehr im Hause Mamelin, sondern bei Gruyelle-Marquant, dem Süßwarenhändler von nebenan. Durch das Fenster entdeckt er einen kleinen Hof mit der Werkstatt hinten, die zum Süßwarenladen gehört, und er weiß, dass er, wenn er um die fensterlose Wand herumginge, zu den Demoiselles Kreutz kommen könnte, den alten Jungfern mit den Puppen, und sogar, noch viel weiter, zu der Backstube des Konditors, dessen Geschäft fast am Ende der Straße liegt.

In Wirklichkeit sind dies kleine Gassen aus vergangener Zeit, einer der Namen ist noch in Stein eingraviert. Es hat ein ganzes Netz von Gässchen und Sackgassen bestanden, wo die Handwerker ihre Werkstatt hatten und zu denen es heute keinen Zugang mehr gibt, sodass die Häuser der Rue Puits-en-Sock mit den verschiedenen Fassaden auf ihrer Rückseite noch so etwas wie heimliche Verbindungen haben.

Es macht ihm auch Spaß, mit den Dingen vertraut umzugehen, hier wie zu Hause zu sein, zu rufen, damit niemand gestört wird:

»Ich bin's!«

Er hätte durch das Geschäft gehen können, wo er sich jetzt befindet, aber er zieht den Umweg durch die Kulissen vor. Sein Onkel Marcel ist dabei, hinter einer Ladentheke Rechnungen zu ordnen. Die Verkäuferin, die Pipi genannt wird – er hat nie gewagt zu fragen, warum –, bedient eine Kundin, eine Zwischenhändlerin vom Land, die einen riesigen dunklen Binsenkorb vor sich hingestellt hat.

»Ist Tante oben?«

Als wäre die arme Cécile noch imstande, spazieren zu gehen! Man sagt ihm wieder:

»Sie hat schon zweimal nach dir gefragt.«

Die beiden Häuser bilden nur noch ein einziges. Die Gruyelle-Marquants sind bei den ersten Kriegsgerüchten im Jahr 1914 nach Holland geflüchtet und warten dort auf das Ende der Feindseligkeiten. Das Geschäft ist mehrere Monate hindurch geschlossen geblieben, dann hat Marcel Wasselin auf einem Umweg durch einen Fluchthelfer, wie man sie nennt, einen Brief erhalten, in dem er gefragt wurde, ob er das Geschäft bis zur Rückkehr der Besitzer führen wolle.

Pipi, die schon vor dem Krieg im Haus war, ist zurückgekommen. Sie ist ein kräftiges Mädchen, kurzbeinig und stämmig, mit breitem Hintern und so festem Fleisch, dass man sie nicht kneifen kann. Sie verstehen sich sehr gut, Marcel und sie, denn sie sind von derselben Art. Vor allen Leuten klatscht Wasselin ihr schallend auf den Hintern, oder er greift ihr mit beiden Händen in die Brüste, und hinten in der mit rosa Bonbons vollgestopften Küche legt er sie, zwischen zwei Kunden, ganz einfach auf eine Ecke des Tisches. Roger hat sie überrascht. Sie erschienen mit gutem Grund verlegen, und sein Onkel, der seine Kleidung wieder in Ordnung brachte, zwinkerte ihm nur komplizenhaft zu.

Es ist dasselbe Geschäft, riesig und tief, mit seinen zwei breiten Schaufenstern, das früher so beeindruckend war, vor allem vor Sankt Nikolaus, wenn man sich dort wegen der vielen Leute kaum hindurchschlängeln konnte. Roger sieht noch Monsieur Gruyelle vor sich, immer ein wenig feierlich, mit dem weißen Backenbart, der sein Gesicht, rosa wie die Fondants, umrahmte; die Hände hinter dem Rücken verschränkt, so beaufsichtigte er seine Verkäuferinnen; Roger beschwört wieder die Mädchen von Gruyelle-Marquant herauf, drall und frisch, die ihn küssten und ihm dabei zwei oder drei Bonbons in die Tasche oder in die Hand schoben.

Zurzeit herrscht Marcel Wasselin als Herr im Haus, zusammen mit Pipi, die Regale quellen immer noch über von Süßigkeiten und Schokolade aller Sorten, die Kassenschublade ist mit Geldscheinen vollgestopft, die man irgendwie hineinwirft, Franc und Mark durcheinander, und oben ist Cécile, allein, die Füße in ihrem Bottich, mitten im Schlafzimmer der Gruyelle-Marquants.

Élise hat geseufzt, als man ihr davon erzählte:

»Mein Gott, Désiré, findest du nicht, dass Marcel es sich zu leicht macht? Wenn Monsieur Gruyelle, der so genau ist, das wüsste! Und es ist unvermeidlich, dass er es eines Tages erfahren wird.«

»Das ist seine Sache, nicht wahr?«

»Ich frage mich, wie er ein Geschäft wie seins, ein so seriöses Unternehmen, das mehr als hundert Jahre besteht, einem Marcel anvertrauen konnte. Weißt du, ich lasse mir den Gedanken nicht austreiben, dass er davon profitiert, dass er nicht sehr gewissenhaft ist. Und Pipi wird ihn wohl nicht stören. All dies Geld, das durch ihre Hände geht, ohne Kontrolle!«

Roger wirft einen Blick zur letzten Theke hinten im Laden, die bis zu einer bestimmten Höhe von einem Gitter geschützt wird, denn dort sind in Glasschalen die feinsten Bonbons und Schokoladen ausgestellt.

Wenn er später wieder hinunterkommt und wenn dann, wie es oft der Fall ist, niemand im Geschäft ist, wird er schnell mit dem Arm über das Gitter langen. Er hat schon die genaue Stelle ausgesucht, denn er hat eine Schwäche für die großen, in Goldpapier eingewickelten Schokoladenpralinen, die fünfzig Centime das Stück kosten.

Machen die anderen das etwa nicht? Hat seine Mutter nicht selbst gesagt, dass Marcel und Pipi keine gewissenhaften Leute sind? Hätte sein Onkel denn mit dem, was er als Geschäftsführer verdient und mit dem Hutgeschäft, wo Großvater Mamelin die ganze Arbeit macht, seinen Kindern das zum Nikolaus schenken können, das er ihnen beim letzten Mal geschenkt hat, unter anderem eine menschengroße Puppe, wie man sie nicht in den Geschäften sieht und der sie – Élise war darüber außer sich – die Haare von Tante Madeleine angeheftet hatten, die ihr feierlich abgeschnitten worden waren, als sie in den Orden eintrat?

Nicht wegen der Schokolade kommt Roger. Es ist wirklich wegen seiner Tante. Ihm macht es Spaß, die Wendeltreppe mitten im Laden hinaufzusteigen, die in der Decke verschwindet. Er stößt fröhlich eine Tür auf, die ihm vertraut geworden ist.

»Salut, Tante! Nun?«

Und ein Vergnügen ist es auch, die Rue Puits-en-Sock aus einer ersten Etage zu entdecken, vor allem an einem sonnigen

Morgen. Er versichert sich, dass seine Tante ihre Beine unter der Decke verborgen hat, die auf ihren Knien liegt, denn ihr Anblick verursacht ihm Unbehagen; sie scheint sich dessen nicht bewusst zu sein und zeigt sie jedem, bei jeder Gelegenheit.

»Du hast mir versprochen, frühzeitig zu kommen.«

»Ich bin doch zum Friseur gegangen. Stellen Sie sich vor, Tante, ich wollte mir die Haare kahl scheren lassen, und Raoul hat sich geweigert.«

»Wie dumm du bist, Roger. Wo du doch das Glück hast, so schöne Haare zu haben! Setz dich.«

Er steht zu ihr nicht wie zu einer Tante. Sie ist eine Frau. Sie hat drei Kinder. Sie kennt das Leben, und trotzdem sind sie zusammen, als hätten sie das gleiche Alter, und sie ist sogar, seitdem sie krank ist, kindlicher als er, sie sieht aus wie ein kleines Mädchen, und es ist vorgekommen, dass Roger sie aus Versehen geduzt hat.

»Wie geht es Ihnen heute?«

»Es ist immer das Gleiche. Der Doktor versichert, dass es mir besser gehen wird, wenn der Sommer kommt, aber ich frage mich, ob er etwas davon versteht. Nachts bekomme ich es am Herzen. Ich habe es ihm gesagt, und er behauptet, dass ich mir unnütze Sorgen mache. Als ob Maman nicht an einer Herzkrankheit gestorben wäre, sie, die sich nie über ihr Leben beklagt hat!«

»Der Doktor hat recht, Tante. Sie denken zu viel.«

»Was hast du mir Schönes zu lesen mitgebracht? Ist Thérèse bei uns? Sind die Kinder nicht zu wild? Wie müssen sie die Arme ermüden, wo sie auch nicht mehr ganz gesund ist! Nicht davon zu reden, dass sie nicht weiß, wie sie mit ihnen umgehen muss. Ich wage ihr nichts zu sagen, weil sie Marcels Schwester ist und weil sie tut, was sie kann. Ich dagegen, wenn sie mich besuchen kommen und zehn Minuten hier sind, fühle ich mich müde. Schau, jetzt auch, nur vom Reden …«

»Sprechen Sie nicht, Tante. Sie wissen doch, dass man sich bei mir keinen Zwang anzutun braucht.«

»Ist es wahr, dass von den Höhen wieder das Geschütz zu hören ist?«

»Man sagt es. Das hängt vom Wind ab.«

»Wenn wenigstens der Krieg aufhören könnte! Es scheint mir, dass ich in der Lage wäre aufzustehen. Möchtest du keine Weintraube essen? Doch! Mach mir die Freude und iss ein paar Trauben. Jeder bringt mir welche mit, und ich weiß nicht, was ich damit machen soll. Pipi isst sie, jedes Mal wenn sie heraufkommt.«

Roger hat Angst, seinen Widerwillen vor diesen dicken Weintrauben aus dem Treibhaus zu zeigen, die in dem Zimmer der Kranken gelegen haben und die Cécile mit ihren feuchten Händen angefasst hat, vielleicht nachdem sie ihre Beine gestreichelt hat, wie sie es oft mit einer gedankenlosen Bewegung macht. Die Porträts von Monsieur und Madame Gruyelle-Marquant blicken sie an. Gegenüber in den schmalen Häusern sieht man Leute hinter den Fenstern hin und her gehen, Cécile kennt das Leben, das sich im Inneren der Häuser Stunde für Stunde abspielt, sie muss nur ihren mageren Arm ausstrecken, um die Scheibengardinen zur Seite zu schieben, und die anderen beobachten sie wohl ihrerseits, wie sie die anderen beobachtet. Hat dieses enge Zusammenleben nicht etwas Beruhigendes an sich? Die Gesichter werden vertraut, das Leben dehnt sich aus.

»Wohin schaust du, Roger?«

Er fährt zusammen, sie bemerkt es und schaut ihrerseits zu einem der Fenster, lächelt ein Lächeln, das frei ist von Ironie. Über dem Lebensmittelladen, links neben dem Bäcker, wohnt eine Schneiderin, die soeben mit ihrem Haushalt fertig ist, wie jeden Morgen um diese Uhrzeit, und die in aller Ruhe ihre Toilette erledigt. Sie ist im Unterrock. Ihre grell weiße Bluse, die von winzigen Festons verziert ist, lässt rundliche Schultern sehen; ihre muskulösen Arme, die sie hochhält, während sie ihren Knoten richtet, lassen ihre Brust sich wölben, und sie schiebt ihre Lippen, zwischen denen man die Haarnadeln undeutlich erkennt, zu einem Schmollmund vor.

»Hast du noch keine Freundin?«

Er antwortet nicht sofort, ziert sich.

»Du kannst mir alles erzählen, komm. Ich werde es schon nicht deiner Mutter sagen.«

»Vor allem, weil meine Mutter Einkehrtage macht, damit ich rein bleibe bis zu meiner Hochzeit, wie sie sagt. Sie erzählt es allen. Neulich sagte sie es diesem alten Drachen von Mademoiselle Rinquet, die mich hasst und die Vater beinahe genauso hasst wie mich.«

»Möchtest du nicht, dass die Gebete erhört werden?«

Er senkt den Kopf und errötet, geplagt von schwierigen Gefühlen. Trotz allem ist sie seine Tante; aber eben weil es seine Tante ist, verspürt er mehr Lust, mit ihr über diese Dinge zu sprechen als zum Beispiel mit einem Schulkameraden vom Collège. Sie ist eine Frau, und er hat Vertrauen zu ihr. Er ist davon überzeugt, dass sie sein Geheimnis hüten wird.

»Antwortest du nicht?«

Er begnügt sich mit einem geheimnisvollen Lächeln.

»Soll das heißen, dass es bereits geschehen ist? Sag, Roger!«

Er nickt zur Bestätigung mit den Augenlidern.

»Ist es lange her?«

»Ja.«

»Im letzten Jahr?«

»Nein.«

»Noch länger?«

»Vor drei Jahren, in Embourg.«

»Aber hör mal, Roger, du warst erst zwölfeinhalb Jahre! Das ist nicht möglich.«

»Ich schwöre es.«

»Mein Gott! Und deine Mutter, die für dich betet …«

Er bereut schon, davon gesprochen zu haben, denn Cécile ist in Träumerei gefallen. Als sie auf Élise anspielt, könnte man meinen, sie bedauere sie.

»Und jetzt?«

»Das hängt davon ab.«

Er kann ihr nicht die Wahrheit sagen. Diese Wahrheit kann er niemandem gestehen, nicht einmal seinen Freunden, nicht einmal denen, die es ebenso machen.

»Bist du wenigstens vorsichtig, Roger?«

»Aber ja, Tante.«

Das ist nicht wahr. Er ist überhaupt nicht vorsichtig gewesen. Er weiß nicht einmal genau, was das bedeutet. Nach dem Sonntag im Mondain hat ein Wunsch ihn verfolgt wie eine fixe Idee, und wenn er sich auf dem Heimweg vom Collège weiterhin durch die kleinen Straßen geschlängelt hat, dann nicht deshalb, um Zeit zu gewinnen, im Gegenteil, er macht lange Umwege, um mit klopfendem Herzen durch diese Gässchen zu gehen, wo man hinter den Gardinen in jedem Haus eine Frau im Hemd sieht, die strickt oder häkelt.

Er wusste, dass diese Frauen, die ihn in der Dunkelheit für einen Mann hielten, gegen die Scheibe klopften, wenn er vorbeiging, und ein Lächeln oder eine obszöne Geste andeuteten. Aber er war unfähig, sich umzudrehen, um sie anzusehen, der üble Geruch dieser Straßen klebte ihm am Körper und begleitete ihn lange, während er überstürzt die Flucht ergriff, ohne seine Erregung dämpfen zu können.

Eines Abends entdeckte er eine weniger abstoßende Straße in der Nähe der Passerelle, eine scheinbar so anständige Straße wie die Rue de la Loi oder die Rue Pasteur, saubere, gut gebaute Häuser, Frauen, die ihm bürgerlich erschienen, auch wenn sie genauso hinter ihrer Spitzengardine auf der Lauer lagen.

Er wagte nicht, sich bei irgendjemandem nach dem Preis zu erkundigen, den er zu zahlen hätte. Eines Abends, als er zwei Mark in der Tasche hatte, stolperte er irgendwo hinein, mit müden Beinen, da er mindestens zehnmal um den Häuserblock gegangen war. Zwischen den Quais hörte er ganz nah die Maas fließen, und die Planken der Passerelle knallten unter den Schritten.

Eine Hand schloss hinter ihm die Tür ab, ein dichter Vorhang wurde über die durchsichtige Gardine gezogen.

»Möchtest du etwas trinken?«

Er bedeutete ein Nein. Unter einer schmerzhaften Anstrengung gelang es ihm hervorzubringen, wobei ihm die Ohren so dröhnten, dass er seine eigene Stimme nicht wiedererkannte:

»Ich habe nur zwei Mark. Reicht das?«

»Lass sehen.«

Sie schob die zwei Mark in ihren schwarzen Strumpf, öffnete eine Tür, schüttete Wasser in eine Steingutschüssel neben einem großen Bett mit einer Tagesdecke wie die in den Zimmern der Untermieter, genau dieselbe wie früher in dem Zimmer von Monsieur Saft.

»Komm und wasch dich. Was hast du? Komm doch.«

Dann sah sie ihn an und verstand.

»Ach! Deshalb ...«

Sie glaubte, dass es das erste Mal sei, was auch fast stimmte.

»Hab keine Angst. Komm.«

Fünf Minuten später kam er wieder aus dem Haus und eilte zum Quai, wo er mit großen Schritten fortging, das Bedürfnis, so schnell wie möglich zu laufen, unterdrückend. Trotzdem wird er wieder dorthin gehen. Schon zwei- oder dreimal ist er seitdem in der Straße herumgeschlendert, die Frau hat ihm ein Zeichen gemacht, vielleicht hat sie ihn wiedererkannt, aber es ist nicht mehr vorgekommen, dass er zwei Mark in der Tasche hatte, und eines Abends – an einem Montag, er erinnert sich daran – war sein Verlangen so quälend, dass er beinahe hingegangen wäre und seine Uhr stammelnd hingehalten hätte.

»Ich habe kein Geld bei mir, aber ich gebe Ihnen meine Uhr.«

Er hat es nicht gewagt.

»Sie sind komisch, die Jungen«, murmelt Cécile, die ihn aufmerksam beobachtet.

Und sie gesteht wie einem Erwachsenen, als wäre Roger nicht ihr Neffe:

»Mir hat das nie Spaß gemacht. Dennoch habe ich drei Kinder. Arme Élise! Wenn ich an ihre Einkehrtage denke ... Übrigens, ich hätte fast vergessen, dir das Geld für mein Buch zu geben. Nimm mein Portemonnaie vom Tisch, ja?«

Sie gibt ihm die zwanzig Centime für die Leihgebühr. Dann gibt sie ihm ein Fünfzig-Centime-Stück.

»Nimm, kauf dir Tabak dafür.«

»Aber nein, Tante. Danke.«

»Nimm es, also bitte. Ich weiß, dass der Tabak teuer ist. Papa wagt kaum, seine Pfeife zu rauchen, und lässt sie alle Augenblicke ausgehen, damit er länger etwas davon hat.«

Er nimmt es wider Willen an, um sie nicht zu kränken, denn er möchte nicht, dass zwischen Cécile und ihm Gelddinge eine Rolle spielen.

»Wie ist sie, deine jetzige Freundin? Denn ich nehme doch an, dass du wieder eine hast! Aber sag mal, wie lernst du sie kennen? Triffst du sie auf der Straße?«

»Ja.«

»Und du sprichst sie an, so mir nichts, dir nichts?«

Obwohl er nie gewagt hat, es zu tun, sagt er ja.

»Und sie hören dir zu? Das ist es, was ich nicht verstehen kann, dass junge Mädchen sich von einem Mann anreden lassen, den sie überhaupt nicht kennen ...«

Sie hat »ein Mann« gesagt, und er verspürt das Bedürfnis zu bekräftigen:

»Sie sind sogar sehr froh.«

»Und sie lassen sich alles gefallen?«

»Nicht alle. Die meisten.«

»Am selben Tag?«

»Das kommt darauf an.«

»Wenn ich daran denke, dass ich so lange gelebt habe, ohne all das zu ahnen! Deine Mutter auch, wette ich, wie ich sie kenne. Pass trotzdem auf, Roger.«

»Aber ja, Tante.«

»Du verstehst, was ich damit meine?«

Sie spielt auf die Krankheiten an, die man sich holen kann.

»Ja, ich weiß.«

»Gehst du schon?«

»Ich habe meiner Mutter versprochen, das Brot bei der Lebensmittelausgabe zu holen.«

»Muss man immer noch so lange anstehen? Ich weiß nichts mehr von dem, was sich draußen abspielt.«

»Man wartet eine gute Stunde, manchmal länger. Ich nehme immer ein Buch mit. Auf Wiedersehen, Tante. Bis morgen. Wenn der Roman Ihnen nicht gefällt, hole ich einen anderen.«

Er fühlt undeutlich, dass dies ein wichtiger Morgen ist, aber er weiß noch nicht, warum. Er schenkt den Einzelheiten mehr Aufmerksamkeit, als spürte er, dass er später das Bedürfnis haben wird, sie sich wieder ins Gedächtnis zu rufen.

Der Sessel, in dem Cécile sitzt, ist der Sessel von Großpapa, der von den Mamelins herübergebracht worden ist. Die Tapete an den Wänden ist von einem verblichenen Blau. In der Mitte jeder Scheibengardine ist ein Storch eingehäkelt. Den alten Boden hat man mit rötlicher Farbe angestrichen und hinterher gebohnert, drei kleine graue Teppiche liegen darauf. Der Bäcker steht gegenüber vor seiner Tür, voller Mehlstaub, die Hände in die Hüften gestemmt, Sonnenschein in seinen Haaren, und Roger wartet darauf, dass er wieder in seinen Laden geht, denn er hat die Schokoladenpralinen nicht vergessen, die er im Vorbeigehen stibitzen will, und er fürchtet, über die Straße hinweg gesehen zu werden.

Die Ladenklingel hat lange nicht geläutet. Er hat also gute Aussichten, unten niemanden anzutreffen. Es ist die Zeit, in der Marcel wohl in der Küche beschäftigt ist.

»Also abgemacht. Bis morgen, Tante.«

»Bis morgen, Roger. Komm nicht zu spät. Wenn du wüsstest, wie ich mich langweile, ganz allein! Übrigens, sag Thérèse im Vorbeigehen, dass sie mir eine Bouillon heraufbringen soll. Sie soll aufpassen, wenn sie die Kinder allein in der Küche lässt, dass nichts auf dem Herd steht, was sie umwerfen könnten. Das macht mir immer solche Angst!«

So! Die Tür ist geschlossen. Er geht die Treppe hinunter, versucht so wenig Lärm wie möglich zu machen, erspäht nach und nach die ganze Breite des Geschäftes. Der Bäcker von gegenüber ist wohl wieder zu seinem Backofen zurückgekehrt, die Passanten kümmern sich nicht um Roger, dieser geht hinüber zu dem Gitter mit den Schokoladenpralinen, als sein Blick auf die halb offene Schublade fällt, die mit ungeordneten Geldscheinen vollgestopft ist.

Es ist erst viel zu wenig Zeit vergangen, dass er sich das undeutliche Bild eines gewissen Fensters und einer Gardine, die von einer Hand beiseitegeschoben wird, ins Gedächtnis gerufen hat, von einer Frau, die wartet, dieses Bild schießt ihm durch den Kopf, eine quälende Hitze erfüllt ihn, er macht schnell ein paar Schritte, beugt sich über den Ladentisch und versinkt mit einer Hand in den Geldscheinen, die er sofort ganz tief unten in seiner Tasche verbirgt.

Ganz rot, mit glänzenden Augen, begibt er sich in die Küche mit den Bonbons, fährt auf, denn Pipi sitzt da, unbeweglich und schweigend, er bleibt einen Moment dort stehen, um sich wieder zu fangen, ohne gleich zu begreifen, dass sie ihm den Rücken zuwendet und dass sie vom Schreiben des Briefes, bei dem sie stockt, viel zu sehr in Anspruch genommen ist, als dass sie irgendetwas gemerkt haben könnte.

Sie hat kaum von seiner Gegenwart Notiz genommen, sie schaut ihn an, ohne ihn zu sehen, murmelt mit abwesender Stimme:

»Sie gehen?«

»Ich muss das Brot bei der Lebensmittelausgabe abholen.«

Warum bleibt er noch in der Küche, wo er nichts zu tun hat?

»Ich gehe. Ja, es ist Zeit.«

»Braucht Ihre Tante nichts?«

»Nein. Doch! Ich soll Thérèse etwas bestellen.«

Endlich ist es ihm gelungen, sich loszureißen, er geht auf die Mamelin'sche Seite, wo das Wasser in dem Kessel singt und wo die Kinder auf dem Boden herumkrabbeln. Wenn Cécile sie sähe!

»Tante bittet darum, dass ihr die Bouillon hinaufgebracht wird.«

Er nimmt die Erinnerung an die farbigen Flecken mit, die die Sonne überallhin setzt, nachdem sie durch die bemalten Scheiben geschienen hat, an die fleißige Gestalt seines Großvaters, den er vom Hof aus in dem hinteren Teil des Ladens über Formen aus Filz gebeugt sieht. Er bringt es nicht über sich, zu ihm zu gehen und ihn zu küssen. Er läuft, weicht plötzlich einer Straßenbahn aus, die er nicht hat kommen hören, und stößt mit Marcel Wasselin zusammen, der aus dem Café an der Ecke kommt und sich über den Schnurrbart wischt. Er sagt kopflos:

»Ich bin zu spät dran.«

Er hat den Eindruck, dass sein Onkel sich nach ihm umblickt, er geht immer weiter, vom Schwindel ergriffen, erst hinter dem Pont d'Amercœur, hundert Meter von der Schule entfernt, wo das Brot verteilt wird, bleibt er endlich stehen, mit zitternden Knien, zieht aus seiner Tasche eine Hand, die sich seit dem Laden von Gruyelle-Marquant um die vom Schweiß aufgeweichten Geldscheine krampft.

Es sind drei Scheine, zwei kleine Banknoten von einer Mark, wie er es beabsichtigt hatte, aber auch ein großer Schein von fünfzig Mark, den er mit Schrecken betrachtet, nicht weiß, wohin er ihn tun, wo er ihn verstecken soll, und die Erinnerung daran quält ihn unaufhörlich, während er zwischen den Hausfrauen in der Schlange steht und vergeblich versucht, sich für Rocambole zu interessieren.

Lange geht er an diesem Tag im Haus umher, als suchte er einen Gegenstand, den er nicht finden kann. Um vier Uhr schließlich geht Élise im Viertel Gemüse kaufen, die unvermeidliche Mademoiselle Rinquet bleibt wie eine bösartige schwarze Spinne in der Küche sitzen, er schließt sich in seinem Zimmer ein, steigt auf einen Stuhl, zieht eine der gedrechselten Holzkugeln zurück, die die Ecken seines Kleiderschrankes verzieren.

Diese Kugeln sitzen auf Bolzen, und um einen dieser Bolzen wickelt Roger sorgfältig seinen Geldschein, bevor er die Kugel samt Bolzen in das entsprechende Loch zurückschiebt.

Das ist geschafft. Er atmet auf. Er schwört sich, ihn nie anzufassen. Vielleicht macht er nicht einmal von den zwei Mark-Scheinen Gebrauch, die er, fein säuberlich gefaltet, unten in seinem Tabaksbeutel versteckt hat. Ja, er gelobt sich, sie nicht zu gebrauchen, sie einem Armen zu geben zum Beispiel, aber er ist noch nicht sicher, dass er es tut.

Er geht hinunter, zieht seine Holzschuhe an und verlässt das Haus, die Hände in den Taschen, ohne die Küche zu betreten, wo die alte Hexe wie angewurzelt sitzt. Er weiß nicht, wohin. Er schlägt die Richtung Bressoux ein, quer durch ein Armeleuteviertel, an ärmlichen Häusern entlang. Kinder spielen vor den Haustüren und auf den Gehsteigen, Kippkarren scheinen das Pflaster mit ihren Rädern zu zermahlen, es ist schmutzig, alles ist düster, die Sonne geht schon unter, große, weiße Wolken ziehen langsam herauf und werden schließlich den Himmel bedecken; das Gras entlang der unbebauten Flächen ist von einem blassen Grün, eine Ziege weidet, an einem Zaun angebunden, und unterbricht sich manchmal, um zu meckern; eine Frau ruft nach ihrem Sohn; man sieht Schuppen, Ställe, Werkstätten, in denen gehämmert wird; Hühner und Hähne picken auf dem Hof; es ist ein Viertel des Übergangs von der Stadt aufs Land; vielleicht wird Roger so, mit seinem schweren und langsamen Schritt, die Hände in den Taschen, zur Abendandacht in die Krypta von Bouhay gehen, wo die Pères eine Grotte nach dem Vorbild von Lourdes gebaut haben.

Er stopft mit dem Finger die Asche in der Pfeife fest, spuckt aus wie die Leute aus dem Volk, schlurft mit den Holzschuhen wie sie, und er betrachtet mit Abscheu die freudlose Welt unter dem blasser werdenden Himmel, die ihn umgibt und die sein Inneres widerspiegelt.

5

Es dauert keine halbe Minute mehr, bis die Glocke halb zehn läutet und damit das Zeichen zum Stundenwechsel gibt. Die Ziegelsteine in dem riesigen Hof sind heute Morgen in der Sonne von einem zarten Rosa; der Pedell bewegt schon mit erhobenem Arm die Kette hin und her, an der er gleich ruckweise ziehen wird. Roger sieht ihn und klappt, ohne es zu wollen, seine »Deutsche Grammatik« mit einer so harten Bewegung zu, dass es in der Klasse ein knallendes Geräusch macht.

Darauf, ohne eine Sekunde Übergang, als lauerte er seit langem auf diese Gelegenheit, lässt der Deutschlehrer den angefangenen Satz unvollendet und sagt:

»Monsieur Mamelin, Sie werden zweimal die trennbaren und untrennbaren Verben für mich konjugieren.«

Die Schüler drehen sich zu Roger um, der lächelnd im Sonnenschein dasitzt. So sieht jeder seinen neuen Anzug, und Neef der Bauer bemüht sich, seiner Bewunderung durch ungeschickte, ausholende Bewegungen Ausdruck zu verleihen, was ihm teuer zu stehen kommen könnte.

»Was sagen Sie, Monsieur Mamelin?«

»Ich sage nichts, Monsieur.«

»Wenn das so ist …«

Die Glocke beginnt zu läuten und löst in allen Klassen ein vertrautes Getöse aus, Türen öffnen sich, die Lehrer gehen von einer Klasse in die andere. Die Luft riecht nach Frühling. Man ist übervoll vom Frühling. Man trägt seinen Duft mit sich, in sich. Und in dieser berauschenden Atmosphäre sammelt der Lehrer, indem er weiterspricht, wie durch die erworbene Kraft mit den Bewegungen eines Automaten seine Bücher und Hefte zusammen, rollt wütend mit den Augen, nimmt seinen Melonenhut vom Haken, den er – Roger wartet auf diese rituelle Geste – mit der Rückseite eines Ärmels abwischen wird, bevor er ihn sich vorn auf den Kopf setzt.

»… werden Sie sie mir viermal konjugieren.«

Er ist kein Jesuitenpater. Er ist ein Laie. Er ist ein armseliger Mensch, ein so armseliger Mensch, dass er das Bedürfnis verspürt, den wilden Mann zu spielen, um sich etwas vorzutäuschen. Mamelin ist der Einzige, der es verstanden hat. Er hat ihn nie außerhalb des Collège getroffen, aber er ist sicher, dass er in einem zu engen Haus wohnt, eines in der Art wie in der Rue de la Loi, dass er eine Frau hat, die an den Waschtagen über ihren Rücken klagt und die von der Angst gequält wird, dass sie ohne Mittel und ohne Pension Witwe werden könnte.

Da er einen komplizierten Namen hat, hat Roger ihn J. P. G. getauft, denn er unterzeichnet die Aufsätze, die er mit roter Tinte korrigiert, mit diesen Initialen. Nur die von Mamelin nicht, bei denen macht er sich nicht einmal die Mühe, sie zu lesen, und begnügt sich damit, ein rachsüchtiges Kreuz quer über die Seiten zu malen.

Wie viel können die Jesuiten ihm bezahlen? Kaum mehr wahrscheinlich, als Monsieur Monnoyeur Désiré gibt. Er fühlt sich nie wohl in dem großen Collège in der Rue Saint-Gilles, er muss den Eindruck haben, ein verächtliches Murmeln zu hören, wenn er durchs Haus geht (aus diesem Grund hat er sich einen so strammen Gang angewöhnt).

»Das ist J. P. G., ein armer Kerl von einem Deutschlehrer, der vor Hunger umkam, bevor ihn die Pères geholt haben!«

Er kleidet sich ganz in Schwarz, ohne einen Farbtupfer, mit einem zu hohen Kragen, der ihn daran hindert, den Kopf zur Seite zu wenden. Er sieht immer aus, als käme er von einer Hochzeit oder von einer Beerdigung, mehr von einer Beerdigung. Er wichst seinen schwarzen Schnurrbart und zwirbelt ihn wild zu zwei steifen Spitzen nach oben, rollt grimmig seine großen dunklen Kulleraugen in seinem wächsernen Gesicht.

Alle Schüler haben Angst vor ihm, außer Roger, der ihn nicht ernst nimmt, der sich über seine ruckartigen automatenhaften Bewegungen lustig macht und der, gleichgültig gegenüber der Unterrichtsstunde, sich lächelnd seinen Gedanken hingibt.

Man glaubt, dass sie sich hassen, der Lehrer und er. Im Allgemeinen ein guter Schüler, der beste in bestimmten Fächern, wie im französischen Aufsatz, ist Roger der schlechteste in Deutsch und dermaßen weit hinter den anderen zurück, dass er sich nicht mehr die Mühe des Lernens macht. Er beschäftigt sich nur noch mit dem Verhalten von J. P. G., den er beobachtet, wie er einen Mistkäfer beobachten würde.

Der Lehrer hat das bemerkt und leidet darunter, wenn er die Tür zur Klasse öffnet und diese Neugier, die er für spöttisch hält, spürt. Er errötet nicht, weil er kein Blut unter der Haut hat, aber er wird verlegen und lässt einen strengen Blick über die Schüler schweifen, ohne zu wagen, ihn auf Mamelin ruhen zu lassen.

»Es ist immer noch abgemacht«, wiederholt er oft eigens für ihn, »dass diejenigen, die sich für den Unterricht nicht interessieren, auch mich nicht interessieren. Ich bitte Sie nur, sich weiterhin anständig zu benehmen, was das Mindeste ist, das ich von Ihnen verlangen kann.«

Ist es möglich, dass er fühlt, dass Roger alles entdeckt hat, die feinen Risse in seinen Schuhen, die er mit Tinte schwarz färbt, die ausgefransten Kanten seiner Ärmel, all diese beschämenden Kleinigkeiten, die der Junge so gut kennt, und auch den Schrecken, den diese eleganten und wohlgenährten jungen Leute dem Lehrer einflößen, deren Eltern einflussreiche Leute sind und veranlassen könnten, dass er seine Stellung verliert?

Die beiden, der Lehrer wie der Schüler, sind die Einzigen in das Klasse, die demselben Milieu angehören, die darunter leiden, und anstatt Mitleid miteinander zu haben, befehden sie sich, als wären sie wütend, bei dem anderen ihr Ebenbild wiederzufinden, sie haben sich vom ersten Kontakt an nicht ausstehen können, und sie liefern sich einen erbitterten Kampf.

Wer weiß? Vielleicht ist es zum Teil wegen J.P.G., dass Roger sich immer weniger für die Schule interessiert? Als schlechtester Schüler in Deutsch hat er sich an diese Art Schande gewöhnt, der Titel des schlechten Schülers beeindruckt ihn nicht mehr, in den letzten Monaten machte er nicht die geringste Anstrengung, sich die Trigonometrie anzueignen, und er begnügt sich damit, seine Algebrahausaufgaben von einem Nachbarn abzuschreiben.

Was gehen ihn die Verben an, die er viermal konjugieren muss? Er hat Geld in der Tasche. Er muss nur mittags, wenn er aus dem Collège kommt, in ein Papierwarengeschäft in der Rue Saint-Gilles gehen, und ein jämmerlicher Familienvater wird ihm seine Verben für fünf oder sechs Franc schreiben.

Père Renchon ist jetzt in die Klasse gekommen, klein und sanft, mit roten Haaren und pockennarbigem Gesicht. Seine blauvioletten Augen werden sich alsbald auf Roger heften, dieser weiß es und ist voller Ungeduld, er hat Angst vor dem ersten Blick des Jesuitenpaters, so wie J. P. G. Angst vor seinem hat, er wünschte, dass dieser Kontakt schon stattgefunden hätte, um es hinter sich zu haben.

Dieser erste Donnerstag nach den Osterferien ist kein gewöhnlicher Tag. Der Schulanfang war für alle am Montag, auch dem Anschein nach für Roger, aber für ihn war es nicht der richtige Schulanfang, er hat sich bemüht, unbemerkt umherzugehen; diese Tage des Wartens zählten nicht, er hätte sie gerne unsichtbar verlebt, bis zu diesem Donnerstagmorgen, an dem er endlich hocherhobenen Hauptes ins Collège kam, sich vergeblich bemühend, das stolze Zittern seiner Lippen zu unterdrücken.

Die Schüler haben so getan, als bemerkten sie diese Verwandlung nicht, die in ihm vorgegangen ist, haben ihn verstohlen angesehen und sich dann in ihre Hefte vertieft, aber ein Neef (Neef der Bauer natürlich) hat sich nicht täuschen lassen und sich bemüht, sich durch Gesten und begeistertes Mienenspiel Mamelin verständlich zu machen.

J. P. G. ist auch zusammengezuckt. Er hat wohl nichts von dem Wunder begriffen, denn es ist nicht nur der Anzug, der sich geändert hat. Von einem Tag auf den anderen hat Mamelin sich verwandelt, ist in den kleinsten Kleinigkeiten seiner Kleidung den anderen ähnlich geworden, oder vielmehr, er steht ein wenig über den anderen, ist von einer noch stärker betonten Eleganz, sodass es unmöglich ist, es nicht zu bemerken.

Zum ersten Mal trägt er, ganz wie die älteren Schüler, lange Hosen. Sein Anzug ist beige, ein zartes Beige; man merkt, dass er aus anschmiegsamer, weicher englischer Wolle ist. Seine gelben Schuhe sind blendend hell, dünn und spitz, mit Absätzen, die trocken aufs Pflaster hämmern. Er trägt eine grob gestrickte rote Seidenkrawatte, und ein makelloses Taschentuch mit seinem Monogramm ragt aus seiner Brusttasche. Die sauber gescheitelten Haare glänzen von Brillantine, und man würde schwören – ohne sich übrigens zu täuschen –, dass er seine Fingernägel mit rosa Nagellack lackiert hat.

Warum hat J. P. G., während sogar die Sonne einem verwandelten Mamelin zulächelt, andeutungsweise verächtlich die Mundwinkel heruntergezogen, womit er Abscheu ausdrücken wollte? Um sich für dieses Gesicht zu rächen, hat Roger während der ganzen Stunde den Lehrer mit einem herausfordernden Blick angestarrt, der beharrlich auf den Zelluloidmanschetten hängen blieb, auf den ausgefransten Kanten der Ärmel, auf den schief gelaufenen Schuhen.

Er erwartete den Gegenschlag, er wusste, dass er kommen würde, und wäre enttäuscht gewesen, wenn J. P. G. den Vorwand einer wenige Sekunden vor dem Glockenschlag, der in der Luft lag, zugeklappten Grammatik unbeachtet gelassen und seinen Groll nicht schließlich entladen hätte.

Monsieur Mamelin, Sie werden zweimal die trennbaren und untrennbaren Verben für mich konjugieren.

Allein die Art und Weise, das »Monsieur« auszusprechen und dieses Wort mit plumpem Spott zu betonen, roch nach Rache!

Père Renchon seinerseits wird nicht geringschätzig sein, denn er mag Roger gern. Wenn der eine kein Jesuitenpater von zweiunddreißig Jahren und der andere kein Schüler von fünfzehneinhalb Jahren wäre, wären sie sicher Freunde. Ja, Père Renchon hätte der Freund sein können, den Roger nie gehabt hat, den er wahrscheinlich nie haben wird. Es kommt vor, dass ihre Blicke sich während des Unterrichts suchen, einen Moment lang aufeinander ruhen, als suchten sie beide einen Austausch, der unmöglich ist.

»Wenn Sie damit einverstanden sind, wollen wir fortfahren, den Einfluss von Lamartine und Victor Hugo auf die romantische Bewegung zu untersuchen.«

Père Renchon wird sich ihm zuwenden, das ist unvermeidlich. Denn die Literaturstunden sind meistens eine Art Streitgespräch zwischen dem Lehrer und Mamelin. Lamartine und Hugo haben als Vorwand für eine hitzige Diskussion gedient, wobei der Père für die Eleganz und die Reinheit des Ersteren sprach, Mamelin für die leidenschaftliche Kraft des Letzteren. Jeder bereitet am Tag vor dem Unterricht seine Argumente vor, putzt die Waffen, die er schwingen wird.

Aber jetzt erwartet Roger angstvoll diesen Blick, der ihn endlich quer durch die Klasse erreicht. Er möchte sich abwenden, er kann nicht, er hebt den Kopf, er würde viel darum geben, vielleicht sogar seine gelben Schuhe, die er mit so viel Mühe erstanden hat, wenn das, was er fürchtet, sich nicht ereignete.

Es ereignet sich, fast genauso, wie er es vorhergesehen hat. Zunächst ist es ein belustigtes Lächeln, mehr eine verstohlene Heiterkeit, die beim Anblick des neuen Mamelin in die hellen Pupillen des Jesuitenpaters steigt. Hat Roger seine Haare tatsächlich zu platt an den Kopf gedrückt, wie seine Mutter behauptet hat? Kann man aus solch einer Entfernung bemerken, dass er eine Idee Reispuder auf seine Wangen gelegt hat? Ein Schatten folgt dem Lächeln, Père Renchon wird nachdenklich, er ist traurig, nein, vielmehr entmutigt. Es ist schon vorbei. Niemand außer Roger hat es bemerkt, aber man könnte meinen, dass er, als er das Buch vor sich aufschlägt, weiß, dass seine Stimme heute kein Echo finden wird.

»Sagen Sie uns doch bitte, Monsieur Chabot, was Sie von der Schlacht um Hernani denken.«

Das ist keine Beleidigung, das ist keine Ansichtssache, das ist schlimmer. Chabot der Diplomat, wie Roger ihn nennt, ein großer, vornehmer Junge mit feinen Gesichtszügen, mit ausgesuchter Höflichkeit, ist der einzige Schüler der Tertia, den man im Literaturunterricht Mamelin gegenüberstellen kann. Es ist übrigens der glänzendste Schüler der Klasse, und er spielt diese Rolle mit eleganter Zurückhaltung, schüchtern scheint er sich für seine Erfolge zu entschuldigen, die er lässig einheimst.

Warum hat sich Père Renchon an Rogers Rivalen gewandt, wo es doch an ihm ist, über Victor Hugo und vor allem über die turbulente Schlacht um Hernani zu sprechen? Chabot, der nicht darauf gefasst war, errötet, dreht sich zu Mamelin um, als wollte er sich entschuldigen, sucht nach Ideen und Worten.

Nun! Das ist besser so. Übrigens hat Roger nichts vorbereitet: Anstatt seine Osterferien zu benutzen, um die Romantiker zu lesen, hat er die ganze Rocambole-Serie verschlungen. Er hört nicht zu, was sein Schulkamerad sagt. Ein herausforderndes Lächeln auf den Lippen, denkt er offensichtlich an etwas anderes, betrachtet durch das Fenster, das zum ersten Mal im Jahr geöffnet ist, eine Frau, die in einem weit entfernten Zimmer Kinderwindeln bügelt.

Diese Frau aus dem Volk erinnert ihn an die Schneiderin, die in der Rue Puits-en-Sock gegenüber von Gruyelle-Marquant ihre Toilette machte, und an Tante Cécile mit ihren Füßen in einer Emailleschüssel. In ihm steigen abgestandene Bilder auf, beschämend, abstoßend, er erinnert sich an einen Mamelin in Holzschuhen, mit strubbeligen Haaren und schwarzen Fingernägeln, der, wie ein alter Rentner, eine saftige Pfeife rauchte und sich quer durch die ärmlichen Viertel zur Krypta von Bouhay begab, die Hände in den Taschen.

Seine Gesichtszüge werden hart, die Lippen schmaler, seine Augen verengen sich, sind nur noch leuchtende Punkte zwischen den Augenlidern, wie die seines Onkels Louis de Tongres, und seine Finger verkrampfen sich in ihrem unbewussten Wunsch, irgendetwas zu zerquetschen.

Haben die, die um ihn herum sitzen, ihre Osterferien so wie er verbracht? Er macht sich keine Gedanken um die paar Bauern wie Neef, die nicht zählen, die morgens aus ihrer Straßenbahn steigen und abends wieder wegfahren, ohne etwas verstanden zu haben, ohne versucht zu haben, etwas zu verstehen von einer Welt, in der niemand auch nur ihre Anwesenheit bemerkt hat. Sie leben engstirnig, halsstarrig, blass von einer Anstrengung, die zu groß für ihr unentwickeltes Gehirn ist, sie leben taub, blind und stumm in einer Art Tunnel, an dessen Ende sie das begehrte Diplom erwartet.

Was bedeutet es schon, dass sie schlecht gekleidet sind, dass sie nach Stall riechen, dass ihr Atem von der Wurst verpestet wird, die sie auf ihren groben Butterbroten, in Wachstuch gewickelt, mitbringen? Leiden Sie darunter, dass sie in der Pause oder nach Schulschluss keiner einzigen Gruppe angehören?

Aber die anderen, alle die, die wie Chabot in großen Häusern in Fragnée wohnen, mit Küchen im Keller und einer Marmortreppe im Innern, mit einem Dienstmädchen mit gestärkter Schürze? Mussten sie noch tags zuvor eine unwürdige Szene mit einer aufgebrachten Élise heraufbeschwören, um endlich die zweihundert Franc für diese Schuhe zu bekommen, ohne die der Anzug seine Wirkung verfehlt hätte?

Jeden Tag, seitdem sie geboren wurden, sind sie gründlich gewaschen, gut gekleidet, essen, wenn sie hungrig sind, trotz des Krieges, und nichts zwingt sie dazu, in die Rue Surlet zu gehen und die widerlichen Romane einer Tante Cécile auszutauschen, um hinterher, nach Gott weiß welch tödlichen Ängsten, Zugang zur Kasse von Gruyelle-Marquant zu haben.

J.P.G. hat nie etwas in Rogers Blicken verstanden. Oder aber er hat vielleicht verstanden, er hat in ihnen ein Mitleid gelesen, das er nicht will, und sein Stolz lässt ihn sich dagegen auflehnen.

Père Renchon hat verstanden, und er ist traurig, enttäuscht. Es ist nun an Roger, sich zu schämen, sich gegen diese Scham zu sträuben, sich dagegen zu verhärten und wütend zu protestieren.

So. Heute ähnelt er *ihnen*. Er ist genauso gut angezogen wie Chabot, wie Leclerc, wie Neef vom Schloss, wie der dicke Lourtie, dessen Vater der bedeutendste Bierbrauer in der Stadt ist und der so dumm ist, dass er mit neunzehn Jahren, schon fettleibig, in den für ihn zu kleinen Bänken der Tertia sitzt.

Gleich wird Roger, anstatt dicht an den Häusern vorbei durch die kleinen Straßen direkt zum Quartier d'Outremeuse zu eilen, mit ihnen bei Mariette haltmachen, um Eis zu essen. Drei Jahre verlangt es ihn schon danach, geht er, den Kopf abgewendet, an der Konditorei vorbei, die die frische Mariette zweihundert Meter vom Collège eröffnet hat, ein so weißer Laden, so leuchtend vor Sauberkeit und so duftend, dass einem das Wasser im Mund zusammenläuft, vor allem, wenn man sieht, wie eine Schar von Schulkameraden sich durch die Tür drängelt.

Was gehen ihn Hugo und Lamartine an, Théophile Gautier und seine rote Weste? Nur einer interessiert ihn in dieser Schlacht um Hernani: Dumas, arm und unbekannt, Schreiberling in einem Büro, wo man ihn aus Barmherzigkeit eingestellt hat, der viele Stunden lang in der Schlange stand, um einen Stehplatz ganz hinten im Theater zu ergattern.

Betrachtete Dumas die Menschen um ihn herum nicht mit demselben Blick, wie Roger heute seine Schulkameraden betrachtet, und verkrampfte sich nicht auch seine Hand unbewusst um eine unsichtbare Beute?

Was erwartet Père Renchon von ihm? Warum scheint er ihm schweigend Fragen zu stellen? Hofft er, dass er die Hand hebt, um den eintönigen und zu ausgefeilten Bericht von Chabot zu unterbrechen?

Was macht Père van Bambeek in dem Gang? Er ist stehen geblieben. Durch die Scheiben der Tür sieht er in die Klasse, als wartete er auf jemanden. Chabot, der ihn schließlich erblickt hat, geht zu Père Renchon, spricht leise mit ihm und geht zum Präfekten für Schuldisziplin.

Aber es handelt sich bei ihnen nicht um eine Disziplinangelegenheit, denn das würde sich nie so abspielen. Es ist ein Treffen zwischen Männern. Roger weiß es, und auch das versetzt ihn in Zorn, denn mit ihm spricht keiner in dieser Weise, schon gar nicht der Präfekt.

Ihr einziges Beisammensein war kurz und hat bei Mamelin eine so quälende Erinnerung hinterlassen, dass ihm immer noch die Röte in die Ohren steigt. Das war während der Pause an einem schönen Tag wie heute. Roger lief umher. Eine barsche Stimme ließ ihn jäh in seinem Schwung stehen bleiben.

»Monsieur Mamelin.«

Er hat sich Père van Bambeek nach Atem ringend genähert, wobei er sich fragte, was er sich hatte zuschulden kommen lassen, und dieser, zwei Meter groß, den Oberkörper gewölbt wie ein Kraftmensch auf dem Jahrmarkt, blieb eine Weile stehen, ohne ihn anzublicken, und schien sich dann an seine Anwesenheit zu erinnern. Seine Hand streckte sich aus, zwei Finger griffen aus Rogers Tasche die Pfeife, deren Stiel herausschaute, zogen sie halb heraus, um sie dann wieder zurückzustecken.

Nichts weiter. Kein Wort. Ein nicht wahrnehmbares Zucken mit den Schultern, aber ein so verachtungsvoller Blick …

»Gehen Sie! Bitte!«

Nicht einmal eine Bestrafung. Mit Chabot unterhält er sich jetzt über dessen älteren Bruder, dem die Jesuiten über die Grenze verholfen haben, damit er über Holland und England zur Armee stoßen konnte. Roger hat keinen Bruder an der Front und auch keine Eltern wie Neef der Schlossherr, die im Vorstand von Wohltätigkeitsvereinen sind. Er ist nichts. Er ist nicht interessant für Père van Bambeek, der ihm verächtlich seine Pfeife lässt.

»Haben Sie nichts dazu zu sagen, Monsieur Mamelin?«

»Nein, Père.«

»Ich glaube, es ist überflüssig, Monsieur Stievens zu fragen, was er über diese Angelegenheit denkt?«

Nun ist die Reihe an Roger, seinen Spott zu zeigen, und dieser erreicht sein Ziel, färbt die Wangen des Lehrers rosa, denn es ist wirklich zu einfach, eine Klasse durch ein solches Vorgehen zum Lachen zu bringen, dem dümmsten Schüler die Schuld zuzuschieben, der sich übrigens seit langem seiner Rolle als Spaßmacher bewusst ist, die man ihn spielen lässt, und der sich freundlicherweise dümmer gibt, als er ist.

Das ist einer, mit dem Roger heute Nachmittag weggehen könnte. Denn daran denkt er seit dem Morgen, seit mehreren Tagen, genau gesagt, seitdem er seinen neuen Anzug besitzt. Es ist ein Anzug seines Cousins Jacques Schroefs, der, wie der Bruder von Chabot, über die Grenze gegangen ist, quer durch die Stacheldrahtzäune und die elektrischen Drähte, sobald er seine achtzehn Jahre erreicht hatte, um sich in der Armee zu verpflichten.

»Du siehst, Roger, dass du dir immer eine falsche Vorstellung von den Leuten machst und schlecht über sie denkst. Du hattest unrecht mit deiner Behauptung, Hubert Schroefs habe kein Herz. Er hat sofort ja gesagt, als meine Schwester Marthe vorschlug, dir zwei Anzüge seines Sohnes zu schenken.«

Vergeblich hat seine Mutter versucht, ihm ein Wort des Dankes zu entlocken.

»Wenn er damit rechnet, dass ich mich vor ihm erniedrige, täuscht er sich.«

»Es handelt sich nicht um Erniedrigung, Roger. Ich finde, dass du dich wenigstens bei ihm bedanken könntest. Fast neue Anzüge, die bei Roskam nach Maß angefertigt worden sind!«

»Jedenfalls nicht nach meinen Maßen!«

Es hat eine Szene gegeben. Élise hat geweint, nach und nach

hat sie ihren Sohn an all ihre früheren Kümmernisse erinnert, einschließlich der ewigen Geschichte von seiner ersten heiligen Kommunion, als er sieben Jahre alt war und sich hartnäckig weigerte, seine Mutter um Verzeihung zu bitten.

Nichts ist hässlicher als diese Szenen in der engen, überheizten Küche, wo es so aussieht, als gerieten sie aneinander, mit hochroten Köpfen und funkelnden Augen. Meistens gelingt es Roger, sich eine gewisse Zeit lang zu beherrschen, er schwört sich, ruhig zu bleiben, aber bald darauf sind sie beide wie Verrückte, sie werden wirklich verrückt, sie würden sich für sich selbst schämen, wenn sie sich so sähen, ganz außer sich, unfähig zur geringsten Kontrolle, und nachher versuchen sie mit schmerzenden Nerven und leerem Kopf vergeblich, die Dinge, die sie gesagt, die unangemessenen Worte, die sie ausgesprochen haben, zu vergessen.

Roger weiß, dass seine Mutter Schroefs fast ebenso verabscheut wie er. Er weiß auch sehr gut, durch welch ein Wunder sie schließlich diese besagten Anzüge ergattert hat, von denen sie seit langem sprechen, ohne Hoffnung, weil Schroefs allen Anspielungen seiner Schwägerin gegenüber taub bleibt. Hat Élise nicht noch wenige Tage zuvor gesagt:

»Dieser Mann würde einen Hund vor Hunger verrecken lassen, vor seiner Tür, und vielleicht würde er ihm, wenn es ein Armer anstatt eines Hundes wäre, kühl beim Sterben zusehen.«

Und dann hat Frère Médard Élise in die Rue de la Loi rufen lassen; man fragte sich zunächst, warum.

»Mein Gott, Désiré, hoffentlich haben sie nicht wieder Ärger mit den Deutschen!«

Denn alle Frères des Institut Saint-André sind eines schönen Tages von den Deutschen festgenommen und in die Festung von la Chartreuse eingesperrt worden, wo die Spione füsiliert werden. Man munkelte, dass Frère Médard und Frère Maxime in Einzelhaft saßen, jeder in einem fensterlosen Kerker. Man hielt Ausschau nach den roten Anschlägen an den Häuserwänden, auf denen die Erschießungen angekündigt werden.

Ohne Désiré etwas zu sagen, der sie sicherlich nicht hätte gehen lassen, ging Élise zur Chartreuse, ganz allein, mit einem großen Paket Verpflegung. Wer weiß, was sie in ihrem schlechten Deutsch den Wachposten erzählt hat, die sie schließlich passieren ließen? Einen Monat lang hat sie in der Rue de la Loi und in ihrem ehemaligen Wohnviertel Süßigkeiten gesammelt, die sie dann den Gefangenen brachte.

Nun, das ist indirekt der Ursprung der beiden Anzüge. Die Frères wurden wieder freigelassen. Als Frère Médard Élise rufen ließ, wollte er ihr einen Brief von Jacques Schroefs aushändigen. Die Deutschen hatten sich also nicht getäuscht, so wie alle Welt es behauptet hat, und der Frère mit dem Holzbein ist tatsächlich eine wichtige Person bei dem Briefverkehr über die Grenze.

»Stell dir vor, Désiré, er hatte einen Brief von Jacques. Einen Brief von vier Seiten! Und sein Vater ist seit drei Monaten ohne Nachricht und sagt kein Wort mehr! Ich bin gerannt wie eine Verrückte. Ich weiß nicht, wie ich es gemacht habe, nicht von einer Straßenbahn überfahren zu werden. Schon im Geschäft rief ich: ›Hubert! Hubert!‹ Und er stand in der Tür seines Büros und schaute mich mit eisigem Blick an. Mir versagten vor Freude die Beine und die Stimme.

›Hubert! Es ist … Es ist von Jacques!‹«

Sie fing beim Erzählen wieder an zu weinen.

»Er ist so weiß geworden, dass ich glaubte, er falle in Ohnmacht. Er wagte nicht, ihn zu lesen. Er ist ohne ein Wort hinaufgegangen, hat sich in seinen Sessel gesetzt. Das Papier zitterte in seiner Hand, er fand seine Brille nicht. Er hatte Tränen in den Augen, die einzigen Tränen, die ich jemals bei ihm gesehen habe. Dieser Mann, weißt du, liebt auf der Welt nur seinen Sohn. Seine Frau und seine Tochter könnten sterben, ohne dass er mit der Wimper zucken würde.

›Lies laut vor‹, flehte meine Schwester, die glücklicherweise einen ihrer guten Tage erwischt hatte.

Nicht einmal, sondern zehnmal hat er den Brief wieder gelesen. Er hat seinen Freund Magis geholt. Wie durch Zufall kam van Camp unerwartet vorbei. Hubert ließ eine alte Flasche aus dem Keller holen. Er dachte nicht mehr an mich. Marthe war es, die mich schließlich fragte:

›Und Roger, meine Liebe?‹

›Es geht ihm gut. Danke. Er ist immer noch im Collège. Er wächst so schnell, dass ich nicht mehr weiß, wie ich ihn kleiden soll …‹«

Élise muss wohl hinzugefügt haben:

»… mit dem, was Désiré verdient!«

Das ist der Ursprung der beiden Anzüge. Die Geschichte ist sogar noch verwickelter. Jacques spricht in seinem Brief von Evariste, dem Sohn von Louisa aus Coronmeuse, der auch an der Front ist, bereits Offizier, da er vor dem Krieg Student war.

»Ich war schlecht gekleidet in meiner Dienstuniform, und als ich zu ihm hinstürzte, um ihn zu umarmen, habe ich sofort begriffen, dass ihm das nicht gefiel. Er gab mir zu verstehen, dass die Beziehung zwischen Offizier und einfachem Soldaten, auch wenn es Cousins sind, würdevoll bleiben muss. Das ist das Wort, das er benutzt hat. Er war sehr würdevoll und sogar frostig. Enttäuscht zog ich mich schweren Herzens wieder zurück, denn ich habe keinen Freund in meiner Kompanie, wo ich der einzige Intellektuelle und somit schlecht gelitten bin.«

Da hat Marthe, vor Monsieur Magis und Monsieur van Camp, vorgeschlagen, ihrer Schwester die fast neuen Anzüge mitzugeben für Roger, »die doch bei Jacques' Rückkehr zu klein sein werden«. Schroefs hat nicht gewagt, es abzulehnen. Er hat die Gelegenheit für eine großzügige Geste genutzt.

»Nie, verstehst du, werde ich hingehen und mich bei ihm bedanken. Ich hasse ihn. Er ist ein abstoßender Mensch.«

»Schweig, Roger. Hab wenigstens Respekt vor deiner Familie.«

»Sie ist hübsch, meine Familie! Ja, du kannst dich damit brüsten ...«

Und der Ton wird schärfer, beide erhitzen sich, seine Mutter flennt, er ist ihr böse wegen der Tränen, die er Krokodilstränen nennt.

»Weißt du, was er hinter deinem Rücken gesagt hat, Hubert Schroefs? Dass du eine Bettlerin bist!«

»Roger!«

»Das ist übrigens nicht das erste Mal. Félicie hat dir vor ihm das Gleiche gesagt!«

»Ich verbiete dir, von Félicie zu sprechen!«

»Weil es die Wahrheit ist. Jawohl, du bist eine Bettlerin. Du hast es im Blut. Auch wenn du nichts brauchst, scheinst du um irgendetwas zu bitten. Du musst vom ›Allernotwendigsten‹ sprechen, vorzugsweise zu Tante Louisa, weil du weißt, dass alles, was Vater demütigt, sie frohlocken lässt …«

»Schämst du dich nicht, Roger, solche Dinge zu sagen, nach allem, was ich für dich getan habe?«

»Du wirst mir noch deine Gebärmuttersenkung vorwerfen, nicht wahr? Ist es etwa mein Fehler, wenn du an den Organen leidest, wie du so elegant sagst? Habe ich darum gebeten, auf die Welt zu kommen? Es wäre vielleicht besser gewesen, wenn ich nicht geboren wäre, bei dem Leben, das mich erwartet …«

»Roger … Wenn du nicht still bist, werde ich …«

Warum ist es ihm nicht möglich, ruhig zu sein?

»Glaubst du vielleicht, ich bin stolz auf das Leben, das wir führen?«

Sie rauft sich mit beiden Händen die Haare, ihr Gesicht verzerrt sich, es kommt zur Krise.

»Roger, um Gottes willen, sei still, sei still, sei still!«

Sie heult auf, sie schüttelt ihn mit verzehnfachten Kräften, er hat Angst, er steht gegen die Wand gepresst, sie will ihn kratzen, und er macht eine Handbewegung, wie um zurückzuschlagen. Schließlich wirft sie sich der Länge nach auf den Boden, auf die Fliesen der Küche, sie weint, er fängt auch an zu weinen, fleht sie an, wieder aufzustehen, kniet sich hin, um sie um Verzeihung zu bitten, erschrocken über dieses Gesicht, das nicht mehr das Gesicht einer Mutter, sondern das eines armen Mädchens ist, das leidet und gleichzeitig so jung und so alt aussieht.

»Verzeih! Steh schnell wieder auf! Steh auf, ich bitte dich auf Knien darum. Denk daran, dass Mademoiselle Rinquet hereinkommen könnte.«

»Das ist mir egal. Ich würde ihr alles sagen, womit du mir

wehgetan hast. Jawohl, ich muss mir alles von der Seele reden, weil dein Vater dich machen lässt, was du willst. Ich kann nicht mehr. Ich möchte tot sein.«

»Mutter, ich verbiete dir …«

Man fragt sich in diesen Augenblicken, ob sie noch ganz bei Verstand sind, und man ist erstaunt, durch das Fenster Leute zu sehen, die, wie in einer anderen Welt, draußen auf dem Gehsteig sind, Pferde, Wagen, das Leben, das weitergeht.

Und nachdem er die tiefsten Tiefen des Hässlichen berührt hat, hat er dennoch Mittel und Wege gefunden, während beide schmerzlich betrübt ihre letzten Tränen hochzogen, ihr die zweihundert Franc für die Schuhe zu entlocken. Er zieht es vor, nicht mehr an die Art und Weise zu denken, mit der er es erreicht hat. Er musste sich vor ihr als das Opfer des Spottes seiner Kameraden und seiner Lehrer darstellen.

»Verstehst du, Mutter, du hast es gut gemeint, aber der Fehler, den du gemacht hast, war, mich aufs Collège zu schicken. Übrigens fühle ich, dass ich dort nicht bleiben kann. Ich werde arbeiten. Ich werde als Lehrling in eine Werkstatt gehen.«

Ahnen sie es, all diese feinen Herren und der so schlaue Père Renchon, vermutet er auch nur ein Viertel der Wahrheit? Die zweihundert Franc, die er auf solchen Wegen erhalten hat? Nun, sie reichten nicht. Dazu kam noch eine Betrügerei, denn er betrügt genauso wie seine Mutter. Die Schuhe, die er in einem Schaufenster in der Rue de la Cathédrale gesehen hat, kosten genau zweihundertachtzig Franc, aber ihm war klar, dass eine solche Zahl Élise erschreckt hätte. Den Restbetrag lieferte die Kasse von Gruyelle-Marquant.

An diesem Nachmittag genügt ihm ein Stievens nicht, dessen Mutter und Schwester mit den Deutschen gehen und mit wer weiß was handeln. Eine Anstrengung wie die, die er unternommen hat, verdient Besseres als das, und als Chabot in die Klasse zurückkommt und unauffällig durch die Bankreihen schleicht, als bemerkte er nicht, welche Neugier er hervorruft, fasst Roger einen Entschluss.

Kaum hat die Pause begonnen, kaum haben sich die Grüppchen am Fuß der Eisentreppe formiert, als Mamelin sich seinen Mitschülern nähert, wobei er Père Renchon ausweicht, mit dem er sich gewöhnlich unterhält. Der große Chabot geht mit langsamen Schritten neben Leclerc her. Als er Roger herankommen sieht, vermeidet er es, seine Überraschung zu zeigen.

»Ich möchte dich etwas fragen. Was machst du heute Nachmittag?«

»Aber … Ich weiß es noch nicht …«

Sie, Leclerc und er, hatten Zeit, einen Blick auszutauschen.

»Wenn das so ist, dann lade ich dich zur Revue ins Renaissance ein. Ich werde Logen besorgen. Wenn Leclerc dich begleiten will, lade ich ihn selbstverständlich auch ein.«

»Nun gehen wir aber ausgerechnet donnerstagnachmittags zum Tennisspielen nach Cointe … Nicht wahr, Leclerc?«

»Sicher. Du musst meine Schwester um zwei Uhr abholen. Du hast es ihr versprochen.«

»Gut. Sehr gut. Da kann man nichts machen!«

Von dem Augenblick an, wo Chabot abgelehnt hat, werden die anderen auch ablehnen, denn die ganze Gruppe von Fragnée schart sich um ihn. Warum hat er eben noch behauptet, seinen Zeitplan nicht zu kennen, wenn er doch weiß, dass er zum Tennis geht? Ganz einfach aus Furcht, dass Mamelin sich einladen würde. Sie legen Wert darauf, unter sich zu bleiben.

Schulkameraden auf dem Hof des Collège, nun gut. Aber wenn man durch die Tür gegangen ist, befindet man sich unter Leuten desselben Milieus. Soll er mit Stievens vorliebnehmen, der ebenfalls Geld hat und vielleicht der Bestgekleidete von allen ist? Stievens ist fast so isoliert wie er. Er ist sogar unerwünscht. Im Carré stößt man sich mit den Ellbogen an und zeigt auf seine Mutter und seine Schwester, die wie zwei Kokotten aussehen.

Père Renchon steht ganz allein vor der sonnenbeschienenen Mauer. Wer weiß, ob er nicht erraten hat, was soeben vor sich gegangen ist! Um Roger nicht verlegen zu machen, scheint er sich für ein Wettrennen zu interessieren, als Roger sich, ohne es zu wollen, ihm zuwendet.

Er wird allein ins Theater gehen. Er ist schon Sonntag dort gewesen, aber er hat sich mit einem Sessel begnügt, denn er hatte seinen Anzug noch nicht, den Cortleven erst seiner Größe anpassen musste. Er hat die Loge in Augenschein genommen, in die er sich setzen würde, die vorderste, fast auf der Bühne. Er wird den Arm nachlässig auf die karmesinrote Samtlehne legen, seine Hand baumeln lassen, und er wird als einer der Ersten bei jedem Couplet applaudieren, mit einem Anflug gleichgültiger Herablassung, komplizenhafte Blicke mit den Künstlern austauschend.

»Sag mal, Mamelin …«

Verger ist hinter ihm hergelaufen und ringt nach Atem. Er ist ein magerer Junge mit knochigem, bleichem Gesicht, der älter erscheint, als er ist, und in dem Ruf steht, verdorben zu sein. Er ist nicht richtig reich, aber auch nicht richtig arm, auch ist er nicht der Sohn eines Angestellten. Sein Vater ist ein angesehener Unternehmer einer Firma für Gebäudeanstrich.

»Ist es wahr, dass du eine Loge für das Renaissance hast und jemanden suchst, der dich begleitet?«

»Wer hat dir das erzählt?«

»Leclerc. Er hat mir gerade gesagt, dass, wenn ich heute Nachmittag ins Theater gehen wolle, du Plätze hast und nicht weißt, was du mit ihnen machen sollst. Nimmst du mich mit?«

Man könnte meinen, jedes Wort sei sorgfältig gewählt, um ihn zu kränken. Einen bitteren Geschmack auf den Lippen, bleibt Roger unbeweglich stehen, schweigend, er betrachtet durch seine halb geschlossenen Wimpern das Gewimmel auf dem Hof, er spürt, dass irgendwo Chabot und Leclerc ihn genau beobachten, vielleicht beobachtet ihn Père Renchon ebenfalls, es kostet ihn große Anstrengung, sein Gesicht gleichmütig aussehen zu lassen und dann mit ungezwungener Stimme zu sagen:

»Wenn du willst.«

Wer weiß, wen man ihm schicken würde, wenn er das Missgeschick begehen und es Verger abschlagen würde?

»Um wie viel Uhr fängt es an?«

»Um zwei.«

»Hast du schon Plätze?«

Er sagt ja, aber es stimmt nicht. Egal. Er wird sie am Schalter kaufen. Vielleicht haben sie geglaubt, er verfüge zufällig über Freikarten. Um ein Haar würden sie aufs Geratewohl die Schüler anhalten:

»Willst du nicht ins Theater gehen? Wenn ja, geh doch zu Mamelin.«

Er ist angewidert, von sich und den anderen, er wäre gern in seinem Zimmer, um zu weinen. Weil er das nicht kann, verhärtet er sich bis zum Äußersten, sein Gesicht wird spitz wie das von Élise in bestimmten Augenblicken, sein Lächeln wird aggressiv. Er hat Verger, der nicht sein Freund ist, nichts zu sagen.

Nur ein einziges Mal, vor nun mehr als einem Jahr, sind sie an einem Donnerstagnachmittag zusammen zu Lafont gegangen, einem Jungen, der schon siebzehn Jahre alt ist und dessen Vater ein großes Schuhgeschäft hat. Lafont hat sie in seinem Zimmer empfangen. Mit lebhafter Gesichtsfarbe und glänzenden Augen hat er ihnen sofort obszöne Fotografien gezeigt, die er mit den derbsten Worten kommentierte. Er hat von dem Dienstmädchen Wein heraufholen lassen. Man hörte die Mutter und die Schwester in der Wohnung umhergehen, die Ladenglocke klingelte alle fünf Minuten.

Warum begab er sich in Verteidigungsstellung, als Lafont ihn im Vorübergehen berührte, so als hätte er eine Falle gewittert? Er sieht die beiden Gesichter seiner Mitschüler wieder vor sich, Lafont kränklich und erregt, mit leuchtenden Augen, die in ihm Abscheu erweckten, Verger bleich, wie gefangen von einer fixen Idee.

Plötzlich hat Lafont seine Geschlechtsteile gezeigt. Roger konnte sich noch so sehr abwenden, er sah ihn hartnäckig immer vor sich.

Welche Entschuldigung hat er erfunden, um wegzugehen? Er erinnert sich nur an den deutlichen Eindruck, dass die beiden anderen, nachdem er weg war, ihre schmutzigen Spiele fortsetzen würden.

»Hast du die Revue schon gesehen?«

»Ja.«

»Ist sie gut? Gibt es Miezen?«

»Du wirst sehen.«

»Wo treffen wir uns?«

»Vor dem Theater, um zwei Uhr.«

Glücklicherweise läutet die Glocke, denn er wüsste nichts mehr zu sagen. Er hat Gewissensbisse beim Anblick des armen Neef, der seinen Platz in der Reihe einnimmt, wobei er mit seinen Nagelschuhen schlurft, nachdem er die Pause damit verbracht hat, um ihn herumzuschleichen. Der Dummkopf stellt sich wohl vor, dass jetzt, wo Mamelin wie die anderen gekleidet ist, er nicht mehr die Güte haben wird, ihn anzusprechen.

Es folgt noch eine Unterrichtsstunde von Père Renchon, eine Geographiestunde. Das ist nicht von Bedeutung. Roger schaut durch das offene Fenster, und sein Blick, der sich in dem fernen Durcheinander der Dächer verliert, wird immer härter. Heute Morgen hat sein Vater nichts gesagt, als er ihn sah, von Kopf bis Fuß neu eingekleidet. Tags zuvor, als Roger seine rote Seidenkrawatte, die er soeben gekauft hatte, hinaufbrachte, hat Désiré sie einen Augenblick befühlt.

»Das ist ein Sonderangebot, verstehst du? Sonst hätte ich sie nicht für sechs Franc bekommen. Anscheinend ist ein Fehler darin, aber das sieht man nicht.«

Élise hat es geglaubt, sie, die immer auf der Lauer nach Sonderangeboten und Gelegenheitskäufen ist. Sie hat sogar gefragt:

»Gab es keine dunklere für deinen Vater?«

Die Krawatte hat in dem elegantesten Wäschegeschäft der Rue du Pont-d'Île fünfundvierzig Franc gekostet. Innerhalb von acht Tagen hat Roger, sowohl in Franc als auch in Mark, in kleinen und großen Scheinen, etwa zweihundert Franc aus der Schublade in der Rue Puits-en-Sock genommen.

Sonntagmorgen wäre er fast ertappt worden. Das Geschäft war leer. Roger kam von der Schublade zurück und stopfte schnell seine Hand in die Tasche, als er das Gefühl hatte, dass jemand im Geschäft war. Als er den Kopf hob, sah er seinen Großvater an der Tür zur Küche stehen. Eine Zehntel-, eine Hundertstelsekunde vielleicht hat er geglaubt, alles wäre verloren, und er war drauf und dran, sich auf die Knie zu werfen, als er sich an die Schokoladenpralinen erinnerte. Er langte mit der linken Hand über das Gitter und konnte, Gott weiß wie, mit einem kurzen, nervösen Lachen hervorbringen:

»Ich glaube, eine am Sonntag kann ich mir wohl genehmigen, nicht wahr, Großvater?«

Hat sich der alte Mamelin täuschen lassen? Hat er die erste Handbewegung gesehen? Hat er die Wahrheit geahnt? Er hat nichts gesagt. Er hat sich herabgebeugt, um das übliche Kreuzzeichen auf die Stirn seines Enkels zu machen, und ist langsam zu Cécile hinaufgegangen. Seitdem er sein Geschäft Marcel für Kost und Logis und fünf Franc Taschengeld pro Woche überlassen hat, zieht er sich mehr und mehr zurück, meidet die Küche, wo alle sich treffen, lebt von morgens bis abends in dem Hinterzimmer des Ladens zwischen seinen Köpfen aus Holz. Wenn er aus dem Haus geht, dann geht er mit seinem Freund Kreutz frische Luft schnappen.

Roger hat sich vorgenommen, nicht wieder damit anzufangen, und dieses Mal hat er die feste Absicht. Er hatte zu große Angst. Die Angst ist die hässlichste und erniedrigendste Empfindung, die es gibt. Es bleiben ihm etwas mehr als hundert Franc. Er wird mit Verger ins Renaissance gehen. Er wird Luxuszigaretten kaufen, nach denen es ihn schon gelüstete, als er noch im Collège Saint-Louis war und die nur in einem

Geschäft in der Rue de la Régence verkauft werden, feine Damenzigaretten, die man mit ihrem goldenen Mundstück durch das rote Zellophanetui sieht.

Hätte Chabot oder ein anderer der Fragnée-Gruppe ihn begleitet, dann, so war sein Plan, hätte er die Platzanweiserin geschickt, um Blumen zu kaufen, als wäre es die natürlichste Geste der Welt, und den Strauß nach dem zweiten Akt, der durch ein Ballett abgeschlossen wird, einer kleinen Tänzerin im zweiten Glied zugeworfen, die das rührende Gesicht eines kränklichen Mädchens hat.

Wird er es für Verger machen? Vielleicht nicht so sehr für Verger als darum, weil der nicht versäumen wird, es den anderen zu erzählen.

Er hat sich zu viel von diesem Nachmittag versprochen. Jetzt kann er es kaum erwarten, dort zu sein, er wird ungeduldig, gleichgültig gegenüber dem, was um ihn herum vorgeht. Endlich läutet die Glocke, er weicht wieder Père Renchon aus, obwohl selten ein Tag vergeht, an dem er nicht ein paar Worte mit ihm wechselt. Auf dem Hof wartet er auf Neef, den Einzigen, der in seine Richtung geht, Neef der Bauer, der sich von den gelben Schuhen seines Freundes nicht losreißen kann.

»Wo hast du solche Schuhe auftreiben können?«

»In der Rue de la Cathédrale.«

»Sie haben doch sicher viel gekostet.«

»Zweihundertachtzig Franc.«

»Dein Anzug ist von einem Schick! Wer hat ihn dir gemacht?«

»Bei Roskam … Lass uns doch zu Mariette gehen, Eis essen … Aber ja! … Wo ich dich doch einlade …«

Chabot und Leclerc fahren auf dem Fahrrad vorbei, ohne

anzuhalten. Man könnte meinen, es wäre Absicht, aber nicht ein einziger Schüler aus der Tertia ist an diesem Tag bei Mariette. Der Vater von Neef hat wohl Geld, aber er gibt seinem Sohn keins. Der lange junge Mann im Stimmbruch sitzt unbehaglich da und überschlägt den Preis für das Eis, das er mit respektvoller Zunge leckt, während Roger sich lässig gibt, »Mariette« sagt wie ein alter Stammgast und Bonbons probiert, die er hier und da aus den Schälchen nimmt.

»Was bin ich Ihnen schuldig, Mariette? Die Praline war wunderbar.«

Er zieht alle Geldscheine gleichzeitig aus der Tasche, tut so, als würde er auf gut Glück einen herausgreifen, sammelt gleichgültig sein Kleingeld zusammen.

»Bis morgen, Mariette.«

Beim Hinausgehen sucht er sein Bild in einem Spiegel, zwingt sich, sich selbst zuzulächeln.

»Bist du sicher, dass sie dir richtig herausgegeben hat? Du hast nicht hingesehen. Ich weiß nicht, wie ich das wieder gutmachen soll, aber wenn du einen Sonntag nach Beaufays kommen willst, meine Schwestern würden sich sehr freuen. Ich erzähle ihnen so oft von dir, dass sie dich schon kennen und mich immer fragen, wann du einmal kommst.«

Seine Schwestern müssen ihm wohl ähnlich sehen. Sie sind alle drei älter als er, späte Mädchen, und eine von ihnen, die älteste, Laurence, schielt ein wenig. All das hat ihm Neef schon gesagt, und auch, dass sein Vater seit dem Tod seiner Mutter zu trinken angefangen hat.

Roger geht absichtlich durch die Rue de la Cathédrale, um an der Ecke der Rue Lulay die Plakate des Renaissance-Theaters zu sehen.

»Sieh mal! Dort gehe ich heute Nachmittag hin.«

»Es soll amüsant sein.«

»Ich weiß. Ich bin schon dort gewesen.«

»Und du gehst wieder hin?«

Nun! Es muss sein. Es ist stärker als er. Er kann sich noch so bewusst sein, dass es lächerlich ist, dennoch spricht er von der kleinen Tänzerin, die er nur von weitem gesehen hat, er spricht von ihr, als hätte sie ihm nichts mehr abschlagen können, er spielt auf die Blumen nach dem zweiten Akt an und auf die Loge, die fast auf der Bühne ist.

Während er so aus dem Stegreif redet, vor einem geblendeten Neef, der ihn beneidet, hört er nicht einen Augenblick auf, sich furchtbar traurig zu fühlen.

6

Es muss zwischen drei und vier Uhr begonnen haben, etwa zu der Zeit, als ein heftiger Platzregen niederging und der gesamte Verkehr in den Straßen stillstand und man das Gaslicht anzünden musste. Roger hat eine sehr deutliche, ungetrübte Erinnerung an das, was dem Regen vorausgegangen war. Die Sonne hatte geschienen, aber ihre stechenden, kräftig gelben, fast rötlichen Strahlen hatten nichts Gutes ahnen lassen, man spürte eine Bedrohung in der Luft, wo manchmal eine dicke, schnell dahinziehende Wolke sich für einige Sekunden vor die Sonne schob und einen großen Schatten über die Stadt führte.

Er sieht in diesen übergenauen Einzelheiten wieder das Zimmer seines Cousins Gaston in der zweiten Etage eines Hauses in der Rue Gérardrie vor sich. Er sitzt vor dem Tisch, von dem der Tischläufer weggenommen worden ist, der Glasschrank zeigt ihm sein Bild, ohne Jacke, mit aufgekrempelten Hemdsärmeln, die Haare bereits zerzaust. Sein Blick ist etwas starr, die Bewegungen sind heftig und ruckartig, aber man kann nicht sagen, dass er betrunken ist.

Er ist nie in seinem Leben betrunken gewesen. Die einzigen Erinnerungen, die in etwa einem Rausch ähneln könnten, sind die an Neujahr, als er bei seinem Großvater wie die Männer ein kleines Glas Kempenaar trinken durfte. Am frühen Nachmittag beeilten sie sich, nach Coronmeuse zu kommen, wo sie in dem Salon von Tante Louisa, in der Nähe des geöffneten Klaviers, süßen Wein aus der Touraine tranken und dabei halbmondförmige Kekse aßen. Manchmal mussten sie auf dem Weg noch bei einer entfernten Verwandten haltmachen. Das hing davon ab, ob es ihnen gelang, ungesehen vorbeizugehen. Es war schon dunkel. Sie tranken sehr schnell, im Stehen, sie liefen bis zur Haltestelle der Straßenbahn, die in der Dunkelheit der Stadt dahintrieb und deren Licht Roger sirupartig erschien; und im Salon der Schroefs mussten sie noch temperierten Wein kosten, dessen funkelndes Rubinrot er in der Mitte des Glases zittern sah.

Als sie wieder in Outremeuse ankamen, war er schwerfällig vor Wohlbehagen. Er aß fast nichts und versank sofort in der unendlichen Weichheit seines Bettes.

Diesmal geht es ihm ganz anders. Es hat damit angefangen, dass er blass wurde, gespannt, aggressiv, und als er die übertriebene Sicherheit eines Jongleurs im Varietétheater in seine Bewegungen legte, zerbrach er zunächst ein Glas, wobei er das Bedürfnis verspürte, die Splitter auf dem Boden zu zertrampeln.

»Gib mir den Chartreuse, Gaston, damit ich den Unterschied zum Bénédictine schmecke.«

Überspanntheit liegt in der Luft, er wird sich dessen bewusst, und das erregt ihn. Sie, Gaston van de Waele und er, sind in einem möblierten Zimmer in der Rue Gérardrie, das nahezu so wie die Zimmer in der Rue de la Loi ist, nur weniger sauber und schäbiger. Auf dem Tisch stehen die seltsam geformten Glasbehälter aufgereiht, die sie soeben gekauft haben; auf dem Boden liegt eine Korbflasche.

Die Luft ist voll von Alkoholgeruch, und sie wagen nicht,

das Fenster zu öffnen, aus Furcht, die Leute von gegenüber könnten sehen, was sie tun. Die Tür ist abgeschlossen, der Riegel vorgeschoben, sie fahren zusammen, wenn sie Schritte im Hausflur hören, aber die Besucher klopfen immer bei der Kartenlegerin auf der anderen Seite des Korridors.

Sie probieren abwechselnd aus demselben Glas ein grünliches Gebräu, schnalzen mit der Zunge, sehen sich an, ohne zu lachen.

»Ist da ein Unterschied?«

»Bestimmt. Dieser hier hat einen Zahnpastageschmack, den der andere nicht hat, aber Nachgeschmack hat man immer.«

»Sollen wir einige Tropfen Extrakt dazugeben?«

Bis jetzt ist es Roger bewusst, sogar sehr deutlich bewusst, wo er sich befindet. Die Rue Gérardrie ist eine eigenartige Straße, die er vorher kaum kannte. Sie liegt mitten im Zentrum, zwei Schritte von der Rue Léopold entfernt, wo er geboren ist, und zieht nur die Leute vom Land an, vor allem durch ihre Restaurants ohne Tischdecken, wo man sein Essen mitbringen kann und wo kräftige Serviererinnen Eier mit Speck und Torten, so groß wie Wagenräder, servieren. Die Geschäfte verkaufen Material für Bauernhof und Hühnerhof, in den Schaufenstern sieht man Gipseier, Pakete mit Nahrungspulver für die Schweine, seltsam geformte Körbe, deren Verwendungszweck die Stadtbewohner nicht kennen.

Hier hat sich, wie selbstverständlich, der Flame Gaston van de Waele niedergelassen, als er aus Neeroeteren kam. Er mag noch so viel Geld haben und noch so elegant erscheinen, sich die teuersten Anzüge kaufen und nur Lackschuhe tragen, und doch fühlt er sich nur hier wohl.

Je blasser Roger wird, desto röter und glänzender wird er

mit voranschreitendem Nachmittag. Das macht ihn abstoßend. Er ist erst achtzehn Jahre alt, aber er sieht älter aus, er ist bereits ein Mann, eine Art Stier von dermaßen überschäumender Lebenskraft, dass er aus allen Poren schwitzt. Seine gerötete Haut spannt sich über aufgedunsenem Fleisch, die wulstigen Lippen sind wie frisch aufgeschnittenes Fleisch, er hat eine große unförmige Nase mit weiten Nasenflügeln und aus dem Kopf tretende Augen unter einer niedrigen Stirn, in der die Haare mit den Augenbrauen fast zusammenstoßen.

Ein Tier, das von heftigen Instinkten geplagt wird. Und wenn er, gekleidet in seinen marineblauen Anzug, einen zu weißen Kragen um den Hals, zum Überfluss Lederhandschuhe überstreift, scheint dieser ganze zivilisierte Panzer unter dem Druck der Muskeln platzen zu müssen.

Er bewohnt mit seiner Mutter und seinen Geschwistern das Anwesen in Neeroeteren, wo Élises Eltern gewohnt haben und von dem Léopold ein Ölgemälde gemalt hat. Sein Vater ist nach Deutschland deportiert worden, weil er am Anfang des Krieges Fluchthelfer war, denn man muss nur den Kanal vor dem Haus überqueren, um sich auf holländischem Gebiet zu befinden.

Fängt bereits alles an, trübe zu werden? Ein Donnerschlag grollt, ein einziger. Ihm werden keine weiteren mehr folgen. Das ist vielmehr ein Signal, und dann setzt der Hagel ein, die Hagelkörner springen vom Fenstersims, der Himmel wird mit einem Schlag so dunkel, dass man sich im ganzen Haus beeilt, das Gaslicht anzuzünden.

Der Beweis dafür, dass Roger noch alle Sinne beisammen hat, ist, dass er sagt:

»Lass den Vorhang herunter, Gaston. Bei dem Licht kann man uns von gegenüber sehen.«

Von diesem Augenblick an verliert er jedoch den Begriff von Zeit und beginnt, in der Folge der Ereignisse den Faden zu verlieren. Er bewegt sich in einer immer zusammenhangloseren Welt, und manchmal bricht er, als er sich plötzlich im Spiegel vor einem Chaos von Gläsern und Reagenzgläschen stehen sieht, in ein gekünsteltes Lachen aus.

»Sag mal, glaubst du, dass der Kerl von allen Flaschen probieren will?«

Sein Cousin Gaston hat auf mehreren Reisen mit der Kleinbahn aus Neeroeteren hundertfünfzig Liter Alkohol mitgebracht, den sie dort aus verdorbenen Kartoffeln und angefressenem Getreide destilliert haben. Er hatte die Idee, ihn nicht zu einem ziemlich niedrigen Preis als aus Melasse gewonnenem Alkohol zu verkaufen, sondern ihn in Cognac und Likör umzuwandeln.

Zusammen sind sie in einen Laden in der Rue de la Casquette gegangen, wo ein Armenier Extrakte verkauft, mit denen man, so behauptet er, bei sich zu Hause ohne spezielle Geräte Cognac oder Rum, Bénédictine, Chartreuse, Bitterlikör oder Curaçao herstellen kann.

Glücklicherweise ist Roger dabei, denn Gaston wäre nicht in der Lage, sich mit der Beschreibung zurechtzufinden, die man ihnen zusammen mit den winzigen Fläschchen ausgehändigt hat; und jetzt arbeiten sie mit aller Kraft, sie wollen alle Extrakte versuchen, bewegen sich zwischen den Wirkungen des Alkohols, von dem sie übersättigt sind, kosten dauernd, wobei sie in allen ihren Zusammensetzungen denselben Nachgeschmack von destilliertem Alkohol wiederfinden.

Was macht das schon? Roger hat bereits einen Käufer aufgetrieben, denn Gaston, der bei anderen Gelegenheiten voller Selbstsicherheit ist, wagt nicht, sich den Leuten vorzustellen. Er ist draußen geblieben. Roger war es, der in etwa zehn kleine Cafés ging.

»Pardon, Monsieur. Möchten Sie nicht Cognac, Rum oder Likör von mir kaufen?«

Seit der Besatzung durch die Deutschen ist Alkohol strengstens verboten, und man schenkt ihn nur an zuverlässige Gäste im Hinterzimmer des Ladens aus, in einer Tasse Bovril.

»Zu welchem Preis?«

Er macht nur einen Fehler. Aus Furcht, das Geschäft zu verderben oder für einen Kriegsgewinnler gehalten zu werden, nennt er immer einen zu niedrigen Preis, was er sofort bedauert.

»Fünfzig Franc die Flasche.«

Die meisten haben diesem zu gut gekleideten und zu höflichen Jungen misstraut. Andere haben verhandelt, sich Bedenkzeit erbeten. Heute Abend können die beiden Cousins zehn Flaschen in eine Eckkneipe liefern, in der Nähe des Pont des Arches, unter Arkaden, genau neben dem Laden, in den Roger, als er klein war, jede Woche mit seiner Mutter ging, um Butter zu kaufen.

Was hätte Gaston ohne ihn machen sollen? Warum gibt er ihm nur ein Drittel anstatt der Hälfte des Gewinns?

Er denkt darüber nach. Er denkt viel nach, über mehrere Dinge, die miteinander verschmelzen, er behält nur die Vorstellung von dem seltsamen Ort, an dem er sich befindet, wie über der Stadt schwebend, von der man den Lärm aufsteigen hört. Hinter dem heruntergelassenen Vorhang spürt er einen weiten Raum, dunkel und wimmelnd von Menschen, Mengen von kleinen Cafés, Geschäfte, Leute, die schnell gehen, und andere, die sich in den Türen unterstellen, mit hängenden Schultern und einem Gesichtsausdruck wie nasse Hunde.

»Geht's dir nicht gut, Roger?«

»Doch.«

»Du bist ganz blass. Du tätest vielleicht besser daran, dich zu übergeben.«

»Ich habe keine Lust, mich zu übergeben.«

Er weiß nur, dass er Gaston verabscheut. Er verabscheut auch Verger und Père van Bambeek. Das sind Feiglinge. Verger ist ein Feigling. Roger sieht sein bleiches Gesicht in der Loge des Renaissance vor sich, seine von einer tiefen Falte durchfurchte Stirn. Er hat nicht ein einziges Mal gelacht. Er lacht nie. Nur seine Lippen verziehen sich wie Kautschuk. Wenn man sich überlegt, dass er während der gesamten Vorstellung und in den Pausen, in denen sie in der Brasserie etwas tranken, denselben Gedanken in seinem dicken Kopf wälzte! Er musste es hinterher unbedingt loswerden, als sie wieder in der Dunkelheit des Carré standen.

»Ich dachte, du hättest die Karten geschenkt bekommen.«

»Und?«

»Ich habe die Karten gesehen. Du hast sie am Schalter gekauft.«

»Das kann dir doch egal sein?«

»Wie stellst du es an, zu Geld zu kommen?«

»Ist das deine Sache?«

»Ich könnte auch welches haben.«

»Worauf wartest du?«

»Ich weiß, wo man fast umsonst alte Akkubehälter bekommt. Ich weiß auch, wie ich mir Bleiplatten und Säuren beschaffen kann.«

Roger warf dazwischen:

»Bei deinem Vater!«

»Egal. Die Akkus sind im Moment sehr viel wert, bis zu hundertachtzig Franc. Ich habe gehört, dass es in der Rue de la Madeleine jemanden gibt, der sie zu diesem Preis aufkauft.«

»Warum gehst du nicht hin?«

»Ich traue mich nicht. Ich habe Angst, dass man mich erkennt. Wenn du willst, könnten wir beide uns einigen.«

»Wie?«

»Wir würden sie zusammen hintragen, und du würdest hineingehen.«

»Während du auf der Straße wartest!«

»Ich würde dir fünfundzwanzig Prozent geben. Ich habe genug für wenigstens zehn Batterien. Bei fünfundvierzig Franc das Stück brächte dir das vierhundertfünfzig Franc.«

Das ist drei Wochen her, und sie haben die zehn Batterien verkauft. Sie trugen zwei auf einmal, denn sie sind schwer. Verger blieb, starr vor Angst, auf der Straße stehen und warf ängstliche Blicke zum Haus von Monsieur Gugenheim.

Roger hatte keine Angst, nicht einmal beim ersten Mal. Im Gegensatz dazu erscheint es ihm jetzt, vielleicht wegen des Alkohols, den er getrunken hat, wie ein Albtraum, und er ist Verger furchtbar böse, er wird nicht mehr mit ihm ausgehen; übrigens hat er nichts mehr zu verkaufen, und Roger hat keinen Spaß an seiner Begleitung, er sieht immer aus, als würde er von schändlichen Gedanken geplagt, er erschreckt sich, glaubt, man folge ihm auf der Straße.

»Schau hinter dich.«

»Und?«

»Findest du nicht, dass der Kerl aussieht wie ein Polizist in Zivil? Hast du dein ganzes Geld schon ausgegeben?«

»Und du?«

»Ich behalte es, um mir ein Motorrad zu kaufen, wenn es Ferien gibt. Ich verstecke es irgendwo in der Stadt. Zu Hause sage ich nichts davon.«

»Und wenn deine Eltern dich sehen?«

»Dann sage ich, dass es mir ein Freund geliehen hat.«

Verger ist geizig. Bevor er in ein Café geht, überschlägt er, wie viel es ihn kosten wird, rechnet herum, zögernd, von gegensätzlichen Wünschen hin- und hergerissen.

»Zahl du für uns beide. Ich gebe es dir später zurück.«

Er ist ein widerlicher Kerl, das ist alles! Gaston van de Waele gibt Geld aus, ohne nachzurechnen, mit voller Brieftasche, mit einer Art von Besessenheit, aber er ist auf seine Art ein widerlicher Kerl. Roger weiß es und wird es ihm eines Tages sagen. Und der Sohn von Gugenheim ist ein noch widerlicherer Kerl, mit seinem schiefen Gesicht, seiner Judennase, seinem großen lüsternen Mund und den schweren Augenlidern, die ihm halb über die Augen fallen.

Roger möchte sich übergeben, aber er fühlt, dass es ihm nicht gelingen wird. Sein Blick ist düster, ängstlich, sein Mund bitter, das Zimmer ist hässlich, man erstickt hier, die Wände werden enger wie die in dem Zimmer von Embourg, als er Ziegenpeter hatte. Er fragt sich, ob er das riesige Geschäft von Gugenheim nicht geträumt hat, ob ein solcher Ort wirklich existiert, ohne dass jemand ihn kennt. Denn er hat nie davon gehört, er ist hundertmal daran vorbeigegangen, ohne die schmale Tür auch nur zu bemerken, die Tür mit dem matten

Glas, zwei Schritte von Ramaekers entfernt, wo man für ihn Schuhe nach Maß bestellt hat, als er ins Collège Saint-Louis kam.

Nun, im Innern des Hauses könnte man fast meinen, im Grand Bazar zu sein. Es gibt dort reihenweise Regale, zwei Etagen von Galerien. Ein schmutziges Licht fällt durch das Glasdach, und man sieht niemanden, keinen Kunden, keinen Verkäufer; man erschrickt, wenn in der klangvollen Leere die unproportionierte Gestalt eines vierzehnjährigen Jungen auftaucht, der das einzige lebende Wesen zwischen grotesken Waren ist, die dort ausgebreitet und aufgestapelt sind. Hunderte von Faschingsmasken zum Beispiel sind entlang der Wand aufgereiht, falsche Pappnasen, Bärte, Schnäuzer. Woanders sieht man kiloweise blaue, grüne oder rosa Kämme mit falschem Glitter, Ballen von bunten Umschlagtüchern, Spielsachen, Tonpfeifen, Kleider, Hemden, die niemand trägt, und unglaubliche Haushaltswaren. Alles ist hässlich und gewöhnlich, dass einem die Zähne davon wehtun.

Warum drückt der Junge, dessen schwarzer Kittel wie der Rock eines Chorknaben seine Füße bedeckt, auf eine elektrische Klingel? Hat er Angst, man könne ihn ermorden, die Masken oder die Kämme stehlen, beabsichtigt er, die tote Welt, die ihn umgibt, plötzlich wieder zum Leben zu erwecken? Das Klingeln reicht sehr weit; lange Zeit danach hört man gedämpfte Schritte, begleitet von dem regelmäßigen Hämmern eines Spazierstocks, ein Greis mit weißem Bart, eine Karikatur des Weihnachtsmannes, erscheint von wer weiß woher, ein Ghettokäppchen auf dem Kopf.

Das ist Monsieur Gugenheim, der Vater, den man wegen seines Akzents nur mit Mühe verstehen kann, wenn er spricht. Akkumulatoren? Vielleicht. Er sagt nicht nein. Das interessiert ihn nicht persönlich. Er verkauft nur Artikel für Hausierer und Jahrmarktshändler. Sein Haus ist seit sechzig Jahren als achtbar bekannt, seitdem sein Vater es gegründet hat. Aber vielleicht würde einer seiner Freunde sich dafür interessieren? Wie viel will der junge Mann dafür haben? Hundertachtzig Franc? Nie würde er wagen, eine solche Summe seinem Freund zu nennen.

Da! Eine andere Person von nicht mehr als zwanzig Jahren ist aufgetaucht, ohne dass man sie hat kommen hören; neben Vater Gugenheim stehend, sieht sie genauso aus wie eine Schneiderpuppe, die steif in einem Schaufenster steht, eine Puppe, deren gelbe Augen starr auf Roger gerichtet sind, als wollten sie ihm etwas zu verstehen geben.

»Bringen Sie mir nur die Ware, und wir werden sehen. Ich meine damit, mein Freund wird sehen, nicht wahr, Max? Für hundertfünfzig Franc, wer weiß, ob man sich nicht einig werden kann? Sie haben sich jung ins Geschäftsleben begeben, nicht wahr? Ich möchte wetten, dass Ihr Vater im Handel tätig ist, dass er Akkumulatoren verkauft?«

Mamelin wird nicht hinausbegleitet. Er irrt sich in der Tür, gelangt auf einen Hof, der an die Grundmauern eines Fabrikschornsteins erinnert. Dann, als er endlich die Straße erreicht hat, heftet sich Max Gugenheim an seine Fersen.

»Warten Sie! Ich habe Ihnen etwas zu sagen. Es ist nicht der Mühe wert, dem Alten den Kram zu bringen, er ist auch so ziemlich reich. Ich dagegen nehme es Ihnen für hundertachtzig ab. Kommen Sie, ich zeige Ihnen, wo Sie mich finden können. Sehen Sie diesen Hausflur? Haben Sie keine Angst. Hinten rechts ist eine Treppe. Sie gehen in die dritte Etage hinauf. Vertun Sie sich nicht. Nicht in die zweite, sondern in die dritte. Das ist ein Dachboden. Sie müssen mir nur sagen, wann Sie kommen, und ich werde Sie dort erwarten.«

Misstrauisch betrachtet er Verger, der entschieden hat, sich den beiden zu nähern, aber den Mund nicht auftut.

»Wer ist das?«

»Ein Freund. Wir sind Partner.«

»Haben Sie sonst nichts zu verkaufen?«

Darauf Verger, der immer voller Hintergedanken steckt:

»Was möchten Sie denn kaufen?«

»Irgendetwas: Butter, Konserven, Zucker, Mehl, Fahrradreifen, Schuhe …«

Was trinkt Roger gerade? Cognac, Rum, grünen Chartreuse?

»Und ich«, ruft er aus und schlägt mit der Faust auf den Tisch, »ich sage dir, das sind widerliche Kerle!«

»Aber ja, aber ja«, stimmt sein Cousin zu. »Von wem sprichst du?«

»Von Gugenheim.«

Ist es nicht seltsam, dass die beiden Cousins sich durch Max Gugenheim getroffen haben? Eines schönen Tages, oder vielmehr eines Abends, auf dem besagten Dachboden, zu dem man über eine Treppe ohne Geländer gelangt und den man, mangels Licht, mit einer Kerze beleuchtet, stand Mamelin Auge in Auge Gaston van de Waele gegenüber, den er seit einem Jahr nicht mehr gesehen hatte.

»Was machst du hier?«

»Geschäfte. Und du?«

Jetzt behauptet Roger kategorisch, auf Widerspruch hoffend:

»Und wir sind auch widerliche Kerle. Kerle, wie es widerlicher nicht geht! Umso schlimmer für die, die nicht den Mut haben, widerliche Kerle zu sein!«

Regnet es immer noch? Er weiß es nicht. Sein Verstand kreist um diese Idee der widerlichen Kerle. Wenn man kein widerlicher Kerl ist, umso schlimmer! Sein Vater zum Beispiel ist kein widerlicher Kerl. Und wo ist er in diesem Augenblick, sein Vater? In einem Büro in der Rue Sohet, unter einer Lampe mit grünem Schirm, zitternd vor einem Monsieur Monnoyeur, der hundertmal weniger intelligent ist als er. Wenn er in die Rue des Maraîchers zurückkommen wird, wird ihm diese alte Hexe von Mademoiselle Rinquet seinen Sessel weggenommen haben. Sie wird absichtlich, selbst auf die Gefahr hin, davon krank zu werden, den größten Teil des Abendessens verschlingen, wo Désiré doch immer ein starker Esser gewesen ist. Sie hat Teegebäck mit weißem Mehl gebacken, oder vielmehr war es Élise, die das für sie getan hat. Sie hat es sofort in einer Blechdose verschlossen, die sie ihr leihen mussten, und sie haben es nie wiedergesehen. Sie schließt es in ihrem Kleiderschrank ein, unter ihrer Wäsche – es ist abscheulich! –, und sie trägt den Schlüssel immer bei sich. Élise ist es nicht gelungen, ein einziges Stück zu stibitzen.

»Verstehst du, Gaston? Wenn man kein widerlicher Kerl ist, hat man nur noch zu krepieren. Zum Beispiel du, du bist ein Schieber. Weil du ein Schieber bist.«

»Du solltest versuchen, dich zu übergeben.«

»Du glaubst, ich bin besoffen? Weil ich sage, dass du ein Schieber bist? Und dein Vater? Warum hat er denn den Fluchthelfer gespielt, wenn nicht deshalb, um den jungen Leuten, die sich verpflichten wollten, so viel Geld wie möglich abzuknöpfen? Und was macht er in Deutschland, dein Vater? Er findet immer noch Mittel und Wege, um Geld zu verdienen, auch wenn er deportiert ist, indem er ein Badehaus unterhält, während die Gefangenen verhungern. Soll ich dir sagen, was er ist, dein Vater? Er ist ein Syphilitiker! Als Doktor Matray zu deiner Schwester nach Hause kam, hat er es zu meiner Mutter gesagt, ich habe es gehört, obwohl ich so getan habe, als hörte ich nicht zu.«

Eine Gedächtnislücke. Er erinnert sich nur noch, durchs Treppenhaus gestolpert zu sein, sich gegen die Wand gedrückt zu haben, um eine junge Frau vorbeigehen zu lassen, die sehr gut roch und seinen Cousin und ihn neugierig anblickte. Er hob den Kopf, um zu versuchen, unter ihr Kleid zu sehen, während sie hinaufging.

Er ist verwirrt, als es draußen noch hell ist. Man zündet nur die blau gestrichenen Gaslaternen an. Es regnet nicht mehr. Ein starker Wind beginnt das Pflaster stellenweise zu trocknen.

»Verstehst du, wenn der Kerl verlangt, davon zu probieren, werde ich ihm sagen:

›Pardon, Monsieur …‹

Jawohl, ich werde ihm sagen …«

Er gestikuliert. Er kann die Wege nicht wiedererkennen, durch die man ihn passieren lässt. Er geht dorthin, wohin ihn sein Cousin schiebt, in einer seltsamen Stadt, in der sich Tausende von widerlichen Kerlen bewegen, und er dreht sich nach allen Frauen um mit dem heftigen Wunsch, sie nackt zu sehen, widerlich nackt, mit ihrem bleichen Fleisch in dem dämmrigen Halbschatten. Gleich wird er welche sehen. Wo sind die Flaschen? Haben sie die Flaschen vergessen? Ach ja! Gaston trägt sie in einem verschnürten Paket.

»Hast du den Chartreuse mitgenommen, Gaston? Wenn der Kerl probieren will, verstehst du, dann öffne ich den Chartreuse. Wegen der Farbe, die macht am meisten her.«

»Hör zu, Roger …«

»Ja.«

»Wir sind angekommen. Fühlst du dich in der Lage hineinzugehen?«

»Gib her! Gib her, sage ich dir!«

Er steigt zwei oder drei Treppenstufen hinunter. Wenigstens vier Männer sitzen in einer Ecke eines niedrigen Saales, den er durchquert, ohne sie anzusehen, er irrt sich in der Tür wie bei Gugenheim und wäre fast in das feuchte Kellerloch gestürzt. Schließlich befindet er sich mitten in einer Küche, wo eine Emaillekanne mit blauen Blümchen auf dem Herd steht.

»Hier bin ich. Ich habe zehn Flaschen versprochen, und jetzt bringe ich Ihnen die zehn Flaschen.«

Es sitzt auch noch eine alte Frau in einem Korbsessel wie dem von Désiré, oder vielmehr von Mademoiselle Rinquet, weil ja die alte Hexe … Widerliches Weib, diese Mademoiselle Rinquet! Es ist ein Bedürfnis von Élise, die Leute immer anzusprechen. Sie würde sie auf der Straße auflesen. Wenn sie niemanden hätte, vor dem sie von morgens bis abends zu Kreuze kriechen kann, würde sie krank!

»Wollen Sie nicht probieren?«

Er ist es, der Lust hat, eine Flasche zu öffnen, um noch ein Glas zu trinken. Der Patron will nicht. Er ist ganz klein, ganz rund wie Monsieur van Camp, und auch er sieht aus wie ein Käsehändler. Er betrachtet Roger von unten herauf, als stellte dieser ein für ihn nicht zu enträtselndes Geheimnis dar. Geht es so mit den Schinken von Gouin vor sich? Roger zählt die

Scheine, die man ihm gibt, nicht. Wozu? Hoffentlich fängt er wenigstens nicht an, sich beim Durchqueren des Cafés zu übergeben! Was für ein Gesicht würde Père van Bambeek machen, wenn er ihm am Ausgang begegnete! Wo ist Gaston? Es ist niemand mehr auf der Straße. Es ist dunkel. Irgendwo fließt die Maas.

»Gaston! Ga-asto-on!«

»Psst! Und?«

»Wo warst du?«

Er stand in einer Ecke, um zu pinkeln.

»Hast du das Geld?«

»Ach! Ich weiß nicht mehr, in welche Tasche ich es gesteckt habe. Such selbst. Durchsuche mich. Aber ja, durchsuch mich, wenn ich's dir doch sage!«

Nie wird er erfahren, wo sie Käsebrote gegessen haben, aber es ist sicher in einer dieser Gastwirtschaften für Bauern gewesen, wo sich sein Cousin wie zu Hause fühlt. Ist Gaston auch besoffen?

»Bist du besoffen, Gaston? Wie spät ist es? Ich muss nach Hause.«

Noch eine dunkle Straße, durch die der Wind weht, eine Patrouille, in deren Beine Roger sich beinahe geworfen hätte, die schweren und rhythmischen Schritte dreier deutscher Soldaten, die sich Pfeife rauchend entfernen. Das sind »Gute«, Bayern, mit einem orangefarbenen Band an ihrer Mütze.

»Sollen wir in ein Nachtlokal gehen? Komm, Gaston, lass uns ins Gai-Moulin gehen.«

Er weiß nicht, dass es erst acht Uhr ist. Die Dunkelheit reicht ihm. Er möchte Musik hören, den Tänzerinnen Champagner ausgeben, sich auf den roten Samtbänken lümmeln.

»Sag mal, Gaston ...«

Was wollte er sagen? Er weiß es schon nicht mehr. Diese ganze Stadt, dunkel und schmierig, in der sie wie in einem Labyrinth herumirren, das ist ... Er bringt seinen Gedanken nicht zu Ende, das ist dumm, denn der Gedanke war wichtig, sogar wesentlich. Er ist traurig, angeekelt. Alles ist abscheulich. Es ist widerlich. Das ist das Wort! Es ist widerlich! Und er möchte, dass es noch widerlicher ist, so widerlich, dass man vor Ekel oder Mitleid weinen, sich stöhnend am Boden wälzen könnte!

»Was hast du?«

Er ist vor einer Tür stehen geblieben, zeigt bedeutungsvoll mit dem Finger auf den Fensterladen und stößt hervor:

»Hier ist Gugenheim.«

»Und?«

»Und nichts. Hier ist Gugenheim. Sollen wir läuten?«

Wo haben sie ein Glas Bier getrunken? Das ist unwichtig. Auf jeden Fall sind sie hinter dem Rathaus vorbeigegangen, am Fuß der Treppe mit doppeltem Aufgang, wo man hingeht, um die Hochzeiten zu sehen.

Und jetzt vermengt sich wieder einmal alles miteinander, die Bilder überlagern sich, er gibt sich Mühe, wach zu werden, denn er merkt, dass er schläft. Er sitzt auf einer Bank, in einer Ecke, nicht weit von einem säulenförmigen Ofen entfernt, vor dem auf einem Stuhl eine schwarz-weiße Katze schnurrt.

»Geht's dir besser?«, fragt ihn Gaston mit ordinärer Stimme.

Widerlicher Kerl!

Ach ja! Das Wort kommt ihm wieder in den Sinn. Hat sich sein Verstand nicht lange um diesen Begriff des widerlichen Kerls gedreht, an den er, ohne es zu wollen, beim Aufwachen wieder denkt? Aber wann? Warum? Um welchen widerlichen Kerl handelte es sich?

»Habe ich dir wenigstens das Geld gegeben? Hast du es gefunden?«

Denn er sieht sich wieder, die Arme in die Luft gestreckt, am Rande eines Gehsteigs, während Gaston seine Taschen durchsucht.

Gaston war noch nie so rot, hatte noch nie eine so gespannte Haut. Man hat den unangenehmen Eindruck, dass er einen Aderlass braucht. Er sitzt nach hinten gelehnt auf der Bank aus Englischleder, mit aufgebundener Krawatte, offenem Kragen, und seine Hand knetet die Brust eines dicken, blonden Mädchens, das neben ihm sitzt.

Sie lacht. Sie lachen beide aus vollem Hals, Roger weiß nicht, warum, dann fangen sie an, Flämisch zu sprechen, um sofort darauf noch heftiger zu lachen.

»Du kannst auch mitmachen«, sagt Gaston und weist mit den Augen auf seine Begleiterin. »Es ist genug für zwei da. Komm näher. Das ist was Kräftiges, du brauchst keine Angst zu haben.«

Er betatscht sie mit seinen groben Händen und will unbedingt, dass sein Cousin sie ebenfalls anfasst. Roger muss es machen. Die Frau riecht nach Bier, Reispuder und schwitzigen Achselhöhlen.

Beide glauben, dass er wieder eingeschlafen ist, aber das ist nicht wahr. Seine Wimpern bewegen sich von Zeit zu Zeit. Ab und zu blickt er kurz um sich. Er sieht alles. Das Café ist schlecht beleuchtet. Die Tische aus poliertem Holz sind von übertriebener Sauberkeit, und Sägemehl bildet Zeichnungen auf den Fußbodenfliesen.

In der Nähe des Fensters, vor dem gestickten Vorhang, sitzen zwei Deutsche mit einer Frau am Tisch, die das genaue Gegenteil von der von Gaston ist, dünn, dunkelhaarig mit ernstem Gesicht. Das Kinn auf ihre angewinkelte Hand gestützt, hört sie geduldig und ernst dem zu, was ein eindrucksvoller Feldwebel zu erzählen versucht, ein rothaariger Mann in den Vierzigern, der auf dem Kopf diese seltsame Mütze ohne Schirm trägt, grau mit einem flaschengrünen Streifen und einer Kokarde aus schwarz-weiß-roter Emaille.

Der andere Deutsche ist noch älter, kränklich, fast verwachsen, wenn es nicht sein zu großer Mantel ist, der ihn unförmig macht, und er dämmert mit gesenktem Kopf in düsterer Melancholie vor sich hin.

Der rothaarige Koloss hat aus seiner Brieftasche einen ganzen Stoß von Fotografien gezogen, die er auf dem Tisch ausbreitet, zwischen den von Geneverglasern flankierten Biergläsern. Vielleicht ist auch er betrunken? Er erklärt, er möchte erklären, sucht nach Worten, die er nicht finden kann, beharrt mit gerunzelter Stirn darauf, lächelt breit, als seine Begleiterin so tut, als verstünde sie endlich, und nun ihrerseits Kauderwelsch mit ihm redet. Ohne die Fotografien seiner Frau und seiner Kinder aus den Augen zu lassen, schiebt er zufrieden seine Hand unter den Rock und summt ein sentimentales Lied, wobei er versucht, im Takt zu bleiben.

Das ist sehr weit weg und doch ganz nah. Zwischen Roger und den Dingen treibt ein gelber Nebel, der die Töne dämpft und den Bildern etwas Weiches und Geheimnisvolles verleiht; er schließt die Augen und hört der gesummten Romanze weiter zu, in die sich bald das gedämpfte Pferdegetrappel auf hart gewordenem Schnee mischt.

Das ist sicherlich wegen der Stimme von Gaston, der geflüsterten flämischen Worte, der Hitzewellen, die der Ofen zu ihm schickt. Er ist in einem Schlitten, mit Cécile, der zweitältesten Tochter von van de Waele, und Alice, der jüngsten, die aussieht wie eine Heuschrecke oder wie ein anderes Insekt. Der Schlitten ist nicht breit. Jef hat auf dem Vordersitz Platz genommen und kutschiert. Man sieht nur seinen Bärenrücken. Rechts von Roger bewegt sich Alice die ganze Zeit, aber zur Linken kuschelt sich Cécile, die fast so alt ist wie er, an seiner Seite.

Er hat einen Arm um ihre Hüfte gelegt. Seine rechte Hand liegt in ihrer auf ihrem Schoß; eine dicke Decke, die gut nach Pferdestall riecht, bedeckt sie bis unters Kinn.

Obwohl der Mond sich versteckt hat, erkennt man die schwarzen Baumstämme der Pappeln auf dem glitzernden Schnee. Der kalte Nordostwind ohrfeigt die blau gefrorenen Gesichter, aber die Hände sind heiß, es herrscht eine trauliche Wärme unter der Decke, und dem Schoß von Cécile, dessen Konturen Roger durch das Kleid hindurch fühlt, entströmt eine noch stärkere Wärme.

Er bewegt sich nicht. Er möchte, dass es ganz lange dauert, dass sie nie an der Dorfkirche ankommen, wo sie an der Mitternachtsmesse teilnehmen werden.

Er hat nur ungefähr zehn Tage in Neeroeteren verlebt. Zuerst ist Mia, die älteste Schwester von Gaston, nach Lüttich gekommen, um ihre Wunden behandeln zu lassen, die sie fast überall auf dem Körper hatte und die sich verschlimmerten, anstatt zu heilen. Als von ständiger und schwieriger Pflege die Rede war, hat sich Élise angeboten, wie man sich denken konnte, und Mia ist gekommen, um in dem Haus in der Rue de la Loi zu wohnen, aus dem sie noch nicht ausgezogen waren. Wenn sich Désiré über den wenig appetitlichen Geruch der Salben und des Verbandszeugs beschwerte, der in der Luft hing und bis in die Küche drang, sagte Élise:

»Du vergisst, dass sie uns Lebensmittel schicken!«

Roger wurde eingeladen, die Weihnachtsferien in Neeroeteren zu verbringen. Er sieht die große Küche vor sich, wo Gaston am Kopfende des Tisches gewichtig die Rolle des Familienvaters einnahm, das Tischgebet sprach, dann als Erster seinen Teller füllte, während seine Mutter wie ein Dienstmädchen geschäftig um ihn herum war und seine Schwestern respektvoll schwiegen.

Nirgendwo anders ist er von einer so beruhigenden Wärme durchdrungen worden wie in diesem Raum, in dem ganze Schinken und Stücke Speck hingen und man die Eisblumen von den Scheiben kratzte, um das Vieh langsam über den Hof gehen zu sehen.

Jef, Gastons Bruder, ist ein Ungeheuer mit großem Kopf und Händen wie ein Riese. Er nahm Roger mit in die Tannenwälder, um Eichhörnchen zu jagen; er tötete zwei mit einem Stein und zerlegte sie, als sie noch warm waren. Unter dem Dach der Schweineküche zündete er dann ein Holzfeuer an und grillte auf einem Stock die Kadaver, deren Blut in die Flammen lief.

»Isst du nichts? Das ist sehr gut.«

Er tötet und isst auch Katzen, Waldmäuse, eine Menge Tiere. Er isst den ganzen Tag über, egal was. Roger dagegen nahm in seinen Taschen Kartoffeln mit, die er unter der Asche rösten ließ.

Mutter van de Waele, der die Röcke um den Körper hängen wie um einen Besenstiel, hat, wie Élise, ein furchtsames Sklavengesicht. Nur die Männer gelten etwas hier im Haus; ein einziger Mann, der Gebieter, und wenn sein Vater abwesend ist, ist Gaston dieser Gebieter. Die Mädchen drücken sich in eine Ecke, wenn er kommt, augenblicklich herrscht Schweigen; er setzt sich, man beeilt sich, ihm seine Stiefel auszuziehen und ihm seine Pantoffeln anzuziehen, man bringt ihm seine fertig gestopfte Pfeife und ein glimmendes Holzstück, das man mit einer Zange aus dem Kamin geholt hat.

Vielleicht verlockte es Roger, hier zu leben, in der Unendlichkeit der Felder, die von den zugefrorenen Kanälen und den zum Osten geneigten Pappelreihen unterteilt werden? Er hätte Cécile geheiratet, deren Haut zart und ein wenig weich ist und die ihn schon mit unterwürfigen Augen ansah.

Er bewegt sich in seiner Ecke. Eine Wut steigt in ihm auf. Er wird sich wieder ereifern. Er tut es. Was hat er soeben zu Gaston gesagt? Die Wahrheit! Dass sie alle Syphilitiker sind. Der Vater hat das schon in der ersten Zeit seiner Ehe mitgebracht. Seine Frau musste sich sofort behandeln lassen, und jetzt fallen ihr die Haare aus, sie hat fast keine Zähne mehr. Jef, der zweitälteste Sohn, ist anormal, man könnte ihn auf dem Jahrmarkt als Waldmenschen ausstellen. Es kommt vor, dass er um die Kinder, die auf den Kanälen Schlittschuh laufen, wie um die Katzen und die Eichhörnchen herumstreicht, und wer weiß, ob es nicht eines Tages passieren wird, dass er eins von ihnen erdrosselt?

»Widerliche Kerle!«, heult Roger und setzt sich auf.

»Was hat er, dein Freund?«, fragt das blonde Mädchen erstaunt. »Packt ihn das oft?«

»Setz dich, Roger. Du tätest gut daran, einen Kaffee zu trinken.«

»Ich will keinen Kaffee. Ich will Schnaps.«

Und aus Angst, man könnte es ihm verwehren, leert er hintereinander die beiden Gläser, die auf dem Tisch stehen. Dann pflanzt er sich vor dem Deutschen auf, den er herausfordernd anblickt.

»Warum habe *ich* keine Frau?«

»Psst! Schrei nicht so laut. Ich habe dir angeboten, dich zu uns zu setzen.«

»Und wenn ich Lust habe, mit einer Frau zu schlafen?«

»Nicht so laut, mein kleiner Monsieur«, mischt sich die Wirtin ein, die er noch nicht gesehen hat, weil sie durch die Theke verdeckt war, hinter der sie ein kleines Nickerchen machte. »Sie können sich vergnügen, aber Sie dürfen solches Zeug nicht so herumschreien. Sehen Sie sich Ihren Freund an, wie er sich nett amüsiert.«

»Das ist ein widerlicher Kerl.«

»Also hören Sie mal!«

»Und ich auch, ich bin ein widerlicher Kerl. Und der da ist auch ein widerlicher Kerl.«

Der Deutsche, der nichts versteht, hebt sein Glas, tut so, als stieße er an, und ruft:

»Prosit!«

»Ich will was zu trinken haben«, brüllt Roger außer sich, wobei er sich fragt, was er wohl tun könnte, um sich zu erleichtern. »Ich will sofort was zu trinken haben, oder ich schlag alles kaputt. Und vorher will ich pinkeln. Wo kann man hier pinkeln?«

Die Alte führt ihn durch die Küche auf einen kleinen Hof,

der Feuchtigkeit ausdünstet. Er muss sich gegen die Mauer lehnen, denn er fühlt, wie er schwankt. Als er ins Café zurückkommt, sieht er, dass sich die beiden Gruppen zusammengesetzt haben: Gaston, die deutschen Soldaten und die beiden Frauen an einem Tisch.

Eine Sekunde lang ist er im Begriff, nüchtern zu werden. Seine Augen werden ganz klein, feindselig, aber es genügt, dass man ihm ein Glas in die Hand drückt, und er setzt sich fügsam hin.

»Verstehst du, Gaston, was mich wütend macht, ist, dass es so wundervoll sein könnte …«

Was könnte wundervoll sein? Genau das kann er nicht erklären. Er fühlt es. Es scheint ihm, als genügte es, ein für alle Mal eine Anstrengung zu machen, und dann wären sie keine widerlichen Kerle mehr, das Leben wäre schön und sauber, harmonisch wie bestimmte Erinnerungen, man hätte nicht mehr jederzeit den Eindruck, im Dreck herumzuwaten.

»Sieh mal! Ein Beispiel! Ein Beispiel, und du wirst sofort verstehen. Das Geld, das ich hier habe …«, er schlägt sich heftig an die Stelle auf der Brust, wo seine Brieftasche sitzt, »… nun! dieses Geld, das ist mehr, als wir in zwei Monaten durch Mademoiselle Rinquet verdienen. Und was mache ich damit, hm? Versuch mal zu sagen, was ich damit tun werde! Erst mal, hier …«

Er nimmt auf gut Glück einen Geldschein und schiebt ihn in die Hand des dunkelhaarigen Mädchens.

»Nimm, komm! Hab keine Angst! Ich bin vielleicht besoffen, aber ich weiß, was ich tue, und ich werde morgen nicht wiederkommen, um es von dir zurückzuverlangen. Und mit dir schlafen … ich hab keine Lust dazu.«

»Psst …«

Das ist kein Bordell, sondern ein Café, wie man sie in den friedlichen Straßen um das Rathaus herum findet. Sicher, man kann sich mit einer Serviererin in eine Ecke setzen und mit ihr schäkern. Tagsüber herrscht ein günstiges Halbdunkel, und abends ist die Beleuchtung so diskret wie möglich.

»Was müsst ihr mich alle so ansehen? Hab ich eine schwarze Stelle auf der Nase? Hm? Traut ihr euch nicht zu antworten?«

Der Feldwebel steht auf und spricht in seiner fremden Sprache mit ihm, geht auf ihn zu und tut, als wollte er ihn umarmen.

»Bleib ruhig, Roger. Gib acht auf das, was du tust. Er ist nicht bösartig. Er sagt, dass du seinem jüngeren Bruder ähnlich siehst, der im August 1914 gefallen ist.«

»Prosit.«

Die Alte hat die Gläser nachgefüllt. Sie erscheint nur, wenn sie gebraucht wird, und verschwindet sofort wieder. Der Bucklige, der eine unerwartete Bassstimme hat, steht ebenfalls auf, steigt auf seinen Stuhl und stimmt aus vollem Hals ein trauriges Lied an.

»Komm her und setz dich. Hör auf! Sei nicht dumm. Du wirst doch jetzt nicht weinen?«

»Warum sollte ich weinen?«

Er gehorcht dem dicken Mädchen, das ihn mit mütterlicher Zärtlichkeit umfängt.

Später muss er wohl auch gesungen haben. Er steigt auf die Sitzbank. Er gestikuliert. In einer Ecke fleht Gaston, blau vor Bluthochdruck, die alte Frau an, ihn mit seiner Begleiterin hinauf in ein Zimmer gehen zu lassen – eine halbe Stunde, zehn Minuten, nur fünf Minuten, noch weniger!

»Herzlich gern, guter Herr. Sie müssen verstehen, dass ich einem netten Jungen wie Ihnen gern einen Gefallen täte. Aber die Polizei ist sehr streng. Darüber hinaus kommen die Patrouillen fast jeden Abend vorbei. Man würde mir mein Haus schließen. Ich säße auf der Straße. Seien Sie brav. Bringen Sie Ihren Freund nach Hause und gehen Sie schlafen. Morgen können Sie wiederkommen.«

Was ist noch passiert? Man zwingt Roger, heißen Kaffee zu trinken, den er auf seinen schönen Anzug schüttet. Sie waschen die Flecken mit einem Zipfel der Serviette mit warmem Wasser aus. Er verachtet sie alle, umso mehr, als sie um ihn herumlaufen.

Sie verstehen nichts! Vor einem Monat zum Beispiel, wollte er da nicht, dass Raoul ihm die Haare abrasierte? Er trug Holzschuhe, er rauchte eine Altmännerpfeife, und er ging langsam zur Abendandacht in die Krypta von Bouhay.

Und wenn sein Vater ihn jetzt mit den deutschen Soldaten an einem Tisch sitzen sähe? Roger könnte es ihm noch so sehr erklären, Désiré würde es nicht verstehen. Das ist kein widerlicher Kerl, der nicht! Er geht durch die Straßen, ohne die Schweinereien zu sehen. Nie ist er, wie sein Sohn, in die Versuchung gekommen, in die Niederungen der Stadt einzutauchen. Er glaubt das, was ihm zu glauben gesagt wird, und während des Hochamtes steht er aufrecht in der Bank, genauso heiter wie ein Heiliger auf dem Kirchenfenster, während Chrétien Mamelin von Stuhl zu Stuhl geht, um für den erhabenen Saint-Roch zu sammeln.

Hat Saint-Roch Geld nötig, auch er?

Roger hat ein Rendezvous mit der kleinen Tänzerin aus dem Renaissance-Theater gehabt. Auf der Straße ist sie nur irgendein Mädchen, furchtsam, sehr ärmlich. Als er ihr die goldene Puderdose überreichte, für die er kurz vorher zweiunddreißig Franc gezahlt hatte, blickte sie ihn mehr erschrocken als dankbar an, so kostbar erschien ihr dieses Geschenk.

»Das ist zu viel«, stammelte sie in demselben Tonfall wie Élise, wenn ihre Schwester Marthe Schokolade oder Sardinendosen in ihr Netz schiebt.

Er wollte sie küssen. Sie ließ es ergeben mit sich geschehen, wobei sie starr über seine Schulter blickte.

»Sie dürfen mir keine Blumen mehr schicken, wie neulich. Meine Freundinnen fragen sich, was das zu bedeuten hat. Sie glauben, ich will mich wichtig machen.«

»Was sagen sie über mich, Ihre Freundinnen?«

»Dass Sie nett aussehen und dass Sie gut gekleidet sind.«

»Und die Schauspieler?«

»Ich weiß es nicht. Sie sprechen nicht mit uns.«

Père Renchon gibt sich den Anschein, sich nicht um ihn zu kümmern, und Roger vermeidet es, ihn etwas zu fragen, denn er kann keine einzige Lektion, schmiert seine Hausaufgaben irgendwie hin, manchmal im Gehen auf der Straße. Nach Hause geht er nur, um zu essen und zu schlafen.

»Gibt es Essen?«

Er setzt sich zu Tisch und steht wieder auf, kaum dass die Mahlzeit beendet ist, geht fort oder schließt sich in seinem Zimmer ein, vermeidet es vor allem, seinem Vater Auge in Auge gegenüberzustehen. Manchmal hat er den Eindruck, dass dieser ihn wie am Ende eines Bindfadens laufen lässt, dass er alles weiß, dass er Angst hat, sich einzumischen, und dass er voller Angst wartet.

Er ist sturzbetrunken. Der Beweis dafür ist, dass er nicht weiß, wie er das schäbige kleine Café verlässt. Sind sie nicht einige Zeit in Begleitung der beiden Deutschen gegangen, mit denen Gaston eine nicht enden wollende Unterhaltung begonnen hat?

Trotzdem merkt er, wie er die Passerelle überquert, deren federnde, immer ein wenig glitschige Planken er unter seinen Schritten erkennt. Er will sich sogar auf das Geländer stützen, um das Spiegelbild des Mondes auf dem Wasser zu betrachten und dabei zu weinen. Sein Cousin schiebt ihn weiter. Er hält ihn unter dem Arm fest, zwingt ihn zu gehen.

»Behandle mich nicht so grob, Gaston!«

»Komm, geh weiter! Die Mieze hat versprochen, zu mir nach Hause zu kommen, sobald die Wirtin eingeschlafen ist.«

»Und wenn du dir die Syphilis einfängst? Sag mal, Gaston … Schau … Wir sind in der Rue Puits-en-Sock. Ich bin vielleicht besoffen, aber ich erkenne sie, das ist die Straße der Mamelins, und dort, wo ein großer roter Zylinder über der Tür hängt, das ist bei meinem Großvater. Daneben, das ist Gruyelle-Marquant. Du glaubst, dass du eine Menge weißt, dabei weißt du überhaupt nichts … Soll ich dir etwas sagen?«

Er hätte fast gesprochen, aber sein Gesicht hat sich plötzlich verschlossen, als er sich wieder des Abgrunds bewusst wird, der ihn von einem Gaston van de Waele trennt.

»Das geht dich nichts an. Geh und schlaf mit dem dicken Mädchen. Sie riecht nach Bier und Molke.«

Warum nach Molke? Er weiß es nicht. Das passt zu ihrem Fleisch, das so weiß und weich ist wie ein Kuheuter.

»Hör zu, Roger, es ist nicht nötig, deinen Eltern zu erzählen, dass du mit mir weg warst. So wie ich deine Mutter kenne, würde sie es in der ganzen Familie herumerzählen.«

Richtig, in Neeroeteren spricht Gaston vor jeder Mahlzeit mit lauter Stimme das Tischgebet!

»Hab keine Angst! Jetzt kannst du mich allein lassen. Ich bin fast zu Hause.«

Und er entfernt sich im Zickzack von seinem Cousin, der ihn noch beobachtet, biegt in die Rue des Maraîchers ein, bemerkt sofort etwas Licht, das durch den Fensterladen hindurchschimmert. Es braucht seinen Schlüssel nicht aus der Tasche zu holen, auch nicht an den Briefkasten zu klopfen. Im Hausflur wird schon das Licht angezündet. Die Tür öffnet sich. Es ist nicht sein Vater. Es ist Élise.

»Woher kommst du um diese Uhrzeit, Roger? Schämst du dich nicht?«

Als Erstes fällt ihm auf dem schwarzen Marmor des Kamins das vertraute Zifferblatt des Weckers auf, der zehn Minuten vor zwei anzeigt. Bei dieser Entdeckung wird er von Panik ergriffen, aber sofort danach erblickt er Mademoiselle Rinquet auf der Lauer im Sessel seines Vaters.

Da steigt mit einem Mal wieder die Streitsucht in ihm hoch, so wie einem das Blut in den Kopf steigt. Rot, wie er war, weicht ihm jetzt das Blut aus dem Gesicht, die Nasenflügel verengen sich, die Pupillen ziehen sich zusammen, man spürt, dass nichts und niemand imstande sein wird, ihn zu bremsen.

»Worauf wartet sie, die alte Hexe?«

»Roger, willst du wohl still sein? Tatsächlich, du hast getrunken! Mademoiselle Rinquet, die so freundlich war, mit mir zu warten! Zwanzigmal sind wir bis zum Pont d'Amercœur gegangen, und ich habe mich sogar an das Kommissariat gewandt, weil ich dachte, es sei ein Unglück passiert!«

»Sie hätte sich sehr darüber gefreut!«

»Roger! Geh sofort hinauf und leg dich schlafen! Morgen wirst du sie um Verzeihung bitten.«

»Ich? Nie im Leben! Ich hasse sie! Ich verachte sie! Sie ist eine bösartige Frau, die nicht zu leben verdient, und du weißt es sehr gut. Wenn es eine Gerechtigkeit gäbe, wäre es der alte Abfall wie sie, den man auf die Schlachtfelder schicken würde, anstatt arme Soldaten zu töten.«

Élise gerät außer sich, versucht vergeblich, ihn zum Schweigen zu bringen, findet kein anderes Mittel, als lauter zu schreien als er.

»Du bist verrückt! Du bist wirklich verrückt! Mademoiselle Rinquet, mein Sohn ist verrückt geworden! Es ist eine Schande! Das habe ich nicht verdient. Und währenddessen ist sein Vater so krank vor Sorgen, dass er sich hinlegen musste …«

Beim Wort Vater hat Roger plötzlich die Küche verlassen. Er rennt die Treppe hinauf, vier Stufen auf einmal, bleibt einen Augenblick auf dem Treppenabsatz stehen, um seine Erregung ein wenig verfliegen zu lassen. Während er noch unbeweglich dasteht, eine Hand auf seinem wild klopfenden Herzen, ruft eine Stimme sanft:

»Bist du es, mein Sohn?«

Die Tür ist angelehnt, das Nachtlicht, das benutzt wurde, als er klein war, brennt. Das ist so ungewöhnlich, dass Roger zittert und eine tödliche Unruhe sich seiner bemächtigt.

»Stimmt es, dass du krank bist?«

Das Schlimmste ist, dass die Trunkenheit noch immer seine Zunge lähmt, sodass er über die Silben stolpert.

»Deine Mutter übertreibt immer. Nun, du bist wieder da. Geh schnell schlafen.«

Da legt Roger ungestüm seinen Kopf auf das Bett, auf die Brust seines Vaters, er schluchzt, er wartet darauf, das Wort Verzeihung stammeln zu können, aber seine Kehle ist wie zugeschnürt, eine Hand streichelt seine durchnässten Haare – er weiß nicht, warum seine Haare nass sind –, man hört Élises Stimme, die Küchentür wird geöffnet.

Und sein Vater murmelt, als wäre zwischen ihnen keine weitere Erklärung nötig:

»Geh schnell schlafen. Gute Nacht, mein Sohn.«

Am nächsten Morgen findet er in einer seiner Taschen ein kleines, ganz rissiges Foto, auf dem ein Junge von vierzehn oder fünfzehn Jahren im Tiroleranzug auf einem von Tannen bewachsenen Berg abgebildet ist. Der Junge hält ein kleines Mädchen im kurzen Röckchen an der Hand, das wohl seine Schwester ist.

Lange Zeit ist er ratlos, als ihm endlich wieder das Bild eines Feldwebels mit rotem Schnurrbart ins Gedächtnis kommt, der ein Lied aus seinem Land summte, wobei er auf einer Bank von links nach rechts schunkelte, die Hand unter den Röcken eines mageren Mädchens.

Mademoiselle Rinquet läuft den ganzen Tag herum, um ein Zimmer zu finden, und abends kommt sie mit einem Gepäckträger, um ihre Sachen zu holen.

Als Élise, die unaufhörlich weint, während sie ihren Haushalt macht, die Tür hinter der alten Giftnudel schließt, sagt sie mit einem Seufzer der Erleichterung:

»Die wären wir los!«

7

Gib mir deinen Arm, Roger, ja? Wenn du wüsstest, wie oft ich zu meinen Freundinnen aus dem l'Innovation gesagt habe, als du klein warst:

›Ihr werdet sehen, später gehe ich am Arm meines großen Sohnes spazieren, und man wird ihn für meinen Liebhaber halten!‹«

Élise zwingt sich zu lächeln und versucht, aus diesem Lächeln alles zu verbannen, was nach Melancholie aussehen könnte. So gehen sie an diesem Morgen Arm in Arm am Quai de Coronmeuse entlang. Morgen wird Roger im Collège ein Schreiben von Désiré abgeben, in dem steht, dass sein Sohn krank war, obwohl Père Renchon bereits die Wahrheit kennt. Roger hat ihm tags zuvor gesagt:

»Ich werde mit meiner Mutter und Cousinen Lebensmittel holen, fast zwanzig Kilometer weit entfernt, hinter Visé, kurz vor der holländischen Grenze.«

Es ist neun Uhr morgens, die Stunde, die er am liebsten hat, wenn die Straßen ihre Morgentoilette machen und die Sonne noch all ihre verheißungsvolle Leichtigkeit hat. Sicher, sobald der Abend kommt, wird Roger von der zwielichtigen Atmosphäre der schlecht beleuchteten Stadt angezogen, und er kann sich noch so sehr geschworen haben, nicht hinauszugehen, es genügt, dass er durch sein Fenster den bläulichen Lichtschein einer Gaslaterne oder ein unbekanntes Paar sieht, das dicht an den Häuserwänden vorbeigeht, und er begibt sich für Stunden auf Wege, die er keinem anvertrauen kann.

Trotzdem bleibt er im Wesentlichen ein Morgenmensch. Von all seinen Erinnerungen sind die schönsten die an frühlingshafte Morgen, an die Passerelle, die die glitzernde Maas überspannt, an einen zähen Dunst, der noch die Dinge umhüllt, an den Lärm des Gemüsemarktes auf der Place Cockerill, am Ufer des Flusses dann die Goffe mit ihrem Durcheinander von wohlriechenden Obstkörben und den breithüftigen Marktweibern.

»Du erzählst jedem, dass ich zum Vergnügen weine und mich beklage, aber das ist nicht wahr, Roger. Nur, weißt du, ich habe so wenige schöne Augenblicke in meinem Leben gehabt! Gerade du hast mir oft Kummer gemacht. Sehen wir nicht gut aus, wir beide zusammen?«

Aber ja, sie sehen gut aus. Roger ist gerührt zu spüren, wie sie an seinem Arm zittert, im Grunde ein so kleines Mädchen, so wehrlos, dass er dadurch zum Mann wird.

»Wenn ich Untermieter genommen habe, wenn ich sie geneppt habe, so oft ich nur konnte, dann nur für dich, damit du eines Tages etwas Besonderes wirst. Und du tust mir so weh, wenn du mich mit Vorwürfen überhäufst! Meine einzige Freude ist, dich wohlauf und gut gekleidet zu sehen, zu wissen, dass es dir an nichts fehlt.«

»Aber ja, Mutter.«

Und er fragt sich ernsthaft, ob er nicht Élises Traum verwirklichen soll. In ihm sind mehrere Menschen angelegt, und noch ist Zeit zu wählen. Das Idealbild seiner Mutter ist zum Beispiel Monsieur Hermann, der Erste Geiger des Théâtre Royal, der nicht geheiratet hat, um mit seiner alten Maman zusammen zu wohnen. Sie ist ganz klein, so blühend und gepflegt, dass Élise nicht ohne Neid ihr Haus mit der weißen Tür in der Rue Pasteur sehen kann, wo die Mutter und der Sohn sich wie Verliebte verhätscheln.

Roger ist nicht musikalisch. Er könnte vielleicht eine Laufbahn einschlagen wie die von Vriens, dem wallonischen Dichter, den er jeden Morgen am Quai trifft, auf dem Kopf einen weiten schwarzen Hut, eine Künstlerschleife umgebunden, mit verträumtem Blick und wohlwollendem Lächeln. Er schreibt zärtliche Lieder im Dialekt, die jedermann summt, und es gibt niemanden, der ihn nicht kennt und sich nicht nach ihm umdreht, wenn er, friedvoll und genießerisch seine Pfeife paffend, in die Gemeindebibliothek von Chiroux geht, um dort seinen Platz einzunehmen.

Er kennt Roger, der, bis auf die letzten Wochen, sein eifrigster Kunde ist. Vor langer Zeit hat er ihn ermutigt, Gedichte zu schreiben.

Élise träumt auch von einer Konditorei, wo ein kräftiger und gutmütiger Roger in der köstlichen Hitze der Backstube hin und her geht, während sie selbst, sehr sauber, in einer weißen, gestickten, vor Stärke knisternden Schürze, hinter einer Marmortheke Torten verkauft.

»Das ist ein guter Beruf, Roger! Hast du jemals einen Konditor gesehen, der Not leidet? Übrigens sind alle Geschäfte, in denen etwas zu essen verkauft wird, gut gehende Geschäfte. Sieh dir die Metzger an. Ich möchte nicht, dass du Metzger wirst, aber es gibt nicht einen einzigen, der nicht wohlhabend ist.«

An Vormittagen wie diesem scheint es ihm, als bemühte sich die Stadt, ihm ein einfaches, herzliches Gesicht zu zeigen, um ihn für sich zu gewinnen. Dort, auf der anderen Seite des Flusses, auf dem sich Schleppkähne in mehreren Reihen drängen, ist die Badeanstalt, in die er früher jeden Morgen mit seinem Großvater und den alten Stammkunden ging. Verwirklicht nicht zum Beispiel ein Monsieur Fourneau, immer in Begleitung seiner Hündin Rita, die er nach Kieselsteinen tauchen lässt, das vollkommene Glück?

Man braucht sich nur für den Tagesablauf eine bestimmte Anzahl von Angewohnheiten zu schaffen, Riten, kleine Freuden, und das Leben fließt sanft und reibungslos dahin, fast ohne dass man bemerkt, wie die Zeit verfliegt.

Im Quartier Saint-Léonard sagt man von Monsieur Fourneau, wie man in der Rue Puits-en-Sock von Chrétien Mamelin sagt:

»Er ist solch ein netter Mann!«

Roger hat sich auf einen anderen Weg eingelassen, und manchmal bekommt er Angst, denn er weiß nicht, wohin er führt. Auf diesem Weg, auf den ihn eine unbekannte Macht treibt – seine Mutter würde sagen, dass es seine dunklen Triebe sind –, wird es niemanden geben, der ihm beipflichtet, ihm hilft, niemanden, der ihn im Falle einer Katastrophe tröstet.

»Das ist wie mit meiner Schwester Louisa, Roger. Ich weiß, dass du sie nicht riechen kannst. Sie tut nichts, damit man sie mag, ich bin deiner Meinung. Eines Tages werde ich dir ihr Leben erzählen, und du wirst ihr verzeihen, dessen bin ich sicher. In der Zwischenzeit versuche, dich ihr gegenüber ein wenig liebenswürdiger zu geben, und wenn auch nur, um mir eine Freude zu machen.«

Er verspricht es. Was würde er heute nicht versprechen?

Eine Kleinigkeit könnte ihm Tränen entlocken. Es ist ein wenig von seiner Kindheit, was ihm zulächelt, was schüchtern versucht, ihn zurückzuhalten, während er fühlt, wie ihn ein Räderwerk mit sich reißt, auf das er sich, wie ohne sein Wissen, eingelassen hat.

»Du wirst meine Freundin Eléonore Dafnet sehen, die du noch nicht kennst. Sie dagegen kennt dich gut. Im l'Innovation hat sie in der Abteilung nebenan gearbeitet. Sie war nicht glücklich, denn ihr Vater war ein Trinker. Als du geboren wurdest, schenkte sie dir die kleine Silberglocke, die den Abdruck deiner ersten Zähne trägt. Sie hat einen Landwirt aus Lanaeken geheiratet. Das muss anstrengend gewesen sein für ein so zartes und empfindsames junges Mädchen wie Eléonore. Ich habe sie letzte Woche eines Abends in der Rue Neuvice getroffen. Wir sind uns in die Arme gefallen. Sofort sagte sie zu mir:

›Du weißt ja, Élise, wenn du Lebensmittel brauchst, genier dich nicht. Wir wohnen ein wenig weit weg, aber du hast jetzt einen großen Sohn, der dir sicher hilft.‹«

Er spürt den Vorwurf – ungewollt, denn auch seine Mutter möchte, dass nichts Unangenehmes zwischen ihnen steht. Seit zwei Monaten hat er sich nicht ein einziges Mal angeboten, zur Lebensmittelausgabe zu gehen. Élise verbringt ihre Tage damit, in der Schlange zu stehen, mal für Brot, mal für Speck aus Amerika, für Reis, Kartoffeln oder Kohle. Letzten Montag hat sie einen Handkarren gemietet, den sie, beladen mit zwei Säcken Kohlen, durch die Straßen geschoben hat, und sie musste einen Passanten ansprechen, der ihr half, die Kohlen in den Keller hinunterzutragen.

»Wenn der Krieg nicht wäre, wären wir drei so glücklich!«

Er lässt sich fallen, er ist sich bewusst, dass er im Warmen versinkt, in Sonne, in etwas Beruhigendem. Noch ein Stück Gehsteig, und dann kommt der Laden von Tante Louisa, die Glastür mit den durchsichtigen Reklameschildern, die nie ausgewechselt wurden, der Geruch nach Genever und Gewürzen, der Kalender mit den beiden jungen Mädchen, der Dunklen und der Blonden.

»Anna wird sofort fertig sein. Die kleinen Duchênes sind Brot holen gegangen. Komm herein, Élise. Komm herein, Roger. Mein Gott, wie groß er geworden ist! Anna! Anna! Beeil dich. Élise ist hier unten.«

Man hört Anna, die älteste Tochter von Jusseaume, die sich in der ersten Etage, wo Roger noch nie war, anzieht. In der Küche steht Monique Duchêne in einem langen, hell geblümten Kleid, auf dem Kopf einen breitrandigen Strohhut aus Italien mit einem blassblauen Band. Sie hat geweint. Sie tupft noch immer ihre Augen mit ihrem zusammengeknüllten Taschentuch.

»Meine arme Monique«, seufzt Élise und umarmt sie. »Kommst du mit uns? Fürchtest du nicht, dass es zu anstrengend ist?«

Lang und dünn erinnert sie an eine schwache Blume, deren Stängel sich beim geringsten Lufthauch neigt. Alles an ihr ist zart und duftig wie ein Pastellbild. Tante Louisa mischt sich ein:

»Ich kann ihr noch so oft sagen, dass sich alles einrenken wird, dass Gott nicht Evaristes Unglück wollen kann, sie hört nicht auf, sich Sorgen zu machen. Heute Morgen hat sie von Nachbarn erfahren, dass er wieder an diese Frau geschrieben hat.«

Noch vor gar nicht langer Zeit hätte man dieses Thema in Rogers Anwesenheit nicht angeschnitten. Wahrscheinlich betrachtet man ihn jetzt als alt genug, um es zu verstehen?

»Wer weiß, welche Lügen sie ihm erzählen kann? Aber auch ich habe einen langen Brief geschrieben, den ich gestern einem Matrosen mitgegeben habe. Wenn Evariste ihn erhält, wird er sehen, auf welcher Seite die Wahrheit ist.«

Warum musste er an einem solchen Morgen, an dem er entspannt war und sich nur wünschte, sich noch mehr zu entspannen, mit dieser widerlichen Familiengeschichte konfrontiert werden?

Monique Duchêne ist eine Cousine, nicht seine Cousine, obwohl er sie so nennt, sondern eine Cousine von der Jusseaume-Seite, eine Cousine ersten Grades von Evariste, der an der Front ist und den armen Jacques Schroefs so schlecht empfangen hat.

Sie hat zwei jüngere Schwestern, die Brot holen gegangen sind und die sie nach Lanaeken begleiten werden. Sie wohnen in dem Viertel genau hinter dem Quai de Coronmeuse, in der Rue Sainte-Foi. Ihr Vater ist Arzt. Er hat sozusagen keine Patienten. Man sieht ihn selten, und man spricht von ihm so wenig wie möglich, denn er ist ein sonderbarer Mensch, der ein Laster hat: Er gibt sich dem Äther hin. Roger hat ihn zweimal flüchtig gesehen: ein bärtiger Mann mit grauem Haar und grauer Gesichtsfarbe, immer schmutzig und schlecht gekleidet, mit Schuppen auf dem Kragen seiner Jacke, mit einem so finsteren Blick wie der Nachbar in der Rue de la Loi, der an der Schlafkrankheit gestorben ist.

Wie kann ein solcher Mann der Vater der poetischen Monique sein, deren Füße kaum den Boden berühren?

Evariste und Monique waren früher einmal verlobt. Es gab keine offizielle Verlobungsfeier, aber es war seit jeher abgemacht, dass man sie verheiraten würde, dass sie ein schönes Paar abgeben würden. Evariste ist groß und dürr und hat ein etwas strenges Gesicht, denn er ist ein gewissenhafter Junge, der das Leben ernst nimmt. Er musste nur noch ein Jahr studieren, um Rechtsanwalt zu werden, als der Krieg ausbrach.

Eine andere, persönliche, Katastrophe ist dem Krieg vorangegangen. Er hatte ein Kind mit einem Mädchen aus dem Viertel, einem Mädchen aus dem Volk, dessen Vater, ein breitschultriger, dicker kleiner Mann, Nachtwächter in einer Fabrik ist. Und dieser Mann, eigensinnig und verstockt, hat Louisa aufgesucht und auf alles, was sie ihm entgegenhalten konnte, nur immer wieder gesagt:

»Es bleibt nur die Heirat.«

Louisa hat das Unmögliche versucht. Sie hat Geld angeboten. Sie hat einen bekannten Rechtsanwalt konsultiert. Man hat sogar versucht, durch Zeugen zu beweisen, dass die Tochter von Prunier Verhältnisse mit anderen Männern gehabt hatte, sodass Evariste nicht notwendigerweise der Vater des Kindes war.

Nichts zu machen. Zehnmal am Tag kam dieser Prunier, um ihr zuzusetzen, drohend, unhöflich, er schrie im Laden herum, sogar auf dem Gehsteig, wo er drohte, die Passanten aufzuhetzen, gestikulierend, immer wieder zu seinem ewigen Refrain zurückkehrend:

»Es bleibt nur die Heirat.«

Zwei Monate vor dem Krieg heirateten sie, als Thérèse Prunier im vierten Monat schwanger war. Sie ist ein Durchschnittsmensch, ganz nett und schwächlich, wie es so viele davon gibt, ein Mädchen aus dem Volk, das in einer Schneiderwerkstatt arbeitete.

Désiré wusste als Erster Bescheid, denn ihn hatte Evariste von Anfang an an seinem Kummer teilhaben lassen. Désiré sagte nichts, nicht einmal zu Élise. Man fragte sich, warum Evariste, den man früher nie gesehen hatte, fast jeden Abend in der Rue de la Loi war.

Er nimmt das Leben gerne von der tragischen Seite. Das liegt in seinem Wesen. Er liebt die Posen und sieht sich selbst beim Leben zu. Am Tag seiner Hochzeit erklärte er, bleich, mit geröteten Augen, in der Küche des Quai de Coronmeuse seiner Mutter, die es wie einen heiligen Text wiedererzählt:

»Ich gehe zu meiner Hochzeit wie zu der Beerdigung meiner jungen Hoffnungen.«

Das Paar lebte nicht zusammen. Es war beschlossen worden, dass Thérèse weiterhin bei ihren Eltern wohnte und Evariste bei den seinen, bis zum Ende seines Studiums.

Der Krieg brach aus, Evariste ging vor der Geburt seines Sohnes fort, eines schwächlichen Kindes von außergewöhnlicher Nervosität. Der Junge hatte Krämpfe. Seine Mutter wäre bei der Geburt fast gestorben. Wer weiß, ob Louisa nicht dafür gebetet hatte, dass sich die Dinge auf diese Weise regeln würden? Seitdem hat Monique Duchêne die Angewohnheit angenommen, jeden Tag zum Quai de Coronmeuse zu kommen, wo sie als Schwiegertochter angesehen wird.

»Haben Sie Nachrichten, Tante?«

Sie sagt noch nicht Maman, obwohl das Wort naheliegt, denn die beiden Frauen benehmen sich wie Schwiegertochter und Schwiegermutter, sie zweifeln nicht einen Augenblick daran, dass es so enden wird, weil es nicht anders sein kann, Gott würde es nicht zulassen. Sie gehen zusammen in die Messe, und zusammen sieht man sie in der Vesper und der Abendandacht, wo sie, wie Désiré sagt, »den lieben Gott vom Kreuz herunterbeten«. Sie lassen Wachskerzen brennen. Monique kümmert sich um alle Wohlfahrtseinrichtungen der Gemeinde. Fast jeden Tag schreibt sie Evariste, obschon die Gelegenheiten, die Post über Holland zu schicken, ziemlich selten sind.

Zu Anfang haben die Pruniers sich geweigert, das Kind von Zeit zu Zeit für einen Tag zur Großmutter väterlicherseits zu geben.

»Wenn die Mutter nicht gut genug für sie ist, brauchen sie den Sohn auch nicht.«

Man ist von einem Anwalt zum anderen gelaufen. Man ist vors Gericht gegangen. Louisa hat Recht bekommen. Einmal die Woche bringt Thérèses Mutter, die nur zu dieser Gelegenheit einen Hut aufsetzt, das Kind bis vor die Tür des Ladens und geht dann fort, ohne Gruß, ohne ein Wort. Und abends bringt Anna es bis zu dem kleinen Arbeiterhaus, sie klingelt, entfernt sich jedoch eilig, bevor die Tür geöffnet wird.

Die ganze Familie bemitleidet Monique und bewundert ihren Heldenmut.

»Wenn du sie mit dem Kind sehen würdest, Désiré, du hättest Tränen in den Augen. Obwohl sie allen Grund hat, es zu hassen, liebt sie es wie eine richtige Mutter, weil es, wie sie sagt, das Kind von Evariste ist. Wenn der Kleine bei Louisa ist, verbringt sie den ganzen Tag dort. Sie ist es, die ihn spazieren fährt. Sie hat ihn von Kopf bis Fuß neu eingekleidet, und weißt du, was diese Leute getan haben? Sie haben die

Kleider und die Wäsche in einem Paket zurückgebracht, das sie wie Diebe vor die Tür gelegt haben.«

Thérèse schreibt immer noch an Evariste. Als könnte sie ihn lieben!

»Verstehst du, Élise, sie haben nur eins gesehen: dass wir Geld haben. Dass Evariste an der Front ist, hindert dieses Mädchen nicht, mit anderen Männern herumzulaufen. Man hat mir versichert, dass man sie mit Deutschen gesehen hat. Ich habe es Evariste geschrieben. Der Anwalt, den ich noch gestern gesehen habe, behauptet, dass ich das Sorgerecht über das Kind bekäme, wenn Evariste einen Brief schriebe, dessen Muster mir der Anwalt gegeben hat. Monique wäre so glücklich!«

Und diese seufzt:

»Evariste wird es nicht tun.«

»Warum nicht, wo er diese Frau doch nicht liebt?«

»Er ist ein zu gewissenhafter Mensch. Er will trotz allem seine Pflicht erfüllen, den Kelch bis zur Neige leeren. Ich weiß, dass Thérèse ihm die schlimmsten Lügen über uns geschrieben hat. Er muss dort unten so unglücklich sein, ganz allein, hin- und hergerissen!«

Anna ist nach unten gekommen, kräftig gebaut wie ihre Mutter, mit herben Gesichtszügen. Sie zieht ihre Handschuhe an, sucht ihren Sonnenschirm.

»Sind deine Schwestern noch nicht da, Monique? Und ich dachte, ich sei zu spät. Guten Tag, Tante. Ist Roger nicht mitgekommen?«

Roger hat es vorgezogen, in die Werkstatt zu gehen, die auf den sonnigen Hof zeigt, dort, wo sein Onkel im bläulichen Schatten zusammen mit dem buckligen Arbeiter duftende

Korbweide flicht. Man fühlt sich in eine andere Welt versetzt. Man hört die Hammerschläge von Sauveur, die Straßenbahnen, die am Quai entlang und durch die Rue Sainte-Foi fahren, die Sirenen der Schleppkähne, summende Fliegen. Roger wünscht wieder die Zeit herbei, die ihm so weit entfernt erscheint, als er sich hier eine Weidenrute aussuchte, um sie dann geduldig zu schälen; die noch weiter entfernte Zeit, als er, ein kleiner, kurzbeiniger Kerl, um seinen Onkel, den er nicht kannte, herumstrich und ihn endlich ängstlich fragte:

»Sagen Sie, Arbeiter, wird in diesem Haus hier nicht gegessen?«

Der Hof war größer, die Mauer höher, riesig der einzige Baum, der zwischen den unregelmäßigen Pflastersteinen emporragte und dessen weiche Blätter er heute streichelt, wenn er sich ein wenig auf die Zehenspitzen stellt.

»Roger! Wo bist du, Roger? Wir gehen!«

Heute Morgen war er voll guten Willens, als er seiner Mutter den Arm bot und versuchte, sie sich als junges Mädchen vorzustellen, verloren im riesigen l'Innovation. Er freute sich darauf, mit seinen Cousinen Duchêne nach Lanaeken zu gehen.

Die eine von ihnen, Colette, kaum älter als er, ist ein hübsches Mädchen mit frechem Blick. Die glanzlosen blonden Haare fallen ihr in zwei schweren Zöpfen auf den Rücken. Ihre Röcke sind kürzer als bei den anderen Mädchen ihres Alters, sie bewegt sich jungenhaft, mehrmals taten sie so, als zankten sie sich, um Gelegenheit zu haben, sich zusammen im Gras oder im Kornfeld zu wälzen.

Im letzten Jahr, als sie sonntags die Angewohnheit hatten, alle zusammen auf die Île Moncin, drei Kilometer von Coronmeuse entfernt, zum Picknick zu gehen, war er in Colette verliebt, im besten Sinne, ohne krankhafte Neugier, ohne einen einzigen Gedanken, der ihn hätte erröten lassen.

Er bewunderte ihre Schwester Monique, die, ihren Sonnenschirm geneigt in der Hand haltend, gelassen mit den Erwachsenen hinter ihnen herging. Monique erinnerte ihn an die Maman seines kleinen Freundes Jacques unter den Tannen in Embourg und an die schöne Villa zwischen den Rosen im Park.

Colette, noch ein wenig mager und eckig, würde, so dachte er, das Ebenbild ihrer älteren Schwester werden, deren längliches Gesicht und aquarellblaue Augen sie hatte.

Jetzt weiß er es besser. Colette ist wie die Mädchen, denen man im Schatten des Carré folgt. Sie läuft mit den Jungen umher, lässt sich von ihnen unter den Rock fassen und macht schmutzige Dinge in den Häuserecken. Sie ist bekannt im Viertel. Ihre andere Schwester, die noch nicht ganz fünfzehn Jahre alt ist, ist noch weniger zu bändigen als sie. Man spricht von den »kleinen Duchênes«.

Das reicht. Sie provozieren die Männer, sogar verheiratete. Den wohlgeratenen jungen Mädchen wird verboten, mit den »Kleinen vom Doktor« auszugehen. Wenn Roger das seiner Mutter erzählen würde, würde sie es nicht glauben. Sie glaubt nichts von dem, was hässlich ist, vor allem nicht, wenn es irgendeine Beziehung zur Familie hat.

»Willst du wohl still sein, Roger? Ich frage mich, woher du solche Gedanken hast.«

Einfach, indem er Augen und Ohren aufmacht. Jetzt wieder, während sie am Kanal entlang dem Leinpfad folgen, wo die Bäume alle zehn Schritte eine Schattendiagonale zeichnen, hört er zu, ohne es zu wollen. Lieber würde er daherschlendern und sich von seiner Träumerei forttragen lassen, denn von allen Landschaften aus seiner Kindheit mag er diese am liebsten.

Einen Tornister auf dem Rücken, einen Stab in der Hand, mit bloßem Kopf, den Kragen seines Hemdes offen, so geht er mit seinen zwei Cousinen voraus. Élise, Anna und Monique folgen ihnen und sprechen mit leiser Stimme, wobei sie von Zeit zu Zeit stehen bleiben, weil Monique leicht außer Atem gerät.

Manchmal überholen sie einen Schleppkahn, der mit leisem Wassergeplätscher auf dem Kanal dahingleitet, zu dessen Oberfläche ohne ersichtlichen Grund Blasen aufsteigen. Sie streifen das gespannte Tau, klettern die Böschung hoch, um dem dahertrottenden Pferd auszuweichen, hinter dem ein Kutscher hergeht, manchmal auch ein Kind, das einen Stock schwingt.

Das Blattwerk über den Köpfen bildet ein unbewegliches und kühles Gewölbe von einem dunklen Grün, das sich im Wasser widerspiegelt, und kaum hundert Meter weiter rechts fließt die Maas frei und ungehindert bis zum Meer, wird breiter, schimmernd zwischen niedrigen Ufern; ein Angler sitzt nahezu unbeweglich unter seinem Strohhut in einem flachen Boot, das von Pfählen in der Mitte der Strömung gehalten wird. Alles ist so still, dass man einen Kilometer weiter die Mechanik einer Schleuse quietschen hört; eine dicke Hummel fliegt vorbei, oder es pfeift ein Zug wie toll, weit entfernt, am Fuß von Hügeln, die für einen Augenblick von einer langen, weißen Rauchfahne eingehüllt werden.

»Sie ist mit dem Sohn von Sauveur ins Kino gegangen. Blöd,

wie er ist, noch schüchterner als sein Vater, kannst du dir denken, ob sie Spaß gehabt hat! Ich habe ihr gesagt: ›Meine Liebe, wenn du dir schon einen Mann aussuchst …‹«

Sie reden und reden, ohne Pause, halten nur inne, um in Gelächter auszubrechen.

»Seitdem Simone nicht mehr mit Georges zusammen ist, hat sie angefangen, Jagd auf die alten Männchen zu machen. Erinnerst du dich an den mit den weißen Gamaschen, der uns einen ganzen Sonntagnachmittag gefolgt ist? Anscheinend hat er eine Junggesellenwohnung, nicht weit von der École Hazinelle. Er ist adlig, aber er hat kein Geld mehr. Seine Familie hält ihn kurz. Na ja! Sie ist dorthin gegangen. Du errätst niemals, worum er sie gebeten hat …«

Sie tuscheln, Kopf an Kopf, und werfen ihrem Cousin herausfordernde Blicke zu.

»Was hättest du an ihrer Stelle getan?«

Warum, um Gottes willen, lässt sich Roger, plötzlich purpurrot geworden, dazu herab, sie zu fragen:

»Worum hat er sie gebeten?«

»Ich kann es dir nicht sagen.«

»Warum nicht?«

»Yolande! Er fragt, warum nicht!«

Sie prusten los, halten ihn weiter in Atem.

»Soll ich es ihm sagen?«

»Bist du verrückt? Wenn du ihm so etwas erzählst, bleibe ich nicht eine Minute länger bei euch.«

»Sag es mir, Colette.«

»Rate. Wenn du es errätst, sage ich dir, ob es stimmt.«

Da ist sie wieder, ihre verdorbene Erregung und ihr hinterhältiger Blick. Es gibt Wörter, die er nicht auszusprechen wagt, auch nicht vor einem Freund. Er versucht, sich durch Umschreibungen verständlich zu machen, durch kaum angedeutete Gesten.

»War es das?«

»Du bist blöd. Wenn es das gewesen wäre, hätte Simone sich nichts Besseres gewünscht. Man sieht, dass du sie nicht kennst.«

»Nun, dann mit dem Mund?«

»Hör mal, Yolande ... Er fragt, ob ... Sag es noch mal, Roger! Wenn du wüsstest, wie du dabei aussiehst! Hast du es denn schon versucht? ... Mit wem? ... Erzähl! Wo war das?«

Er klammert sich an die klare Aussicht auf den Kanal, gerne würde er diese dumpfe Erregung abschütteln, die sich seiner bemächtigt hat. Er verachtet seine Cousinen und all die Mädchen, von denen sie sprechen.

»Sag mir, was er sie zu tun gebeten hat.«

»Wer hat dir gesagt, dass sie irgendetwas tun sollte?«

»Also sollte sie etwas mit sich machen lassen?«

»Er brennt darauf, hm, Yolande? Sollen wir's ihm sagen?«

»Wenn du redest, erzähle ich Monique, wohin du gestern Abend gegangen bist.«

»Wohin bist du gegangen, Colette?«

Sie haben ihn in der Hand, machen sich lustig über ihn, wobei sie komplizenhafte Blicke austauschen.

»Frag ich dich denn, was du mit den Mädchen machst?«

Er hört, näher jetzt, die Stimmen der drei Frauen, die ihnen folgen.

»Ich weiß doch, dass Evariste sich nie scheiden lassen wird. Übrigens würde Louisa es nicht erlauben. Sie ist durch und durch katholisch. Ein Beispiel in der Familie genügt. Wenn ihr wüsstet, was meine Schwester gelitten hat, als sie einen geschiedenen Mann heiratete! Und dabei war es nicht einmal seine Schuld. Seine Frau war mit einem seiner Arbeiter auf und davon gegangen.«

Roger spitzt die Ohren, begreift, dass es der Mann von Tante Louisa ist, dieser friedliche Alte mit dem Patriarchenbart, der ein geschiedener Mann ist. Also ist seine Tante vom religiösen Standpunkt aus nicht verheiratet; sie kann noch so sehr von morgens bis abends in die Kirche laufen, sie lebt im Dauerzustand der Todsünde.

»Glaube mir, meine liebe Monique. Wie meine Schwester sagt, alles wird sich einrenken, denn es gibt einen lieben Gott im Himmel.«

Könnte Roger tatsächlich nicht, und auch nicht durch eine übermenschliche Anstrengung, mit einem fürchterlichen Lachanfall diese Atmosphäre abschütteln, die ihn bedrückt? Sind sie sich dessen nicht bewusst, sie alle, so wie sie sind? Sind sie Ungeheuer? Ist es möglich, dass sie sich selbst gegenüber aufrichtig sind?

Tante Louisa betet zum lieben Gott, damit er alles ohne Scheidung »in Ordnung bringen« soll! Was bedeutet das, wenn nicht, dass der liebe Gott, damit Evariste glücklich sein und seine Cousine heiraten kann, die arme Schneiderin, die es nicht verstanden hat zu vermeiden, ein Kind zu bekommen, zu sich rufen soll?

Und Monique betet ebenfalls zu Gott, widmet sich den Wohlfahrtseinrichtungen, singt im Hochamt! Um ein Haar würden sie sich alle zu Einkehrtagen zusammentun.

»Herr Jesus Christus, Heilige Jungfrau Maria, ruft dieses

Mädchen zu Euch, das die anderen daran hindert, glücklich zu sein!«

Er hört Élise murmeln:

»Übrigens ist sie überhaupt nicht gesund. Anna sagte mir eben, dass sie von der Frau, die ihre Wäsche wäscht, weiß, dass sie seit kurzem angefangen hat, Blut zu spucken. Sie hat auch Schmerzen im Leib. Sie war nicht kräftig genug für die Geburt, und es musste ein Kaiserschnitt gemacht werden.«

Das ist beschämend. Es ist gemein. Und dennoch kracht nichts, der Himmel ist von einem unerhörten Blau, das einen mit Heiterkeit umgibt, Gänseblümchen stoßen zu Tausenden ihre kleinen unschuldigen Köpfe aus dem samtenen Gras, sogar der Fisch, den ein Angler aus dem Wasser zieht, zappelt fröhlich am Ende der Angelschnur.

Ließ sich auch die poetische Monique, als sie ein Mädchen war, von den Männern im Schatten der unbebauten Grundstücke und in den Pissoirs betatschen? Erregte es sie, wie ihre Schwestern, vor einem Jungen anstößige Begebenheiten zu erwähnen?

Die Haut brennt ihm in der Sonne. Er hört das abgehackte Lachen der Duchêne-Mädchen. Er dreht sich um und sieht die drei Frauen in einer Reihe, den arglosen Sonnenschirm von Monique, den schwarzen Sonnenschirm von Anna, die nicht eitel ist, das zur Seite geneigte Gesicht von Élise, die alle gern zufrieden sähe und darum ohne Bösartigkeit Thérèses Tod herbeiwünscht.

Auf dem Kanal lenkt eine Frau mit farblosen Haaren mit dem Rücken die Ruderpinne eines Schleppkahns, der ruhig dahingleitet; ein kleines rot gekleidetes Mädchen, dünn und nackt unter ihrem Kleid, spielt auf der noch feuchten Brücke, die man soeben gewischt hat, an seinen Füßen; die Frau gibt einem Baby die Brust, diese Brust ist der einzige weiße Fleck in der Natur, und in der Ferne, im Schatten der Bäume, geht der Mann, vornübergebeugt, eingespannt in ein Stahltau; er lässt mit einer langsamen und fortgesetzten Kraftanstrengung den Lastkahn zwischen den Ufern des Kanals dahingleiten.

Warum sind die kleinen Duchênes plötzlich in Lachen ausgebrochen? Er hat nichts gesagt. Er hat nichts gemacht. Er wird sich bewusst, dass er sie mit einem dummen Blick fragend ansieht, und es dauert eine Weile, bevor er die niederträchtige Wahrheit errät: Sie haben so schallend gelacht, weil sie meinten, dass er seinen Blick nicht von der milchig weißen Brust der Schiffersfrau losreißen konnte!

Sie essen in Visé, die man die Märtyrerstadt nennt, weil die meisten ihrer Einwohner im August 1914 von den Deutschen erschossen wurden und die Stadt völlig niedergebrannt wurde.

Sie sitzen auf einem Abhang und packen ihre Essensvorräte aus, wobei sie zerstreut das betrachten, was von der Stadt noch steht. Häuser, Kirchen, öffentliche Denkmäler, nichts ist übrig geblieben. Vor längerer Zeit hat man die wenigen Mauern, die noch aufrecht standen, zerstört, und jetzt sind Steine und Ziegel in regelmäßigen Haufen aufeinandergeschichtet. Die unbeschädigten Straßen und Gehsteige zeichnen sich mit verblüffender Deutlichkeit ab, sodass es noch eine Stadt ist, eine Stadt, in der die Häuserblocks durch Steinhaufen von einem oder zwei Metern Höhe ersetzt worden sind.

Ihnen gegenüber erhebt sich eine Gartenwirtschaft aus Brettern, die von einem Rest Gartenlaube umgeben ist.

»Es lohnt sich nicht, unser Geld dort auszugeben, meine Lieben. Wofür? Für nichts Gutes. Ich habe für alle Kaffee genug mitgebracht.«

Die Brücke ist wie ein Spielzeug entzweigebrochen. In der Ferne sieht man an einem Ufer der Maas den Grenzübergang, man erkennt trotz der blendenden Sonne das Tau, das über den Fluss gespannt ist. Das Aufblitzen, das man manchmal beobachtet, ist nur der Widerschein auf den Bajonetten der Wachposten.

Im ersten Kriegswinter haben sich zweihundert junge Leute in dem Laderaum eines Schleppdampfers versammelt, ohne die Aufmerksamkeit der Deutschen zu erregen. Mehrere Tage lang haben sie wohl darauf gewartet, dass das stärkste Hochwasser es dem Schiff gestattete, über die Sperren hinwegzufahren, und eines Nachts endlich hat der Schleppkahn vom Ufer abgelegt und sich mit Volldampf, ohne Positionslicht, in die Strömung begeben, während auf den Böschungen die Gewehrschüsse knatterten. Die Deutschen hatten bereits ein Tau gespannt, aber der Schiffsführer riskierte Kopf und Kragen, rechnete mit der Kraft des Stromes und fuhr geradewegs auf das Tau zu, das nachgab. Der Schleppkahn drehte sich einen Augenblick auf der Stelle, während die jungen Leute, endlich in Freiheit, johlend auf die Schiffsbrücke stürzten.

Roger war noch zu jung. Er ist es noch. Er presst die Kiefer aufeinander, wenn er die Grenze betrachtet. Was könnte er tun, damit das Leben schön und sauber würde, vor allem sauber?

Mit gesenktem Kopf geht er hinter den anderen her.

»Was hast du, Roger?«

»Nichts, Mutter.«

»Macht es dir keinen Spaß?«

Seine Cousinen machen sich über ihn lustig. Das ist ihm gleichgültig. Sie benutzen kleine Wege. Élise beginnt zu erklären:

»Das Gefährlichste wird gleich der Grenzübergang sein. Ihr habt den Wachposten gesehen. Glücklicherweise ist es ein Bayer. Wenn etwas passiert, kann man sich vielleicht mit ihm einigen. Du wirst als Erste durchgehen, Monique. Hübsch und elegant, wie du bist, wird er nur dich anschauen, und wir nutzen die Gelegenheit und schleichen uns auf die andere Seite.

Endlich kommen sie zum Bauernhof von Eléonore Dafnet, die sie erwartet und in Verwunderung ausbricht.

»Wie! Ihr habt gegessen? Das ist wieder typisch für Élise! Und ich habe ein gutes Mittagessen für euch gekocht!«

Sie ist dünn, der gleiche Typus wie Élise, eine von diesen Frauen, die so aussehen, als hätten sie für keine zwei Sous Gesundheit, und die widerstandsfähiger sind als die Männer. Warum denkt Roger plötzlich, sie scheinen für den Witwenstand geboren zu sein?

»Ist das dein Sohn? Mein Gott! Ich würde es nicht wagen, ihn zu küssen!«

Sie ist wie eine Bürgersfrau in Schwarz gekleidet. Der Bauernhof ist in gutem Zustand, die Küche leuchtet vor Sauberkeit. Irgendwo hört man die Klänge eines Akkordeons, und Élise, die schnell zu beunruhigen ist, sieht ihre Freundin fragend an.

»Achte nicht darauf. Das sind meine Untermieter. Denn stell dir vor, Élise, ich habe ebenfalls Untermieter. Sie sind gekommen, ohne dass ich sie zu suchen brauchte. Es sind vier Deutsche, drei von ihnen sind alt. Ich habe sie abgerichtet, und wenn sie nicht Wache stehen, helfen sie mir beim Melken der Kühe.«

Sie öffnet die Tür einen Spalt.

»Heh! Franz … Komm doch mal her und sag meinen Freundinnen guten Tag.«

Da er weder im Waffenrock ist noch seine Stiefel trägt, sondern Holzschuhe voller Stroh, hat man nicht den Eindruck, einen deutschen Soldaten vor sich zu haben.

»Du musst dich doch noch mit ihnen verständigen können, Élise? Sie sind sehr nett, weißt du. Ich freue mich darauf, dass sie fortgehen und dass mein Mann wiederkommt, aber man kann nicht sagen, dass sie mir Mühe machen. Hol mir eine Flasche aus dem Keller, Franz … *Flasche, ja. Wein.* Genau das. Du siehst, er hat verstanden! Du bekommst auch ein Glas ab, Fettwanst! Wenn ich dir sage, dass ihm nichts so viel Spaß macht, wie wenn man ihn Fettwanst nennt!«

»Hast du keine Angst?«

»Wovor? Sein Vater ist Bürgermeister in seinem Dorf. Ich habe ihm erzählt, dass deiner auch einer war. Aber worin wollt ihr die Lebensmittel mitnehmen, meine Lieben?«

»Sag mal, Eléonore, meinst du nicht, dass sie alles verstehen?«

»Was macht das aus? Sie wissen Bescheid. Ich schenke ihnen genug Butter, die sie nach Deutschland schicken, wo man vor Hunger krepiert … Aufpassen muss man beim Grenzübergang. Vor allem, wenn du einen Feldwebel siehst. Der da ist eine Bestie, der nicht zögern würde, euch auf der Straße ausziehen zu lassen, um sich zu vergewissern, dass ihr nichts versteckt. Letzte Woche hat er seinen Männern befohlen, auf einen armen Kerl zu schießen, der schmuggeln wollte.«

Roger sieht Élise ernst an, erstaunt, dass seine Mutter früher die Freundin dieser Frau, die vor ihm steht, sein konnte. Waren sie sich damals, zu der Zeit des l'Innovation, ähnlich, und hat das Leben genügt, um sie so verschieden werden zu lassen?

Élise spricht mit leiser Stimme. Die andere antwortet laut.

»Mach dir keine Sorgen, meine Liebe! Ich sehe zu, dass ich klarkomme. Wenn ich dir sagen würde, wie viel ich von ihnen nehme, um ihre Hemden und ihre Strümpfe zu waschen, würdest du es mir nicht glauben. Du hast meinen Liebling noch nicht gesehen. Warte mal ... Ethel! ... Ethel ... Komm her, mein Junge, damit man dein hübsches Schnäuzchen bewundern kann ... Nun, könnte man ihn nicht für ein Kind halten? Ich weiß nicht, warum man ihn mit den Alten zusammengesteckt hat, anstatt ihn an die vorderste Front zu schicken. Er hat eine zarte Mädchenhaut, und jede Kleinigkeit lässt ihn rot werden ... Freundinnen, Ethel, aus der Zeit, als ich Demoiselle war ... *Fräulein*, ja ... Ich, *Fräulein* ... Siehst du! Er weiß nicht, was er machen soll. Sein Vater ist Notar in Mainz. Er hat eine Schwester, die mit einem Baron verheiratet ist ... Ein Glas Wein, Ethel? ... Ja. Nimm die Gläser aus dem Schrank. Versuche, dich nützlich zu machen. Siehst du, wie ich sie springen lasse?«

»Hast du noch immer keine Nachricht von deinem Mann?«

»Nichts. Ich habe seit einem Jahr keinen einzigen Brief bekommen.«

Sie stößt einen Seufzer aus, fährt aber damit fort, die Gläser zu füllen.

»Wo willst du das Getreide hineintun?«

»Du wirst sehen. Ich werde dir's zeigen, wenn sie nicht mehr da sind. Ich habe mir einen doppelten Unterrock gemacht, mit vertikalen Nähten alle fünf Zentimeter.«

Sie essen Torte mit den Deutschen. Nur Monique hält sich ein wenig abseits. Dann plötzlich bemerken sie, dass die Zeit schnell vergeht. Auf dem Speicher müssen sie einen Trichter suchen, um das Getreide in diese schmalen Taschen zu schütten, aus denen Élises Unterrock zusammengesetzt ist. Sie wiegen die Butter und den Speck ab.

Roger hat den Wink von Colette verstanden, die, nachdem sie ihm in die Augen gesehen hat, wie aus Langeweile in einen schlecht beleuchteten Schuppen gegangen ist. Er folgt ihr. Sie fragt ihn mit nervöser Stimme:

»Was willst du?«

Sie muss wohl Angst haben, denn er hasst sie wirklich, und aus Hass reißt er sie in seine Arme, prallen seine Zähne mit ihren zusammen, zerreißen seine jähzornigen Hände ihre Wäschestücke. Wäre ihre Schwester Yolande in diesem Moment nicht hereingekommen, wäre er zweifellos bis zum Äußersten gegangen, um sie zu beschmutzen.

»Nun! Ihr langweilt euch nicht!«

»Rohling! Mistkerl!«, schimpft Colette und versucht, ihre Kleider wieder in Ordnung zu bringen.

Sie macht sich nicht mehr über ihn lustig. Sie hat Angst vor ihm, respektiert ihn. Auf dem Heimweg wird sie die ganze Zeit hinter ihm herlaufen.

Élise ist etwas enttäuscht, wagt aber nicht, es zu zeigen.

»Wie viel hat sie uns für das Getreide berechnet?«

»Fünfundzwanzig Franc das Kilo.«

»Das ist fünf Franc billiger als in der Stadt. Ihre Butter hat einen guten Haselnussgeschmack. Nicht wie die Butter der Lebensmittelausgabe, die ist immer ranzig und wässrig.«

Hat sie gehofft, dass Eléonore ihr all das schenken oder zum Vorkriegspreis abgeben würde?

Monique Duchêne wird zum gefährlichen Grenzübergang vorgeschickt. Roger und seine Cousinen schleichen an der Böschung entlang und überqueren die Eisenbahnlinie hundert Meter von den Wachposten entfernt. Élise mit ihrem Unterrock voller Weizen, der sich wie ein Reifrock aufbläht, sieht aus, als erwartete sie Nachwuchs; sie ähnelt ein wenig diesen Louis-xv.-Figürchen aus feinem Porzellan, und ihr Gesicht erscheint feiner, zarter.

»Lassen Sie mich etwas tragen, Tante.«

»Aber nein, Monique, du hast zu zarte Hände.«

Sie vermeiden den Leinpfad und folgen einem Weg zwischen Schilf nahe der Maas.

Sie sprechen immer weniger. Zum Schluss sprechen sie überhaupt nicht mehr, während der Himmel sich blassgrün färbt und die Brise den Fluss mit Wellengekräusel bedeckt.

Roger beneidet den jungen Soldaten, den er eben auf dem Bauernhof gesehen hat und den Eléonore Dafnet mit zärtlichen Blicken bedachte. Ist dieser Junge nicht glücklich, dem täglichen Leben zu entrinnen, seiner Familie, den immer gleichen Häusern, die er seit seiner Kindheit kennt, aufgerichtet wie Gefängnismauern um ihn herum?

In einem Raum hinter der Küche hat man vier Strohsäcke nebeneinandergelegt. Stahlhelme und Koppel liegen auf Stühlen mit Strohsitz herum, und auf dem Fensterbrett der Dachluke liegen ein Rasiermesser und ein Rasierpinsel, ein Stück Spiegel, mit Nägeln befestigt. Man hört die Kühe und die Pferde auf der anderen Seite der Wand. Ein Soldat von vierzig Jahren, im Zivilberuf Dentist, sitzt auf seinem Lager, mit nackten Füßen, das Hemd offen über dem behaarten Oberkörper, und spielt Akkordeon.

Und Tante Louisa schreibt Evariste, der an der Front ist, um ihn mit all den Klatschgeschichten zu unterhalten, die über seine Frau im Umlauf sind!

Sie fleht ihn an, den Brief zu unterschreiben, der es vielleicht ermöglichen würde, Thérèse das Kind wegzunehmen. Monique schreibt ihm ihrerseits, um ihm zwischen den Zeilen – denn sie ist voller Zartgefühl – zu verstehen zu geben, dass sie auf ihn wartet und dass er sie antreffen wird, was auch immer geschehen mag.

Eléonore Dafnet sorgt sich nicht um ihren Mann, von dem sie keine Nachricht hat und der wahrscheinlich tot ist. Zu ihrem Namenstag hat sie sich eine Brosche für zweitausend Franc geschenkt. Sie hat sie Élise gezeigt.

Désiré wird sich sein Essen heute Abend selbst zubereiten müssen, wenn er vom Büro nach Hause kommt, denn sie werden nicht vor Einbruch der Dunkelheit in der Rue des Maraîchers ankommen. Es sind noch gefährliche Stellen zu überwinden. Man riskiert nicht nur mehrere Jahre Gefängnis, die Wachposten haben sogar den Befehl zu schießen.

»Was machst du sonntags?«, fragt Colette Roger.

Er weiß, worauf sie hinauswill, aber er wird ihr nicht das Rendezvous gewähren, das sie sich erhofft. Er ist froh, dass Yolande plötzlich dazugekommen ist und ihn daran gehindert hat, bis zum Äußersten zu gehen, denn Colette hätte sich wahrscheinlich an ihn geklammert.

Lastet die Familie auf Roger? Es gibt Augenblicke, in denen er sich fragt, ob er, wie Élise es während ihrer Krisen behauptet, nicht ein Ungeheuer ist. Er kann sich noch so sehr bemühen. Heute Morgen war er voll guten Willens. Warum mussten sie auch all ihre Gemeinheiten vor ihm ausbreiten?

Die Einsamkeit ängstigt ihn manchmal. Aber was kann man tun, um nicht allein zu sein?

Zum Schluss gehen sie im Gänsemarsch, die Füße stolpern, das Gras sieht grau aus, und der Abend hat so etwas wie den Nachgeschmack von kalter Asche. Die Torte von Eléonore Dafnet – der Teig war schlecht durchgebacken – liegt ihnen schwer im Magen.

Was behält er von seinem Tag in Erinnerung? Ein paar Minuten Leichtigkeit und Hoffnung, als seine Mutter ihn am Morgen auf dem Quai de Coronmeuse mit rührender Schüchternheit gebeten hat, ihr den Arm zu reichen, und er den Eindruck hatte, einen Hauch aus einer Zeit zu spüren, die er nicht gekannt hat, die er sich nur durch Valérie oder einige andere, verstreut lebende Freundinnen vorstellen kann.

Ein kleines, rot gekleidetes Mädchen, eine Frau, die, gegen die Ruderpinne gelehnt, einem Kind die Brust gab, ein Mann, der sich drüben im Schatten der Bäume geduldig wie ein Pferd abmühte.

Dann diese Strohsäcke, diese grauen Decken, dieser Kasernengeruch, diese vier brüderlichen, von der Welt losgelösten Männer, die in dem Bauernhof in Lanaeken herumirrten.

»Ihr geht zu schnell, meine Lieben. Monique kann nicht folgen. Roger, du rennst wie ein Verrückter.«

Er verlangsamt seinen Gang. Er wird alles tun, was sie wollen. Ihm ist es egal. Er hat mit ihnen nichts gemein. Fügsam wird er das Getreide in der Kaffeemühle mahlen und es durchsieben.

Sein Leben ist woanders, er weiß noch nicht, wo, er sucht es außerhalb, und er wird damit fortfahren, es zu suchen.

Élise glaubt, ihr Tun vor Roger verbergen zu müssen. Sie nimmt an, dass er nicht zugehört hat. Manchmal, als Eléonore Dafnet einen Satz begann, hat sie ihr ein Zeichen gegeben zu schweigen und dabei zu Roger geblickt. Die beiden Frauen haben dann auf Flämisch weitergesprochen, doch er hat es verstanden, ohne es zu wollen.

Eléonore fragte Élise, ob sie noch Pensionsgäste aufnehme, denn zwei Mädchen von Bauern aus der Umgebung, die zur École Pigier gehen, suchen ein Zimmer in der Stadt.

Jetzt sagt seine Mutter mit leiser Stimme zu Anna:

»Du verstehst, ich habe nicht nein gesagt. Mädchen vom Bauernhof werden uns immer etwas zu essen mitbringen. Ich spreche noch nicht mit Roger darüber, denn er wird noch schwieriger als sein Vater. Man könnte meinen, er sei eifersüchtig auf alles, was ins Haus kommt. Und dabei ist er nie dort!«

Er reagiert nicht. Soll sie doch so viele Pensionsgäste nehmen, wie sie will, soll sie mit ihnen das Haus füllen, soll man ihn doch wieder auf dem Dachboden schlafen lassen wie in der Rue de la Loi, es ist ihm gleichgültig. Wie seine Mutter so richtig sagte, er ist nie dort.

Sie kommen in der Nacht am Quai de Coronmeuse an, gehen für einen Augenblick zu Tante Louisa hinein, man tauscht Pakete aus, stellt komplizierte Rechnungen auf.

Dann sind sie nur noch zu zweit und schleppen ihre Last an den schwarzen Häusern entlang. Élise ist müde. Sie zwingt sich dazu, ihrem Sohn zu folgen, ohne sich zu beklagen. Sie sprechen nicht mehr. Sie haben sich nichts zu sagen.

Sie überqueren den Pont Maghin, gehen über die Place du Congrès und werfen automatisch einen Blick in die Rue Pasteur, in der keine Menschenseele ist und die wie tot daliegt.

Noch den Pont d'Amercœur, um die Dérivation zu überqueren, und dann sind sie zu Hause, endlich kommen sie in die Küche, in der Désiré den Tisch gedeckt hat und in Hemdsärmeln auf sie wartet, Zeitung lesend in seinem wiedereroberten Sessel.

»Nun, Élise? Nun, mein Sohn? Ist der Feldzug gut verlaufen?«

Jeder entledigt sich seiner Last. Élise spricht drauflos, wie jedes Mal, wenn sie etwas zu verbergen hat, und mit schwerem Herzen blickt Roger heimlich seinen Vater an.

Élise hat ihm ein Stück Torte mitgebracht, das mit dem klebrigen Papier und den Früchten, die den Teig durchweicht haben, eine jämmerliche Figur auf dem Tisch abgibt.

8

Es ist vier Uhr. Der Pedell, der beide Flügeltüren des Portals geöffnet hat, wird sich mitten auf die Rue Saint-Gilles stellen, um die Flut der Schüler vor den vorüberfahrenden Straßenbahnen zurückzuhalten.

Es ist Juni 1918. Auf den Anhöhen hört man immer deutlicher das Geschütz. Die Deutschen, die man in der Stadt trifft, sind alte Soldaten vom »Landsturm«, bärtige, kahlköpfige, zu kleine, zu große, gebeugte Gestalten. Sie werfen nicht mehr das, was nicht in ihr Essgeschirr passt, in den Rinnstein. Man sieht sie in kleinen Gruppen, wie sie mit ihren Stiefeln über die Gehsteige schlurfen und mit begehrlichen Blicken wie Kinder vor den Schaufenstern stehen bleiben.

Neulich, als Élise von der amerikanischen Lebensmittelausgabe kam, wo sie mehr als drei Stunden gewartet hatte, sah sie einen, der ihr Mitleid erregte, und sie konnte sich nicht enthalten, beim Essen von ihm zu sprechen. Er stand am Gehsteigrand gegenüber dem Ausgang. In seiner großen Porzellanpfeife rauchte er etwas, was kein Tabak war und so roch wie das Feuer, das man auf dem Land anzündet, wahrscheinlich Heu oder Eichenblätter. Er musste wohl Großvater sein. Das ließ seine Art vermuten, mit der er die Kinder eines bestimmten Alters ansah. Er war früher dick gewesen, und seine Uniform war ihm jetzt zu weit, die Schnalle seines Koppels hing auf dem abgemagerten Bauch.

»Wenn du den Blick gesehen hättest, Désiré, den er auf das Stück Speck warf, das man in meinem Netz sehen konnte! Der Mund wurde ihm davon wässrig.«

Wenn sie Hunger haben, so hat auch die Bevölkerung Hunger, und seit einiger Zeit sieht man wohlhabende Leute, die sich linkisch in die Schlange vor der Volksküche einreihen.

Man trägt Hüte aus grobem Stroh, »Strohfelsen«, wie die Hutmacher sagen. Der Hut muss übertrieben hoch sein, der Rand so schmal wie möglich, das Band nicht vorhanden. Das ist der letzte Schrei, dazu gelbe Schuhe mit amerikanischer Spitze und sehr weite Hosen. Man hat auch die weichen Kragen aus Pikee auf den Markt gebracht, deren Ecken zu beiden Seiten der Krawatte durch ein Stäbchen zusammengehalten werden, das in zwei Kügelchen aus Metall endet.

Roger ist modisch gekleidet, von den Hosen abgesehen, die mittelweit sind. Sobald er das Portal durchschritten hat, sucht er jemanden mit den Augen, und als er Stievens erblickt, folgt er ihm auf dem Fuße.

»Spielen wir eine Runde Billard?«

Denn dahin ist er gekommen: einen Stievens abzupassen und mit ihm die Rue Saint-Gilles hinunterzugehen, mit übertrieben selbstsicherem Blick und Gang. Er nimmt nicht mehr seine Mappe aus Wachstuch, sondern trägt seine Bücher wie die Studenten der Universität in der Hand, nur mit einem Riemen zusammengebunden. Er belastet sich nur mit dem Notwendigsten. Jeder weiß, dass sie jetzt zum Beispiel nicht nach Hause gehen, um zu lernen, sondern dass ein Leben sie erwartet, das mit dem Collège nichts zu tun hat.

Stievens hat wie Mamelin einen dieser Strohhüte auf dem Kopf, die man vor allem bei den Schiebern sieht. Man könnte meinen, dass sie beide mit dem Rest der Klasse gebrochen haben. Zwar gehen sie noch dorthin, setzen sich in ihre Bank, öffnen ein Heft, um den Schein zu wahren, aber es ist offensichtlich, dass sie nicht mehr am gemeinsamen Leben teilnehmen. Auch bereiten sie sich nicht auf die nahenden Prüfungen vor.

Neef der Bauer verliert sich in Mutmaßungen. Sein Blick drückt seine Betroffenheit und Verzweiflung darüber aus, dabei zusehen zu müssen, wie Roger, der einer der besten Schüler war, sich freiwillig auf das Niveau von Stievens begibt.

Sie gehen zusammen fort, herablassend auf die Schulkameraden blickend, die sie überholen. Trotz der Schulordnung betreten sie, ohne sich zu bemühen, es zu verheimlichen, die Vorhalle des Palace. Rechts gibt es einen Glaskasten, wo die Zuschauer ihre Eintrittskarte lösen müssen, aber sie bleiben dort nicht stehen, sie gehen mit einem vertraulichen und gönnerhaften »Guten Tag« an dem Angestellten vorbei, der für die Kontrolle zuständig ist und für sie den Samtvorhang hochhebt.

Der Saal ist voll von Menschen. Die Zuschauer sitzen an Tischen, trinken Bier oder Grenadine. Ein Episodenfilm spielt sich auf der Leinwand ab. Die beiden jungen Männer bleiben einen Augenblick stehen; die Beleuchtung wird für eine Darbietung eingeschaltet, die Musiker nehmen wieder ihren Platz im Orchester ein, über den Köpfen wird ein Netz gespannt, während Akrobaten sich in ihren eng anliegenden, gipsfarbenen Trikots an den gespannten Seilen bis unter die Kuppel hinaufziehen.

»Gehen wir?«

Sie gehen weiter, wie gleichgültig gegenüber dem Vergnügen der Menge. Hinten im Saal neben der Bar, wo einige Dirnen herumsitzen, heben sie einen Vorhang, gelangen in ein Treppenhaus, wo gleichzeitig mit der Musik aus dem Saal das Geräusch der Kugeln zu ihnen dringt, die gegeneinanderstoßen.

Roger ist noch keine sechzehn Jahre alt. Stievens ist ein paar Monate älter. Würdevoll, durchdrungen von der Wichtigkeit ihrer Gesten, betreten sie langsamen Schrittes den kostbar ausgestatteten Billardclub.

»Ist die 9 frei, Albert?«

»Aber ja, Messieurs. Wie üblich?«

Das Tageslicht dringt nicht in die Salons. Undeutlich hört man die Musik des Palace, vor allem dann, wenn ein Trommelwirbel die gefährliche Übung eines Akrobaten untermalt.

Alles hier ist Strenge, Eleganz. Die Scheinwerfer beleuchten nur das Grün der Tischbezüge, und die Köpfe in dem Halbdunkel sind wie Wachsfiguren. Jeder, ob er nun spielt oder wartet, bis er an der Reihe ist, überwacht seine Körperhaltung, blickt prüfend in die Spiegel an den Seitenfüllungen, es herrscht eine ganz besondere Art von schwer zu erringender Ungezwungenheit, ein blasiertes Lächeln, das wie das Erkennungszeichen dieses Zirkels ist.

Die Stille ist derart, dass der Klang einer Stimme alle begonnenen Bewegungen unterbrechen würde. Und dennoch, obwohl Roger in dieser tiefsten Stille steif umhergeht, spürt er eine innere Kraft, die ihn mit schwindelerregendem Tempo mit sich reißt, und nichts außer einer Katastrophe wird ihn aufhalten können.

Er braucht Stievens. Es demütigt ihn, dazu genötigt zu sein, am Ausgang des Collège auf ihn zu warten, aber was soll er um vier Uhr nachmittags anderes tun, wo er doch nicht nach Hause gehen kann? Er hat bereits das Programm der drei Kinos der Stadt gesehen. Die Theater haben keine Nachmittagsvorstellung. Gestern hat er der Vorstellung des Palace beigewohnt, er hat einen Teil davon sogar zweimal gesehen. Und wenn er so allein mitten in der Menge sitzt, kommt es vor, dass er plötzlich von einem unerträglichen Angstgefühl gepackt wird. Er hat Angst, er weiß nicht, wovor. Er braucht jemanden neben sich, der ihn beruhigt, und er geht zu Gaston oder zu Stievens, denn er hat ihn auch schon zu Hause abgeholt.

Da man die Leute nicht kennt, macht man sich von ihnen eine falsche Vorstellung. Die Stievens zum Beispiel bewohnen ein sehr einfaches Haus, kaum ein wenig eleganter als das in der Rue des Maraîchers. Der eigentliche Unterschied, von ein paar Nippsachen abgesehen, liegt darin, dass sie einen Salon haben und ihre Mahlzeiten im Esszimmer einnehmen. Der Vater, der kurz vor dem Krieg gestorben ist, war Makler. Die Mutter führt seine Geschäfte weiter.

Die beiden Frauen, Mutter und Tochter, die so extravagant erscheinen, wenn man sie im Carré trifft, mit Federn geschmückt oder in Pelze gehüllt, sind zu Hause völlig nichtssagende Personen, keine von beiden begehrenswert. Das junge Mädchen hat die gleichen dicklichen Gesichtszüge, das gleiche derbe Fleisch wie ihr Bruder. Beide Frauen gehen in Negligé und Pantoffeln im Haus umher. Die Stievens, die ihr Geld nicht zum Fenster hinauswerfen, geben nur für Kleidung etwas aus.

»Ich weiß wohl, dass ich nicht versetzt werde«, sagt Stievens einfach, ohne irgendein Bedauern. »Das ist mir egal. Ich werde als Angestellter in ein Geschäft eintreten, um das Fach zu lernen, dann mache ich mich selbstständig.«

»Wirst du denn das Geld dafür haben, um dich irgendwo niederzulassen?«

»Ich werde ein junges Mädchen heiraten, das Geld mitbringt.«

Die meiste Zeit ist niemand zu Hause, wenn er heimkommt. Er isst irgendetwas, öffnet eine Konservendose und geht schlafen. Wenn er seine Mutter und seine Schwester in der Stadt trifft, sagt er ihnen von weitem guten Tag, ob sie nun allein oder in Begleitung sind, und jeder geht seines Weges.

Sie spielen Billard, was ihm wieder etwas in Erinnerung ruft. Es ist noch nicht lange her und doch schon so weit weg! In der Zeit, als er sich mit den Fingern durch die langen Haare fuhr und gern in Holzschuhen ging, kam es zwei- oder dreimal vor, dass er abends mit seinem Vater in einem Café in Outremeuse eine Runde Billard spielte.

Alle erkannten Désiré, alle wussten, dass es Vater und Sohn Mamelin waren, die wie zwei Ebenbürtige zusammen spielten.

»Du bist dran, mein Sohn.«

»Wie würdest du diesen Punkt machen? Als Nachläufer?«

»Mit doppelter Bande und konträrem Effet.«

Die Atmosphäre war gedämpft und vertraut. Die kleinen Biergläser standen auf einem Tischchen, zu dem man von Zeit zu Zeit ging, um einen Schluck zu trinken. Mit dem Handrücken wischte man sich über die Lippen. Auch dort beobachtete sich Roger heimlich in den Spiegeln, allerdings, um sich der schlichten Herzlichkeit seines Gesichtes zu vergewissern. Man kam, um ihnen beim Spielen zuzusehen.

»Na, Désiré, bringst du deinem Jungen das Billardspiel bei?«

»In der Hoffnung, dass er mir bald Punkte vorgeben muss.«

Jetzt wagen sie sich kaum anzusehen, sein Vater und er. Roger flüchtet aus dem Haus, den Mund noch voll, und er wird von Gewissensbissen verfolgt bei dem Gedanken, dass er Désiré allein lässt mit seiner Mutter.

Cécile ist gestorben. Sie ist eine ganze Woche im Bett geblieben, und man hat nie so viele Fliegen wie in dieser Woche gesehen, selten war die Luft so gewittrig. Die Stimme seiner Tante war so schwach, dass man sein Ohr ganz nah an ihren Mund legen musste und mehr erriet, was sie sagen wollte. Trotzdem war sie sich ihres Zustands nicht bewusst.

»Wenn du wüsstest, wie mager ich bin, Roger! Sieh mal. Es ist nichts mehr da. Sogar die Knochen haben sich aufgelöst.«

Sie hob die Bettdecke hoch. Es war scheußlich. Roger wollte sie nicht mehr besuchen. Ein Geruch, der ihm wie ein Sterbegeruch erschien, legte sich ihm auf die Brust. Seine Tante verlangte ständig nach ihm. Er sollte ihr das Ende eines Unterhaltungsromans vorlesen, den sie begonnen hatte und nicht mehr selbst lesen konnte.

»Du bist nicht nett, Roger«, schimpfte Élise. »Wo du dich die ganze Zeit bei Cécile verkrochen hast, setzt du keinen Fuß mehr dort hinein, jetzt, wo sie dich so nötig hat.«

Ist es seine Schuld? Er fühlt, wie er bei ihrem bloßen Anblick blass wird, seine Schläfen werden feucht, der Kopf dreht sich ihm. Wenn sie ihm die Hand mit den klebrigen Fingern gibt, vermeidet er es, irgendetwas zu berühren, bevor er sich die Hände nicht zwei- oder dreimal abgeseift hat.

Erst ganz dem Ende zu hat sie eingesehen, dass sie sterben musste. Anstatt sich dagegen zu sträuben und zu revoltieren wie Félicie, zeigte sie eine unerwartete Heiterkeit. Sie war fast fröhlich. Sie sagte zu ihm:

»Mein Gott, Roger, ich werde eine ziemlich hässliche Tote abgeben! Wenn du mein Bild als junges Mädchen gesehen hättest! Frag Marcel danach, wenn er es wiederfindet. Nur meine Haare sind schön geblieben. In der Schule nannte man mich die Kleine mit den schönen Haaren.«

Man musste versprechen, ihr Blumen auf den Kopf zu legen, wenn sie gestorben sein würde, als wenn sie dem Trauerzug folgen würde, und sie ist sanft ins Koma eingetreten, das vierundzwanzig Stunden gedauert hat.

Wegen des Krieges kam die ganze Familie überein, keine Trauer zu tragen. Die Frauen haben noch ihren Trauerschleier im Schrank und hätten ihn anlegen können. Wie Catherine sagte, die Frau von Lucien:

»Kannst du dir das vorstellen, Élise, wir mit einem Schleier auf dem Kopf, in der Schlange bei der Lebensmittelausgabe oder einen Karren mit Kartoffeln durch die Straßen schiebend!«

Désirés Anzug ist schwarz. Er hat sich immer dunkel gekleidet. Roger trägt einen Trauerflor an seinem beigen Anzug. Chrétien Mamelin lebt von nun an in einem fremden Haus, das jetzt einem Schwiegersohn gehört.

»Armer Papa! Er, der Marcel nie besonders gemocht hat! Wenn er wenigstens das Hutgeschäft Arthur vermacht hätte, der vom Fach ist, wie wir alle es ihm geraten haben! Er wollte sich nicht von Cécile trennen, und jetzt hat sich Cécile von ihm getrennt ...«

Marcel wird nicht lange brauchen, um sich wieder zu verheiraten, alle sind sich in diesem Punkt einig. Nur Désiré sagt nichts. Der Tod seiner Lieblingsschwester hat ihn stark erschüttert. Wenn Élise darüber spricht, merkt man, dass er leidet, und kurz darauf verlässt er die Küche.

Wie konnte Élise mindestens zehn Tage lang ein Geheimnis wahren, an dem sie ersticken musste? Während der ganzen Zeit umarmte sie ihren Sohn, als wäre nichts, aber sie beobachtete ihn unaufhörlich, er wurde sich dessen bewusst, ohne dass es ihm gelang, den Grund dafür zu erraten. Mehrmals hatte er deutlich den Eindruck, dass sie etwas auf dem Herzen hatte. Er machte sich weiter keine Gedanken darüber, denn mit seiner Mutter ist es immer so, man könnte sagen, es ähnelte den Klausuren Marthes und Léopolds, den man seit Monaten nicht mehr gesehen hat. Wochenlang ist sie fröhlich, sogar lustig, aufmerksam gegen jedermann. Nach und nach wird ihr Gesicht spitzer, sie fängt an, die Leute nicht mehr offen anzusehen und zu seufzen.

»Aber nein, Désiré! Ich versichere dir, dass ich nichts habe. Warum sollte ich etwas haben? Du gibst mir alles, was ich brauche, nicht wahr?«

Das ist ein Zeichen dafür, dass das Gewitter nah ist. Es schwelt mehr oder weniger lang und wartet auf eine Gelegenheit loszubrechen, meistens ist es ein geringfügiger Vorwand ohne irgendeinen Bezug zu dem eigentlichen Grund. Und dann die Szene: die Tränen, die nicht enden wollenden Vorwürfe, die Nervenkrise.

Diesmal ist es wegen Käse gekommen, wegen der kleinen Käse aus Herve, die sie von Eléonore Dafnet mitgebracht und in den Keller gelegt haben, wo sie sich, so scheint es, monatelang halten können. Eines Nachmittags, als Roger allein zu Hause war, hat er zwei von diesen Käsen gegessen und nichts davon gesagt, überzeugt, dass ihr Fehlen in der Menge nicht bemerkt würde. Auch diese Käsegeschichte hat Élise zwei oder drei Tage lang mit sich herumgetragen.

»Wohin gehst du, Roger?«

»Ich gehe aus.«

»Du tätest besser daran, deine Lektionen zu lernen«

»Ich kann sie bereits.«

»Wen triffst du?«

»Niemanden. Freunde.«

»Meinst du nicht, es wäre netter von dir, mir anzubieten, für mich zur Lebensmittelausgabe zu gehen?«

Er schweigt, entschlossen, nicht dorthin zu gehen, denn er hat eine Verabredung mit Gaston van de Waele.

»Aber nein! Ich kenne dich, geh! Du wartest lieber darauf, dass ich meinen Nachmittag damit verbringe, in der prallen Sonne Schlange zu stehen, damit du Käse aus dem Keller stehlen kannst. Bleib hier. Ich bin noch nicht fertig. Das ist beschämend, wo doch ein so großer und starker Mann wie dein Vater die gleiche Ration hat wie wir ...«

»Hör zu, Mutter ...«

»Nein, Roger. Sieh mal, du machst mir zu viel Kummer, und ich muss es dir sagen. Dein Vater ist zu gut zu dir. Er ist dumm, was dich betrifft. Wenn ich mit ihm über dich spreche, verteidigt er dich immer.«

»Ich bitte dich, Mutter. Du weißt sehr gut, wie es wieder ausgeht, wenn wir anfangen.«

»Ich sprach gestern mit meiner Schwester Louisa darüber ...«

Es ist ein schlechtes Zeichen, dass sie seit einiger Zeit immer nach Coronmeuse läuft. Trotzdem ahnt er noch nicht, dass es so ernst ist. Élise selbst weiß nicht, wie sie dorthin kommen soll, wo sie hinwill.

»Wenn du Tante Louisa aus dem Spiel ließest?«, schlägt er vor. »Ich gehe lieber zur Lebensmittelausgabe, bloß damit dies vorbei ist. Gib mir die Karten und das Netz.«

»Schämst du dich nicht, Roger?«

»Es war nicht richtig von mir, den Käse zu essen, das ist wahr. So. Bist du zufrieden?«

»Es geht nicht um den Käse. Es geht um dich. Und ich habe so sehr dafür gebetet, dass du ein anständiger Mensch wirst!«

Er wird blass. Sein Herzschlag setzt aus. Er ist plötzlich davon überzeugt, dass seine Diebstähle aus der Schublade von Gruyelle-Marquant aufgedeckt worden sind, dass sein Großvater ihn gesehen und darüber gesprochen hat. Er steht da, starr, wie ein Verurteilter.

»Cécile hat mir alles erzählt, bevor sie gestorben ist. Armes Mädchen! Auf ihrem Sterbebett noch hat sie sich Sorgen um dich gemacht, und sie hat mich angefleht, über dein Verhalten zu wachen.«

»Worum hat sie sich gesorgt?«

»Spiel nicht den Unschuldigen, Roger. Du weißt es sehr gut. Wenn man sich überlegt, dass ich dafür geblutet habe, damit du trotz des Krieges nach Embourg an die frische Luft kamst! Deine arme Cousine besuchte dich, ohne zu ahnen, was du mit einer ihrer Schülerinnen getan hast. Als ich das erfuhr, meinte ich, verrückt zu werden. Ich wollte es nicht glauben. Und du, du brüstest dich damit vor Cécile, während ich betete, damit mein Sohn …«

» … rein bliebe bis zum Abend seiner Hochzeit, ich weiß.«

»Du bringst es noch fertig, dich über mich lustig zu machen?«

»Aber nein, Mutter, ich mache mich nicht lustig. Lass uns wenigstens versuchen, nicht lächerlich zu sein. Ich beschwöre dich, noch können wir aufhören. Gleich wirst du dich auf der Erde wälzen und Worte sagen, die du bereuen wirst.«

In der Tat, es ist so weit. Er lässt sich ebenfalls hinreißen. Warum macht er Tante Louisa dafür verantwortlich, Evariste, Monique? Er ist so sehr verbittert über den Verrat von Cécile, die tot ist, dass er schnell gemein wird. Er will sich nicht an seine Worte erinnern. Es geht so weit, dass eine tobende Élise schließlich losheult.

»Ich verfluche dich, Roger, hörst du?«

Sie wirft ihm einen Gegenstand an den Kopf, einen Schuh von Désiré, den sie soeben vom Schuhmacher abgeholt hat. Er flieht. Es ist erst fünf Uhr. Er holt seinen Vater ab, der sofort versteht, als er sein Gesicht sieht.

»Was gibt es wieder, mein Sohn?«

»Eine Szene mit Mutter.«

»Warum kommst du so schlecht mit ihr zurecht? Du weißt, wie nervös sie ist, und du beharrst darauf, ihr zu antworten.«

»Diesmal ist es ernster. Tante Cécile hat ihr Dinge erzählt, die ich ihr wie einem Freund anvertraut habe. Mädchengeschichten. Sie war es, die mich immer fragte.«

Es macht ihn stärker verlegen, dieses Thema seinem Vater gegenüber anzusprechen als seiner Mutter.

»Du hast eine Freundin? Ist es das?«

»Nicht ganz. Du weißt doch von den Einkehrtagen, die

Mutter und Tante Louisa für mich beharrlich machen. Nun! Als Mutter erfuhr, dass sie nicht genützt haben …«

Désiré fragt ihn nicht weiter.

»Komm. Vor allem, wenn deine Mutter wieder davon spricht, antworte unter keinen Umständen, versuch nicht zu beweisen, dass du recht hast.«

»Sie ist außer sich. Du wirst sehen.«

Heute Abend sieht man nichts, dank der beiden Untermieter, die Eléonore Dafnet geschickt hat und die unverhofft angekommen sind. Es sind zwei Mädchen, die sich genauso stark voneinander unterscheiden wie die Blonde und die Dunkle auf dem Kalender von Tante Louisa. Élise zwingt sich trotz ihrer roten Augen zu einem Lächeln, trotz der hasserfüllten Blicke, die sie ihrem Sohn zuwirft, sobald die anderen sich umdrehen.

»Entschuldigen Sie, Mesdemoiselles. Ich habe Sie heute nicht erwartet, und das Haus ist ein wenig durcheinander. Wir haben soeben eine Schwester meines Mannes verloren, die drei kleine Kinder zurücklässt …«

Seitdem leben sie völlig zerstritten, mitten im Drama. Warum bringt es Roger nicht fertig, dem Rat zu folgen, den sein Vater ihm gegeben hat?

»Vermeide ein paar Tage auszugehen. Überlege mal, wie du deiner Mutter einen Gefallen tun kannst. Sie ist so empfänglich für kleine Aufmerksamkeiten. Wenn du nett zu ihr bist, wird sie in acht Tagen alles vergessen haben.«

Er tut das Gegenteil, fast gegen seinen Willen.

Dann spricht Désiré in bestimmtem Ton mit ihm.

»Deine Mutter hat recht, Roger. In deinem Alter darf man nicht um Mitternacht nach Hause kommen, geschweige denn um zwei Uhr morgens. Du lernst nicht mehr. Man sieht dich nie mit einem Buch in der Hand. Du bist immer fort, mit Freunden, die nicht zu dir passen …«

Aber hat es nicht den Anschein, als würde Désiré ihm durch ein Augenzwinkern zu verstehen geben:

»Ich sage das, um meine Ruhe zu haben. Ich verstehe dich. Reicht es nicht, dass ich jeden Abend zu Hause bleibe? Ich bleibe zu Hause, seitdem ich verheiratet bin. Du bist jung. Du hast das ganze Leben vor dir …«

Élise spürt es und belauert sie, versucht, Beweise für ihre Komplizenschaft aufzufangen.

»Frag ihn, wo er sich gestern wieder herumgetrieben hat. Er muss wohl getrunken haben, denn er hat sein ganzes Abendessen wieder erbrochen. Er kann nicht das Gegenteil behaupten, denn ich habe seinen Anzug gesehen, der voller Flecken von Erbrochenem war, und ich hatte die größte Mühe, ihn sauber zu bekommen.«

»Antworte, Roger. Wo warst du?«

»Mit Gaston. Zum Studententag.«

Gaston van de Waele ist in einer Handelsschule eingeschrieben, in die er selten den Fuß setzt, aber er betrachtet sich deswegen nicht weniger als Studenten, und freitagabends setzt er sich, wie die von der Universität, eine Samtmütze mit langem Schirm auf. Sie treffen sich zu Hunderten im Pavillon de Flore, wo die Vorstellung für sie reserviert ist.

Roger folgt ihnen. Sie machen Krawall. Nach dem Theater werden Umzüge veranstaltet, man läuft singend durch die Straßen, man klettert auf Straßenlaternen und zieht an Klingelzügen, man dringt lärmend in Cafés ein, die noch geöffnet sind, und in die Nachtlokale; es endet fast immer an irgendeinem verrufenen Ort, mit einem üblen Saufgelage, begleitet von tierischen Schreien und obszönen Wachsoldatenliedern.

»Frag ihn doch, woher er das Geld nimmt, um so auszugehen!«

Roger errötet und antwortet zu schnell:

»Gaston zahlt.«

»Und du schämst dich nicht, dich immer von deinem Cousin einladen zu lassen? Du bist weniger stolz, als ich dachte. Übrigens werde ich es ihm sagen. Ich werde Gaston verbieten, dich mitzunehmen.«

Er flieht aus dem Haus. Er flieht vor seiner Mutter. Er hat Angst vor dem besorgten und traurigen Blick seines Vaters, der manchmal aussieht, als flehte er ihn schweigend an. Versteht Désiré, dass, wenn er gegen seinen Sohn arbeitete, die Folgen schneller kämen und noch verheerender wären?

In der Zwischenzeit gehen Élises Wutausbrüche nieder auf ihn, Roger weiß es. Sein Vater hat nur eine Atempause, wenn die beiden Untermieterinnen in der Küche sind, aber sie sitzen nach den Mahlzeiten nicht dort herum, sie gehen in ihr Zimmer hinauf oder ins Kino, ohne zu ahnen, dass ihr Hinausgehen das Ende von Désirés Ruhe bedeutet.

Roger schämt sich deshalb wie wegen eines Verrats. Das Einzige, was ihn hemmt, ist der Gedanke an seinen Vater, der allein mit Élise in der Küche ist, aber ein Dämon treibt ihn trotz allem dazu, das zu tun, was er vermeiden sollte.

»Ich hoffe, du respektierst wenigstens meine Untermieterinnen?«

Sie sind nicht verführerisch. Es sind grobe Mädchen vom Land, und Roger hätte sich auf der Straße nicht nach ihnen umgedreht. Die eine, Marie, mit einem Mondgesicht und großen ausdruckslosen Augen, ist in Roger verliebt, auf eine einfältige Weise, wie ein Schaf. Die andere, mager, mit roten Haaren und einem Gesicht, das mit schlecht aufgetragener Schminke verkrustet ist, spielt die Niedliche mit entwaffnender Naivität.

Als Herausforderung hat er sich draußen mit ihnen getroffen. Er hat an der Straßenecke auf sie gewartet, einige Schritte vom Haus entfernt. Sie sind zusammen ausgegangen und haben sich den ganzen Abend über Élise und ihre Einkehrtage lustig gemacht. Jetzt werfen sie sich beim Essen komplizenhafte Blicke zu und können kaum an sich halten, wenn sie sich mit dem Fuß unter dem Tisch anstoßen.

Die Katastrophe ist unabwendbar. Roger sehnt sie schließlich herbei. Er ist ständig knapp bei Kasse. Beim letzten Mal, als er mit den beiden Untermieterinnen ausgegangen ist, hat ihm die Rothaarige einen Geldschein in die Hand gedrückt, damit er die Kinoplätze bezahlte. Er hat es ihr am nächsten Tag zurückgegeben, aber dafür musste er sich Geld von Gaston leihen, der keinen Likör mehr zu verkaufen hat.

Er hat schon die Hälfte seiner Schulbücher an einen Bouquinisten in der Rue Saint-Paul verkauft. Auch seine goldene Armbanduhr hat er verkauft, die ihm sein Vater geschenkt hat, als er ins Collège eintrat.

Alles ist der Atmosphäre des Hauses vorzuziehen, sogar die Billardsalons, wo er sich, wenn er in die Spiegel schaut, der Illusion hingeben kann, ein Mann zu sein. Ist es nicht schon so weit mit ihm gekommen, dass er Stievens beneidet, der wenigstens nicht die Vorwürfe seiner Mutter fürchtet und sie im Streit einmal kalt als Hure bezeichnete?

Es ist mitten im Sommer, und dennoch scheint Roger alles dunkel und bedrohlich. Er flieht vor dem Sonnenlicht der Straße und sucht wie Gaston van de Waele das zweifelhafte Halbdunkel gewisser verrufener Cafés.

Oft kommt es vor, dass er nicht zu Mittag isst. Man hat für die unterernährte Bevölkerung ein preiswertes Speiselokal eingerichtet, wo es für einen Franc eine nahrhafte Mahlzeit gibt. Das Lokal, ein riesiger Saal, durch dessen Glasdach grelles Tageslicht fällt, ist in dem ehemaligen Palais de Glace auf dem Boulevard de la Sauvenière. Man bildet vor nebeneinanderstehenden Tischen eine Schlange, bekommt hier einen Teller, dort ein Besteck, man geht an Kochtöpfen vorbei, aus denen junge Mädchen die Suppe schöpfen, dann das Gemüse und, noch einen Tisch weiter, das Fleisch und das Brot ausgeben; danach muss man nur noch ein Plätzchen an den langen Tischen aus Tannenholz finden.

Alles hat denselben Geschmack. Alles ist fade, gleich, welches Tagesgericht es gibt, mit demselben Geruch von ranzigem Speck und Spülwasser, aber dennoch ist es Nahrung, die jede Menge Fette enthält.

Oft behält Roger den Franc und geht mit leerem Magen in den Straßen in der Mittagssonne spazieren, bis es Zeit ist, in die Schule zurückzukehren.

Élise geht jeden Abend nach Bouhay. Sie erzählt ihren Kummer einem Beichtvater, vor dem sie sich wohl die Augen ausweint und der eine schöne Vorstellung von Roger haben muss. Sobald sie einen Moment Zeit hat, stürzt sie nach Coronmeuse, von wo sie mit ihrem bösartigen Blick zurückkommt.

Die Untermieterinnen wohnen zusammen in einem Zimmer, dem von Mademoiselle Rinquet, in dem schönen Eckzimmer. Roger hat das Zimmer rechts davon, das auf den Boulevard zeigt, seine Eltern das linke, zur Seite der Rue des Maraîchers hin.

Die Verbindungstüren zwischen den drei Zimmern sind zugesperrt. Darüber hinaus verstellt ein Schrank bei den jungen Mädchen die Tür zu Rogers Zimmer.

Dieser konnte am Vorabend nicht ausgehen, weil er kein Geld hatte. Er wollte nicht in der Küche bleiben und ging sofort nach dem Abendessen wieder nach oben, von gehässigen Gedanken gequält. Lange Zeit lag er ausgestreckt, mit offenen Augen, auf seinem Bett in der Dunkelheit, den Blick starr auf die Spitzengardinen geheftet, deren komplizierte Muster der Mond hervortreten ließ.

Dann hörte er Marie und Alice heraufkommen und in ihrem Zimmer flüstern. Die eine von ihnen klopfte leise an die Wand, wobei beide vor Lachen platzten.

»Schläfst du?«

Erst sagte er nichts, schmollend, dann antwortete er schließlich:

»Nein.«

»Was tust du?«

»Nichts.«

Sie waren ausgelassen. Er hörte die ganze Zeit ihre Stimmen und ihr Lachen. Dann nahm er einen dumpfen Lärm wahr, und er begriff, dass sie sich abmühten, den Schrank wegzurücken.

Er bekam Angst, richtig Angst. Er war sich bewusst, dass nichts sie aufhalten würde und dass er seinerseits zu allen Unvorsichtigkeiten bereit war.

»Bist du da, Roger? Hörst du uns?«

»Ja.«

»Möchtest du herüberkommen und Schokolade mit uns essen?«

Sie schubsten sich, immer kurz davor loszuprusten, wie es die Angewohnheit von Mädchen ist.

Der Riegel ist zurückgeschoben, die Tür öffnet sich, er erkennt kaum die Umrisse in der Dunkelheit des Zimmers, dessen Geruch sich von dem in seinem Zimmer unterscheidet, und er hat den Eindruck, dass die beiden jungen Mädchen genauso viel Angst haben wie er.

Es ist eine Herausforderung. Unten, genau unter ihnen, sitzen Élise und Désiré in der bedrückenden Atmosphäre der Küche, und es ist so still in dem hellhörigen Haus, dass man manchmal das »Plopp« des Ofens wahrnimmt und den Eindruck hat, Désiré zu hören, der die Seiten seiner Zeitung umblättert.

Ist es möglich, dass Élise nicht auf das heimliche Hin- und Hergehen der beiden Mädchen und Roger lauscht?

»Wo ist sie, die Schokolade?«, fragt er mit trockener Kehle.

»Wir haben keine. Das war ein Trick, um dich herüberzulocken.«

Was gibt es da so zu lachen? Sie sind außer sich. Man könnte meinen, sie hätten getrunken oder sie hätten einen Hintergedanken.

»Nun, Marie, bist du zufrieden?«, fragt Alice. »Kümmert euch nicht um mich, ihr beiden. Ich schlafe.«

Und die Rothaarige legt sich auf das gemachte Bett, während die dicke Marie, die wohl ganz rot geworden ist, protestiert.

»Was fällt dir ein, Alice? Du musst ihr nicht glauben, Roger. Ich habe nichts gesagt.«

»Als ob du mir nicht gestanden hättest, dass du viel darum geben würdest, wenn er dich küssen würde!«

»Sei still!«

»Worauf wartest du, Roger? Ich schwöre dir, dass es wahr ist. Sie ist verrückt nach dir. Sie spricht den ganzen Tag von dir. Neulich wollte sie dein Bild aus dem Album deiner Mutter stibitzen.«

Noch ist es Zeit. Roger braucht nur hinauszugehen, aber er wagt es nicht, die Furcht vor der Meinung der beiden hält ihn zurück, vielleicht auch ein komplizierteres Gefühl. Um nichts in der Welt will er zeigen, dass er Angst vor seiner Mutter hat, und trotzdem hat er in diesem Moment wirklich Angst vor ihr. Sie ist damit beschäftigt, Möhren zu putzen, er weiß es, er hat den Eindruck, sie zu sehen, wie sie das Gemüsemesser in der Hand hält, er meint, seinen Vater im Korbsessel zu sehen, die auseinandergefaltete Zeitung vor sich.

»Warte, Roger, da sie sich ziert, werde ich sie festhalten.«

Und Alice springt auf, läuft hinter Marie her, die beiden Mädchen jagen sich auf Zehenspitzen durchs ganze Zimmer, machen »Psst« und rollen sich schließlich auf dem Bett.

»Du kannst kommen. Ich halte sie fest. Kratz mich nicht, du dumme Gans! Wo du das doch willst! Weißt du, Roger, ich glaube, sie ist noch nie von einem Jungen geküsst worden, und ich kenne sie seit langem.«

Roger liegt dann in der Dunkelheit zwischen ihnen. Seine Lippen sind auf die Lippen der verliebten Marie gepresst, und gleichzeitig suchen seine Hände die Hände der anderen, umschlingen sich ihre Finger, als schienen sie zu sagen:

»Das ist ein Scherz. Wir machen uns über das arme Mädchen lustig. Sie ist so dumm!«

Alice fragt erregt:

»Bist du zufrieden, Marie? Gefällt es dir?«

Und Rogers Hände machen sich von ihren Händen frei, um sich in ihre Bluse zu schieben. Er liegt auf ihnen mit seinem ganzen Gewicht. Niemand lacht mehr. Vielleicht schämen sie sich alle drei ein wenig, aber man kann die Gesichter nicht sehen, und sie wissen nicht, wie sie sich aus der Situation retten sollen, in die sie sich gebracht haben. Manchmal quietscht das Bett, und dann lauscht Roger mit angehaltenem Atem, sicher, jeden Augenblick die Küchentür zu hören.

Alices Hände sind genauso kühn wie seine. Er liegt mit dem Gesicht zu Marie, aber er rutscht nach und nach auf ihre Freundin.

Eben, als er ins Zimmer kam, hatte er nicht die Absicht, irgendetwas zu tun. Jetzt noch verspürt er keinerlei Begierde in sich. Warum ist er dann so versessen darauf, dem dicken Mädchen den Rock hochzuziehen und sie schließlich bis zum Bauch zu entblößen, wobei sie abwehrend verzweifelt die Hand auf ihr Geschlecht legt?

»Los!«, flüstert ihm Alice zu. »Besorg es ihr!«

Dann aber, getrieben von Gott weiß welchen Rachegelüsten, tut er so, als liebte er Alice. Er macht es nicht wirklich. Er denkt nicht daran. Aber er spielt übertrieben die Anzeichen, und Marie liegt neben ihnen, mit entblößtem Bauch, versteht nichts mehr und leidet, während die andere anfängt zu stöhnen, um die Täuschung vollkommen zu machen.

Die Küchentür wird geöffnet. Es ist still. Man ahnt, dass Élise im Hausflur steht, das Gesicht zur Treppe gewandt, und lauscht. Alle drei halten den Atem an, während sie schließlich hinaufschleicht und gleich ihr Ohr an die Tür pressen wird.

»Haben Sie mich gerufen, Mesdemoiselles?«

Alice gelingt es, mit tonloser Stimme zu antworten:

»Nein, Madame.«

Darauf öffnet Élise Rogers Zimmertür. Nichts trennt sie mehr, denn die Verbindungstür steht offen. Ihr Atem ist deutlich zu hören. Sie zögert. Sie ist wohl versucht, das andere Zimmer zu betreten. Schließlich geht sie wieder hinunter, und nach einem langen Augenblick unbeweglichen Schweigens bricht Alice schließlich in ein hysterisches Lachen aus.

»Was wird sie sagen? Glaubst du, sie setzt uns vor die Tür?«

»Da besteht keine Gefahr. Sie legt zu viel Wert auf ihre Untermieter!«

Er schämt sich dieser grundlosen Bösartigkeit, aber er muss wohl etwas sagen. Marie weint, erhebt sich endlich und zieht ihr Kleid zurecht.

»Ich glaube, ich lasse euch beide besser allein.«

»Das ist nicht mehr nötig«, antwortet die andere. »Wir sind fertig. Du hättest es nur mit dir machen zu lassen brauchen. Nicht wahr, Roger?«

»Sicher.«

All das ist gezwungen. Roger ist gereizt, und er bekäme gern eine Nervenkrise wie seine Mutter, um sich zu erleichtern.

»Wohin gehst du?«

»Ins Bett.«

Marie, der Dummkopf, hatte die Idee, die Petroleumlampe anzuzünden, und alle drei sehen aus wie Gespenster. Von unten hört man die monotone Stimme von Élise und von Zeit zu Zeit die dunkle von Désiré, der versucht, sie murmelnd zu beruhigen.

Roger ist nicht hinuntergegangen. Er hat schlecht geschlafen. Zweimal ist er schlafgewandelt, was ihm wie früher, als er klein war, wieder oft passiert. Er muss wohl geschrien haben, denn seine Eltern sind aufgestanden. Er erinnert sich an seinen Vater, barfuß im Nachthemd, der ihn sanft zwang, sich wieder hinzulegen. Sie ließen seine Nachtlampe angezündet auf einer Ecke des Kamins stehen.

Am Morgen ging er absichtlich hinunter, als alle schon am Tisch saßen. Marie war so rot wie eine Tomate, unfähig, einen Bissen hinunterzuschlucken. Alice dagegen bestritt ganz allein die Unterhaltung, und Élise antwortete ihr, wobei sie sich zwang, liebenswürdig auszusehen.

Wie jeden Morgen küsste er seine Mutter. Sie gab ihm seinen Kuss nicht zurück. Trotzdem bediente sie ihn, gab ihm einen Franc für das Billigessen. Sie kündigte an, dass sie den Nachmittag bei Tante Louisa verbringen würde, und bat die Untermieterinnen, einen Blick aufs Feuer zu werfen, wenn sie nach Hause kämen.

Seinen Vater hat er kaum gesehen. Er zog es vor, ihn nicht zu sehen. Wenn er nur ein Jahr älter wäre, würde er über die Grenze gehen und sich verpflichten, denn es werden auch junge Männer genommen, die noch keine siebzehn Jahre alt sind. Was wird er machen, wenn in zwei Monaten die Prüfungsergebnisse bekannt gegeben werden? Er will die Prüfungen nicht bestehen. Das ist eine unnötige Demütigung, und sei es auch nur vor Père Renchon, der so tut, als hätte er seine Existenz vergessen.

Er spielt mit Stievens Billard, dessen Ehrgeiz es ist, einem Modestich zu ähneln. Er geht mit mechanischen Schritten um den grün bespannten Tisch herum und beneidet alle Anwesenden, all diese ruhigen Männer, die keine derartigen Probleme zu bewältigen haben.

Es sind angesehene Persönlichkeiten der Stadt, Notare, wohlhabende Kaufleute. Fast alle haben die Fünfzig erreicht oder überschritten, und sie haben keine Augen für diese beiden Halbwüchsigen, die eifrig ihre Gesten und ihr Verhalten nachahmen.

»Was machst du heute Abend?«

»Ich gehe ins Bett«, antwortet Stievens, der gern schläft.

Gaston van de Waele ist für ein paar Tage nach Neeroeteren gefahren, wo er gleich, ohne zu lachen, am oberen Ende des Tisches das Tischgebet sprechen wird.

Selten hat Roger seine Einsamkeit so bedrückend empfunden. Es scheint ihm, als ähnelte sein Schicksal keinem anderen, als könnte ihn folglich niemand auf der Welt verstehen.

»Spielen wir noch eine Partie?«

»Nein. Meine Mutter hat Gäste, und ich habe ihr versprochen, frühzeitig nach Hause zu kommen.«

Sogar Stievens lässt ihn im Stich! Sie durchqueren die Halle des Palace, als das Orchester lautstark das Finale spielt und tausend Menschen gleichzeitig mit demselben Scharren der Füße wie am Ende eines Hochamtes zum Ausgang hasten.

Draußen ist es noch hell. Das Licht der Sonne, die nicht zu sehen ist, wirft immer noch diese gleichförmige Helligkeit, die von nirgendwoher zu kommen scheint, auf die Straße. Manch ein roter Giebel wird so glühend rot wie eine Feuersbrunst, und eine Dachluke mitten auf einem Schieferdach lässt tausend Feuer aufflammen, die den Augen wehtun.

»Du gehst in meine Richtung?«, fragt Stievens erstaunt, der in entgegengesetzter Richtung von Roger wohnt.

»Ich bringe dich ein Stück weit.«

Und als er seinen Freund vor dessen Haustür verlässt, ist er noch ratloser, er weiß nicht, was er machen, wohin er gehen soll, er schiebt den Moment hinaus, in dem er die Küchentür in der Rue des Maraîchers aufstößt. Er hat keinen Centime mehr in der Tasche. Stievens hat er nicht zu fragen gewagt, ob er für ihn bezahlt, und so hat er sich mit einem kleinen Glas Bier begnügt. Eigentlich hat er keinen Hunger, obwohl er seit dem Morgen nichts gegessen hat. Es ist eine drückendere Empfindung, ein Unbehagen, das man nicht näher bestimmen kann.

Er ist überrascht, sich mitten auf der Passerelle wiederzufinden, und er betrachtet die Maas, die metallene Farbtöne annimmt, und die Gesichter der Passanten, die im Abendrot zu rosa erscheinen.

Bei ihm zu Hause sitzen jetzt wohl alle am Tisch. Es war falsch von ihm, sich zu verspäten. Vor den Untermietern hätte Élise wahrscheinlich nichts zu sagen gewagt, und das hätte ihm Zeit zu essen gelassen. Er beschleunigt den Schritt, läuft am Ende fast. Das ist eine Tatsache, und später wird er versucht sein, an ein Vorgefühl zu glauben.

Er schließt die Tür auf. Sofort spürt er, dass irgendetwas im Haus nicht in Ordnung ist. Durch die Gardine, die vor die verglaste Küchentür gespannt ist, sieht er niemanden. Der Tisch ist nicht gedeckt. Erschrocken wie ein Kind ruft er:

»Mutter!«

Oben bewegt sich jemand. Er stürzt ins Treppenhaus. Eine Tür wird geöffnet, die zum Schlafzimmer seiner Eltern, aber es ist seine Cousine Anna, die im Türrahmen erscheint, kerzengerade, stocksteif, einen Finger auf dem Mund, und ihm zuflüstert:

»Psst, Roger.«

Ein Unglück ist geschehen. Allein Annas Anwesenheit auf der Schwelle dieses Zimmers ist unheilverkündend. Rogers erster Gedanke ist, dass seine Mutter eine Verzweiflungstat begangen hat. Er schiebt seine Cousine beiseite und bleibt, einem schrecklichen Gefühl preisgegeben, unbeweglich vor dem Anblick des Zimmers stehen, in das die rosa Helligkeit des Abends eindringt.

Désiré liegt auf seinem Bett, den Kopf auf mehrere Kopfkissen gestützt. Auf dem Nachttisch sieht man Medizinfläschchen, und ein starker Krankenhausgeruch hängt in der Luft. Élise steht da, schnäuzt sich, zwingt sich zu einem Lächeln, um nicht zu weinen.

»Komm herein, Roger. Schließ die Tür, Anna. Mach keinen Lärm. Komm ganz vorsichtig her und küsse deinen Vater.«

Désiré sieht ihn an, und beim Anblick seines Sohnes ist ein solches Glück in seinen kastanienbraunen Augen zu lesen, dass man sofort begreift, dass er geglaubt hat, ihn nie mehr wiederzusehen.

Roger küsst ihn neben die herben Schnurrbarthaare, die noch nach Tabak riechen.

»Es ist nichts, mein Sohn. Weine nicht.«

»Aber nein«, beeilt sich Élise, ihm beizupflichten, »es ist nichts. Eine Interkostalneuralgie, nicht wahr, Anna? Der Doktor hat es uns soeben gesagt. Im ersten Augenblick ist es beängstigend, aber in acht Tagen merkt man nichts mehr davon.«

Sie spricht, wie man zu Kranken spricht, um sie zu beruhigen. Roger merkt, dass sein Vater ihr nicht glaubt. Er wäre gerne allein mit ihm. Désiré ist schwach. Seine Stimme ähnelt der Céciles.

»Geh schnell essen, mein Sohn. Man hat mir ein Medikament gegeben, damit ich schlafen kann. Vor allen Dingen musst du essen.«

Anna geht mit ihm in die Küche hinunter und bedient ihn an einer Ecke des Tisches, wobei sie ihn über alles unterrichtet.

»Stell dir vor, deine Mutter war bei uns, als jemand von Sauveur herüberkam und uns sagte, dass sie am Telefon verlangt würde. Wir hatten uns gerade zum Nachmittagskaffee an den Tisch gesetzt. Monique, die auch bei uns war, hatte sofort das Gefühl, dass ein Unglück geschehen war, und sie wollte deine Mutter nicht allein gehen lassen. Es war eine eurer Untermieterinnen, ich weiß nicht, welche, die vom Arzt aus anrief, der hier gegenüber wohnt.«

Roger isst, ohne sich dessen bewusst zu werden. Er isst, obwohl er keinen Hunger hat, gespannt auf die Worte seiner Cousine, die sich augenblicklich in Bilder verwandeln. Quai de Coronmeuse, gut! Er sieht auch das Haus von Monsieur Sauveur vor sich. Und Alice, kopflos beim Arzt gegenüber. Denn es war Alice. Marie hätte nicht daran gedacht zu telefonieren. Sie hätte nicht gewusst, wie sie es anstellen sollte.

»Es war noch ein Glück, dass sie zufällig zu Hause waren. Sie waren gerade heimgekommen, als es läutete. Durch das Fenster sahen sie einen Ambulanzwagen. Es war dein Vater, den man aus der Rue Sohet brachte. Er hatte in seinem Büro einen Zusammenbruch gehabt. Er wurde behandelt, und Doktor Fischer, ein Spezialist, den Monsieur Monnoyeur hatte rufen lassen, begleitete ihn dann persönlich hierher. Ausgerechnet da musste deine Mutter nicht zu Hause sein! Wir sind hierhergelaufen wie Verrückte. Ich glaube, wir waren schneller als die Straßenbahn. Der Doktor war noch hier, als wir ankamen.«

»Was hat er gesagt?«

»Iss, Roger!«

»Ich will genau wissen, was er gesagt hat.«

»Du verstehst, er kann es noch nicht sicher sagen, aber er glaubt, dass es dieses Mal nicht ernst sein wird. Das Gefährlichste ist vorbei.«

»Warum sagst du ›dieses Mal‹?«

»Weil andere Krisen kommen können.«

»Welche Krisen?«

»Dein Vater hat ein Herzleiden. Doktor Fischer kommt wohl morgen wieder. Er wusste im Voraus, worum es sich handelte, denn Désiré hat ihn schon mehrmals konsultiert. Du bist jetzt ein Mann, Roger. Du musst ein Mann sein, denn deine Maman muss auf dich zählen können, was auch immer geschieht. Dein Vater braucht Schonung. Er braucht ein ruhiges Leben, ohne Aufregungen.«

Élises Stimme oben, gedämpft:

»Kommst du herauf, Anna?«

Seine Mutter kommt herunter und setzt sich auf einen Stuhl, als verweigerten ihr die Beine jeglichen Dienst.

Ihren Kopf in die Hände gestützt, fängt sie an, geräuschlos zu weinen. Roger nähert sich ihr und legt ihr einen Arm um die Schultern.

»Weine nicht, Mutter.«

Er sagt irgendetwas, ganz leise. Die Worte sind nicht wichtig, er streichelt sie. Dann kniet er vor ihr wie der kleine Junge von früher und legt seinen Kopf in ihren Schoß.

»Wir werden ihn gut pflegen, und du wirst sehen, wir werden ihn gesund machen. Weine nicht. Ich werde ein Mann sein, ich verspreche es dir. Ich werde arbeiten. Siehst du …«

Wie soll er ausdrücken, was er fühlt, wo er es nicht einmal zu denken wagt? Und trotzdem verspürt er so etwas wie Gewissheit, dass das geschehen musste. Niemand wusste es, aber das gehörte zu den Dingen, die von vornherein beschlossen sind. Es ist schrecklich zu sagen. Um solch einen Gedanken zu präzisieren, gibt es keine Worte. Es kann unmöglich wahr sein. Indessen, als er eben das Schlafzimmer betrat, schien es ihm, als hätte sein Vater gemurmelt:

»Siehst du, mein Sohn! Ich habe dich befreit …«

Denn jetzt ist Roger gerettet. Er ist sich dessen sicher. Er drückt die Hände seiner Mutter und schaut glühend auf das verwüstete Gesicht, das immer noch weint.

»Anna sagt, dass der Zusammenbruch nicht ernst ist …«

»Es wird weitere geben. Ich weiß es. Doktor Fischer hat mich gewarnt. Er hat mich gefragt, ob ich stark genug sei, die Wahrheit zu hören. Er ist keiner von diesen Ärzten, die die Familie bis zum Schluss belügen. Désiré leidet seit langem an einer Angina pectoris, und er hat es vor uns verborgen, um uns nicht zu beunruhigen. Und ich war so grausam zu ihm!«

»Was sagst du, Mutter?«

»Du kannst das nicht wissen. Ich werde mir mein ganzes Leben lang Vorwürfe machen. Wenn ich daran denke, dass ich ihm vorwarf, sich nicht darum zu kümmern, was aus mir würde, wenn ihm etwas zustieße! Jetzt weiß ich von Doktor Fischer, dass er vor langem eine Lebensversicherung beantragt hat, die ihm nicht gewährt wurde.«

Mechanisch blickt sie auf den Wecker.

»Ich muss trotzdem meinen Untermietern zu essen machen. Es ist zu spät, als dass Anna noch zu sich nach Hause gehen könnte. Du wirst ihr dein Bett abtreten und auf der Chaiselongue im Esszimmer schlafen. Anscheinend kann er in zwei oder drei Tagen wieder aufstehen. Möglicherweise wird er jahrelang keinen Anfall mehr haben, aber es ist auch möglich, dass er von einer Minute auf die andere dahingerafft wird. Das ist so ziemlich die schlimmste Krankheit. Wenn ich mir überlege, dass ich in Zukunft mit dem Gedanken leben werde, dass man mich jederzeit ans Telefon rufen kann, um mir mitzuteilen …«

Sie deckt den Tisch, verrichtet die alltäglichen Handreichungen, versorgt das Feuer, gießt kochendes Wasser auf den Kaffee.

»Wohin gehst du, Roger?«

Er weiß nicht, wohin er gehen soll, vielleicht ins Esszimmer, in das sie nie einen Fuß setzen und wo die Rollläden das ganze Jahr über heruntergelassen sind? Er möchte allein sein. Der Kopf dreht sich ihm. Er meinte, einen Vorwurf in der Stimme seiner Mutter herauszuhören, und er bleibt, um sie zu beruhigen.

»Du wirst sehen, dass ich dir helfen werde. Schon morgen suche ich mir eine Stellung.«

Aber nein, das ist nicht möglich! Ist es wahr, dass er sich wie erleichtert fühlt wegen der Krankheit seines Vaters? Er verspürt das Bedürfnis zu protestieren, und sogar dieser Protest kränkt ihn. Er würde alles tun, damit sein Vater wohlauf wäre und die Bedrohung, die über seinem Leben schwebt, auf immer verschwände.

Trotzdem, jetzt kommt von einer Minute auf die andere

all das in Ordnung, was eben noch so unheilschwer in der Luft lag. Man hat nicht mit ihm über die hässliche Szene vom Vorabend gesprochen. Man wird vielleicht nie darüber reden, auf jeden Fall nicht in nächster Zeit. Er wird nicht mehr zum Collège gehen. Er wird seine Prüfungen nicht machen und auch nicht die Schande eines unvermeidlichen Versagens ertragen müssen.

Unten im Treppenhaus ruft seine Mutter wie immer:

»Mademoiselle Alice! Mademoiselle Marie!«

Sie kommen und setzen sich ein wenig verstohlen zu Tisch. Um die Tapfere zu spielen, zwingt sich Élise zum Optimismus.

»Ihr werdet sehen, es ist nichts. Der Doktor sagt, dass nach dieser Woche nur noch eine böse Erinnerung zurückbleiben wird. Sie müssen wohl Angst gehabt haben, Mesdemoiselles. Und ausgerechnet dann waren Sie allein im Hause! Zum Glück wussten Sie, wo ich war, und dachten daran, mich anzurufen.«

Währenddessen spielte Roger Billard über dem Palace, ging zusammen mit anderen Marionetten um grün bespannte Tische herum, die von Scheinwerfern beleuchtet wurden. Dann brachte er Stievens bis vor die Tür und schlenderte endlos durch die Straßen.

»Ich gehe hinauf und löse Anna ab«, verkündet er. »Sind Tropfen zu geben?«

»Nichts mehr vor elf Uhr. Was er jetzt braucht, ist absolute Ruhe. Übrigens wird er wohl schlafen.«

Und wieder wird Rogers Nachtlampe gebraucht. Auf den Zehenspitzen nähert er sich Anna, gibt ihr ein Zeichen, und sie steht auf, um den Platz für ihn frei zu machen. Die Scharniere der Tür quietschen leicht, dann hört man nur noch ein leises Stimmengemurmel und Tellergeklapper in der Küche. Roger, das Kinn in die Hände gestützt, betrachtet mit Inbrunst seinen schlafenden Vater, dessen Schnurrbarthaare bei jedem Atemzug zittern.

9

Im Gegensatz zu dem, was er sich früher vorgestellt hätte, sind es die Passanten, die sich im Aquarium befinden, und er ist es, der sie durch die Fensterscheiben der Buchhandlung mit einer leicht mitleidigen Neugier beobachtet.

Das Erstaunlichste ist die Ernsthaftigkeit, ja sogar Feierlichkeit, von der das Gesicht der Leute geprägt ist, wenn sie sich ihrem albernsten Mienenspiel hingeben.

Der Rahmen – das Aquarium – ist mehr oder weniger breit, je nachdem, ob Roger sich nah beim Fenster oder im hinteren Teil der Buchhandlung aufhält. Ist er im Hinterzimmer, genannt Büro, verringert sich dieses Gesichtsfeld, das durch die verbindende, mit Büchern tapezierte Bucht umrahmt wird, auf die Maße einer Kinoleinwand.

Nun! Trotz der Vorstellung, die man sich macht, wenn man selbst auf der Straße ist, haben die Spaziergänger den ruckartigen Gang der Personen auf der Leinwand; und insbesondere gleichen diejenigen, die am unbedachtesten gestikulieren, den komischen Figuren.

Ob sie nun von links oder von rechts kommen, alle sehen sie aus, als wären sie in dieses Stückchen Welt von kaum zwanzig Metern Länge katapultiert worden, und als ginge es darum, wer dieses Stück am schnellsten durchquert, mit sorgenvoller Stirn, starrem Blick und energischem Kinn, um wieder im Nichts zu verschwinden.

Den ganzen Tag über kann Roger auf dem Schaufenster die Wörter *Buchhandlung Germain* verkehrt herum lesen und, in kleineren Emaillebuchstaben, *Leihbücherei.* Den ganzen Tag über bleiben die Leute jenseits dieser Grenze abrupt stehen, als zerrisse in ihnen eine Feder.

Dann sieht man sie von vorn, in Großaufnahme. Sie bewegen sich nicht. Sie bleiben dort stehen, nebeneinander, manchmal fünf, manchmal sechs in einer Reihe, ohne sich zu kennen, versunken in die Betrachtung der gelb eingeschlagenen Bücher in der Auslage.

Es ist unmöglich, dass sie nachdenken, trotz ihrer angespannten Züge und des oft dramatischen Gesichtsausdrucks. Sie warten ganz einfach auf das gegenläufige Klicken, das sie wieder auf ihre ruckartige Bahn werfen und sie aus dem Rahmen forttragen wird.

Die gelben Straßenbahnen, die alle paar Minuten unter viel Getöse vorbeifahren, sind nicht wirklicher mit dem Straßenbahnfahrer, der starr auf der vorderen, und dem Schaffner, der auf der hinteren Plattform steht, und den zwei Reihen von hin und her schaukelnden Köpfen im Innern der Bahn, und man wäre gar nicht erstaunt, wenn sie wie ein falsch eingestelltes Spielzeug an einer wirklichen Mauer entzweigehen würden.

Das Spiel von Licht und Schatten wechselt von Stunde zu Stunde, fast von Minute zu Minute. Gegenüber liegt ein Schuhgeschäft mit zwei eleganten Schaufenstern und ständig geöffneter Tür, hinter der die Ladenmädchen, die einen weißen Kragen auf einem schwarzen Kleid tragen, im Halbschatten hin und her gehen. Manchmal überschreitet eine von ihnen, wenn sie eine Kundin hinausbegleitet, fast die Grenze zur Straße; sie beugt sich nach draußen; es fehlt nur eine Kleinigkeit, und sie würde von der Mechanik erfasst, aber sie wittert die Gefahr und taucht flink wieder in ihre Welt von weißen Schachteln ein, die wie Ziegelsteine aufeinandergestapelt sind.

All das ist winzig klein und wirklichkeitsfern. Die greifbare Welt beginnt mit Mademoiselle Georgette, die neben dem Schaufenster der Buchhandlung vor einem hohen Pult sitzt. Roger, hoch oben auf einer Bambusleiter stehend, hustet, um ihre Aufmerksamkeit auf sich zu ziehen, und sagt mit einer Stimme, die er vorher bei sich nicht kannte und die er sich in diesem Laden zugelegt hat:

»843.«

An ihrer Kasse wendet Mademoiselle Georgette, die Nichte des Chefs, auf der Suche nach der Nummer 843, einer Abonnement-Nummer eines Kunden, die Seiten eines Registers um. Als sie aufhört, in dem Buch zu blättern, und ihre Feder auf eine Seite senkt, weiß er, dass er fortfahren kann.

»Zurückgegeben: 2656.«

Sie wiederholt halblaut, ohne den Kopf zu heben:

»2656.«

Das ist die Katalognummer eines Buches. Alle Bücher der Leihbücherei unterscheiden sich von denen, die verkauft werden, darin, dass sie in schwarzes Leinen gebunden sind und unten auf dem Rücken ein ganz kleines Etikett haben, auf dem mit violetter Tinte eine Nummer geschrieben steht.

»Ausgeliehen: 4562.«

Wer könnte sagen, warum das Spaß macht? Denn es macht Spaß, genauso wie es einem Jongleur Spaß machen muss, seine weißen Kugeln wie gehorsame, disziplinierte Wesen im vorhergesehenen Moment in seine Hand fallen zu sehen. Verlangt ein Kunde nach einem Buch? Hopp! Roger nimmt den Spezialkatalog zur Hand, der zwischen zwei Regalen hängt. O … O … Da ist O! … *Der Hüttenbesitzer* … *4562*. Genugtuung, dass er sich daran erinnerte, dass es in den 4000 war. Drittes Regal links, vom Ladentisch aus gesehen. *Der Hüttenbesitzer* ist am Vortag zurückgegeben worden, er weiß es. Zwei Fächer unter der Decke … Hopp! Er lässt die Bambusleiter auf ihrer Leiste gleiten … Hopp! Er steigt hinauf, berührt kaum die Sprossen, gar nicht die Holme der Leiter. Dort oben bleibt er im Gleichgewicht, ohne sich festzuhalten. Durch eine akrobatische Leistung nimmt er die Gelegenheit wahr, die 2656 an ihren Platz zurückzustellen. Ein Halévy, wahrscheinlich. Er könnte schwören, dass es ein Halévy ist …

Zum Beweis dafür, dass es Spaß macht, ist Monsieur Germain aus seiner Höhle hervorgekommen.

»Warum kommen Sie nicht herunter?«

»Ich komme schon, Monsieur.«

»Versichern Sie sich, Georgette, dass es keine Neuerscheinung ist.«

Roger sagt:

»Nein, Monsieur. Es ist ein Georges Ohnet.«

Er ist im Unrecht. Er kann sich noch so sehr bemühen, er ist immer im Unrecht, und Monsieur Germain gibt es ihm mit einem wilden Blick zu verstehen.

»Haben Sie die Seiten alle aufgeschnitten?«

»Ja, Monsieur.«

»Haben Sie die neuen Etiketten aufgeklebt?«

»Ja, Monsieur.«

Ist es möglich, dass ein Mann im Alter von Monsieur Germain, der die siebzig überschritten hat und als der seriöseste Buchhändler der Stadt gilt, derartige Spiele spielt? Er steht da, gereizt, verstimmt, unglücklich, weil er für Roger nichts anderes zu tun findet, um ihn von den Kunden fernzuhalten. Und das nur, weil er merkt, dass es Roger Spaß macht, sie zu bedienen! Man ist nicht zum Spaß auf der Welt, und schon gar nicht in der Buchhandlung Germain, um sich zu amüsieren. Die Arbeit ist eine Strafe des Himmels.

»Bereiten Sie einen neuen Satz Etiketten vor, von 1 bis 10000.«

Es gibt schon drei fertige Sätze, und die Etiketten auf den Rücken der Bände werden nur ausgewechselt, wenn sie sich lösen. Da kann man nichts machen! Man wird nicht sagen können, dass Roger Vergnügen daran findet, die Kunden zu bedienen und wie ein Affe auf den Leitern zu balancieren.

»Warum haben Sie sich nicht um Madame gekümmert, Monsieur Hiquet?«

»Ich bitte um Entschuldigung, Monsieur …«

Wunderbar! Der erste Gehilfe wird verlegen, wie es sich gehört, wirkt noch unglücklicher als sonst und stammelt schließlich wie ein Schuldiger:

»Ich war auf dem Örtchen.«

Denn es ist bekannt, dass er wegen seiner schwachen Blase zwanzigmal am Tag dorthin gehen muss, dass es eine Qual für ihn ist und er mit verzerrtem Gesicht wieder zurückkommt. Nun hat Monsieur Germain ebenfalls Probleme mit seiner Blase, wie die meisten Männer in seinem Alter. Wenn er Hiquet blass werden sieht, kann er sich ständig davon überzeugen, dass sein Leiden noch harmlos ist im Vergleich zu den Schmerzen seines Angestellten.

All das ist wahr. Vor langer Zeit hat Roger es entdeckt. Äußerlich ist Monsieur Germain ein würdevoller, beeindruckender Mann. Seine weißen, dichten Haare sind wie eine Bürste geschnitten. Alle weißen Härchen in seinem Gesicht sind waagerecht gewachsen, und seine Brauen sind genauso lang und dicht wie seine Schnurrbarthaare. Man hört nie, wenn er sich nähert. Er trägt wohl besondere Schuhe, die keinen Lärm machen. Trotz seiner Breitschultrigkeit würde man sagen, dass in seinen weiten Kleidern nur ein Körper ohne Knochen und ohne Muskeln steckt, der lautlos durch den Raum schwebt.

Er hat nichts zu tun. Hinten im zweiten Zimmer hat er einen Schreibtisch, aber nur, um sich wichtig zu tun, denn seine größte Arbeit besteht darin, die Rechnungen, die mit der Post kommen, aufeinanderzuheften und dem Buchhalter zu geben, der an zwei Abenden in der Woche kommt.

Die restliche Zeit liegt er auf der Lauer. Man kann unmöglich sagen, worauf er lauerte, bevor er Roger einstellte. Vielleicht auf seine Nichte und den traurigen Hiquet? Seit den zwei Monaten, die Roger hier ist, ist ihm der alte Buchhändler mit den starken Augenbrauen von morgens bis abends auf der Spur. Wie ein Teufel durchschaut er alles. Sobald Roger eine Arbeit gefällt, bemerkt er es. Es tut ihm weh. Er steht buchstäblich Qualen aus, bis er etwas anderes für ihn zu tun findet, und sei es eine Arbeit von offenkundiger Nutzlosigkeit.

Schon bei ihrem ersten Zusammentreffen wurde dieser Krieg erklärt. Mit Oblaten befestigt, klebte eine Mitteilung an dem Schaufenster:

Junger Mann (Anfänger) gesucht.

Es war an einem heiteren Sonnenmorgen gegen zehn Uhr. Désiré ging es besser. Er blieb noch im Zimmer, hütete aber nicht mehr das Bett. Er las in der Nähe des Fensters. Roger, der eine Stellung suchte, glaubte ernsthaft daran, dass das Glück ihm zulächelte, und er ging, ebenfalls lächelnd, munter und unbefangen wie dieser heitere Morgen, in das Geschäft.

»Sie wünschen?«

»Ich komme wegen der Stelle. Ist sie noch frei?«

Er hatte sich an Mademoiselle Georgette gewandt und mit so sichtbarer Angst gesprochen, erfüllt von einem so leidenschaftlichen Wunsch, die wunderbare Stelle solle noch frei sein, dass sie ihm sofort mit Sympathie zulächelte. Nun, Monsieur Germain war in irgendeinem Winkel versteckt. Er fing dieses Lächeln auf, was schon eine Art Katastrophe bedeutete.

»Worum handelt es sich, junger Mann?«

Roger war an diesem Tag nicht fähig, sich zur Wehr zu setzen, auch nicht gegenüber der offensten Feindseligkeit.

»Ich bitte um Entschuldigung, Monsieur. Ich habe Sie nicht gesehen. Ich habe Ihre Mitteilung gelesen und mir erlaubt, mich vorzustellen. Ich wäre sehr glücklich, bei Ihnen arbeiten zu können, denn mein Vater ist krank, und ich bin gezwungen, schnellstens meinen Lebensunterhalt zu verdienen.«

»Welche Ausbildung haben Sie?«

»Ich bin noch im Collège. Das heißt, ich war noch vor vier Tagen dort, als mein Vater den Zusammenbruch hatte. Ich bin am Ende der Tertia.«

»Dann ist das keine Stellung für Sie. Ich brauche einen Anfänger für die kleinen Arbeiten und für die Botengänge.«

»Das macht nichts, Monsieur. Ich bin bereit, alles zu tun, was Sie wollen.«

Er hatte sich eben, als er die Auslage betrachtete, in wenigen Sekunden ein neues Lebensideal geschaffen, und er merkte jetzt, dass er dieses Ideal nur in dem Rahmen der Buchhandlung Germain verwirklichen konnte. Er hatte dem Mann gegenüber ein widerstrebendes Gefühl, aber nichts entmutigte ihn.

»Ich kann nur fünfzig Franc im Monat zahlen.«

Monsieur Germain sagte das absichtlich, um ihn sich vom Halse zu schaffen, denn der Vorgänger, der eine schlechtere Ausbildung als Roger hatte und den er vor die Tür hatte setzen müssen, weil er Stempel klaute, hatte fünfundsiebzig Franc im Monat verdient.

»Ich werde damit zufrieden sein, Monsieur.«

Zur Not würde er umsonst arbeiten, so eilig hatte er es, zu Hause zu verkünden, dass er eine Arbeit gefunden hatte, und mit dem Collège aufzuhören, wohin er seit vier Tagen nicht gegangen war, wo man aber noch nichts von seinem Entschluss wusste.

»Haben Sie Empfehlungen?«

»Ich habe noch nicht gearbeitet.«

»Ich meine, Schreiben von Personen, die sich für Ihre Ehrenhaftigkeit verbürgen.«

»Ich werde sie Ihnen beibringen, Monsieur. Ich erbitte mir nur eine Stunde. Stellen Sie vor allen Dingen niemand anderen inzwischen ein.«

Er läuft zu Schroefs. Denn alles tritt vor dieser Stellung in den Hintergrund, er muss sie bekommen, koste es, was es wolle.

»Monsieur Germain? Ich kenne ihn ziemlich gut. Wir sind Mitglieder in dem Verwaltungsrat derselben Bank. Germaine ist Kundin in seiner Leihbücherei. Ich hoffe, ich werde meine Empfehlung für dich nicht bereuen?«

»Ich verspreche es, Onkel.«

Er nimmt seinen Brief mit. Die Straßen sind wie ein leichtes und berauschendes Bad. Er fliegt zum Botanischen Garten, wo ein Cousin seiner Mutter wohnt, der Friedensrichter ist und den sie sehr selten sehen.

»Hör mal, Cousin: Vater ist sehr krank, es kann ihm jeden Augenblick etwas passieren, und ich muss arbeiten. Ich habe fast eine Stellung gefunden, in der Buchhandlung Germain in der Rue de la Cathédrale.«

Alle sind ihm wohlgesinnt. Er ist entschlossen, sich durch Nettigkeit bei aller Welt beliebt zu machen. Sein Ideal hat sich verändert. Keine Künstlerschleife mehr, auch keine gelben Schuhe. Keinen Scheitel mehr im Haar, auch keine Haarpomade. Er bedauert, dass sein Anzug beige ist. Er hätte ihn lieber dunkel, neutral. Er möchte den Aufzug und das Gebaren der Angestellten haben, die man zu festen Zeiten vorbeigehen sieht, wie Désiré, und die als Beispiel für Pflichtbewusstsein und Ehrenhaftigkeit genannt werden.

Hat er gesagt, dass er in einer Stunde wiederkäme? Er braucht aber nur fünfundvierzig Minuten, um seine beiden Briefe zu bekommen. Er läuft. Wie ein Wirbelwind stürzt er in die Buchhandlung, und seine Augen leuchten triumphierend, sein Atem geht geräuschvoll.

»Bitte schön, Monsieur. Dieser hier ist von meinem Onkel Hubert Schroefs, dem Lebensmittelgroßhändler aus der Rue des Carmes. Der andere ist von meinem Cousin Lievens, dem Friedensrichter.«

»Haben Sie ihnen gesagt, dass es sich um eine ganz kleine Anstellung handelt?«

»Ja, Monsieur.«

Was kann Monsieur Germain tun? Wütend gibt er nach.

»Wann können Sie anfangen?«

»Sofort, wenn Sie wollen.«

»Sagen wir, morgen früh. Seien Sie um Punkt halb neun hier.«

Das ist jetzt mehr als zwei Monate her, und der Buchhändler hat es ihm noch nicht verziehen. Es ist das erste Mal, dass jemand sich gegen seinen Willen erhoben und seine Ziele verwirklicht hat, lächelnd, wie spielerisch.

Der Studienaufseher im Collège Saint-Servais hat etwas Überraschendes getan. Obwohl Roger seine Prüfungen nicht abgelegt hat – und jeder wusste, dass er sie nicht bestehen würde –, hat er ihm ein Abschlusszeugnis ausgestellt, so als hätte er ganz normal die Tertia beendet.

Ist diese übertriebene Großzügigkeit im Grunde nicht ein klein wenig verächtlich? Roger sperrt sich dagegen, es zu glauben. Nicht nur dass er seine Kleidung der der kleinen Leute anpasst und ihren Gang nachahmt, er will auch ihre Art zu denken annehmen.

Er ist ganz und gar nicht unglücklich. Er lebt in einer beruhigenden Welt. Gern geht er durch sein früheres Viertel, in dem Buchhalter und Bankangestellte wohnen, und die neuen Häuschen erscheinen ihm in diesem Sommer mit ihren zum Lüften geöffneten Schlafzimmerfenstern vertraut und freundlich. Er denkt ernsthaft daran, sich in den katholischen Zirkel einzuschreiben, in dem Désiré früher Souffleur beim Theaterkreis war. Er wird der Vereinigung ehemaliger Schüler der École des Frères angehören.

Désiré ist wieder in sein Büro zurückgekehrt. Er ist dazu gezwungen, früher wegzugehen und an der Ecke der Rue

Puits-en-Sock und der Rue Jean-d'Outremeuse die Straßenbahn zu nehmen, denn er könnte den langen Weg nicht mehr zu Fuß machen, der ihn von der Rue Sohet trennt. Roger hält sich bei seiner Mutter in der Küche auf. Es ist Obstzeit, und sie haben angefangen, Konfitüre zu machen. Er späht auf den Wecker, erhebt sich, setzt seinen Strohhut auf und nimmt seinen Spazierstock, denn er findet, dass ein Spazierstock mehr nach einem »Mann, der ins Büro geht« aussieht.

Oft, bevor er den Pont d'Amercœur erreicht, sieht er seinen Vater vor einem Schaufenster stehen. Vor einer Viertelstunde ist Désiré von zu Hause fortgegangen. Mit seinen langen Beinen müsste er schon weiter sein. Aber er ist gezwungen, fast alle hundert Meter stehen zu bleiben und darauf zu warten, dass der Krampf, der ihn lähmt, vorbei ist.

Er schämt sich seiner Krankheit. So oft wie möglich bleibt er vor einem Schaufenster stehen, tut so, als interessierte er sich für die ausgelegten Waren, und sei es für das welke Gemüse eines ärmlichen Ladens. Einer spitzen Zunge ist es bereits gelungen, zu Élise zu sagen:

»Es ist seltsam, Madame Mamelin. Ihr Mann, der so seriös zu sein schien, fängt jetzt an, nach den jungen Mädchen zu schielen.«

»Was erzählen Sie da?«

»Er bleibt vor den Schaufenstern stehen und schäkert manchmal eine Viertelstunde lang mit den Ladenmädchen.«

Armer Désiré! Er lächelt etwas verlegen, wenn sein Sohn ihn einholt. Roger hat schon daran gedacht, den Umweg über den Pont de Bressoux zu machen, aber sein Vater würde sich nicht täuschen lassen.

»Nun, mein Sohn?«

»Nun, Vater? Ein wenig außer Atem?«

»Es ist schon vorbei. Warte nicht auf mich. Du gehst schneller als ich, und es ist Zeit für dich. Gefällt es dir immer noch in deinem Büro?«

Er sagt absichtlich »Büro«, wie sie von dem Büro in der Rue Sohet reden, denn das schafft ein weiteres Band zwischen ihnen, eine Art Gleichstellung.

»Es geht sehr gut. Ich kenne mich in allem aus. Ich könnte Monsieur Hiquet von einer Stunde auf die andere vertreten, wenn es nötig wäre. Es gibt Kunden, die sich vorzugsweise an mich wenden, denn ich kenne die Bücher besser. Bestimmte Leute fragen mich um Rat. Anstatt irgendeinen Titel zu verlangen, sagen sie zu mir:

›Geben Sie mir doch bitte so einen Roman wie das letzte Mal. Der war sehr gut.‹«

Unglücklicherweise passt Monsieur Germain auf. Sein Hass nimmt häufig kindische Formen an. Ist es nicht kindisch, seinem Angestellten alle Arbeiten wegzunehmen, die dieser gern und fehlerlos erledigt?

Morgens ist es Roger, der eine Stange mit einem Häkchen aus dem Korridor holt und damit die Fensterläden hochschiebt. Hiquet ist morgens immer blass, seine Augen sind rot gerändert, als hätte er in der Nacht nicht geschlafen. Er wechselt währenddessen in einem Kabuff die Jacke und zieht einen schwarzen Lüsterkittel über.

Obwohl Roger eitel ist, hat er Monsieur Germain vorgeschlagen, für ihn einen ähnlichen Kittel zu bestellen. Anstatt ihm für diesen Eifer dankbar zu sein, hat der unzugängliche Alte gebrummt:

»Das ist nicht nötig.«

Denn er rechnet nicht damit, ihn bei sich zu behalten, das ist klar! Man hat ihm diesen übermütigen jungen Mann aufgedrängt, der mit seiner Arbeit zu jonglieren scheint. Es ist ihm noch nicht gelungen, ihn bei einem Fehler zu ertappen, aber er ist geduldig, hartnäckig, er weiß, dass es früher oder später passieren wird. Das Entscheidende ist, die Gelegenheit nicht zu versäumen.

Die ziemlich seltenen Lieferungen in die Stadt oblagen natürlich dem Neuling. Mamelin kam von diesen Besorgungen in frischer Luft mit zu lebhafter Gesichtsfarbe wieder, wie von einer Erholungspause. Monsieur Germain konnte es nicht ertragen. Das Problem war schwierig zu lösen, denn wenn Monsieur Hiquet die Besorgungen erledigte, musste er während dieser Zeit Roger gestatten, die Kunden zu bedienen.

Von nun an wird damit gewartet, bis man die Zustellungen sortieren kann. Abends, wenn das Geschäft geschlossen wird, murmelt Monsieur Germain:

»Übrigens, hätten Sie die Güte, Monsieur Hiquet, diese zwei oder drei Pakete auszuliefern, wenn Sie nach Hause gehen? Es liegt auf Ihrem Weg. Monsieur Mamelin wird die anderen nehmen.«

Nach Dienstschluss! Der Alte reibt sich die Hände. Er wäre noch glücklicher, wenn Roger gegen diese zusätzliche Arbeit protestieren würde.

Roger hat sich geschworen, das Unmögliche zu tun, um diesen unverdienten Hass zu entwaffnen. Hat Élise ihm nicht oft vorgeworfen, zu keinem Respekt fähig zu sein? Wenn sie ihn heute sehen, ihn hören könnte, wie er mit engelsgleicher Stimme, die sie nicht von ihm kennt, und einer leichten Verbeugung des Kopfes antwortet:

»Ja, Monsieur. Nein, Monsieur. Sofort, Monsieur.«

Mademoiselle Georgette ist enttäuscht. Sie hat wohl gehofft, als sie ihn an einem sonnigen Morgen die Buchhandlung betreten sah, dass dieser junge Mann mit dem kühnen Blick endlich das wagen würde, was niemand bisher gewagt hatte: laut und unmissverständlich zu sprechen und an der Tyrannei des schrulligen alten Onkels zu rütteln.

Nun, niemand war je folgsamer als Mamelin.

Manches Mal sind Schulkameraden vom Collège gekommen, unter anderem Chabot, der in der Leihbücherei eingeschrieben ist. Wenn Roger sich ihnen nur ein klein wenig genähert hätte, hätten sie ihm die Hand hingestreckt. Er hätte es sich sogar erlauben können, sie zu duzen. Wer weiß, ob Monsieur Germain es nicht gehofft hat?

Roger hat es nicht getan. Er ist »an seinem Platz« geblieben, wie man bei Tante Louisa sagt, ohne Groll, hat sogar ein heimliches Vergnügen daran gefunden.

In dieser Weise muss man dem Leben begegnen, wenn man in dem Viertel der Place du Congrès aufgewachsen und dazu bestimmt ist, seine Tage dort zu beschließen.

Seine Cousine Germaine Schroefs kommt ebenfalls, um ihre Romane auszutauschen. Germaine ist verlegen, er spürt es. Sie fragt mit einem herablassenden Lächeln:

»Sind Sie immer noch mit meinem jungen Cousin zufrieden, Monsieur Germain?«

Und dieser antwortet nur durch sein bärenhaftes Gebrumm.

Eines Nachmittags hat eine andere junge Frau von bemerkenswerter Eleganz das Geschäft betreten, gefolgt von ihrer Gesellschafterin. Der Buchhändler ist ihr entgegengeeilt wie einer bedeutenden Persönlichkeit. Sie kaufte alle Neuerscheinungen. Nacheinander berührte sie die Bücher mit ihren Fingern in Handschuhen aus hellem Ziegenleder.

»Geben Sie mir auch das … Und dieses hier … Dieses auch, bitte …«

»Soll ich sie Ihnen wie gewöhnlich schicken?«

Sie hat nicht bezahlt. Die Leute von Welt bezahlen nicht, ihnen wird die Rechnung am Ende des Jahres zugestellt. Als sie hinausging, drehte sie sich noch einmal um.

»Lassen Sie doch bitte die Seiten von Ihrem Gehilfen aufschneiden. Ich verabscheue es, Buchseiten aufzuschneiden.«

Im nächsten Augenblick diktierte Monsieur Germain seiner Nichte:

»Rechnung auf den Namen Mademoiselle Estelle Peters in Tongeren …«

Er suchte Roger mit den Augen, und Roger zuckte nicht mit der Wimper.

»Übrigens, Monsieur Mamelin, handelt es sich nicht um eine Ihrer Verwandten?«

»Ich vermute, Monsieur, dass es meine Cousine ist.«

»Warum sagen Sie, dass Sie es vermuten?«

Der Alte hat eine Unverschämtheit gewittert. Das ist das große Wort! Er verdächtigt Roger immer einer Unverschämtheit, und er verabscheut das genauso, wie Estelle Peters es verabscheut, die Seiten der Bücher aufzuschneiden.

»Ich sage ›ich vermute‹, Monsieur, weil ich sie nie gesehen habe.«

Kaum, dass er seinen Onkel, Louis de Tongres, kennt, den er nur bei einer Beerdigung gesehen hat. Er weiß, dass er zwei Kinder hat, einen Jungen und ein Mädchen, dass der Sohn Arzt ist und dass er es war, zu dessen erster heiliger Kommunion Élise gefahren ist, an dem Tag, als sie so sehr geweint hat und sein Vater und Roger sie zum Bahnhof begleitet haben.

Seitdem sind Jahre vergangen, und jetzt schneidet Élises Sohn die Seiten für Louis' Tochter in dem Hinterzimmer der Buchhandlung Germain auf. Ohne Auflehnung. Sein Entschluss ist ein für alle Mal gefasst. Er wird sich nicht mehr auflehnen. Das Leben ist nicht unangenehm so. In der Resignation liegt Süße. Er hat den Verdacht, dass bestimmte Leute, wie seine Mutter zum Beispiel, eine etwas abartige Wollust aus ihr schöpfen. Wenn sich eine Katastrophe ereignet, wird niemand behaupten können, dass es seine Schuld war.

Die Ferien sind zu Ende. Obwohl der Strom der Schüler vom Collège Saint-Servais weniger dicht ist als in der engen Rue Saint-Gilles, so verändert sich dennoch bei Schulschluss das Aussehen der Straße. Roger sieht die Schüler morgens, wie sie einzeln mit eiligen Schritten die Straße heraufkommen. Dann sieht er sie in Gruppen auf dem Rückweg, und der Gedanke, dass sie gekommen sind, um sich in diesen großen, weißen Käfigen oberhalb des Hofes einsperren zu lassen, erscheint ihm genauso unbegreiflich wie das ungeordnete Treiben der Passanten.

Er ahnt, worüber sie sprechen, wobei sie eine wichtige Miene aufsetzen, und er lächelt mitleidig. Manchmal sieht er das blasse und gequälte Gesicht von Verger, der noch gewachsen ist und auf der Suche nach einem undurchsichtigen Geschäft, nach Akkumulatoren und anderen Waren, die zu kaufen oder zu verkaufen sind, durch die Stadt läuft. Stievens geht ebenfalls vorbei, würdevoll wie ein Mann von vierzig Jahren, überzeugt, dass jedermann dem Glanz seiner Schuhe und der Bügelfalte seiner Hose Aufmerksamkeit schenkt.

Roger sieht Gaston van de Waele nicht mehr, der, so wird erzählt, sich ins Geschäftsleben gestürzt hat und montags zur Börse geht wie ein Louis de Tongres.

In dem Spiel von Licht und Schatten auf der Straße, in dem Lärm, der auf die Dauer eine unentbehrliche Hintergrundmusik abgibt, ist all das kaum wirklich und nimmt lächerliche Ausmaße an wie eine Welt, die man durch das verkehrte Ende des Fernrohres betrachtet.

Die Leute haben erst in dem Augenblick ihre feste Gestalt und wirkliche Größe, wenn sie die Türschwelle überschreiten und sich zwischen den Regalen nähern, die mit schwarzen Büchern gefüllt sind – außer den Regalen, die sich hinter dem Ladentisch befinden und die Neuerscheinungen in gelbem Einband enthalten. Das hier ist es, was zählt, was man anfassen kann, was wichtig ist, der Katalog, der an einer Schnur herunterhängt, die Dose mit den Stempeln, die Schublade mit den Etiketten, bis hin zum Handtuch, das hinter der Tür hängt.

»Zurückgegeben: 1267.«

Das ist ein Dumas. Niemand kennt besser als er das Werk von Alexandre Dumas, das er von der ersten bis zur letzten Zeile gelesen hat, einschließlich seiner Reiseeindrücke und Erinnerungen. Er weiß, welche Bände gerade entliehen, welche verfügbar sind. Er holt sie mit einer noch lässigeren Geste als die anderen, so wie der Zauberkünstler, dessen Hände die Gegenstände zu sich heranziehen.

»*Le Capitaine Pamphile*? Einen Augenblick bitte, Madame.«

Es ist ein Nachmittag im Oktober, einer der letzten schönen Tage des Jahres. Die Straßen sind ungewöhnlich belebt, denn seit einigen Tagen lassen die Deutschen die russischen

Gefangenen frei. Man sieht Männer umherirren, die zu Fuß aus wer weiß welcher deutschen Provinz gekommen sind, wo man sie nicht mehr ernähren kann, Männer in unbekannten Uniformen, in Mänteln, die zu groß für sie sind, vor allem zu weit, denn die meisten von ihnen sind abgemagert, im letzten Stadium der physischen Verelendung.

Die Bevölkerung hat damit begonnen, sie bei sich aufzunehmen. Komitees werden gebildet. Schon bemühen sich die Privatleute, jeder ein oder zwei Umherirrende zu beherbergen. Und während man sie in den ärmlichen Vierteln aufs Geratewohl nimmt, so sieht man im Carré Damen und junge Mädchen, die die Davongekommenen begutachten, bevor sie einen von ihnen auswählen, der ihnen zusagt.

Sie wissen es. Diese Jungen haben einen erstaunlich sicheren Instinkt. Sie gehen mit dem Aussehen von räudigen Hunden umher, und manchmal, vor einer Bürgersfrau, die wohlhabend aussieht, entblößen sie ihre weißen, spitzen Zähne und lächeln werbend.

Die Buchhandlung ist voller Leute. Die mürrische Dame im schwarzen Persianer, die sich an Roger gewendet hat, ist die Frau eines Gerichtspräsidenten. Monsieur Germain hat sie nicht gesehen, sonst hätte er sich beeilt, sie persönlich zu bedienen.

»Mal sehen ... *Acté* ... *Amaury* ... *Ange Pitou* ... *Aventures de John Davis* ...«

Rogers Finger fährt über die Liste.

»*Les Blancs et les Bleus* ... *Boule de Neige* ... *Cadet de Famille* ... *Le Capitaine Richard* ...«

Da! Überrascht geht er nach hinten, überliest noch einmal die Liste der Dumas. Sicher hat man vergessen, *Le Capitaine*

Pamphile in den Katalog einzutragen? Er klettert auf die Leiter, nimmt alle Bücher nacheinander aus dem Regal, kontrolliert die Titel.

»Was suchen Sie da oben, Monsieur Mamelin?«

»*Le Capitaine Pamphile*, Monsieur.«

»Warum suchen Sie ihn bei den Dumas, bitte schön?«

Er wittert die Katastrophe, nimmt seinen unterwürfigsten Tonfall an, seine schüchternste Stimme, und murmelt:

»Weil es von Dumas ist.«

»Wer hat Ihnen gesagt, dass *Le Capitaine Pamphile* von Alexandre Dumas ist? Nehmen Sie zur Kenntnis, Monsieur, dass Dumas der Ältere niemals *Le Capitaine Pamphile* geschrieben hat. Suchen Sie bei Théophile Gautier, und Sie werden es finden. Das hätten Sie sofort tun sollen, wenn Sie weniger krauses Zeug im Kopf hätten und weniger selbstsicher wären!«

Roger gehorcht. Er weiß, dass er bei Gautier nichts finden wird. Er weiß es umso besser, weil es keine sechs Monate her ist, dass er *Le Capitaine Pamphile* gelesen hat.

»Nun, Monsieur, sind Sie endlich so weit?«

»Nein, Monsieur.«

Mit einer heftigen Bewegung wird ihm der Katalog aus den Händen gerissen, der an einer Schnur hängt. Warum ermutigt die Kundin, die sich über den Buchhändler geärgert hat, Roger mit den Augen?

Er murmelt ganz leise, sodass nur der Inhaber es hören kann:

»Ich versichere Ihnen, Monsieur, dass *Le Capitaine Pamphile* von Alexandre Dumas ist. Wir haben ihn nicht, aber es ist sicher von ihm.«

»Was erzählen Sie da, junger Mann? Ich glaube, ich habe schlecht gehört. Bilden Sie sich etwa ein, mich in meinem Beruf unterrichten zu können?«

»Ich habe ihn gelesen.«

»Nun, dann haben Sie ihn eben verkehrt herum gelesen, so wie Sie übrigens alles machen. Wer hat Sie nach *Le Capitaine Pamphile* gefragt?«

»Madame.«

Er wird noch wütender, als er die wichtige und schwierige Kundin erkennt.

»Madame, entschuldigen Sie diesen jungen Mann, der sich einbildet, alles zu kennen.«

Und sie entgegnet:

»*Le Capitaine Pamphile* ist sehr wohl von Alexandre Dumas.«

Die Ohren des Alten werden darauf purpurrot, all seine Härchen sträuben sich. Ohne ein Wort geht er zum Ladentisch und öffnet erregt das Handbuch für Buchhändler. Er wird die rächende Seite schwenken, den Beweis, dass er sich nicht getäuscht, dass er sich noch nie getäuscht hat und dass *Le Capitaine Pamphile* …

Peng! Auf der Liste der Gesamtwerke von Alexandre Dumas sieht er sich trotz der Wut, die ihm den Blick verschleiert, gezwungen zu lesen: *Cadet de Famille*, *Capitaine Arena*, *Capitaine Pamphile* …

Er hebt seine buschigen Augenbrauen und tut so, als ertappte er Mamelin bei einem Fehler.

»Monsieur Mamelin, ich kann es nicht dulden, dass sich einer meiner Angestellten, und sei er mir auch noch so sehr empfohlen worden, mir gegenüber eine unverschämte Haltung herausnimmt. Wollen Sie bitte in meinem Büro auf mich warten!«

Roger hat nichts gesagt, nichts getan, nicht gelächelt. Was offensichtlich unverschämt war, das war seine Ruhe, sein Vertrauen in sich und in Dumas. Er weiß nicht, wie der Alte sich bei seiner Kundin aus der Affäre gezogen hat. Ein wenig erleichtert durch die Abkanzelung des jungen Mannes hat er sich wohl in Bücklingen ergangen, aber sobald er das Büro betritt, findet er zu all seiner Gehässigkeit zurück.

»Ich nehme an, dieser Zwischenfall, den ich seit langem habe kommen sehen, genügt, um Ihnen zu zeigen, dass Sie in diesem Haus fehl am Platz sind.«

Roger wird sich entschuldigen. Er ist dazu entschlossen. Er ist bereit zu schwören, dass Alexandre Dumas niemals *Le Capitaine Pamphile* geschrieben hat, aber schon hat sich die Schreibtischschublade geöffnet, und die Hände mit den hervortretenden Adern, die Hände des Alten, zählen Geldstücke und Banknoten.

»Hier sind fünfzig Franc. Hier sind weitere fünfundzwanzig Franc für Ihre Kündigung. Von Rechts wegen brauchte ich es Ihnen nicht zu geben, wegen Ihres unangebrachten Benehmens. Ich lege Wert darauf, dass Ihr Onkel feststellt, dass ich mich Ihnen gegenüber korrekter verhalte als Sie sich mir gegenüber. Adieu, Monsieur! Ich wünsche Ihnen viel Glück und ein wenig mehr Respekt vor den älteren Leuten.«

Hiquet, der ihn hinausgehen sieht, weiß nicht, dass er für immer geht.

Und so ist Roger wieder ins Aquarium eingetaucht. Nach einem Augenblick der Unschlüssigkeit setzt sich das Triebwerk wieder in Gang, seine Brauen ziehen sich zusammen, seine Stirn wird hart, er passt seinen Gang dem Rhythmus der anderen Fußgänger an, bewegt Arme und Beine immer schneller, so als erwartete ihn am anderen Ende der Szenerie eine wichtige Aufgabe.

Das Ausgefallenste daran ist, dass er sich dessen bewusst ist. Er fühlt sich herabgesetzt, auf das Maß der Automaten mit dem großen Kopf verkleinert, die er durch die Scheiben der Buchhandlung sich endlos in dem Glasbehälter bewegen sah.

10

Teile des Episodenfilms wechseln mit den Varietédarbietungen und den Orchesterstücken ab, während denen die Kellner damit beschäftigt sind, den neuen Bestellungen an Getränken nachzukommen. Der Saal des Palace ist brechend voll. Draußen regnet es noch immer, man sieht es an den Tröpfchen auf den Mänteln der hereinkommenden Leute. Ebenso stellt man jedes Mal, wenn sich der Vorhang vor der Eingangstür hebt, das Voranschreiten der Dunkelheit auf dem Stück des Gehsteigs fest, auf den die elektrischen Girlanden Pfützen roten Lichtes werfen.

Drinnen ist es warm von erhitzten Menschen. Die Ellbogen berühren sich zu beiden Seiten der aneinandergestellten Marmortische. Es riecht nach Bier, feuchter Wolle und Zigarre. Die Anwesenheit von Russen in grauen Uniformen verleiht dem Ganzen eine fremdartige Note.

Genau genommen ist es kein Unbehagen, das man seit einigen Tagen verspürt, sondern so etwas wie die Qual des Wartens.

Jeder wartet, ohne zu wissen, worauf. Der Konditor am Pont de Longdoz, dem Roger sich vor nun acht Tagen vorgestellt hat, macht einen verlegenen Eindruck.

»Ich sage nicht nein. Ich brauche bestimmt jemanden. Ja, ich könnte einen Lehrjungen einstellen. Ich kenne Ihren Großvater gut. Kommen Sie doch in ungefähr zehn Tagen zu mir. Dann werden wir wieder darüber reden.«

Élise wartet ebenfalls darauf, sich zu freuen. Was Roger betrifft, so hat er alles Nötige getan, aber im Grunde glaubt er nicht daran.

Man erlebt eine Ruhepause, während der die Dinge ohne Bedeutung sind. Das Wetter ist schlecht. Regen und Wind wechseln sich unaufhörlich ab. Frühmorgens ist es dunkel, und oft muss man am helllichten Tag die Lampe anzünden. Die Russen kommen in immer größerer Zahl. Man weiß nicht mehr, wo man sie unterbringen soll. Élise hat zwei von ihnen aufgenommen, sie schlafen im Esszimmer, und Roger verbringt den größten Teil seiner Zeit damit, sie durch die Stadt zu führen.

Ins Palace werden sie, wie in die Kinos, umsonst eingelassen. Anscheinend waren sie in einigen Lagern so weit heruntergekommen, dass sie Exkremente aßen.

In den Kasernen der Stadt haben die deutschen Truppen, wie man sagt, Ausgehverbot bekommen. Jedenfalls sieht man in den Straßen fast keine Offiziere mehr, Pickelhaube auf dem Kopf, mit wehendem Umhang und über dem Pflaster schleifendem Säbel.

Roger und seine zwei Russen rauchen angeschimmelte Zigaretten, die in der Rue du Pont-Neuf für fünfundzwanzig Centime das Stück anstatt für einen Franc verkauft werden.

Die Kinoleinwand hat sich unter den Bühnenhimmel hochgerollt, die Bühne wird beleuchtet, ein komischer Soldat kommt ausgelassen hervor, eine rote Perücke auf dem Kopf.

Caroline, pan pan pan pan,
Elle est malade, pan pan pan pan,
Elle est malade
Du mal d'amour.

Er trägt die französische Uniform aus der Vorkriegszeit, die krapproten Hosen und schwarzen Gamaschen der Dragoner. Mit durchdringendem Blick und weit ausholenden, heftigen Bewegungen reißt er den ganzen Saal mit, im Chor zu singen.

Pour la guérir,
Pan pan pan pan,
Faut d'la salade,
Pan pan pan pan …

Und nach und nach wird das zunächst zögernde Gemurmel im Saal zu einem riesigen Gebrüll, das vom Orchester skandiert wird, Beifall bricht los, der Soldat verschwindet hüpfend hinter einem Scheinwerferträger, kommt zurück, um zu grüßen.

Was geschieht in diesem Augenblick? In der Kulisse war die Gestalt eines schwarz gekleideten Menschen zu erkennen. Der Komiker, noch halb auf der Bühne, diskutiert mit ihm, ohne sich um das Publikum zu kümmern.

Man verlangt nach ihm. Er kommt wieder auf die Rampe, beugt sich zum Kapellmeister, dieser richtet sich auf, stützt sich auf die Bühne und blickt überrascht, sichtlich zögernd, den Mann in Schwarz hinter den Kulissen fragend an …

… und setzt sich schließlich wieder, sagt ein paar Worte zu den Musikern, hebt seinen Stock … Dann …

Allons enfants de la patrie …

Einen Moment lang traut niemand seinen Augen und seinen Ohren. Mit emphatischer Geste hat der einfache Soldat sich die rote Perücke vom Kopf gerissen und die braunen Haare nach hinten geworfen. Mit seinem Ärmelaufschlag wischt er sich die alberne Maske ab. Es ist ein junger Mann mit intelligentem Gesicht, der nun aus vollem Hals singt:

Aux armes, citoyens,
Formez vos bataillons …

Niemanden hält es auf dem Sitz. Man steht auf, ohne zu wissen, warum, weil es unmöglich ist, sitzen zu bleiben, weil irgendetwas einen mitreißt. Die Augen stechen. Die zitternden Stimmen wiederholen die Silben der *Marseillaise.*

Qu'un sang impur
Abreuve nos sillons …

Der Sänger stürzt zur Kulisse. Man reicht ihm einen Gegenstand, den er mit weit ausholender Geste schwingt. Es ist eine riesige französische Fahne, die sich im Scheinwerferlicht entrollt.

Man reicht ihm eine zweite; wieder dieselbe Geste, es ist die belgische Fahne: Schwarz, Gelb und Rot.

Dann jubelt der Mann, der sein Soldatenkostüm anbehalten hat, mit leidenschaftlichem Blick aus vollem Hals den zweitausend dicht gedrängt sitzenden Leuten entgegen, während das Orchester die *Brabançonne* zu spielen beginnt:

»Es ist Waffenstillstand! Der Krieg ist zu Ende!«

Alles ist nur noch ein einziges Chaos. Man weint, man lacht, man umarmt sich, man schubst sich gegenseitig. Einige stürzen nach draußen, um die Neuigkeit den Passanten zuzurufen, aber diese kennen sie bereits, die ganze Stadt hat sie soeben in wenigen Minuten erfahren, die Geschäftsleute stehen vor ihrer Tür, Frauen lehnen sich aus den Fenstern, einige fragen sich angesichts der heraufziehenden Menge, ob es nicht vorsichtiger wäre, die Eisenrollläden herunterzulassen.

Der Krieg ist zu Ende! Die Straßen füllen sich trotz des Regens mit einer immer erregteren Menschenmenge, man hört Gesänge, dann plötzlich, wie ein Signal, das Zersplittern eines Schaufensters.

Es ist eine Metzgerei, deren Inhaber mit den Deutschen zusammengearbeitet hat. Männer stürzen in das Geschäft und werfen in hohem Bogen Schinken und Blutwürste hinaus. Die Einrichtung folgt demselben Weg, die Möbel werden durch die Fenster der ersten und zweiten Etage geworfen, Schränke, Betten, ein Nachttisch, ein Klavier. Die Polizei weiß nicht, was sie tun soll, und die Plünderer laufen mit ihrer Beute an den Häusern entlang.

»Zerstört, aber nehmt nichts mit!«, versucht ein Brigadier zu rufen.

Zehn, zwanzig, fünfzig Metzgereien erleiden dasselbe Schicksal, und die Menschenmenge wird immer gemischter, mitten auf der Rue de la Cathédrale trifft man auf ganze Scharen von Leuten aus den ärmlichen Vierteln, einige Cafés haben begonnen, kostenlos Getränke auszuschenken, und die anderen sind wohl dazu gezwungen, es ebenfalls zu tun, denn jetzt fordert es die Menge.

In einer dunklen Ecke verteidigt sich eine Gestalt gegen ein halbes Dutzend erbitterter Männer, und Roger sieht zu, ohne zu begreifen. Sie sind dabei, eine Frau auszuziehen, ihr die Kleider vom Leibe zu reißen. Sie ist nackt, kniet auf dem glitschigen Gehsteig, und einer der Angreifer schneidet ihr mit der Schere die Haare bis auf den Schädel herunter.

»Jetzt kann sie gehen. Man wird es mit allen so machen, die mit den Deutschen geschlafen haben. Auf diese Weise werden die Ehemänner wissen, woran sie sind, wenn sie von der Front heimkehren.«

Sie flieht unter dem Hohngelächter, starr vor Kälte in dem Wind der Straßen. Straßenjungen verfolgen sie, während sich die Szene an vielen Ecken wiederholt und man plötzlich zusammenzuckt, wenn man in der Dunkelheit einen bleichen, nackten Körper erblickt, der an den Häuserwänden entlangläuft.

Roger hat seine beiden Russen verloren. Er wird von einer Farandole mitgerissen und zieht mit den Tanzenden von Café zu Café, singt mit den anderen, ohne die Viertel zu erkennen, durch die man eine lärmende und herausfordernde Freude vor sich herträgt.

Er trinkt wie alle. Weil das Bier ausgeht, werden Gläser voll Genever ausgeschenkt, und die Gruppen verlieren sich, um sich anderen zuzugesellen, er hat ein schönes Mädchen aus dem Volk zu seiner Linken, das die Zeit gefunden hat, ihr blassgrünes Satinkleid anzuziehen.

Zum ersten Mal ist er in die geheimsten Gässchen von Outremeuse vorgedrungen, ist in einer Polonaise durch unvermutete Eckkneipen gezogen. Irgendeine Obst- und Gemüsehändlerin hat sich in einem geeigneten Augenblick seiner Begleiterin genähert und, nach einem misstrauischen Blick zu Roger, ihr die Ringe von den Fingern gezogen.

Er erinnert sich auch daran, für einen Moment in dem Café, auf die Marmortheke gestützt, gestanden zu haben, wo er früher mit seinem Vater Billard spielte.

Zehnmal vielleicht hat er sich seinem Zuhause genähert, und jedes Mal hat ihn eine Woge wieder zurückgedrängt. Er hat nichts gegessen. Er erinnert sich nicht daran, gegessen zu haben. Seine Erinnerung beherrschen Hunderte, Tausende unbekannte Gesichter, die er zum ersten Mal so nah vor sich sah, Wangen, die man küsste, Münder, die sich ganz weit öffneten, um ein Lied zu grölen oder einen Triumphschrei auszustoßen, Augen, in denen eine bedrohliche Raserei zu lesen war. Dann wieder Cafés, dann die dunklen und glänzenden Gehsteige, Glassplitter, Regen wie Bindfäden.

Wenn er betrunken war, dann wird er in dem Augenblick wieder nüchtern, als er den Pont d'Amercœur überquert, während der junge Morgen den Himmel blass färbt und die Luft frischer wird. Er weiß, dass seine Eltern ihm nichts vorwerfen werden, dass sie sich wahrscheinlich keine Sorgen gemacht haben. Es ist Waffenstillstand. Seine durchnässten Kleider kleben ihm am Körper. Seine Schuhe sind vom Wasser aufgeweicht. Ihm ist kalt, und er hat starke Kopfschmerzen. Dennoch scheint es ihm, als wäre er niemals in seinem Leben so ruhig, so klar gewesen wie an diesem Morgen.

Hat er wirklich mit den anderen gejohlt? Vielleicht hat er es versucht. Ja, im Grunde hat er sich in dieser Nacht so benommen, wie er sich in den zwei Monaten, als er bei Germain war, benommen hat. Er hat versucht sich anzupassen, sich nicht abzusondern, sich so zu verhalten wie alle.

Er konnte es nicht. Was ihn selbst betrifft, so gelingt es ihm mit gutem Willen. Aber die anderen haben sich nicht täuschen lassen. Sie schauen ihn wie einen Fremden an und rücken von ihm ab. Der Beweis ist diese Frau aus dem Volk, die ihrer Tochter die Ringe von den Fingern gezogen hat!

Sein ganzes Leben lang wird er sich an den komischen Sänger mit dem widerlichen, gewollt dummen Gesichtsausdruck erinnern. Ohne den Waffenstillstand würde Roger in genau zwei Tagen – wie vorgesehen – wieder zu dem Konditor am Pont de Longdoz gehen. Der würde ihn vielleicht einstellen. Roger würde Konditor, und er ist genauso wenig zum Konditor geboren wie zum Gehilfen in einer Buchhandlung.

Er ist nicht traurig. Es ist ein anderes Gefühl, was ihn den Kopf hängen lässt. Die Nacht des Waffenstillstands ist zu Ende, der Krieg ist zu Ende, und mit ihm ein ganzer Abschnitt seines Lebens, an den er nie mehr wieder denken möchte.

Der anbrechende Tag ist ein blaugrüner Tag. Es regnet immer noch. Die Häuser sind dunkel.

In ihm ist nicht mehr die geringste Erregung. Er schließt die Tür auf, geht sofort ins Schlafzimmer seiner Eltern, die noch nicht aufgestanden sind.

»Bist du's, Roger?«

»Ja. Ich hoffe, ihr habt euch meinetwegen keine Sorgen gemacht? Ich hätte euch wohl benachrichtigt oder wäre früher nach Hause gekommen, aber ich wurde ständig von der Menschenmenge fortgerissen.«

Er hat den Eindruck, dass seine Mutter ihn erstaunt anblickt. Seine Ruhe überrascht sie wohl.

»Hast du nicht zu viel getrunken?«

»Nicht zu viel, nein. Mir ist nicht schlecht geworden.«

Er spricht mit gleichbleibender Stimme, nicht wie jemand, der soeben die Nacht mit Singen und Trinken verbracht hat, sondern wie ein Mann, der lange und reiflich nachgedacht hat.

»Man könnte meinen, du freust dich nicht?«

»Aber ja, Mutter. Ich freue mich sehr. Ich habe dich noch nicht geküsst. Entschuldige.«

Er küsst sie, küsst seinen Vater, atmet verlegen den Geruch ihres Bettes ein.

»Und nun lege ich mich schlafen. Weck mich, wann du willst.«

Die beiden jungen Mädchen, Alice und Marie, sind noch nicht heimgekommen. Nur einer der beiden Russen ist früh am Abend zurückgekehrt, schon krank, weil er zu viel getrunken hatte; Roger ist im Hausflur in sein Erbrochenes getreten.

Im Übrigen müssen die beiden das Haus verlassen, da man es ihnen nur für die Dauer des Krieges vermietet hat.

»Gute Nacht.«

Er ist allein in seinem Zimmer. Auf dem Boulevard sieht er Reihen von Besiegten, die unter dem monotonen Geräusch des Regens mit gesenktem Kopf vorbeizuziehen beginnen, den Geschützen und den Feldküchen folgend.

Er schließt die Augen, hört sie noch immer. Er hat den Eindruck, sie zu sehen, endlos dahinmarschierend, und er erinnert sich an eine polnische Postkarte, die Mademoiselle Feinstein einmal bekam. Er muss sie noch in seinem Album haben, denn sie hat sie ihm geschenkt. Ein alter Mann sitzt mit herunterhängenden Armen am Bordsteinrand, neben einem zerlumpten Kind, das sich an ihn drückt. Er richtet einen pathetisch fragenden Blick ins Leere.

Mademoiselle Pauline hat ihm den Text übersetzt, der unter dem Bild auf Polnisch gedruckt stand: *Wohin*?

Die Kolonne zieht unter seinem Fenster vorbei, und sie wird weiterhin tagelang mit demselben eintönigen Gang vorbeiziehen. Roger schläft und bewegt sich in der kühlen Morgendämmerung des Zimmers, das keine Fensterläden hat.

Er schläft so fest, dass seine erste Empfindung, als er mit noch geschlossenen Augen aufwacht, ein Gefühl von Müdigkeit ist. Dann richtet er sich ruckartig auf, reibt sich die Augen, beunruhigt über das ungewohnte Licht, das bis zu ihm dringt.

Der Krieg ist zu Ende, daran erinnert er sich. Die Nacht ist hereingebrochen. Die Gaslaterne von gegenüber ist angezündet, und man hat ihre Scheiben von der blauen Farbe befreit, die grellen Lichtstrahlen, von einem Weiß, das man lange nicht mehr gesehen hat, scheinen durch die Spitze der Gardinen und zeichnen seltsame Muster auf die Wände.

Von unten hört man ein Gewirr von Stimmen und das Geklapper von Steingut. Seine Mutter schürt das Feuer im Ofen. Sie sitzen wohl bei Tisch.

Er hat Hunger. Und trotzdem bleibt er mit nackten Füßen vor dem Fenster stehen, bis die Küchentür geöffnet wird und Élises Stimme im Hausflur ertönt:

»Bist du wach, Roger? Kommst du herunter zum Essen?«

Er antwortet:

»Ich komme, Mutter.«

Er zieht sich an, ohne das Licht anzumachen, und geht hinunter.

Saint-Mesmin-le-Vieux, 27. Januar 1943

Hinweise des Übersetzers

S. 7 *Stammbaum:* Der Originaltitel lautet *Pedigree*; *pedigree* (engl.) bedeutet Herkunft oder Stammbaum und ist ins Französische übernommen worden in der Bedeutung von Stammbaum (von Tieren).

S. 7 *Connaissance de Simenon:* »Kenntnis von Simenon«; liegt auf Deutsch nicht vor

S. 9 *Je me souviens:* »Ich erinnere mich«; liegt auf Deutsch nicht vor

S. 21 *Madapolam:* schwerer Baumwollstoff für Wäsche

S. 21 *Serge:* Sammelbezeichnung für Kostüm- oder Anzugstoffe

S. 44 *Confrérie de Saint-Roch:* Bruderschaft des Saint-Roch; Saint-Roch (um 1295 bis um 1327) wurde in Montpellier geboren und widmete sich den Pestkranken. Man ruft ihn an zum Schutz gegen ansteckende Krankheiten.

S. 64 *à la Cyrano:* Cyrano de Bergerac (1619–1655); der durch Rostands Komödie »Cyrano de Bergerac« wieder lebendig gewordene Typus des burlesken Gascogners der Barockzeit mit der Riesennase, die er in Hunderten von Duellen verteidigt

S. 95 *neben der Passerelle:* Passerelle Saucy: schmale Fußgängerbrücke über die Maas, unterhalb des Pont des Arches

S. 134 *Für die drei Achter:* Gemeint ist die Aufteilung in drei Schichten zu je acht Stunden.

S. 175 *Liberty:* feines, atlasbindiges Gewebe aus Naturseide

S. 189 *Brigadier:* Unteroffizier der Gendarmerie (Landpolizei)

S. 198 *Collège:* etwa Realschule

S. 226 *Galettes:* flache, runde Blätterteigkuchen

S. 236 *École des Frères:* Schule, die von Ordensbrüdern geleitet wird; *frère:* (Ordens-)Bruder; *père:* Pater

S. 266 *Bitter:* bitterer Likörwein aus Holland, der als Aperitif getrunken wird

S. 279 *Nord-Belge:* Nordbelgische Eisenbahngesellschaft

S. 281 *Dérivation:* Dérivation de la Meuse: Seitenarm der Maas

S. 300 *Kanevas:* leinwandbindiges Gewebe mit gitterartigem Charakter für Handarbeiten

S. 302 *Gipürespitze:* Klöppelspitze aus Gimpen; Gimpe: mit Seide umsponnener Baumwollfaden

S. 343 *École Communale:* Gemeindeschule, Volksschule

S. 344 *Jean Bart:* französischer Seeheld

S. 360 *École Normale:* etwa: Pädagogische Hochschule

S. 425 *Ratiné:* flauschiger Mantelstoff

S. 430 *Couques:* flämisches Gebäck

S. 466 *Redemptoristen:* Mitglieder der 1732 gegründeten, speziell in der Missionsarbeit tätigen katholischen »Kongregation vom allerheiligsten Erlöser«

S. 472 *Oblaten:* Laien, die sich in versprochenem Gehorsam an einen geistlichen Orden anschließen

S. 518 *Beginenhof:* weibliche Mitglieder einer halbklösterlichen Vereinigung

S. 518 *Tumbagebete:* Gebete am Ende einer Totenmesse

S. 528 *Glacis:* Erdaufschüttung vor einem Festungsgraben, die keinen toten Winkel entstehen lässt

S. 547 *Bayard:* Pierre du Terrail de Bayard: französischer Ritter, gest. 1524, genannt »le Chevalier sans peur et sans reproche« (der Ritter ohne Furcht und Tadel)

S. 547 *Externist:* Medizinstudent, der Hilfsdienste in einem Spital leistet

S. 575 *Filles de la Croix:* religiöser Orden der Jungfrauen vom Heiligen Kreuz

S. 577 *Guimauve:* Zuckerwatte, auch Kitsch

S. 591 *Ulan:* hist. / mil.: Lanzenreiter

S. 593 *Écoles Primaires:* Grundschulen

S. 610 *Ritornelle:* Begleitmusik mit immer wiederkehrendem Refrain, ursprünglich zwischen den Solopartien in der Oper

S. 637 *Rocambole:* Figur der Fortsetzungsromane von Ponson du Terrail, Ende des 19. Jahrhunderts

S. 640 *Fondants:* Bonbons, die auf der Zunge zergehen (von frz. *fondre*)

S. 714 *Goffe:* Obstmarkt in Lüttich

S. 799 *Brabançonne:* belgische Nationalhymne

S. 801 *Farandole:* provenzalischer Tanz

DIE GROSSEN ROMANE
Band 10

Georges Simenon
Der Untermieter
Aus dem Französischen von Ralph Eue
208 Seiten, Taschenbuch
ISBN 978-3-455-01533-1
Atlantik Verlag

Der junge Élie und das Barmädchen Sylvie lernen sich an Bord eines Schiffes kennen. Sylvie ist auf der Rückreise von Kairo und Élie auf dem Weg von Istanbul nach Brüssel, voller Hoffnung, dort mit dem Verkauf von Teppichen gutes Geld zu machen. Doch die Geschäfte laufen schlecht, und als die Gelegenheit günstig ist, begeht Élie einen Raubmord. Kurzerhand bringt Sylvie ihren Freund bei ihrer Mutter unter, die in Charleroi eine Pension führt – bis dieser dämmert, dass sie einen gesuchten Mörder beherbergt.

»Das Beeindruckende an Simenons Prosa besteht darin, dass es ihm gelingt, mit ganz einfachen Sätzen dichte Atmosphären, glaubhafte Charaktere und nicht nachlassende Spannung zu erzeugen.«
Stephan Wackwitz, *Die Tageszeitung*

MAIGRET
Band M42

Georges Simenon
Maigret hat Angst
Aus dem Französischen von Hansjürgen Wille,
Barbara Klau und Bärbel Brands
Mit einem Nachwort von Robert Schindel
224 Seiten, Taschenbuch
ISBN 978-3-455-00749-7
Atlantik Verlag

Eigentlich möchte Maigret nur seinen alten Studienfreund Chabot besuchen, doch schon auf der Zugfahrt nach Fontenay-le-Comte wird er von einem Mitreisenden erkannt, der glaubt, der Untersuchungsrichter Chabot habe den Kommissar zu Hilfe gerufen – schließlich haben jüngst zwei Morde die Kleinstadt erschüttert. Maigret wollte seinen Besuch gern geheim halten, doch schon bald weiß die ganze Stadt Bescheid und setzt alle ihre Hoffnungen in den berühmten Kommissar aus Paris. Die Stimmung im Ort heizt sich zunehmend auf, es herrscht ein Klima der Verdächtigung – und dann geschieht plötzlich ein dritter Mord. Was steckt hinter den scheinbar völlig zusammenhanglosen Fällen, und vor allem: wer?

»Die Suche nach guten Krimis kann eingestellt werden.
Maigret ist ohnehin der Beste.«
Der Spiegel

Maigret
Band M13

Georges Simenon
Maigret und die Affäre Saint-Fiacre
Aus dem Französischen von Hansjürgen Wille,
Barbara Klau und Mirjam Madlung
Mit einem Nachwort von Andrea Camilleri
208 Seiten, Taschenbuch
ISBN 978-3-455-00708-4
Atlantik Verlag

Ein anonymer Brief geht bei der Stadtpolizei in Moulins ein: An Allerseelen soll in der Kirche von Saint-Fiacre ein Verbrechen geschehen. Maigret, der in dem kleinen Dorf als Sohn des Schlossverwalters aufgewachsen ist, nimmt das zum Anlass, Moulins einen Besuch abzustatten. Die Schlossherrin war für den kleinen Jules Maigret der Inbegriff von Schönheit und Eleganz. Doch nun, zweiundvierzig Jahre später, bröckelt nicht nur der Putz des Schlosses, auch das Bild der Gräfin bekommt Risse. Als sie an Allerseelen tot in der Kirche zusammenbricht, nimmt Maigret die Ermittlungen auf und stellt fest, dass in Saint-Fiacre nichts mehr ist, wie es einmal war.

»Maigret zu lesen hat etwas Beruhigendes:
Man betritt eine vertraute Welt, die, weil sie in den
Büchern enthalten ist, immer zur Verfügung steht...
Von Geschichten über diesen Mann kann ich
nie genug kriegen.«
Axel Hacke

MAIGRET
Band M73

Georges Simenon
Maigret und der einsame Mann
Aus dem Französischen von Hansjürgen Wille,
Barbara Klau und Bärbel Brands
224 Seiten, Taschenbuch
ISBN 978-3-455-00781-7
Atlantik Verlag

Es ist August und fast ganz Paris ist im Urlaub. Maigret langweilt sich schon etwas, als – zu seinem insgeheimen Glück – ein Toter gefunden wird. Doch der hat keine Dokumente und erst eine mühsame Suche über die Presse offenbart, dass der Clochard mit den manikürten Fingernägeln bereits vor Jahren unvermutet verschwunden ist. Doch warum hat der Mann damals alles aufgegeben, um ein einsames Leben auf der Straße zu führen? Nach und nach findet Maigret die Wegbegleiter des Mannes und er stößt auf einen alten Mordfall.

»Der Erfolg, das stets sich wieder neu einstellende Hochgefühl bei der Maigret-Lektüre, hat mit beiden zu tun, mit dem Autor und seiner Figur, mit dem Sprachgefühl des einen und dem Charakter des anderen.«
Gerrit Bartels, *Der Tagesspiegel*

DIE GROSSEN ROMANE
Band 86

Georges Simenon
Im Falle eines Unfalls
Aus dem Französischen von
Hansjürgen Wille und Barbara Klau
224 Seiten, Taschenbuch
ISBN 978-3-455-01412-9
Atlantik Verlag

Die junge Yvette schlägt sich mehr schlecht als recht durchs Leben, vor allem die Männer geben ihr zu tun. Aber sie weiß, die Waffen, die ihr als Frau gegeben sind, geschickt einzusetzen. Nach einem missglückten Raubüberfall bittet sie einen Anwalt um Hilfe, der ihr vollkommen verfällt und um ihren Freispruch kämpft. Während er seine Ehe und sein Ansehen zunehmend für Yvette aufs Spiel setzt, wird die Affäre nicht nur ihm gefährlich – denn es gibt da einen weiteren Mann, der Yvette leidenschaftlich verfallen ist.

Der Roman wurde 1958 mit Brigitte Bardot und Jean Gabin verfilmt.

»Simenons Figuren sind Prototypen ihrer Zeit – und bis heute nicht gealtert.«
Sebastian Hammelehle, *Spiegel Online*